suhrkamp taschenbuch
wissenschaft 1507

Welches sind die gesellschaftlichen Grundlagen der modernen Wirtschaft? Die Beantwortung dieser Frage erfolgt im vorliegenden Band nicht aus einer etablierten ökonomischen, sondern aus einer sozialwissenschaftlichen Perspektive. Augehend von der Theorie der Wissensgesellschaft, in der Wissen der konstitutive Mechanismus der Gesellschaft ist, wird die Beschaffenheit der wissensbasierten Ökonomie analysiert. Das Vordringen des wissenschaftlich-technischen Wissens in die wesentlichen Lebens- und Handlungsbereiche der modernen Gesellschaft unter der Perspektive ihrer Wissensstruktur zu betrachten und nicht, wie bisher, als in erster Linie von den sozialen Merkmalen Arbeit und Eigentum (Kapital) geprägt zu verstehen.

Nico Stehr ist Professor Emeritus für Soziologie der University of Alberta. Von ihm sind im Suhrkamp Verlag u. a. erschienen: *Praktische Erkenntnis; Arbeit, Eigentum und Wissen. Zur Theorie von Wissensgesellschaften.*

# Nico Stehr
# Wissen und Wirtschaften

### Die gesellschaftlichen Grundlagen
### der modernen Ökonomie

**Suhrkamp**

Die Deutsche Bibliothek – CIP-Einheitsaufnahme
Ein Titeldatensatz für diese Publikation
ist bei Der Deutschen Bibliothek erhältlich

suhrkamp taschenbuch wissenschaft 1507
Erste Auflage 2001
© der deutschen Ausgabe Suhrkamp Verlag Frankfurt am Main 2001
Suhrkamp Taschenbuch Verlag
Druck: Nomos Verlagsgesellschaft, Baden-Baden
Printed in Germany
Umschlag nach Entwürfen von
Willy Fleckhaus und Rolf Staudt

1  2  3  4  5  6  –  06  05  04  03  02  01

# Inhalt

# Vorbemerkung

In dieser Studie werde ich mich in liberaler Weise an eigenen Vorarbeiten orientieren, die sich mit der Entstehung der modernen Gesellschaft als Wissensgesellschaft und ihrer Eigenschaften beschäftigen. Es ging in diesen Arbeiten vor allem um die Frage der Entwicklung von Industriegesellschaften zu Wissensgesellschaften. Zu diesen Vorarbeiten gehören die 1986 zusammen mit Gernot Böhme publizierte Anthologie *The Knowledge Society* (1986), weiter *Praktische Erkenntnis* (1992), *Arbeit, Eigentum und Wissen* (1994a) und die Aufsatzsammlung *The Culture and Power of Knowledge* (1992), die ich zusammen mit meinem kanadischen Kollegen Richard V. Ericson herausgegeben habe. Die dort entwickelten Ideen und Hypothesen habe ich in der vorliegenden Studie zu den gesellschaftlichen Grundlagen der modernen Wirtschaft fortgeschrieben, zum Teil auch verändert und um neueres empirisches Material erweitert. Bei der Abfassung dieser Studie habe ich von der kompetenten Hilfe einer Reihe von Personen an verschiedenen Institutionen profitiert. Ich möchte besonders Kevin Haggerty und Paul Malone (University of British Columbia), Karen Robson (University of Alberta) und Marcus S. Kleiner (Universität Duisburg) dankend erwähnen. Außerdem danke ich denjenigen, die mir bei der Abfassung dieser Studie durch konstruktive Kommentare und kritische Einwände sehr geholfen haben: Horst Baier, Hanns-Georg Brose, Hadi Dowlatabadi, Ottmar Edenhofer, Carlo Jaeger, John Robinson, Hermann Strasser und Liona Talbert.

# Vorwort

Nicht nur in der Öffentlichkeit und in den großen gesellschaftlichen Institutionen der modernen Gesellschaft, sondern auch in Teilen der wissenschaftlichen Literatur gibt es einen eigenartigen Widerstand gegen die Wahrnehmung neuer ökonomischer Realitäten. Neue Phänomene verlangen eine neue Perspektive, und ein neuer Blickwinkel macht auf neue Realitäten aufmerksam.

Mit meinem Versuch, die Grundlagen des modernen Wirtschaftslebens nicht in erster Linie von der etablierten fachwissenschaftlichen beziehungsweise nationalökonomischen Warte aus zu betrachten, sondern aus einer umfassenden sozialwissenschaftlichen Perspektive, will ich allerdings keineswegs zu den Klagen darüber beitragen, dass der Fachwissenschaftler ökonomische Tatsachen von einer professionell verengten Plattform wahrnimmt.[1] Dies ist eine Tatsache und unvermeidbar. Mein Ansatz zielt deshalb nicht auf eine Erweiterung der etablierten Sicht, sondern radikaler auf eine neue Sichtweise, die uns von den Veränderungen in der Wirtschaft und der Gesellschaft selbst aufgezwungen wird.[2]

1 Historiker, Soziologen, Anthropologen, Ökonomen, aber auch Forschungsorganisationen und Praktiker haben sich in den vergangenen Jahrzehnten ohne sichtbaren Erfolg immer wieder über den gegenseitig verengten intellektuellen Horizont der theoretischen und methodischen Vorgehensweisen wissenschaftlicher Disziplinen beklagt. Ein Erfolg im Sinn von Selbstheilung wird sich auch in Zukunft kaum einstellen. Eindringliche Verweise darauf, dass der ökonomische Diskurs zum Beispiel auf restriktiven Annahmen über soziales Verhalten basiert und diese oder jene institutionelle oder strukturelle Komponente mit in Betracht ziehen sollte (zum Beispiel Coleman, 1984; Holton, 1992) oder sich von einer nur schwer zu verstehenden Bewegungslosigkeit angesichts neuer Realitäten lösen muss (Koch, 1995: 71-78), werden realistischerweise kaum umfassendes Gehör finden und zu einer markanten Revision der grundlegenden neoklassischen Annahmen führen. Eine nachhaltige Revision der Sichtweise in den Wissenschaften insbesondere hin zu »interdisziplinärer« Arbeit resultiert in der Regel, wenn überhaupt, nur mit Hilfe oder als Ergebnis der Entdeckung »neuer« Phänomene (siehe Stehr und von Storch, 1998; Weingart und Stehr, 2000).

2 Diese Behauptung ist allerdings nicht ganz neu. Der Wirtschaftswis-

Das Zeitalter von Arbeit und Eigentum neigt sich seinem Ende zu. Es sind zum einen die *zurückgehenden* wirtschaftlichen Erträge von Arbeit, Boden und (physischem) Kapital,[3] die Tatsache, dass die herkömmlichen Produktionsfaktoren nicht mehr Motor der wirtschaftlichen Entwicklung, geschweige denn nachhaltigen Wirtschaftens sind,[4] zum anderen ihre verminderte Bedeu-

senschaftler Adolph Lowe (1935: 24) argumentiert bereits im Jahre 1935 ähnlich, wenn er die Zügel des etablierten ökonomischen Denkens gelockert sehen möchte und bemerkt, dass »it is not theoretical caprice but the epoch-making transformation of our social reality which no longer allows us to restrict our investigations to the mere refinements of our textbook problems.« Lowes Anliegen, vor mehr als einem halben Jahrhundert vorgebracht, ist daher nützlich, um daran zu erinnern, dass man sich nicht der Illusion hingeben sollte, dass man selbst im Zeitalter des »kosmopolitischen Wissenschaftsbetriebs« die »Macht« und den Einfluss traditionell gewachsener intellektueller Fachgebiete und etablierter kognitiver Grenzen zwischen Fächern und Spezialgebieten mühelos überwinden kann. Eine zeitgenössische soziologische Kritik der Vorstellungen Lowes sowie ein sehr viel abstrakterer Vorschlag für eine Basis der Wiederannäherung ökonomischer und soziologischer Fragestellungen und Praxis, und zwar eine allgemeine Theorie sozialen Handelns, findet sich in Talcott Parsons' (1937: 477–481) Frühwerk *The Structure of Social Action*.

3 Der ökonomische Begriff des *Kapitals* ist relativ eng umgrenzt und umfasst daher in der Regel nur langlebige Investitionsgüter in Fabriken und Organisationen. Kapital dieser Art oder produzierte Waren werden als *Investition* verstanden, das heißt, als Objekte, die gekauft werden müssen. Die Anschaffung von Wissen, etwa in der Form von Forschung und Entwicklung, der Bewertung, Interpretation oder Akquisition von in anderen Organisationen fabriziertem Wissen, dem Aufbau von Organisationsstrukturen, der Anschaffung von Software oder der Entwicklung von bestimmten Fertigkeiten, wird dagegen als *Kosten*aufwand verbucht und nicht als Beitrag zur Wert- oder Kapitalbildung einer Firma.

4 Der Begriff der Nachhaltigkeit und der des nachhaltigen wirtschaftlichen Wachstums wird hier in zweifachem Sinn verwandt: (1) als Gegensatz zu Wachstums-, Einkommens- und Vermögenszunahmen, bei denen es sich um »windfall profits« handelt, die mit Produktivitätsgewinnen nichts zu tun haben, wie zum Beispiel im Fall des unerwarteten, aller Voraussicht nach kurzfristigen Preisanstiegs einer bestimmten Ressource wie des Erdöls (vgl. Landes, [1992] 1998) und (2) als Umschreibung eines ökologisch nachhaltigen Wachstums in der Produktion von Gütern und Dienstleistungen.

tung als Grundlage des Selbstverständnisses der Menschen, die diese Entwicklung beschleunigen und eine neue theoretische Plattform erfordern. Demgegenüber ist die Arbeit oder die »Arbeitsgesellschaft« keineswegs am Ende. Ihr gesellschaftlicher Stellenwert ändert sich. Aber noch ist das Bekenntnis zur Vollbeschäftigung Teil der politischen Plattform aller politischen Parteien. Arbeitsformen verändern sich rapide, und ebenso schnell ändert sich der Umfang der gesellschaftlich notwendigen Arbeit. Immer geringer wird die Zahl der Beschäftigten, die weiter wachsende Produktionsergebnisse erzielen. Immer stärker wird das Wissen für die *moderne Gesellschaft* konstitutiv. Mehr als je zuvor ist Wissen und nicht Arbeit und Eigentum in unserer Gesellschaft Grundlage und Richtschnur menschlichen Handelns. Wissen wird zunehmend zur Grundlage von Produktion und Dienstleistungen[5] und zur Bedingung für die Möglichkeit wirtschaftlichen Wachstums und wettbewerblicher Vorteile von Firmen und Gesamtgesellschaften.[6] Es gibt deshalb in der *heutigen*

5 In einem kürzlich veröffentlichten Bericht über die wissensbasierte Ökonomie schätzt die OECD (1996a: 9), dass in den wichtigsten OECD-Ländern inzwischen die Hälfte des Bruttosozialprodukts wissensbasiert ist (siehe auch Gera und Mang, 1999). Die OECD-Definition der wissensbasierten »Sektoren« einer Volkswirtschaft ist sowohl sehr allgemein als auch umfassend. Der Begriff umfasst in der Regel Wirtschaftsunternehmen (sowohl im Herstellungs- als auch im Dienstleistungssektor), in denen der Einsatz von Hochtechnologien und/oder Humankapital (siehe den Exkurs »Kapitalformen« in dieser Studie) besonders intensiv ist. Aus dem Dienstleistungsbereich zählen nach dieser Definition das Kommunikationswesen, der Finanz-, Versicherungs-, Immobilien- und Bankensektor sowie verschiedene soziale Dienste (zum Beispiel Krankenhäuser) zur wissensbasierten Ökonomie (siehe OECD, 1999: 18).
6 Die Frage, *warum* Wissen die von mir an dieser Stelle zunächst nur postulierte zentrale Funktion in ökonomischen Kontexten annimmt, hängt vor allem damit zusammen – wie ich noch versuchen werde im Detail zu demonstrieren –, dass die mit Hilfe der konventionellen Produktionsfaktoren erwirtschafteten Erträge und Wachstumsraten abnehmen. Der rasante Wandel ist infolgedessen nicht Ursache, wie eine Reihe von Beobachtern betont, der »Globalisierung der Ökonomie« beziehungsweise der angeblichen »awareness of the value of specialized knowledge ... in coping with the pressures of globalization« oder »cheap networked computing« (Neef, 1997: ix-x) oder, wie andere Beobachter meinen, dem »oil price shock and major recessions«, der

Wirtschaft keinen nachhaltigeren Wettbewerbsvorteil für eine Firma als ihren Vorrat an »Wissensrohstoff«, die Effizienz, mit der das Wissen praktisch umgesetzt wird, sowie das Tempo, mit dem neues Wissen produziert wird (siehe Neef, 1997). Die Veränderungen der modernen Wirtschaft durch Wissen gehen sicher weit über die in den frühen achtziger Jahren (zum Beispiel Schön, 1983; Mintzberg, 1983) entdeckte und anschließend viel diskutierte Entwicklung der »Wissensfirma« (*knowledge-intensive companies*) oder der »Wissen fabrizierenden Firma« der neunziger Jahre (Nonaka, 1991; Nonaka und Takeuchi, 1995)[7] wie zum Beispiel Unternehmensberatungen, Ingenieurbüros oder Wirtschaftsprüfergesellschaften hinaus.

Meine Beobachtungen korrespondieren oder ergänzen auch nicht die besonders in den Vereinigten Staaten in den letzten Jahren vielfach diskutierte Idee des Entstehens einer »*neuen Ökonomie*« (zum Beispiel Baker, 1998). Die in den USA von einer Vielzahl von Anhängern vertretene Vorstellung von der neuen Ökonomie, die dort als Erklärung für die außergewöhnlichen Leistungen der amerikanischen Volkswirtschaft (das heißt ihre ungebrochene Expansion, das »Verschwinden« der Arbeitslosigkeit und den »Tod« der Inflation) im vergangenen Jahrzehnt herangezogen wird, argumentieren nüchtern, aber auch mit einem unverkennbar heroischen Unterton der Überzeugung, dass diese wirtschaftlichen Erfolge primär durch die wachsende Verbreitung und gesellschaftliche Akzeptanz der modernen *Informations- und Kommunikationstechnologien* verursacht seien.

Die ökonomischen und gesellschaftlichen Veränderungen, von denen die Rede sein wird, haben insgesamt weitreichende soziale, rechtliche und politische Folgen, die praktisch irreversibel sind und die sowohl Chancen als auch Gefahren und Risiken produzieren.[8] Das Resultat ist eine Welt, die wohlhabender, aber

»increasing liberalization of world trade and capital markets. The rapid diffusion of technology, and the major shift in the locus of economic activity from goods to services« (Gera und Mang, 1999: 149).

7 Siehe auch die Arbeiten von Starbuck, 1992; Wikström und Normann, 1994; Spender, 1996; Howells, 1996 zum Thema wissensbasierter Organisationen.

8 Kenney, einem Beobachter, der sich noch zu der Gruppe bekennt, die von der Linken übrig geblieben ist, fällt auf, dass die ökonomischen Veränderungen, die Gegenstand dieser Abhandlung sein sollen, er-

auch sehr viel zerbrechlicher (siehe Stehr, 2000a) und in diesem Sinn eine zunehmend gefährdete globale Gesellschaft ist (vgl. Luttwak, 1999).[5] Und da sich der »Produktionsfaktor Wissen in entscheidenden Momenten von den herkömmlichen Produktionsfaktoren unterscheidet, ist der etablierte ökonomische Dis-

staunlich wenig Interesse hervorgerufen haben. Er (1997: 87) schlägt vor, dass »… [I]f there is to be a new radical agenda, it will once again have to return to the nature of production or, put somewhat differently, the question of value creation« (vgl. auch Morris-Suzuki, 1997). Thomas Hirschl (1997: 158) erklärt kategorisch, dass die auf breiter Ebene stattfindende Einführung von »electronic technology is, indeed, a catalyst for revolutionary change.« Das besagt also, dass der Aufbau der modernen Informations- und Kommunikationstechnologie die letzte Phase in der Entwicklung des Kapitalismus einläutet: »Electronic technology has definite implications for capitalist dynamics as identified by Marx. The essential implication is that it brings to the forefront the general (›global‹) tendencies of capitalism, that is, it 1) accelerates the fall in the rate of profit; and it 2) accelerates the rate at which labor becomes redundant … The cyclical process defines the ›final‹ decline of capitalism« (Hirschl, 1997: 164). Hirschls Erwartung sollte sich bald empirisch überprüfen lassen.

9  Bestenfalls einige wenige Beobachter dieser gesellschaftlichen Entwicklungen, die sich zu den wenigen noch verbliebenen Anhängern einer strikt marxistisch bestimmten theoretischen Plattform bekennen, machen resignierend darauf aufmerksam, dass die zur Diskussion stehenden Veränderungen in der Produktionsweise unter links- oder »progressiv«-orientierten Sozialwissenschaftlern bisher zumindest nur wenig Interesse finden: »However, if there is to be a new radical agenda, it will once again have to return to the nature of production or, put somewhat differently, the question of value creation« (Kenney, 1997: 87; siehe auch Morris-Suzuki, 1997). Andererseits ist Thomas Hirschl (1997: 158) fest davon überzeugt, dass die Macht der verbreiteten Einführung der modernen Kommunikations- und Informationstechnologie den Weg in die klassenlose Gesellschaft ebnet: »electronic technology is, indeed, a catalyst for revolutionary change.« Das heißt, diese Technologie signalisiert die endgültig letzte Phase der Entwicklung des kapitalistischen Wirtschaftssystems: »Electronic technology has definite implications for capitalist dynamics as identified by Marx. The essential implication is that it brings to the fore the general (›global‹) tendencies of capitalism, that is, it 1) accelerates the fall in the rate of profit; and it 2) accelerates the rate at which labor becomes redundant …The cyclical process defines the ›final‹ decline of capitalism« (Hirschl, 1997: 164). Diese Aussage ist überprüfbar, und es wird sich

kurs angesichts der neuen Realitäten kaum relevant. Nichtsdestotrotz repräsentiert die Entwicklung des Wissens zu einem primären Produktionsfaktor eine Extension der evolutionären Entwicklung des Kapitalismus. Der fundamentale Impuls, der den Motor des Kapitalismus in Gang hält, kommt nach Schumpeter ([1942] 1950: 137) »von den neuen Konsumgütern, den neuen Produktions- und Transportmethoden, den neuen Märkten, den neuen Formen der industriellen Organisation, welche die kapitalistische Unternehmung schafft.«

Die eigentliche Ressource, die dafür sorgt, dass der Motor des modernen Kapitalismus weiter laufen kann, ist zusätzliches Wissen.

Die Summe der zur Diskussion stehenden grundlegenden Veränderungen erlaubt und rechtfertigt es, von der Transformation der modernen Industriegesellschaft in eine *Wissensgesellschaft* zu sprechen. Meine Begriffswahl kann schon an dieser Stelle mit wenigen Worten erklärt werden: Ich habe mich gegen konkurrierende Begriffe wie »Informationsgesellschaft« (zum Beispiel Nora und Minc, [1977] 1980; Katz, 1988; Spinner, 1998), postindustrielle Gesellschaft (Bell, 1973), postmoderne Gesellschaft (zum Beispiel Lyotard, [1979] 1984), Wissenschaftsgesellschaft (Kreibich, 1986), der wissenschaftlich-technischen Zivilisation (zum Beispiel Schelsky, 1954; Kranzberg, 1986), der Risikogesellschaft (Beck, 1986, 1992) oder der Netzwerkgesellschaft (Castells, 1996) entschieden, die, wie bekannt, ebenfalls häufiger verwendet werden, um die gegenwärtige Gesellschaftsform von der industriellen Gesellschaft zu unterscheiden. Ohne meine Wahl hier im Einzelnen zu rechtfertigen, das wird im Abschnitt über die Wissensgesellschaft geschehen (siehe auch Stehr, 1994a), stelle ich an dieser Stelle lediglich vorläufig fest, dass die zur Verfügung stehenden begrifflichen Alternativen in der Regel zu restriktiv formuliert oder sogar eindeutig irreführend sind.

Inzwischen ist der Gedanke, dass wir uns auf eine »wissensbasierte Gesellschaft« sowie eine »wissensbasierte Wirtschaft« zu bewegen, zumindest in einigen Ländern in die öffentliche und politische Diskussion eingegangen. So schlägt zum Beispiel der von der Weltbank (1999: 1) veröffentlichte World Development

bald zeigen müssen, ob der Kapitalismus kurz vor dem revolutionären Zusammenbruch steht.

*Report* des Jahres 1999 vor, Entwicklungsprobleme von einer neuen Warte aus zu betrachten, und zwar »from the perspective of knowledge« (siehe auch Mansell und Wehn, 1998). Ähnliches geschieht zumindest in einigen Bereichen des ökonomischen Diskurses, wo man auf folgende Beobachtungen stoßen kann: »Being good at allocating tangible resources will be only of secondary importance; what will matter is how well one succeeds in developing organisations which promote learning and the wise use of knowledge« (Lundvall, 1995: 45-46). In den Medien wird die Wissensgesellschaft zuweilen mit der Informationsgesellschaft gleichgesetzt und damit auch mit solch umstrittenen Ideen wie der argwöhnischen, aber auch, weil oftmals wiederholte Ängste über den Gang der Moderne manifestierend, repetitiven Aussage, dass wir uns im Zeitalter einer restriktiven, kolonisierenden Globalisierung befinden, uns von Dingen zu Ideen hin bewegen und schließlich, dass sich der Schwerpunkt von schwergewichtigen Waren auf symbolische Güter verlagert, von räumlichen Märkten auf ortsungebundene, von Maschinen auf Software und in der politischen Arena von der distanzierten Beobachtung auf die unmittelbare Teilnahme, um nur einige Klischees zu nennen. Die Transformation der modernen Gesellschaft in eine Wissensgesellschaft schließt womöglich all diese Veränderungen ein, geht aber noch über diese hinaus. Um diese zusätzlichen Tendenzen geht es in diesem Buch.

Die OECD (1999) hat den Versuch unternommen, den quantitativen Umfang der Investitionen in Wissen beziehungsweise die Größe des Anteils wissensbasierter Unternehmen an der gesamtwirtschaftlichen Wertschöpfung einzelner Mitgliedstaaten der OECD zu schätzen. Die in Tabelle 1 vorgestellten Zahlen vermögen allerdings nur einen ersten Einblick in den komparativen Stellenwert der Wissensökonomie zu geben. Wir befinden uns erst am Beginn der wachsenden Bemühungen, die Eigenschaften wissensbasierten Wirtschaftens zu erkennen und zu quantifizieren.

| | Investitionen in Wissen und Sachwerte in Prozent des Bruttosozialprodukts (1995)[a] | | Anteil der Wertschöpfung wissensintensiver Unternehmen an der gesamten privaten Wertschöpfung 1995 bzw. 1996 |
|---|---|---|---|
| | Wissen | (Sachwerte) | Wissensökonomie |
| Italien | 6,1 | (18,0) | 41,3 |
| Japan | 6,6 | (28,5) | 53,0 |
| Australien | 6,8 | (22,6) | 48,0 |
| Deutschland[c] | 7,1 | (21,4) | 58,6 |
| OECD | 7,9 | (20,1) | 50,9 |
| EU | 8,0 | (19,0) | 48,4 |
| USA | 8,4 | (16,9) | 55,3 |
| Großbritannien | 8,5 | (16,3) | 51,5 |
| Frankreich | 10,2 | (17,9) | 50,0 |
| Schweden | 10,6 | (14,6) | 50,7 |
| Kanada | 8,8 | (16,9) | 51,0 |

a Die Gesamtsumme der Ausgaben für Forschungs- und Entwicklung (minus der Aufwendungen für Anlagen, Geräte etc.), des staatlichen Schul- und Hochschulwesens, sowie der Ausgaben für Software (auschließlich der von privaten Haushalten).
b Die OECD zählt in dieser Untersuchung soziale Dienstleistungsunternehmen, Kommunikationsunternehmen, den Finanz- und Versicherungssektor, Unternehmen des Herstellungssektors, die durch eine hoch- beziehungsweise eine mittlere technologische Ausstattung gekennzeichnet sind, zu den wissensbasierten Unternehmen des Herstellungs- und Dienstleistungssektors.
c Westdeutschland.

*Quelle:* OECD (1999: 114-115)

In der Industrieproduktion drückt sich die Entwicklung der modernen Wissensgesellschaft zum Beispiel darin aus, dass insbesondere in der auf Wissen basierenden Produktion ein hoher Anteil der Kosten auf die Kategorie »Wissen« entfällt:

»The manufacturing costs of the semiconductor microchip are about 70 percent knowledge – that is, research, development and testing – and no more than 12 percent labour. Similarly with prescription drugs, labour represents no more than 15 percent, with knowledge representing almost 50 percent. By contrast, in the most fully robotized automobile plant labour would still account for 20 or 25 percent of the costs« (Drucker, l986: 778).

Die augenscheinliche Präzision der Zahlen Druckers und der OECD sollte allerdings nicht über die (vielleicht etwas desillusionierende) Tatsache hinwegtäuschen, dass (1) die empirischen Daten auf diesem Gebiet oft nur sehr schwer erhältlich sind und (2) die als gesicherte Ergebnisse angebotenen Zahlen, wie in diesem Fall die von Drucker über den Anteil der Produktionskosten in verschiedenen Industrien, der angeblich auf Wissen entfällt, nur selten im Detail nachprüfbar sind beziehungsweise von anderen Autoren als weit überzogene oder zu geringe Schätzungen eingestuft werden. Nicht nur ist der Konsens oft gering, auch die vorhandenen Zahlen lassen, wie ich noch häufiger Gelegenheit haben werde zu betonen, an Transparenz und Wiederholbarkeit erheblich zu wünschen übrig. Infolgedessen betont Carter (1996b: 184):

»The balance sheets and income statements that form the core of our financial records are rooted in early history, when technological change was much slower and less purposive than it is today. Thus our fundamental economic measures associate today's costs with output – current and future – rather than with the activities of research and adaptation associated with change itself.«

Dennoch ist die eher quantitative *Sichtweise* Druckers, in der die von ihm zitierten Statistiken illustriert werden, ungewöhnlich und informativ genug, so dass es sich lohnt, diese Daten zu erwähnen.

Während Arbeit und Eigentum an gesellschaftlichem Stellenwert verlieren, wächst gleichzeitig das Gefühl der Unverbundenheit (*sentiments of disaffinity*), wie Borgmann (1992: 20) dies gekennzeichnet hat; das heißt, die Einstellung zu oft fatalistischen Glaubens- und Wertvorstellungen, die sich noch vorrangig an den in der Industriegesellschaft dominanten Produktionsfaktoren Arbeit und Eigentum orientierten, wird immer distanzierter. Noch allgemeiner formuliert, die Wissensgesellschaft repräsentiert eine soziale und ökonomische Welt, in der die Dinge zunehmend »gemacht« werden, und nicht mehr die soziale Realität, in der die Dinge einfach stattfanden (siehe Lowe, 1971: 565).

Obwohl man sich zunehmend darüber im Klaren ist, dass eine Theorie sozialen Handelns beziehungsweise eine ökonomische Theorie gefragt ist, in der Wissen eine zentrale Rolle einnimmt (vgl. Drucker, 1993: 181-193), ist es keineswegs einfach zu beschreiben, wie das Wissen als konstitutives Element der modernen Wirtschaft funktioniert. Da eine idealisierte Konzeption des Wissens und insbesondere wissenschaftlicher Erkenntnis ohne einen hinreichenden Verweis auf die Bedingungen ihrer Fabrikation, ihrer besonderen Attribute und ihrer Realisation in vielen Diskussionen über die gesellschaftliche Rolle des Wissens vorherrscht, ist diese Studie zugleich eine Kritik des essentialistischen Verständnisses von Wissen. Ähnlich wie Wissen wird Technik als eine Art *black box* behandelt, das heißt als stabiles oder robustes Phänomen oder Prozess, dessen »Verbundenheit« zu den Bedingungen seiner Fabrikation unsichtbar bleibt. Der Einfluss der Technik in der modernen Gesellschaft und auf die Natur ist so umfassend, dass er ebenfalls verborgen ist.[10] Es läuft in der Tat auf eine Selbstverständlichkeit hinaus zu sagen, dass die moderne Technik eine zentrale Rolle in unserer Lebenswelt spielt und die soziale Organisation des Alltags (Giedion, 1948; Joerges, 1988) zum Beispiel entscheidend mitbestimmt. Trotzdem wird die gesellschaftliche Rolle von Technik und technischem Wissen oft in unzulänglicher Weise diskutiert. Dazu gehört vor allem eine essentialistische Betrachtungsweise der Technik. Das heißt, man beschäftigt sich mit der Frage der Rolle der Technik ohne Berücksichtigung der sozialen Umstände ihrer Entdeckung, Produktion und Anwendung beziehungsweise ohne dass diese Momente in den jeweiligen Interpretationen einen gedachten Einfluss auf die gesellschaftliche »Arbeit« haben, die Technik angeblich leistet (siehe Grint und Woolgar, 1997).

10 Man sollte in dem allfälligen Bemühen, Einstellungen zur Erkenntnis und zur Technik als *black box*-Attitüde zu entlarven, die entlastende Funktion solcher Haltungen in ganz unterschiedlichen Handlungszusammenhängen nicht unterschlagen. Die bewusste Fabrikation von Kontingenz und Unsicherheit steht immer unter dem Vorzeichen der Überwindung und der Produktion von Konsens und Gewissheit. Gerichtsverfahren sind für diese Dualität und Spannung gute Beispiele (vgl. Lynch, 1998).

Meine Kritik gilt aber keineswegs nur dem herkömmlichen Verständnis von Wissen und Technik als exogene Variable in ökonomischen Diskursen.

Mein Interesse an der sich verändernden Struktur der modernen Wirtschaft ist auch nicht von einem funktionalistischen Problemverständnis geprägt. Die funktionalistische Perspektive ist vor allem von den sozialen und politischen Folgen des abnehmenden Nutzens des ökonomischen Determinismus in den entwickelten Ökonomien der Industriegesellschaften fasziniert (vgl. Inglehart, 1987: 1289).[11] Im Gegenteil, mein Interesse gilt in erster Linie den Bedingungen für die Möglichkeit weiteren, nachhaltigen Wirtschaftswachstums in den entwickelten Gesellschaften. Anstieg, Stagnation oder sogar Rückgang des wirtschaftlichen Wachstums sind neben der Frage nach dem Zustand der Umwelt wichtige, wenn nicht sogar die wichtigsten politischen Themenpunkte in entwickelten Gesellschaften.

Die ökonomische Theorie, insofern sie sich primär auf die Frage der wirtschaftlichen Effizienz im engeren Sinn einlässt, das heißt auf die Problematik der Optimierung des Vorhandenen und dessen, was bereits gewusst wird, ist nicht in der Lage, sich mit denjenigen Faktoren zu befassen, die das wirtschaftliche Wachstum in fortgeschrittenen Volkswirtschaften erst möglich machen und damit zur Vermehrung des Wohlstands einer Gesellschaft beitragen können. Der herkömmlichen (professionellen) Betrachtungsweise ökonomischer Realitäten steht die (immer noch unorthodoxe) Beobachtung gegenüber, dass das politische oder öffentliche Verständnis wirtschaftlichen Wohlergehens sehr viel stärker von Vorstellungen des Wachstums als der ökonomischen Effizienz geprägt ist (siehe auch Piore, 1995: 99). Und insoweit Wissen als Bedingung für die Möglichkeit von nachhaltigem Wirtschaftswachstum gelten kann, wird Wissen natürlich zu

11 Die schon von Emile Durkheim ([1893] 1988: 316) vor hundert Jahren in seiner Konzeption der modernen gesellschaftlichen Arbeitsteilung konstatierte kognitive Abgrenzung von soziologischen und ökonomischen Erkenntnisinteressen repräsentiert genau diese Orientierung: »Für sie (die Ökonomen, A. d. V.) besteht sie wesentlich darin, mehr zu erzeugen. Für uns ist diese größere Produktivität nur eine notwendige Folge, eine Fernwirkung des Phänomens. Wenn wir uns spezialisieren, dann nicht darum, um mehr zu produzieren, sondern um in den neuen Existenzbedingungen zu leben, die uns bereitet wurden.«

einem entscheidenden, vielleicht sogar dem entscheidenden ökonomischen Faktor. Aus institutioneller oder politischer Sicht möchte ich das Thema jedenfalls nicht betrachten. Die Entwicklungen, um die es hier geht, vollziehen sich in jeder modernen Gesellschaft. Sie mögen von Gesellschaft zu Gesellschaft verschieden ausfallen, geschichtliche und länderspezifische Einflüsse können jedoch unberücksichtigt bleiben. Die Internationalisierung einer Volkswirtschaft belastet deren nationale und regionale Kontexte und drängt zu einer immer stärkeren Angleichung und schließlich zum Anschluss an »erfolgreiche« Modelle und damit an institutionelle und politische Konstrukte.

Ich werde mich aber vor allem auf die Mitgliedstaaten der Organisation für Wirtschaftliche Zusammenarbeit und Entwicklung (OECD) beziehen. Die hier beschriebenen Entwicklungen treffen daher für einen großen Teil der gegenwärtigen Welt nicht zu. Andererseits steht keineswegs fest, dass diese Regionen die ökonomischen, technischen, politischen und sozialen Entwicklungsmuster nachvollziehen müssen, die die Welt der OECD-Staaten auf den Weg in die Wissensgesellschaft katapultierten.

Hält man sich an die von der Weltbank (z. B. World Bank, 1992) verwendete Definition der Volkswirtschaften mit einer entwickelten Einkommensstruktur (»*high income economies*«), so fällt eine Reihe weiterer Nichtmitgliedsländer der OECD, wie etwa Singapur, Hongkong, die Vereinigten Arabischen Emirate, unter diese Definition. Unter den OECD-Mitgliedsländern gilt mein Interesse, insbesondere wenn es darum geht, illustrative empirische makroökonomische Daten zu erarbeiten, in erster Linie den wichtigsten Industrienationen der Welt wie Kanada, den Vereinigten Staaten, Deutschland, Großbritannien, Japan, Frankreich und Italien. Diese Länder produzieren fast neunzig Prozent des Bruttosozialprodukts der OECD. Gleichzeitig muss darauf aufmerksam gemacht werden, dass sich das ökonomische Gewicht der OECD Länder und der Regionen der Welt, die sie repräsentieren, in den vergangenen Jahrzehnten signifikant verschoben hat. Die Wirtschaftskraft der Vereinigten Staaten als Teil der Weltwirtschaft ist zum Beispiel in den sechziger und siebziger Jahren zurückgegangen, während der Anteil Westeuropas und Japans in diesen Jahrzehnten erheblich zugenommen hat.[12]

12 Die OECD expandiert und wird sich wahrscheinlich auch in Zukunft

Schließlich möchte ich an dieser Stelle kurz einige Fragestellungen und Gesichtspunkte auflisten, die zweifellos Teil einer umfassenden Untersuchung der modernen Ökonomie und ihrer vorherrschenden Rekonstruktion im fachwissenschaftlichen Diskurs der Ökonomen sein sollten, aber in dieser Studie keine detaillierte Berücksichtigung finden können. Diese metatheoretischen Fragen sind zum Teil in jüngster Zeit an anderer Stelle in kritischen Untersuchungen ausführlich und in beeindruckender Weise behandelt worden. Es wäre wenig sinnvoll, diese gelungene Arbeit an dieser Stelle zu wiederholen, zu der zum Beispiel auch eine sehr kompetente und umfassende Kritik an herkömmlichen ökonomischen Kategorien und Theorieansätzen, an den methodischen und wissenschaftstheoretischen Präferenzen der Ökonomie aus der Sicht anderer sozialwissenschaftlicher Perspektiven gehört (siehe Swedberg, 1987: 1-221; Block, 1990: 21-29).

In Teilen der Literatur zur »Informationsgesellschaft« und zur wissensbasierten Ökonomie liegt die Betonung der theoretischen und empirischen Orientierung auf der Untersuchung eines so gekennzeichneten *neuen, separaten Wirtschaftssektors*, der das Erziehungs- und Bildungssystem im weitesten Sinn sowie öffentliche und private Forschungs- und Entwicklungseinrichtungen umfasst, in denen (neues) Wissen produziert und vermittelt wird (zum Beispiel Nelson, 1993). Mein Augenmerk gilt allgemeineren gesellschaftlichen Entwicklungen. Dennoch sind bestimmte Forschungsergebnisse dieser Literatur relevant.

In meiner Studie geht es nicht um den besonderen Stellenwert der Informations- und Kommunikationstechnologie. Für einige Beobachter der modernen Ökonomie fallen Entstehen und Entwicklung der Telekommunikations- und Informationstechnologie mit Beginn und Dynamik der wissensbasierten modernen Wirtschaft zusammen. Mehr noch, die revolutionäre Informa-

vergrößern. Die ursprünglichen Mitgliedsländer (1961) waren Österreich, Belgien, Kanada, Dänemark, Frankreich, Deutschland, Griechenland, Island, Irland, Italien, Luxemburg, Holland, Norwegen, Portugal, Spanien, Schweden, Schweiz, Türkei, Großbritannien und die USA. Zu einem späteren Zeitpunkt wurden Japan, Finnland, Australien, Neuseeland, Mexiko und als jüngste Mitglieder die Tschechische Republik (1995) und Ungarn (1996) in die OECD aufgenommen.

tionstechnologie ist die moderne Wirtschaft. Es mag sicherlich einen Zusammenhang geben. Allerdings unterschätzt man die Zentralität und die besondere soziale Rolle von Wissen im Kontext ökonomischen Handelns, wenn man es auf ein technisches Hilfsmittel reduziert. Einmal ganz abgesehen davon, dass die ökonomische Effizienz der Informationstechnologie stark umstritten ist.

# Einleitung: Sozialwissenschaften, Ökonomie und Politik

Es gibt eine Reihe von wichtigen theoretischen, politischen und historischen Gründen, die sich verändernde *wirtschaftliche* Struktur der modernen Gesellschaft und ihren gesamtgesellschaftlichen Stellenwert zu analysieren.

(1) Es kommt zu einer grundlegenden *Veränderung des Wirtschaftssystems*. Das Zeitalter der »materiellen« Ökonomie wird von der »symbolischen« abgelöst.[1] Damit wird fraglich, ob die für die materielle Wirtschaft entwickelten ökonomischen Prinzipien und wirtschaftspolitischen Grundsätze noch greifen. Zweifelhaft ist insbesondere, ob man diese Gesetzmäßigkeiten auf die Dynamik der Fabrikation, Verteilung und Konsumtion von Wissen, dem eigentlichen Rohstoff dieser Wirtschaft, anwenden kann. Es liegt deshalb auf der Hand, dass lange vernachlässigten Faktoren, das wirtschaftliche Handeln aber mitbestimmenden kulturellen beziehungsweise institutionellen Prozessen neue und dringliche Aufmerksamkeit zukommen muss.[2]

(2) Der gesamtgesellschaftliche Wandel, der sich in der Entwicklung von *Wissensgesellschaften* ausdrückt, steht in einer unmittelbaren Verbindung zur Transformation der Struktur ökonomischer Aktivitäten. Im Kontext des weiter strittigen Problems der Bedeutung von ideellen und materiellen Faktoren für soziales Handeln heißt dies, dass sich das Gewicht zugunsten

---

1  Zuweilen bedient man sich bei der Beschreibung dieses Szenarios einer sich von Grund auf verändernden modernen Wirtschaft recht radikaler und schriller Metaphern: »Information and knowledge are the thermonuclear competitive weapons of our time. Knowledge is more valuable and more powerful than natural resources, big factories, or fat bankrolls« (Stewart, [1997] 1998: xi).

2  Zu diesem Schluss kam jüngst etwa die komparative Studie des Wirtschaftshistorikers David S. Landes (1998) über die Ursachen des gesellschaftlichen Wohlstandes und der Armut. Andererseits gehört diese These von der Interaktion kultureller und ökonomischer Prozesse zur selbstverständlichen theoretischen Prämisse interdisziplinär orientierter Ökonomen Ende des 19. und Anfang des 20. Jahrhunderts (siehe zum Beispiel Sombart, 2000).

kognitiver, genauer gesagt sozio-kognitiver Faktoren verschiebt. Die Bedeutung materieller Faktoren verschwindet aber nicht. Allerdings verringert die Selbsttransformation der Ökonomie deren gesellschaftlichen Einfluss und mindert damit den Stellenwert des Wirtschaftens insgesamt. Die Bedeutung der Wirtschaft verschwindet natürlich nicht vollständig.[3] Aber aus der Sicht des Einzelnen zum Beispiel verlagern sich die zentralen Lebensinteressen von rein wirtschaftlichen Belangen auf andere lebensweltliche Bereiche. Auslöser und Fokus gesellschaftlicher Konflikte sind nicht mehr in erster Linie wirtschaftliche Auseinandersetzungen, sie werden vielmehr erheblich genereller oder pluralistischer. Ökonomische Veränderungen, insbesondere das wachsende persönliche Haushaltsvermögen, bedingen diese Verschiebungen und reduzieren gleichzeitig die praktische Relevanz sowie die theoretische Validität traditioneller ökonomischer Theorien.

(3) Die *Zukunft der Arbeit*, die Entwicklung der zunehmend wissensfundierten Arbeit sowie die damit im Zusammenhang stehende Polarisierung der Beschäftigung, lässt sich nur in Relation zu veränderten wirtschaftlichen Strukturen moderner Gesellschaften erklären. Veränderungen in Gesellschaft und Arbeitswelt werden in Wissensgesellschaften eine umfassende Auswirkung auf den sozialen Status der Arbeit haben. Sie werden das, was als gesellschaftlich akzeptable, angemessene und menschenwürdige Arbeit gilt, aber auch angeboten werden kann, entscheidend beeinflussen.

(4) In einer Art von »cultural lag« werden *öffentliche Diskurse*, politische Auseinandersetzungen und Entscheidungen immer noch von relativ restriktiven Verweisen auf ökonomische Verhältnisse und eine eher orthodoxe ökonomische Arithmetik dominiert. Und sobald bestimmte wirtschaftliche Themen die Agenda der Medien, der politischen Parteien, alltäglicher Dis-

3 Diese Beobachtungen treffen in erster Linie auf die innenpolitischen Verhältnisse der Gesellschaften mit entwickelten Wirtschaftssystemen zu. Da auf dem Gebiet der internationalen Beziehungen zwischen diesen Nationen militärische Konflikte heute und in der Zukunft im Vergleich zu vergangenen historischen Abschnitten eine sehr viel geringere Rolle spielen, sind *zwischenstaatliche* ökonomische Konflikte und Auseinandersetzungen gegenwärtig sehr viel bedeutsamer (vgl. Kennedy, 1993).

kussionen und Sorgen anführen, werden erneut Warnungen vor dem Geist oder gar Ungeist einer radikalen Ökonomisierung laut. Es wird davor gewarnt, dass sich – verlängert man die gegenwärtigen Trends in die Zukunft – die gesellschaftlichen Verhältnisse insgesamt nach denen der Wirtschaft ausrichten müssen. Andere gesellschaftliche Subsysteme werden (wie der Staat) zum Erfüllungsgehilfen der Rationalität degradiert, insbesondere der mächtigen Wirtschaftsakteure. Die »neue« Eindimensionalität gesellschaftlichen Handelns muss infolgedessen, so die warnende Folgerung, durch gezielte ordnungspolitische Eingriffe des Staates oder »globaler Behörden« gebremst werden.

(5) Im Verlauf der Transformation der Wirtschaft ändert sich darüber hinaus die Art und Qualität der *Verkoppelung* von ökonomischen Systemen mit anderen Institutionen der Gesellschaft, und damit verschiebt sich das Zentrum der Gesellschaft.[4] Im Gegensatz zu den angesprochenen Warnungen vor einer radikalen Ökonomisierung der Gesellschaft sind die Beziehungen zwischen Wirtschaft und Gesellschaft keineswegs (nicht mehr) nur einseitig; die wirtschaftliche Entwicklung ist nicht mehr ausschließlich selbst induziert. Was einst zum Beispiel noch als nichtwirtschaftlicher Maßstab verstanden wurde, wird zum wirtschaftlichen Ziel. Das Zentrum der Macht der Gesellschaft wechselt von Ökonomie und Politik zu eher diffusen gesellschaftlichen Kräften. Im Gegensatz zu transsituativen Konditionen vermehrt sich gleichzeitig der Einfluss situationsspezifischer Bedingungen und rechtfertigt insgesamt eine mehr soziologisch informierte Betrachtung ökonomischer Institutionen und des Handelns.

(6) Die wichtigsten *Politikfragen* unseres Zeitalters, die Globalisierung, der Zusammenhang von Ökologie und Ökonomie, die Zukunft der Arbeit und das Wirtschaftswachstum, lassen sich

---

4 Trotz jüngster Ängste vor einer umfassenden »Ökonomisierung« der Gesellschaft ist es Zweck solcher Beobachtungen, zu klären, wie Offe (1984: 39) dies in seiner Diskussion der Transformation der »Arbeitsgesellschaft« formuliert hat, »aus welchen Gründen die Sphäre von Arbeit und Produktion ihre gesellschaftsstrukturierende und -organisierende Kapazität offenbar einbüßt und im Gefolge der ›Implosion‹ ihrer sozialen Determinationskraft neue Handlungsfelder mit neuen Akteuren und Rationalitäten freisetzt« (siehe auch Drucker, [1968] 1992: vii).

nicht in Isolation von der Verwissenschaftlichung des Wirtschaftens verstehen.

(7) Der *soziologische* Diskurs hat sich allerdings in den vergangenen Jahrzehnten immer deutlicher vom *ökonomischen Diskurs* abgegrenzt. Andererseits, so hat es den Anschein, macht das ökonomische Fachwissen soziologischen Erkenntnissen kaum einmal Konkurrenz. Man kann diese Abkoppelung einmal relativ neutral als Ergebnis der zunehmenden kognitiven Differenzierung wissenschaftlicher Arbeit ansehen.[5] Die Ökonomie verlor das Interesse an Institutionen und am differenzierten sozialen Handeln, während die Soziologie die Analyse sozioökonomischer Verhältnisse der Ökonomie überließ (siehe Granovetter, 1990; Swedberg, 1987).[6] Unter den gegebenen praktischen ökonomischen Verhältnissen ist jedoch nicht mehr sicher, ob es sich dabei um eine effektive intellektuelle Arbeitsteilung handelt und ob die soziologische Analyse ökonomischer Bedingungen nur von marginaler Bedeutung ist. Weder der soziologische Beitrag zur Analyse ökonomischer Verhältnisse noch der Stellenwert des wissenschaftlichen und technischen Wandels sollte einfach als exogene Dimension nationalökonomischer Diskurse betrachtet werden (vgl. auch Dosi, Freeman, Nelson, Silverberg und Soete, 1988). Eine Anzahl von Stimmen spricht sich zudem für eine Wiederannäherung oder sogar eine Wiedervereinigung der Sozialwissenschaften aus. Allerdings kann dies kaum auf dem kognitiven Territorium oder unter den disziplinären Prämissen

5  Im Verlauf der gegenwärtigen intellektuellen Differenzierung soziologischen und ökonomischen Wissens hat man sich bei einem ohnehin nur bescheidenen Maß an gegenseitiger Aufmerksamkeit allenfalls und zunehmend mit dezidierter Irritation und Ungläubigkeit beobachtet: So ist man einerseits über die restriktiven und in ökonomischen Modellen verankerten Annahmen rationalen Handelns erstaunt, andererseits aber über diese wiederholte Kritik bestenfalls irritiert.
6  Wie Christopher Freeman und seine Kollegen (1982: ix) zum Beispiel besonders eindringlich unterstreichen: »The development of industrialized economies cannot be reduced to statistics of the growth of GNP, of industrial production, of capital stock, investment, employment etc., valuable though these statistics undoubtedly are. Underlying these statistical aggregates are the growth of entirely new industries and technologies and are the decline of old ones and many social and institutional changes in the structure of industry and government.«

einer dieser Sozialwissenschaften geschehen.[7] Eine »Einheit« der
Sozialwissenschaften unter solchen Vorzeichen ist natürlich keine Interdisziplinarität, sondern ein Fortschreiben des Status
quo.

(8) Trifft die zentrale Annahme dieser Studie über den wachsenden Stellenwert des Wissens für ökonomische Aktivitäten in
der modernen Gesellschaft zu und kann gleichzeitig mit Recht
davon gesprochen werden, dass die *Wissenschaftssoziologie* in
den vergangenen Jahren erhebliche Fortschritte in unserem (mi-
krosoziologischen) Verständnis der Fabrikation, der Verteilung
und der praktischen Umsetzung von Wissen gemacht hat, so ist
es an der Zeit, sowohl die mikro- als auch die makroökonomische Analyse der Rolle des Produktivfaktors Wissen mit der soziologischer Erkenntnisse über Wissen zu koppeln. Selbst wenn
man unterstellt, dass es in den Wirtschaftswissenschaften eine
große Erkenntniskluft zwischen »the wealth of microeconomic
findings, on the one hand, and the understanding that we have of
how knowledge is distributed in the economy as a whole and the
ways this affects its performance ad dynamics, on the other«
(Dosi, 1996: 86) gibt, so existiert genau an dieser Stelle ein wichtiger, konkreter Schnittpunkt für eine interdisziplinäre empirische und theoretische Zusammenarbeit von sozialwissenschaftlichen Disziplinen.

Zentrale These dieser Untersuchung ist also, dass die Entstehung und Entwicklung von Wissensgesellschaften vorrangig mit
grundlegenden Transformationen der ökonomischen Struktur

---

7 Beispielhaft für Forderungen und intellektuelle Bedingungen dieser
Art ist etwa Hirshleifers (1985: 53) Schluss: »*There is only one social
science*. What gives economics its imperialist invasive power is that *our*
(emphasis added) analytical categories – scarcity, cost, preferences, opportunities, etc. – are truly universal categories. Even more important
is our structured organization of these concepts into the distinct yet
intertwined processes of optimization on the individual decision level
and equilibrium on the social level of analysis.« Die Soziologie und die
Soziologen sind keineswegs immun gegenüber disziplinbestimmten
Konzepten der Interdisziplinarität. So unterstreicht zum Beispiel Werner Sombart ([1931] 1959: 659) in seinem *Handwörterbuch für Soziologie* in dem Artikel »Wirtschaft«: wenn die »Soziologie die Wissenschaft vom menschlichen Zusammenleben ist, Wirtschaft aber
menschliches Zusammenleben, so folgt daraus, daß die Wirtschaftswis-
senschaft Soziologie ist.«

der modernen Gesellschaft verbunden ist, einschließlich einer Vielzahl keineswegs intendierter Folgen, zum Beispiel auf dem Gebiet des Handels, der Inflation und der Beschäftigung. Obwohl ich versuchen werde, zu zeigen, dass sich eine neue ökonomische Struktur auf der Basis einer Verschiebung in der relativen Bedeutung der herkömmlichen Produktionsfaktoren und des neuen, zunehmend wichtigeren Produktionsfaktors »Wissen« entwickelt, gilt mein primäres theoretisches und empirisches Interesse nicht dem Umfang produktiver Ergebnisse wirtschaftlichen Handelns, sondern den veränderten Voraussetzungen der Produktion von Waren und Dienstleistungen (und deren sozialer Organisation) – auch wenn diese weiter wachsende Produktionsergebnisse bedeuten.

Die Produktionsprozesse in der Industriegesellschaft werden durch eine Kombination von Faktoren bestimmt, die in der Wissensgesellschaft rapide an Bedeutung verlieren und deshalb als Voraussetzungen für eine expandierende Wirtschaft immer mehr in den Hintergrund gedrängt werden. Faktoren wie die Koppelung in der Dynamik von Rohstoffangebot und -nachfrage, die Abhängigkeit der Beschäftigungszahl vom Umfang der Produktion, der rohstoffproduzierende Wirtschaftssektor, die Rolle und Organisation der Arbeit (besonders im Sinne von direkter Arbeit und elementarer Kopfarbeit), der enge Zusammenhang zwischen Kosten und Organisation der Produktion und der materiellen Distanz (sei es zum Absatzmarkt oder zum Beschaffungsort), die Rolle des internationalen Handels oder der Grenzen wirtschaftlichen Wachstums verschieben sich oder verlieren ihre Bedeutung. Die Veränderungen in den Konditionen des Wirtschaftens lassen sich insgesamt auf folgenden gemeinsamen Nenner bringen: Eine weitgehend »materiell« orientierte und gesteuerte Wirtschaft entwickelt sich graduell zu einer »symbolischen« oder wissensfundierten »monetären« Ökonomie. In der ökonomischen Theorie John M. Keynes', insbesondere in *The General Theory* (1936), spiegelt sich diese Transformation der Wirtschaft zu einer von monetären Problemen dominierten Wirtschaft besonders anschaulich wider.

In jüngster Zeit wird aus der monetären eine symbolische Ökonomie. Wissen wird zunehmend zum wichtigsten Produktionsfaktor. In der Wissensgesellschaft machen kognitive Faktoren, Kreativität, Wissen und Information in zunehmendem Maße den

Großteil des Wohlstands eines Unternehmens aus. Mit anderen Worten, die Produktion wird mit Ausnahme der besonders standardisierten Waren und Dienstleistungen immer weniger durch den Umfang des herkömmlichen Arbeitseinsatzes und des physischen Kapitals bestimmt (vgl. Block, 1985: 95).

Es ändern sich aber nicht nur die Zusammensetzung und die relative Bedeutung der Produktionsfaktoren, sondern auch die Art der Dienstleistungen und die Qualitäten der produzierten Waren. Im Fall der für eine moderne Ökonomie typischen Waren ist es zum Beispiel nicht mehr so sehr ihre materielle Beschaffenheit, die im Verlauf der Zeit an Wert verliert, und dies in wachsendem Tempo. Im Gegenteil, in physischer Hinsicht sind viele Waren bereits schier unzerstörbar. Es ist das in diesen Waren manifeste Wissen, welches am Markt und damit für den Konsumenten der Ware an Wert einbüßt. Und dies gilt zunehmend nicht nur für Software und Computer (siehe auch Kenney, 1997: 92).

Bei einer Betrachtung der modernen ökonomischen Fachliteratur fällt auf, dass von den Faktoren und Prozessen, um die es mir in dieser Studie geht und von denen unterstellt wird, dass sie zu einer umfassenden Veränderung der Wirtschaftsstruktur der modernen Gesellschaft führen, in der Regel selten die Rede ist. Natürlich bedeutet dies nicht, dass es unter Wirtschaftswissenschaftlern so etwas wie einen umfassenden Konsens über die prinzipielle Irrelevanz von Wissen gibt oder dass von ihnen die These vertreten wird, Wissen und geistige Fähigkeiten seien schon immer essentieller Bestandteil ökonomischen Handelns und somit seiner wissenschaftlichen Analyse gewesen.[8] Es lassen sich hier und dort bemerkenswerte Ausnahmen der expliziten Problematisierung von Wissen im ökonomischen Diskurs ausmachen (Friedman und Kuznets, 1945; Kuznets, 1966: 82, 287-294). Davon wird noch zu sprechen sein.[9]

---

8 Selbst in der klassischen wirtschaftswissenschaftlichen Literatur lassen sich immer wieder Beobachtungen finden, die rückblickend als Verweise auf die Bedeutung von Wissen, Expertise und Information im Kontext ökonomischer Aktivitäten interpretiert werden können (siehe Freeman, 1995) und in »this general and rather abstract sense, economic theory has always been about interdependencies in knowledge-intensive systems« (Dosi, 1996: 81).

9 Eine der hervorstechenden Ausnahmen unter den Nationalökonomen

Aber abgesehen von den insgesamt gesehen wenigen und wenig einflussreichen Abweichungen gilt fast ausnahmslos die Beobachtung, dass »Wissen oder Information« von Ökonomen weitgehend ignoriert oder als konstante Variable in die fachwissenschaftliche Diskussion eingeführt wird. Dies hat zur Folge, dass Wissen als eine Art *black box* begriffen wird. Deshalb gilt für die gegenwärtige nationalökonomische Theorie immer noch die resignierende Beobachtung von George Stigler (1961: 213): »One should hardly have to tell academicians that information is a valuable resource: knowledge is power. And yet it occupies a slum dwelling in the town of economics« (siehe auch Rosenberg, 1985).[10] Wissen (und technischer Wandel) sind die Achillesferse der gegenwärtigen ökonomischen Theorie.

In ökonomischen Diskursen ist Wissen allenfalls eine residuale Kategorie und damit eine oft unsichtbare, selbstverständliche Komponente der Produktion, der Investition und der Vermögenswerte von Wirtschaftsunternehmen. Genauer gesagt, Ökonomen interpretieren Wissen (oder Informationen) in einer weitgehend funktionalistischen (und relativistischen) Weise als das, was ein Akteur benötigt, um erfolgreich als Marktteilnehmer zu agieren. Hat sich ein Akteur entschieden, so ist ex post facto anzunehmen, dass er sein Wissen in der Tat im Ablauf des Marktgeschehens als Koordinationsmittel benutzte, beziehungsweise

der Zwischenkriegsgeneration ist Friedrich von Hayek (z. B. [1945] 1948). Für ihn ist die zentrale Fragestellung der ökonomischen Theorie das Problem des Wissens. Obwohl er ein Anhänger des methodologischen Individualismus ist, konzipiert er soziale Institutionen wie den Markt als Wissensphänomene. Märkte sind demnach nicht etwa allokative Mechanismen, sondern epistemologische Prozesse, durch die »knowledge that could not be collected by a single mind is yet rendered accessible and usable for human purposes« (Gray, 1988: 55). Ökonomische Märkte beinhalten »tacit knowledge.« Eine Kritik der Hayek'schen Konzeption von Markt(tausch)prozessen als eine Form der Transaktion von Wissen findet sich in Fuller, 1992: 179-180.

10 Diese kritischen Folgerungen kann man ohne Einschränkung auch auf das Spezialgebiet der so genannten politischen Ökonomie ausdehnen. Wie ein Vertreter dieses Fachgebiets deshalb auch selbstkritisch anmerkt: Die (radikale) politische Ökonomie hat nur selten anerkannt, dass die »distribution of power, including class power, in an advanced economy is heavily influenced by the division of labour and the division of knowledge associated with it« (Sayer, 1995: 43).

Wissen wird als das definiert, was notwendig ist, um durchzusetzen, dass man seine Bedürfnisse zu einem bestimmten Preis befriedigen kann (siehe Fuller, 1992: 159; Callon, 1999). Diese Definition vernachlässigt, wie ich zeigen werde, eine Vielzahl wichtiger Komponenten des Wissens.

Wissen monetär messen zu wollen ist ein fragiles, vielleicht sogar vergebliches, keinesfalls aber verlässliches Unterfangen. Unter Marktteilnehmern ist Wissen nicht unbedingt gleich verteilt. Noch ist jedes Wissen von gleicher ökonomischer Bedeutung. Das Wissen besteht nicht zuletzt aus »qualitativen« Komponenten. Aber qualitative Elemente sind bisher von Ökonomen kaum erfolgreich spezifiziert worden. Sie bleiben weiter schwer fassbare, wenn nicht sogar trügerische Elemente des ökonomischen Diskurses.[11]

Obwohl wissensbasierte Wirtschaftssysteme eine neue ökonomische »Epoche« repräsentieren, in der Tat, ich unterstreiche die Bedeutung von Diskontinuitäten, will ich damit aber nicht behaupten, dass die Summe der Diskontinuitäten ein historisch *neues* ökonomisches System hervorbringt.[12] Folgt man Werner

11 Wie Penrose (1959: 77) zum Beispiel ausführt, »economists have, of course, always recognized the dominant role that increasing knowledge plays in economic processes but have, for the most part, found the whole subject of knowledge too slippery to handle ...« Gerade diese fragilen, trügerischen Momente des Wissens sind ein Verweis auf wichtige fachwissenschaftliche Gründe für die systematische Vernachlässigung der »Variable« Wissen als Element des modernen ökonomischen Diskurses: Die vom ökonomischen Diskurs in der Nachkriegszeit zunehmend geforderten und eingesetzten »präzisen« intellektuellen »Werkzeuge« (formalisierte Sprache, Modelle, Messverfahren etc.) zur Abbildung und Analyse ökonomischer Tatbestände lassen erkennen, dass man eine quantitativ nur schwer und ungenau zu fassende Dimension wie Wissen oder das Phänomen des Ortes ökonomischen Handelns als Objekt der Beschreibung und Erklärung wirtschaftlichen Handelns gezwungenermaßen als irrelevant einstuft (zur distanzierten Relation von Geographie und Ökonomie siehe auch Krugman, 1995).

12 Karl Marx ist einer der bekanntesten Anhänger einer singulären, deterministischen Logik ökonomischer und gesellschaftlicher Entwicklungen. Er beschreibt zum Beispiel die uneinheitliche ökonomische Entwicklung seiner Zeit, insbesondere die frühe Entfaltung der Industriegesellschaft in Großbritannien als Ergebnis eines singulären

Sombarts ([1916] 1921: 21-22) in der Tradition der historischen Schule formulierten Überlegungen, so zeichnet sich jedes ökonomische System durch eine besondere Organisationsform, eine Technologie und eine bestimmte Einstellung zum wirtschaftlichen Handeln aus. Unter diesen Eigenschaften ist nach Sombart die in unterschiedlichen Epochen zu beobachtende besondere Anschauung oder *Wirtschaftsgesinnung*, wie zum Beispiel das Prinzip der Akquisition, des Wettbewerbs oder der wirtschaftlichen Rationalität des kapitalistischen Wirtschaftssystems, von hervorstechender Bedeutung. Ich behaupte also nicht, dass sich die moderne wissensbasierte Ökonomie durch eine besondere Gesinnung auszeichnet,[13] die sehr unterschiedliche reale Ausprägungen der wissensbasierten Ökonomie unter einer neuen Leitidee subsumiert.[14]

Noch kann davon die Rede sein, dass wissensbasierte Ökonomien durch eine besondere Organisationsform oder Technik gekennzeichnet sind. Eine Reihe von Beobachtern der gegenwärti-

historischen Gesetzes: das industriell entwickelte Land zeigt dem weniger entwickelten Land, wie dessen Zukunft aussehen wird. Tatsächlich aber hat sich die Industriegesellschaft in den verschiedensten Ländern, was Zeitpunkt, Eigenart und Richtung des Wandels betrifft, keineswegs nach diesem Gesetz entwickelt. Es gibt keine »uniformity of sequence, no single way, no law of development. Each of the would-be industrializers, the so-called follower countries, however much influenced by the British experience – to some extend inspired, to some extent frightened or appalled – developed its own path to modernity« (Landes, 1998: 236).

13 Diese Feststellung schließt aber nicht aus, dass sich die für liberalkapitalistische Wirtschaftssysteme angeblich typische Wirtschaftsgesinnung rationalen Handelns nicht ändern oder entwickeln mag. Die Beobachtung, dass es zu einer »Moralisierung« von Produktion und Konsum kommen kann, wäre ein Hinweis auf eine solche Modifikation oder Ausweitung der Wirtschaftsgesinnung kapitalistischer Provenienz (siehe auch Stehr, 2000d).

14 In einer Besprechung von Sombarts *Der moderne Kapitalismus* drückt Talcott Parsons ([1928] 1991: 6) seine große Bewunderung für Sombarts Fähigkeit aus, die Gesamtheit einer historischen Epoche an Hand empirischer Befunde »in such an illuminating and convincing way in terms of one great leading idea« zu interpretieren. Sombarts Vorgehensweise, »gives a unity to his presentation which marks a great advance over the entirely disconnected studies of historical facts presented by the historical school proper.«

33

gen Ökonomie ist allerdings davon überzeugt, dass die modernen Informations- und Kommunikationstechnologien eine spezielle, wissensbasierte Ökonomien kennzeichnende Technik repräsentieren. Ich werde später ausführlicher zeigen, dass die operative und/oder unabhängige Funktion der Informations- und Kommunikationstechnologien häufig überschätzt wird.

Es gibt eine nicht zu unterschätzende Kontinuität im Prozess der ökonomischen »Evolution«; dies gilt nicht zuletzt auf Grund der Notwendigkeit, dass sich Kapital immer wieder reproduzieren muss. Mit Sombart und Weber muss betont werden, dass kulturelle Gegebenheiten im Rahmen ökonomischer Prozesse einen nicht unerheblichen Einfluss spielen. Und dies gilt umso mehr, je mehr wir uns einer wissensbasierten Ökonomie nähern.[15] Was Kultur oder Überbau konkret auch immer bedeuten mag, es gilt ebenfalls, dass monokausale Erklärungen generell unzureichend sind und dass sich dieser Mangel monokausaler Ansätze im Kontext wissensbasierter Wirtschaftsprozesse nur noch verstärkt.

15 Diese Feststellung hat zudem den nicht unerheblichen Nutzen, dass sie uns davor bewahrt, die stratifizierte Gesellschaft nur unter ökonomischen Gesichtspunkten zu sehen oder ausschließlich in ökonomischen Kategorien zu verstehen. Aus systemtheoretischer Perspektive unterstreicht Luhmann (1970: 225) darüber hinaus, dass die Wirtschaftssoziologie nur dann entwickelt werden kann, wenn »ihr Denkansatz umstrukturiert wird und man nicht mehr von einem Begriff der wirtschaftlichen Gesellschaft, sondern von dem Begriff des wirtschaftlichen Sozialsystems als Teilsystems der Gesellschaft ausgeht.« Dies schließt aber nicht aus, dass man dem sozialen System der Ökonomie einen »funktionalen Primat« zuerkennt. Der funktionale Primat fällt anscheinend jeweils dem Teilsystem zu, wie Luhmann (1970: 226) hervorhebt, das »sich jeweils mit höherer Eigenkomplexität ausdifferenzieren und strukturieren läßt.« Aber selbst eine solche Anerkenntnis der hervorragenden Rolle der modernen Wirtschaft ist nicht identisch mit einer Ökonomisierung des Gesellschaftsbegriffs.

# I. Die Soziologie der Wirtschaft und die Ökonomie der Gesellschaft

Bevor die zu Beginn des zwanzigsten Jahrhunderts einsetzende intensive intellektuelle Arbeitsteilung in den Sozialwissenschaften verbreitet Geltung erlangen konnte, bestand kaum Zweifel, dass ökonomische Fragen eine zentrale Rolle in soziologischen Diskursen spielen und umgekehrt soziologische Fragestellungen selbstverständlicher Bestandteil ökonomischer Diskurse waren. Die klassische politische Ökonomie ist nichts anderes als ein klassischer sozialwissenschaftlicher Diskurs.[1] Die Prämissen der Ökonomie sind identisch mit den Grundfragen der Sozialwissenschaften. Obwohl Adam Smith' *The Wealth of Nations* ([1776] 1909) von den heutigen Fachwissenschaftlern als intellektueller Ursprung und Urgestein der Ökonomie verstanden wird, »wandert« Smith in seiner Studie weit über die jetzt geltenden und oft eifersüchtig bewachten kognitiven Grenzen ökonomischer Diskurse hinaus. Andererseits sind die Forschungsinteressen und -objekte von Max Weber, Emile Durkheim, Werner Sombart, Vilfredo Pareto keineswegs auf eindeutig »legitime« soziologische Themen beschränkt. Aber schon für die neoklassischen Ökonomen waren solche Beiträge von geringer Relevanz und fanden infolgedessen allenfalls beiläufige Aufmerksamkeit.[2]

1 Einer der eindrucksvollsten und gleichzeitig fest in den Theorietraditionen der Disziplin verankerten soziologischen Theorieentwürfe der Gegenwart ist zweifellos die Theorie des kommunikativen Handelns von Jürgen Habermas. Er verbannt Arbeit und Produktion im herkömmlichen Sinn aus dem Zentrum theoretischer Reflexion und relativiert die Rolle dieser Konstrukte als Motor moderner gesellschaftlicher Entwicklung. An die zentrale Stelle der Produktionssphäre und seiner Antagonismen treten die Widersprüche zwischen den Subsystemen zweckrationalen Handelns (Ökonomie und Staat) und der Lebenswelt. Allerdings, und deshalb werde ich mich in dieser Studie nicht weiter intensiv auf die Habermas'sche Theorie wie zum Beispiel auf die Differenzierung von Arbeit und Interaktion einlassen, rekurriert sie häufig auf eine eher szientistische Konzeption wissenschaftlicher Erkenntnis (vgl. Habermas' [1982: 274-278] selbstkritische Bemerkungen zu diesem Punkt).

2 Eine Anzahl von Aufsätzen und Büchern skizziert in informativer und

Die Idee der modernen Gesellschaft als *Industrie*gesellschaft ist eines der zentralen Themen aller Sozialwissenschaften und Motor der Entwicklung der sozialwissenschaftlichen Disziplinen. Die Theorie der industriellen Gesellschaft ist zum Beispiel eng verbunden mit der Geschichte soziologischer Ideen: Denn »einerseits ist die Soziologie ein Kind der industriellen Gesellschaft; im Gefolge der Industrialisierung trat sie auf den Plan und gewann sie an Bedeutung. Andererseits aber ist die ›industrielle Gesellschaft‹ selbst das Lieblingskind der Soziologie; ihr Begriff darf als Produkt der modernen Sozialwissenschaft gelten« (Dahrendorf, [1967] 1974: 65). Die Industrialisierung gehört aber gleichzeitig zu den zentralen Themen der Ökonomie. Die industrielle Entwicklung fördert und bestimmt den gesellschaftlichen Stellenwert der Wirtschaftswissenschaften, denen sie gleichzeitig wichtige Themen vorgibt.

Sowohl Ökonomie als auch Soziologie waren im Verlauf der Entwicklung der Industriegesellschaft und ihrer vielfältigen sozialen und politischen Folgen immer wieder gefordert, praktisch verwertbare Erkenntnisse bereitzustellen. Dieser Erwartungsdruck hat sich bis heute nicht verändert. So sind die in diesem Zusammenhang immer wieder gehörten Klagen über ein gestörtes Verhältnis von Sozialwissenschaft und Politik also keineswegs neu, ebenso wenig wie die von Zeit zu Zeit lautstark und optimistisch verkündeten Erfolgsmeldungen, zum Beispiel in Form von eindringlichen Warnungen vor der unmittelbar bevorstehenden, faktisch kaum noch zu vereitelnden Priesterherrschaft einer sozialwissenschaftlich orientierten Intelligenz oder vor den von Sozialwissenschaftlern konstruierten »technischen Planungsmaschinen«. Beinahe zur gleichen Zeit wird die eigentümlich resignierende Feststellung laut, sozialwissenschaftliches Wissen sei gegenüber der naturwissenschaftlichen Erkenntnis hilflos zurückgeblieben und damit fast zu gesellschaftlicher Irrelevanz verdammt. Die Ökonomie hat im Verlauf ihrer Geschichte sehr viel weniger unter diesen Vorwürfen beziehungsweise Warnungen oder auch ausgesprochenen Selbstzweifeln gelitten.

aufschlussreicher Weise das Anwachsen und die heute fest verankerte intellektuelle Arbeitsteilung in den Sozialwissenschaften der vergangenen Jahrzehnte sowie den sich eigentlich nur immer weiter vertiefenden Graben zwischen Soziologie und Ökonomie (vergleiche etwa Granovetter, 1990)

Das heißt, die Ökonomie war und ist im Vergleich zu anderen sozialwissenschaftlichen Disziplinen eher auf die Produktion von praktisch verwertbaren Erkenntnissen eingestellt und wird schon aus diesem Grund von Akteuren anderer gesellschaftlicher Institutionen häufiger als eine wissenschaftliche Disziplin verstanden, die solche Erwartungen auch einlösen kann.

Die wachsende Differenzierung von Diskursformen in den Sozialwissenschaften und die Entwicklung einer »reinen« Ökonomie und einer Soziologie, die nichts als Soziologie sein will, reflektiert nicht nur den erfolgreichen Versuch, distinkte kognitive Identitäten der einzelnen sozialwissenschaftlichen Fächer zu errichten, sondern auch die sich verfestigende soziale Differenzierung solcher gesellschaftlicher Institutionen wie Wirtschaft, Staat, Familie, Wissenschaft und Religion. Im Verlauf und als Begleitung dieser sozialen Entwicklungen konzentriert sich die Soziologie zunehmend auf so genannte »Nebenwirkungen« oder »externe« Einflüsse ökonomischer Prozesse, insbesondere auf die Frage, welche Auswirkungen wirtschaftliche Faktoren und Konstellationen auf die gesellschaftliche Solidarität und soziale Ungleichheit haben. Gleichzeitig untersucht man die Beziehungen und Konflikte zwischen den großen gesellschaftlichen Institutionen wie zum Beispiel zwischen Staat und Wirtschaftssystem (Berger, 1990; Smelser und Swedberg, 1994). Die Ökonomen beschäftigen sich dagegen mit der »internen« Dynamik der Wirtschaft und vernachlässigen bewusst nicht nur viele der gesellschaftlichen Folgen ökonomischer Entwicklungen, sondern auch diejenigen Faktoren, die als externe Anstöße und Anreize wirtschaftlicher Entwicklungen gelten können.

Ganz allgemein gesprochen befasst man sich in der Ökonomie mit dem Idealtypus eines weitgehend rational handelnden Individuums, das eindeutige transparente und privat artikulierte Motive verfolgt, die in Konkurrenz zu anderen Akteuren in einer Welt knapper Waren und Dienstleistungen befriedigt werden müssen. Ökonomen favorisieren infolgedessen theoretische Erklärungsansätze und Methoden, die sich an den von ihnen bevorzugten methodischen Individualismus anlehnen. Andere sozialwissenschaftliche Fachgebiete favorisieren und konzentrieren sich auf methodische Vorgehensweisen und theoretische Perspektiven, die ihrer Präferenz für kollektive Zusammenhänge und Prozesse entsprechen. Die schon von den Vertretern der klassischen Soziologie geäußerte Kritik an dominanten ökonomischen Denkbildern, zum Beispiel von Emile Durkheim in seinem Hauptwerk *Über soziale Arbeitsteilung* ([1893] 1988) oder von Max Weber in seinem Aufsatz »Die Objektivität sozialwissenschaftlicher und sozialpolitischer Erkenntnis« ([1904] 1922), ist bei den Fachvertretern in der Regel kaum beachtet worden. Die Ökonomen waren also weitgehend unbeeindruckt und machten sich daran, die kritisierten Prämissen und Sichtweisen weiterzuentwickeln, so dass die an sie adressierten Angriffe bald ganz verstummten. Die kognitive Differenzierung verfestigte sich und gehört heute zum selbstverständlichen Inventar der Sozialwissenschaften.

Die kognitive Arbeitsteilung zwischen der Ökonomie und den anderen Sozialwissenschaften umfasst natürlich auch bestimmte Grundannahmen über ökonomisches Verhalten und die Dynamik der Gesamtgesellschaft. Insgesamt gesehen favorisieren Ökonomen typischerweise die Prämisse, dass die Marktwirtschaft eine inhärente Tendenz zum Gleichgewicht und zur Stabilität besitzt. Sollten aber ungleichgewichtige Prozesse über einen längeren Zeitraum beobachtbar sein, so ist man in der Regel überzeugt, dass geschickte Maßnahmen der staatlichen Wirtschaftspolitik oder anderer Institutionen, die sich auf durch die Ökonomie formulierte »praktische Erkenntnisse« stützen, zu einer Rückkehr zum Gleichgewicht führen dürften. Soziologen sind dagegen eher skeptisch, was den möglichen Stabilitätsbeitrag der Wirtschaft für die Gesamtgesellschaft angeht. Sie sind hingegen überzeugt, dass Wirtschaftsprozesse eine Quelle der sozialen Instabilität sind, indem sie zum Beispiel nachhaltige soziale Ungleichheitsregime verursachen, permanente politische Konflikte hervorrufen und liberaldemokratische Institutionen gefährden. Diese von der Wirtschaft verursachten sozialen Gegensätze und Konflikte lassen sich, wenn überhaupt, nur durch gezielte staatliche Interventionen heilen oder mildern.

Andere Soziologen (zum Beispiel Parsons) setzten dagegen auf die integrative Autorität moralischer Werte als Gegenpol zur teilenden Kraft der Ökonomie.

Ökonomen und Berater des modernen Managements sehen Produktionsbetriebe als Ort effizienter Ressourcenanwendung und den Arbeitnehmer als ein die Ziele der Organisation effektiv umsetzendes Individuum und beide wiederum als Zielstellen für

Versuche, die wirtschaftliche Effizienz zu steigern. Der Modernisierungsprozess als Prozess der Rationalisierung manifestiert sich in konkreter Weise in den Büros, am Fließband und in den Produktionsstätten. Kritisch orientierte Sozialwissenschaftler entwickeln demgegenüber ein völlig anderes Bild des modernen Betriebs. Sie sehen die Fabrik zum Beispiel nicht als Bühne, auf der vorwiegend die Rationalisierung des Produktionsprozesses ausgetragen wird, sondern als einen Ort, an dem tiefgreifende Konflikte und widersprüchliche Interessen von Kapital und Arbeit ausgetragen werden. Das Drama des Widerspruchs zwischen Profiten und Löhnen, und die Trennung von Konzeption und Exekution ist die Geschichte der Klassenschranken in kapitalistisch organisierten Gesellschaften. Diese besonders robuste Perspektive sowie ihre immanenten politischen Folgen werden nur noch von einer kleinen Gruppe von Beobachtern mit Überzeugung vertreten. Und da eine Gesellschaftsanalyse aus dieser Sichtweise nicht länger als Grundlage für eine tragfähige Analyse der modernen Ökonomie verstanden wird, ist es denkbar, dass ein Rapprochement zwischen Ökonomen und Sozialwissenschaftlern anderer Disziplinen auf weniger gravierende intellektuelle und politische Hindernisse stoßen mag. Gegenwärtig wird zum Beispiel die Firma beziehungsweise der Betrieb sowohl von Soziologen als auch von Ökonomen als eine international agierende strategische soziale Organisation verstanden, die zugleich Ort technischer Innovation und der Anwendung neuer Technologien ist: »It is best defined in terms of the management of markets and technologies rather than in terms of rationalization or class rule« (Touraine, [1992] 1995: 141).

Es gab in diesem Jahrhundert natürlich immer wieder ökonomische Sichtweisen, die die Wirtschaft nicht nur als integralen Teil der Gesellschaft und als eng mit ihr verflochten begriffen haben, sondern die Rückkoppelung gesamtgesellschaftlicher Ereignisse in der Form wirtschaftlichen Handelns analysierten. Gleichfalls gab es immer wieder Soziologen, die sich trotz der scharfen intellektuellen Trennung in ökonomische und soziologische Blickwinkel intensiv mit wirtschaftlichen Fragen auseinander gesetzt haben.[3] Es ist Ökonomen niemals gelungen, ein

---

3 Einer dieser der Ökonomie im Prinzip wohlwollend gegenüberstehenden theoretischen Ansätze in den fünfziger Jahren, wie zum Beispiel

Monopol in der Analyse wirtschaftlicher Phänomene zu realisieren. In der Politikberatung vermochten sie dagegen andere Stimmen fast vollständig zum Verstummen zu bringen.[4] Die verbreitet akzeptierte intellektuelle Arbeitsteilung in den Sozialwissenschaften hat dazu beigetragen, dass es zu einem gegenseitigen Verstummen des Gesprächs über die Grenzen der fachwissenschaftlichen Diskurse hinaus gekommen ist und dass bestimmte praktische Fragen nur an einem Standort behandelt werden.[5]

der von Talcott Parsons (siehe Parsons und Smelser, 1956), resultierte aus einer funktionalistischen Sichtweise in einem eher hochabstrakten konzeptuellen Schema, dessen Absicht es war, die Kontingenz und gegenseitigen Beziehungen sozialer Subsysteme einschließlich der Wirtschaft auf den Begriff zu bringen. Man kann wohl mit Recht sagen, dass dieser theoretische Versuch, der zudem mit dem ehrgeizigen Anspruch antrat, die soziologische und ökonomische Theorie zu versöhnen, weder die Ökonomie noch den soziologischen Diskurs nachhaltig beeinflusst hat. Die These von der funktionalen Besonderheit des ökonomischen Systems als gesellschaftlichen Subsystems ist theoretisch nicht weiter ergiebig, da sie zum Beispiel auf die Frage nach den partikularen Qualitäten ökonomischen Handelns keine zufrieden stellende Antwort bereithält. Von seinem strikten Modell der funktionalen Differenzierung ausgehend war Parsons (1960: 134-135) der Überzeugung, dass »technologisches Wissen« das Ergebnis nichtökonomischer Prozesse wie Forschung und Ausbildung ist und für wirtschaftliche Zwecke genauso »als gegeben« behandelt werden sollte wie die Ressource »Land.« Mit der gleichen Logik fährt er dann fort, »the level of *skills* of … (the labour) force I … treat also mainly as a given for economic analysis, namely the ›internalization‹ of technological culture through educational processes« (Parsons, 1960: 136).

4 Ob der zumindest in der Eigendarstellung anzutreffende Erfolg der ökonomischen Wissenschaften in der Politikberatung und in der Formulierung von gelungenen wirtschaftspolitischen Maßnahmen tatsächlich die praktische Effektivität des ökonomischen Diskurses widerspiegelt, das heißt, ob sie fähig sind, praktische Erkenntnisse zu formulieren, steht auf einem anderen Blatt. Die erkenntnistheoretische und wissenschaftssoziologische Problematik der Anwendung sozialwissenschaftlicher Erkenntnis kann an dieser Stelle nicht detailliert analysiert werden. Aber zusammenfassend lässt sich festhalten, dass sich der praktische Erfolg der Ökonomie nicht unbedingt mit ihrem Geschick decken muss, explizit praktische Erkenntnisse zu fabrizieren (vergleiche Stehr, 1992)

5 Grundlegende Annahmen werden wie eine Art »black box« behandelt und in die Überlegungen eingeführt: Zum Beispiel, »in the most ex-

In den vergangenen Jahren sind die Diskursgrenzen zwischen einzelnen wissenschaftlichen Disziplinen etwas weniger rigide formuliert und verteidigt worden. Dies gilt insbesondere für die Trennungslinien zwischen Ökonomie und Soziologie. Sie sind weniger robust als noch in den siebziger Jahren. Intellektuelle Austauschbewegungen sind deshalb zunehmend die Norm. Allerdings ist diese Revision der Grenzen nicht unbedingt von allen Seiten mit Applaus bedacht worden (siehe Heilbroner, 1991).

Das von den Ökonomen entwickelte Modell ökonomischer Rationalität wird generalisiert und auf unterschiedlichste soziale Handlungszusammenhänge, wie familiäres, sportliches oder kriminelles Verhalten, angewandt, die bisher von Ökonomen für eher uninteressante Handlungsfelder gehalten wurden. Mit anderen Worten, Ökonomen haben die Idee aufgegeben, dass die ökonomische Theorie nur auf einen begrenzten Ausschnitt sozialen Verhaltens angewandt werden kann, und damit auch die Vorstellung, dass der Rest der Welt nicht zählt, weil es sich dabei um eine Art ontologischen Slum handelt, der ohne jedes Interesse ist (siehe Gellner, 1994: 21). Im Kontext des gleichen intellektuellen Prozesses der Ausweitung der ökonomischen Perspektive verwenden Soziologen von Ökonomen entwickelte Erklärungen sozialen Handelns. Kurz, man geht ganz davon aus, dass der ökonomische Ansatz Schlüssel zum Verständnis und zur Erklärung sozialen Verhaltens insgesamt ist.

Die in den vergangenen Jahren erfolgte Expansion ökonomischen Denkens auf zusätzliche Handlungsfelder ist vor allem unter Anwendung der Theorie der rationalen Wahl (»rational choice theory«) geschehen. Für manche ökonomische Theoretiker ist dies aber nur so etwas wie eine natürliche Extension ökonomischen Denkens (Becker, 1976). Mit anderen Worten, die ökonomische Sichtweise repräsentiert die Sozialwissenschaften oder kann so etwas wie eine universelle Begrifflichkeit für sie bereitstellen. Die wichtigste Eigenschaft der »rational choice theory« ist die Prämisse, dass soziales Handeln weitgehend auf rationales individuelles Verhalten reduziert werden kann und die

treme rational choice theorists complete their theory through biology, the other members of the discipline escape the puzzles by parceling out its assumptions to psychology, sociology, or politics in a way that enables them forever to avoid coming to terms with the consistency or plausibility of the whole« (Piore, 1995: 112).

Prinzipien der Gewinnmaximierung, des Marktgleichgewichts und stabiler Präferenzen inkorporiert. Rationales Handeln in diesem Sinn bedeutet, wie auch im Kontext ökonomischen Diskurses, dass Individuen das Ziel verfolgen, die Befriedigung einer Anzahl eigener und mehr oder weniger dauerhafter Präferenzen zu maximieren. »Rational choice theory« nimmt für sich in Anspruch, an Hand dieser Grundprämissen in der Lage zu sein, eine Anzahl von gewichtigen Erklärungen und Prognosen sozialen Handelns zu generieren. Sofern dieser theoretische Ansatz überhaupt an kollektiven sozialen Phänomenen interessiert ist, konstituieren diese »use or argument from individual incentives to collective outcomes, of micro motives to explain macro behavior« (Hardin, 1997: 202). Die Beobachtung, dass die Motive sozialen Handelns nicht ausschließlich auf der Exekution rationaler Überlegungen basieren (siehe schon Weber, [1904] 1922: 227; [1913] 1922: 449) oder dass die »Macht« der wissenschaftlichen Erkenntnis anscheinend eindeutige Grenzen hat (siehe Stehr, 1991), wirkt sich offenbar nur sehr gering auf die Überzeugungen der Anhänger der Theorie der rationalen Wahl aus. Jede Aufzählung weiterer Motive wie Altruismus oder der Verweis auf die gesellschaftliche Rolle traditionellen Wissens, die Bedeutung langfristiger Ziele oder des Überlebenswillens kollektiver Akteure etc. deutet schon an, dass das Modell des weitgehend rational handelnden Individuums eine Idealkonstruktion ist, die insgesamt von einer sehr restriktiven Konzeption des Menschen ausgeht. Darüber hinaus sind Rolle und Stellenwert des rationalen Handelns keineswegs selbstverständlich; rationales Handeln mag sogar auf sich widersprechende Handlungsmomente verweisen. Eine Person, die etwa darauf bedacht ist, den Handlungsanweisungen eines Horoskops zu folgen, kann in einem von mehreren Kontexten durchaus rational, in einem anderen aber irrational handeln. Soziales Handeln ist kontextgebunden. Es ist nur in Kontexten möglich. Auch die soziale Konstruktion »rationalen Handelns« selbst ist von soziokulturellen Kontexten abhängig. Ob deshalb kontextinsensitive Handlungsprämissen eine tragfähige begriffliche Basis oder Prämisse für eine überzeugende Theorie sozialen Handelns sein können, ist fragwürdig.[6]

---

6  Siehe auch die Kritik des »new institutionalism« an dem Modell des rationalen Akteurs von March und Olsen (1989). DiMaggio und Pow-

Soziologen haben versucht, die Grenzen zum ökonomischen Diskurs in die entgegengesetzte Richtung zu überqueren, angeblich um ökonomisches Verhalten zu erklären, das sich anscheinend aber nicht den traditionellen Prämissen eines solchen Verhaltens unterordnet (zum Beispiel Granovetter, 1985, oder Luhmann, 1988).[7] Beispielhaft für einen umgekehrten »imperialistischen« Ansatz ist sicher Niklas Luhmanns Kommunikationstheorie.[8] Die Gesellschaft wird von Niklas Luhmann als sinnverarbeitendes System erfasst, das aus Kommunikation besteht und sich über Kommunikationsprozesse integriert. Gesellschaft reproduziert sich durch Kommunikation. Ihre Einheit ist die der Autopoiesis von Kommunikation. Gesellschaftliche Teilsysteme folgen diesem Prinzip. Teilsysteme bestehen ebenfalls nur aus Kommunikation. Allerdings kommunizieren Teilsysteme im Gegensatz zum Gesamtsystem auch mit Teilsystemen in ihrer Umwelt. Die Identität von Teilsystemen wird durch ein

ell (1991: 8) charakterisieren diesen Ansatz wie folgt: »The new institutionalism in organizational theory and sociology comprises a rejection of rational-actor models, an interest in institutions as independent variables, a turn toward cognitive and cultural explanations, and an interest in properties of supra-individual units of analysis that cannot be reduced to aggregations of direct consequences of individual's attributes or motives.«

7 Als weiteres Beispiel kann die Theorie der Weltgesellschaft gelten: Als deren herausragender Vertreter betont Immanuel Wallerstein (1987: 313), dass die drei angeblich distinkten Handlungssysteme Politik, Wirtschaft und Gesellschaft keineswegs »autonomous arenas of social action« sind. Im Gegenteil, »they do not have separate ›logics‹. More importantly, the intermeshing of constraints, options, decisions, norms and ›rationalities‹ is such that no useful research model can isolate ›factors‹ according to the categories of economic, political and social, and treat only one kind of variable, implicitly holding other constant.«

8 Das 1994 veröffentlichte und gemeinsam von Neil Smelser und Richard Swedberg herausgegebene *Handbook of Economic Sociology* enthält nicht einen einzigen Verweis auf Niklas Luhmanns theoretischen Ansatz über das ökonomische System als Kommunikationssystem. Andererseits »antizipiert« Kenneth Arrow (1980) in seiner Abhandlung zur Ökonomie der Information Luhmanns kommunikationstheoretische Sichtweise ökonomischen Handelns, wenn er zum Beispiel betont, dass »the entire economic system can be regarded as a large organization with prices, purchases, and sales as communicated«.

eigenständiges Prinzip ausdifferenziert oder durch einen besonderen Code bestimmt. Im Fall der Wirtschaft ist dies, nach Luhmann, das Prinzip der *Zahlung* (und die mit ihr im Prinzip gekoppelte Entscheidung der Nichtzahlung). »Zahlungen haben genau alle Eigenschaften eines autopoietischen Prozesses: Sie sind nur aufgrund von Zahlungen möglich und haben im rekursiven Zusammenhang der Autopoiesis der Wirtschaft keinen anderen Sinn als Zahlungen zu ermöglichen« (Luhmann, 1988: 52). Zahlungen (durch Geld und Preise) reproduzieren die Wirtschaft. Sie machen die Wirtschaft zu einem sowohl geschlossenen als auch nach vorne (das heißt in die Zukunft ) offenen System. Ergebnis dieser Überlegung ist, dass alle Operationen, die sonst als zentrale Begriffe der ökonomischen Theorie gelten, wie zum Beispiel Distribution, Markt, Kapital, Arbeit usw., als Derivate des Zahlungselements gelten. Dies bedeutet aber auch, dass viele der Elemente, die üblicherweise Teil des ökonomischen Diskurses sind, von Luhmann nicht als Teile des Wirtschaftssystems verstanden werden, wie zum Beispiel Güter und Dienstleistungen, um die es bei den Zahlungen gehen mag oder die psychischen Befindlichkeiten ökonomischer Akteure. Diese Elemente sind Teil der Umwelt des Wirtschaftssystems. Über sie wird im Teilsystem Wirtschaft kommuniziert.

Aber trotz dieses und anderer heroischer theoretischer Bemühungen bleiben die disziplinären Grenzen zwischen den Disziplinen der Sozialwissenschaften eher stabile Trennungsmechanismen. Sie sind nicht weniger durchlässig geworden. Das Schicksal der Luhmann'schen Bemühungen ist in gewisser Weise selbstexemplifizierend. Es bestätigt die Autorität der systemimmanenten Referenzen. Man muss dies ganz realistisch sehen und nicht in weltfremder Weise erwarten, dass die gewachsene Arbeitsteilung, an der viele Interessen hängen, einfach ausgelöscht werden kann.

# II. Wissen als Produktionsfaktor

> A man educated at the expense of
> much labor and time to any of those
> employments which require extra-
> ordinary dexterity and skill, may be
> compared to one of those expensive
> machines.
> *Adam Smith ([1776] 1909: Book 1)*

Die moderne Gesellschaft wurde bisher in erster Linie von den
sozialen Merkmalen Arbeit und Eigentum (im Sinne des physischen Kapitals) geprägt. Eigentum und Arbeit sind deshalb seit
langer Zeit in der soziologischen, politikwissenschaftlichen und
ökonomischen Theorie eng miteinander in Verbindung gebracht
worden.[1] Arbeit wird als Eigentum verstanden und als Quelle für
neues Eigentum. Adam Smith ([1776] 1909: 586) erklärt:

»Land and capital stock are the two original sources of all revenue both
private and public. Capital stock pays the wages of productive labour,
whether employed in agriculture, manufactures, or commerce. The management of those two original sources of revenue belongs to two different
sets of people; the proprietors of land, and the owners or employers of
capital stock.«

In der marxistischen Tradition, in der Kapital als objektivierte
Arbeit verstanden wird, ist diese unmittelbare Verbindung besonders deutlich. Auf der Grundlage dieser Eigenschaften war es
einzelnen Individuen oder Gruppen von Individuen möglich,
sich als bestimmte Mitglieder der Gesellschaft zu definieren. Das
Selbstverständnis des Einzelnen und von Kollektiven wird, mit
anderen Worten, entscheidend von der Tatsache ihrer Arbeit und
der Art ihrer Arbeitsposition geprägt. Mit der Veränderung des
gesellschaftlichen Stellenwerts, insbesondere im produktiven
Prozess, ändern sich auch die sozialen Konstrukte Arbeit und

---

1 Aber wie zum Beispiel Albert Borgmann (1992: 61) betont und jeder
(kleine) Privatkunde einer Bank weiß: »Capital is less real than land; it
is relatively mobile and, as financial capital, quite intangible. But the
latter is always within hailing distance on being properly balanced with
material goods.«

Eigentum.[2] Allerdings verschwinden diese Merkmale nicht etwa im Verlauf der von mir ins Auge gefassten Entwicklungsphase der Moderne, sondern es kommt eine neue Eigenschaft, das Wissen, hinzu und konkurriert gewissermaßen mit Eigentum und Arbeit als Strukturierungsmechanismus der modernen Industriegesellschaft.[3] Mein theoretisches Interesse bezieht sich allerdings weniger auf die sozialen Ursprünge der Definitionsmerkmale von Eigentumsansprüchen, wie etwa seine Exklusivität (vgl. Durkheim, [1950] 1991), oder auf die Frage, ob Arbeit als ausschließliche Quelle für ökonomischen Wertzuwachs verstanden werden muss, sondern darauf, inwieweit Arbeit und Eigentum in ihren traditionellen Ausprägungen weiter als die wichtigsten Quellen wirtschaftlichen Wertzuwachses betrachtet werden können.

Die verschiedenen Begriffsbestimmungen und Theorien der modernen Gesellschaft verweisen zunächst einmal mit Recht auf ihre konstitutiven Mechanismen sowie deren Ablösung durch neue, für die Gesellschaft zentrale Prozesse. Anfangs war die bürgerliche Gesellschaft eine *Eigentumsgesellschaft*. Später wur-

2 Wie hinlänglich bekannt ist, beschäftigte sich die repräsentative sozialwissenschaftliche Theorie des neunzehnten Jahrhunderts sehr intensiv mit den Phänomenen der Arbeit und des Eigentums. Einflussreiche Theorieentwürfe waren davon überzeugt, man befände sich unmittelbar vor einem einschneidenden Abschnitt der Menschheitsgeschichte; das Eigentum verliere seinen hohen gesellschaftlichen Stellenwert und werde obsolet, die Arbeit nehme völlig neuartige Qualitäten an und werde in einem andersartigen politischen Kontext wirksam. Mein unmittelbares Interesse gilt jedoch nicht isolierten Veränderungen dieser sozialen Konstrukte, sondern eher den gesellschaftlichen, sozioökonomischen und kognitiven Voraussetzungen von grundlegenden Verschiebungen im Stellenwert dieser Faktoren, vor allem im Produktionsprozess. Es ist wahrscheinlich, dass sich der symbolische Wert und die soziale Konstruktion dieser prominenten Faktoren im Verlauf der ökonomischen Veränderungen entscheidend verschieben.

3 Im Verlauf vergangener ökonomischer Erfolge (und Misserfolge) ist die Transformation der Natur durch den Menschen, etwa in den letzten beiden Jahrhunderten, so weit vorangekommen, dass das dominante natürliche Landschaftsbild ein vom Menschen fabriziertes Bild ist. Aus ökonomischer Sicht ist es deshalb fast unmöglich, zwischen einem Bodenzins, den der Eigentümer auf Grund natürlicher Vorteile erhält, und einem Quasi-Zins auf Grund der Veränderung des Bodens durch den Menschen zu differenzieren.

de sie dann zu einer *Arbeitsgesellschaft*, die gegenwärtig von der *Wissensgesellschaft* abgelöst wird. Ob man den genauen Zeitpunkt des Beginns dieser Entwicklungen datieren kann oder soll, ist fraglich.

Radovan Richta (1971: 320) und seine Kollegen geben als Zeitpunkt für den *Beginn* der wissenschaftlich-technischen Revolution, die die moderne Gesellschaft von Grund auf verändern sollte, die fünfziger Jahre des vergangenen Jahrhunderts an. Daniel Bell (1973: 346) hält dagegen das Festlegen eines bestimmten Datums zwar für töricht, argumentiert dann aber doch dafür, das Entstehen der nachindustriellen Gesellschaft zumindest »symbolisch« mit dem Ende des Zweiten Weltkriegs zusammenfallen zu lassen, weil zu diesem Zeitpunkt die Vorstellung wach wird, in einem neuen Zeitalter zu leben, und sich ein neues Zeitgefühl sowie eine neue Einstellung zum gesellschaftlichen Wandel entwickelt. Im Gegensatz dazu datieren schließlich Block und Hirschhorn (1979: 368), die vor allem den Zeitpunkt des Entstehens der für die postindustrielle Gesellschaft typischen neuen Produktionsfaktoren »Wissen«, »Wissenschaft« und »Technologie« thematisierten, den Beginn dieser Periode, auf die zwanziger Jahre. Von diesem Zeitpunkt an ändert sich der Umfang des Einsatzes der Produktionsfaktoren Arbeit, Zeit und Kapital, insbesondere in den Vereinigten Staaten kaum beziehungsweise beginnt sogar abzunehmen, während die Produktivität gleichzeitig steigt. Allen diesen Beobachtungen der ökonomischen Entwicklungstrends der modernen Gesellschaft ist gemeinsam, dass Wissen im ökonomischen Sinn zum Produktionsfaktor wird und damit eine wichtige Quelle wachsender Wertschöpfung und steigenden Wirtschaftswachstums ist.

Im Zuge der in diesen Gesellschaftstheorien kodifizierten Entwicklungen gewinnt der ungemein angewachsene Fundus an wissenschaftlichem und technischem Wissen in der modernen Gesellschaft seine historisch einmalige Bedeutung. Das Vordringen dieses Wissens und seine möglicherweise sogar dominante gesellschaftliche Bedeutung ist demnach ein wichtiger Anlass dafür, unsere gegenwärtige Gesellschaft aus der Perspektive ihrer *Wissensstruktur* zu betrachten.

Natürlich hat Wissen seit Menschengedenken eine Rolle für das menschliche Zusammenleben gespielt; man kann geradezu von einer anthropologischen Konstanten sprechen: Soziales Handeln (die soziale Rolle) ist wissensgeleitet, soziale Gruppierungen sind nicht bloß Herdenbildung, sondern symbolisch vermittelt, das heißt, sie beruhen auf Wissen.[4] Und dies gilt natürlich auch für wirtschaftliches Handeln (siehe zum Beispiel Veblen, [1908] 1919: 324-352; Arrow, 1994). Alle Beziehungen zwischen Individuen gründen sich grundsätzlich darauf, wie etwa Georg Simmel ([1908] 1992: 383-455) betont, dass Menschen etwas voneinander wissen. Aber auch Herrschaft hat sich stets nicht nur auf physische Gewalt gestützt, sondern sehr häufig auch auf einen Wissensvorsprung. Und schließlich ist die gesellschaftliche Reproduktion nicht nur eine physische, sondern beim Menschen auch immer eine kulturelle Reproduktion, das heißt Reproduktion von Wissen (siehe auch Elias, 1991).

In diesem allgemeinen Sinn kann man daher eine Reihe vergangener Gesellschaftsformationen als frühe Formen von »Wissensgesellschaften« beschreiben, wie zum Beispiel die altisraelitische Gesellschaft, die durch das religiös-gesetzliche Torawissen strukturiert wurde, oder die altägyptische, für die das religiös-astronomische und das agrarische Wissen Herrschaftsbasis und Organisationsprinzip war.[5]

Dass ich Anlass habe, unsere gegenwärtigen, entwickelten Industriegesellschaften als Wissensgesellschaften zu beschreiben, liegt also am unmissverständlichen Vordringen der modernen Wissenschaft und Technik in alle gesellschaftlichen Lebensbereiche und Institutionen dieser Gesellschaft. Obwohl Wissen nur in einer Minderheit von Theorien explizit problematisiert worden ist, hat es seit jeher im Rahmen der wichtigsten Gesellschaftstheorien eine zentrale Bedeutung eingenommen: In der marxistischen Gesellschaftstheorie haben die Produktionskräfte und -mittel stets einen besonderen, entscheidenden Stellenwert

---

4 Man muss in diesem Zusammenhang besonders an Florian Znanieckis Definition der sozialen Rolle erinnern. Znaniecki (1940: 23) hebt hervor, »every individual who performs any social role is supposed by his social circle to possess and believe himself to possess the knowledge indispensable for its normal performance.«

5 Wie auch Anthony Giddens (1990: 21) deshalb betont, »modernity has not just recently become an ›information society‹: it was such from its very beginnings. Indeed, the control and dissemination of information, as facilitated through the invention of printing, was one of the main conditions making possible modernity's rise.«

für die gesellschaftliche Entwicklung gehabt, denn des Menschen »Verständnis der Natur und die Beherrschung derselben durch sein Dasein als Gesellschaftskörper ... (erscheint) als der große Grundpfeiler der Produktion und des Reichtums«, so dass Wissen und die Wissenschaft zur allgemeinen, aber nicht unbedingt unabhängigen Produktionskraft werden (Marx, 1939-1941: 593; siehe auch Rosenberg, 1976: 126-138). Die sich in dieser Tradition verstehende moderne marxistische Theorie sieht, insbesondere durch das von Radovan Richta und anderen entwickelte Konzept der wissenschaftlich-technischen Revolution, im wissenschaftlichen und technischen Wissen den Motor des sozialen Wandels. In seiner klassischen Untersuchung über die typischen Merkmale der westlichen Zivilisation hebt Max Weber andererseits hervor, welche entscheidende Rolle in der zivilisatorischen Entwicklung die Anwendung der menschlichen Vernunft zur Herausbildung und Sicherung der methodischen Effizienz sozialen Handelns spielt. Rationales Handeln und damit auch das Rationalisieren entspringt ganz bestimmten intellektuellen Konstrukten. In der von Raymond Aron ([1962] 1964) entwickelten Theorie der industriellen Gesellschaft, die sowohl sozialistische als auch kapitalistische Wirtschaftsformen umfasst, wird der Einfluss der modernen Wissenschaft und Technik auf die Gestaltung der sozialen Organisation produktiven Handelns, aber auch auf andere Lebensbereiche der Gesellschaft vorrangig herausgestellt. Schließlich wird in jüngster Zeit das »theoretische Wissen« im Rahmen der Theorien der postindustriellen Gesellschaft und in vergleichbaren Diagnosen und Prognosen über die gesamtgesellschaftliche Weiterentwicklung der industriellen Gesellschaft sogar zum axialen Prinzip der gegenwärtigen Gesellschaft erklärt.

Allerdings ist das Phänomen Wissen und die Größe der Gruppen von Individuen, deren sozialer Einfluss und soziale Kontrolle auf Wissen basieren, in diesen Gesellschaftstheorien in der Regel eher restriktiv konzipiert. Und zwar begnügt man sich typischerweise mit dem einfachen Verweis auf die gesellschaftliche Funktion der als besonders zuverlässig geltenden Realitätskongruenten und auf die von der »scientific community« ratifizierte wissenschaftliche Erkenntnis. Paradoxerweise neigt man in diesen Theorien der Gesellschaft jedoch dazu, die praktische soziale Wirkungskraft »objektiven« wissenschaftlich-technischen oder formalen Wissens zu überschätzen. Moderne Gesellschaftstheorien lassen demnach bei der Konzeptualisierung des als Motor der gesellschaftlichen Transformationen ins Auge gefassten »Wissens« kritische Details und weniger affirmative Zugeständnisse an orthodoxe Wissenschaftstheorien vermissen. Gleichzeitig problematisiert man die Gründe für die angeblich steigende Nachfrage nach Wissen nur selten.[6] Die Analyse der oft keineswegs geradlinigen Wege, die das Wissen in seiner praktischen Realisierung nimmt, ist wenig entwickelt. Der rasch wachsenden Zahl von Individuen, die auf die eine oder andere Weise vom Wissen leben, wird kaum Aufmerksamkeit geschenkt. Die differenzierten Wissensformen, denen pragmatischer Nutzen zugesprochen werden kann, die umfassenden Auswirkungen des Wissens auf die sozialen Beziehungen und den Einfluss gesellschaftlicher Prozesse auf die Entwicklung wissenschaftlicher Erkenntnis analysiert man häufig nur am Rande.

Für die klassischen Vertreter der (National-)Ökonomie – von Adam Smith bis David Ricardo, John Stuart Mill und insbesondere Karl Marx – waren durch technische Entwicklungen indizierte wirtschaftliche Veränderungen einer der wichtigsten Mechanismen in der Dynamik ökonomischer Prozesse. Der technologische Wandel beeinflusste die von der neoklassischen ökonomischen Theorie rekonstruierte, eher statische Welt der Wirtschaft nur peripher, vor allem »in its assumed schedules of unit cost against production« (Schwartz, 1992: 142). Da man aber diesen Wandel der zentralen Produktionsregime selbst kaum unter die Lupe nahm, blieben der Einfluss und die Bedeutung der technologischen Umbrüche eher marginale Faktoren ökonomischen Diskurses.

6 Eine Theorie der modernen Gesellschaft als Wissensgesellschaft muss keineswegs von der Prämisse ausgehen, wie Steve Fuller etwa unterstellt, dass das vorhandene Angebot von Wissen im Sinn des Say'schen Gesetzes seine eigene Nachfrage schafft. Fuller (1992: 174) behauptet, präziser ausgedrückt, kein Wissen sei »useless and unassimilable, though determining its many uses may require the generation of still more knowledge.« Ich werde im Gegensatz dazu versuchen zu zeigen, dass sich die Nachfrage nach zusätzlichem Wissen zwar nicht ausschließlich, aber dennoch nicht zuletzt auf ökonomische Motive zurückführen lässt.

# Erkenntnisse und soziale Systeme

Als ein aufmerksamer Beobachter der Entwicklung moderner Gesellschaften hat Niklas Luhmann (1992: 172) allerdings erhebliche, prinzipielle Einwände gegenüber der Feststellung, wissenschaftliche Erkenntnisse seien in der Lage, zum ökonomischen Produktionsfaktor zu werden. Luhmann verweist auf die Teilung moderner Gesellschaften in funktionsspezifische soziale Systeme, die jeweils auf Grund einer eigenen Logik und spezialisierter Kommunikationsmedien verfahren. Zwar erkennt Luhmann die Ambition der Wissenschaft an, andere Funktionssysteme »zu beherrschen«, dass dies aber nicht möglich ist und deshalb erfolglos sein muss, etwa im Kontext der Prognosefähigkeit der Wissenschaft und damit auch in Hinblick auf die Frage nach der Autorität für verbindliches, gesamtgesellschaftliches Wissen, liegt an den systembedingten Grenzen der Macht wissenschaftlicher Erkenntnis. Die Wissenschaft liefert nur teilsystemspezifisches Wissen. Dieses Wissen ist universal gültig als wissenschaftlich produziertes, nicht mehr und nicht weniger, da es sich eben auch um bestimmtes konditioniertes Wissen handelt, nämlich durch das Wissenschaftssystem konditioniertes (hypothetisches) Wissen. Jedes der differenzierten Systeme ist für sich selbst verantwortlich. Die Universalität der systemspezifischen Zuständigkeit geht Hand in Hand mit der spezifischen Systemreferenz, wie zum Beispiel Erkenntnis im Fall des Wissenschaftssystems sowie der Bedingungen, die in einem bestimmten System für akzeptable Kommunikation gelten; Luhmann (1992: 172) fügt hinzu, »Frühsozialisten haben zwar vorgeschlagen, Wissen als Produktionsfaktor in Rechnung zu stellen, aber das hat sich in der Wirtschaftstheorie nie wirklich durchgesetzt, weil Wissen nicht eigentumsfähig ist und deshalb an der Mehrwertsverteilung nicht teilnehmen kann«. Luhmanns strikte Ablehnung der Idee, (wissenschaftliches) Wissen könne Produktivfaktor sein, geht auf die elementare Prämisse zurück, dass das ökonomische System dann zum wissenschaftlichen System mutieren müsste, genauso wie politische Entscheidungen zur wissenschaftlichen Politik werden müssen, wenn sich diese auf wissenschaftliche Empfehlungen stützen. Genau dies ist gemeint, wenn er davon spricht, dass ein System durch ein anderes System beherrscht werden soll, was allerdings nicht möglich ist.

Im Rahmen der Luhmann'schen Theorie differenzierter sozialer Systeme ist diese Zurückhaltung gegenüber einer systemübergreifenden Wirksamkeit von Wissen angemessen und durchaus gerechtfertigt. Die gebremste Wirkung von systemimmanenten Codes und kulturellen Praktiken im benachbarten System und im Grenzverkehr zwischen den Systemen gilt also, und anders lässt es sich eigentlich nicht fassen, von vornherein; die Begrenzung ist durch die Systemgrenzen bestimmt und unüberwindbar.

Allerdings findet ein Transfer von wissenschaftlichen Erkenntnissen permanent statt, ebenso wie – wie auch immer motivierte – Versuche, die Fabrikation von neuem Wissen signifikant zu beeinflussen. Dies gilt nicht nur für die Gegenwart, sondern auch für die Wissenschafts- und Forschungspolitik der Vergangenheit und dürfte sich in Zukunft noch verstärken, zumal explizit problemorientierte Forschung zu einem immer wichtigeren Bestandteil der im und vom Wissenschaftssystem geleisteten Arbeit wird.

Was den Export von Wissen aus der Wissenschaft angeht, so darf man sich die Erkenntnisse, die die Grenzen des Wissenschaftssystems überschritten haben und in anderen Sozialsystemen wirksam werden, nicht als exakte Kopien der Erkenntnisse vorstellen, die die Wissenschaft produziert und verlassen hat. Die Übertragung von Wissen ist ein aktiver Prozess und nicht die eines Prozesses kommunizierender Röhren. Dass sich die Grenzen von Wissenschaft und Gesellschaft in vielfältiger reziproker Weise verändern, verschieben und überlagern, kann eigentlich nicht in Zweifel gezogen werden. Collins ([1985] 1992: 165) macht zum Beispiel darauf aufmerksam, dass es eine »continuity of the networks of social relationships within the scientific professions and networks in society as a whole« gibt wie auch eine »analogy between cultural production in science and all other forms of social and conceptual innovation«. Stichweh (1999) verweist dagegen auf eine Verschiebung der Grenzen des ökonomischen Systems in die Wissenschaft und ihrer herkömmlichen Abgrenzungen, ist aber nicht der Ansicht, dass man parallel von einer Ausweitung der Grenzen des Wissenschaftssystems in das Wirtschaftssystem sprechen kann.

Dass die Grenzen zwischen Wissenschaft, Politik und Ökonomie dynamisch und durchlässig sind, zeigt sich besonders deutlich am Beispiel der Produktion von Erkenntnissen. Und zwar gilt dies insbesondere für Prozesse der Konsensbildung, der Überwindung von kognitiven Differenzen oder der Entwicklung von dann nicht weiter kontroversen Fakten in wissenschaftlichen Spezialgebieten, bei denen Außenseitern, Nicht-Wissenschaftlern und systemfremden Gruppen ein wachsender Einfluss zukommt. Eine mehr oder weniger unmittelbare Intervention nicht-wissenschaftlicher Akteure in das wissenschaftliche Geschehen wird besonders deutlich in der problemorientierten Forschung wie zum Beispiel der Umweltforschung, der Risikoforschung und Versuchen, die Folgen der Technologieentwicklung einzuschätzen.

## Wissensbegriffe

> Im allgemeinen liegt dem Menschen
> mehr daran, etwas zu machen, als zu
> wissen, wie er es macht, und die
> Thatsache des ersteren ist auch stets
> der Klarheit über das letztere vor-
> ausgegangen.
> *Georg Simmel ([1890] 1989: 115)*

Einer der auffallendsten begrifflichen und empirischen Defizite sozialwissenschaftlicher Theorien moderner Gesellschaften einschließlich derjenigen theoretischen Ansätze, die dem Wissen eine zentrale Rolle zubilligen, ist die undifferenzierte Behandlung von Wissen selbst. Theoretische Ansätze, die wissenschaftliches und technisches Wissen als die Antriebskraft des sozialen Wandels schlechthin in modernen Gesellschaften halten, wie zum Beispiel die Theorie der postindustriellen Gesellschaft oder der wissenschaftlich-technischen Zivilisation, konzentrieren sich infolgedessen in der Regel auf die funktionalistisch zu nennende Frage, wie es um die sozialen Folgen moderner wissenschaftlicher Erkenntnis für Gesellschaft und Individuum bestellt ist (vgl. Schelsky, 1954; Bell, 1973: 168-174; Castells, 1996: 17). Anders formuliert, man trifft nur selten auf theoretische Reflexionen und Exkurse, die Ausdruck einer distinkten Neugier über die Ursachen der anscheinend unaufhaltsam wachsenden Nachfrage in den unterschiedlichen gesellschaftlichen Institutionen – und hier insbesondere im ökonomischen System – nach wissenschaftlichen Erkenntnissen sind. Noch lässt sich behaupten, dass man im Rahmen dieser theoretischen Anstrengungen auf nachhaltige Diskussionen über die Politik des Wissens trifft. Ein besseres Verständnis des sozialen Stellenwerts des Wissens in der modernen Gesellschaft erfordert demgegenüber, dass man die *black box* »Wissen« ein Stück weit öffnet.

Trotz der bedeutenden Tradition der Wissenssoziologie und bis vor einiger Zeit sogar wegen einer restriktiv verstandenen, das heißt »positiven« Wissenssoziologie ist unser Wissen über Wissen beschränkt. Einer der Ausgangspunkte dieser Studie ist die Beobachtung, dass die von der Wissenschaft produzierten Wissensformen nicht nur zunehmen, sondern auch, dass die wissenschaftliche Erkenntnis wenn nicht unbedingt die einzige, dann aber doch die wichtigste Quelle *zusätzlichen Wissens* in der modernen Gesellschaft ist. Das Wachstum an »neuem« Wissen verlängert soziale Handlungsoptionen erheblich. Es verändern sich natürlich auch, wie noch zu zeigen sein wird, der Umfang der gesellschaftlichen Investition in die Produktion von Wissen, seine Verteilung und Reproduktion sowie seine Konstruktionsbedingungen.

Teil des gegenwärtigen Defizits über Wissen ist auch ein bestimmtes traditionelles Selbstverständnis der Wissenschaft. Wissenschaftliche Diskurse über wissenschaftliche Erkenntnis entwickelten so etwas wie eine »natürlich« gewachsene Eigendarstellung des von ihnen hervorgebrachten Wissens. Diese Eigendarstellung beinhaltet eine bemerkenswerte doppelte Einschätzung des Stellenwerts wissenschaftlicher Erkenntnis. Und zwar ist sie nicht nur durch Selbstüberschätzung der angeblichen Objektivität von Wissensansprüchen gekennzeichnet, sondern geht auch von einer Überschätzung des *unmittelbaren* gesellschaftlichen Stellenwerts der Wissenschaft oder, wenn man so will, ihrer gesellschaftlichen Macht aus. Wissenschaftliche Diskurse entwickeln als Teil dieses Selbstverständnisses darüber hinaus eine bemerkenswerte Resistenz gegenüber kritischen Eigendarstellungen. Die Selbstdarstellung und Selbstüberschätzung der Macht des Wissens steht natürlich immer in enger Verbindung zu bestimmten wissenschaftstheoretischen Positionen. In diesem Fall zu wissenschaftszentristischen, selbstgenügsamen Plattformen. Die eigentlichen Gründe für den gesellschaftlichen

Stellenwert wissenschaftlicher Erkenntnis bleiben aus der Sicht dieser Perspektive weitgehend unerkannt. Dennoch, die Theorien der postindustriellen Gesellschaft, der wissenschaftlich-technischen Zivilisation, von der Wissenschaft als Produktivfaktor oder der wissenschaftlich-technischen Revolution leben in der Regel von dieser Eigendarstellung der Wissenschaften.

Auf jeden Fall, und einmal ganz abgesehen von der von Simmel beobachteten alltäglichen Präferenz für das Handeln und dem Desinteresse an Reflexion, ist die Anzahl und die theoretische Überzeugungskraft existierender Kategorien und Theorieansätze für eine systematische Analyse von Wissen nicht besonders umfassend. Deshalb kann man keine längere Exegese der Theoriegeschichte bieten. Der Soziologie ist es zum Beispiel bis heute kaum gelungen, die begrifflichen Unterscheidungen von Wissensformen, die Max Scheler in den zwanziger Jahren zur Diskussion stellte, entscheidend weiterzuentwickeln. Später in die Debatte eingebrachte begriffliche Unterscheidungen lehnen sich ganz offensichtlich, ohne dies unbedingt kenntlich zu machen,[7] an das ursprünglich von Max Scheler ([1926] 1960) entwickelte Schema von *Erlösungswissen*, *Bildungswissen* und *Herrschaftswissen* an. Noch häufiger trifft man aber auf dichotomisch formulierte Unterscheidungen zwischen Wissensformen. Am häufigsten findet sich die orthodoxe und zur Selbstverständlichkeit erstarrte Abgrenzung von wissenschaftlichem und alltäglichem Wissen. Die leicht abgewandelte Dichotomie von (hoch spezialisiertem) Fachwissen (von Experten) und dem alltäglichen, nicht-rationalen Wissen (von so genannten Laien) trifft man ebenfalls häufig an. Da aber Fachwissen oft mit wissenschaftlicher Erkenntnis gleichgesetzt wird, reduziert sich auch diese asymmetrisch formulierte Dichotomie von Wissensformen auf wissenschaftliches Wissen und sonstige im Alltag der Gesellschaft anzutreffende, was ihre Lebenserwartung und ihren praktischen Sinn angeht, prekäre Vorstellungen und damit unerhebliche Meinungen und Auffassungen.

Um aber die soziale (und ökonomische) Rolle des Wissens verstehen zu können, muss man zunächst Wissen selbst soziologisch

7  Vgl. etwa die von Jürgen Habermas (1968: 146-168) formulierte Unterscheidung zwischen den technischen, hermeneutischen und emanzipatorischen Erkenntnisinteressen unterschiedlicher wissenschaftlicher Disziplinen.

definiert haben. Man muss, erstens, unterscheiden zwischen dem, was man weiß (Wissensinhalt), und dem, wie man weiß (Wissensprozess). Letzteres stellt eine Beziehung zu Dingen, Personen und Fakten dar, aber auch zu Regeln, Gesetzen und Programmen. Es erfordert irgendeine Form des Partizipierens: denn Wissen über Dinge, Programme, Regeln, Fakten und Personen zu erlangen heißt ja, diese in gewissem Sinne zu »appropriieren«, sie in den eigenen Orientierungs- und Erfahrungsbereich aufzunehmen. Dies wiederum hat zur Folge, dass man Wissen nicht unbedingt oder nicht nur als etwas verstehen kann, das im Besitz des Menschen ist, sondern als etwas, das der Mensch tut (siehe auch Blackler, 1995: 1023). Die intellektuelle Aneignung von Dingen kann sich direkt oder vermittelt vollziehen. Seit sich der Wissensinhalt in Symbolen darstellen lässt, ist der direkte Kontakt mit den Dingen selbst nicht mehr nötig. Wissen ist aus Büchern erlernbar (vgl. Collins, 1993). Die Sprache, das Schreiben, Drucken, Datenspeichern usw. sind sozial relevante Mechanismen, weil sie Wissen symbolisch darstellen oder, anders ausgedrückt, objektiviertes Wissen ermöglichen. Wissen ist ein aktiver, aber auch ein vorläufiger, strittiger, kontextbestimmter und abhängiger, das heißt eminent pragmatischer Prozess.

So handelt es sich bei einem Großteil dessen, was wir heutzutage Wissen und Lernen nennen, nicht um die Aufnahme einer direkten Beziehung zu Fakten, Regeln oder Dingen, sondern zu objektiviertem Wissen. Objektiviertes Wissen wurde eine kulturelle Ressource der Gesellschaft. Der Wissensprozess ist also aktive Teilnahme an den kulturellen Ressourcen der Gesellschaft (vgl. Lave, 1993). Allerdings ist diese Teilnahme abhängig vom Schichtungsprinzip. Lebenschancen, Lebensstil und soziales Einflussvermögen des Individuums hängen von dessen Zugang zum jeweiligen Wissensbestand der Gesellschaft ab.[8] Die Veränderungen, die unserer Darstellung nach zu Wissensgesellschaften führen, sind also auch Veränderungen im Prozess der intellektuellen Aneignung von Natur und Gesellschaft. Und da Wissen in der modernen Ökonomie zum führenden Produktionsfaktor wird, spricht Lundvall (siehe Lundvall, 1992; Lundvall und John-

---

8 In diesem Zusammenhang kann man auch auf die Konzeption und Vermittlung des kulturellen und symbolischen Kapitals von Bourdieu (1983) verweisen.

son, 1994) auch in Bezug auf die moderne Wirtschaft von einer »lernenden Ökonomie«, aber nicht, von einer wissensbasierten Wirtschaft.[9]

Heutzutage ist ein enormer Bestand an objektiviertem Wissen vorhanden, der zwischen Mensch und Natur vermittelt. Natur wird oder kann kaum anders erfahren werden als in Form eines menschlichen Produkts oder als Teil menschlicher Produkte; soziale Beziehungen werden mit Hilfe eines ständig anwachsenden Netzes von administrativen, juristischen oder technischen Systemen geknüpft. Materielle Aneignung der Natur heißt zunächst Umstrukturierung der Natur und schließlich ihre allmähliche Umwandlung in ein menschliches Produkt. Die neue soziale Struktur, die ihr auferlegt wird, ist im Grunde das objektivierte Wissen beziehungsweise eine *Realisierung* dessen, was wir wissen: die durch die Technologie erweiterten Naturgesetze. Die Aneignung der Gesellschaft vollzieht sich ähnlich, und zwar durch den Prozess der Regelproduktion. Was nun die Produktion, Verbreitung und Reproduktion von Wissen betrifft, so lässt sich für die Gegenwartsgesellschaft zunächst einmal nur eine rein quantitative Diagnose stellen: Der Überbau der Gesellschaft ist mittlerweile so immens geworden, dass die Mehrzahl sozialer Handlungen nicht Produktion, sondern Reproduktion ist, insbesondere Reproduktion von Wissen selbst. Dass die Reproduktion überwiegt, dazu trägt vor allem die Tatsache bei, dass ein Großteil des wissenschaftlichen Wissens wie eine Form universalen Wissens behandelt wird.

Wissen, Ideen und Information, um vorläufig bewusst relativ allgemeine und ambivalente Bezeichnungen zu benutzen, die dann später noch getrennt behandelt werden sollen, sind, zweitens, höchst merkwürdige »Wesenheiten« oder Entitäten mit

9 Lundvall und Borrás (1997: 31) rechtfertigen ihre Begriffsverschiebung, indem sie darauf verweisen, dass »spezialised knowledge becomes much more of a short-lived resource, and that it is rather the capability to learn and adapt to new conditions that increasingly determine the performance of individuals, firms, regions and countries.« Im Gegensatz zu der hier explizierten Definition wird Wissen damit zu einem den herkömmlichen, das heißt *instrumentellen* (und wohl auch individuellen) Produktionsmitteln eng verwandten Faktor. Außerdem muss man fragen, weshalb die Lern- und Anpassungsfähigkeit unbedingt ein Merkmal modernen wirtschaftlichen Handelns ist.

ganz anderen Eigenschaften als zum Beispiel (möglicherweise) vergleichbare Güter, Waren oder auch Geheimnisse und Medien wie Geld. Werden Wissen, Ideen und Informationen verkauft, so gehen sie zwar an den Käufer über, bleiben aber doch auch Eigentum ihres ursprünglichen Produzenten. Man verliert also in einem Tauschprozess nicht die Verfügungsgewalt über das Wissen. Es wird nicht wie andere Waren im Prozess der Konsumtion zerstört. Wissen ist prinzipiell für alle da und verliert, auch wenn es bekannt wird, nicht an Einfluss. Da Wissen in anscheinend unbegrenzten Mengen verfügbar ist, ohne dadurch an Bedeutung zu verlieren, verbindet es sich mutmaßlich nur sehr begrenzt mit privaten Eigentumsansprüchen (Simmel, [1907] 1978: 438). Moderne Kommunikationstechniken garantieren offenbar einen leichteren Zugang zum Wissen und tragen womöglich dazu bei, etwaige noch bestehende Auflagen aus Besitzansprüchen fast wirkungslos zu machen. Allerdings besteht auch die Möglichkeit und Gefahr, dass nicht ungehinderte Wissensverbreitung, sondern Wissenskonzentration eintritt.[10] Man könnte allerdings genauso gut annehmen, es läge an der größeren sozialen Bedeutung des Wissens und nicht an seiner Besonderheit, dass es seine Ausschließlichkeit verliert. Aber das Gegenteil scheint zuzutreffen. Es stellt sich somit erneut die Frage nach der Grundlage für die (an)dauernde »Macht« des Wissens.

Dass die »Wissens*schöpfung*« oder die Wissensproduktion voller Ungewissheiten steckt, dass man sie kaum vorhersagen oder planen kann, ist seit langem bekannt. Die Überzeugung, dass die Wissens*nutzung* weitgehend risikolos ist und der Wissenserwerb Unsicherheit zu reduzieren hilft, hat man dagegen erst sehr viel später aufgegeben. Dass Wissenschaft nicht mehr nur Zugangsmöglichkeit und Schlüssel zum Geheimnis der Welt ist, sondern das Werden einer Welt, hat man ebenfalls erst vor kurzem begriffen. Ebenso wie man erst in jüngster Zeit zu der Überzeugung kam, dass Erkenntnisse trotz ihres gegenteiligen Rufs oft recht strittiger Natur sind, nicht unbedingt Lösungen bieten, sondern wenn sie einmal zur Grundlage von Entscheidungshandeln werden, Probleme beziehungsweise Risiken und Gefahren (vgl. Luhmann, 1991: 30-33) aufwerfen und Unentschiedenheiten produ-

10 Siehe auch die gegensätzlichen Ansichten zu diesem Thema in den Arbeiten von Harold Innis (1951) und Marshall McLuhan (1967).

zieren. Wissen ist fast immer, auch trotz seines guten Rufes, anfechtbar. Diese Eigenschaft gilt zwar im Kontext bestimmter wissenschaftstheoretischer Positionen als Besonderheit wissenschaftlicher Erkenntnisse und als Tugend (Popper); in pragmatischen Kontexten wird diese prinzipielle Anfechtbarkeit der wissenschaftlichen Erkenntnis aber häufig verdrängt.[11] Die »Anwendung« (in Anführungsstrichen deshalb, weil dieser Begriff häufig einen mechanistisch interpretierten Prozess der Realisierung involviert) von Wissen in bestimmten Situationen (durch bestimmte Akteure) muss nicht unbedingt definitive Folgen haben, das heißt Konsequenzen, die die interne »Logik« eines Kontextes völlig außer Kraft setzen. Für viele Bereiche und Ressourcen des Lebens mag es durchaus vernünftig, ja sogar notwendig sein, Wachstumsgrenzen zu setzen; für das Wissen scheint das nicht zu gelten. Dem Wachstum des Wissens sind praktisch keine Grenzen gesetzt.[12] Wissen hat keine Nullsummeneigenschaften. Wissen wir zuviel?

Georg Simmel machte kurz nach Ende des Ersten Weltkriegs eine vergleichbare Beobachtung. Allerdings sah er in der unge-

11 Georg Simmel ([1900] 1907: 490) weist auf die enge Beziehung zwischen Intellekt (oder Wissen), Geld und Individualismus hin. Denken wirkt individualisierend, »weil es das Wesen seiner Inhalte ist, dass sie allgemein mitteilbar sind, und dass, ihre Richtigkeit vorausgesetzt, jeder hinreichend vorgebildete Geist sich von ihnen muss überzeugen lassen können — wozu es auf den Gebieten des Willens und des Gefühles gar kein Analogon gibt.« Darüber hinaus sind es »die Inhalte der Intelligenz, von ganz zufälligen Komplikationen abgesehen, die eifersüchtige Ausschließlichkeit nicht kennen, die die praktischen Lebensinhalte so oft besitzen.«

12 Es überrascht nicht, dass diese kühne und generalisierende Behauptung nicht unumstritten bleibt. Für Nicholas Rescher (1980: 100) zum Beispiel stößt das Wachstum des Wissens in den Naturwissenschaften an Grenzen, wenn die vorhandenen technischen Ressourcen für die Bereitstellung des Datenmaterials, das für die Lösung eines spezifischen Problems benötigt wird, nicht ausreichen: »The resolution of these problems becomes insoluble not because they are inherently so, but primarily because those technical measures indispensable to their resolution cannot be put at our disposition with the limits of available resources.« Andererseits gibt es für Lösungsmethoden, die nicht »power-intensive« sondern »complexity-intensive« sind, wenige oder gar keine Grenzen.

hinderten Aufstockung des Wissens (der Kulturinhalte) vor allem eine besorgniserregende, wenn nicht sogar bedrohliche Entwicklung für das intellektuelle oder psychische Wohlergehen des modernen Individuums und der Gesellschaft. Auch heute befürchtet man immer wieder eine »Kulturtragödie«, in der es dem Menschen, verursacht durch die ständig wachsende Anzahl von Kulturobjektivierungen, nicht mehr gelingt, die Fülle des Wissens und der Informationen sinnvoll zu verarbeiten.

Die intellektuellen Produkte des Menschen verselbständigen sich und engen letztlich das mögliche Verhalten des Menschen in erheblichem Maß ein: Oder wie Simmel (1919: 249) es formuliert: »Zu dem Vorrat der objektivierten Kulturinhalte kann ein jeder ohne irgendwelche Rücksicht auf die anderen Kontribuenten beisteuern; dieser Vorrat hat in den einzelnen Kulturepochen wohl eine bestimmte Färbung, also von innen her eine Qualitätsgrenze, aber nicht ebenso eine Quantitätsgrenze, er hat gar keinen Grund, sich nicht ins Unendliche zu vermehren, nicht Buch an Buch, Kunstwerk an Kunstwerk, Erfindung an Erfindung zu reihen: die Form der Objektivität als solcher besitzt eine schrankenlose Erfüllungskapazität«. Als Resultat dieser sich selbst beschleunigenden Entwicklung sieht er schon damals die Gefahr einer umfassenden Diskrepanz zwischen der Anzahl von Kulturinhalten und der Aufnahmefähigkeit des Menschen, diesen Inhalten Sinn zu geben und damit zu ihnen in eine sinnvolle Beziehung zu treten. Es ist also nicht weiter ungewöhnlich, dass man eine dezidierte Ausweitung und die umfassendere Verteilung sowie einen erleichterten Zugang zu den Kulturinhalten nicht als Errungenschaft, sondern ganz offen als Bedrohung und Leidensverstärkung perzipiert.

Wissen gilt häufig als das öffentliche Gemeingut par excellence.[13] Das in der Institution Wissenschaft verankerte Ethos verlangt zum Beispiel, dass Wissen zumindest im Prinzip allen Mitgliedern in gleichem Maß und ungehindert zugänglich ist (vgl. Merton, [1942] 1973). Oder Wissen wird auf Information

13 Karl Marx (1976: 508) betont zum Beispiel: »Science generally speaking, cost the capitalist nothing, a fact that by no means prevents him from exploiting it.« Vergleiche auch die Aufzählung der Eigenschaften von Wissen (und dessen ökonomische Implikationen), die es nach Geroski (1996: 92-93; auch Callon, 1994) zu einem Gemeingut machen.

reduziert, so dass es begrifflich leichter in die Nähe von zirkulierenden und austauschfähigen (materiellen) Dingen oder Waren
gestellt werden kann. Aus einer solchen Perspektive rückt dann
auch der Umgang mit Wissen als Gebrauchsgut sehr viel enger an
die traditionelle theoretische Sichtweise der Ökonomie heran.
Aber handelt es sich wirklich um »gleiches« Wissen für alle?
Unterliegt wissenschaftliches Wissen, das in Technologie umge-
wandelt wurde, noch den gleichen normativen Regeln?[14] Kann
man sich Wissen ohne wirklichen Aufwand aneignen? Welche
Kosten beziehungsweise Investitionen sind mit der Übertragung
und Aneignung von Wissen verbunden? Ist es denkbar, dass man
die Anwendung von Wissen normativ regulieren kann? Diese
und andere sich unmittelbar im Zusammenhang mit der gesellschaftlichen Rolle des Wissens allgemein und der ökonomischen
Funktion des Wissens in der modernen Gesellschaft im Besonderen stellende Fragen erfordern, dass man sich zunächst einmal
grundsätzlich und ganz elementar mit dem Begriff des Wissens
auseinandersetzt. Wissen ist nicht homogen.[15] Auf jeden Fall ist
Wissen weniger homogen als viele der »physischen« Vermögenswerte, die in der Industriegesellschaft eine wichtige Rolle spielen
und die in der statistischen Abbildung der ökonomischen Entwicklung dieser Gesellschaftsform eine herausragende Position
haben.[16]

14  Ein Wirtschaftswissenschaftler beantwortet die Frage dahingehend,
    dass technisches Wissen im Gegensatz zur wissenschaftlichen Er-
    kenntnis als ein »privates Kapitalgut« angesehen werden muss. Denn
    im Fall des technisch verwendeten Wissens ist die Wissensweitergabe
    nicht die Regel, und Einnahmen aus der Wissensverwendung kom-
    men dem jeweiligen Produzenten privat zugute (vgl. Dasgupta, 1987:
    10).
15  In einer Analyse der Rolle von Wissen in Organisationen, unterschei-
    det Baecker (1998: 6-10) zwischen fünf Wissensformen. Es gibt nach
    Baecker Produktwissen, gesellschaftliches Wissen, Expertenwissen,
    Führungswissen und Milieuwissen.
16  Da Wissen als Produktionsfaktor und Vermögenswert (bisher) nur
    sehr schwer messbar ist, kommt etwa die Zeitschrift *The Economist*
    (»A price on the priceless«, June 21-27, 1999) in einem Artikel über
    die Schwierigkeiten, »nicht-materielle« betriebliche Vermögenswerte
    statistisch abzubilden, zu dem ernüchternden Schluss, »the statistics
    that most firms collect tell them with ever greater precision about a
    smaller and smaller part of what makes most of their profit.«

# Wissen als Handlungsvermögen

Ich möchte Wissen als *Fähigkeit zum sozialen Handeln* (Handlungsvermögen) definieren, als die Möglichkeit, etwas in »Gang zu setzen«. Damit ist die Verbindung von sozialem Handeln und Wissen, wenn auch nur zeitweise und vorläufig, unterbrochen. Im Sinn dieser Definition ist Wissen ein universales Phänomen oder eine konstante anthropologische Größe.[17] Meine Begriffswahl stützt sich unmittelbar auf Francis Bacons berühmte und faszinierende These »scientia est potentia« oder, wie diese Formulierung häufig, aber irreführend, übersetzt wurde: *Wissen ist Macht.* Bacon behauptet, dass der besondere Nutzen des Wissens sich von seiner Fähigkeit ableitet, etwas in Gang zu setzen. Der Begriff *potentia*, die Fähigkeit, umschreibt hier die »Macht« des Wissens. Genauer gesagt, Bacon unterstreicht am Anfang seines *Novum Organum* (zuerst 1620), »menschliches Wissen und

17 Einige einflussreiche theoretische Diskussionen der sozialen Funktion von Wissen begnügen sich allerdings mit dieser Feststellung. Dadurch ist das Phänomen Wissen kaum einer soziologischen Analyse zugänglich. Diese verlangt nämlich zumindest eine Vorstellung davon, dass Wissen nicht nur eine Bedingung sozialen Handelns ist, sondern auch als ein stratifiziertes Handlungsphänomen verstanden werden muss. Ohne an dieser Stelle in erschöpfende terminologische Debatten geraten zu wollen, möchte ich dennoch kurz auf den Begriff der »knowledgeability« eingehen, den zum Beispiel Anthony Giddens (1984: 21-22) benutzt. Wenn ich ihn recht verstehe, soll der Begriff auf praktisches Wissen verweisen, auf Wissen also als ein durchaus »normaler« oder konventioneller, von vielen geteilter, aber nicht unmittelbar offener (*tacit*; thematisierter) Bezugspunkt sozialen Handelns. So definiert ist das Wissen eine Bedingung für das Funktionieren sozialen Handelns. Giddens bezieht sich hauptsächlich auf diesen universalistischen Aspekt und nicht auf die Fragen, die mich beschäftigen: wie und warum Wissen zunimmt; ob es schichtungsbedingt ist; wie die wissensfundierten Berufe Wissen vermitteln; wie aus Wissen Autorität, Solidarität oder wirtschaftliches Wachstum entsteht. Giddens' Interesse gilt dem Gemeinschaftsaspekt des Wissens; mein Interesse gilt dem, wenn auch nur vorläufig, nicht präsenten Wissen, das sich der Akteur immer wieder beschaffen muss. Giddens präsentiert eine ontologische These. Mich beschäftigt im Grunde die Tatsache, dass sich ein Akteur nicht damit begnügt zu wissen, sondern mehr wissen will als sein Mitakteur, und damit das Problem, dass Wissen ein stratifizierendes Phänomen sozialen Handelns ist.

menschliche Macht treffen in einem zusammen; denn bei Unkenntnis der Ursache versagt sich die Wirkung. Die Natur kann nur beherrscht werden, wenn man ihr gehorcht; und was in der Kontemplation als Ursache auftritt, ist in der Operation die Regel« (Bacon, N. O. I, Aph. 3). Menschliche Naturerkenntnis ist demzufolge Ursachenwissen, aber auch gleichzeitig Kenntnis der Handlungsregeln und damit das Vermögen, den fraglichen Prozess in Gang setzen oder etwas erzeugen zu können. Erfolge oder Folgen menschlichen Handelns lassen sich demnach an der Veränderung der Realität ablesen (s. Krohn, 1981; 1987: 87-89).[18]

Wissen erfüllt gewiss nur dort eine »aktive« Funktion im gesellschaftlichen Handlungsablauf, wo Handeln nicht nach im wesentlichen stereotypisierten Mustern (Max Weber) abläuft oder ansonsten weitgehend reguliert ist, sondern wo es Entscheidungsspielräume oder -notwendigkeiten gibt.[19] Für Karl Mannheim (1929: 74) beginnt soziales Handeln deshalb auch erst dort, »wo der noch nicht rationalisierte Spielraum anfängt, wo nicht regulierte Situationen zu Entscheidungen zwingen«.[20] Konkreter formuliert:

18 Diese Begriffsbestimmung von Wissen erinnert etwa an Ludwig von Mises' (1922: 14) *soziologische* Definition von Eigentum: »Als soziologische Kategorie betrachtet erscheint das Eigentum als das Vermögen, die Verwendung wirtschaftlicher Güter zu bestimmen.« Das »Eigentum« an Wissen und damit die Verfügungsgewalt über Wissen ist in der Regel nicht exklusiv. Diese Exklusivität verlangt aber die Rechtslehre als Begriffsbestimmung von Eigentum oder der Institution von Eigentum. Das formale Recht kennt, wie bekannt ist, Eigentümer und Besitzer; insbesondere kennt es Individuen, die haben sollten, aber nicht haben. Aus der Sicht des Rechtssystems ist Eigentum unteilbar. Es spielt auch keine Rolle, um welche konkreten materiellen oder immateriellen »Angelegenheiten« es sich handelt. Die soziale Bedeutung von Wissen liegt ebenfalls primär in der tatsächlichen Fähigkeit, über Wissen als Handlungsvermögen verfügen zu können.

19 Auf der Prämisse aufbauend, dass Wissen eine Handlungsmöglichkeit konstituiert, kann man zwischen Wissensformen unterscheiden, je nachdem welche Handlungskapazität Wissen verkörpert. Lyotards ([1979] 1984: 6) Versuch, in Analogie zur Unterscheidung zwischen Investiv- und Konsumausgaben zwischen »Verbrauchswissen« und »Investivwissen« zu differenzieren, kann als ein Beispiel einer solchen funktionalen Trennung von Wissensformen gelten.

20 Aus »interaktionistischer« Perspektive sind Organisationen beziehungsweise soziale Strukturen jeder Art »negotiated orders« (Strauss

Es ist kein Handeln ..., wenn ein Bureaukrat ein Aktenbündel nach vorgegebenen Vorschriften erledigt. Es liegt auch kein Handeln vor, wenn ein Richter einen Fall unter einen Paragraphen subsumiert, wenn ein Fabrikarbeiter eine Schraube nach vorgeschriebenen Handgriffen herstellt, aber eigentlich auch dann nicht, wenn ein Techniker generelle Gesetze des Naturablaufs zu irgendeinem Zweck kombiniert. Alle diese Verhaltensweisen sollen als *reproduktive* bezeichnet werden, weil diese Handlungen in einem rationalisierten Gefüge nach Vorschriften ohne *persönliche* Entscheidung vollzogen werden.[21]

Infolgedessen beschränkt sich für Mannheim etwa das Problem des Verhältnisses von Theorie und Praxis auf Situationen genau dieser Art. Allerdings sind selbst weitgehend regulierte und durchrationalisierte Situationen, die sich beständig wiederholen, nicht frei von »irrationalen« (das heißt »offenen«) Momenten. Wissen kann zu sozialem Handeln führen und ist gleichzeitig Ergebnis von sozialem Handeln. Hierin deutet sich bereits an, dass man das Vermögen zum Handeln keineswegs identisch setzen muss mit tatsächlichem Handeln, das heißt, Wissen ist nicht selbst schon Handeln.[22]

   et al., 1964; 1978). Allerdings kann dies nicht heißen, dass jeder Aspekt der sozialen Realität einer Organisation permanent beziehungsweise aus der Warte bestimmter Mitglieder zur Disposition steht. Nur bestimmte und möglicherweise sehr begrenzte Zusammenhänge der Sozialstruktur stehen zur Disposition. Im Hinblick auf diese kontingenten Handlungsbedingungen kann Wissen etwa in der Form einer Planung kollektiver Ziele mobilisiert werden.
21 Ähnliche Konzepte sind in Friedrich Hayeks Untersuchung über den »Use of knowledge in society« aus dem Jahre 1945 zu finden, bei der es sich im Grunde um eine Lobeshymne handelt auf die Dezentralisierung, die Bedeutung von Alltagswissen für soziales Handeln und das Preissystem, das Informationen vermittelt und die verschiedenen Formen des Alltagswissens koordinieren hilft. Hayek ([1945] 1948: 82) betont, dass »as long as things continue as before, or at least as they were expected to, there arise no new problems requiring a decision, no need to form a new plan.«
22 Eine jüngst veröffentlichte Studie eines Ökonomen, in der es vor allem um verschiedene begriffliche Probleme beim Versuch geht, Wissen zu quantifizieren und Wissen in die ökonomische Theorie zu integrieren, erinnert zumindest in Passagen an die Definition von Wissen als Handlungsvermögen: »I define knowledge in terms of potentially observable behavior, as the ability of an individual or group of individuals to undertake, or to instruct or otherwise induce others to un-

Wissen lässt sich nicht auf wissenschaftliche Erkenntnis reduzieren.[23] Im Kontext meiner allgemeinen Definition von Wissen,
ist *wissenschaftliche oder technologische Erkenntnis* zunächst
einmal nichts anderes als Handlungsvermögen. Und damit ist
wissenschaftliches Wissen, wie auch manche andere Wissensform, fragil, das heißt, es ist keine unanfechtbare, unstrittige oder
interpretationsfreie Größe oder Instanz.[24] Insofern es denn eine
herausragende Rolle in der modernen Gesellschaft im Allgemeinen und in der Wirtschaft im Besonderen spielt, kann dieser Einfluss nicht Ausdruck der Tatsache sein, dass wissenschaftliche
Erkenntnisse handlungsrelevant und handlungsinduzierend sein
können, zumal sich wissenschaftliche Erkenntnisse in dieser
Hinsicht – als Wissensform – nicht von alltäglichem Wissen oder
religiösem Wissen unterscheiden.

Darüber hinaus und im Gegensatz zu dem, was die klassische funktionalistische Differenzierungstheorie nahe legt, gibt es
gerade in vielen kritischen Fragen über das Wirken natürlicher

dertake, procedures resulting in predictable transformations of material objects« (Howitt, [1996] 1998: 99). Sieht man einmal von dem
etwas schwerfälligen Definitionsformat ab, so ist die Begrenzung des
Begriffs auf die Manipulation von *materiellen Objekten* ein Rück-
schritt in die *black box* von »procedures« und »observable behavior«.
Schließlich kann man sich des Eindrucks nicht erwehren, dass Howitt
Wissen mit Handeln gleichsetzt.

23 Diese Folgerung ergibt sich schon aus dem Theorem, dass Wissen so
etwas wie eine anthropologische Konstante ist. Sie resultiert aber auch
aus der Bestimmung von Wissen als Handlungsvermögen, da Wissen,
wie Lyotard ([1979] 1984: 18) zum Beispiel betont hat, eine Frage der
Kompetenz sei, »that goes beyond the simple determination and application of truth, extending to the determination and application of
criteria of efficiency (technical qualification), of justice and/or happiness (ethical wisdom), of beauty of a sound or color (auditory and
visual sensibility), etc.«

24 Geht man im Gegensatz zu dieser Stipulation aber davon aus, wie
verbreitet angenommen wird, dass sich Wissen fast ohne oder nur
durch unwesentliche Behinderungen »bewegt« und dass man es ohne
ausschlaggebende Hindernisse reproduzieren und praktisch verwerten kann, dann wäre die in diesem Kontext ebenfalls oft aufgestellte
verwandte These von der besonderen gesellschaftlichen Macht der
Produzenten dieser Erkenntnisse beziehungsweise einer neuen geistigen Elite sehr viel unglaubwürdiger. Welches sind dann aber die Eigenschaften von Wissen, auf die man Machtvorteile begründen kann?

und gesellschaftlicher Prozesse keine kognitive Gewissheit. Das heißt, die Wissenschaft kann keine Wahrheiten (im Sinne von bewiesenen Kausalketten oder gar universellen Gesetzen) liefern, sondern nur mehr oder weniger gut begründete Vermutungen, Szenarien und Wahrscheinlichkeiten (Stehr, 1991). Statt Quelle von gesichertem Wissen und Gewissheit zu sein, ist die Wissenschaft damit Quelle von Unsicherheit. Und anders als es rationalistische Wissenschaftstheorien vorschlagen, ist das Problem nicht dadurch zu erfassen, dass man zwischen »guter« und »schlechter« Wissenschaft (oder zwischen Pseudowissenschaft und richtiger Wissenschaft) unterscheidet. Wer sollte dies unter Bedingungen der Unsicherheit auch tun können? Ich ziehe daraus den Schluss, dass man ontologische und epistemologische Fragen nach dem Stellenwert des Wissens, wie sie in diesem Kontext gestellt werden, in soziologische transformieren muss.

Der besondere, ja geradezu herausragende Stellenwert des wissenschaftlichen und technischen Wissens in der modernen Gesellschaft resultiert allerdings auch nicht primär aus der Tatsache, dass wissenschaftliche Erkenntnis immer noch weitgehend als ein wahrhaftiger, objektiver, das heißt realitätskonformer Maßstab oder als eine unstrittige Instanz wahrgenommen oder behandelt wird – angesichts dessen Rufs viele Gruppen und Individuen in unzähligen alltäglichen Situationen bereit sind, ihre Zweifel und Bedenken zurückzustellen.

Der besondere soziale, aber vor allem ökonomische Stellenwert ergibt sich daraus, dass wissenschaftliches Wissen mehr als jede andere Wissensform kein statisches Wissen repräsentiert[25] und permanent zusätzliche (*incremental*) Handlungsmöglichkeiten fabriziert und konstituiert. Damit ergibt sich zwischen wissenschaftlichen und ökonomischen Systemen eine interessante Analogie in der Funktion zusätzlichen Wissens; in beiden wird für zusätzliches Wissen eine »Prämie« entweder in Form von Anerkennung und Prestige oder monetären Erträgen ausgelobt.[26] Das

25 Eine vergleichende anthropologische Analyse von Wissenssystemen, die nicht von einer essentialistischen Hierarchie der Wissenssysteme ausgeht, in der wissenschaftliches Wissen stets an erster Stelle steht, sondern sowohl Gemeinsamkeiten als auch Unterschiede zwischen den Wissensformen zu erforschen sucht, findet sich in Watson-Verran und Turnball, 1995.
26 Ob es darüber hinaus eine weitere Parallele gibt, und zwar die aus der

Wissenschaftssystem erwartet, betont und belohnt zusätzliche oder »neue« Wissenseinheiten als Ausdruck wissenschaftlicher Kompetenz und beruflichen Erfolges. In der modernen Ökonomie erhält neues Wissen ähnlich wie im Wissenschaftssystem einen besonderen, lohnenden Stellenwert, nicht zuletzt indem zusätzliches Wissen, wie noch detaillierter zu beschreiben sein wird, in die Nähe einer Ware rückt und Wettbewerbsvorteile verspricht.[27]

Zusätzliches Wissen ist genauso wenig homogen wie gesellschaftlich vorhandenes Wissen. Es ist deshalb durchaus denkbar, dass es unter dem jeweils zusätzlichen Wissen »Schlüsselerkenntnisse« gibt, dass es sich also in vielerlei Hinsicht, so zum Beispiel in ökonomischen, militärischen oder politischen Kontexten, als besonders wertvoll herausstellen mag. Welches Wissen zu Schlüsselwissen wird, ist situationsbedingt und muss in der Regel empirisch geklärt werden.[28]

Wissenschaftliche Erkenntnis repräsentiert somit Handlungs-

Überlegung, dass die Zurechnung von Reputation und Anerkennung, beziehungsweise von wirtschaftlichen Erfolgen unter Umständen die Motivation zur kognitiven Innovation stärkt, kann in diesem Zusammenhang nicht weiter analysiert werden.

27 Investitionen in die Fabrikation, den Erwerb und die Anwendung von neuem Wissen können sich in der Tat als sehr profitabel erweisen; sie erlauben es dem Unternehmen, Marktanteile zu erobern und auf diese Weise aus derartigen Investitionen Kapital zu schlagen. Allerdings kann der Profitgewinn nur von begrenzter Dauer sein, wie es zum Beispiel bei der Einführung der allseits beliebten Bankautomaten der Fall war, als diese in kürzester Zeit auch von allen anderen Banken installiert wurden. Sobald auch die Konkurrenz Kundendienste per Automat anbietet, wird es sehr schwierig, aus den Nutzungsgebühren Differentialgewinne zu machen. Außerdem haben diese Automaten die Anzahl der Bankangestellten nicht wesentlich reduziert (siehe Attewell, 1994: 46).

28 Möglicherweise sind es diese oder komplementäre Gründe, die Rosenberg (1985: 45) veranlassen zu argumentieren, dass »economically valuable knowledge has been, to a much greater extent than is generally recognized old, not new, scientific knowledge.« Ob es sich um »altes« beziehungsweise »neues« Wissen handelt, ist natürlich auch eine Frage der Sichtweise oder der Definition. Ist neues Wissen neu, wenn es realisiert wird oder Verwendung findet? Oder ist Wissen neu, nachdem Wissensansprüche formuliert werden, also nach ihrer Fabrikation?

möglichkeiten, die sich ständig ausweiten und verändern, indem neuartige Handlungschancen produziert werden, die, wenn auch nur vorübergehend, »privat appropriiert« werden können.[29] Diese Feststellung ist natürlich ihrerseits keine neue Beobachtung. Denn schon Karl Marx spricht in Bezug auf das englische Textilgewerbe des neunzehnten Jahrhunderts von der ökonomischen Bedeutung der Einführung technischer Innovation für die Ertragskraft von Unternehmen und die temporären Wettbewerbsvorteile oder umfassenderen Marktanteile, die sich auf diese Weise realisieren lassen.[30] In den frühen sechziger Jahren

29  Peter Drucker (1993: 184) unterstreicht im Gegensatz dazu, dass sich die ursprünglichen ökonomischen Gewinne aus der Anwendung (neuen) Wissens verfestigen lassen und zu permanenten Vorteilen werden. Dies wiederum bedeutet nach Drucker, dass der unvollkommene Wettbewerb zu einem konstitutiven Merkmal der Ökonomie wird. Es trifft in der Tat zu, dass eine Firma den ursprünglichen Vorteil der Anwendung neuen Wissens durch die verbreitete Anwendung dieses Wissens jenseits der Grenzen der fraglichen Organisation nicht unbedingt einbüßt, da es zu den eigentümlichen Eigenschaften des Wissens gehört, dass man es »verkaufen« kann, ohne gleichzeitig das wie auch immer verwässerte Eigentum an diesem Wissen einzubüßen. Wissen kann sich verbreiten, ohne den Handlungskontext zu verlassen, von dem aus es verbreitet oder verkauft wird. Der Vorteil, der verbleibt, mag zwar nur ein bescheidener Vorteil sein, kann aber andererseits auch signifikant sein, etwa auf Grund kumulativer Lernprozesse oder der Tatsache, dass man zuerst am Markt ist (»first-mover-advantages«). Diese Möglichkeiten und Chancen schließen aber nicht aus, dass Firmen eine Strategie des Teilens der Vorteile neuen Wissens und von Innovationen verfolgen, um etwa die wirtschaftlichen Risiken von Investitionen in die Fabrikation neuen Wissens zu reduzieren und die Gewinne aus innovativen Produkten und Prozessen zu maximieren. Auf jeden Fall trifft zu, dass es zu den oft vorgetragenen Rechtfertigungen öffentlicher Zuschüsse zu den Forschungs- und Entwicklungskosten privater Unternehmen gehört, dass man auf die Schwierigkeiten verweist, die ökonomischen Vorteile von Forschung und Entwicklung gezielt und privat zu begrenzen (siehe Nelson, 1959; Rosenberg, 1990; Pavitt, 1991: 111), beziehungsweise dass die gesellschaftlichen Erträge der mit Steuermitteln geförderten Grundlagenforschung höher sind als die der privaten Profitrate (Rosenberg, 1990: 165).

30  Eine zusammenfassende Darstellung der Struktur und der Muster der Verbreitung von Innovation findet sich in Grübler (1996).

machte zum Beispiel Clark Kerr (1963: vii) in einer umstrittenen Arbeit über die Universität als Zentrum der Macht in der Gesellschaft die Beobachtung, dass neues Wissen in der modernen Gesellschaft »the most important factor in economic and social growth« ist. Neu ist gegenwärtig allerdings das Tempo, mit dem zusätzliches Wissen produziert wird, und auch die Abhängigkeit der Profitabilität der Unternehmen sowie ihrer Wettbewerbsposition am Markt von zusätzlichem Wissen.[31]

Je schneller sich neues Wissen ausbreitet, desto schneller vermindern sich die mit ihm verbundenen ökonomischen Vorteile und die Fähigkeit, von ihm zu profitieren beziehungsweise eine Rente zu realisieren. Aber da man sich die Verbreitung von Wissen nicht einfach als den Transfer von Wissen vorzustellen hat – ein Begriff, der sehr viel zutreffender ist für die Kommunikation von Informationen –, sondern individuelles beziehungsweise kollektives »Lernen« vorauszusetzen ist, lassen sich die Vorteile neuen Wissens nicht so einfach unterminieren. Trotzdem lässt sich beobachten, dass Firmen dazu neigen, neues Wissen zu horten, und es auf andere Weise vor einer Verbreitung zu schützen versuchen (Attewell, 1992: 6).

In der modernen Gesellschaft ist zusätzliches Wissen Grundlage und Motor der fortschreitenden Modernisierung als gesellschaftlicher Extensionsprozess, das heißt als Bedingung für die Möglichkeit der Ausweitung sozialen Handelns (siehe Stehr, 1994: 64-69). Es ist also diese Dynamik, dieser ständige marginale Zuwachs an Handlungsfähigkeiten, der wissenschaftlicher Erkenntnis den besonderen Einfluss in der modernen Gesellschaft und Wirtschaft garantiert. In dieser Hinsicht ist wissenschaftliche Erkenntnis in der modernen Gesellschaft fast konkurrenzlos, obwohl das wissenschaftliche Wissen keineswegs das insgesamt gesellschaftlich zur Verfügung stehende Wissen erschöpft.

Die Chance oder die Wahrscheinlichkeit, zusätzliches Wissen zu produzieren, ist natürlich ein stratifizierter Prozess, eben-

---

31 Demnach kann ein Unternehmen auch ohne Bezugnahme auf sein Produkt als eine Organisation definiert werden, die über Handlungskapazitäten verfügt (vgl. Ciborra und Schneider, 1992: 271). Eine derart allgemeine und noch weitgehend ambivalente Definition wird allerdings den firmeneigenen Merkmalen, die das Unternehmen von anderen sozialinstitutionellen Organisationen außerhalb des institutionellen Rahmens der Wirtschaft unterscheiden, nicht gerecht.

so wie die Möglichkeit, neues Wissen zu realisieren und aus ihm wirtschaftliche Vorteile zu erzielen. Im Rahmen bestimmter technologischer Regime, technologisch-ökonomischer Netzwerke[32] oder technisch-theoretischer »Paradigmen« fällt die Chance, zusätzliches Wissen zum Vorteil zu nutzen, mit größerer Wahrscheinlichkeit demjenigen zu, der ursprünglich einen beträchtlichen Beitrag zur Fabrikation dieses Wissensvorsprungs geleistet hat. Ganz in Analogie zu dem von Merton für das Wissenschaftssystem konzipierten Matthäus-Prinzip der stratifizierten Akkumulation von Anerkennung gehen die Vorteile zusätzlichen Wissens mit großer Wahrscheinlichkeit an diejenigen ökonomischen Akteure, die schon auf Grund vorangegangener Erfindungen und Entdeckungen Vorteile genießen. Zusätzliches Wissen findet sich eher in den Köpfen derjenigen, die von disproportional inkorporierten Fähigkeiten und »Wissensbeständen« profitieren. Darüber hinaus sind die durch den Zugang zu zusätzlichem Wissen gegebenen Wettbewerbsvorteile zeitlich begrenzt. Mit anderen Worten, man muss sich der temporären Vorteile immer wieder dadurch versichern, dass man zusätzliches Wissen fabriziert.[33]

Verwendet man die Eigenschaften der Konkurrenzhaftigkeit und der Ausschließbarkeit ökonomischer Güter (vgl. Cornes und Sandler, 1986; Romer, 1993), dann besteht der allgemeine Vorrat oder insbesondere das alltägliche gesellschaftliche Wissenskapital vor allem aus Wissen, das *nicht* wie ökonomische

32 Callon (1992: 73) definiert technologisch-ökonomische Netzwerke als ein »coordinated set of heterogeneous actors – for instance, public laboratories, centres for technical research, companies, financial organizations, users and the government – who participate collectively in the conception, development, production and distribution or diffusion of procedures for producing goods and services, some of which give rise to market transactions.«

33 In Starbucks (1992: 716) Definition eines wissensintensiven Unternehmens klingen diese Beobachtungen über die Rolle von zusätzlichem Wissen an, wenn er betont, dass es die »exceptional and valuable expertise« und nicht der Besitz von Wissen an sich ist, der eine wissensintensive Firma ausmacht, denn »if one defines knowledge broadly to emcompass what everybody knows, every firm can appear knowledge-intensive.« Allerdings werden mit diesen breiten Umschreibungen die Maßnahmen der Anwendung von zusätzlichem Wissen oder von besonderer Expertise noch nicht erfasst.

Waren durch die Attribute Konkurrenzhaftigkeit (*rivalry*) und Ausschließlichkeit (*excludability*) gekennzeichnet ist. Wissen dieser Art ist relativ leicht zugänglich, lässt sich nicht monopolisieren, ist weit verbreitet, kann ohne große Kosten erworben werden und rückt demnach ganz in die Nähe von Waren und Dienstleistungen, die man als Gemeingut kennzeichnen muss.[34] Sein Gebrauch durch einen Akteur schließt nicht die Verwendung durch einen anderen Akteur aus; und es ist unwahrscheinlich, dass mehrere Akteure um den Gebrauch konkurrieren. Darüber hinaus gilt sicher, dass der gesellschaftliche Fundus an Wissen selbst auf Grund bestimmter rechtlicher Normen, anderer Regeln oder der Tatsache, dass Wissen in bestimmten Apparaturen verankert ist, seine Verwendung (Gebrauch) durch andere niemals ganz ausschließen kann. Andererseits gibt es kein prinzipielles Hindernis, wie etwa eine der wissenschaftlichen Erkenntnis inhärente Eigenschaft das verhindern könnte, dass wissenschaftliches Wissen zu einer Ware wird.

Zusätzliches Wissen dagegen ist sehr viel wahrscheinlicher konkurrierendes und sich gegenseitig ausschließendes Handlungsvermögen.[35] Wäre dem nicht so, ließe sich nur schwer er-

34 Diese Eigenschaft von bestimmten Wissensformen hat zur Folge, dass sich die ursprünglichen »Kosten« der Fabrikation des Wissens von den Vorteilen seiner Verwendung abkoppeln lassen. Damit gehen die ökonomischen Anreize, in die Produktion von Wissen zu investieren, zurück (siehe Dosi, 1996: 83). Geroski (1995: 94-100) legt verschiedene Strategien dar, die bei der Überwindung des Problems, ob zusätzliches Wissen angebracht wäre oder nicht, eine Rolle spielen könnten.

35 Callon (1994: 406-407) kommt zu dem Schluss, dass wissenschaftliches Wissen insgesamt kein öffentliches Gut im Sinn der ökonomischen Begriffsbestimmung ist. Ihm fällt dagegen insbesondere die Leichtigkeit auf, mit der wissenschaftliche Erkenntnis im Vergleich zu anderen Waren (unfreiwillig) »monopolisiert« werden kann und wie schwer es ist, die Bedingungen dafür zu schaffen, dass andere Personen überhaupt Interesse zeigen. Er fügt hinzu, »scientists worldwide know through their experience that the difficulty lies not so much in preventing their colleagues from reading what they write, but in convincing them that they should read it.« Inwieweit wissenschaftliches Wissen appropriierfähig und konkurrenzhaftig ist, hängt ab von »strategic configurations of the relevant actors, of the investment that they have already made or are thinking of making. Insofar as they

klären, warum sich große und kleine Firmen sowie Industrie-unternehmen dazu entschließen, Mittel in die Forschung und Entwicklung zu investieren oder Wissen beziehungsweise Organisationen, in denen Wissen produziert wird, zu privatisieren. In vielen Fällen ist die Produktion von zusätzlichem Wissen kein billiges Unterfangen, wenn man die Ausgaben berücksichtigt, die für das erforderliche symbolische, menschliche und physische Kapital gemacht werden müssen ebenso wie für die Infrastruktur, die die Organisation nicht selbst kontrolliert (schulische Einrichtungen, Büchereien, Verlage, Medien etc.) und die von Körperschaften geführt und unterstützt wird. Zusätzliches Wissen wird produziert in Verbindung mit und eingebunden in Human- und Sachkapital. Produktion, Transfer, Anwendung und Rekonfiguration von Wissen verursacht nicht selten erhebliche Kosten und erfordert eine teure Infrastruktur (siehe Teece, 1988).

Insofern konventionelle ökonomische Güter konkurrenzhaftig und ausschließend sind, ähnelt zusätzliches Wissen herkömmlichen zirkulierenden Waren, die einen Gebrauchswert haben. Da dieses Wissen aber häufig in sozialen Kontexten generiert wird, die explizit der Idee beziehungsweise dem Ethos des kollektiven Eigentums verpflichtet sind, kann man kaum mit Sicherheit davon ausgehen, dass insbesondere die im Wissenschaftssystem fabrizierten Wissenszuwächse in der Regel wie eine konventionelle Ware mit Eigentumsvorbehalt behandelt werden.[36] Im Gegensatz zu den neoklassischen Prämissen ökonomischen Diskurses gilt darüber hinaus, dass der Preis einer zusätzlichen, derivativen Einheit wissensintensiver *Waren und Dienstleistungen* mit steigendem Produktionsausstoß fällt und somit »progress[es] down

both can be seen as commodities, there is no difference between a Ford Taurus and the general theory of relativity.« Bell (1976: 176) schlägt eine, wie er es kategorisiert, »utilitaristische« Bestimmung von Wissen vor, die diese Überlegungen über die Ausschließlichkeit von Wissensansprüchen widerspiegelt, obschon er sich auf »objektives« Wissen zu beziehen scheint: »Knowledge is that which is objectively known, an *intellectual property*, attached to a name or group of names and certified by copyright or some other form of social recognition (e.g. publication).«

36 Vergleiche in diesem Zusammenhang auch die lesenswerte Auseinandersetzung Romers (1990a und 1990b) mit den Begriffen der Konkurrenzlosigkeit von Waren beziehungsweise konkurrierender Güter.

the learning curve« (siehe Schwartz, 1992) beziehungsweise das Ergebnis erfolgreicher Lernprozesse ist.[37]

»Befähigung« zum Handeln heißt aber auch, dass Wissen unbenutzt bleiben oder für irrationale Zwecke genutzt werden kann. Die Vorstellung, dass wissenschaftliche Erkenntnis fast ohne Kontemplation der Konsequenzen notwendigerweise und autonom implementiert wird, ist eine Idee, die zum Beispiel C. P. Snow (vgl. Sibley, 1973) vertritt, aber auch unter Beobachtern bestimmter technologischer Entwicklungen beziehungsweise eines technologischen Determinismus häufig anzutreffen ist. Typisch für den Narrativ des technologischen Determinismus ist es, dass er neue Technologien wie zum Beispiel elektrisches Licht, Raumfahrzeuge oder Computer als »natürliche« Phänomene beschreibt und vergißt, dass Maschinen ein kulturelles Konstrukt sind (Nye, 1997: 179-189).

Die Vorstellung, dass wissenschaftliche Erkenntnis und Technik ihre eigene praktische Realisierung sozusagen automatisch und autonom erzwingen, übersieht natürlich, dass der Kontext der Anwendung die entscheidende Rolle bei der Realisierung von Wissen spielt.[38] Wissen und Informationen können auch

37 Beide Theorien, die so genannte Evolutionstheorie des Wirtschaftswachstums (zum Beispiel Romer, 1990a) und die neue Theorie des internationalen Handels (zum Beispiel Krugman, 1990, 1991), gehen davon aus, dass als Folge von Investitionen in Wissen die Profite eher steigen als zurückgehen, wenn das Produktionsvolumen zunimmt. Mit anderen Worten, Wissen ist nicht einem sinkenden Grenzertrag ausgesetzt.

38 Ich sollte aber auch auf eine Begriffsbestimmung des Wissens verweisen, in der Wissen erst durch eine bestimmte Realisierung zum Wissen wird: Peter Drucker (1969: 269) betont, dass Wissen, wie es »normally conceived by the ›intellectual‹ is something very different from ›knowledge‹ in the context of ›knowledge economy‹ or ›knowledge work‹... Knowledge, like electricity or money, is a form of energy that exist only when doing work. The emergence of the knowledge economy is not, in other words, part of ›intellectual history‹ as it is normally conceived. It is part of the ›history of technology,‹ which recounts how man puts tools to work.« In seiner jüngsten Veröffentlichung bestätigt Drucker (1989: 296) diese Konzeption zumindest teilweise und definiert Wissen als Information, »die eine Sache oder einen Menschen ändert, indem es entweder Handlungsgrundlage wird oder eine Person (oder eine Institution) dazu befähigt, andere und effektivere

dann nicht in einem Zustand der Nichtnutzung bleiben, wenn man sich auf einen Informationsbegriff festlegt, der Informationen erst ex post facto zu solchen macht, und zwar dann, wenn sich »nachweisen« lässt, dass sie eine bestimmte Handlung ausgelöst haben. In diesem informationstheoretischen Sinn definieren etwa Dasgupta und David (1992: 9) Wissen als auf Informationen reduzierte »Nachrichten«, die an Entscheidungsträger übermittelt werden können, sofern sie beim Empfänger eine Handlung irgendeiner Art auslösen. Begriffsbestimmungen dieser Art leiden unter der allgemeinen Schwierigkeit, dass die Strittigkeit oder Ambivalenz des Begriffs erheblich gesteigert wird; denn was heißt schon »irgendeine Handlung auslösen«?

Hebt man die (vorläufige) Trennung von Wissen und Handeln wieder auf, so signalisiert die Definition von Wissen als Handlungs*vermögen* zudem, dass die Realisierung oder die Anwendung von Wissen immer unter bestimmten sozialen und kognitiven Rahmenbedingungen stattfindet. Wie Judith Marquand (1992: 302) infolgedessen betont, »if knowledge is to have economic consequences, it must by definition be *used* in some way which affects the generation and allocation of goods and services which people value«. Wissen transportiert damit nicht unbedingt *konstante* Handlungschancen, sondern ist immer noch von einer aktiven Ausarbeitung oder Interpretation dieses Potentials abhängig.[39] Und insofern die Realisierung von Wissen von bestimmten Bedingungen abhängig ist, haben wir gleichzeitig einen ersten wichtigen Verweis auf die Relation von Wissen und Macht.[40] Die Kontrolle der für die Implementation von Wissen

Handlungen einzuleiten. Und dieses bewirkt nur weniges des neuen ›Wissens‹« (Übersetzung d. V.).

39 Vgl. Lazegas (1992) Essay über die notwendige Ausarbeitung von Informationen (»information elaboration«) in kleinen Arbeitsgruppen und die Beziehungen zwischen Information, »lokalen« sozialen Handlungsbedingungen und Entscheidungsfindung oder die Untersuchung situationsbestimmter Faktoren bei der Vermittlung und dem Erlernen von beruflichen Fertigkeiten hoch qualifizierter japanischer und englischer Ingenieure von Lam (1996).

40 Diese Überlegung ist auch Basis der Untersuchung der Bedingungen der Realisation von Forschungsergebnissen in ökonomischen Kontexten von Mowery und Rosenberg (1989). Die Prämisse von der Kontextgebundenheit der Umsetzung von neuen Erkenntnissen in Innovation bedeutet zugleich, dass erfolgreiche Forschung nur dann

notwendigen sozialen und kognitiven Bedingungen erfordert einen bestimmten Grad von Macht. Je größer zum Beispiel der Umfang des zu realisierenden praktischen Projektes, desto größer die notwendige Macht, um die sozialen und kognitiven Rahmenbedingungen, die die Realisierung des Wissens als Handlungsvermögen erlauben, kontrollieren zu können (siehe Radder, 1986).

Aus der Überlegung, dass man sich Wissen nicht als eine Art »hüllenlose« oder ungebundene Form vorstellen darf, sowie der Beobachtung, dass die praktische Verwertung von Wissen von der Kontrolle der Akteure über die Rahmenbedingungen einer bestimmten Situation mitbestimmt ist, folgt, dass die Analyse der Rolle des Wissens in ökonomischen Zusammenhängen eine genaue Kenntnis der besonderen wirtschaftlichen, institutionellen und organisatorischen Umstände und der politischen, fiskalischen, rechtlichen, kulturellen und regionalen Bedingungen erfordert. Der Vergleich ganzer Volkswirtschaften zum Beispiel verlangt deshalb, dass man transökonomische Faktoren und Prozesse dieser Art in Betracht zieht, um etwa zu einer realistischen Einschätzung komparativer wettbewerbs- oder standortbeeinflussender Bedingungen zu gelangen. Und insofern Wissen als »Rohstoff« für Produktion und Dienstleistungen an Bedeutung gewinnt, wächst natürlich auch die ökonomische Bedeutung von Faktoren, die man in der Vergangenheit im Rahmen ökonomischer Reflexionen als weitgehend irrelevant für wirtschaftliche Prozesse eingestuft hat. Analog dazu gilt dann auch, dass der räumliche Transfer oder Transport von herkömmlichen Produktionsfaktoren wie Kapital, Rohstoffen und sogar Arbeit sehr viel unkomplizierter ist als der Transfer von Wissen (siehe Landes, 1980). Trotz vieler Versuche, Wissen durch institutionelle Maßnahmen in die Nähe von Waren zu rücken, ist im Fall des Wissens das Versagen des Marktes die Regel und nicht die Ausnahme (Lundvall, 1992: 18).

Im Zusammenhang von Macht und Wissen sollte man Wissen auf jeden Fall nicht nur als Zwangsmittel, als »entstellendes« Mittel oder als Instrument der Repression begreifen, wie dies in vielen Konzepten von Macht zumindest stillschweigend unter-

ökonomische Resultate zeigt, wenn die Forschungsergebnisse auch praktisch umgesetzt werden.

stellt wird, sondern auch als eine Möglichkeit, Gegenwehr, Opposition, Ausweichen usw. zu organisieren. Mit anderen Worten, ein neues oder zumindest erweitertes Machtkonzept ist notwendig, das die neuen »produktiven« (*enabling*) Fähigkeiten oder befähigenden Möglichkeiten wissenschaftlichen oder technologischen Wissens explizit betont. Dieser Aspekt ist deshalb von besonderer Bedeutung, weil Wissen nicht nur in steigendem Maße zum Handeln befähigt oder die Fähigkeit des »Knowhow« insgesamt verbessert, sondern vor allem weil Wissen immer größeren Bevölkerungsschichten direkt oder indirekt zugänglich ist. Dieser Zugang zum Wissen ist stratifiziert, also keineswegs gleichmäßig verteilt. Wir werden uns daher nicht über kurz oder lang in einer Welt ohne Machtgefälle und Ungleichheit wiederfinden. Allerdings kommt es zu einer breiten Verbesserung der Zugangschancen zu Wissen und damit zu einer merklichen Anhebung des allgemeinen »Niveaus« in den Möglichkeiten, Wissen als Handlungspotential zu nutzen. Mich interessiert an dieser Stelle nicht, ob sich gerade wissenschaftliches Wissen für die Praxis besonders gut eignet. Das *kollektive* oder kumulative Handlungsvermögen insgesamt hat sich in der modernen Gesellschaft enorm ausgeweitet. Die Fähigkeit einzelner und korporativer Akteure, ihre Lebensumstände selbst zu beeinflussen, hat sich um ein Vielfaches erhöht. Mit anderen Worten, sozial produzierte Handlungsbedingungen haben weit größeren Einfluss auf das menschliche Leben als die »natürlichen« Handlungsbedingungen. Daraus folgt allerdings nicht, dass auch das Handlungsvermögen der einzelnen Person, jeder beliebig großen Gruppe oder der Nationalstaaten ebenfalls linear größer geworden ist. Paradoxerweise ist das Gegenteil der Fall: Denn je größer das Potential der Realisierung von Wissen auf der kollektiven Ebene, um so *geringer* ist die Fähigkeit selbst größerer sozialer Einheiten (das heißt von sozialen Institutionen einschließlich großer Wirtschaftskonzerne),[41] schicksalhaften Einfluss nehmen

41 Die sich verstärkende (vor allem symbolische) Veränderung der modernen Kommunikationstechnologien ist ein wichtiges Beispiel: Das Internet verwendet »offene« Standards und Protokolle, das heißt, »they can be freely used by anyone. They have mostly been hammered out in public forums, and they are beyond the control of any single firm. The operating system is the control centre of the PC, but the Internet is managed at many levels, some within devices, some on the

zu können. Das heißt also, die Fähigkeit des Kollektivs, die Geschichte zu bestimmen, sollte nicht so missverstanden werden, dass damit auch die Chance verbunden ist, den gewünschten gesellschaftlichen Wandel planen oder programmieren zu können. Aus der Tatsache, dass der Mensch seine eigene Evolution macht, darf nicht geschlossen werden, dass auch jedes Teil dieser Gesamtheit dazu fähig ist. Dies wäre so etwas wie ein »ökologischer Fehlschluss«.

Allerdings gibt es zumindest zwei Eigenschaften des Wissens, die, wie schon angedeutet, dazu beitragen, dass Wissen zu einem knappen Gut werden kann,[42] und die deshalb von besonderer ökonomischer Relevanz sind:

(1) Was in der Regel knapp ist und deshalb nur schwer zugänglich, sind *zusätzliche* Wissensansprüche (*incremental knowledge*), also neue Handlungsmöglichkeiten und damit nicht eine weitere beliebige »Einheit« von Wissen. Eine solche Einheit ist leicht erhältlich und der Zugang relativ unproblematisch. Je schneller Wissen altert oder je schneller bestimmten Wissensformen neue Einheiten hinzugefügt werden, umso größer ist der Einfluss derer, die dieses Wissen erzeugen oder erweitern, und

network, others at the abstract level of a ›language‹« (»Tomorrow's Internet«, *The Economist*, November 13-19, 1999). Andere Beobachter sind von der Offenheit des Internets weniger begeistert: »as much as it provides individuals with a means to distribute information …, it also gives the holders of legal monopolies a way of placing individuals under surveillance in order to control their use of information they find there« (Steeves, 2000: 224). Dass Versuche, die Inhalte des Internets in Rechnung zu stellen, wenig erfolgreich waren und auf heftigen Widerstand stießen, mag in diesem Zusammenhang noch relevant sein (siehe »Even Offline publications try giving it away«, *New York Times* January 27, 2000, Technology Section).

42 Lundvall und Johnson (1994: 31) verweisen auf weitere mögliche Attribute von Wissen, die es im ökonomischen Sinn zu einem knappen Gut werden lassen: (1) dass jeweils vorhandenes Wissen in Relation zum potentiellen Nichtwissen knapp ist und (2) dass vorhandenes Wissen in einem unzureichenden Maß verwendet oder praktisch ausgebeutet wird. Somit wäre nicht Wissen knapp, sondern die Fertigkeiten, es »effektiv« zu nutzen. In diesem speziellen Zusammenhang wäre außerdem auch die von Herbert Simon (zum Beispiel 1964) entwickelte Idee einer situationsspezifischen Rationalität (»bounded rationality«) relevant.

derer, die diese Wissenszuwächse kontrollieren und/oder realisieren, und desto höher dürfte auch der Preis sein.

Diese Beziehung von neuem Wissen und ökonomischem Handeln lässt sich zum Beispiel am Verhalten multinationaler Konzerne ablesen, worauf Landes ([1992] 1998: 64) aufmerksam macht: »For multinationals competing with one another, it is not cheap labor that makes a difference, nor machines, but rather a continuing sequence of innovation at a pace that provides a lead, however short, over the others.« Stewart ([1997] 1998: 65) illustriert die These vom herausragenden ökonomischen Stellenwert zusätzlichen Wissens wie folgt:

»Das Pharmaunternehmen Merck war beispielsweise nicht in sieben aufeinanderfolgenden Jahren Anführer der *Fortune-Liste* der angesehensten Unternehmen, nur weil Merck Medikamente herstellt, sondern weil die Wissenschaftler in der Lage sind, neue medizinische Produkte zu entwickeln. Ein Zitat von Dr. P. Roy Vagelos, dem CEO von Merck: ›Geringwertige Produkte kann jeder schnell herstellen. Wissen einzusetzen, über das sonst niemand verfügt, das ist Dynamit. Wir pflegen unsere Forschung um einiges mehr als unser Finanzkapital.‹«

(2) Sofern Wissen überhaupt einen Preis hat und in einen kommerziellen Austauschprozess eingebunden ist, geht es nach dem Verkauf auf andere Wissensträger über, bleibt jedoch auch weiterhin den ursprünglichen Wissensproduzenten und -vermittlern erhalten und kann von ihnen noch einmal verwertet werden. Wissen verliert durch Gebrauch nicht an Wert, sondern gewinnt im Gegenteil hinzu. Während traditionelle Produktionsmittel wie Energie und materielle Ressourcen im Produktionsprozess verbraucht werden, ist denkbar, dass sich der Umfang und der Wert unseres Wissens gleichzeitig erhöht. Es lässt sich im Prinzip nur schwer, wenn überhaupt verhindern, dass der »Erwerber« sein Wissens weiter verteilt. Allerdings wird aber nicht unbedingt die kognitive Fähigkeit übertragen, dieses (neue) Wissen produzieren und vermitteln zu können. Oder anders ausgedrückt, der soziale Kontext (Netzwerk), das Theoriengebäude oder das technische Regime, aus dem Wissen oder technische Artefakte hervorgehen, wird nicht mitübertragen und ist nicht Bestandteil des Verkaufs. Vor allem sind die kognitiven Fähigkeiten knapp, die es erst erlauben, neue Wissensansprüche zu formulieren und anzubieten. Sie sind aber nicht die einzigen intellektuellen Fähigkeiten, die gesucht sind, denn die Realisierung

von Wissen erfordert die Fähigkeit, Wissen zu pragmatisieren und die Kontrolle situationsspezifischer Bedingungen vorzubereiten und zu sichern.

Experten, Ratgeber und Berater beziehungsweise die schnell wachsende Gruppe von wissensfundierten Berufen als Vermittler, als Pragmatisierer (insbesondere von entpragmatisierten wissenschaftlichen Erkenntnissen)[43] und »Umsetzer« von Wissen finden hier ihre rapide wachsende berufliche Nische. Mit anderen Worten, diese Berufsgruppe, die Wissen über Wissen verwendet, ist nötig, um zwischen der Komplexität wechselnder Wissensinhalte und denen, die sie als Handlungshilfe suchen, zu vermitteln. »Ideen wandern« von Mensch zu Mensch wie ein »Gepäckstück«. Wissen findet sich in Köpfen. Wissen ist etwas, das man tut; das Können handwerklicher Fähigkeiten ist dagegen an den Einzelnen *gebunden* (vgl. Gibbons und Johnston, 1974; Collins, 1982; Blackler, 1022-1023) und findet seinen Niederschlag in Objekten und Ressourcen.[44] Interpretationsleistungen müssen zu einem »Schluss« kommen; erst dann werden sie als Handlungsfähigkeit wirksam (Wittgenstein). Und diese Funktion, eine Reflexion abzuschließen beziehungsweise entpragmatisierte wissenschaftliche Erkenntnisse »nützlich« zu machen, damit in praktischen Kontexten danach gehandelt werden kann, üben in der modernen Gesellschaft die Experten aus.[45] Neu an dieser Entwicklung ist nicht das Entstehen von wissensfundier-

43 Einer der Pioniere der modernen wissenssoziologisch operierenden Wissenschaftsforschung, der polnische Mediziner und Wissenschaftsforscher Ludwik Fleck ([1935] 1980: 152), hat diese Zusammenhänge deutlich gesehen, wenn er unterstreicht, dass »ein Wissen – ein erschöpfendes Fachwissen – vollkommen unanschaulich und für jeden praktischen Fall unzweckmäßig (ist) ... *Gewißheit, Einfachheit, Anschaulichkeit entstehen erst im populären Wissen*«.

44 Die Bedeutung persönlicher Kontakte und die unmittelbare Teilnahmen in Netzwerken von Personen nicht nur für Fabrikation von Erkenntnissen, sondern auch für den Vermittlungsprozess von Wissen zeigt sich deutlich in Studien, die sich mit der sozialen Organisation von in der Entwicklung begriffenen Forschungsfeldern im Wissenschaftssystem befassen (vgl. Hill, 1995).

45 Diese Beobachtungen über den wachsenden gesellschaftlichen und ökonomischen Rang wissensbasierter Berufe sollten allerdings nicht zu der Folgerung führen, dass Experten notwendigerweise eine neue Klasse oder geistige Elite bilden. Dietrich Rueschemeyer (1986: 139-

ter Arbeit, denn »Experten« hat es immer schon gegeben. Aber die hohe Zahl solcher Arbeitsplätze, die wissensfundierte Arbeit erfordern, ist neu, ebenso wie ihr relativer Anteil an der Gesamtbeschäftigung und der rapide Rückgang von Arbeitsplätzen, die geringe kognitive Fertigkeiten verlangen beziehungsweise damit beschäftigt sind, Dinge zu fertigen oder zu bewegen.

In ökonomischen Handlungszusammenhängen kommt zusätzlichem Wissen zunehmend die Rolle der Bedingung wachsender Wertschöpfung zu. Wissen als *unmittelbare Produktivkraft* wird zur Grundlage wirtschaftlichen Handelns, indem es die Entstehungs- und Produktionsbedingungen von Waren und Dienstleistungen beziehungsweise die Art der produzierten Waren und Dienstleistungen bestimmt. Zu den Besonderheiten der gegenwärtigen technischen Veränderungen gehört es demnach nicht, wie Castells (1996: 332) unterstreicht, dass die Umsetzung von Wissen und Informationen eine entscheidende Rolle spielt, sondern »the application of such knowledge and information to knowledge generation and information processing/communication devices, in a cumulative feedback loop between innovation and the uses of innovation«.

Ich stimme deshalb mit Giovanni Dosi (1984: 88-89) überein, wenn er im Zusammenhang mit der Analyse industrieller Innovationen die Bedingungen für die Möglichkeit technischer Erfindungen (und deren strategischer Bedeutung) in Marktwirtschaften als Kombination von technischen Gelegenheiten *und* der Chance der privatwirtschaftlichen Appropriation des Gewinns innovativer Aktivitäten beschreibt. Die Bereitschaft eines Unternehmens, in Forschung und Entwicklung zu investieren, hängt also eng von seiner Erwartung ab, ob es die wirtschaftlichen Vorteile eines Wissensvorsprungs, das heißt die Kontrolle einer zusätzlichen »Wissenseinheit«, temporär abschöpfen kann.

140) betont mit der notwendigen Zurückhaltung, »taken together, the power sharing of the different knowledge-bearing occupations has probably diluted the concentrations of power based on property, coercion and popular appeal; but that is a far cry from saying that the power of partial interests and the conflicts between them have become irrelevant or even muted.« Die Problematik der politischen Folgen der wachsenden Bedeutung von Wissen habe ich in einem anderen Zusammenhang ausführlicher analysiert (siehe Nico Stehr, 2000a).

In Teilen der jüngsten (theoretischen) ökonomischen Fachliteratur findet sich der Verweis auf immaterielle Investitionen in Wissen, Lernen, Technologie und technologischen Wandel als Unterschied zu Investitionen in materielle Objekte wie Maschinen und Gebäude, insbesondere vor allem in Ausgaben auf dem Gebiet der Forschung und Entwicklung.[46] Insbesondere die so genannten neuen ökonomischen Wachstumstheorien, die auf einer evolutionären Sichtweise beruhen und oft sogar bewusst in Analogie zur biologischen Evolutionstheorie formuliert sind (siehe Lucas, 1988; Helpman, 1992; Nelson, 1994), führen die »Wissensdimension« (genauer gesagt, das *vorhandene Wissen*) als Element des Produktionsprozesses ein. Prämisse ist dann, dass Wissen als eine nicht-exklusive Form des Eigentums zu wachsenden Gewinnen führt (vgl. Romer, 1990a und 1990b). Bestimmte berufliche Fertigkeiten und Kompetenzen, zum Beispiel im Sinn der Anwendung von Wissen (vgl. Marquand, 1992: 313) sowie technischer Kreativität (siehe Mokyr, 1990: 273-299), können ebenfalls als Quelle zusätzlicher wirtschaftlicher Erträge und evolutionärer Muster ökonomischen Wachstums gelten.

Im Gegensatz zu neoklassischen Wachstumstheorien ist der technische Fortschritt kein exogenes Element, sondern verhält sich im Prozess evolutionärer wirtschaftlicher Entwicklung durchaus endogen (vgl. auch Parayil, [1994] 1999).[47] Der techni-

46 Thorstein Veblens (1899) Kritik der klassischen ökonomischen Theorie, insbesondere sein Verweis auf den Stellenwert der Kreativität im Kontext ökonomischen Handelns kann man durchaus als einen intellektuellen Vorbereiter der neoevolutionären ökonomischen Theorie betrachten (siehe auch Marquand, 1992).

47 In der neoklassischen Perspektive sind technologische Entwicklungen immer Ergebnis rationalen Entscheidungshandelns zur Lösung bestimmter ökonomischer Probleme mit Hilfe optimaler technischer Mittel an Hand eines imaginären Angebots unterschiedlicher technischer Möglichkeiten. Jon Elster (1983: 9) hält technologischen Wandel für eine »rational goal-directed activity«, die darauf ausgerichtet ist, »the choice of the best innovation among a set of feasible changes« zu verwirklichen. Eine derartige Perspektive verwirft eine ganze Reihe wichtiger Fragen, die das Entstehen, die Durchführung und Weiterverbreitung von technologischem Wandel betreffen, so wie es die marxistische historisch-materialistische Position tut, die technologischen Wandel für eine unnütze Waffe im Kampf zwischen Unternehmer und

sche Wandel wird ebenfalls als evolutionärer Prozess verstanden. Evolutionäre Wachstumstheorien erheben Zweifel an der Fähigkeit, die genauen Anteile unterschiedlicher Produktionsfaktoren als bestimmende Faktoren und mitbestimmende Kontributoren zum wirtschaftlichen Wachstum eindeutig herauszufiltern. Man mutmaßt, was ausnehmend sinnvoll erscheint, dass gerade die Wechselwirkung zwischen den Produktionsfaktoren entscheidend ist. Evolutionäre Theorien des wirtschaftlichen Wachstums betonen die Bedeutung korporativer Akteure, insbesondere die der Firma, und nicht die der einzelnen Person, wie im Falle der neoklassischen Perspektive. In evolutionären Theorien scheint sich die Analyse des Wissensbeitrages zum Wachstum auf den vorhandenen oder aktuellen Wissensvorrat sowie dessen gesamtwirtschaftliche Anwendung, Verbreitung und Einbindung zu konzentrieren. Die zumindest implizite Prämisse dieses Ansatzes ist daher weiterhin die traditionelle Annahme ökonomischen Denkens, Wissen sei ein öffentliches Gut, habe informationsähnliche Eigenschaften und verursache nur bedingt Anschaffungskosten und Kosten der Realisierung. Ob zusätzlicher wirtschaftlicher Mehrwert vor allem durch das systematische Ausbeuten eines bestehenden Wissensvorrats erreicht wird, im Gegensatz zu inkrementaler Kenntnisverbesserung – die eine rivalisierende Wissensform darstellt –, ist zu bezweifeln. Wachstum muss, so denke ich, vor allem mit Hilfe von marginalen, im Sinne von neuen Wissenseinheiten generiert werden. Ergänzend muss man festhalten, dass das Wissenskonzept evolutionärer Theorien ein restriktives Konzept ist, welches sich von instrumentellen Definitionen von Wissen abhebt; beispielhaft dafür ist vor allem das in technischen Produktionen und Produktionsmitteln manifeste Wissen. Deshalb hat man sich im Kontext von Bemühungen, die ökonomische Funktion von Wissenschaft und Technik zu erhellen, bisher kaum die Mühe gemacht, zwischen der ökonomischen

Arbeiter hält (siehe Webster und Robbins, 1993). Das ökonomisch agierende Individuum der evolutionären Theorien unterscheidet sich in signifikanter Weise von dem »rational« handelnden Akteur der neoklassischen Modellvorstellungen: »agents follow various *rule-guided* behaviors which are *context-specific* and, to some extent, *event-dependent* ... [and] agents are always capable of experimenting and discovering new rules, and, thus, they continue to introduce behavioral novelties into the system« (Dosi und Nelson, 1994: 157).

Rolle wissenschaftlichen Wissens und der technischer Artefakte zu unterscheiden.[48]

Dennoch kann man festhalten, dass ökonomische *Theorien* entwickelt wurden, in denen dem Wissen ein bestimmter immanenter Stellenwert zugestanden wird. Die Frage aber, wie sich Wissen empirisch messen lässt und wie darauf bezogene makroökonomische Indikatoren aussehen müssten, welche dann den Beitrag von Wissen widerspiegeln, steckt erst in den Kinderschuhen (vgl. Howitt, [1996] 1998: 98; Carter, 1996a; Müller, 1996; OECD, 1996a: 33-55).[49]

Zumindest oberflächlich betrachtet hat es den Anschein, dass die Idee zusätzlicher ökonomischer Handlungskapazitäten im Sinne neuer, rivalisierender Wissensformen wesentlich enger mit dem Konzept der *Innovation* verwandt ist als mit dem Wissenskonzept der neoevolutionären Wachstumstheorie. Für Schumpeter, der diesen Aspekt in die ökonomische Literatur eingeführt hat, entwickeln sich die Innovationen zu einem zentralen Element ökonomischer Aktivitäten – wenn nicht sogar zur Hauptkomponente dynamischer Kräfte. Beispielsweise werden Innovationen von ihm als wesentlich wichtiger angesehen als der Preiswettbewerb der Firmen. Laut Schumpeter sind es bahnbrechende Unternehmer [Pionierunternehmer beziehungsweise Entrepreneure], welche

»den Produktionsprozess unter Ausnutzung einer Erfindung reformieren oder revolutionieren oder wesentlich allgemeiner ausgedrückt, eine bisher unerprobte technische Möglichkeit zur Herstellung eines gänzlich neuen oder alten Produktes mittels [technologisch] neuer, verbesserter Methoden günstiger zu produzieren in der Lage ist, oder durch das Öff-

48  Wie Pavett (1991: 113) in einer Studie der ökonomischen Rolle der Grundlagenforschung aber unterstreicht, leisten Ökonomen, die sich der besonderen Rolle wissenschaftlicher Erkenntnis beziehungsweise technischer Artefakte bewusst sind, »a major contribution to the policy debate by stressing the complementary nature of private and public investments in science and technology, with the former concentrating on the short-term and the specific, and the latter on the long-term and general.«

49  Vgl. die Auflistung spezifischer Vorschläge zum Messen der Aneignung und Nutzung von Wissensvorteilen in Stewart, 1997: 222-246, Anhang über »tools for measuring and managing intellectual capital.«

nen neuer Bezugsquellen von Zulieferungsmaterialien oder Eröffnen neuer Vertriebswege für Produkte, oder durch die Reorganisation einer ganzen Industrie« (Schumpeter, [1942] 1950: 132).

Allesamt befinden sie sich im Zentrum der Dynamik des kapitalistischen Systems.

In Schumpeters Theorie beziehen sich Innovationen auf die Ersteinführung eines neuen Produktes (daher Produktinnovation) oder Systems und Prozesses (folglich Prozessinnovation) in der Wirtschaft. Obgleich Schumpeters Terminologie auch organisatorische Innovationen umfasst (und damit jede Ursache für eine Veränderung in der Relation von Einsatz und Ergebnis im Produktionsprozess), konzentrieren sich die später von Ökonomen durchgeführten Innovationsanalysen auf rein *technische* Innovationen. Da Schumpeter zwischen *Erfindung* und *Innovation* scharf trennt, wird deutlich, dass sich sein Innovationsbegriff nicht lediglich auf gesteigertes Wissen beziehen kann, sondern auf zusätzliche Kenntnisse und Erfahrungen, welche in die Praxis umgesetzt werden und als Ergebnis ein neues Produkt oder einen neuen Prozess hervorbringen. Eine Erfindung als zusätzliches Wissen bedeutet in diesem begrifflichen Zusammenhang Wissen als Leistung und Ansporn zu unternehmerischem Handeln. Der Begriff Innovation ist inklusiv und bezieht sich auch auf die Realisierung zusätzlicher Kenntnisse sowie des umfassenden Prozesses der Umwandlung des Wissens in die Praxis. Er ist noch umfassender, weil er den Innovationsbegriff auf den *Diffusionsprozess* der bereits realisierten und verbreiteten Erfindung [beziehungsweise der ausgewerteten Entdeckung] auf die Gesamtbevölkerung potentieller Anwender oder Verbraucher mit ausdehnt. Dieser dynamische Prozess, den Schumpeter beschreibt und der seither von vielen Beobachtern so beschrieben wird, bewegt sich daher fast linear von Invention über Innovation zur Diffusion.[50] Ob solche stufenweisen Erörterungen in

50 Die Daten, welche bisher über Innovationen zusammengetragen wurden, sind von begrenzter Aussagekraft und teilweise sogar von zweifelhaftem Wert. Erstens gibt es Informationen über Ausgaben für Forschung und Entwicklung (der Einsatz dieser Mittel steht selbstverständlich nicht in Relation zu den Kosten der Entdeckung); zweitens gibt es die Daten über Patente (wobei die Neigung zum Patent variiert und viele Patente niemals zu Innovationen ausreifen), und drittens bibliometrische Daten über wissenschaftliche Publikationen

ihrer unterschiedlichen Eigenart de facto nützlich sind, hängt ganz von den jeweiligen Zielen, Vorsätzen und Absichten einer Untersuchung ab. Gleichwohl, und wie es bei vergleichbaren Konzepten in der Sozialwissenschaft, die sich mit der Innovationsproblematik und dem gesellschaftlichen Stellenwert von Erfindungen beschäftigen, der Fall ist, wird der Prozess der Innovation auch von Schumpeter wie eine Art »black box« behandelt. Innovationen und Erfindungen werden als a-historische Phänomene begriffen, deren Ursprung in einem gesellschaftlichen Vakuum zu liegen scheint, die ohne Schwierigkeiten intellektuelle und kulturelle Grenzen überwinden können und kaum jemals kontrovers oder anfechtbar sind.[51]

In Wirklichkeit muss Wissen aber erst einmal im Kontext bestimmter Infrastrukturen in oft komplizierten, umfassenden sozialen Netzwerken erzeugt werden, dann verfügbar und verbreitet werden, ferner interpretiert und mit lokal variablen Gegebenheiten verbunden werden, bevor es implementiert oder realisiert werden kann. Dies ist zunächst einmal der Arbeitsbereich der »Wissensproduzenten« und wird sodann, wie betont, zur Aufgabe von Experten, Ratgebern und Beratern, deren Funktion es ist, Wissen zu »pragmatisieren«. Wie eine wachsende Anzahl von Innovationsstudien zeigt,[52] ist die Fabrikation und die Übersetzung von Wissen in technische Artefakte ein äußerst komplexer, wandelbarer intellektueller und organisatorischer Prozess, bei dem sich Firmen sowohl auf »interne« als auch auf »externe« (etwa im Sinn öffentlicher Wissenschaft, siehe Gibbons und Johnston, 1974) Wissensbestände stützen.[53] Der soziale Prozess der Innovation folgt keinem einheitlichen Muster. Er ist ein fragiler Prozess, der immer wieder Rückschlägen ausgesetzt ist, was ihn für ein exaktes Planen und Prognostizieren ungeeignet macht

und Zitate (die allerdings nur wenig über Art, Anzahl und Auswirkungen von Innovationen aussagen).

51 Man vergleiche die ausführlichen Diskussionen des Konzepts der »Innovation« bei Kline und Rosenberg (1968).

52 Einen Überblick über die Ergebnisse von Innovationsstudien verschafft Faulkner, 1994: 434-442.

53 Eine der ersten empirischen Untersuchungen über die wechselseitigen Beziehungen zwischen technischer Innovation und organisatorischen Prozessen und Entwicklungen ist Burns und Stalkers *The Management of Innovation* (1961).

(siehe Latour, 1993; Gibbons et al., 1994). John (1998: 205) zeigt dies in einer Studie zur Entwicklung des amerikanischen Kommunikationswesens:

»the most fundamental technical breakthroughs – electric signaling in the 1840s, voice transmission in the 1870s – emerged in highly unusual contexts that provide few obvious lessons for students of innovation today. Equally idiosyncratic was the conceptual advance that hastened the creation of the modern postal system in the years immediately following the adoption of the federal Constitution«.

Es kommt andererseits hinzu, dass Vorstellungen vom effektiven Umgang mit Informationen, von der planvollen Fabrikation und dem gezielten Einsatz von Wissen und noch allgemeiner dem so genannten »Management von Wissen« im Rahmen von Ökonomie oder Betriebswirtschaftslehre in einer steigenden Anzahl von Vergleichsstudien und theoretischen Erwägungen (oder sogar Studiengängen) erarbeitet werden sollen. Diese Überlegungen und Bemühungen sind generell auf Innovationen oder neu zu konstruierende Strukturen in Firmen (Wikström und Normann, 1994) ausgerichtet. Die Prämisse, auf welche sich diese Studien gewöhnlich gründen, ist eine Variante der ambivalenten Beobachtung, dass sich unlängst bedeutende Wandlungen in der Art der Information und in den Teams vollzogen haben, mit denen Manager zusammenarbeiten (Sparrow, 1998: 1), oder sie folgen der allgemeinen Überlegung, dass der Einsatz von Information und Wissen von größter Bedeutung und hohem Nutzen für die Art und Weise ist, durch die sich ökonomisch erfolgreiche und effektive soziale Systeme von Unternehmen auszeichnen (vgl. Schreyögg und Conrad, 1966). In dem Bemühen, die Grundlagen für Wettbewerbsvorteile zu entdecken, wird somit eine Vielzahl von theoretischen Modellen aus den verschiedensten Disziplinen herangezogen, um Informationsprozesse zu untersuchen und die Nutzbarmachung des Wissens in der Entwicklung und Forschung, in der Produktion und deren Anwendung auf den Gebrauch/Verbrauch neuer Produkte in unterschiedlichen Ländern (vgl. Nonaka, 1991; Clark und Fujimoto, 1992; Nonaka und Takeuchi, 1995) effizienter und rationaler zu gestalten.

Weitere Studien, die ebenfalls davon ausgehen, dass sich Art und Umfang von Wissen verändert haben, gehen die Frage des Einsatzes von Management und Techniken zur Lösung von Problemen, welche am besten geeignet erscheinen, um effektive Ge-

schäftsergebnisse zu erzielen, wesentlich direkter an. Im Endergebnis werden aber stets konventionelle Größenordnungen in
Organisationen wie zum Beispiel effektive Harmonisierung,
Integration, Kommunikation, Hierarchie, Autorität und Macht
problematisiert. Ganz allgemein jedoch erscheint das Forschungsinteresse dieser Untersuchungen von der Suche nach *Er-
kenntnisrezepten* bestimmt zu sein, die man sozusagen schritt-
weise befolgen und mobilisieren kann. In der Regel sind dies
dann Rezepte, die den Erfolg von Firmen nachvollziehen, welche
bereits den Wettbewerbsvorteil auf Grund ihres Wissensvorsprungs erreicht haben. Auf jeden Fall beruft man sich in der
Mehrzahl dieser Studien auf einen Wissensbegriff, der sich um
die übliche verkürzte Konzeption von den Tugenden des Wissens
(oder der Information) als einem objektiven und wirklichkeits-
konformen Maßstab dreht.

## Wissenschaft als unmittelbare Produktivkraft

Die Wissenschaft und Technologie der Neuzeit nahm ihren Anfang in den marginalen Experimenten von Laien des 17. Jahrhunderts. Die moderne Wissenschaft dagegen wird, insbesondere
nach dem Zweiten Weltkrieg, zu einem großen Teil durch Gelder
des öffentlichen Etats finanziert und ist zu einer der wichtigsten
Investitionsquellen für Privatkapital geworden. Unter der arbeitenden Bevölkerung nimmt der Anteil voll ausgebildeter Wissenschaftler und Ingenieure in der modernen Gesellschaft ständig
zu. Folge und Ursache zugleich für dieses Vordringen von Wissenschaft und Technologie ist die Ausweitung des Hochschul-
bildungssystems. Institutionen, die in irgendeiner Form Wissen
produzieren, verbreiten oder reproduzieren, sind nun ihrem
Umfang nach mit Industriekomplexen vergleichbar.
   Die Ursache für den Wandel, der sich in der Produktion von
wissenschaftlichem Wissen vollzieht und damit wiederum eine
der Voraussetzungen für das Entstehen der Wissensgesellschaft
schafft, sehe ich in der Erweiterung der sozialen Funktion des
wissenschaftlichen Wissens. Diese Erweiterung geschieht ohne
Eliminierung oder Reduzierung solcher Funktionen, die wissenschaftliches Wissen bisher ausübte. So diente Wissenschaft bis
zum Ende des 18. Jahrhunderts der Aufklärung, vermittelte ge-

wissermaßen Sinnwissen oder soziales Bewusstsein. In der sich
anschließenden Periode der industriellen Gesellschaft übernahm
Wissenschaft die Rolle einer produktiven Kraft, einer, wie Karl
Marx dies ausdrückte, in Maschinen objektivierten Wissenskraft
oder »selbständigen Produktionspotenz«.[54] Soweit sich die Wissenschaft im 19. Jahrhundert allerdings als »reine« Wissenschaft
entwickelt, wird sie nicht nur Produktivkraft. In der zweiten
Hälfte des 20. Jahrhunderts bildete sich die Wissenschaft dann zu
einer *unmittelbaren* Produktivkraft aus (siehe auch Marx, 1939-
1941: 594). Die Wissenschaft produziert weiter Wissen, das zumindest kurzfristig ohne praktischen Nutzen ist. Welche Bedeutung die Wissenschaft unter diesen Bedingungen für eine
Gesellschaft hat, lässt sich mit dem Konzept der wissenschaftlichen Gemeinschaft (*scientific community*) nur unzureichend bestimmen. Als sich Wissenschaft im 19. Jahrhundert zu einer Produktivkraft entwickelte, blieb sie nicht länger ausschließlich Teil
des gesellschaftlichen Überbaus. Zu der ursprünglichen Funktion der Ideologiebildung und -kritik kam die Funktion als Produktivkraft hinzu, und Wissenschaft wurde auch Teil der gesellschaftlichen Basis. Die Wissenschaft ist womöglich die einzige
Institution der modernen Gesellschaft, die im Verlauf ihrer Entwicklung keine ihrer ursprünglichen Aufgaben an andere Gesell-
schaftsbereiche verloren hat, wie dies die These von der zunehmenden strukturellen Differenzierung unterstellt. Im Gegenteil,
die Wissenschaft absorbiert gewissermaßen bestimmte soziale
Funktionen oder expandiert mehr und mehr in die Exekution
dieser und sich selbst gestellter neuer Funktionen.

Es ist schwierig, die einzelnen Kategorien von Wissen, die die
Wissenschaft im Verlauf ihrer Geschichte inzwischen produziert
hat, begrifflich neu zu fassen. Aber folgende Begriffe bieten sich
vielleicht an:

(1) *Deutungswissen* (oder Orientierungswissen). Bis Ende des
18. Jahrhunderts produzierten die damaligen Naturwissenschaf-

54 Wie Marx (1939-1941: 594) betont, »die Natur baut keine Maschinen, keine Lokomotiven, Eisenbahnen, electric telegraphs, self-acting
   mules etc. Sie sind Produkte der menschlichen Industrie; natürliches
   Material, verwandelt in Organe des menschlichen Willens über die
   Natur oder seiner Betätigung in der Natur. Sie sind *von der menschlichen Hand geschaffene Organe des menschlichen Hirns*; vergegen-
   ständlichte Wissenskraft.«

ten genau wie die heutigen Sozialwissenschaften und die Humanwissenschaften vor allem eine Form von Wissen, dessen soziale Funktion hauptsächlich die Einflussnahme auf das (soziale) Bewusstsein der Gesellschaftsmitglieder war.

(2) Die Mehrzahl der herkömmlichen naturwissenschaftlichen Disziplinen erzeugt *Produktivwissen*, eine Form von Wissen, das sich in Methoden der unmittelbaren Naturaneignung umsetzen lässt.

(3) Die jüngste Form des von den einzelnen natur- und sozialwissenschaftlichen Disziplinen produzierten Wissens als unmittelbare Produktivkraft könnte *Handlungswissen* genannt werden, wobei Wissen eine unmittelbare Fähigkeit zum Handeln einschließlich der Kapazität zur Konstruktion zusätzlichen Wissens repräsentiert.[55] Mit der Entwicklung der wissenschaftlichen Erkenntnis zur unmittelbaren Produktivkraft hat Wissen aufgehört, ausschließlich Teil des Überbaus zu sein.

Die frühen Wissenschaften waren kognitiv noch nicht so weit entwickelt, um Probleme des Produktionsbereichs lösen zu kön-

---

[55] Die These von der selbständigen »Produktivkraft« Wissenschaft wird schon in den fünfziger Jahren von dem Architekten und Marxisten Gerhard Kosel (1957) vertreten. Während der Entstalinisierungsphase in den frühen sechziger Jahren diskutierten orthodoxe marxistische Philosophen, so zum Beispiel in der damaligen DDR, den Begriff der Wissenschaft als unmittelbare Produktivkraft und verstanden diese Überlegungen nicht zuletzt als Korrektur eines undialektischen Wissenschaftsbegriffs, für den man Josef Stalin verantwortlich machte (vgl. Klotz und Rum, 1963: 27). Aber abgesehen von der Arbeit, die dieser Wissenschaftsbegriff in diesen ideologischen Auseinandersetzungen leisten sollte, verwies er, soweit ich sehen kann, nur auf die Idee, die Produktion sei die materielle Implementation wissenschaftlicher Entdeckungen (zum Beispiel Stoljarow, 1963: 835). In diesem Diskussionszusammenhang wird auch die Behauptung laut, der eigentliche Erfinder des Begriffs sei Walter Ulbricht (siehe Klotz und Rum, 1963: 26). Einige Jahre später wurde eine etwas umfassendere Konzeption der Wissenschaft als unmittelbare Produktivkraft vertreten. So wird zum Beispiel die (Industrie-)Arbeit als eine wissenschaftliche Tätigkeit beschrieben (siehe Lassow, 1967: 377). Dennoch bleibt auch diese erweiterte Diskussion des Begriffs der unmittelbaren Produktivkraft eng mit dem politischen Kampf gegen »überholte« stalinistische Konzeptionen der modernen Produktionsbedingungen verknüpft.

nen. Denn auch die materielle Aneignung der Natur, im Sinne einer effizienten Kontrolle der Randbedingungen oder der Produktion von Rohmaterial, war noch nicht so weit vorangeschritten, dass sich der Einsatz der Wissenschaft in konkreten Anwendungen bemerkbar machen konnte. Erst der im 19. Jahrhundert stattfindende Wandel in der materiellen Aneignung der Natur hat die Wissenschaft zu einer Produktivkraft und die Gesellschaft zu einer industriellen Gesellschaft gemacht. Dadurch, dass Wissenschaft im 20. Jahrhundert eine unmittelbare Produktivkraft wird, verliert sie keine der bereits vorhandenen Möglichkeiten, sondern gewinnt eine entscheidende hinzu. Im Gegensatz zum 19. Jahrhundert bedeutet Wissensproduktion heutzutage auch ohne Einschaltung des Arbeitsprozesses unmittelbare soziale Produktion (siehe auch Marx, 1953: 593). Diese Entwicklung hat zwei Seiten:

(1) Mit der Automation, das heißt der tendenziellen Abschaffung der Fabrik- oder Muskelarbeit, wird die Wissenschaft in ihrer produktiven Funktion weitgehend von lebendiger, direkter Arbeit unabhängig. Und damit werden der Stand der Produktivkräfte, die Produktion selbst und der Wert der Produktion von der Wissenschaft abhängig (vgl. Autorenkollektiv, 1972).

(2) Durch die Ausschaltung menschlicher Arbeit aus dem Produktionsprozess wird diese selbst verändert: Sie wird zur schöpferischen, regulierenden Arbeit, nähert sich dadurch der wissenschaftlichen Arbeit an und wird somit in entscheidender Weise zu wissensfundierter Arbeit. In der modernen Gesellschaft entsteht eine sekundäre Produktionsstruktur, deren Basis die bereits erfolgte Naturaneignung bildet. Ein beträchtlicher Teil der gesamten in einer Wissensgesellschaft geleisteten Arbeit erfolgt auf einer Meta-Stufe, auf einer sekundären Produktionsstufe, zu der hauptsächlich die Wissenschaft beiträgt. Produktion bedeutet dann nicht mehr in erster Linie Stoffwechsel mit der Natur, sondern setzt voraus, dass diese bereits appropriiert wurde. Der Produktionsprozess besteht in dem Fall darin, appropriierte Natur nach bestimmten Plänen und Programmen neu zu ordnen. Die »sekundäre« Produktion unterliegt eher sozialen Gesetzmäßigkeiten als den Gesetzen der Natur. Folglich entstehen neue Disziplinen, deren Produktionsleistung die Funktion einer unmittelbaren Produktivkraft hat, wie zum Beispiel die Bereiche operations research, Planungstheorie, Entscheidungstheorie,

Kybernetik, Computer-Wissenschaft usw. Die Produktion von Daten, Theorien, Programmen und Systemen ist unmittelbar produktiv, weil sie die Wissensstruktur der Gesellschaft reproduziert, das heißt, Wissensproduktion ist soziale Produktion. Reproduktion der Gesellschaft heißt immer häufiger auch Reproduktion der appropriierten Natur und der Selbstappropriation der Gesellschaft. Als weitere Folge dieser Entwicklungen kann die Tatsache gelten, dass wissenschaftliches Wissen als unmittelbare Produktivkraft eine gesellschaftliche Ressource darstellt, deren Funktionen mit denen der Ressource der klassischen »Arbeit« im kapitalistischen Produktionsprozess vergleichbar sind.

In anderen Aspekten unterscheiden sich die beiden Ressourcen allerdings. So gewinnen die Besitzer der Ressource »Wissen« in einer Wissensgesellschaft Macht und Einfluss, weil es den Besitzern des Kapitals nicht möglich ist, das Produktionsvolumen von Wissen durch Kapitalsubstitution zu reduzieren. Ein Substitut für Wissen kann bestenfalls nur eine andere Form von Wissen sein.[56]

56 Die Frage inwieweit der wachsende kollektive (und individuelle) Wissensstand (»*knowledgeability*«) nicht gleichzeitig eine bedeutsame Ausweitung der Macht und Herrschaft der Machtelite einer Gesellschaft einschließlich der Eigentümer der Produktionsmittel bedeutet, ist eine strittige Problematik. In der Tat ist eine Anzahl von Beobachtern der Entwicklung und der Veränderungen der modernen Gesellschaft davon überzeugt, dass Wissen als unmittelbare Produktivkraft nicht nur die traditionellen dominanten Produktionsfaktoren ersetzt, sondern auch zu einer signifikanten Transformation in der Machtposition des Kapitals führt und somit den Beginn der Realisierung der oft ausgesprochenen Erwartung einer radikalen Veränderung der Welt der Arbeit bedeutet. Eine größere Emanzipation der Arbeitenden von der Macht und dem Einfluss der Arbeitsbedingungen selbst sowie der Herrschaft der Arbeitgeber und des Managements beziehungsweise der Eigentümer sei möglich. Die von Aronowitz und DiFazio (1994: 339) detaillierten Erwartungen in dieser Hinsicht sind allerdings sehr pessimistisch und bestätigen die insgesamt strittige Einschätzung der gesellschaftlichen Funktion der wachsenden ökonomischen Bedeutung des Wissens: »rather than fostering full individual development, production and reproduction penetrate all corners of the life world, transforming it into a commodity world not merely as consumption but also in the most intimate processes of human interaction.« Der »Wissensarbeiter« ist weiter und fast schicksalhaft der Handlanger der Mächtigen. Erkenntnisse sind dem Imperativ der technischen In-

# Exkurs: Kapitalformen und Wissen

Zu den wichtigsten theoretischen Ansätzen, die mit dem in dieser Studie verwendeten Wissensbegriff als Produktionsfaktor anscheinend konkurrieren beziehungsweise ihn ergänzen, gehören die Theorien des kulturellen Kapitals (Bourdieu, 1983) oder des Humankapitals (Schultz, 1961, 1981; Becker, 1964).[57]

Wie jede Veränderung der materiellen Produktionsmittel zu Maschinen, Instrumenten und sonstigen materiellen Artefakten führen kann, die als physisches Kapital den Produktionsprozess beeinflussen, so resultiert auch das Humankapital aus einer progressiven Veränderung von Personen durch das Erlernen von beruflichen Fähigkeiten, die es ihnen wiederum erlauben, in produktiver Form am Produktionsprozess teilzunehmen. Der zunächst geleistete Konsumverzicht oder der Verzicht auf andere Investitionsmöglichkeiten (der rational handelnden Akteure) soll sich dann in der Form eines späteren, höheren Einkommensniveaus auszahlen. In der Tat, zu den herausragenden Prämissen des ökonomischen Humankapitaldiskurses gehört die Überzeugung, dass unterschiedliche Realeinkommen in unzweideutiger Weise in einer engen Korrelation zum individuell (atomistischen) verfügbaren Kapital stehen.[58] An Hand dieser Annahme errech-

novation untergeordnet. Ich werde mich mit diesen umstrittenen Auffassungen noch näher auseinander setzen.

57 Adam Smith ([1776] 1909; siehe auch Knight, [1855] 1856) war der erste klassische Ökonom, der die Bedeutung des Humankapitals betonte und es in seine Definition des Kapitalumfangs einer Gesellschaft aufnahm. Der Kapitalstock einer Nation umfasst nach Smith die Fertigkeiten und Kenntnisse seiner Bewohner, da sie Quelle wachsenden kollektiven und individuellen Vermögens seien. Zu diesen klassischen Arbeiten zur Rolle des »symbolischen« Kapitals in der Ökonomie gehören auch die Beobachtungen von Thorstein Veblen ([1908] 1919: 324-386). Eine Darstellung der Ursprünge und der Entwicklung des Humankapitalbegriffs findet sich in Kiker (1996).

58 Eine erste, unmittelbare Kritik der Prämissen der sich herausbildenden Theorie des Humankapitals in der Ökonomie, insbesondere der Annahme, dass man Individuen vorrangig auf Grund ihrer vom Humankapital bestimmten Attribute und nicht an Hand von moralischen oder ethischen Gesichtspunkten analysiert, findet sich in einem Diskussionsbeitrag von Shaffer (1961). Shaffer kritisiert zum Beispiel, dass der Begriff der »Investition« nicht auf die Problematik des Hu-

net man den Umfang potentieller oder tatsächlicher Erträge von Humankapitalinvestitionen einzelner Personen (siehe zum Beispiel Blaug, [1965] 1968).[59]

Humankapital ist nicht homogen; man muss zum Beispiel zwischen allgemeinem und situationsspezifischem Humankapital unterscheiden. Allgemeines Humankapital ist mobil, während situationsspezifisches Humankapital nicht die sozialen und kulturellen Organisationsgrenzen überwinden kann.[60] Humankapital ist konkurrenzlos. In der Regel können die Erträge von Humankapitalinvestitionen ausschließlich von demjenigen realisiert werden, der diese Investitionen getätigt hat. Das Humankapitalvermögen eines Kollektivs kann nicht übertragen oder veräußert werden, es sein denn, man »verkauft« oder tauscht die Träger des Humankapitals wie im Fall von professionellen Sportlern. Die Theorie des Humankapitals baut auf individualistische Prämissen und schweigt sich über den Einfluss kollektiver Prozesse etwa auf den erfolgreichen Erwerb von Humankapital aus. Ähnlich verhält es sich bei der Analyse der Ertragschancen des Humankapitals. Die Bedeutung soziostruktureller oder soziokultureller Faktoren für die Wahrscheinlichkeit, dass man überhaupt einen Ertrag für die getätigten Investitionen erwirtschaftet, wird in der Regel vernachlässigt.

Die Humankapitaltheorie, wie auch Bemühungen, die Theorie zu operationalisieren, leidet unter oberflächlichen Annahmen

mankapitals anwendbar ist und dass »Investitions«-Kalküle nicht Grundlage politischer Ausgabenentscheidungen sein sollten, die sich mit der Wohlfahrt einzelner oder gruppierter Bürger befassen.

59 In einem Beitrag zur Bildungsdiskussion aus arbeitsmarktpolitischer Sicht stellen Buttler und Taussing (1993: 467) die Behauptung auf, dass der »an den Ausgaben für Bildung und Ausbildung gemessene ökonomische ›Wert‹ des Humanvermögens aller Erwerbspersonen in Westdeutschland heute fast der Hälfte des gesamten Sachvermögens an Bauten, Ausrüstungen, Verkehrswegen u. Ä. entspricht: 1989 betrug das wertmäßige Verhältnis des Sachkapitalstocks (9963 Mrd. DM) zum Humankapitalbestand (4494 Mrd. DM) etwa 2,2: 1.«

60 Eine noch umfassendere Definition der Elemente des Humankapitals findet sich in einer Studie von Laroche, Mérette und Ruggeri (1999: 89). Die Autoren verstehen auch die *angeborenen* individuellen Fähigkeiten und Qualifikationen als Teil des Humankapitals. Allerdings verschweigen die Autoren, wie man die angeborenen Qualifikationen quantifizieren soll.

über die Art und Weise, wie sich das Humankapital in der Gesellschaft empirisch manifestiert. In der Regel soll sich der Umfang des Humankapitals des Einzelnen an Hand der Zahl der schulischen und beruflichen Ausbildungsjahre ablesen lassen. Unterschiedliche schulische und berufliche Ausbildungszeiten werden als homogen bewertet und aggregiert. Natürlich geht man außerdem davon aus, dass es sich dabei um eine angemessene Bewertung der jeweiligen (und oft ganz unterschiedlichen) beruflichen Fertigkeiten und des Wissensstandes einzelner Personen handelt. Kurz, die Humankapitaltheorie behandelt Wissen und berufliche Qualifikationen als eine Art *black box*.[61]

Im Gegensatz und in Ergänzung zur Theorie des Humankapitals ist die Theorie des Sozial- und Kulturkapitals vor allem von Soziologen erarbeitet worden[62] und ist besonders geeignet, auf

61  Die *Organization for Economic Cooperation and Development* (1999: 16-17) verwendet, um die Gesamtinvestitionen in Wissen (bezogen auf das Bruttosozialprodukt eines Landes) in verschiedenen entwickelten Volkswirtschaften zu berechnen, eine Operationalisierung des Wissensbegriffs, der anscheinend von der Theorie und der üblichen empirischen Fassung des Humankapitals abgeleitet ist. Die Gesamtinvestitionen in Wissen (im Jahre 1995) werden als Summe der Ausgaben für Forschung und Entwicklung, des öffentlichen Haushalts für das Bildungswesen sowie für Investitionen in Software errechnet. Legt man diese Zahlen zugrunde, so ist Schweden das führende Land. Die Gesamtinvestitionen Schwedens in Wissen belaufen sich, gemessen am schwedischen BSP, auf 10,6 Prozent. Frankreich landet an zweiter Stelle, und zwar auf Grund der hohen staatlichen Ausgaben für das französische Bildungswesen. Die Vereinigten Staaten und Kanada fallen zurück. In den USA geschieht dies wegen der relativ geringen staatlichen Mittel für das Schulwesen, in Kanada wegen der geringen Ausgaben für Forschung und Entwicklung. Japan investiert den Rekordanteil von 28,5 % des BSP in Sachvermögen, aber nur den sehr kleinen Anteil von 6,6 % in Wissen.

62  Der Begriff des sozialen Kapitals, wie er etwa von Coleman (1988: 98) entwickelt worden ist, verweist auf eine Kapitalform als Resultat der Eigenschaften des Eingebundenseins in Organisationen oder Netzwerke; das heißt, die Verflechtung in eine Struktur bestimmter sozialer Beziehungen erleichtert soziales Handeln, indem sie die Realisierung von Handlungszielen, die unter anderen Bedingungen nicht erreichbar wären, ermöglicht. Soziales Kapital ist somit eine von den sozialen Beziehungen von Individuen abhängige Ressource (siehe Coleman, 1990: 304, und Sampson, Morenoff und Earls, 1999).

die komplexen Tatsachen der Genealogie und die Vielfalt immateriellen Kapitals sowie auf den situationssensitiven Erwerb symbolischen Kapitals (beziehungsweise Wissens) aufmerksam zu machen (siehe Carley, 1986) und somit die *black box* des Humankapitals einen Spalt weit zu öffnen.[63] Pierre Bourdieu ([1983] 1986: 241) erläutert seine imaginativen Einsichten in die gesellschaftliche Rolle des immateriellen Kapitals, das in ökonomisches Kapital (das heißt unmittelbar in Geld tauschbares Kapital) transformiert werden kann, bewusst in Anlehnung und Abgrenzung zur marxistisch geprägten ökonomischen Perspektive.

Pierre Bourdieu ([1983] 1986: 243) erkennt den theoretischen Nutzen der Idee des »kulturellen Kapitals« ursprünglich in der von ihm durchgeführten Ungleichheitsforschung. Der Kontext seines Interesses an einer Theorie der sozialen Reproduktion von Privilegien hat einen erheblichen Einfluss auf die Art und Weise, mit der er die These von der Bedeutung des kulturellen Kapitals als Ergänzung und Überwindung des orthodoxen, ökonomisch geprägten Klassenkonzepts der Ungleichheitstheorie in seinem Diskurs strategisch verwendet. Bourdieus Forschungsarbeiten hatten sich zum Ziel gesetzt, die unterschiedlichen schulischen Leistungen von Kindern aus verschiedenen sozialen Klassen Frankreichs zu erklären. Die unterschiedlichen Erfolge beziehungsweise die ungleichen »Gewinne« der Schüler im Wettbewerb des akademischen Marktes setzt er in eine Beziehung zur stratifizierten Verteilung des kulturellen Kapitals sozialer Klassen und den unterschiedlichen Chancen der Schüler, Kapital in ihren Familien zu erwerben oder sogar zu erben (Bourdieu und

---

63 In einer Untersuchung der unterschiedlichen Schulleistungen von Schülern verschiedener ethnischer Gruppen in den USA verwendet Farkas (1996) sowohl die Theorie des Human- als auch die des Kulturkapitals als Schlüssel zur Erklärung der stark voneinander abweichenden Schulerfolge von Angehörigen der verschiedenen ethnischen Gruppen. Farkas (1996: 10-12) deutet an, dass eine Synthese der Human- und Kulturkapitaltheorie besser geeignet sei, um den unterschiedlich erfolgreichen Erwerb von schulischen Fertigkeiten und Qualifikationen zu erklären. Eine Zusammenfassung beider Theorien bietet letztlich eine angemessenere Perspektive der komplexen Zahl und Interaktion relevanter schulischer und außerschulischer Einflüsse und Faktoren.

Passeron, [1964] 1979). Der Erwerb kulturellen Kapitals setzt kulturelles Kapital voraus, und dieser Prozess verlängert und zementiert die herrschende ungleiche Verteilung des kulturellen Kapitals sozialer Klassen (Bourdieu, 1973: 73). Der Übertrag kulturellen Kapitals von Generation zu Generation stellt, genau wie das Erben von Sachvermögen, eine Form arbeitslosen Einkommens dar. Die intellektuellen Anstöße der Bourdieu'schen Theorie des kulturellen Kapitals machen deutlich, dass es sich um eine Theorie der gesellschaftlichen Verteilung von Macht und Herrschaft handelt.

Bourdieus Hauptinteresse an einer Theorie symbolischen Kapitals gilt somit der Rolle, die nichtmaterielle Kapitalformen in der Reproduktion sozialer Hierarchien spielen. Obwohl Erziehungseinrichtungen nicht die einzigen Institutionen sind, in denen kulturelles Kapital erworben werden kann, ist es die primäre Funktion der Schule, als Markt für die Verteilung kulturellen Kapitals zu wirken. Bourdieus (1973: 84) Forschungsinteresse zielt deshalb darauf, zu zeigen, dass das Erziehungswesen im Verlauf der Evolution der Klassenbeziehungen, die immer weniger auf einer schonungslosen und kruden Imposition von Machtbeziehungen beruhen, nicht nur die Funktion hat, akademische in soziale 'Hierarchien umzusetzen, sondern auch den existierenden, ungleichen gesellschaftlichen Status quo zu legitimieren und zu verlängern. Die angeblich demokratische Auswahl und der Zugang zum Erziehungswesen sowie die Betonung von Leistung und intellektuellen Fähigkeiten sind scheinbar dafür verantwortlich, dass es eine Chancengleichheit im Erwerb von kulturellem Kapital im Bildungswesen gibt. Die vermeintliche Gleichheit wird allerdings durch die Tatsache, dass die herrschenden Klassen von vornherein einen größeren Anteil des kulturellen Kapitals kontrollieren als die Mitglieder anderer sozialer Klassen, unterminiert. Das moderne Bildungswesen perpetuiert Privilegien, indem es sie ignoriert (Bourdieu, 1973: 85).

Pierre Bourdieu unterscheidet zwischen drei Formen des kulturellen Kapitals: (1) einem verinnerlichten, inkorporierten Zustand (in der Form von dauerhaften Dispositionen des Menschen), (2) einem objektivierten Zustand (das heißt in der Form von materiellen kulturellen Gütern, Instrumenten und Medien) und (3) einem institutionalisierten Zustand (das heißt zum Beispiel in der Form von akademischen Zertifikaten).[64] Diese Unterscheidungen repräsentieren in erster Linie die Art und Weise, in der kulturelles Kapital »aufbewahrt« wird und in der es durch Weitergabe zum Habitus eines Individuums wird. Darüber hinaus identifiziert Bourdieu in seiner Theorie der Kapitalformen neben dem ökonomischen Kapital noch das soziale Kapital. Dieses bezieht sich auf die Summe der möglichen Vorteile, die sich aus dem sozialen Beziehungsgeflecht eines Menschen realisieren lassen. Die unterschiedlichen Kapitalformen stehen in einer engen gegenseitigen Verbindung. Die Akkumulation einer Kapitalform geht in der Regel Hand in Hand mit der Akkumulation einer weiteren Kapitalform (Bourdieu, 1973: 99). Meine kritische Diskussion an dieser Stelle beschränkt sich auf die Konzeption des kulturellen Kapitals, da dieser Begriff am ehesten mit dem Wissensbegriff verwandt zu sein scheint. In der Bourdieu'schen Konzeption handelt es sich beim kulturellen Kapital um eine *symbolische* Kapitalform; der Begriff des kulturellen Kapitals ist umfassender als der des Humankapitals ökonomischer Diskurse.

Die Humankapitaltheorie stellt eine Art lineare Verbindung zwischen eindeutig nachweisbaren Bildungsinvestitionen beim

---

64 Bourdieus Thesen von der Bedeutung des kulturellen Kapitals weisen verblüffende Parallelen zu Beobachtungen von Georg Simmel ([1907] 1978: 606-607) in seiner *Philosophie des Geldes* zur Rolle des Intellekts in der modernen Gesellschaft auf. Simmel macht in diesem Zusammenhang zum Beispiel auf folgende gesellschaftliche Umstände aufmerksam: »Die scheinbare Gleichheit, mit der sich der Bildungsstoff jedem bietet, der ihn ergreifen will, ist in Wirklichkeit ein blutiger Hohn, gerade wie andere Freiheiten liberalistischer Doktrinen, die den Einzelnen freilich an dem Gewinn von Gütern jeder Art nicht hindern, aber übersehen, dass nur der durch irgendwelche Umstände schon Begünstigte die Möglichkeit besitzt, sie sich anzueignen. Da nun die Inhalte der Bildung – trotz oder wegen ihres allgemeinen Sich-Darbietens – schließlich nur durch individuelle Aktivität angeeignet werden, so erzeugen sie die unangreifbarste, weil ungreifbarste Aristokratie, einen Unterschied zwischen Hoch und Niedrig, der nicht wie ein ökonomisch-sozialer durch ein Dekret oder eine Revolution auszulöschen ist, und auch nicht durch den guten Willen der Betreffenden ... Es gibt keinen Vorzug, der dem Tieferstehenden so unheimlich erschiene, dem gegenüber er sich so innerlich zurückversetzt und wehrlos fühlte, wie der Vorzug der Bildung.«

Erwerb von beruflichen Fähigkeiten und Kenntnissen und ihren *monetär* ausdrückbaren Resultaten oder Verlusten her. Wie Theodore W. Schultz, der zu den Entdeckern der Humankapital-theorie gehört, 1960 feststellt, ist der Umfang beruflicher Fertig-keiten und Kenntnisse in entwickelten Gesellschaften erheblich schneller gewachsen als das Sach- oder Realvermögen dieser Volkswirtschaften (siehe auch Jorgenson und Fraumeni, 1989). Schultz macht gleichzeitig darauf aufmerksam, dass Investitio-nen in Humankapitalvermögen die wichtigste Quelle des wach-senden durchschnittlichen Realeinkommens der Arbeitnehmer in den vergangenen Jahrzehnten ist.

Im Gegensatz zur Humankapitaltheorie geht die Theorie des kulturellen Kapitals nicht von der Prämisse eines chancenglei-chen Beginns der Individuen im Wettbewerb um den Erwerb von Kapital aus und damit von einer Konkurrenz, in der die Alloka-tion von Kapital vorrangig von natürlichen Anlagen gesteuert wird. Die Theorie kulturellen Kapitals geht nicht nur von unglei-chen Startchancen und -bedingungen beim Erwerb von Kapital-formen aus, sondern betont darüber hinaus, wie der »Markt« auf unterschiedliche Weise die Chancen bestimmter Akteure von vornherein favorisiert oder benachteiligt. In einer weitgehend undifferenzierten Gesellschaft (oder Gemeinschaft) spielt die Kultur allerdings keine Rolle bei der ungleichen Zuschreibung kulturellen Kapitals.

Die sozialen Bedingungen der Vermittlung des kulturellen Ka-pitals werden im Vergleich zur Transmission des ökonomischen Kapitals mit zunehmender gesellschaftlicher Arbeitsteilung im-mer weniger transparent. Von besonderer Signifikanz für den Erwerb kulturellen Kapitals ist die Zeit, die der Einzelne darauf verwenden kann. Zu den Erträgen des kulturellen Kapitals ge-hört die soziale Distinktion seines Eigentümers.

Obwohl Bourdieus Analyse des Erwerbs und der Transmission kulturellen Kapitals auf seine Konzeption des »sozialen Felds« verweist (vgl. Wacquant, 1989: 39), ist die enge Fusion von kultu-rellem Kapital, den Eigenschaften von Individuen als Merkmal einzelner Akteure eine der augenscheinlichsten begrifflichen Mängel der Theorie des kulturellen Kapitals. Die individualisti-sche Ausrichtung des Bourdieu'schen Ansatzes zeigt sich unver-kennbar in der nachdrücklichen Betonung des kulturellen Kapi-tals als inhärentes Attribut von Individuen. Sein Schicksal ist untrennbar an die Existenz einzelner Akteure gebunden. Es hat, wie sein Eigentümer, die gleichen biologisch bestimmten Grenzen. Bourdieus mit Bestimmtheit vorgetragene Betonung der individuellen und der an das Individuum gebundenen Merkmale kulturellen Kapitals ist mit der Idee verbunden, an der Möglichkeit festzuhalten, individuell zurechenbare Erträge und Verluste von Investitionen in kulturelles Kapital bestimmen zu können. Erträge von Investitionen fließen primär der Person zu, die eine Kapitalanlage getätigt hat. Insofern ist die Theorie des kulturellen Kapitals eng mit zentralen Prämissen der Theorie des Humankapitals verwandt.[65] Verweise der Theorie des kulturellen Kapitals auf die Bedeutung des Marktes, Angebot und Nachfrage, Kosten, Investitionen und erzielte Erträge können weiter als Belege dienen.

Gleichzeitig ist aber von Bedeutung, dass kulturelles Kapital ein Bestandteil kollektiver Prozesse und Strukturen ist und eng mit diesen von einzelnen Personen unabhängigen sozialen Attributen verschränkt ist. Diese Verklammerung manifestiert sich etwa in der Tatsache, dass die Dividenden von Investitionen in kulturelles Kapital nicht unbedingt und ausschließlich in die Hände derjenigen fließen, die den fraglichen Konsumverzicht geleistet haben. Die Kosten der Produktion und Konsumtion von kulturellem Kapital werden nicht linear auf die einzelnen Mitglieder der Gesellschaft verteilt; sie werden teilweise vom Kollektiv getragen, und es kann infolgedessen zu Umverteilungsprozessen kommen. Im Extremfall mag der Erwerb und der Verbrauch kulturellen Kapitals sogar ein öffentliches Gut sein, das ohne Kosten für den Einzelnen bleibt. Wie auch im Fall

65  Zur Verteidigung Bourdieus gegen den Vorwurf einer exzessiven Individualisierung des Begriffs des kulturellen Kapitals muss allerdings betont werden, dass der Erwerb des kulturellen Kapitals – und sei er noch so abhängig von der Quantität des von der Familie des Individuums akkumulierten Kapitals, wie schon Simmel ( [1907] 1989: 439) hervorhob, schließlich eine durch und durch individuell geprägte Aktivität ist. Darüber hinaus verteidigt sich Bourdieu (siehe Wacquant, 1989: 41-42) gegen den Vorwurf eines dogmatischen »Ökonomismus.« Seine Begriffswahl »Kapital« solle nicht signalisieren, so unterstreicht Bourdieu, dass er sich einem engstirnigen ökonomischen Standpunkt etwa im Sinn der Prämisse eines einzigen, universellen Handlungsmotivs verschreibe.

der Umweltpolitik gibt es im Fall des kulturellen Kapitals ein Free-Rider-Problem. Die Konsumtion von kulturellem Kapital muss darüber hinaus nicht unbedingt zu einer Wertminderung des Kapitalvermögens führen oder die Zugangschancen anderer signifikant tangieren. Schließlich ist es ein »Sozialprodukt«, das wie andere soziale Produkte bestimmte Eigenschaften hat, die seine Wirksamkeit, Migration und Lebenserwartung begrenzen.

Zweitens, Bourdieu entdeckt und verwendet den Begriff des kulturellen Kapitals im Kontext der Ungleichheitsforschung. Der Begriff verdankt seine Kohärenz und sein kritisches Potential diesem Forschungskontext. Es handelt sich um Handlungsbedingungen, in denen die Persistenz von Prozessen der Abkoppelung, von Unterschieden und Subordinationen eine primäre Rolle spielt. Bourdieu verweist damit auf die objektive, nicht wegzudenkende und verhaltensbestimmende gesellschaftliche Präsenz sozialer Klassen in der modernen Gesellschaft.[66] Kulturelles Kapital wird somit letztlich nur zu einem Anhängsel und zur Spiegelung der objektiven Klassenrealität. Wie John R. Hall (1992: 257) deshalb betonen kann, »the dazzling variety and endless differences of culture obtain surprising coherence when we look at them through the lens of social stratification«. Das kulturelle Kapital wird zu einem eigentümlichen holistischen Phänomen, das anscheinend fast automatisch erworben und erfolgreich übertragen (reproduziert) wird, und dies mit einer fast mechanischen Präzision. Das Risiko einer fehlerhaften oder sogar mangelnden Transmission ist offenbar gering, während der Erhalt und die Verlängerung existierender kultureller Muster und struktureller Prozesse sich in einem Maximum befinden. Ob eine solche Konzeption der Diffusion kultureller Praktiken in modernen Gesellschaften realitätskonform ist, mag man sehr wohl in Frage

66 Kritiker Bourdieus, die aber mit seiner Kapitaltheorie generell sympathisieren, verweisen auf eine weitere problematische Eigenschaft seines Theorieansatzes. Diese Kritiker machen zum Beispiel auf die holistischen Prämissen seiner Perspektive aufmerksam. Bourdieus Modell des kulturellen Kapitals als ein generalisiertes Medium der Akkumulation und sozialen Differenzierung ist für eine Analyse von Gesellschaften mit multiplen und sich überschneidenden Stratifikationssystemen wenig geeignet (vgl. Lamont und Lareau, 1988; Hall, 1992).

stellen, genauso wie die enge Korrespondenz von Kultur und Klasse (vgl. Halle, 1992: 134-135).

Kultur ist sehr viel fluider. Die Zugangsmöglichkeiten zum kulturellen Kapital sind jedenfalls gegenwärtig offener, als dies eine Theorie des kulturellen Kapitals suggeriert, die sich eng an dessen Funktion im Kontext gesellschaftlicher Ungleichheitsregime von Macht und Herrschaft anlehnt. Bourdieus Betonung und Verweis auf die prinzipielle Offenheit kultureller Prozesse, auf Widerstandschancen und Innovationsmöglichkeiten in der Kultur sind eher unentwickelt (siehe auch Garnham und Williams, 1986: 129). Vielfältige kulturelle Artefakte, die umfassende Produktion von Sinn und eigentümliche Interpretationsleistungen sind aber essentielle Eigenschaften des kulturellen Kapitals, einer Ressource, die man ihrerseits weniger fixiert, geschlossen und mechanisch verstehen muss. Außerdem muss man fragen, ob nicht die gesellschaftliche und kulturelle Beschaffenheit und der besondere Stellenwert von Klassenbeziehungen durch die einschneidende Transformation der modernen Ökonomie erheblich beschränkt wird. In einer Wissensgesellschaft sind kulturelle Prozesse nicht mehr nur derivative, von den materiellen Bedingungen gesteuerte Prozesse. Aus der Tatsache, dass das Bildungssystem die herkömmliche Stratifikation in der modernen Gesellschaft nicht mehr vollständig abbilden kann (Boudon, 1974), lässt sich nicht nur die umfassende Dynamik dieser Gesellschaft ablesen, sondern auch, dass sich das Ungleichheitsregime auf Grund des wachsenden Stellenwerts des Wissens als sozialer Ressource verändert (ausführlicher Stehr, 1999).

Die Konzeption des kulturellen Kapitals wird zwar, drittens, nicht in einer völlig ahistorischen Weise interpretiert und verwandt, allerdings ist sie ohne wesentliche historische Bezüge und Impulse; in einigen Zusammenhängen wird die Theorie des kulturellen Kapitals sogar in enger Anlehnung an die Theorie des Humankapitals als Zahl der Schul- und Ausbildungsjahre operationalisiert (zum Beispiel Bourdieu, 1988: 230-232). Bourdieu ([1983] 1986: 255) macht freilich auf sozial weitgehend undifferenzierte Gesellschaften aufmerksam, in denen kulturelle Prozesse kein stratifiziertes Phänomen sind und in denen deshalb auch kein kulturelles Kapital vorhanden ist. Allerdings erlaubt uns diese Unterscheidung nur den Verweis auf eine sehr zweifelhafte Differenz zwischen »einfachen« und »komplexen« Gesellschaften, nicht aber weitere Unterscheidungen der dynamischen gesellschaftlichen Rolle des kulturellen Kapitals in komplexeren Gesellschaften.

Neue »Bewusstseinsstrukturen« (um einen von Benjamin Nelson geprägten Begriff aufzugreifen) kann man mit Hilfe des Begriffs des kulturellen Kapitals infolgedessen nicht hinreichend erfassen. In bestimmter Hinsicht sind die Bewusstseinsstrukturen von modernen Wissensgesellschaften nicht neu. Sie sind zweifellos ein Echo modernen Bewusstseins, das sich, obwohl dies eher umstritten ist, zumindest bis auf das Zeitalter der Französischen Revolution zurückdatieren lässt. In anderer Hinsicht unterscheiden sich die Bewusstseinsstrukturen moderner Wissensgesellschaften und sind in der Tat neuartig. Wie dem auch sei, die Theorie des kulturellen Kapitals ist bisher nur sehr begrenzt geeignet, diese kulturellen Transformationen widerzuspiegeln. Sie besteht auf der These einer engen Assimilation von Kultur, Macht und Herrschaft und ist deshalb nur unzureichend in der Lage, das gegenteilige Phänomen zu reflektieren. Wissen kann strategisch auch effektiv eingesetzt werden, um gegen Macht und Herrschaftsstrukturen erfolgreich Widerstand zu leisten.

## Wissen als Ware

Die Diskussion, ob Wissen im Allgemeinen oder spezielle Wissensformen Eigenschaften haben oder im Marktkontext Eigenschaften annehmen können, die es erlauben würden, Wissen als käufliche oder verkäufliche Ware (im ökonomischen Sinn) oder als Eigentum (im juristischen Sinn) zu behandeln, wird durch die sich ständig ändernden Sichtweisen und unterschiedlichen Meinungen über die Rolle des Wissens in verschiedenen sozialen Situationen und über die Möglichkeit, Eigenschaften von Wissen in mehr oder weniger unkomplizierter Weise über die Grenzen von sozialen Systemen, insbesondere denen der Wissenschaft und der Ökonomie, zu transportieren, erheblich erschwert.

Man ist sich zum Beispiel uneins darüber, ob die unterschiedlichen Auffassungen von intellektuellem Eigentum in Wissenschaft und Ökonomie grundlegender Art sind und daher die Idee bestätigen, dass Wissen nur in einem bestimmten System als Ware auftritt, in einem anderen sozialen System aber nicht. Ebenso umstritten ist die Frage, die sich aus dem freizügigen Transfer der Logik eines Systems auf ein anderes ergibt, und zwar, ob Eigentumsverhältnisse, wie sie der ökonomische Markt produziert, gutes wissenschaftliches Arbeiten unterminieren.[67]

Nun habe ich zwar bereits angedeutet, dass Wissen von vielen Beobachtern mit Recht als ein eher außergewöhnliches Phänomen verstanden wird, das nur sehr schwer mit einem Gebrauchsgut vergleichbar ist. Dennoch scheint die Frage zulässig, ob nicht in einer zunehmend durch Wissen geprägten Gesellschaft Wissen selbst oder bestimmte Teile des kollektiven Wissens zur Ware werden können, ob es nicht in enger Analogie zu Waren Eigentumsmerkmale haben kann und sich damit aneignen und denaturieren lässt.[68] Wenn dem so ist, sollte man annehmen, dass die Identität der kapitalistischen Wirtschaftssysteme in Wissensgesellschaften wohl kaum in Gefahr ist. Da aber, wie ich noch zeigen werde, die Frage der privaten Aneignung von Wissen nicht ganz so eindeutig zu beantworten ist, könnte sich das Wesen des Kapitalismus sehr wohl von Grund auf verändern und Lester Thurows (1996: 279) Frage zum Beispiel, »what does capitalism become when it cannot own the strategic sources of its own competitive advantage?«, wäre berechtigt.

Lyotards Antwort auf Fragen nach der Möglichkeit, ob Wissen auch Ware sein kann, ist unmissverständlich. Als Folge der technologischen Entwicklung, insbesondere der weiten Verbreitung des Computers, so unterstellt er, kann man – aus der Sicht des Einzelnen – eine radikale »Veräußerlichung« des Wissens beobachten. Und damit sei sichergestellt, dass die Beziehung »der

67 Bejaht wird diese Frage zum Beispiel von O'Neill, 1998: 151-159.
68 Diese These von der quasi warenhaften Qualität des Wissens widerspricht sowohl der gängigen Auffassung, dass man am Wissen, etwa wegen seiner prinzipiell unendlichen Potenzierbarkeit und Reproduzierbarkeit, keine Eigentumsrechte erwerben kann (zum Beispiel Simmel, [1907] 1978: 603), als auch dem von Appadurai vertretenen Ansatz, der nach dem »Wissensgehalt« von Waren fragt. Appadurai (1986: 41) macht darauf aufmerksam, dass Waren komplexe soziale Formen und Verteilungsmuster von Wissen repräsentieren. »In the first place, and crudely, such knowledge can be of two sorts: the knowledge (technical, social, aestetic, and so forth) that goes into the production of the commodity; and the knowledge that goes into appropriately consuming the commodity.«

Lieferanten und Benutzer der Erkenntnis zu dieser strebt und wird danach streben, sich in einer Form darzustellen, die das Verhältnis der Produzenten und Konsumenten von Waren zu diesen auszeichnet: die Wertform. Das Wissen ist und wird für seinen Verkauf geschaffen, und es wird für seine Verwertung in einer neuen Produktion konsumiert und konsumiert werden: in beiden Fällen, um getauscht zu werden. Es hört auf, sein eigener Zweck zu sein, es verliert seinen Gebrauchswert« (Lyotard, [1979] 1986: 24). Folgt man den Feststellungen von Lyotard, so entwickelt sich Wissen in der modernen Gesellschaft zur unverfälschten Ware; was infolgedessen nur noch zählt, ist deren Tauschwert, aber nicht deren Gebrauchswert.

Zu den Bedingungen für die Möglichkeit, dass ein Objekt die Eigenschaft einer Ware annimmt, gehört in erster Linie die Institution des (Privat-)Eigentums. In der Regel ist die tatsächliche Aneignung und die juristische Definition von Eigentum dem Einzelnen oder der Gruppe vorbehalten und damit dem allgemeineren Gebrauch entzogen, das heißt »eine Sache, an der ich Eigentumsrecht habe, ist eine Sache, die nur ich benutzen darf« (Durkheim, [1950] 1991: 199).

Eine derartige Eigentumsbeschränkung oder einen derartigen Eigentumsvorbehalt kann man sich im Fall von Wissen allerdings nur schwer vorstellen, und noch schwerer wird es sein, ihn praktisch zu realisieren. Evenson und Putnam (1987: 34) unterstreichen deshalb kurz und bündig, »material property has the feature that use by its owners excludes use by anyone else. Ideas, being nonmaterial are nonexcludable. Thus, in the absence of government sanction, ideas have the character of public goods«. Allerdings trifft zu, dass das Rechtssystem der modernen Gesellschaft in der Regel bereits einige Normen umfasst, die bestimmten Wissensformen exklusiven Status verleihen. Mit großer Wahrscheinlichkeit wird die Zahl der rechtlichen Normen, die dieser Funktion dienen sollen, in Zukunft zweifellos zunehmen, ebenso wie die Versuche, neue Wissensansprüche zu kontrollieren.

Die juristische Ausweitung der Eigentumsrechte auf nicht-materielle »Güter« ist also im Verlauf der letzten Jahrzehnte immer weiter fortgeschritten. Der Begriff des »intellektuellen Eigentums« hat in diesem Kontext natürlich besondere Relevanz. Das exklusive Eigentumsrecht umfasst gegenwärtig ein breites Spektrum von »symbolischen Dingen« wie zum Beispiel Warenzeichen, den Ruf einer Firma, aber auch schon Produkte der Gentechnologie. Ob es in der Praxis auch möglich ist, solche Rechte durchzusetzen und einzuklagen, steht auf einem anderen Blatt, ebenso wie die Frage, ob man einen bestimmten Wissenszuwachs überhaupt genau spezifizieren oder ihn einer Person oder Organisation zurechnen kann. Trotz dieser inhärenten Schwierigkeiten wird der Druck, Wissen zu regulieren und reglementieren, aus ethischen, politischen, ökonomischen und ökologischen Gründen in modernen Gesellschaften weiter zunehmen. Was angesichts der besonderen ökonomischen Rolle *zusätzlichen* Wissens allerdings noch wichtiger ist, nämlich die Fähigkeit, das Wissen um gewisse Wissensansprüche zu erweitern, kann kein kollektives Eigentum sein.

Gewisse Attribute von Wissen allgemein und bestimmten Wissensformen im Besonderen machen deutlich, dass man Wissen nicht einfach als eine Sache verstehen darf. Wissen lässt sich in der Regel nicht ausschließlich oder vorrangig wie eine Ware behandeln, mit der man zum Beispiel eindeutige Eigentumsansprüche gegenüber Dritten verbinden kann. Unter bestimmten Voraussetzungen hat Wissen aber dennoch Eigenschaften, die es in die Nähe von Privateigentum und Waren im herkömmlichen Sinn rücken. Aber für eine ausschließlich wirtschaftliche Betrachtung fehlen dem Wissen die einschlägigen und eindeutigen Attribute einer Sache. Dazu zählt in erster Linie die Tatsache, dass der »Verkauf« des Wissens keine Änderung der Verfügungsgewalt herbeiführt. Noch wird die Verfügungsgewalt einfach verdoppelt, denn es ist keineswegs sichergestellt, dass der Kauf einen Weiterverkauf ermöglicht. Im ökonomischen Diskurs ist die Vorstellung von Wissen als Ware in der Regel mit der Idee verbunden, dass ein einmal produziertes oder am Markt erworbenes Wissen genauso wie vergleichbare (bis zur Verwendung gehortete) Sachgüter bei seiner Verwendung keine weiteren beziehungsweise besonders signifikante Kosten verursacht. Diese Vorstellung über eine unkomplizierte, kostenneutrale Wiederverwendung von Wissen ist mit Sicherheit in vielen Fällen falsch. Denn sehr häufig fallen bei der Anwendung von vorhandenem oder erworbenem Wissen erhebliche Kosten an, die ein bestimmtes Verständnis, eine angemessene Interpretation, eine sinnvolle Bewertung und schließlich die praktische Umsetzung von wissenschaftlichen Erkenntnissen erst möglich machen. Diese Tatsache lässt die Nachfrage nach »Wissensarbeitern« steigen und macht die Notwendigkeit dringlicher, sie zu beschäftigen.[69]

Zu einem ganz anderen Ergebnis kommen anscheinend Charles Derber und seine Kollegen in ihrer Analyse der gesellschaftlichen Macht der professionellen Berufe in Amerika. Ausgehend von der Prämisse der großen historischen Variabilität dessen, was als Wissen gilt, und damit von dem Argwohn, dass sich fast alles als verbindliches Wissen »verkaufen« lässt, solange Klienten und Kunden nur erfolgreich davon überzeugt werden können, dass sie ein Bedürfnis für ein bestimmtes, von einer Berufsgruppe kontrolliertes Wissen haben und dieses Wissen dem alltäglichen Wissen überlegen ist, nimmt »professionelles« Wissen die charakteristischen Eigenschaften des Konstrukts »Eigentum« an. Wissen wird zur Ware, da sowohl die Ausprägung der Nachfrage (also des speziellen Bedürfnisses) als auch die Strategien der Befriedigung der Kundenwünsche von den Anbietern beherrscht werden. Zu diesen Strategien der professionellen Berufe gehört vor allem die Geheimhaltung oder die Privatisierung von Wissen. Das Verbot der (Berufs-)Ausübung ohne kollektive Legitimation ist die wichtigste Strategie. In einer Art selbstgeschlossenem und selbstüberwachtem Zirkulationsprozess nimmt Wissen die Eigenschaft von Sachen an (vgl. Derber, Schwartz und Magrass, 1990: 16-18).

Selbst wenn man unterstellt, dass es praktisch relativ leicht ist, Wissen zu legitimieren und zu monopolisieren, so überschätzen Derber und seine Kollegen die Passivität der Klienten und die Geschlossenheit der jeweiligen Wissensfraternität. Ein noch größeres Manko der Derber'schen Thesen scheint mir die Tatsache, dass zum wiederholten Mal die Wissensgrundlagen und die spe-

---

69 In einem Aufsatz, der der Frage nachgeht, warum Privatfirmen trotz der angeblich unsichereren Chance, Eigentumsrechte an dem von ihnen fabrizierten neuen Wissen erwerben zu müssen, in die Grundlagenforschung investieren, verweist Rosenberg (1990: 171) darauf, dass Firmen, um Wissen, das intern oder von anderen entwickelt wird, interpretieren und bewerten zu können, einen Stab von Wissenschaftlern beschäftigen, die in der Lage sind, diese Funktion auszuüben. »And, in order to maintain such a cadre, the firm must be willing to let them perform basic research. The most effective way to remain plugged in to the scientific network is to be a participant in the research process.«

zifischen Wissensansprüche der professionellen Berufe nicht konkret analysiert werden und man sich mit relativ inhaltslosen, formalen Attributen des Wissens dieser Berufsgruppe begnügt. Derber und seine Kollegen tendieren dazu, Wissen als *black box* zu behandeln, und konzentrieren sich damit auf Attribute, die nicht so sehr mit den sozialen Attributen des Wissensangebots selbst in Verbindung stehen, sondern vielmehr mit den Besonderheiten der professionellen sozialen Beziehungen, wie zum Beispiel zwischen Arzt und Patient, Rechtsbeistand und Klient. Diesen formalen Attributen wird ein Tauschwert zugerechnet, der letztlich auf jeden wie auch immer gearteten Wissensanspruch zuzutreffen scheint; das Ganze läuft schließlich auf eine Frage der Macht hinaus, mit der diese Berufe kognitive und materielle Interessen durchsetzen können. Zum Beispiel ist nicht klar, warum wissenschaftliche Erkenntnisse die Magie als Quelle der Macht abgelöst haben, zumal beide im System Derbers funktionale Äquivalente sind. Wissen ist aber nicht gleich Wissen.

Hält man sich dagegen an die konventionelle *ökonomische* Definition von Ware, so handelt es sich dabei um Produkte, die tauschfähig sind, demnach Tauschwert besitzen und für diesen abstrakten Zweck produziert werden. Die konkrete Brauchbarkeit des Objektes tritt dabei, wenn man so will, etwas in den Hintergrund. In erster Linie zählt, dass man das Produkt absetzen kann. Allerdings geht man in der Ökonomie in der Regel wohl nicht davon aus, dass die Bedürfnisse, die eine Ware befriedigen soll, vom Produzenten (beziehungsweise vom Verteilungsapparat) vorab erst konstruiert werden müssen. In kritischen Analysen der modernen Wirtschaft und des Kaufverhaltens wird dagegen die Überzeugung vertreten, dass dies in der Tat immer wieder der Fall ist.

Der Wert des Wissens hängt kaum ausschließlich von seinem Nutzen für ein Unternehmen, eine Profession oder ein Individuum ab, sondern auch von der Möglichkeit, dass andere Akteure, etwa Konkurrenten, dieses Wissen zu ihren Gunsten verwenden können.[70] Im Kontext des herkömmlichen ökonomischen Dis-

70 Vergleiche auch die Unterscheidung von allgemeinen und speziellen Fähigkeiten oder Kompetenzen in der Humankapitaltheorie von Becker (1975). Spezielle Fähigkeiten sind nicht mobil und lassen sich demzufolge nur in einem bestimmten betrieblichen Kontext ökono-

kurses wird Wissen in einer oft wenig plausiblen Weise behandelt. Man geht dabei in bestimmten Modellen davon aus, dass es so etwas wie ein »perfektes« Wissen der ökonomischen Akteure gibt, während Wissen in anderen Zusammenhängen als exogene Variable oder in einer rein reduktionistischen Weise, das bedeutet genauso wie die orthodoxen Kategorien »Nutzen« und »fixe oder variable Kosten«, behandelt wird. In dem Bemühen, den Wert der Information als wirtschaftliches Gut zu bestimmen, argumentiert Bates (1988: 80) zum Beispiel, dass ein Ungleichgewicht besteht zwischen den fixen und den variablen Kosten der Produktion (und Reproduktion) von Information. Und zwar sind die fixen Kosten außergewöhnlich hoch, die variablen Kosten (die mit dem Kopieren der Information zu tun haben) sehr niedrig oder sogar gar nicht vorhanden, weil Information ad infinitum reproduzierbar ist und alle anderen Quellen absorbiert. Das trifft aber nur so lange zu, wie man davon überzeugt ist, dass die Reproduktion praktisch problemlos (zum Beispiel die ursprünglichen Produktionsbedingungen einschließlich der Kosten transzendierend) vonstatten geht und so oft wiederholt werden kann, wie man will, weil die Produktion etwas Definitives ist und weder der Vermittlung noch der Interpretation bedarf.

Ausgewählte Wissensansprüche haben schon immer ihren Preis gehabt; sie standen auch nie im Überfluss zur Verfügung, sind also, wie andere Waren, knapp. Und um Wissen als Handlungsmöglichkeit verwenden zu wollen, mussten diese Wissensansprüche unter Umständen erworben werden. Der Dienstleistungssektor einer Gesellschaft lebt zu einem großen Teil vom Handel mit Wissen; das Erziehungswesen beschäftigt Tausende, die ihren Lebensunterhalt durch die Vermittlung von gesellschaftlich notwendigem Wissen verdienen; man konnte und kann die freie Zirkulation und den ungehinderten Zugang zu Wissen nicht nur dadurch beschränken, dass man die entsprechenden Voraussetzungen kontrolliert, sondern vor allem auch dadurch, dass man Wissen im juristischen Sinn als Eigentum deklariert. Man denke insbesondere an das Patent- und Urheberrecht, das sich in vielen Ländern schon lange nicht mehr nur auf technische Artefakte oder Prozesse beschränkt und das sich in Zukunft zu-

misch verwerten. Allgemeine Kompetenzen sind dagegen mobil und für eine Anzahl von Firmen von Interesse.

nehmend mit der Frage des geistigen Eigentums von wissenschaftlichem Wissen (siehe Etzkowitz und Webster, 1995), bisher eher auf die Bereiche der Literatur, Musik und der Künste beschränkt, beschäftigen muss. Sich mit Urheberrechten befassende Gesetzesvorschriften sind ein Abkömmling der Industriegesellschaft. Ihre Entstehung verdanken sie der Druckerpresse, deren Erzeugnisse sie schützen sollten. Sie basieren auf der Annahme, dass neues Wissen nur in Kontexten generiert wird, in denen der Schöpfer zusätzlicher intellektueller Leistungen sicher sein kann, dass seine Produkte einen ökonomischen Vorteil abwerfen (siehe Steevens, 2000: 230-231). In Wissensgesellschaften dagegen, mag es in wachsendem Umfang Situationen und Bedingungen geben, in denen Innovationen nur deshalb aufblühen, weil neues Wissen geteilt und nicht monopolisiert wird.[71] Auf jeden Fall kann man davon ausgehen, dass die Gesamtheit der formalen und informellen Regeln der Patentierung von und des Urheberrechts an intellektuellem »Eigentum« in wissensbasierten Ökonomien zunehmend auf dem Prüfstand stehen wird (siehe auch Miles, Andersen, Boden und Howells, 1999).

Dass Wissen als Ware behandelt und gehandelt wird, ist historisch gesehen kein unbedingt neues Phänomen. Dennoch ist bisher keine Ökonomie des Wissens, ähnlich der ökonomischen Theorie des Standortes oder des Produktionsfaktors Arbeit, formuliert worden. Der Ökonom behandelte Wissen, wie viele seiner sozialwissenschaftlichen Kollegen, als Selbstverständlichkeit, als externen Faktor oder schlicht als *black box*.

Die Entwicklung einer ökonomischen Theorie des Wissens ist keineswegs einfach, zumal Wissen, wie gesagt, eher die Eigenschaften eines kollektiven als eines privaten Gutes hat. Daniel Bell ([1979] 1991: 237-238) macht ebenfalls darauf aufmerksam,

---

71 Vergleiche in diesem Zusammenhang auch das von Robert K. Merton ([1942] 1985: 93-94) spezifizierte Ethos der modernen Wissenschaft, insbesondere die Norm des »Kommunismus«, das heißt »die substantiellen Erkenntnisse der Wissenschaft sind Produkt gesellschaftlicher Zusammenarbeit und werden der Gemeinschaft überantwortet ... Die Ansprüche des Wissenschaftlers auf ›seinen‹ geistigen ›Besitz‹ beschränken sich auf Anerkennung und Ansehen, die, wenn die Institution auch nur mit einem Minimum an Effizienz funktioniert, in etwa der Bedeutung seiner Beiträge zum gemeinsamen Wissensfundus entsprechen.«

dass Wissen in der Form einer kodifizierten Theorie ein öffentliches Gut ist: »No single person, no single set of work groups, no corporation can monopolize or patent theoretical knowledge, or draw unique product advantage from it. It is a common property of the intellectual world.« Bells Begründung der These, warum (kodifiziertes) Wissen eine kollektive und keine private »Ware« ist, erlaubt den Schluss, dass Wissen diese besonderen Qualitäten einerseits auf Grund bestimmter methodologischer Eigenschaften annimmt und andererseits, weil das Ethos der Wissenschaftsgemeinschaft, insbesondere das Verbot der Geheimhaltung, verhindert, dass es zu einer privaten Appropriation kommen kann. Im Gegensatz zu den Vorstellungen Bells werde ich zeigen, dass es die soziale Komponente des Wissens selbst, seiner Produktion und Reproduktion ist, die verhindert, dass Wissen zum exklusiven Besitz eines Individuums werden kann.

Wissen ist weitgehend in soziale Beziehungen eingebunden. Es ist zudem, wie auch Holzner und Marx (1979: 239) betonen, zwar unterschiedlich verteilt und wie im Fall anderer Waren und Güter knapp, aber nicht »diminished, decreased in value, or consumed in the process of exchange«. Es sind keine Methoden vorhanden, das Wissen in »Einheiten« einzuteilen, was vielleicht auch dazu beigetragen hat, dass sich unter den Ökonomen die Begeisterung, es wie eine Ware unter anderen Waren zu behandeln, in Grenzen hielt (vgl. Boulding, 1996).

Insofern Wissen überhaupt in Analogie zur Ware konstituiert ist, handelt es sich vor allem um neues Wissen. Mit anderen Worten, die strategische Bedeutung von Wissen in ökonomischen Kontexten ist eine Funktion der von Privatunternehmen über einen gewissen Zeitraum ausgeübten Kontrollen über zusätzliches Wissen und damit auch über die wirtschaftlichen Vorteile, die mit einer Realisierung zusätzlichen Wissens in Verbindung stehen mögen.[72]

72 Allerdings beschränkt sich die dafür nötige Wissensform nicht auf wissenschaftlich-technisches Wissen. Das ergibt sich bereits aus dem Theorem, dass Wissen *quasi* eine anthropologische Konstante ist. Aber es folgt auch daraus, dass Wissen als Handlungskapazität betrachtet wird, weil es dann, wie Lyotard ([1979] 1984: 18) betont, »a question of competence that goes beyond the simple determination and application of truth, extending to the determination and application of criteria of efficiency (technical qualification), of justice and/or

# Wissen und Information

Schließlich möchte ich in diesem Kapitel die Frage der Beziehung zwischen Wissen und Information ansprechen. Zunächst muss man sich allerdings fragen, ob es überhaupt noch möglich und sinnvoll ist, zwischen Information und Erkenntnis zu unterscheiden. Angesichts der Tatsache, dass diese beiden Begriffe häufig als Äquivalente benutzt werden (zum Beispiel Stewart, [1977] 1998: 24; Faulkner, 1994: 426),[73] scheint eine derartige Unterscheidung schwierig. Dies ist anscheinend selbst dann der Fall, wenn man unterstellt, dass die Differenzierung zwischen Erkenntnis und Information durch bestimmte transformative Prozesse wie zum Beispiel eine sich verändernde Form der modernen Wissensproduktion (Gibbons, 1994) und die Fabrikation von Informationen gestützt wird.[74]

Wissen wird häufig einfach als eine Form der »verarbeiteten« oder »organisierten« Information (Miles, 2000: 37) beschrieben, während Informationen organisierte Daten seien. In anderen Zusammenhängen wird Information als eine mögliche Wissensform bestimmt. Sie wird zum Beispiel als kodifiziertes Wissen beschrieben, während Wissen insgesamt auch »tacit knowledge«

---

happiness (ethical wisdom), of beauty of a sound or color (auditory and visual sensibility), etc.« wird.

73 Stewarts ([1997] 1998: 27) Konzeption des Rohstoffs Wissen ist dafür charakteristisch; sie führt dazu, dass die Unterscheidung von Wissen und Informationen völlig unerheblich wird. So betont er zum Beispiel: »Es ist mitunter sehr schwer nachzuvollziehen, in welcher Weise Wissen unser Wirtschaftsgeschehen beeinflusst, da es in so unterschiedlichen Formen in Erscheinung tritt … Geschäftsberichte, Bücher, die Elektronen, die durch den Cyberspace jagen, auch der Tratsch an der Kaffeemaschine: alles Formen von Informationsaustausch.« Ich denke, dass Stewart ganz einfach vor der Vielfalt der Wissensformen beziehungsweise der Heterogenität von Informationen kapituliert und sie als austauschbare Begriffe verwendet.

74 Miles (2000: 36) bezieht sich auf die in einem dynamischen Kontext der Informationsproduktion relevante und wachsende Möglichkeit, Informationen »automatisch« zu erzeugen, wie zum Beispiel durch komplexe Kontrollprozessgeräte, die in der Lage sind, »to respond to changes in a set of parameters, or neural network based alarms [that] can discriminate between, for instance, Closed Circuit TV (CCTV) images of intruders as opposed to those windblown leaves.«

umfaßt (siehe Dosi, 1996: 86; Howells, 1996: 94-97), also nach Polanyi (1962; 1967) Wissenselemente, die ungenau definiert sind, mündlich weitergegeben werden, durch einen hohen Grad der Personen- und Kontextgebundenheit ausgezeichnet sind und nicht unbedingt explizit gelehrt werden können. Wissen und Information werden damit fast untrennbar (zum Beispiel Wikström und Normann, 1994: 10-11).

Andererseits gibt es Versuche, zwischen Wissen und Information zu trennen (siehe Fransman, 1994: 716-717). So schlägt Starbuck (1992: 716) vor, dass Wissen auf ein Bündel von Expertisen verweist und nicht auf einen Informationsfluss. Mit anderen Worten, Erkenntnis verhält sich zu Informationen wie Vermögen zu Einkommen. Dennoch, die nicht nur im Alltag weitgehend praktizierte begriffliche Austauschbarkeit von Information und Wissen macht letztendlich wohl jeden alternativen Versuch überflüssig, der auf einen Bedeutungsunterschied der beiden Termini aufbaut. Wahrscheinlicher ist, dass sich diese herkömmlichen, ambivalenten Methoden der Begriffsverwendung durchsetzen werden. Als ein ebenso großes Hindernis in dem Bemühen, Wissen und Information soziologisch voneinander zu trennen und Gemeinsamkeiten der beiden Konzepte aufzuzeigen, hat sich der schier unüberwindliche Wust von rivalisierenden Wissens- und/oder Informationskonzepten erwiesen, die noch dazu aus mehreren epistemologischen und ontologischen Perspektiven hervorgegangen sind. Ich will von diesen Konzepten einige relevante nennen.

Eine tradierte und in vielen Sprachen vorhandene Unterscheidung von Wissensformen ist die Gegenüberstellung von *knowledge of acquaintance* und *knowledge-about*. Die Vokabeln ›connaître‹ und ›savoir‹, ›kennen‹ und ›wissen‹ oder ›noscere‹ und ›scire‹ sind Ausdruck für eine solche Einteilung. William F. James (1890: 221) sagt zur Zweiteilung der Wissensformen Folgendes:

»I am acquainted with many people and things, which I know very little about, except their presence in the places where I have met them. I know the color blue when I see it, and the flavor of a pear when I taste it; I know an inch when I move my finger through it; a second time, when I feel it pass; an effort of attention when I make it; a difference between two things when I notice it; but *about* the inner nature of these facts or what makes them what they are, I can say nothing at all.«

Die Unterscheidung zwischen Wissen-durch-Kenntnis und Wissen-von-etwas könnte vielleicht der Einteilung in Information und Wissen entsprechen, wobei Information die weniger gründliche und weniger konsequente, die oberflächlichere und flüchtigere Form der Kenntnis einer Sache oder eines Vorganges ist.

Knowledge of acquaintance or knowledge of attributes (World Bank, 1999: 1) – for example, the quality of a product, the diligence of a worker or the profitability of a company – refer to the presence or absence of information among market participants about relevant economic »data«. In this sense, economic discourse has always made reference to the importance of information, but also of incomplete information, and its function in pricing mechanisms or market transparency, for instance.

Aber eine solche Unterscheidung ist selbst im elementarsten Sinne des Wortes nicht nur asymmetrisch, sondern auch voller dynamischer Aspekte. Denn was ›Wissen-von-etwas‹ genannt werden könnte, wird zu ›Kenntnis-von-etwas‹, wenn sich das Wissen weiterentwickelt, es vertieft oder eine explizitere und artikuliertere Form erreicht wird. Auch James (1890: 221) deutet diese Entwicklung an, indem er feststellt, dass die beiden Wissensformen »as the human mind practically exerts them, relative terms« sind. Folglich – und dies bestätigen spätere Auslegungen der James'schen Ausführungen (zum Beispiel Park, 1940) – entspricht diese Unterscheidung eher der Dichotomie zwischen wissenschaftlichem Wissen im Sinne von formalem, analytischem, rationalem und systematischem Wissen und »Information«, wie sie später in vielen Versuchen auftaucht, die um eine konzeptionelle Unterscheidung zwischen Wissen und Information bemüht sind.

Vielleicht ist Daniel Bells Konzept (1979a: 168) eines, dem man sich etwas ausführlicher widmen sollte: »By information I mean data processing in the broadest sense; the storage, retrieval, and processing of data becomes the essential resource for all economic and social exchanges« in der postindustriellen Gesellschaft. Mit Wissen meint er »an organized set of statements of fact or ideas, presenting a reasoned judgment or an experimental result, which is transmitted to others through some communication medium in some systematic form«. Bell bezieht sich implizit auf die unterschiedlichen epistemologischen Stellenwerte (oder Werte) von Wissen und Information, die zwischen den beiden Konzepten eine hierarchische Asymmetrie entstehen lassen. Information wird somit leicht zur bloßen Information, zum Informationsberg oder zur »erdrückenden Gegenwart des Gegenständlichen« (Frühwald, 1998), während Wissen als methodisch erarbeitete und gewichtete Erkenntnis eingestuft wird. Die Dichotomie hat außerdem von dem Phänomen abgehobene Qualitäten, das heißt, es fehlt der Bezug auf den kontingenten Charakter der Produktion und der Anwendung von Information und Wissen. Es fällt weiter auf, dass Wissen und Information fast ungehindert von einem zum anderen fließen können; es bleibt ungeklärt, ob es Verbindungen zwischen Information und Wissen gibt und welcher Art diese sein könnten; bestenfalls scheint das Konzept die Vorstellung zu propagieren, Information sei so etwas wie der Handlanger wissenschaftlichen Wissens. Wissen und Informationen werden von Bell als im wesentlichen abstrakte, formale, individuelle und von Personen losgelöste Phänomene gedacht. Kurz, Bells Konzept wirft mehr Fragen auf, als es beantwortet. Im Großen und Ganzen setzt es zu sehr auf die (unangefochtene?) Autorität und Macht von Information und wissenschaftlicher Erkenntnis.[75]

Ein weiterer Ansatz findet sich in den Reflexionen eines Ökonomen zu diesem Thema. Allerdings inkorporiert er die Charakteristiken in den Begriff der Information, die nach Bell Wissen und Informationen voneinander trennen. Information, so behauptet er,

»entails well-stated and codified propositions about ›states of the-world‹ (e. g. ›it is raining‹), properties of nature (e. g. ›A causes B‹) or explicit algorithms on how to do things; on the other hand, knowledge includes cognitive categories, codes of interpretation of information, tacit skills and problem-solving and search heuristics that can be reduced to explicit algorithms« (Dosi, 1996: 84).

Legt man diese Form der Trennung von Information und Wissen zugrunde, so ist Information weitgehend identisch mit »kodifizierter Erkenntnis«, während Wissen in die Nähe von »tacit

---

75 Eine vielleicht etwas grobe Kritik des Bellschen Informationsbegriffs findet sich in Schiller (1997: 106-109). Auf jeden Fall macht Schiller auf den positivistisch gewendeten Informationsbegriff Bells aufmerksam. Und dies heißt vor allem, jeder Verweis und jede Verbindung zu spezifischen sozialen und kulturellen Kontexten wird von vornherein als unerheblich ausgeblendet.

knowledge« oder nicht-artikuliertem beziehungsweise nicht-artikulierbarem Wissen gerückt wird.[76]

Trotz dieser Unstimmigkeiten scheint eine Diskussion der wechselseitigen Beziehung zwischen Wissen und Information sinnvoll, weil sie mir Gelegenheit gibt, einige der zur Rolle des Wissens im sozialen Bereich gemachten Aussagen summarisch auszuprobieren. Wissen stellt, wie ich es definiert habe, eine Handlungskapazität dar. Es gibt dem Handelnden in Verbindung mit der Kontrolle über die Eventualitäten des Handelns die Möglichkeit, etwas in Gang zu setzen. Wissen ist eine notwendige, aber keine ausreichende Fähigkeit zum Handeln. Um etwas in Gang setzen zu können, müssen die Umstände, unter denen dies geschehen soll, der Kontrolle des Handelnden unterliegen. Zu wissen, wie sich zum Beispiel ein schwerer Gegenstand von einer Stelle zur anderen bewegen lässt, reicht nicht aus. Um das Vorhaben in die Tat umsetzen zu können, muss über ein geeignetes Transportmittel verfügt werden. Wie wertvoll Wissen ist, hängt mit seiner Befähigung zusammen, etwas in Gang setzen zu können. Doch sind stets zusätzliche interpretative Fähigkeiten und die Beherrschung der Situation erforderlich. Produktion, Verbreitung und Anwendung von Wissen konstituieren eine Form des Handelns. Wissen hat man nicht. Wissen ist eine Aktivität.[77]

Die Information hat, so wie ich das sehe, sowohl eine engere als auch eine allgemeinere Funktion. Informationen hat man, und der Zugang zu ihnen stellt relativ geringe kognitive Anforderungen. Man kann deshalb wohl mit Recht von Informations*übertragung* sprechen. Ob man dagegen von einer Übertragung von

---

76 Die Begriffe »tacit knowledge« oder »lokales Wissen« werden zwar in der Literatur zunehmend verwandt, allerdings gibt es keine uniforme Definition (siehe die informative Diskussion zur unterschiedlichen Verwendung der Begriffe in der Wissenschaftsforschung in Cambrosio und Keating, 1998).

77 Blackler (1995: 1022) bezeichnet vor allem aus diesem Grunde Wissen als »embrained« (von begrifflichen und kognitiven Fähigkeiten abhängend), »encultured« (durch Prozesse der Erlangung eines gegenseitigen Verständnisses bedingt), »embedded« (von systematischen Routinehandlungen abhängend), »embodied« (handlungsabhängig) und »encoded« (mit Zeichen und Symbolen in Verbindung stehend), das heißt, es ist in den Köpfen, im Dialog und in Symbolen angesiedelt. In dieser Auslegung ist Wissen ein höchst komplexes Phänomen.

Wissen sprechen kann, ist zweifelhaft. Der »Transfer« von Wissen ist mit einem (nicht unbedingt nur individuellen) Lern- beziehungsweise sogar mit einem Entdeckungsprozess verbunden. Informationen »reisen« ohne allzu große Hindernisse. Sie sind im Vergleich mobiler und auch allgemeiner, weil sie nicht so knapp sind wie Wissen. Außerdem sind für das handelnde Individuum der Zugang zur Information und der Nutzen, den die Information bringt, weniger direkt eingeschränkt. Wissen hat einen restriktiveren, begrenzteren Gebrauchswert, da Wissen allein noch nichts in Gang setzt, Information aber zumindest ein Schritt zur Erlangung von Wissen sein kann. Wissen ist keine zuverlässige Ware; es ist zerbrechlich und stellt eigene Anforderungen. Es ist mit Unsicherheit verbunden.

Ein gutes Beispiel für die Funktion der Information sind die Preiswerbung und andere Marktinformationen wie zum Beispiel über das Produktangebot (*Signalfunktion*). Solche Informationsinhalte können sicherlich nützlich sein und sind in der modernen Wirtschaft allgemein vorhanden; allerdings hat der Besitz einer solchen Information allein nur geringfügige Konsequenzen. Für den Konsumenten kann die Preisinformation in Verbindung mit Kenntnissen über den Marktablauf eine Möglichkeit sein, Geld zu sparen. Information ist eher ein öffentliches Gut. Als allgemeines Ergebnis gilt deshalb, dass ein relativ einfaches Kommunikationsmodell als Beschreibung der »Diffusion« von Informationen Gültigkeit haben dürfte.

# III. Wissensgesellschaften

Alles Wissen, und vor allem alles gemeinsame
Wissen um *dieselben* Gegenstände, *bestimmt*
ferner irgendwie das *Sosein* der Gesellschaft
in allen möglichen Hinsichten. Alles Wissen
ist endlich aber auch umgekehrt *durch* die
Gesellschaft und *ihre* Struktur bestimmt.
*Max Scheler ([1926] 1960: 52)*

In seinem Buch *The Spirit of the Age*, das 1831 nach seiner Rückkehr nach England aus Frankreich, wo er die politischen Ideen
der Anhänger Saint-Simons kennen gelernt hatte, veröffentlicht
wurde, unterstreicht John Stuart Mill seine fundamentale Überzeugung, dass ein gesellschaftlich-zivilisatorischer Fortschritt
möglich sei, und zwar auf Grund einer Kultivierung und Steigerung zeitgenössischer intellektueller Fortschritte (siehe auch
Cowen und Shenton, 1996: 35-41). Die Möglichkeit der gesellschaftlichen Aufwärtsentwicklung und verbesserter sozialer Bedingungen ist nicht, wie Mill ([1831] 1942: 13) auch betont, Ergebnis eines Anwachsens der »Weisheit« oder der kollektiven
Fortschritte in der Wissenschaft, sondern Resultat einer sehr viel
allgemeineren Verbreitung des Wissens in der Gesellschaft:

Men may not reason better, concerning the great questions in which
human nature is interested, but they reason more. Large subjects are
discussed more, and longer, and by more minds. Discussion has penetrat-
ed deeper into society; and if greater numbers than before have attained
the higher degree of intelligence, fewer grovel in the state of stupidity ...«

Die Erwartungen und Hoffnungen auf eine bessere Gesellschaft,
die Mill Mitte des neunzehnten Jahrhunderts als Bedingung für
die Möglichkeit, dass ein größerer Teil der Bevölkerung Optionen wählen und sich von traditionellen Gewohnheiten emanzi-
pieren kann, an eine ausgedehnte Dissimination von Wissen und
Bildung (und sei es nur »oberflächliches Wissen«) knüpft, stellen
eine Verbindung her zur Idee der Wissensgesellschaft, insbesondere der in ihr herrschenden Machtverteilung, sowie der Rolle
der großen Institutionen, die die gesellschaftlichen Zustände im

Jahrhundert Mills und bis weit ins zwanzigste Jahrhundert beherrschten.

In diesem Abschnitt werde ich die These, dass die heutige Gesellschaft am zutreffendsten als eine Wissensgesellschaft verstanden werden sollte, näher erläutern. Warum ich angesichts einer Anzahl von konkurrierenden Begriffen (zum Beispiel dem der Informationsgesellschaft oder dem der postindustriellen Gesellschaft) gerade diesen Begriff vorziehe, erfordert eine Reihe von Klarstellungen. Gleichzeitig möchte ich auf die Ursprünge des Begriffs verweisen und Hoffnungen (oder auch Ängste) relativieren, die hin und wieder mit dieser Perspektive verknüpft waren.[1]

Soweit ich feststellen kann, taucht der *Begriff* einer »knowledgeable society« in der sozialwissenschaftlichen Literatur zum ersten Mal Mitte der sechziger Jahre bei Robert E. Lane (1966: 649) auf. Auch er begründet die Verwendung des Begriffs vor allem mit dem Hinweis auf die wachsende gesellschaftliche Bedeutung des wissenschaftlichen Wissens. Allerdings ist die enge Beziehung zwischen Lanes Verständnis der modernen Gesellschaft als einer Wissensgesellschaft und den politischen Hoffnungen und Versprechungen einer bestimmten, insbesondere positivistisch beeinflussten Theorie der Wissenschaft unverkennbar. Lane reflektiert etwa den mit diesem Wissenschaftsverständnis in Verbindung stehenden verbreiteten gesellschaftspolitischen Optimismus, wie er gerade in den frühen sechziger Jahren vorherrschte. Man war zum Beispiel davon überzeugt, dass wissenschaftliche Erkenntnisse und ein wissenschaftlich bestimmtes alltägliches und politisches Denken und Planen herkömmliches Wissen und traditionelle Denkweisen im Sinne von realitätsfremdem, wenn nicht sogar irrationalem »Wissen« radikal auslöschen und ersetzen werden.

In seinem Ende der sechziger Jahre veröffentlichten Buch *The Age of Discontinuity* verwendet Peter Drucker (1968) gleichfalls den Begriff »Wissensgesellschaft«. Schließlich benutzt ihn auch Daniel Bell (1968) im Kontext seiner Untersuchungen zur Kultur und Struktur der sich in den westlichen Industrienationen entwickelnden postindustriellen Gesellschaft. Bell bevorzugt aller-

---

1 In diesem Abschnitt beziehe ich mich auf die ausführlichere Diskussion der Ursprünge, Bedeutung und Abgrenzung des theoretischen Konzepts der Wissensgesellschaft in Stehr, 1994a: 25-45.

dings eindeutig den Begriff der postindustriellen Gesellschaft, obwohl er auch die Möglichkeit andeutet, beide Begriffe als austauschbare Konzepte zu benutzen. Der wichtigste Rechtfertigungsgrund für diese begriffliche Äquivalenz ist in der Tatsache zu sehen, dass theoretisches Wissen die grundlegende Ressource der postindustriellen Gesellschaft ist.

Prominente Theorien der Gesellschaft haben mit Recht diejenigen Eigenschaften als ihr zentrales, namensgebendes Moment gewählt, die ihre Autoren für die Entstehung und Ausprägung dieser Gesellschaftsformation verantwortlich machen und deren Spiegel diese Theorien der Gesellschaft sein wollen. Aus vergleichbaren formellen Gründen schlage ich deshalb vor, die sich jetzt herausbildende und in Zukunft wahrscheinlich dominante Gesellschaftsformation »Wissensgesellschaft« zu nennen. Der konstitutive Mechanismus dieser Gesellschaft wird Wissen sein, beziehungsweise die Identität dieser Gesellschaftsformation wird durch Wissen bestimmt sein.

## Die Entwicklung von Wissensgesellschaften

Im Ablauf des historischen Prozesses ist das Auftauchen von Gesellschaftsformationen, die ich als »Wissensgesellschaften« analysiere, nicht etwa eine plötzliche Erscheinung, also in diesem Sinne auch keine revolutionäre Entwicklung. Diese umgreifenden gesellschaftlichen Veränderungen müssen vielmehr als ein evolutionärer Prozess oder als eine distinkte Diskontinuität in der gesellschaftlichen Entwicklung verstanden werden, in deren Verlauf sich das die Gesellschaft definierende Merkmal ändert beziehungsweise ein neues hinzukommt. In der Regel sind Ende und Entstehung eines Gesellschaftstyps gleich langwierige Prozesse. Nur selten vollzieht sich gesellschaftlicher Wandel sprunghaft und spektakulär. Eingefahrene Verhaltensweisen werden gestört, Orientierungen verlieren an Bedeutung; dennoch bleibt es immer schwierig, klar und eindeutig festzustellen, wann ein neuer Typus von Gesellschaft entstanden ist und neue Verhaltensweisen gegeben sind.

Wissensgesellschaften sind nicht Ergebnis eines einfachen, eindimensionalen gesellschaftlichen Wandlungsprozesses. Sie entstehen nicht auf Grund eindeutiger Entwicklungsmuster. Es sind viele konkrete soziale und politische Wege, die zur Wissensgesellschaft führen. Wissensgesellschaften sind schon aus diesem Grund keine einheitlichen gesellschaftlichen Konfigurationen. Sie werden sich ähnlich, so paradox dies auch klingen mag, indem sie jeweils eigenen Entwicklungsmustern folgen und dabei in vieler Hinsicht verschiedenartig bleiben. Obschon neuere Entwicklungen in der Kommunikations- und Transporttechnik dazu beitragen, dass die einstige Distanz zwischen Gruppen und Individuen aufbricht, bleibt die erhebliche Isolation zwischen Regionen, Städten und Dörfern erhalten. Die Welt öffnet sich zwar, Stile, Waren und Personen zirkulieren sehr viel intensiver, aber die Mauern zwischen den Überzeugungen über das, was heilig ist, bleiben bestehen. Die Bedeutung von Zeit und Ort verändert sich, aber Grenzen werden weiter mit Intensität gefeiert und geachtet. Man ist immer mehr »vernetzt«, aber gleichzeitig wächst die Isolation.[2] Wissensgesellschaften sind in der Regel zwar Marktgesellschaften, repräsentieren aber eine umfassende Vielfalt verschiedener Gesellschaftsformationen auf Grund ihrer jeweiligen Geschichte, Religion, Sprache, Kultur und Institutionen sowie der Beziehungen zu ihren unmittelbaren Nachbarn und zur Weltwirtschaft.[3]

Als erstes Anzeichen für das Entstehen einer Wissensgesell-

2 Die Ergebnisse einer Umfrage in den USA zur Internetnutzung interpretieren deren Autoren als Beweis dafür, dass das Internet »a broad new wave of social isolation in the United States« fördert und somit das Bild einer Welt ohne menschliche Kontakte und Emotionen heraufbeschwört (siehe *New York Times*, »Portrait of a Newer, Lonelier Crowd is Captured in an Internet Survey«, February 16, 2000). Es überrascht nicht, dass diese Interpretation der Ergebnisse der Studie der sozialen Folgen der Internetnutzung kontrovers ist.

3 Castells (1966: 13) beschreibt die von ihm als Netzwerkgesellschaft charakterisierte Gesellschaftsformation ebenfalls als eine durch ihre Vielfalt oder Indexikalität ausgezeichnete moderne Gesellschaftsstruktur, die nicht angetreten ist, eine weltumspannende homogene Gesellschaft zu werden. Das Gleiche drückt Melvin Kranzberg (1986: 50) aus in seinem »Kranzberg's First Law«, dass »technology is neither good nor bad, nor is it neutral«. Nicht nur werden die Folgen technologischer Entwicklungen in deren Ablauf in unterschiedlichen sozialen und kulturellen Milieus anders ausfallen als ursprünglich geplant, sondern auch die »same technology can have quite different results when introduced into ... different cultural settings« (Kranzberg, 1986: 51).

schaft kann in der Tat die radikale Umwandlung der *Wirtschafts-struktur* der industriellen Gesellschaft gelten. Natürlich haben Wissen und Information schon immer eine kritische Funktion als ökonomische Wachstumskomponenten gehabt. Und natürlich wissen wir nicht erst seit Marx, dass die technische Entwicklung einen entscheidenden Einfluss auf die gesellschaftlichen Produktionsbedingungen hat, den Lebensstandard und den Wohlstand einschneidend mitbestimmt und die soziale Organisationsform der Produktion beeinflusst. Dennoch signalisiert der Aufstieg der Wissensgesellschaften eine Wende in der gesellschaftlichen Entwicklung, beziehungsweise er deutet auf eine bemerkenswerte historische Diskontinuität hin.[4]

In der *Industriegesellschaft* ist eine Reihe von Faktoren für den Ablauf der Produktionsprozesse verantwortlich, die aber als Bedingungen für die Möglichkeit des wirtschaftlichen Wachstums an Bedeutung zu *verlieren* scheinen: Dazu gehören vor allem die Entwicklung von Angebot und Nachfrage nach Primärgütern und Rohmaterial; die Abhängigkeit der Nachfrage nach Arbeit vom Produktionsumfang; die relative Bedeutung des Herstellungssektors, der die Primärgüter verarbeitet; die Rolle der Arbeit (im Sinne von Handarbeit) und deren soziale Organisation; das Gewicht des internationalen Warenhandels; die Funktion von Ort und Zeit im Produktionsprozess sowie die Grenzen des Wachstums der wirtschaftlichen Wertschöpfung. Gemeinsamer Nenner dieser Veränderungen in der Wirtschaftsstruktur der Industriegesellschaft ist ein Wechsel von einer Ökonomie, deren Produktion hauptsächlich durch »materielle« Faktoren bestimmt wird, zu einer Wirtschaft, in der Produktion und Distribution auf »symbolischen« oder wissensfundierten Faktoren basieren. Die auch außerhalb ökonomischer Kontexte fortschreitende Entwicklung und Bedeutung der modernen Informationstechnologie symbolisiert und exemplifiziert viele dieser gesellschaftlichen Veränderungen; dazu gehören die Dematerialisierung des Produktionsprozesses und sinkende Kosten genauso wie die Neudefinition von Zeit, Ort und Geschwindigkeit sowie

4 Es trifft ebenfalls zu, dass sich die Ökonomie bisher kaum um die Faktoren Wissen und Information gekümmert hat. Der Verweis auf die angeblich schon immer herausragende Rolle von Wissen in ökonomischen Prozessen ist somit nichts anderes als die Anerkennung von fachwissenschaftlichen Versäumnissen.

die enge und strikte Funktionsbestimmung von Produkten (siehe Perez, 1985; Drucker, 1986; Miles, Rush, Turner und Bessant, 1988; Lipsey, 1992).

Eine sozialwissenschaftliche Analyse der modernen Gesellschaft sollte sich daher vor allem auf die außergewöhnliche Funktion konzentrieren, die das Wissen in modernen sozialen und ökonomischen Beziehungen einnimmt, und natürlich auf die Rolle der Wissensproduktion, der Wissensträger und Wissensvermittler sowie insbesondere auf die Folgen dieser Entwicklung für die gesellschaftlichen Machtverhältnisse und die Quellen sozialer Konflikte.[5] In der Soziologie sind allerdings fast alle Klassiker der Gesellschaftstheorie Anhänger oder sogar ausgeprägte Apologeten eines wissenschaftszentristisch gewendeten Wissensbegriffes und von der vermeintlich uneingeschränkten gesellschaftlichen Macht wissenschaftlicher Erkenntnisse beeindruckt. Auch moderne Theorien der Gesellschaft sind noch oft in diesen Vorstellungen befangen. Daniel Bell (1968: 156-157) zum Beispiel betont, dass »every modern society now lives by innovation and growth, and by seeking to anticipate the future and plan ahead«. Innovationen werden durch theoretische Entdeckungen vorangetrieben, während die Entscheidung für Wachstum die Zukunftsplanung erfordert. Bell ist optimistisch, dass die Wissenschaft der Herausforderung gerecht werden kann, selbst in den Sozialwissenschaften.

5 Alain Touraine ([1984] 1988: 111) hat die von uns ins Auge gefassten inhaltlichen Veränderungen sozialer Beziehungen und Ziele über einen längeren historischen Zeitraum besonders eindringlich beschrieben. In merkantilistischen Gesellschaften »the central locus of protest was called *liberty* since it was a matter of defending oneself against the legal and political power of the merchants and, at the same time, of counterposing to their power an order defined in legal terms. In the industrial epoch, this central locus was called *justice* since it was a question of returning to the workers the fruit of their labor and of industrialization. In programmed [or, post-industrial] society, the central place of protest and claims is *happiness*, that is, the global image of the organization of social life on the basis of the needs expressed by the most diverse individuals and groups.« Touraine ([1969] 1971: 3) verwendet den Begriff »programmierte« Gesellschaft für die neue, im Entstehen begriffene Gesellschaftsform, um auf ihre besonderen Produktionsverfahren und ihre typische ökonomische Organisationsform zu verweisen.

»The rise of macroeconomics, and the new codifications of economic theory, now allow governments to intervene in economic matters in order to shape economic growth, redirect the allocation of resources and ... engineer a controlled recession in order to redeploy resources« (siehe auch Bell, 1979a: 2021-202).[6]

Gegen Ende der sechziger Jahre schienen die interventionistischen Maßnahmen der Keynes'schen Wirtschaftspolitik tatsächlich die Lösung zu sein für das Problem der Planung und Kontrolle der makroökonomischen Entwicklungen einer Volkswirtschaft, selbst wenn es sich um die absehbare Zukunft handelte. Aber bereits kurze Zeit später kamen in Wirtschafts- und Regierungskreisen Zweifel daran auf, dass es für das gleichzeitige Auftreten von Arbeitslosigkeit und Inflation überhaupt eine vernünftige Wirtschaftspolitik gibt. Das Festhalten am Keynesianismus ließ die anhaltende Krise in Wirtschaft und Wirtschaftspolitik entstehen. Was die Sozialwissenschaften betrifft, so stellte sich Bells optimistische Behauptung, diese hätten sich inzwischen so weit entwickelt, dass sie mit Sicherheit brauchbares praktisches Wissen bereitstellen und dessen Produktion kontrollieren können (vgl. den Hinweis auf »codified« Wissen), fast im gleichen Moment als fragwürdig heraus, in dem die Voraussage über erfolgreiche Zukunftsplanung gemacht wurde. Das Vordringen wissenschaftlicher Erkenntnis in die wesentlichen Lebensbereiche der modernen Gesellschaft kann im Einzelnen auf verschiedenste Weise beschrieben werden. Generell aber lässt es sich als die wissenschaftliche Durchdringung aller Lebens- und Handlungsbereiche (Verwissenschaftlichung) definieren.

6 Bell identifiziert sich mit diesen Hoffnungen natürlich nur mit einer Vision von Wissenschaft, die mit deren Entwicklung und Verbreitung »schon immer den Traum von der Vorhersehbarkeit und Beherrschbarkeit der Wirklichkeit« (Tenbruck, 1977: 141) verband.

# Theorien der modernen Gesellschaft

Warum sprechen wir dann nicht von der modernen Gesellschaft als *Informationsgesellschaft, Wissenschaftsgesellschaft, postindustrieller Gesellschaft, postmoderner Gesellschaft* oder noch genereller von der *wissenschaftlich-technischen Zivilisation*? Eine Reihe von wichtigen zusätzlichen Gründen sind für die Wahl des Begriffs »Wissensgesellschaft« verantwortlich.

Die Diskussion um die Informationsgesellschaft[7] erhitzt sich immer wieder an der Frage der »production, processing, and transmission of a very large amount of data about all sorts of matter – individual and national, social and commercial, economic and military« (Schiller, 1981: 25) beziehungsweise der Prophezeiung, dass einer unvorbereiteten Welt durch die technischen Fortschritte des Telekommunikationswesens eine neue Ordnung aufgezwungen wird (siehe Angell, 1996: 81), oder an dem Überfluss von Informationen angesichts der beschränkten individuellen Kapazität zur Informationsverarbeitung (vgl. Reichardt, 1990). Es wird aber auch auf den sich angeblich verstärkenden gesellschaftlichen Krisenzustand, entstanden durch die Ungleichheit im Zugang zu Informationen und die Oberflächlichkeit vieler der in den Medien verbreiteten Informationen, aufmerksam gemacht. In diesem allgemeinen Sinn muss allerdings jede Gesellschaft Information produzieren, weitergeben und konsumieren. In jeder Gesellschaft ist die Verteilung der Informationen stratifiziert, und in vielen Gesellschaften werden seit Jahrhunderten bestimmte Techniken zur Informationsübertragung verwendet. Über Fabrikation und Inhalt der Information, über die Kommunikationsmedien, insbesondere das Medium Mensch, über die Gründe für die Nachfrage nach den Informationsinhalten und die Veränderungen, die diese bewirken, wird in diesen Diskussionen in der Regel wenig gesagt. Fragen der Solidarität oder Herrschaft in der modernen Gesellschaft werden üblicherweise ebenso wenig erwähnt wie das Problem,

---

7 Wiio (1985) behauptet, der Begriff der Informationsgesellschaft sei zum ersten Mal 1972 in einem für die japanische Regierung verfassten Bericht aufgetaucht. Häufig beziehen sich Analysen und Diskussionen der Informationsgesellschaft letztendlich jedoch auf ein für den Begriff und die Theorie der postindustriellen Gesellschaft typisches Vokabular (zum Beispiel Lyon, 1986).

ob wirtschaftliche Auswirkungen des Informationssystems und der Kommunikationstechniken nicht genauso gut im Rahmen des herkömmlichen ökonomischen Diskurses behandelt werden können, nämlich als seit längerem bekannte Prozesse des Marktes und des Handels.

In jüngster Zeit hat Manuel Castells (1966) in einer Serie von ideenreichen, empirisch fundierten Studien vorgeschlagen, die moderne Gesellschaft auf Grund der massiven Verbreitung und Anwendung der Informations- und Kommunikationstechnologie in allen Lebensbereichen als vernetzte Gesellschaft zu analysieren. Die technologische Innovation des Kommunikationswesens repräsentiert genau wie die industrielle Revolution des 18. Jahrhunderts eine grundlegende Veränderung in der materiellen Basis beziehungsweise der ökonomischen Produktionsbedingungen, der sozialen Organisation der Gesellschaft und der Kultur. Die Informationsrevolution der Gegenwart oder die Transformation der »materiellen Kultur« der modernen Gesellschaft seit den achtziger Jahren führt zu einer historisch neuen Positionierung des Kapitalismus. Die neue Gesellschaftsformation oder die Netzwerkgesellschaft, in der der Staat nach Castells weiter eine entscheidende Rolle spielt,[8] entsteht also auf Grund eines neuen technischen Paradigmas und damit einer Entwicklungsdynamik, deren Motor die Informationsverarbeitung oder der Informationismus ist. Kurzum, »in the new, informational mode of development the source of productivity lies in technology of knowledge generation, information processing, and symbol communication« (Castells, 1996: 17). Parallel dazu und konträr oder auch komplementär zur These von der Massengesellschaft oder zur Realität der unterschiedliche Medien gleichzeitig präsentierenden und daher *vertikal* operierenden Massenmedien sollte man auch auf die Entwicklung *horizontaler* Medien verweisen, die vom Endverbraucher kontrolliert werden (siehe Neuman, 1991).

8  Der Staat spielt nach Castells (1996: 13) deshalb weiter eine wichtige Rolle in der Netzwerkgesellschaft, weil er in entscheidender Weise zwischen technischer Entwicklung und gesellschaftlichem Wandel vermittelt: »The role of the state, by either stalling, unleashing, or leading technological innovation, is a decisive factor in the overall process, as it expresses and organizes the social and cultural forces that dominate a given space and time.«

Die Charakterisierung der Netzwerkgesellschaft wirft die Frage auf, inwieweit sich dieser Begriff von dem der Informationsgesellschaft unterscheidet. Castells erklärt diesen Unterschied an Hand der begrifflichen Unterscheidung von »Industrie« und »industriell«. Information und informationell gehen von einem unterschiedlichen Ansatz aus. Der Begriff der Information oder, wie Castells es nennt, »die Kommunikation von Wissen« impliziert eigentlich nur, dass Informationen in diesem Sinn in allen Gesellschaftsformationen von Bedeutung sind beziehungsweise eine Art anthropologische Konstante darstellen. Im Gegensatz dazu bezeichnet

»the term informational … the attribute of a specific form of social organization in which information generation, processing, and transmission become the fundamental sources of productivity and power, because new technological conditions [are] emerging in this historical period« (Castells, 1996: 21).

Das Konzept der Information, das Castells mit dem des Wissens auf eine begriffliche Ebene stellt, bleibt, wenn man so will, äußerlich, während der Terminus informationell bedeutet, dass soziales Handeln in seiner inneren Organisation transformiert wird beziehungsweise konstitutiv für soziales Verhalten und seine Organisation wird.

Die enge Anlehnung der Gesellschaftsanalyse Castells an die Technologie der Informations- und Kommunikationsmittel[9] sowie seine bewusste Verschmelzung von Information und Erkenntnis[10] machen es allerdings schwer, trotz seiner gegenteiligen Bemühungen, zwischen der Theorie der Informationsgesellschaft und der der Netzwerkgesellschaft einen entscheidenden Unterschied zu entdecken. Für viele Beobachter, insbesondere in

---

9 Der Verweis auf den besonderen Stellenwert der Informations- und Kommunikationstechnologien erinnert an gleichlautende Beobachtungen in Berichten der OECD (zum Beispiel 1996c), in denen die Transformation der Ökonomie zu wissensbasiertem Wirtschaftswachstum analysiert wird und in denen die sinkenden Kosten und die größere Effizienz in der Übertragung, dem Zugang und der Analyse von Informationen betont wird.

10 Castells (1996: 17) unterstreicht in diesem Zusammenhang zum Beispiel, dass er keinen ihn überzeugenden Grund sieht, von der von Daniel Bell (1973: 175) vertretenen verkürzten Definition des Wissens abzuweichen.

den Medien, ist die Informationsrevolution vor allem eine Frage technischer und nicht inhaltlicher Veränderungen. Eine technische Spielerei löst die andere ab. Obwohl Castells kein strikter Vertreter eines technologischen Determinismus oder einer »Instrumenten-zentristischen« Perspektive (Marvin, 1988: 4-5) ist, weist eine Reihe seiner Thesen eine intellektuelle Verwandtschaft zu einem zumindest gebremsten technologischen Determinismus auf, das heißt zu einer Perspektive, die dazu tendiert, die im weitesten Sinn situationsunspezifischen Folgen des technischen Produkts und nicht die sozialen Prozesse der Innovation zu betonen.[11] Insgesamt finden sich in seinen Studien zur Netzwerkgesellschaft viele nachdenkenswerte Überlegungen wie zum Beispiel der Gedanke, dass das Vordringen der Idee der Information selbst menschliche Aktivitäten verwandelt und neu konstituiert.

Zu den wichtigsten Theoretikern der modernen industriellen Gesellschaftsform, die diesem Begriff einen neuen Inhalt gegeben haben, gehört zweifellos der Soziologe Raymond Aron. Sein theoretisches Modell der Industriegesellschaft geht auf eine Reihe von Mitte der fünfziger Jahre an der Sorbonne gehaltenen Vorlesungen über die industrielle Gesellschaft zurück. Diese Vorlesungen hatten das Ziel, den Besonderheiten der modernen

11 Meiner Meinung nach überzeugt Touraines ([1984] 1988: 104) Argument, dass das Besondere einer bestimmten Gesellschaft nicht durch eine in ihr vorhandene Technologie umschrieben werden sollte: »It is just as superficial to speak of a computer society or of a plutonium society as it is of steam-engine society or an electric motor society. Nothing justifies the granting of such a privilege to a particular technology, whatever its economic importance.« Aber in Touraines Alternativvorschlag, die moderne Gesellschaft als »programmierte Gesellschaft« zu bezeichnen, klingt Castells Konzept der Netzwerkgesellschaft insofern an, als auch hier die symbolische Transformation im Mittelpunkt steht. Der Begriff programmierte Gesellschaft erfasse sehr gut die Veränderungen, die sich in der modernen Gesellschaft vollziehen, behauptet Touraine ([1984] 1988: 104), denn er betone die Fähigkeit der Gesellschaft, »to create models of management, production, organization, distribution, and consumption, so that such a society appears, at all its functional levels, as the product of an action exercised by the society itself.« Eine Kritik des technologischen Determinismus findet sich in Heilbroner ([1967] 1995) sowie in Grint und Woolgar (1997) und Leyshon und Thrift (1997: 327-336).

Gesellschaft und ihrer Zukunft nachzuspüren (Aron, [1962] 1964).

Aron sah seine Reflexionen als kritischen Versuch, in bewusster Abgrenzung zum Marxismus bestimmte strukturelle und ökonomische Gemeinsamkeiten *entwickelter* Gesellschaften zu bestimmen. Industriegesellschaft und kapitalistische Gesellschaft waren für ihn keineswegs synonyme Begriffe. Seine Gegenposition zum Marxismus besteht demnach primär in der These, dass es keine unilineare gesellschaftliche Entwicklung gibt, die von einer Veränderung der wirtschaftlichen Infrastruktur einer Gesellschaft gesteuert oder determiniert wird. Im Gegenteil, vergleichbare ökonomische Veränderungen sind mit unterschiedlichen kulturellen und politischen Entwicklungen kompatibel. Und damit sind kapitalistische, im Sinne von markwirtschaftlich organisierten und sozialistische, im Sinne von staatlich organisierten Gesellschaften für Aron nicht nur Beispiele bestimmter ökonomischer Gemeinsamkeiten, sondern auch sehr unterschiedlicher Gesellschaftsformationen. Aber diese Überlegungen führten auch dazu, dass sich die *Theorie* der Industriegesellschaft bald zu einem *Rivalen* der marxistischen Gesellschaftstheorie stilisierte und tatsächlich auch von Marxisten dieser Epoche als konkurrierender theoretischer Gegenentwurf verstanden und bekämpft wurde.

Raymond Arons Vorlesungen zur Theorie der Industriegesellschaft gehen auf zwei unmittelbare Denkanstöße zurück. Zum einen befasste sich Aron in den vierziger Jahren intensiv mit den Theorien der Klassiker der Soziologie. Eine Konfrontation der Ideen von Marx und Pareto veranlasste ihn zu einer komparativen Analyse der sowohl von Faschisten als auch Kommunisten ausgelösten politischen Revolutionen des 20. Jahrhunderts. Zum anderen war Aron von den Thesen des Ökonomen Colin Clark aus dessen Buch *The Conditions of Economic Progress* (zuerst 1940) stark beeindruckt. Clark und später sein französischer Schüler Jean Forastié ([1950] 1954) argumentieren, das Wachstum von kapitalistischen und kommunistischen Wirtschaftssystemen sei vergleichbar. Mit anderen Worten, beide Wirtschaftssysteme haben trotz unterschiedlicher politischer Rahmenbedingungen bestimmte Gemeinsamkeiten, insbesondere das Potential ökonomischer Expansion. In beiden Systemen sind darüber hinaus die Bedingungen für das wirtschaftliche Wachstum weitgehend identisch; sie liegen vor allem in der Verschiebung der Bedeutung der verschiedenen Sektoren der modernen ökonomischen Struktur, insbesondere in der wachsenden Zunahme des Stellenwerts des tertiären Sektors, aber auch in der Akkumulation von Kapital und der wachsenden Produktivität des Faktors Arbeit. Beide Systeme sind somit in ihrer wirtschaftlichen Expansion von einer wachsenden Produktivität abhängig. Daher erscheint es Aron sinnvoll, den Begriff der Industriegesellschaft für beide Systeme zu verwenden.

Diese Ideen finden sich in Bells Theorie der postindustriellen Gesellschaft wieder. Dies trifft besonders auf den Wert zu, den er der unterschiedlichen Entwicklung der drei Wirtschaftssektoren beimisst. In der Verlagerung des Schwerpunkts von einer Güter produzierenden oder industriellen Gesellschaft zu einer dienstleistenden oder postindustriellen Gesellschaft (Bell, 1976: 198-199) besteht demnach die grundlegende Trennung zwischen diesen Gesellschaftsformen. Zugrunde liegt die Clarksche Drei-Sektoren-Hypothese. Viele Interpretationen der Bell'schen Theorie machen deutlich, dass es sich letztlich um die Zunahme der Dienstleistungsberufe dreht. Hieraus lässt sich zumindest implizit schließen, dass die wirtschaftliche Bedeutung des Herstellungsbereiches abnimmt, dass er ein größtenteils statischer Wirtschaftssektor ist und sich die Arbeitswelt in diesem Sektor nur geringfügig ändert. Tatsächlich findet aber ein Verschmelzen der Sektoren statt, das Trennungslinien überholt erscheinen lässt.

Der Begriff der postindustriellen Gesellschaft ist weitgehend unangemessen oder sogar irreführend, weil die Wirtschaftssektoren »Industrie« oder »Herstellung« im Verlauf der Transformation der Industriegesellschaft zur »postindustriellen Gesellschaft« weder verschwinden noch an ökonomischer Bedeutung verlieren. Der »Zerfall« der industriellen Gesellschaft ist nicht notwendigerweise identisch mit einer radikalen Deindustrialisierung. Man könnte allenfalls dann von einer Deindustrialisierung sprechen, wenn man sein Augenmerk ausschließlich auf die Tatsache des umfassenden Beschäftigungsabbaus im Industriesektor richtet (Therborn, 1995: 71-72) und/oder der Schließung und des Schrumpfens ganzer Industriezweige. Andererseits hat sich der Anteil oder der relative Beitrag des industriellen Sektors zum gesamtgesellschaftlichen Produkt in den industrialisierten Gesellschaften in den vergangenen Jahrzehnten beziehungsweise im gleichen Zeitraum nur unwesentlich verändert oder ist sogar konstant geblieben. Wenn folglich in Interpretationen der Bell-schen Theorie der postindustriellen Gesellschaft von der »econo-mic predominance of the service sector in contrast to the indus-trial and agricultural sectors« (Huntington, 1973: 163) als einem der Hauptmerkmale gesprochen wird, in denen sich diese Gesell-schaft von ihren Vorgängerinnen unterscheidet, so ist dies in Wirklichkeit kein neues Merkmal der modernen Wirtschaft. Man verkennt, dass ein Beschäftigungswandel in den Sektoren nicht unbedingt auch auf einen Wandel in der wirtschaftlichen Bedeu-tung dieser Sektoren hinsichtlich ihres Beitrags zum Bruttosozi-alprodukt hinweist. Es ist also richtig, dass sich der Produktions-prozess des Industriesektors grundlegend verändert hat; es ist jedoch falsch zu glauben, dieser Sektor höre auf zu existieren und werde in seinem gesamtwirtschaftlichen Stellenwert etwa durch den Dienstleistungssektor abgelöst. Ein Leben ohne »Industrie« ist ebenso undenkbar wie ein Leben nur für die Freizeit (*société des loisirs*; vgl. König, 1979). Infolgedessen richtet sich Touraines ([1984] 1988: 104) Konzeption der postindustriellen Gesellschaft auch nicht so sehr auf das »Ableben« des Industriesektors, son-dern auf die neuartigen Produkte und deren gesellschaftlichen Stellenwert:

»The passage to postindustrial society takes place when investment re-sults in the production of symbolic goods that modify values, needs, representations, far more than in the production of material goods or even of ›services‹. Industrial society had transformed the means of pro-duction; postindustrial society changes the ends of production, that is, culture.«

Inglehart schlägt in einer 1995 veröffentlichten Analyse von Da-ten aus einer Querschnittserhebung in 43 Gesellschaften (oder 70 Prozent der Weltbevölkerung) vor, die im letzten Viertel des Jahrhunderts sich vollziehende dramatische Tendenz zum so-zialen Wandel als Indiz dafür zu nehmen, dass wir in das Zeitalter der Postmoderne eingetreten sind. Deren Anfänge müssen in dem beispiellosen Erfolg gesucht werden, mit dem zunächst in Westeuropa und schließlich in Südostasien wirtschaftliche Si-cherheit erreicht und ein wohlfahrtsstaatliches System eingeführt wurde. Als kulturelle und politische Resonanz ist in diesen Ge-sellschaften ein Autoritätsverlust von Kirche und Staat zu be-obachten, ein Beharren auf Individualismus, ein Überbetonen nicht-ökonomischer Werte oder eine Tendenz, Sicherheit höher zu bewerten als Verzicht, sowie ein Ablehnen jeder Form von Autorität. In der Politik wird Postmodernisierung mit Demokratisierung in Verbindung gebracht. Und schließlich lässt sich als weiteres charakteristisches Merkmal des entstehenden postmodernen Weltbildes ein Vertrauensverlust in Bezug auf die soziale Rolle von Wissenschaft und Technologie feststellen. Ingleharts Behauptung über den Beginn der Postmoderne erhält vor allem Gewicht durch die wirtschaftlichen Erfolge, und zwar durch das Erreichen wirtschaftlicher Sicherheit für große Teile der Bevölkerung. Im gleichen Maß wie diese Sicherheit steigt auch das Wohlbefinden des Einzelnen. Gerade weil, fügt Inglehart hinzu (1995: 385), die Bevölkerung der fortgeschrittenen Gesellschaften ihre gesicherte materielle Existenz als Selbstverständlichkeit ansieht, »they are not aware of how profoundly this supposition shapes their worldview«. Er macht zwar eine ganze Reihe kultureller Veränderungen als Anzeichen für die Postmoderne aus, ist sich aber im Gegensatz zur Mehrzahl der postmodernen Theoretiker[12] durchaus bewusst – und hebt dies auch hervor –, dass ökonomische Veränderungen den Boden bereiten für die Postmodernisierung.

12 Eine Analyse und Kritik der in den sich als postmoderne Analysen verstehenden Reflexionen häufig vernachlässigten Bedeutung materieller, beziehungsweise ökonomischer Faktoren findet sich in Stehr, 1997.

# IV. Die moderne Wirtschaft

> In der kapitalistischen Wirklichkeit jedoch,
> im Unterschied zu ihrem Bild in den Lehrbü-
> chern, zählt nicht diese Art von Konkurrenz,
> sondern die Konkurrenz der neuen Ware, der
> neuen Technik, der neuen Versorgungsquelle,
> des neuen Organisationstyps …
> *Schumpeter ([1942] 1950: 140)*

Was ist Wirtschaft? Nichts ist einfacher zu beantworten als das,
um Emil Lederer (1922: 18) zu zitieren. Und was ist moderne
Wirtschaft? Herrschende Vorstellungen von der sozialen Realität
und den sozialen Einrichtungen haben immer eine bestimmte
Geschichte. Sozial bedeutsame Ansichten sind oft weniger strittig als die der professionellen Beobachter der gleichen Materie.
Während der professionelle Beobachter schnell von der Fragilität
oder dem krisenhaften Zustand seiner Theorien spricht, sind
»Weltanschauungen« sehr viel stabiler und gegen Veränderungen
resistenter. Gesellschaftlich relevante Denkweisen, selbst wenn
es sich um überholte Bilder handelt, finden häufig professionelle
Unterstützung.

Gleichzeitig werden gesellschaftlich vorrangige Denkbilder
realitätsfremder. Das heißt aber nicht, dass ihr ideologischer oder
politischer Einfluss in gleichem Maß schwindet. Dominante
Konzeptionen brauchen ihre Zeit, um sich durchzusetzen und
um abzudanken. Unser Gesellschaftsverständnis ist bei allen Unterschieden und Konflikten ein Abkömmling des vergangenen
Jahrhunderts. Und dies gilt sicher auch für unser Bild der Besonderheiten unseres Wirtschaftssystems. Uns scheint zum Beispiel
ziemlich eindeutig zu sein, wie sich das Wirtschaftssystem gegenüber anderen Lebensbereichen abgrenzt, wo doch auch in jeder
Familie, Kirche oder jedem Verein gewirtschaftet werden muss.

Wir haben im Alltag eine Vorstellung davon, was genau das
»Wesen« der Wirtschaft oder des Wirtschaftens ausmacht. In
ökonomischen Textbüchern ist diese Eigenschaft nur selten unter
den »essentiellen« Merkmalen des Wirtschaftssystems zu finden;
und dennoch ist die Ökonomie im Alltagsverständnis vor allem

und vorrangig der Ort der Arbeit und der Arbeitserlöse. Wirtschaften befriedigt die Bedürfnisse des Menschen, oder »Wirtschaft heißt die menschliche Unterhaltsfürsorge« (Sombart, [1916] 1921: 13; siehe auch Marshall, 1920: 1).

Der Kreislauf von Produktion, Verteilung und Konsumtion erfüllt diese Funktion. Eine solche oder ähnliche Bestimmung der Grundtatsachen des Wirtschaftslebens findet sich seit Jahrzehnten in jedem ökonomischen Lehrbuch. Leider wird übersehen, dass Arbeit – und die Herstellung der Vollbeschäftigung – nicht nur zu einem vordringlichen gesellschaftlichen Bedürfnis, sondern auch zu einem vorrangigen politischen Bekenntnis oder Ziel der Parteien geworden ist. Im Zentrum der Analyse der Eigenschaften der modernen Wirtschaft muss schon allein aus diesem Grund eine genaue Betrachtung der Zukunft der Arbeit stehen. Zwar mag es Schwankungen im Umfang der Arbeit geben, doch halten sich, so das verbreitete Verständnis von der Dynamik der Beschäftigung, Nachfrage und Angebot letztlich die Waage oder müssen in ein Gleichgewicht gebracht werden. Tritt eine Form von Arbeitslosigkeit auf, so handelt es sich um einen »Abstecher« auf dem Weg zur Vollbeschäftigung.

## Ökonomische Erkenntnisse

Wirtschaften heißt darüber hinaus, explizit dem ökonomischen Prinzip zu folgen: mit gegebenem Aufwand den größtmöglichen Erlös zu erzielen. Da man ökonomische Gewinne dieser Art nicht in völliger sozialer Isolation realisieren kann, sind die typischen sozialen Interaktionsmuster von den Gesetzen des Marktes bestimmt, das heißt von dem Kontext, in dem rationale Entscheidungen in die Praxis umgesetzt werden. Oder verhalten sich etwa alle Gesellschaftsmitglieder in diesem Sinn? Es gibt in der Tat Gesellschaftstheorien, in denen man davon ausgeht, der Mensch habe nur wirtschaftliche Interessen, die somit in eine Art universelle Kalkulation von Nützlichkeit eingehen. Andererseits wird das Wirtschaftssystem, ganz abgesehen von der Assoziation von Macht und Ökonomie, wohl häufig mit monetären Phänomenen wie Geld, Preisen, Zinsen, Löhnen und Profiten in Verbindung gebracht.

Das professionelle Verständnis der Wirtschaft ist vor allem

durchdrungen von der Vorstellung, dass ökonomische Güter knapp sind, dass man bei der Erstellung von Waren eine beschränkte Zahl von elementaren Produktionsmitteln kombiniert und dass die Produktion von Waren und Dienstleistungen dem Gesetz des fallenden Grenznutzens unterworfen ist.

Das Gesetz vom abnehmenden Ertrag bedeutet nichts anderes, als dass die Produktion einer bestimmten Ware nur so lange wirtschaftlich gesehen ausgedehnt werden kann, bis der Nutzen des letzten Stücks auf die Kosten der letzten Produktionseinheit gesunken ist. Wo Grenzkosten und Grenznutzen sich treffen, ist jede weitere Produktionsausdehnung unwirtschaftlich, das heißt, das Zusammentreffen von Grenznutzen und Grenzkosten verweist auf eine optimale Allokation der Faktoren. Dieser Umkehrpunkt oder Gleichgewichtszustand ist natürlich dann besonders schnell erreicht, wenn die Ausweitung der Produktion mit einer Steigerung der Kosten verbunden ist. Die professionelle ökonomische Vorstellung der Produktion, wie sie etwa in dem Dogma des Gleichgewichtsmodells ihren Ausdruck findet, folgt denn auch genau diesen Prämissen. Produktionsfaktoren, Preise und jeweilige Marktanteile sind ausnahmslos vom Prinzip des abnehmenden Grenzertrages determiniert. Welche Facetten dieses Dogmas oder fest verankerten Denkbildes müssen korrigiert werden? Ich bleibe bei der Antwort auf diese Frage zunächst noch bei vereinfachenden Denkbildern. Es sind allerdings Vorstellungen und Prämissen, die unser Konzept dessen, was Wirtschaften ist, weitgehend bestimmen.

(1) Unsere Auffassung von den eisernen Grenzen und Gesetzen wirtschaftlicher Prozesse, die durch das Diktat fallender Erträge bestimmt ist, muss veränderten Realitäten angepasst werden. Zwar hat man auch schon früher erkannt, dass es in der Produktion Faktoren gibt, die bei einer Steigerung des Ausstoßes die durchschnittlichen Kosten vermindern und damit das Ergebnis verbessern. Allerdings herrschte eine andere Realität. Seit der Zeit Alfred Marshalls und der ausgehenden Jahrzehnte des neunzehnten Jahrhunderts galt die Prämisse: Herstellungsprozesse stoßen schnell an Ertragsgrenzen. Es handelte sich hier um eine ökonomische Wirklichkeit, die von der Massenfabrikation schwergewichtiger Waren unter Einsatz umfangreicher Ressourcen gekennzeichnet war. Der Nutzen von Wissen war eher begrenzt. Man sah eine Tugend darin, dass man sich beinahe auto-

matisch zum Gleichgewicht der Verhältnisse zwang: des Angebots, der Nachfrage und der Preise. Inzwischen sind die Massenproduktion und ihre Gesetze zwar nicht verschwunden, aber sie dominieren nicht mehr. Die Herstellung von hochtechnologischen Waren und Dienstleistungen koppelt sich in zunehmendem Maße von diesen Prinzipien ab und wird durch einen Mechanismus wachsender Erträge ergänzt.[1] Callon (1994: 408) nennt dies »the strange conspiracy between technology and the marketplace« (vgl. auch Arthur, 1989). Auf der Angebotsseite macht sich das Gesetz wachsender Erträge in der Fähigkeit von Anbietern bemerkbar, Wettbewerbsvorteile auf Grund eines bestimmten technischen Regimes oder der Besonderheiten eines Produktes zu zementieren. Als Folge lässt sich deshalb zum Beispiel beobachten, dass die herkömmliche Konstellation der Kalkulation von Produktivitätsvorteilen durch die Abkoppelung von Einsatz und Erträgen ungültig wird (Dosi, 1996). Insbesondere bei wissensbasierten Waren und Dienstleistungen kommt es zum »magischen« Phänomen steigender Erträge bei wachsendem Absatz. Und je größer der Markt, desto größer die Gewinne. Auf der Nachfrageseite manifestiert sich die Tatsache wachsender Erträge in Situationen, in denen es sich für den Konsumenten einfach nicht lohnt, eine Ware zu kaufen, die nicht mit herrschenden (zum Beispiel technischen) Trends kompatibel ist (»*path dependency*«). Außerdem haben sowohl auf Seiten des Angebots wie der Nachfrage fallende Kosten und Preise nicht nur im Bereich der Mikroelektronik und der Kommunikationstechnologie eine erhebliche gegeninflationäre Wirkung. Mehr und mehr Artikel und Dienstleistungen entstehen, die womöglich aus makro-

---

1  Arthur ([1996] 1998: 78, 84) fasst diese Extension ökonomischer »Gesetzbarkeiten« wie folgt zusammen: »We can usefully think of two economic regimes or worlds: a bulk-production world yielding products that essentially are congealed resources with a little knowledge and operating according to Marshall's principles of diminishing returns, and a knowledge-based part of the economy yielding products that are essentially congealed knowledge with a little resources and operating under increasing returns ... Marshall's world is characterized by planning, control and hierarchy. It is a world of materials, of processing, of optimization. The increasing-returns world is characterized by observation, positioning, flattened organization, missions, teams, and cunning. It is a world psychology, of cognition, of adaptation.«

ökonomischer Sicht mittelfristig wichtiger sind als Produktivitätsgewinne (siehe Stehr, 1999b).

(2) Das ökonomische Prinzip (beziehungsweise der *homo oeconomicus*), von dem die Rede war und das das wirtschaftliche Verhalten als solches überhaupt ausmachen soll, das heißt, mit einem möglichst geringen Aufwand einen möglichst großen Effekt zu erzielen, wird zunehmend, so hat es den Anschein, von dem Prinzip Wachstum verdrängt. Zweifellos ist Wachstum von eminenter Bedeutung, nicht zuletzt im politischen Sinn. Ein politisches System steht auf sehr viel solideren Füßen, wenn es sich auf wirtschaftliches Wachstum stützen kann. Wachstum und Effizienz stehen nicht in Widerspruch. Aber es gibt auch Wachstum ohne Effizienzverbesserung. Sollte man sich nun gesamtgesellschaftlich eher an Wachtumserfolgen bzw. deren Ausbleiben oder an Effizienzsteigerungen bzw. deren Mangel orientieren? Das Gewicht hat sich eindeutig zugunsten des Wachstums verschoben. Bei Fragen des wirtschaftlichen Wohlstandes und der Wirtschaftspolitik handelt es sich oft nur noch um Probleme wirtschaftlichen Wachstums. Und damit ist es zumindest zu einer Verwässerung des Rationalitätsprinzips gekommen.

(3) Eine parallele Aushöhlung des ökonomischen Rationalitätsprinzips ist gegeben, diesen Verdacht äußern zumindest engagierte Befürworter dieses Prinzips immer wieder, wenn nichtökonomische Ziele und Funktionen, wie etwa ökologische Zielvorstellungen, in ökonomische Absichten übersetzt werden und sich dem Zwang des ökonomischen Prinzips unterordnen. Ob in einer wissensbasierten Wirtschaft orthodoxe ökonomische Zielsetzungen mit den ökologischen in der Tat unvereinbar sind, soll später genauer untersucht werden.

## Der Bedeutungsrückgang der »Primärgüter«

Besonders auffällig ist zunächst einmal eine »Abkoppelung« der *Preis*entwicklung im Rohstoffbereich von den Konjunkturphasen im Herstellungs- oder Industriebereich der Wirtschaft in entwickelten Gesellschaften.[2] In den vergangenen Jahrzehnten mag

2  Im Rahmen dieses Abschnitts sollen die Tatsache des Abkoppelungsprozesses selbst und die Gründe, die möglicherweise für diese Ent-

das Tempo der Abkoppelung als Reaktion auf den Preisverfall auf dem Rohstoffsektor, insbesondere im Preisvergleich mit dem Herstellungssektor, etwas zurückgegangen sein. Der Rückgang der Rohstoffpreise ist darüber hinaus ungleichmäßig mit deutlicher Ausprägung auf dem Metallsektor (vgl. Grilli und Yang, 1988; IMF, 1992: 86-87).

Generell bedeutet dies, dass der in den letzten Jahren zu beobachtende und weiter anhaltende Zusammenbruch der Preise im Rohstoffbereich für den Herstellungsbereich fast ohne Auswirkung geblieben ist (siehe Drucker, 1986: 770) beziehungsweise dass die Auswirkungen dieser revolutionären Veränderungen auf dem Rohstoffpreissektor nicht die üblicherweise antizipierten Folgen haben. Und zwar ist diese Entwicklung deshalb von grundsätzlicher Bedeutung, weil die traditionelle ökonomische Theorie stets die Meinung vertrat, dass Veränderungen in der Preisstruktur von Rohstoffen – und dramatische Veränderungen ganz gewiss – konjunkturelle Zyklen entscheidend beeinflussen. Dagegen führte jedoch der deutliche Preisrückgang bei der Mehrzahl der Rohstoffe keineswegs eine Wirtschaftskrise herbei (mit Ausnahme vielleicht in Ländern, die vor allem vom Rohstoffhandel abhängig sind), sondern die industrielle Produktion nahm sogar zu.

Wie zum Beispiel die Regressionslinien für den Verbrauch von Aluminium in den OECD-Ländern zwischen 1962 und 1990 in Relation zum realen Wirtschaftswachstum des Herstellungssektors zeigen (siehe Abbildung 3 in Stehr, 1994: 300),[3] entwickeln sich ihre Trends zunehmend in die entgegengesetzte Richtung. Der Verbrauch von Aluminium nimmt trotz der beobachteten Wertzuwächse im Herstellungsbereich ab. Man kann davon aus-

wicklung verantwortlich sind, im Mittelpunkt des Interesses stehen; allerdings werde ich hierbei auf nationale, regionale oder gar globale ökologische Folgen des Abkoppelungsprozesses in einigen Ländern (vgl. Simonis, 1989) oder auf die Auswirkung einer Verlagerung der materialintensiven Produktion von einem Teil der Erde zum anderen nicht eingehen.

3  Die an dieser Stelle beschriebenen Informationen über den *Verbrauch* von Rohmaterialien wie zum Beispiel Aluminium basieren auf von der Weltbank erhobenen Daten (vgl. Stehr, 1994: 298-301). Die Weltbank hat diese Informationen über den Verbrauch von Rohstoffen ab 1991 nicht mehr gesammelt.

gehen, dass sich diese Entwicklung in Zukunft noch verstärken wird. Ursache für das Abkoppeln ist die rückläufige Nachfrage nach diesen Produkten[4] und das gleichzeitige Überangebot in vielen Bereichen, wie zum Beispiel bei den Nahrungsmitteln. Die Nachfrage nach Rohmaterialien für den Produktionssektor geht nicht nur wegen der »miniaturization (e. g. chips) and the reduction of energy requirements«, sondern auch wegen »the revolution in material science« zurück. Mit anderen Worten, »one asks less for specific materials ... and more for the properties needed (e. g. tensility, conductivity) and the material combinations that can provide those properties« (Bell, 1987: 9). Darüber hinaus ist, wie sich am Beispiel der amerikanischen Autoindustrie nachweisen lässt, der Anteil des Eisen- und Stahlgehalts eines Autos innerhalb von nur zehn Jahren, zwischen Mitte der siebziger bis Mitte der achtziger Jahre, um etwa ein Drittel zurückgegangen, während der Anteil von Plastik und Mischmaterial um ein Drittel zunahm (vgl. OECD, *Structural Change*, 1992: 22; siehe auch die Veränderungen seit 1985 in *Tabelle A1* im statistischen Anhang).

Die Veränderung im Verbrauch von herkömmlichen Rohmaterialien geht auf eine Kombination von Faktoren zurück, zu denen selbstverständlich technische Verbesserungen, aber auch Preisveränderungen in den fraglichen Materialien, neue Umweltbestimmungen sowie veränderte Präferenzen der Konsumenten gehören. Es ist natürlich nicht einfach, wenn es denn überhaupt machbar ist, den Anteil der genannten Faktoren sowie anderer möglicher Einflüsse auf den erheblich reduzierten Rohstoffver-

---

4 Die zur Diskussion stehenden Veränderungen in der ökonomischen Bedeutung von natürlichen Ressourcen lassen sich mit Hilfe einer Reihe von empirischen Indikatoren abbilden. Auf die präzise Genauigkeit der Zahlen kommt es dabei in diesem Kontext nicht unbedingt an. Drucker (1986: 773) macht zum Beispiel darauf aufmerksam, dass »... the amount of industrial raw materials needed for one unit of industrial production is now no more than two-fifths of what it was in 1900. And the decline is accelerating.« Eine frühe Studie über den langfristigen Trend der Veränderung in der relativen Bedeutung der Produktion von natürlichen Ressourcen als Teil des Bruttosozialprodukts in den USA kommt zu dem Ergebnis, dass der Anteil von 27 Prozent im Jahre 1870 auf 12 Prozent im Jahre 1954 fällt (zitiert nach Rosenberg, 1982: 303). Nordhaus (1974: 24) verweist auf einen ständigen Verfall der wichtigsten Rohstoffpreise im 20. Jahrhundert, wenn man diese Preise in Relation zu den Lohnkosten setzt.

brauch im Einzelnen genau zu bestimmen. Dennoch trifft es zu, dass die bis vor kurzer Zeit dominante Vorstellung, die wachsende Diffusion im Wirtschaftssystem von technischen Verbesserungen resultiere nur in einer Verringerung der Materialintensität (wie auch des Energie- und Kapitaleinsatzes) per Produktions*einheit*, revidiert werden muss. Es trifft nicht mehr zu, dass veränderte Produktionstechnologie zum Beispiel gleichzeitig zu einer Erhöhung des Aggregatverbrauchs von Rohmaterialien führt. Auf jeden Fall kann festgehalten werden, dass die immer noch verbreitete Ansicht, eine wachsende Wirtschaft ziehe unbedingt auch eine wachsende Konsumtion von Rohstoffen nach sich, angesichts dieser Entwicklungen revidiert werden muss. Gleichzeitig gilt, dass diese Veränderungen im Verbrauch von Rohstoffen nicht gleichzeitig und im gleichen Maß für die Gesamtheit aller Rohmaterialien zutrifft. Der Umfang des Verbrauchs von Öl und anderen Energieträgern zum Beispiel entwickelt sich nicht unbedingt völlig parallel zur Verbrauchsentwicklung anderer Rohstoffe wie Eisenerz, Kupfer oder Nickel. Andererseits mag der Rohstoff Wasser die Rohstoffproblematik im 21. Jahrhundert sehr umfassender und dringender bestimmen, als dies bisher der Fall war.

Geht man von einer sehr viel dynamischeren Perspektive aus, die obendrein das transformative Potential von Wissen als Handlungskapazität berücksichtigt, so muss betont werden, dass es sich beim Wissen um einen (natürlichen) Rohstoff handelt. Wissen oder technisches Wissen dient nicht nur als Mittel, vorhandene Ressourcen zu *nutzen*, es »redefines and enlarges that base«, wie Rosenberg (1982: 307) hervorhebt. Das, was als wirtschaftliche Ressource erkannt und genutzt wird, ändert sich ständig.[5] Wissen kreiert und gestaltet die besondere Form, in der eine Ressource auftritt; vorher »existiert« sie nicht. Ihre Bereitstellung für Produktion und Konsumtion nimmt in Wissensgesellschaften immer weniger Zeit in Anspruch. Die These, dass Ressourcen menschliche Konstrukte sind und nicht feste Bestandteile einzelner Komponenten der natürlichen Umwelt (vgl.

---

5  Bis in die dreißiger Jahre galt Erdgas als ein unvermeidbares, aber gefährliches Ärgernis, das es als Abfallprodukt zu entsorgen galt, während Uranerz damals in jedem einschlägigen Verzeichnis als Rohstoffvorkommen geführt wurde (Rosenberg, 1982: 307).

Rosenberg, 1982: 307), rückt in wissensintensiven Wirtschafts-systemen noch mehr in den Mittelpunkt. Das Gleiche gilt für die Art und Weise der Nutzung von Ressourcen, die sich stark da-nach richtet, wie deren ökonomische Bedeutung eingeschätzt wird, welche Rolle sie in der Gesellschaft einnehmen und welche gesetzlichen, sozialen und politischen Konsequenzen daraus ge-zogen werden. Folglich ist es äußerst schwierig, für Vorhersagen über die zukünftige Nutzung von Ressourcen Vertrauen aufzu-bringen, so zum Beispiel für mögliche Art und Weisen, die Wirt-schaft zwischen Ressourcennutzung und Wirtschaftswachstum auf einen niedrigeren Kurs hinzulenken. Ein hoher Grad an Un-gewissheit, die Schwierigkeit der Risikokalkulation, überra-schende Entwicklungen und unerwartet auftretende Probleme gehören mit Sicherheit dazu, wenn es sich um stark nachgefragte Ressourcen und die Größenordnung ihrer Nutzung handelt. Ich werde in einem späteren Abschnitt, der sich mit der Wechselwir-kung zwischen »Ökonomie und Ökologie« beschäftigt, auf eini-ge dieser Punkte zurückkommen.

## Veränderungen im Industrie- und Herstellungssektor

> The increase in the stock of useful knowledge and the extension of its application are the essence in modern economic growth; and the rate and locus of the increase in knowledge markedly affect the rate and structure of eco-nomic growth.
> *Kuznets (1966: 286)*

Die bemerkenswerten Veränderungen im Herstellungs- und In-dustriesektor, die ich an dieser Stelle herausstellen möchte, be-ziehen sich nicht so sehr auf die immer wieder kontrovers disku-tierte Frage, wie die *quantitative*, nach Wirtschaftssektoren unterteilte Umstrukturierung des Arbeitsmarktes und der Be-schäftigungsstrukturen eigentlich zustande gekommen ist. Ich möchte mich vielmehr einer vollkommen konträren Fragestel-lung zuwenden, und zwar sowohl der *qualitativen* Veränderung der wirtschaftlichen Struktur dieses Sektors als auch der Sub-stanz der Arbeit und damit der Quelle des (wachsenden) Umsatzes und der Gewinne, die heute zunehmend als für diesen Wirtschaftsbereich typisch gelten kann.

Insgesamt gesehen stößt man auch heute noch häufig auf Aussagen, die den Faktor Arbeit im Herstellungsbereich eines Wirtschaftssystems als relativ homogene Einheit behandeln,[6] womit gemeint ist, dass diese Form der Industriearbeit als eines der wenigen noch vorhandenen Beispiele dessen gilt, was die klassische ökonomische und soziologische Theorie unter dem Begriff Arbeit verstand. Diese Form der Arbeit wird damit auch als eines der letzten Bollwerke gegen die zunehmende Differenzierung der Arbeit, ihre Flexibilisierung, gegen neue Rationalitätskriterien und ihre Reflexivität insbesondere im Dienstleistungssektor angesehen. Ergebnis solcher Auffassungen ist dann, dass man die Welt der Arbeit und die verschiedenen Wirtschaftsbereiche als eine duale Realität versteht: Eine der Welten wird durch eine technische oder »funktionale« Rationalität gesteuert, während der andere Wirtschaftssektor, das heißt der Dienstleistungssektor, zunehmend durch die so genannte »substantielle Rationalität« beeinflusst wird (siehe Mannheim, 1935: 27-44). In Claus Offes (1984: 27) Worten haben wir es somit mit einer »folgenreichen Doppelung im Begriff der Arbeit zu tun, mit dem Neben- und Gegeneinander zweigeschlechtlicher und miteinander unversöhnter Rationalitätskriterien, die mit den Handlungsfiguren des ›effizienten Herstellers‹ beziehungsweise der ›effektiven Bestandssicherung‹ korrespondieren und damit dem Arbeitsbegriff seine Eindeutigkeit nehmen«. Und damit bestätigt sich eine der dominanten Annahmen moderner Gesellschaftstheorien: Soziale Differenzierung und nicht Verknüpfung ist vorrangig an der Tagesordnung. Geht man einmal davon aus, dass die Unterteilung der modernen Ökonomie in drei Sektoren weiter plausibel ist

6 In diesem Sinn äußert sich Claus Offe (1984: 23) zum Beispiel folgendermaßen: »Während man in der Tat den größten Teil der im ›sekundären‹, das heißt industriell warenerzeugenden Sektor verrichteten Arbeit auf den abstrakten gemeinsamen Nenner bringen kann, dass sie unter dem gemeinsamen Regime von technisch-organisatorischer Produktivität und der hierfür maßgeblichen einzelwirtschaftlichen Rentabilität steht, büßen diese Kriterien des Arbeits- und Verwertungsprozesses dort ihre (relative) Eindeutigkeit ein, wo die Arbeit selbst reflexiv wird, nämlich im größten Teil des ›tertiären‹ Bereichs der Dienstleistungsarbeit.«

und die Welt der Arbeit in der Tat weiteren grundlegenden Veränderungen unterworfen ist, so fragt sich, ob die zu beobachtenden Veränderungen in erster Linie einen bestimmten Sektor der Wirtschaft oder mehrere Sektoren unter Umständen sogar auf Grund von gemeinsamen Prozessen und Rahmenbedingungen betreffen oder ob sich die Arbeitsform eines Sektors etwa auf die anderen ausbreitet.[7]

Gleichzeitig wird auch heute noch häufig davon ausgegangen, dass der Industriesektor insbesondere in Relation zum Dienstleistungsbereich der Wirtschaft zunehmend an Bedeutung verliert beziehungsweise einer Schrumpfung unterliegt und dass sich das Schwergewicht wirtschaftlicher Tätigkeit damit zunehmend auf den tertiären Sektor verschiebt (vgl. Samuelson, 1995: 79-83). Die geringere Bedeutung des Herstellungssektors, deren wirtschaftliche, soziale und politische Folgen sowie die möglichen Ursachen dieser Entwicklung werden unter der Überschrift der »Deindustrialisierung« oder des industriellen Niederganges (»industrial decline«) lebhaft diskutiert (zum Beispiel Bluestone und Harrison, 1982; Alderson, 1999).

Während die Deindustrialisierung zunächst nur regional beobachtet werden kann, ist sie zum Beispiel in den Vereinigten Staaten seit 1975 ein nationales Phänomen. Die Deindustrialisierungsthese geht üblicherweise davon aus, dass Kapital als besonders mobile Ressource in Regionen – und sei es ins Ausland – wechselt, in denen die Erträge auf Grund geringerer Kosten maximiert werden können. Infolgedessen werden Herstellungsbetriebe und mit ihnen natürlich die dazugehörenden Arbeitsplätze in andere Regionen des In- und Auslandes verlegt. Ergebnis ist im zuletzt genannten Fall außerdem, dass die Einfuhren steigen (wobei man unter Umständen davon ausgehen muss, dass der Standortwechsel erst durch wachsende Einfuhren in Gang gesetzt wurde). Und damit kommt es schließlich zu einem Verlust, so wird argumentiert, von eher gut bezahlten Arbeitsplätzen.

---

7 Ich gehe davon aus, dass sich Cohen und Zysman (1987: xiii) in ihrem Buch *Manufacturing Matters* diese Position zu eigen machen. Cohen und Zysman betonen, dass die »neue« technische Arbeitsteilung »extended the production processes outside the confines of the traditional manufacturing firm. We are experiencing a transition not from one kind of industrial economy to a service economy, but from one kind of industrial economy to another.«

Sofern die Arbeitsplätze ins Ausland verlegt worden sind, geht man in der Regel davon aus, dass sich die internationale Wettbewerbssituation eines Landes verschlechtert hat.[8] Günstigenfalls stellen so genannte schlecht vergütete (*dead-end*) Arbeitsplätze im Dienstleistungssektor eine wenn auch unzureichende Kompensation für die abhandenkommenden Arbeitstätigkeiten dar.[9]

Krugman und Lawrence (1994) sind wie schon Block (1990: 19) vor ihnen, ich denke mit Recht, davon überzeugt, dass diese Folgerungen, zumindest was die in den Vereinigten Staaten in den Jahren zwischen 1970 und 1990 gemachten Erfahrungen angeht, irreführend oder sogar falsch sind. Der internationale Warenaustausch erklärt zum Beispiel nur einen sehr geringen Teil des Rückgangs in der relativen Bedeutung des Herstellungssektors in den USA (das heißt seines Anteils an der gesamtwirtschaftlichen Wertschöpfung). Krugman und Lawrence (1994: 46) machen deshalb als unmittelbaren Grund für die so genannte »Deindustrialisierung« nationale Veränderungen verantwortlich. Insbesondere zählt dazu die Erhöhung des Anteils von Dienstleistun-

8  Die Diskussion über den Wettbewerbsstatus verschiedener Volkswirtschaften, ihres Handelsdefizits oder -überschusses konstituiert ganz generell, wie schon so oft in der Vergangenheit, ein Thema, welches auch mit großem emotionalen Engagement Anlass zu intensiven Auseinandersetzungen in Politik und Wirtschaft gibt. Da der Umfang und die Bedeutung des internationalen Warenaustausches sowie der Fluss von internationalen Transaktionen aller Art weiter steigt, kann man mit Sicherheit unterstellen, dass der häufige Verweis auf diese Prozesse und Faktoren, wie die jüngsten Debatten unter dem Vorzeichen der Globalisierung unzweifelhaft erkennen lassen, weitere kontroverse Verweise, aber auch dubiose Prämissen abgibt, um einen allfälligen Aufstieg beziehungsweise Verfall ganzer Nationen oder Regionen zu konstatieren oder davor zu warnen (vgl. Block, 1991).

9  Die Abnahme in der Zahl der Beschäftigten im Herstellungssektor hat regional zu erheblichen sozialen Dislokationen (Hall, 1993) geführt; einige Beobachter der Folgen dieser Entwicklungen am Arbeitsmarkt haben den Beschäftigungsrückgang für eine Verschärfung der sozialen Stratifikation in jüngster Zeit in entwickelten Gesellschaften verantwortlich gemacht (zum Beispiel Nielsen und Alderson, 1997). Die sozialen und kulturellen Folgen der Deindustrialisierung für Individuen, Familien, Generationen und Regionen werden erst jetzt genauer untersucht (zum Beispiel Wallace und Rothschild, 1988; Newman, 1991). Studien über die Konsequenzen der Deindustrialisierung werden mit dem weiteren Abbau von Arbeitsplätzen an Bedeutung gewinnen.

gen an der Gesamtkonsumtion. Die internationale Konkurrenz am nationalen Dienstleistungsmarkt ist in der Regel eher gering. So wuchs der Anteil der Ausgaben amerikanischer Konsumenten, der auf Dienstleistungen entfiel, von 56 Prozent aller Haushaltsausgaben im Jahr 1970 auf fast 60 Prozent im Jahre 1990. Diese Veränderungen sind nicht zuletzt Ergebnis von Produktivitätsfortschritten im Herstellungssektor. Das Produktivitätswachstum erlaubt es den Konsumenten, die gleiche Warenmenge zu geringen Preisen zu kaufen. Zugleich erklärt der Produktivitätszuwachs natürlich auch den Rückgang in der Beschäftigung in diesem Wirtschaftssektor (eine dieser Analyse widersprechende Schlussfolgerung findet sich zum Beispiel in Moore, 1996: 62-67; er macht eine seiner Ansicht nach über die vergangenen Jahrzehnte hin verfehlte Wirtschaftspolitik verschiedener amerikanischer Bundesregierungen für den Verlust von Millionen von Arbeitsplätzen in den USA verantwortlich).

In der Tat, die Zahl der im Industriesektor beschäftigten Personen erreicht einen historischen Tiefstand (vgl. Plunkert, 1990). Darüber hinaus hat sich die *strukturelle Beschäftigungskapazität* des Industriesektors über einen Zeitraum von 25 Jahren (1960-1985) *konsistent* verringert. Sie misst die Zahl der Beschäftigten, die notwendig sind, um die vorhandenen Industriekapazitäten voll auszulasten. Die Zahl der tatsächlich im Industriesektor Beschäftigten variiert im gleichen Zeitraum je nach Konjunkturlage (vgl. Romo und Schwartz, 1995: 875, die entsprechende Daten für den Staat New York erhoben haben).[10]

Es ist also unbestritten, dass die Zahl der im Herstellungssektor beschäftigten Personen seit Ende der sechziger Jahre in den OECD-Ländern signifikant eingebrochen ist. Dennoch trifft nicht zu, dass der Herstellungsbereich oder die industrielle Produktion gesamtwirtschaftlich an Gewicht einbüßt.[11] Eine Reihe

10 Wie Romo und Schwartz (1995: 875) betonen, deuten diese Erfahrungen an, dass »periods of expansion in real employment did not become the foundation of expanded production capacity.«
11 Dieser Schluss kann quantitativ mit Hilfe einer Reihe von Daten dokumentiert werden. Eine interessante Vorgehensweise findet sich in einer Untersuchung von Forstner und Ballance (1990: 38-39), über die insgesamt unveränderte Bedeutung des warenerzeugenden Sektors zwischen 1970 und 1986 in Ländern mit »developed market economies (this is a group of twenty-five countries from Australia to the

*Tabelle 2:* Prozentsatz des vom Herstellungssektor[a] produzierten Bruttosozialprodukts (in Preisen von 1985)[b], 1978-1990

| Jahr | Kanada | USA | Japan | Australien | Österreich | Frankreich | Deutschland | Großbritannien |
|------|--------|-----|-------|-----------|-----------|-----------|-------------|----------------|
| 1978 | 19.0 | 22.7 | 25.6 | 19.6 | 26.4 | 24.9 | 33.2 | 26.1 |
| 1979 | 19.0 | 22.7 | 26.3 | 19.8 | 26.8 | 24.8 | 33.5 | 25.0 |
| 1980 | 17.8 | 21.8 | 25.9 | 19.7 | 26.7 | 24.2 | 32.5 | 23.2 |
| 1981 | 17.8 | 21.7 | 27.3 | 19.4 | 26.4 | 23.7 | 32.1 | 21.4 |
| 1982 | 16.0 | 20.9 | 27.4 | 18.4 | 26.3 | 23.3 | 31.3 | 21.1 |
| 1983 | 16.6 | 21.3 | 27.9 | 17.9 | 26..1 | 23.3 | 31.2 | 20.4 |
| 1984 | 17.6 | 22.3 | 30.0 | 17.6 | 26.5 | 22.6 | 31.8 | 20.5 |
| 1985 | 17.7 | 22.4 | 29.5 | 17.3 | 26.9 | 22.1 | 31.4 | 20.7 |
| 1986 | 17.3 | 22.3 | 28.0 | 17.8 | 26.7 | 21.5 | 31.4 | 20.7 |
| 1987 | 17.4 | 22.4 | 28.9 | 17.5 | 26.0 | 20.8 | 30.4 | 19.8 |
| 1988 | 17.5 | — | 29.7 | 17.6 | 27.0 | 21.0 | 30.3 | — |
| 1989 | 17.1 | — | 30.6 | 17.4 | 27.4 | 21.1 | 30.4 | — |
| 1990 | 16.1 | — | 31.3 | 16.7 | 27.9 | 20.9 | 30.4 | — |
| 1991 | 15.7 | — | 28.5 | 14.7 | 27.9 | 20.6 | 29.9 | — |
| 1992 | 15.8 | — | 27.9 | 14.8 | 27.5 | 20.3 | 28.5 | — |
| 1993 | 17.2 | — | 26.7 | 15.2 | 26.6 | 19.7 | 26.8 | — |
| 1994 | 16.5 | — | 26.2 | 15.5 | 26.8 | 20.0 | 26.7 | — |

*Quelle:* OECD, *National Accounts:* Detailed Tables. Volume II, 1978-1900; Volume I, 1983-1994.

a Der Herstellungssektor umfasst folgende Industrien: 1. Ernährungs- und Getränkeindustrie sowie Tabakverarbeitung; 2. Textil- und Lederverarbeitung; 3. Holz- und Holzprodukte einschließlich Möbelherstellung; 4. Papier- und Papierprodukte, Druckindustrie und Verlagswesen; 5. Chemische Produkte und Ölerzeugnisse, Kohle, Kautschuk- und Plastikerzeugnisse; 6. Nichtmetallische Mineralprodukte; 7. Metallindustrie; 8. Metallwaren, Maschinen und Ausrüstungsgegenstände sowie 9. andere Herstellungsbetriebe.

b Kanada zu Preisen von 1986; United States zu Preisen von 1980; Australien zu Preisen von 1984-85; Frankreich zu Preisen von 1980 und Großbritannien zu laufenden Preisen.

von Autoren hielt es aber für notwendig, eindringlich dafür zu plädieren, dass »manufacturing matters« (Cohen und Zysman, 1987). Dies lässt den Schluss zu, dass die These von der postindustriellen Gesellschaft weitgehend so interpretiert worden ist, dass der Herstellungssektor nicht nur als Ort der Beschäftigung an Gewicht verliert, sondern gleichzeitig als Quelle des gesellschaftlichen Reichtums. Infolgedessen stellt sich die Frage, ob sich die sektorale Zusammensetzung des Bruttosozialprodukts verändert hat und wie signifikant der Beitrag der einzelnen Sektoren jetzt noch ist. Es fragt sich aber auch, welche ökonomischen Verbindungen zwischen den verschiedenen Wirtschaftssektoren bestehen und wie diese Relation gesteuert wird. Liegen den Beziehungen Differenzierungsprozesse zugrunde und ist die Dienstleistungsökonomie ein komplementärer Teil der Gesamtwirtschaft oder ein Substitut für den Herstellungsbereich, der zum Beispiel Ausfälle kompensiert? Betrifft der »Rückgang« im Stellenwert des Herstellungssektors alle Bereiche dieses Sektors? Sind Investitionen in Ländern der Dritten Welt ein neues und wachsendes Phänomen? Wird der Markt der OECD-Länder mit in Ländern der Dritten Welt produzierten Waren überschwemmt?

Wie die Verteilung des Anteils des Herstellungssektors (zu konstanten Preisen)[12] am Bruttosozialprodukt für den relativ

United States) of the value of total exports of these countries. In 1970, approximately three quarters of the value of total exports comes from manufacturing; in 1986, the figure has risen slightly. During the same period of time, in the case of developing countries, the share of manufactures increases from 25.9 to 63.7 percent (exports excluding oil).« Folgt man Forstner und Ballance (1990: 38), dann kann der wachsende Anteil von »manufactures in the exports of development countries … not be attributed primarily to price effects, but was the result of more fundamental changes in the structure of production« (siehe auch Nelson, 1995: 85-92). Die zitierten Zahlen deuten darüber hinaus an, dass diese Länder nicht vom Export von Agrarerzeugnissen abhängig sind.

12 Die Verwendung konstanter, im Gegensatz zu laufenden Preisen und damit die Betonung rein quantitativer Veränderungen und nicht von Preis- und Mengenveränderungen erlaubt es gleichzeitig, ein zutreffenderes Bild der relativen Bedeutung des Herstellungssektors zu zeichnen. Der Anteil des Herstellungssektors am gesamtwirtschaftlichen Produkt ist, wenn man den Beitrag dieses Sektors in laufenden Preisen misst, seit 1978 konstant zurückgegangen. In konstanten Prei-

kurzen Zeitraum von 1978 bis 1990 in verschiedenen Industrienationen andeutet, wächst dieser Anteil in einigen Ländern (zum Beispiel Japan) und ist in anderen Staaten mehr oder weniger konstant oder geht relativ zurück. Mit anderen Worten, die häufig gemachte Beobachtung, dass der »Trend zur Dienstleistung« eine Abnahme des Verbrauchs von Warenprodukten zugunsten von Dienstleistungen darstellt, ist falsch oder zumindest überzogen. Die verfügbaren Daten machen deutlich, dass sich der relative Anteil der einzelnen Wirtschaftssektoren am gesamtwirtschaftlichen Produkt in den Industrienationen in den vergangenen Jahrzehnten nur unwesentlich verschoben hat (siehe auch Baumol, Blackman und Wolff, 1985).

Tatsache ist zunächst einmal, dass sich bei gleich bleibender Bedeutung des industriellen Wirtschaftssektors das Schwergewicht der Produktion in diesem Wirtschaftssektor von materialintensiven Gütern weg verlagert. Darüber hinaus hat sich der Produktions*prozess* der Waren, deren Identität als Endprodukt oft weiter traditionelle Produkte wie Autos oder Hemden sind, signifikant verändert. Die eigentliche Quelle von Umsatz und Gewinn des industriellen Sektors ist zunehmend »software«, nicht »hardware« und damit Wissen. Oder wie Peter Drucker (1986: 773) die anstehenden Veränderungen charakterisiert:

»the raw materials in a semi-conductor microchip account for one to three percent of the total production costs; in an automobile their share is 40 percent, and in pots and pans it is 60 percent. But also in older industries the same scaling down of the raw material needs goes on, and with respect to old products as well«.[13]

sen gemessen, ist sein Anteil, wie aus *Tabelle 2* deutlich wird, jedoch fast unverändert geblieben. Der Unterschied in beiden Trends ergibt sich aus der Tatsache, dass die Produktivität des Herstellungssektors in Relation zu anderen Wirtschaftszweigen schneller gestiegen ist und damit, verglichen etwa mit dem Dienstleistungssektor, in diesem Sektor ein relativer Preisrückgang eintrat. Es ist deshalb durchaus denkbar, dass der relative Rückgang des Beitrags des Herstellungssektors zum Bruttoinlandsprodukt in Großbritannien, wenn man seinen Anteil in laufenden Preisen ausdrückt, vergleichbare Ursachen haben mag. Allerdings sind Daten zu konstanten Preisen für Großbritannien nicht unmittelbar erhältlich.

13 Sowohl Drucker als auch Bell verweisen, ohne aber eine genaue Quelle für ihre Zahlen zu nennen, zu illustrativen Zwecken auf folgende Relation: Drucker (1986: 773) behauptet, »fifty to 100 pounds of fi-

Tatsächlich bilden sich sogar zwei Sektoren im industriellen Produktionsbereich heraus. Und zwar basiert einer dieser Sektoren auf der Verarbeitung von materiellen Gütern und wird durch diejenige Industrieform repräsentiert, die wesentlich für das Wirtschaftswachstum der ersten drei Viertel dieses Jahrhunderts verantwortlich war. Der andere Sektor industrieller Produktion basiert dagegen auf Information und Wissen: wie zum Beispiel die pharmazeutische Industrie, das Fernmeldewesen oder Industriezweige, die analytische und datenverarbeitende Geräte wie Computer erzeugen (Drucker, 1986: 779). Wissen ist in diesen Branchen ökonomisch entscheidender als Technologie. Der Prozess wird wichtiger als das Produkt.

Das wirtschaftliche Wachstum des Industriesektors findet gegenwärtig fast ausschließlich in den wissensfundierten Sektoren der Industrieproduktion statt. Die Produkte vieler Herstellungsbetriebe sehen den Weltmarkt und nicht den nationalen Markt als ihr Hauptabsatzgebiet. Diese Exporte gehen aber vor allem in andere OECD-Länder. Die Wettbewerbsvorteile sind oft nur sehr vorläufiger Art. Und mit der wachsenden Verbreitung und Konkurrenz wissensintensiver Produktion werden einst dominante Anbieter nicht selten vom Markt verdrängt. Wie Peter Drucker (1993: 184) aber unterstreicht, werden ursprüngliche, aus der Anwendung von (neuem) Wissen resultierende Wettbewerbsvorteile ihrerseits zu permanenteren und oft irreversiblen Vorteilen. Daraus folgt, so Drucker, dass unvollkommene Wettbewerbsformen zu einer konstitutiven Eigenschaft der wissensbasierten Ökonomie werden können. Es trifft sicher zu, dass bestimmte in Wissen manifeste Handlungschancen, wenn dieses Wissen nicht mehr nur von der sie ursprünglich realisierenden und erfolgreich anwendenden Firma genutzt wird, ihre ökonomische Bedeutung nicht unbedingt völlig verlieren. Die Organisation, in der die Innovation zunächst gemacht (und realisiert) wurde, verliert nicht die Kontrolle über ein schließlich weit verbreitetes Wissen. Aber der eigentliche Nutzen liegt dann wohl in

berglass cable transmits as many telephone messages as does one ton of copper wire«, während Bell (1987: 8) berichtet, »one hundred pounds of optical fibers in a cable can transmit as many messages as one ton of copper wire«. Ich nehme an, beide Autoren haben ihre Zahlen dem Aufsatz einer Tages- oder Wochenzeitung entnommen, in dem es seinerseits keinen Quellenverweis gab.

erster Linie in der Akkumulation von marginalen oder aber auch signifikanten Vorteilen, die sich gewissermaßen aus einem kumulativen organisatorischen Lernprozess ableiten.

Eine weitere mit diesen Veränderungen in engem Zusammenhang stehende Entwicklung ist zweifellos der erhebliche Wandel in der Beschäftigungsstruktur des Herstellungssektors. Allerdings dokumentiert die Mehrheit der zur Verfügung stehenden offiziellen Statistiken zwar ausführlich den in den entwickelten Volkswirtschaften bereits seit Jahrzehnten zu beobachtenden Verlust von Arbeitsplätzen im Herstellungssektor, aber die gleichen Zahlen deuten nur unzureichend auf die mit diesem Wandel verbundenen Änderungen in den dominierenden Arbeitstätigkeiten und -anforderungen hin. Aus mittelfristiger Sicht sollte man anmerken, dass sich zumindest in den Vereinigten Staaten in den achtziger Jahren beobachten ließ, dass die weitaus größte Mehrheit aller Beschäftigten, die ihren Arbeitsplatz in Industriebetrieben permanent verloren hatten, nach oft langen Wartezeiten schließlich eine neue Beschäftigung mit geringerer Bezahlung und Sozialabsicherung fand (Wetzel, 1995: 102). Aus diesen Erfahrungen kann man deshalb schließen, dass Industriearbeiter und -angestellte nicht nur ihren Arbeitsplatz in diesem Sektor permanent verloren, sondern auch den damit verbundenen sozialen und ökonomischen Status einbüßten. Daten aus Großbritannien lassen den sich abzeichnenden Wandel in den Tätigkeitsmerkmalen im Industriesektor erkennen. Und zwar zeigen sie, dass sich der Prozentsatz der insgesamt im Herstellungsbereich Beschäftigten zugunsten der Verwaltungsberufe sowie der technischen Berufe verschiebt. Während der Anteil dieser Berufe im Jahre 1959 in Großbritannien 21,1 Prozent aller Beschäftigten ausmachte, sind es 1982 schon fast ein Drittel der Beschäftigten im Herstellungsbereich (vgl. Cutler, Williams und Williams, 1986: 77). Auch in anderen Ländern, für die vergleichbare Informationen vorliegen, ist ein konsistentes Anwachsen des Anteils der »Verwaltungs- und technischen Angestellten« (»administrative, technical and clerical«) beziehungsweise der »nicht in der Produktion« Beschäftigten an der Gesamtzahl der Beschäftigten im Herstellungssektor zu beobachten (Roach, 1991; Carter, 1996b).[14] Diese Zahlen lassen sich jedoch allenfalls als erste An-

14 Die OECD-Statistik über den Anteil der Verwaltungs-, technischen

| Jahr | Kanada | Vereinigte Staaten | Japan | Dänemark | Großbritannien |
|---|---|---|---|---|---|
| 1962 | — | 25.9 | 25.1 | 21.7 [a] | 22.6 |
| 1965 | 25.6 | 25.6 | 26.8 | 22.9 | 23.4 |
| 1970 | 27.5 | 27.5 | 28.4 | 24.6 | 26.5 |
| 1975 | 29.4 | 28.8 | 33.1 | 27.2 | 27.8 |
| 1980 | 30.1 | 29.9 | 34.1 | 28.1 | 30.0 |
| 1985 | — | 32.0 | 34.3 | 29.4 | — |
| 1989 | — | 31.8 | 35.3 | 35.8 | — |
| 1990 | — | 32.1 | — | 34.4 | — |

*Quelle:* OECD *Labour Force Statistics*, 1963-1983; OECD *Labour Force Statistics*, 1970-1990.

a 1963

näherung an einen möglichen Trend zur zunehmenden Verwendung und Bedeutung von Wissen und damit zur Verminderung der Signifikanz herkömmlicher handwerklicher Fähigkeiten im Herstellungssektor interpretieren. Wolff und Baumol (1989: Tabelle 3) schätzen, dass der Anteil der »*information workers*«[15] an der Gesamtzahl der Beschäftigten im Herstellungssektor (»nondurable manufacturing« und »durable manufacturing«) der amerikanischen Wirtschaft von 28,0 (32,0) Prozent im Jahre 1960 auf 35,8 (38,2) Prozent im Jahre 1980 anstieg. Der zunehmende Trend in der Stahlindustrie zu so genannten Kleinwerken exem-

    und Büroangestellten (»administrative, technical and clerical«) bezieht sich auf eine begrenzte Anzahl von Mitgliedsländern. Zahlen für Frankreich und Deutschland sowie eine Reihe weiterer größerer Industriestaaten liegen zum Beispiel nicht vor oder sind auf einen sehr begrenzten Erhebungszeitraum beschränkt.
15 Siehe den Abschnitt »Die Quantifizierung wissensfundierter Berufe« in Kapitel 5 zu unterschiedlichen Versuchen, die wissensbasierte Arbeit in der modernen Ökonomie zu quantifizieren.

plifiziert diese Aussage. Kleine Stahlwerke basieren nicht auf dem arbeitsintensiven Schmelzen von Eisen. Der Herstellungsprozess beginnt auf der Basis von Eisenschrott. Und die Arbeiter in solchen kleinen Stahlwerken sind nicht »blue-collar workers making and moving things. The minimill changes steelmaking from applying muscle and skill to work applying knowledge to work: knowledge of the process; of chemistry, of metallurgy; of computer operations« (Drucker, 1993: 73).

Man könnte nun annehmen, dass die Zunahme des Anteils der »Verwaltungs- und technischen Angestellten«, wie sie die gerade zitierten Studien und Statistiken belegen, schließlich und endlich auch einen größeren Anstieg in der Beschäftigungsrate von, um herkömmliche Berufsbezeichnungen zu benutzen, Sekretärinnen und anderen Bürokräften andeutet. Dies ist jedoch nicht der Fall. An Hand von offiziellen Statistiken der Vereinigten Staaten belegt Attewell (1994: 36-37), dass die Beschäftigungsrate dieser Berufsgruppe am deutlichsten unter den »Managern« steigt. Genauer gesagt, zwischen 1972 und 1988 verdoppelte sich die Anzahl der Manager in der Gruppe der »Verwaltungs- und technischen Angestellten« von 7,3 auf 14,2 Millionen: »Managerial employment growth, not clerical growth, is driving current administrative expansion«.

Eine Disaggregation der aufgeführten Zahlen dürfte zudem aufweisen, dass der Zuwachs an Verwaltungs- und technischen Angestellten in den verschiedenen Industriezweigen des Herstellungssektors unterschiedlich stark ist.[16] Natürlich verlieren die

16 Die klassifikatorische Unterscheidung der Beschäftigten des Herstellungssektors in »administrative, technical and clerical« (Verwaltungs-, technische und Büroangestellte) und »operatives« (Fabrikarbeiter) wird seit geraumer Zeit vom britischen Census of Production verwendet. Die Zahlen des Census machen deutlich, dass das Verhältnis von »administrative, technical and clerical employees« zu »operatives« in der englischen Industrie schon in den zwanziger und dreißiger Jahren zu steigen beginnt. Im Jahre 1924 beträgt die Relation 9,5, und im Jahre 1935 ist sie bereits auf einen Faktor von 12,9 angestiegen (Florence, 1948: 142). Eine Disaggregation dieser Zahlen lässt erkennen, dass diese Veränderungen im Bereich des Kohlen- und Erzbergbaus, der Juteverarbeitung, des Schieferabbaus, der Weißblechindustrie, des nichtmetallischen Bergbaus, der Baumwollweberei, der Leinen-, Woll- und Ziegelherstellung, in der Kokaverarbeitung, der Schuh- und Porzellanmanufaktur, im Schiffsbau und Bauwesen gerin-

Verwaltungsangestellten und technischen Angestellten in Firmen oder Produktionsstätten des Herstellungssektors, die ihren Betrieb, wie dies zunehmend der Fall ist, völlig einstellen, ihren Arbeitsplatz, ebenso wie dies Facharbeiter und angelernte Arbeiter der betroffenen Betriebe tun. Allerdings wäre eine detaillierte Analyse der *Arbeitsinhalte* und -aufgaben der verschiedenen Berufe sehr viel wichtiger und aufschlussreicher als eine statistische Erhebung der Veränderung der Zahl der Beschäftigten in verschiedenen Wirtschaftszweigen, die sich, wie dies bisher immer noch vorrangig der Fall ist, an herkömmlichen Berufsbezeichnungen orientiert.

Die Analyse von Trends im Beschäftigungsvolumen einer Volkswirtschaft an Hand der *Zahl der Beschäftigten* (Arbeitsverhältnisse) und der Zahl der Arbeitslosen hat den Nachteil, dass diese Daten unter Umständen die gravierenden Veränderungen in der Form der Arbeitsverhältnisse, im Inhalt und in der Gesamtnachfrage nach Arbeit nicht hinreichend widerspiegeln. Aus diesen Ziffern geht zum Beispiel nicht hervor, ob Teilzeitarbeitsverhältnisse typischer werden. Deshalb ist der Verweis auf das Gesamtarbeitsvolumen (das heißt die Gesamtzahl der geleisteten Arbeitsstunden in einer Volkswirtschaft) beziehungsweise die Arbeitsmenge in unterschiedlichen Wirtschaftssektoren, die nicht nur von der Wirtschaftskonjunktur beeinflusst werden, ein in bestimmter Hinsicht besserer Indikator von Beschäftigungstrends,[17] insbesondere aber für die Gesamtnachfrage nach Arbeit

ger waren, während die größten Veränderungen in der Petroleumindustrie und der Talg-, Tinten-, Gummi- und Siegelwachsgewinnung, der Erstellung von Stärke- und Politurmitteln, Bürstenfabrikation, der Flaschenabfüllung des Großhandels, in der Chemie, der Elektrotechnik, »aecerated waters«, der Pelzindustrie, der Herstellung von Butter und Konserven, von wissenschaftlichen Instrumenten, Musikinstrumenten, Flugzeugen, Besteck und Schmuck, im Maschinenbau in den zwanziger und dreißiger Jahren beobachtet wurden (vgl. Florence, 1948: 142). Carter (1996) dokumentiert in ihrer Studie der Entwicklung der Relation von »production« (craftsman, operators of machinery, laborers etc.) zu »non-production workers« (managers, professional and technical personnel, sales staff, und clerical workers) in verschiedenen Sektoren der amerikanischen Industrie ebenfalls die erheblichen Unterschiede im Verhältnis dieser Berufstätigkeiten im Herstellungsbereich.

17 Ich gehe in dem Abschnitt »Umfang der Arbeit« noch näher auf die

in einer Volkswirtschaft (vgl. Block, 1987: 130-134). Darüber
hinaus ist der Anteil der Produktionskosten, der in der wissensfundierten Industrie auf den Faktor »Wissen« entfällt, beachtlich
und steigend (vgl. Drucker, 1979: 778). Die Bedeutung der geistigen Tätigkeiten nimmt zu und die der körperlichen Arbeit ab.
Eine Unterscheidung, die in diesem Zusammenhang besondere Bedeutung gewinnt, bezieht sich auf die typischen technischen Produktionsmittel in der Industriegesellschaft und in der
Wissensgesellschaft. Während diese Mittel in der Industriegesellschaft vor allem auf praktische Erfahrung beziehungsweise
handwerkliches Können zurückgehen, basieren sie in der Wissensgesellschaft in erster Linie auf wissenschaftlichem und technischem Wissen beziehungsweise einer Verwissenschaftlichung
der technisch-handwerklichen Fähigkeiten. In analoger Weise
lässt sich beobachten, dass *neue* Industrien in der Wissensgesellschaft insbesondere auf Wissen zurückzuführen sein werden,
während die ökonomische Expansion in der Industriegesellschaft auf die Entfaltung praktischer Erfahrung zurückgeht. In
der Wissensgesellschaft genießt folglich systematisches Wissen
und nicht praktisches Können zunehmend besondere Wertschätzung und Anerkennung.

Die Verwissenschaftlichung des Herstellungsbereiches (aber
auch der Erstellung von Dienstleistungen) spiegelt sich in besonders dramatischer Weise in der Zusammensetzung und in der
Verschiebung der Kapitalbildung des Industriesektors wider, für
den entsprechende Zahlen vorliegen, und dies trotz der Tatsache,
dass, wie ich an anderer Stelle unterstrichen habe, die konventionelle statistische Errechnung von Investitionsdaten auf einer
eher restriktiven Definition von Kapitalbildung beruht. In der
herkömmlichen Investitionsrechnung gelten nur solche Investitionen als Beitrag zur betrieblichen oder volkswirtschaftlichen
Kapitalbildung, bei denen es sich um materielle Investitionen
(*tangible investments*) in Maschinen oder Gebäude handelt.[18]
Geht man von dieser Vorgehensweise aus, bei der die für

Bedeutung und die Entwicklung des gesellschaftlichen Arbeitsvolumens ein.

18 Der Begriff der immateriellen Investition bleibt schwer definierbar.
Um diese Investitionen statistisch erfassen und vergleichen zu können, dienen vier »Kern«-Bestandteile als Maß: (1) Ausgaben für Forschung und experimentelle Entwicklung, (2) Auslagen für Weiterbil-

die Ökonomie einer Wissensgesellschaft typischen Investitionen stark unterrepräsentiert sind, so war in den Vereinigten Staaten die Kapitalbildung in den Jahren 1983 und 1988 im Industriesektor insgesamt eher gering. Dennoch zeigt sich, dass »this sector's spending on information technology has risen at about an 8 per cent average since 1982« (Roach, 1991: 120). Dieser Zuwachs auf dem Gebiet der Investitionen in Informationstechnologien repräsentierte in diesem Zeitabschnitt den gesamten Kapitalzuwachs im Herstellungssektor der Vereinigten Staaten. Zur gleichen Zeit ging der relative Umfang der technischen Ausstattung (*technical intensity*) in Industriezweigen der USA, die sich mit der Verarbeitung von Rohstoffen befassen, sogar weiter zurück.

Diese für den Wandel des Produktionsapparats der Industriegesellschaft zur Wissensgesellschaft bezeichnende Dynamik steht mit der für das zwanzigste Jahrhundert charakteristischen gegenseitigen Abhängigkeit und Integration der Entwicklung wissenschaftlichen Wissens, technischer Praktiken und Artefakten in Verbindung (Böhme et al., 1978). Die Produktion wird zunehmend Extension und Erweiterung von Laborwissen und führt zur praktischen Realisierung (Konstruktion) von »idealisierten« technischen Objekten, die es ihrerseits erlauben, die auf praktischem Können und auf Erfahrungen basierende industrielle Produktion zu überwinden (vgl. Channell, 1982; Layton, 1976). Und je größer die Extension der wissenschaftlichen Modelle und der idealisierten technischen Artefakte, desto größer die Möglichkeiten der Rationalisierung von »technical expertise and practices since they provide a measure of efficiency for machines, and hence designs, which are not derived from current practices« (Whitley, 1988: 394). Allerdings kann es keine sozusagen automatische Rationalisierung sozialer Kontexte geben, beziehungsweise man kann oder sollte nicht etwa von einem unabwendbaren Zwang zur Rationalisierung des sozialen Handelns sprechen. Dies wäre nichts weiter als eine Manifestation jener zugegebenermaßen weit verbreiteten kulturkritischen Einstellungen zu Wissenschaft und Technik.

dung, (3) Ausgaben für Marketing und Werbung und (4) Anschaffung von Software. Hierbei handelt es sich um Inputgrößen, die wenig über die Wirkungskraft der Auslagen aussagen.

Die Realisierung der »Rationalisierung« ist weiter auf bestimmte soziale Bedingungen angewiesen. Allerdings unterschätzen Untersuchungen über den Umfang und die Auswirkungen dieser Veränderungen des Produktionsprozesses, der Veränderungen der Struktur der Wirtschaftsbereiche oder der Beschäftigungsstruktur der modernen Ökonomie, die sich auf obsolete Berufsbezeichnungen, wie zum Beispiel den Anteil der Angestellten in verschiedenen Bereichen der Wirtschaft, stützen (müssen), den Umfang dieser Transformationen erheblich. Die herkömmlichen Berufsbezeichnungen sind ein Erbe der Industriegesellschaft.

Die typischen Produktionsbedingungen und ihre Entwicklung in wissensintensiven Herstellungsbetrieben unterscheiden sich erheblich von traditionellen Industrieunternehmen. In Industriegesellschaften steigen die Durchschnittskosten der Produktion und damit auch die Preise mit zunehmendem Produktionsumfang, da jeder zusätzliche, in der Herstellung notwendige Produktionsfaktor in der Form von Arbeit, Grund und Boden oder Kapital teurer und weniger produktiv ist als die zuletzt verwendete Einheit. Geht man zum Beispiel von einem konstanten Grad der Technologieentwicklung aus, sind die Produktionskosten der ersten Produktionseinheiten bei einer vergleichsweise schwachen Nachfrage gering. Sobald aber die Nachfrage und mit ihr die Produktion ansteigt, wachsen die durchschnittlichen Herstellungskosten, da die zusätzlich notwendigen Produktionsfaktoren ständig teurer werden. Im wissensintensiven Herstellungssektor gilt genau das Gegenteil, oder es ist zumindest sehr viel häufiger der Fall. Ist es erst einmal gelungen, relativ hohe Forschungs- und Entwicklungskosten über den Verkauf auf der Basis vorläufiger Durchschnittskosten des Produkts am Markt zu kompensieren, kann erwartet werden, dass die Produktionskosten und damit der Durchschnittspreis dramatisch fallen werden. Im Gegensatz zu neoklassischen Annahmen steigen die Durchschnittspreise nach einer Einführungsphase der Ware nicht, sondern »high levels of demand allow firms to progress more rapidly with planned development and manufacturing investments, thereby accelerating their progress down the learning curve« (Schwartz, 1992: 144-145).

Schließlich sollte noch angemerkt werden, dass die Beobachtung einer wachsenden Differenzierung wirtschaftlicher Sektoren nicht unbedingt die wichtigste Aussage ist, die man über die Entwicklung der internen Verbindungen der modernen Ökonomie machen kann. Auch im Fall der Ökonomie sind Interdependenz, Konvergenz, Koppelung und Verkettung und nicht unbedingt operationale Geschlossenheit wichtige Momente. Dienstleistungen zum Beispiel sind in jedem Stadium der Produktion im Herstellungsbereich von Bedeutung. Die Exekution von Dienstleistungen erfordert ihrerseits in der Regel im industriellen Sektor produzierte Waren. In vieler Hinsicht ist deshalb die herkömmliche begriffliche Differenzierung von wirtschaftlichen Sektoren praktisch hinfällig. Genauer gesagt, von einer umfassenden Bandbreite von *Waren*, die erworben werden, wird erwartet, dass sie eine Dienstleistung erbringen beziehungsweise eine bestimmte Funktion erfüllen; darüber hinaus gibt es nur wenige »reine« Dienstleistungen, die nicht mit einer bestimmten Warengruppe in Verbindung stehen. Insofern sich der Industriesektor immer mehr in einen wissensbasierten ökonomischen Sektor verwandelt, wächst auch der Anteil der (immateriellen) Dienstleistungen in diesem Sektor (Miles, 2000: 45-47).

Die Trennung von Waren und Dienstleistungen wird noch ambivalenter, wenn man berücksichtigt, dass der Konsument die Option hat, eine Ware zu kaufen, zu mieten oder zu leasen (und damit die Möglichkeit, sich einer Dienstleistung zu erfreuen). Es lässt sich deshalb feststellen, dass

»the output of economic activity may range from that of pure goods to pure services. However, most – and indeed an increasing proportion of – goods embody some non-factor intermediate services, and most services embody some intermediate goods« (Dunning, 1989: 4).

Zusammenfassend lässt sich also sagen, dass die grundlegenden Veränderungen im Herstellungsbereich der modernen Ökonomie von einer von Arbeit und Kapital abhängigen zu einer wissensintensiven Produktion keineswegs zur Folge haben, dass dieser Wirtschaftssektor seine gesamtwirtschaftliche Bedeutung einbüßt. Es trifft in der Tat zu, dass die Zahl der in der Industrie beschäftigten Personen umfassend zurückgeht. Sollte die Zukunft der Arbeit im Sinn der insgesamt quantitativ notwendigen Arbeit tatsächlich nicht vom Industriesektor bestimmt werden, so fragt sich, ob es, wie die Erfahrungen der Vergangenheit andeuten, kompensatorische Entwicklungen auf dem Arbeitsmarkt gibt, die die im Herstellungsbereich nicht länger benötigten Arbeitskräfte auffangen. Es stellt sich daher die generelle Frage: Wie viel Arbeit ist in der Ökonomie der Wissensgesellschaft erforderlich?

## Der öffentliche Haushalt

Bevor ich mich aber unmittelbar der Frage der Zukunft von Arbeit zuwende, möchte ich kurz auf eine weitere wichtige Folge der wachsenden Bedeutung des Wissens für gesellschaftliche und insbesondere ökonomische Aktivitäten eingehen, und zwar auf die sich anscheinend verändernde Rolle des öffentlichen Haushalts in der modernen Gesellschaft.[19] Es liegt auf der Hand, dass der öffentliche Sektor einen überaus wichtigen Einfluss in kapitalistischen Demokratien ausübt.[20] Dies signalisiert allein schon die Tatsache, dass der öffentliche Haushalt in der Regel die Hälfte des Inlandsprodukts verschlingt. In diesem Zusammenhang wäre interessant zu verfolgen, ob in Wissensgesellschaften ein Trend zu bemerken ist, der den Schluss zuließe, der öffentliche Haushalt sei, was seinen Umfang und seine Fähigkeit angeht, die so genannten öffentlichen Interessen wahrzunehmen, längst überfordert.

Der öffentliche Haushalt als Terminus im Etat der Regierung(en) ist zusammen mit solchen Variablen wie Umwelt,

19 Die umfangreichste Diskussion jüngeren Datums über den Stellenwert des öffentlichen Haushalts – aus soziologischer und nicht aus verwaltungswissenschaftlicher Sicht (vgl. Lane, 1995) und damit jenem bis in die Gegenwart weit verbreiteten, sich fortentwickelnden weit höheren Belang über das ständig wachsende Volumen der öffentlichen Haushalte in der modernen Gesellschaft – findet sich in Daniel Bells Studie *The Cultural Contradictions of Capitalism* (1976).

20 Der ökonomische Einfluss des öffentlichen Haushalts auf die Wirtschaft vieler Länder manifestiert sich insbesondere im Umfang des von ihm absorbierten Humankapitals. Internationale vergleichende Daten, die zumindest für den Zeitraum von 1965 bis 1985 ein nur unerhebliches Wirtschaftswachstum als Resultat des wachsenden Humankapitals verschiedener Länder zeigen, lassen sich möglicherweise dadurch erklären, dass ein umfassender Anteil des wachsenden Humankapitals in diesen Volkswirtschaften vom Staat absorbiert wurde (siehe Griliches, 1996: 11-12).

Politik, Kultur und anderen sozialen Prozessen für die meisten Ökonomen und Betriebswirtschaftler lediglich *ein* Element unter all den anderen Konditionen, die die Aktivitäten der *Märkte* einschränken. Selbstverständlich sollte in der Tradition einer liberalen Wirtschaftsphilosophie die Rolle des Staates auf die des Wächters beschränkt bleiben. Im Falle weniger suspekter Theorien liefern der öffentliche Haushalt und die übrigen Aktivitäten beziehungsweise Eingriffe des Staates die Bedingungen, welche ein reibungsloses Funktionieren von Marktrelationen (Marktverhalten) ermöglichen. Der öffentliche Haushalt existiert, damit gemeinschaftliche Bedürfnisse (bis hin zu Notwendigkeiten) wie zum Beispiel der Verteidigung, der internationalen Beziehungen, des (öffentlichen) Transportwesens, der Erziehung, Kommunikation, Gesetz(gebung) und deren Ausübung, des Gesundheitswesens, der Wirtschaftsrichtlinien und Bestimmungen oder Verkehrsinfrastrukturen, die gegebenenfalls nicht durch Individuen, Privathaushalte oder Firmen geschaffen, unterhalten oder käuflich erworben werden können und nur so der Gesellschaft verfügbar bleiben, befriedigt werden können. Der Markt reagiert auf die vielen unterschiedlichen Wünsche, wird von ihnen stimuliert und angetrieben, während der öffentliche Haushalt den allgemeinen Bedürfnissen Rechnung trägt. Die Zuordnung der Mittel aus dem öffentlichen Haushalt basiert auf politischen und nicht auf ökonomischen [an der Wirtschaft orientierten] Entscheidungen, wie es der Fall bei am Markt orientierten Relationen wäre. Zum Teil als Antwort auf weit verbreitete Überzeugungen über Fehlverhalten und »Lücken« im Markt stieg der öffentliche Haushalt natürlich in den letzten Jahrzehnten erheblich und hat folgerichtig die Definition darüber erweitert, was an öffentlichen Gütern und Dienstleistungen zur Verfügung gestellt werden soll. Meine Aufzählung der Bedarfsarten, welche aus dem öffentlichen Haushalt bezahlt werden, sowie die hartnäckige Diskussion über den Umfang der unter öffentlicher Kontrolle stehenden Dienstleistungen zeigt bereits, dass das Ausmaß des öffentlichen Haushalts und seine Nutzung sowie die Art und Weise, in welcher Staatseinkünfte erhoben werden, höchst umstrittene Angelegenheiten sind.[21]

21 Vergleiche etwa Friedrich A. Hayeks (1944) Polemik gegen jede Form der Planwirtschaft und Karl Mannheims ([1935] 1940) gleichzeitige,

Nehmen wir zum Beispiel den Einwand von Robert Skidelsky (1995: 195), welcher unter Anerkennung der enormen Schwierigkeiten beim Abwägen dieser Art von Alternativen schloss, dass die akzeptierbaren fiskalischen Grenzen des modernen Staates und der Grad an Gleichheit und Gleichberechtigung, der sich mit der allgemeinen Freiheit verträgt, quantitativ bestimmt werden können. Er empfiehlt, dass in einem demokratischen Staat, »in welchem Bürgerrechte und politische Rechte verankert sind, die der Öffentlichkeit die guten Aspekte wirtschaftlicher Stabilität bescheren«, der öffentliche Haushalt nicht mehr als 30 Prozent des Bruttosozialproduktes ausmachen sollte, denn dies »könne einen Großteil guten Einflusses und verhältnismäßig wenig Schaden in Gang setzen«.

Ob Skidelskys Observationen über das Versagen des »Kollektivismus« und seine Therapie eines verkleinerten Staates zutreffen oder nicht, ist vermutlich weniger wichtig. Signifikanter ist ein anderer Ausdruck seiner Befürchtungen, und zwar das Ausmaß, in dem sich die Macht des Staates und seine autonome Rolle historisch als ein ebensolcher Grundzug der Industriegesellschaft abzeichnet, wie es die (von der Institution ›Staat‹ beigemessene) Bedeutung der Faktoren Arbeit und Kapital für die Wirtschaft der Industriegesellschaft ist. Man wird mit anderen Worten fragen: Ist es gerechtfertigt, über die so genannte Bildungsgesellschaft beziehungsweise Wissensgesellschaft zu sagen, dass die Macht des Staates der zentrale Faktor der modernen Gesellschaft ist (Bell, 1976: 228)? Offenbar hat das große neokonservative Klagen über die Regierungsunfähigkeit des Staates (zum Beispiel von Hennis, [1971] 1977), vorherrschend in den Folgejahren nach 1970 und hauptsächlich aus der Eigenperspektive des Staates examiniert, schließlich den Weg für die Ansicht bereitet, dass der Staat allerorten hineinregiert. Systematische empirische Analysen lagen zwar nicht vor, doch gewann die Unregierbarkeitsthese oft an Glaubwürdigkeit durch die Tatsache, dass die Legitimität solcher Regierungen sank oder dies zumindest vermutet wurde. Mit der gleichen Bereitschaft war die Ansicht über das immense Wachstum der Staatsfunktionen, die Sozialwissenschaftler bereits ein Jahrzehnt zuvor dokumentiert

eine staatliche Planung favorisierende Überlegungen zu einer Erneuerung der politischen Soziologie.

hatten, aufgenommen worden. Der Vorwurf, der Umfang der öffentlichen Haushalte sei zu groß und allgegenwärtige Regierungsverordnungen verletzten in ihren Auswirkungen die soziale Integration und brächten sowohl Moral als auch Wirtschaft in die Krise, wie man dies äußerst heftig in den Vereinigten Staaten debattierte, wurde ebenfalls schon in dem Jahrzehnt nach 1970 laut.[22]

Jedoch geht es bei der Streitfrage nicht darum, ob gewisse vom Staat ausgeübte Funktionen weitgehend in Abrede gestellt werden, wie zum Beispiel seine Rolle als stabilisierter Angleicher wirtschaftlicher Trends oder als Vermittler sozialer Gerechtigkeit beziehungsweise sozialen Ausgleichs, oder dass der öffentliche (Finanz-)Haushalt zu groß ist. Vielmehr handelt es sich um die Frage, ob die Macht des Staates fortwährend systematisch unterminiert wird, und dies aus Gründen, die gewöhnlich nicht für jene Vorgänge verantwortlich zu machen sind, welche die Fähigkeit des Staates, seinen Willen konsequent durchzusetzen, reduzierten.

---

22 Eine Reihe von Analysen jüngeren Datums zum Thema der Regierungsfähigkeit des modernen Staates sind dargestellt in Ericson und Stehr, 1999.

# V. Die Zukunft der Arbeit

Während in der Öffentlichkeit, bestärkt durch die Meinungsmacher der großen sozialen Institutionen, einige der tief greifenden Änderungen in der Struktur der modernen Wirtschaft noch immer nicht erkannt werden, hat sich die akademische Literatur seit geraumer Zeit damit beschäftigt, dass der Faktor Arbeit nicht nur an Sicherheit (zum Beispiel Betcherman, 1995), sondern auch an Umfang verloren hat und diese Entwicklung nicht nur Symptom »rein« strukturell begründeter Veränderungen ist, sondern eher auf einen sehr viel permanenteren Wandel in der Beschäftigungsstruktur hinweist.[1]

Die Frage nach der Zukunft der Arbeit kann nicht damit beantwortet werden, dass wir Zeugen eines beginnenden Abschieds von der Arbeit sind (Rifkin, 1995).[2] Was wir beobachten können, ist der Anfang »säkularer« Arbeitslosigkeit. Das heißt einer Arbeitslosigkeit, die weder konjunkturell noch strukturell bedingt ist. Die herkömmliche Definition von konjunktureller, aber auch von struktureller Arbeitslosigkeit verweist auf zeitlich unterschiedliche Ungleichgewichte des Arbeitsmarktes. Diese ökonomisch oder auch demographisch bedingten Ungleichgewichte, so

---

1 Die in der Öffentlichkeit anscheinend erfolgreichsten Nachweise über eine zurückgehende Nachfrage nach Arbeit in der modernen Gesellschaft werden nicht von akademischen Ökonomen erarbeitet, sondern von Sozialwissenschaftlern anderer Disziplinen, von Management-Beratern und Journalisten, die sich direkt an eine breite Leserschaft wenden (vergleiche Rifkin, 1995; Aronowitz und DiFazio, 1994; Dunkerley, 1996; Moore, 1996; Stewart, [1997] 1998).

2 Siehe auch Druckers (1968: 267) frühe, antizipierende Einwände gegen die These vom (kollektiven) Ende der Arbeit. Drucker vertritt die These, dass der Umfang der Arbeit einzelner Wissensarbeiter tendenziell sogar zunimmt: »Eminent doctors tell us today that work is on its deathbed in the rich, industrially advanced countries, such as the United States, Western Europe, or Japan. The trends are actually running in the opposite direction. The typical ›worker‹ of the advanced economy, the knowledge worker, is working more and more, and there is demand for more and more knowledge workers ... Knowledge work, like all productive work, creates its own demand. And the demand is apparently unlimited.«

lautet die zugrunde liegende Überzeugung oder auch Erfahrung, werden schließlich und endlich durch einen Ausgleich in der Nachfrage und dem Angebot von Arbeit verschwinden. Der neoklassische Wirtschaftswissenschaftler sah in dem Ungleichgewicht zwischen Angebot und Nachfrage auf dem Arbeitsmarkt, sei es nun kurz- oder langfristig, ausschließlich eine Reaktion auf die starre Lohnstruktur dieses Marktes. Es trifft aber nur in sehr enger, formaler Auslegung zu, dass völlige Lohnflexibilität das Problem der Arbeitslosigkeit lösen kann (Lundvall, 1995: 36). Arbeit ist selbst in der modernen Gesellschaft, wo häufig Bedenken geäußert werden, sie sei zum bloßen Broterwerb geworden und habe daher gewisse traditionelle Werte wie den der Berufung verloren, mehr als ein existentielles Bedürfnis. Eine derart enge Sichtweise lässt die ganze Reihe von Gründen unberücksichtigt, die nicht nur zu dem Wunsch nach Arbeit, sondern auch zur Arbeitslosigkeit führen. Mein Hauptinteresse gilt demzufolge der Herausbildung der »säkularen« Arbeitslosigkeit und nicht primär der Überlegung, auch diese Form der Arbeitslosigkeit sei letztlich Ausdruck der Tatsache, dass viele Individuen nicht bereit sind, schlecht bezahlte Berufstätigkeiten und -bedingungen zu akzeptieren – also einer Marktunvollkommenheit.

Der zukünftige und der gegenwärtige gesellschaftliche Stellenwert der Arbeit gehört eigentlich seit Jahrhunderten zu den zentralen theoretischen Interessen der Sozialwissenschaft. Arbeit, so war man sich lange mit Marx einig, ist kongruent mit der Selbsterzeugung des Menschen. Im achtzehnten und neunzehnten Jahrhundert war für die Sozialwissenschaftler die Frage nach der Zukunft der Arbeit identisch mit der Emanzipation von der großen physischen Arbeitsbelastung durch eine Reduktion der Arbeitszeit, größere Autonomie und interessantere Arbeitsaufgaben. Man ging aber allgemein davon aus, eine Befreiung von bestimmten Aspekten der Arbeit sei wahrscheinlicher als etwa von einem in einer bestimmten Weise strukturierten Arbeitskontext, der Eigentümer und Arbeiter in einem unversöhnlichen Gegenüber sah und die Selbstverwirklichung des Arbeiters in der Arbeitswelt verhinderte. Noch utopischer war die Vorstellung, dass es zu einer verbreiteten Entlastung von Arbeit kommen könnte. Die Schlussfolgerung, dass das Emanzipationspotential der Industrialisierung im Sinne einer Reduzierung der Arbeits-

zeit verwirklicht worden ist, wird kaum auf Widerspruch stoßen.[3] Aber selbst noch in diesem Jahrhundert sind viele Sozialwissenschaftler der Ansicht, dass der Arbeiter seine Selbstverwirklichung sehr viel wahrscheinlicher außerhalb der Arbeitswelt durchsetzen kann (zum Beispiel Friedmann, [1956] 1992).[4]
Dies soll heißen, das herrschende Verständnis der (inhärenten)
Zwänge der modernen Produktionsbedingungen und der Folgen
der Konzentration der Eigentumsrechte findet seinen Ausdruck
in der weithin akzeptierten Prämisse, dass die Arbeit eigentlich
nur ein Faktor unter gleichartigen, disponiblen Produktionsfaktoren sein kann.

Eine ausführliche Exegese der unterschiedlichen theoretischen
Rekonstruktionen der modernen Arbeitswelt, ihrer Verankerung
und ihrer historischen Veränderungen in unterschiedlichen Wirtschaftssystemen, der regionalen und nationalen Besonderheiten
in verschiedenen Ländern der Welt, ihrer politischen und sozialen Folgen sowie der sich wandelnden Einstellungen zur Arbeit
und der sich verändernde Verlauf von typischen Arbeitskarrieren
in den letzten Jahrzehnten, um nur einige Elemente einer solchen
umfassenden Analyse zu erwähnen, ist an dieser Stelle weder
möglich noch notwendig.[5] Mein Blickwinkel gilt einer sozialen

3  Eine Überlegung, die in Zukunft eine sicher nicht unerhebliche Rolle
   spielen wird, während dies in der Vergangenheit eindeutig nicht der
   Fall war, betrifft die Reduzierung der durchschnittlichen Arbeitszeit,
   um die Zahl der zur Verfügung stehenden Arbeitsplätze zu erhöhen
   (vgl. auch Hinrichs, Offe und Wiesenthal, 1988).
4  Alain Touraine ([1992] 1995: 148) ordnet dem theoretischen Ansatz
   von Georges Friedmann, insbesondere seinem Verweis auf die Bedeutung der von Technik durchdrungenen Umwelt der Arbeit, einen hohen Stellenwert zu, obwohl dieser seine eigenen frühen industriesozio-
   logischen Arbeiten eher kritisch kommentiert hat: »If we do have to
   adopt Georges Friedmann's analysis of technological civilization, it is
   not because it allows us to avoid analysing social relations, but for the
   opposite reason. He helps to introduce the idea that the central is no
   longer one between reason and belief, but one between the personal
   Subject and the apparatuses of production, management and communication.«
5  Infolge dieser Selbstbeschränkung kann ich auf einige wichtige Momente des sozialen Konstrukts der Arbeit und des Arbeitsmarktes wie
   zum Beispiel die immer noch erhebliche Bedeutung der Berufsposition
   für die Struktur der gesellschaftlichen Ungleichheit, die Relevanz sol-

Anatomie der Arbeit oder einer Analyse des Stellenwerts der Arbeit in der wissensbasierten Ökonomie und in der Wissensgesellschaft. Verweise auf die mit Arbeit verbundenen Ansichten oder den gesellschaftlichen Stellenwert der Arbeit lassen sich natürlich nicht völlig ausschließen, doch gilt mein zentrales Augenmerk dem Umfang der Arbeit in der modernen Gesellschaft.

Infolgedessen ist die Streiterei unter Nationalökonomen über die Wirkungen von Produktionsverbesserungen beziehungsweise von technischem Fortschritt (wie dies einmal genannt wurde) auf den Umfang der Erwerbstätigkeit für meine Zwecke von Relevanz. Man kann diese Auseinandersetzung in der Nationalökonomie bis in ihre Anfänge als wissenschaftliche Spezialdisziplin zurückverfolgen. Andere Aspekte, also etwa die der Voraussetzungen und Muster der technisch-wissenschaftlichen Entwicklung sowie ihrer Folgen für die Wirtschaftsordnung und des gesellschaftlichen Stellenwertes der Ökonomie oder der normativen Bedeutung von Arbeit, spielen dagegen eine konsistent immer weniger prominente Rolle in der Diskussion der Nationalökonomie. Natürlich hat man sich von Zeit zu Zeit immer wieder einmal im Zusammenhang mit der Frage nach den Ursachen wirtschaftlichen Wachstums mit Verweisen auf die Rolle des technischen Wandels auseinandergesetzt. Allerdings hat auch im Kontext der Analyse von Prozess- beziehungsweise Produktinnovation und deren Anwendung das Ausmaß der *Freisetzung* von Arbeit einen herausragenden Stellenwert.

Ich verzichte auf eine umfassende Wiedergabe der in den letzten zwei Jahrzehnten veröffentlichten Literatur zur Relation von Beschäftigung und technischem Wandel.[6] Stattdessen werde ich mich mit einer Anzahl von kritischen Wendepunkten dieser Dis-

cher sozialen Dimensionen wie Geschlecht, ethnische Zugehörigkeit und Alter für die Welt der Arbeit nicht näher eingehen. Das Gleiche gilt für die Vielzahl traditioneller und moderner Arbeitsformen, Berufe, Karrieremuster, den Zugang zum Arbeitsmarkt, die Erfahrungen mit Arbeit und Arbeitslosigkeit (siehe Tilly und Tilly, 1994, 1998) und schließlich und endlich für die Frage, inwieweit sich die Welt der Arbeit als Mikrokosmos der sozialen, gesetzlichen und politischen gesamtgesellschaftlichen Beziehungen erweist (vgl. Wooding und Levenstein, 1999: 53-70).

6 Kähler (1933) kommentiert als einer der ersten Sozialwissenschaftler die relevante Literatur zum Thema Arbeit und Technologie zusammenfassend; ein Resümee jüngeren Datums findet sich in Petit (1995).

kussion befassen, bevor ich mich der aktuellen Problematik zuwende. Vorausschauend kann aber gesagt werden, eine Analyse der Zukunft der Arbeit ist nicht gleichbedeutend mit einer Analyse des mehr oder weniger vollständigen Verschwindens der Arbeit in der modernen Gesellschaft. Was sich vor allem ändert, ist das, was Arbeit ist und wie viele Personen noch bezahlte Arbeit tun.

## Über Maschinen und Klasseninteressen

In der Nationalökonomie ist die Frage nach den Auswirkungen technischer Verbesserungen auf den Arbeitsmarkt mindestens seit dem Jahre 1823, als David Ricardo der dritten Auflage seiner *Principles of Political Economy and Taxation* das gesonderte Kapitel mit dem Titel »On machinery« beifügte, zentraler Bestandteil der disziplinären Tradition.

In dem Zeitraum zwischen der Veröffentlichung von Adam Smith' *An Inquiry into the Nature and Cause of the Wealth of Nations* im Jahre 1776 und Ricardos Diskussionen über die Auswirkungen von Maschinen auf die Wirtschaftsverhältnisse ein halbes Jahrhundert später fallen die Anfänge des technischen Wandels in der englischen Textilindustrie und die ersten industriellen Einsätze von Dampfmaschinen in der Eisen- und Stahlproduktion. Es geschah jedoch mehr als nur die Einführung von Maschinen in verschiedenen Industrien der damaligen Zeit. Im Februar 1811 begann in Nottinghamshire und den angrenzenden Grafschaften der Aufruhr gegen die Einführung neuer, größerer [mechanischer] Webrahmen in der noch von Heimarbeit bestimmten Strickindustrie. Bis zum April des folgenden Jahres waren nahezu über 1000 Webrahmen zertrümmert worden. Derartige Aktivitäten weiteten sich aus und griffen auf andere Industrien in England über. Die Luddites – wie sie genannt wurden –, deren frühe Erfolge auf politischer Seite erhebliche Bestürzung verursachten, provozierten ähnliche Reaktionen andernorts in England und katapultierten das Problem vom Technologiewechsel und der damit verbundenen Beschäftigungskrise in den Vordergrund der Tagesordnungen jener Zeit (1811-1816). Die Luddites waren gut ausgebildete Facharbeiter, so genannte Artisans. Der Protest richtete sich gegen eine Erscheinung, die man heute ›*de-skilling*‹ oder veraltete und (technisch) überholte Fach(arbeiter)kenntnisse nennen würde. Obgleich der Begriff Luddite heute einen negativen Beiklang hat (im Sinne von ›geistesverwirrt‹), zum Beispiel wenn er im Zusammenhang mit der oft sinnlosen Zerstörung neuer Technologien und der obskuren Opposition zum Technologiewechsel gebraucht wird, kann man sich durchaus vorstellen, dass die Luddites lediglich Gegner einer neuen Technologie waren, von der sie (zu Recht) annahmen, dass sie ihre Lebensverhältnisse und ihren Lebensunterhalt vernichten würde. Das Zerstören von Webstühlen wurde 1812 gesetzlich zum Kapitalverbrechen erklärt. Viele Luddites wurden gerichtlich verfolgt, erhielten harte Strafen, und selbst Todesurteile wurden an ihnen vollstreckt.

Es ist durchaus denkbar, dass Ricardo ([1823] 1994: 329) unter dem Eindruck dieser Ereignisse seine ursprünglichen Beobachtungen über den Einsatz von Maschinen in der Produktion revidierte. Er unterstreicht, »seitdem ich meine Aufmerksamkeit erstmalig der Politischen Ökonomie zugewandt habe, war ich stets der Auffassung, dass eine Anwendung von Maschinerie in einem beliebigen Produktionszweig, soweit sie arbeitssparend wirkt, das allgemeine Wohl fördert«. Die Verwendung von Maschinen führt, so seine ursprüngliche Überzeugung, allenfalls zu einem temporären Ungleichgewicht. Jetzt aber kommt er zu der gegenteiligen Auffassung. Er hält es nun für möglich, dass die Erfindung und Verwendung von Maschinen für die arbeitende Klasse sehr abträglich sein kann, da es zu einem Beschäftigungsverlust kommen kann (Ricardo, [1823] 1994: 330). Ricardo korrigiert mit diesen Folgerungen, was er inzwischen für einen Denkfehler hält, und zwar die auch von anderen klassischen ökonomischen Theoretikern geteilte Überzeugung, dass technische Veränderungen eine positive Auswirkung auf die Beschäftigungssituation der Arbeiterschaft haben. Bisher war er der Auffassung gewesen, dass es weder zu einem Lohnrückgang noch zu einer Erhöhung der Arbeitslosigkeit kommen würde: »Ich dachte, daß sich auch für die Klasse der Arbeiter gleicherweise durch die Verwendung von Maschinen Vorteile ergeben, da sie die Möglichkeit haben, mehr Waren mit den gleichen Geldlöhnen zu kaufen; und ich glaubte, daß keine Kürzung der Löhne eintreten wird, weil der Kapitalist in der Lage ist, dasselbe Quantum Arbeit nachzufragen und zu beschäftigen wie früher, obwohl er gezwungen sein kann, es für die Produktion einer neuen oder jedenfalls einer anderen Ware zu verwenden« (Ricardo, [1823] 1994: 329).

In Übereinstimmung mit der Gleichgewichtstheorie nahm man an, dass die Kräfte des Marktes die Beschäftigung regulieren würden. Der Markt stellt letztendlich sicher, dass all jene, die eine Arbeit wollen, in der Lage sein werden, diese auch zu finden. Zeitweilige oder konjunkturelle Arbeitslosigkeit ist unvermeidbar, und der Markt bereinigt das Problem der kollektiven strukturellen oder langfristigen Arbeitslosigkeit von selbst.

Ricardo deutet an, gewissermaßen um seine Leser zu schockieren, er habe einen Fehler gemacht. Die Einführung von Maschinen zwecks Einsparung von Arbeitskräften kann Arbeitslosigkeit bewirken, die über zeitweilige oder durch gewisse Reibungsverluste (Friktion) verursachende Umstellungen bedingte Arbeitsplatzverluste auf Grund von Lohnelastizitäten weit hinausgeht. Mit anderen Worten, was Ricardo entdeckte, ist in Wirklichkeit *strukturelle Arbeitslosigkeit*. Er qualifiziert seine Beobachtungen über das Ausmaß, in welchem die Arbeiterklasse in Bedrängnis und Armut gerät, durch die Aussage, dass sich auf lange Sicht ein ausgleichender Mechanismus geltend machen wird, der jenes Potential von verlustig gegangener Arbeitskraft wieder absorbiert. Schließlich äußert Ricardo ([1823] 1994: 336) aber doch noch die Hoffnung, dass die von ihm »getroffenen Feststellungen nicht zu der Schlussfolgerung führen, dass die Einführung von Maschinen nicht gefördert werden soll«, denn auf längere Sicht werden durchaus positive wirtschaftliche Effekte zu erwarten sein.

Die Debatte und das Interesse an der Wechselbeziehung zwischen Beschäftigung und technischem Wandel trat bald in den Hintergrund. Sie verschwand von der Tagesordnung der Wirtschaftswissenschaften und der Politik infolge beständiger wirtschaftlicher Expansion, welche bis in das zweite Jahrzehnt des aufkommenden Jahrhunderts hinein reichte. Diese Erfahrungen waren es, genau genommen die Entwicklungen in der Zeitspanne von jenen sechzig Jahren vor dem Ersten Weltkrieg, welche Schumpeter ([1942] 1950: 117) zum Beispiel zu dem Schluss kommen ließen, es zeichne sich keine Tendenz dafür ab, dass es zu einer Zunahme des Prozentsatzes der Arbeitslosen auf lange Sicht kommen werde. Selbst die hohen Arbeitslosenzahlen in den

dreißiger Jahren ließen ihn nicht von dieser Schlussfolgerung ab-
gehen. Friktionale und damit zeitweilige Arbeitslosigkeit sei einfach eine Tatsache, mit der das kapitalistische System zu leben
habe.

## Mechanisierung

Mehr als ein Jahrhundert nachdem der Fortschritt der Mechanisierung und in seinem Gefolge der mögliche Verlust technologischer Arbeitsplätze in Industrie und Landwirtschaft zum ersten
Mal thematisiert wurde, verschärfte sich die Debatte über die
Rolle der Maschine im wirtschaftlichen und sozialen Wandel
wieder im Jahrzehnt der dreißiger Jahre. Anlass waren natürlich
die steigenden Arbeitslosenzahlen. Doch selbst während und
nach der Großen Depression wollten viele Beobachter von einem
dauerhaften Zusammenhang zwischen technischem Wandel und
Beschäftigung nichts wissen. Eine groß angelegte Studie des *US
National Bureau of Economic Research* aus dem Jahr 1934 nimmt
den Mechanisierungswandel in herstellenden und nicht herstellenden Industrien unter die Lupe und kommt zu dem Ergebnis,
dass die Behauptung oder das theoretische Argument, »advanced
to demonstrate an inherent tendency for mechanization to create
an ever larger permanent body of unemployed«, unbegründet ist
(Jerome, 1934: 387). Wie Ricardo schon betonte, und dieser Bericht wiederholt seine Beobachtung, gibt es eine gewisse Zeitspanne der Arbeitslosigkeit, von der diejenigen betroffen sind,
die durch die Mechanisierung der Arbeit freigesetzt werden. Allerdings gibt es dadurch auf längere Sicht keine permanente Erhöhung der Zahl der Arbeitslosen. Der damalige Streit unter den
Ökonomen bezieht sich deshalb in erster Linie auf die Bedingungen der Kompensation.

Die Keynes'sche Theorie ökonomischen Handelns, deren Kern
zu diesem Zeitpunkt entstand, gehört zweifellos zu den wichtigsten und einflussreichsten Theorieentwürfen der Ökonomie
im Allgemeinen und der Ökonomie entwickelter kapitalistischer
Gesellschaften im Besonderen. Peter Drucker ([1981] 1984: 1)
meint deshalb wohl mit Recht, »die heutige Wirtschaftstheorie
stellt sich als ›das Gebäude, das Keynes errichtete‹, dar« (vgl.
auch Kaldor, 1983: 27). Keynes wird vielerorts nicht nur für das

Überleben des Kapitalismus selbst verantwortlich gemacht, sondern auch für die weitgehende intellektuelle Niederlage des Marxismus in westlichen Gesellschaften (vgl. Galbraith, 1967: 43-44). Keynes entdeckte ein System der Kontrolle ökonomischer Prozesse, das sich auf Marktkräfte stützte, und versprach damit, »to make possible for rules to achieve politically necessary economic results without sacrificing market and political liberties« (Skidelsky, 1979: 55). Auch dies erklärt, warum Keynes'sche Ideen, besonders nach dem zweiten Weltkrieg, in den ökonomisch entwickelten demokratischen Staaten eine solch umfassende Anhängerschaft fanden. In der Tat hat Keynes (zum Beispiel [1932] 1982: 53) selbst kaum einen Zweifel daran gelassen, dass er seine theoretischen Bemühungen, die von ihm auch als Gegenentwurf sowohl zum Marxismus als zum *laissez-faire* verstanden wurden, und die von ihm favorisierten wirtschaftspolitischen Zielsetzungen letztlich als Beitrag zum Erhalt und zur Festigung eines bestimmten sozioökonomischen Regimes sieht.

Noch während der Weltwirtschaftskrise 1932 begann Keynes seine Arbeit an seinem Hauptwerk die *Allgemeine Theorie der Beschäftigung, des Zinses und des Geldes* (1936), das heißt zu einer Zeit, als Großbritannien schon seit einem Jahrzehnt unter Arbeitslosenquoten von über zehn Prozent litt. Auf jeden Fall kulminiert die intensive Auseinandersetzung Keynes' mit wirtschaftspolitischen Tagesfragen in diesem Werk. Und im Ablauf der Geschichte der ökonomischen Doktrinen stellt die *Allgemeine Theorie* den Übergang dar von der »reinen« zur »politisch« geprägten Ökonomie, obwohl in diesem theoretischen Text nur wenige explizite Hinweise auf konkrete wirtschaftspolitische Maßnahmen zu finden sind. Auf jeden Fall wird die *Allgemeine Theorie* im retrospektiven Verständnis und in der dominierenden Interpretation ihres intellektuellen Stellenwerts heute weitgehend als ein Werk der praktisch orientierten ökonomischen Theorie begriffen. Die Kritik an der harmonischen Grundannahme der neoklassischen Ökonomie, dass entwickelte, kapitalistisch organisierte Wirtschaftssysteme zu einem Gleichgewicht bei *Vollbeschäftigung* tendieren, bildet den charakteristischen Ausgangspunkt der Überlegungen Keynes'.

Keynes wendet sich gegen die orthodoxen Vorstellungen, dass der Preismechanismus von selbst zum »Normalzustand« der Vollbeschäftigung führt, dass die Einkommensverteilung den

Grenznutzen der einzelnen Produktionsfaktoren (Kapital, Arbeit und Boden) widerspiegelt und das Wirtschaftswachstum als relativ gesichert angesehen werden kann. Die klassische Beschäftigungstheorie wird durch zwei Aussagen repräsentiert:

(1) Spar- und Investitionsentscheidungen befinden sich als Funktion der Zinsrate im Stadium der Vollbeschäftigung im Gleichgewicht und

(2) das Gleichgewicht von Arbeitsangebot und -nachfrage wird durch die realen Lohnkosten (deren nominale Flexibilität nach unten eingeschränkt ist) gesteuert.

Die Keynes'sche Konzeption des wirtschaftlichen Handelns unterscheidet sich mit ihren wichtigsten, insbesondere auch psychologischen Einflussfaktoren und deren Verlauf ebenfalls grundsätzlich von dem neoklassischen, eher rationalistischen Verständnis (*homo oeconomicus*) dieser Dimensionen des mikroökonomischen Handelns. Auf eine knappe Formel gebracht: Keynes unterstreicht die Bedeutung der Plastizität ökonomischen Handelns, des Einflusses einer Vielzahl von Imponderabilien oder »irrationalistischer« Beweggründe. Keynes' Theorie wirtschaftlichen Handelns betont die Kontingenz von Erwartungen, die Bedeutung von Konventionen und den Einfluss spekulativen Verhaltens auf wirtschaftliche Entscheidungen.

Die von Keynes in der *Allgemeinen Theorie* entwickelte makroökonomische Theorie unterscheidet sich zudem, etwas detaillierter dargestellt, von neoklassischen Vorläufern vor allem in folgenden Punkten:[7]

(1) Der Keynes'sche Ansatz betont die Bedeutung von unternehmerischen *Investition*sentscheidungen für Beschäftigungs- und Wachstumsniveau. Entscheidungen dieser Art werden maßgeblich von unsicheren oder sogar spekulativen Erwartungen der Unternehmer über zukünftige Daten beeinflusst. Über ihren Multiplikatoreffekt stimulieren Investitionen zudem die Nachfrage. Für kapitalistische Volkswirtschaften ist aber ihre endogene Instabilität konstitutiv. Investitions- und Sparquote sind Ausdruck des wirtschaftlichen Verhaltens unterschiedlicher Akteure, und eine zu hohe Sparquote kann sich als Hindernis bei der Investitionstätigkeit herausstellen.

(2) Für Keynes zählt als wesentliche ökonomische Dimension

---

7 Vgl. die klassische Darstellung dieser Unterschiede in Hicks, 1937.

nicht mehr in erster Linie die Angebotsseite wirtschaftlichen Handelns, sondern er unterstreicht die entscheidende Bedeutung der *Nachfrage* für den Wirtschaftskreislauf und stellt damit alle früheren theoretischen Systeme auf den Kopf. Die Konsumtion ist nicht mehr eine Funktion des Angebots, das heißt das Angebot produziert nicht seine eigene Nachfrage, sondern wird durch die Nachfrage gesteuert. Angebotene Dienstleistungen und Waren sind eine Funktion der Nachfrage (vgl. Drucker, [1981] 1984).

(3) Für Keynes ist *Geld* mehr als nur ein neutrales Interaktionsmedium. Seine Theorie versucht, Wert- und Geldtheorie miteinander in Bezug zu setzen. Die Zinsrate einer Volkswirtschaft wird zum Beispiel durch die Relation von Geldangebot und -nachfrage für spekulative Zwecke bestimmt.

(4) Das Kernstück der Keynes'schen Makroökonomie, die Beschäftigungstheorie, versteht die Vollbeschäftigung als einen Sonderfall und erlaubt daher eine gleichgewichtige Volkswirtschaft bei Unterbeschäftigung. Arbeitslosigkeit ist nicht mehr Ursache einer freiwilligen Nichtbeschäftigung, wie es noch die neoklassische Theorie postulierte (das heißt Teile der Arbeiterschaft weigern sich, für einen zu geringen Reallohn zu arbeiten), sondern Folge des besonderen ökonomischen Status des Arbeiters, der nicht in der Lage ist, die Höhe des Reallohnes zu bestimmen.

(5) Keynes widerspricht der neoklassischen These von der Einkommensverteilung in der Gesamtwirtschaft als Funktion des Grenznutzens der einzelnen Produktionsfaktoren. Seine *Allgemeine Theorie* reflektiert, so könnte man den Unterschied zur neoklassischen ökonomischen Theorie zusammenfassend darstellen, eine entscheidende Veränderung im kapitalistischen Wirtschaftsprozess: Bis in das frühe 20. Jahrhundert repräsentierte das Zusammenspiel von Angebot und Nachfrage nach *Waren und Dienstleistungen*, also die Warenwirtschaft, das entscheidende eigengesetzliche Element der Ökonomie. Angebot und Nachfrage von Waren und Dienstleistungen waren sozusagen die unabhängigen Variablen des wirtschaftlichen Kreislaufes. Keynes (1936: vii) selbst verweist auf diesen radikalen Unterschied, indem er betont, dass er sich im Gegensatz zur neoklassischen Theorie mit der »monetären Ökonomie« oder der symbolischen Ökonomie, das heißt insbesondere mit dem

Geldangebot, mit Krediten, Haushaltsüberschüssen oder -defiziten sowie Zinssätzen befasst. Die Keynes'sche Interpretation wirtschaftlicher Tatbestände ist deshalb eine neue, ungewöhnliche Sicht: »An die Stelle von Waren, Dienstleistungen und Arbeit – Realitäten der physischen Welt oder ›Dinge‹ – setzte Keynes als wirtschaftliche Realitäten Symbole: Geld und Kredit« (Drucker, [1981] 1984: 6). Ein theoretischer Entwurf dieser Art ist natürlich erst dann sinnvoll, wenn die monetäre Wirtschaft eine gewisse Eigenständigkeit erreicht hat und damit zu einem wesentlichen Einflussfaktor des wirtschaftlichen Geschehens wird. Monetaristen (wie zum Beispiel Milton Friedman) behaupten heute, dass diese Entwicklung weiter fortgeschritten ist und die monetäre Wirtschaft die eigentliche reale Ökonomie ist. Auf jeden Fall spiegelt die Keynes'sche Theorie diese strukturelle Veränderung in der kapitalistischen Wirtschaft wider; Kapitalbewegungen und Investitionsentscheidungen werden zu einem eigengesetzlichen Markt, der nicht mehr nur von der Warenwirtschaft gesteuert wird (vgl. Drucker, 1971: 56-59).

## Der Staat und Arbeitslosigkeit

Die Empörung über Massenarbeitslosigkeit ist keineswegs auf diejenigen Personen und ihre Familien beschränkt, die unmittelbar betroffen sind. Im Gegenteil, die Unruhe darüber und die Forderungen nach wirtschaftspolitischen Schritten, die die Arbeitslosigkeit bekämpfen sollen, kommen vor allem auch von Individuen, die Arbeit haben, denn sie fürchten um den Verlust ihrer Arbeitsplätze. Schon aus diesem Grund sind hohe Arbeitslosenzahlen in allen modernen Gesellschaften ein eminent brisantes politisches Problem.

Im Jahre 1929 stand die Arbeitslosenquote in England seit acht Jahren fast ununterbrochen bei etwa zehn Prozent. Es überrascht deshalb nicht, dass diese Tatsache einen zunehmend bedeutenden politischen Stellenwert einnahm und in den politischen Auseinandersetzungen zwischen den liberalen und konservativen Parteien in den Parlamentswahlen des gleichen Jahres eine zentrale Rolle spielte. Die Liberalen unter ihrem Premierministerkandidaten Lloyd George versprachen im März 1929 in einem politischen Manifest, nach Übernahme der Regierungsgewalt die Arbeitslosenzahl auf ein »normales Maß« zurückzuführen. Dieses Ziel sollte durch ein von den regierenden Konservativen bekämpftes staatliches Arbeitsbeschaffungsprogramm, vor allem im Bereich des Verkehrswesens und des Wohnungsbaus, realisiert werden. Lloyd George hatte sich schon 1924 für wirtschaftspolitische Initiativen dieser Art durch den Staat eingesetzt. Andererseits war auch die offizielle Position der englischen Regierung zu dieser Zeit eindeutig. Winston Churchill legt sie im Jahre 1929 in seiner Haushaltsrede als Schatzkanzler dar:

»It is orthodox Treasury dogma, steadfastly held, that whatever might be the political or social advantages, very little additional employment can, in fact, and as a general rule, be created by State borrowing and expenditure« (siehe Winch, 1972: 111).

Auch Keynes nimmt an der sich an diesem Wahlversprechen entzündenden öffentlichen Debatte teil. In einer polemisch gehaltenen Flugschrift (Keynes, [1929] 1984b),[8] die er zusammen mit Hubert Henderson verfasst, greift er auf der Seite der Liberalen direkt in den Disput ein. Er bemüht sich, die Wahlversprechen Lloyd Georges zu rechtfertigen, und versucht, die Argumente politischer Gegner zu negieren. Der Ausgang der Wahl muss Keynes sehr enttäuscht haben, denn die Liberalen werden nur drittstärkste Partei. Allerdings sind sie das Zünglein an der Waage, da es weder der Labour-Partei noch den Konservativen gelingt, die Mehrheit der Parlamentssitze zu erringen. Die Labour-Partei bildet eine Minderheitsregierung.

Keynes argumentiert hier und in ähnlichen Aufsätzen aus den zwanziger und frühen dreißiger Jahren (Keynes, [1926] 1984c; [1930] 1984d) sehr viel eindringlicher und expliziter für bestimmte wirtschaftspolitische Maßnahmen. Er setzt sich stärker

8 In der von Keynes ([1931] 1984) autorisierten Fassung seiner wichtigsten Äußerungen zu wirtschaftspolitischen Tagesfragen, die zuerst 1931 unter dem Titel *Essays in Persuasion* erschien, heißt der dort verkürzt wiederabgedruckte Aufsatz, auf den ich mich an dieser Stelle beziehe, noch programmatisch »A programme for expansion«, während der vollständige Text in den *Gesammelten Schriften* unter dem Titel »Can Lloyd George Do It?« veröffentlicht wurde (siehe Keynes, [1929] 1984b). Die zuletzt genannte Fassung ist um einige Passagen erweitert, die Keynes allerdings in der Zusammenstellung der Aufsätze für *Essays in Persuasion* außer Betracht ließ.

für fiskalische oder monetäre Maßnahmen ein, das heißt für eine Ausweitung der staatlichen Ausgaben entweder auf Grund einer Zinssenkung oder durch eine Intensivierung der öffentlichen Investitionen, als dies in seinen wissenschaftlich-akademischen Schriften, einschließlich *Allgemeine Theorie*, der Fall ist. In einem Aufsatz aus dem Jahre 1926, »The end of laissez-faire« (Keynes ([1926] 1984c: 292), sowie in seiner *Treatise of Money* favorisiert Keynes bestimmte monetäre Maßnahmen zur Bekämpfung der Arbeitslosigkeit in England, vor allem eine flexible Zinspolitik der Zentralbank. Auch den USA empfiehlt er Ende der zwanziger Jahre, ihre Zentralbankrate zu senken.

Don Patinkin (1982: 200-220) ist der Frage der Entwicklung der Keynes'schen wirtschaftspolitischen Konzeption und der anscheinenden Widersprüchlichkeit seiner wirtschaftspolitischen Empfehlungen im Detail nachgegangen. Er analysiert insbesondere die Frage, wann und warum Keynes *monetäre* Maßnahmen den *fiskalischen* vorzieht. In seiner *Treatise of Money* und in journalistischen Veröffentlichungen aus der gleichen Zeit befürwortet Keynes sowohl monetäre als auch fiskalische Maßnahmen des Staates als Reaktion auf die herrschende wirtschaftliche Situation. Patinkin sieht darin keinen Widerspruch. Das Eintreten für Zinssenkungen einerseits und eine Ausweitung staatlicher Ausgaben andererseits ist Ausdruck der unterschiedlichen Rollen, die Keynes zu der Zeit spielte. In der *Treatise of Money* spricht er als »reiner« Wissenschaftler und versucht, *universell* gültige Aussagen zu formulieren. Bei tagespolitischen Auseinandersetzungen bemüht er sich dagegen, Anregungen zur Wirtschaftspolitik Englands zu formulieren. Er tut dies in seiner Rolle als bekanntester Ökonom seines Landes und reagiert damit vor allem auf die besondere innenpolitische wirtschaftliche Situation Englands (vgl. Patinkin, 1982: 208-209) und auf das, was ihm unter den gegebenen Bedingungen national als machbar und als im Interesse des Landes liegend (s. Lekachman, 1968: 65-66) erscheint.

Das heißt, die polemischen Essays der zwanziger und frühen dreißiger Jahre wenden sich an ein anderes Publikum als die zur gleichen Zeit angefertigten wissenschaftlichen Schriften. Dennoch lassen sich die expliziten wirtschaftspolitischen Anregungen, zum Beispiel zur Überwindung der Arbeitslosigkeit, sehr wohl mit den eher zurückhaltend und allgemeiner formulierten Thesen aus den akademischen Schriften in Einklang bringen. In beiden Fällen geht es letztlich um eine Ausweitung der gesamt-wirtschaftlichen Nachfrage.

Keynes zeigt in einer einfachen, pragmatischen Rechnung, dass die geplanten staatlichen Arbeitsbeschaffungsmaßnahmen und letztlich die Ausweitung der Nachfrage in aller Interesse ist und unter dem Strich weniger kostet als eine andauernd hohe Arbeitslosenrate. Die liberale Partei hatte in ihrem Wahlprogramm versprochen, 400 000 bis 500 000 zusätzliche Arbeitsplätze zu schaffen, und veranschlagte die Kosten für 5000 Arbeitsplätze pro Jahr mit etwa einer Million Pfund. Keynes gibt zu verstehen, dass er diese Prognose für konservativ hält, denn die indirekte, kumulative Folge (später Multiplikatoreffekt genannt) staatlicher Maßnahmen dürfte einen sehr viel größeren Effekt auf die Beschäftigungszahl der Volkswirtschaft haben (Keynes, [1929] 1984b: 106). Die zur Debatte stehenden öffentlichen Investitionen sollen durch Kreditaufnahme finanziert werden, die Zinslast soll den Haushalt nur unwesentlich belasten.

In diesem Kontext sind natürlich Fragen wie, warum der Staat überhaupt als Unternehmer auftreten muss, warum Untätigkeit oder die Selbstheilungskräfte des Marktes nicht genügen, die ökonomische Krise zu überwinden (vgl. Keynes, [1929] 1984b: 117-119), und ob »kollektive« Wirtschaftsmaßnahmen die kapitalistische Wirtschaftsverfassung unterminieren, nicht ohne politische Brisanz. Keynes verneint diese Fragen. Weder die kapitalistische Wirtschaftsordnung sei gefährdet, noch könne man sich darauf verlassen, dass das freie Spiel der Marktkräfte die Rezession überwinde. In der Vergangenheit bedurfte es eines Krieges, um eine Volkswirtschaft von ökonomischer Depression zu befreien. Denn, wie Keynes ([1931] 1982: 60) etwas resignierend, aber auch mahnend unterstreicht:

»Formerly, there was no expenditure out of the proceeds of borrowing, which was thought proper for the State to incur, except war. In the past, therefore, we have not infrequently had to wait for a war to terminate a major depression. I hope that in the future we shall not adhere to this purist financial attitude, and that we shall be ready to spend on the enterprises of peace what the financial maxism of the past would only allow us to spend on the devastations of war.«

Über diese prinzipielle Konstellation hinaus waren auch schon damals große Teile der Infrastruktur der Gesellschaft (Straßen, Wohnungsbestand, Kommunikationswesen) in staatlicher Hand,

und die Qualität dieser Anlagen ist eine entscheidende Ressource
für die Privatwirtschaft. Vielmehr macht Keynes vor allem deutlich, dass die staatliche Kreditaufnahme nicht mit privater Investitionstätigkeit konkurriert, sondern dass die Gewinnerwartung
der Unternehmer fehlt und ihre Investitionsneigung indirekt
durch ein steigendes Volkseinkommen angeregt werden muss.
Ein hohes Sparaufkommen bedeutet nicht automatisch eine rege
Investitionstätigkeit privater Unternehmer. Wie Keynes ([1929]
1984b: 123) betont,

»the object of urging people to save is *in order* to be able to build houses
and roads and the like. Therefore a policy of trying to lower the rate of
interest by suspending new capital improvements and so stopping up
outlets and purposes of our savings is simply suicidal«.

Darüber hinaus gehen Ausweitung des Kreditvolumens und Investition dieser Mittel im Inland während einer Rezession keineswegs Hand in Hand mit einer Inflationsgefahr. Die Summe
des staatlichen Engagements in der Wirtschaft und die Folgen
kollektiver Wirtschaftsmaßnahmen ändern zudem, so betont
Keynes ([1926] 1984c: 292-293), keineswegs die essentiellen
Charakteristiken der kapitalistischen Wirtschaftsordnung. Das
heißt, so unterstreicht Keynes ([1926] 1984c: 294) weiter, »I think
that capitalism, wisely managed, can probably be made more
efficient for attaining economic ends than any alternative system
yet in sight, but that in itself it is in many ways extremely objec-
tionable«. Als die Minderheitsregierung der Labour-Partei 1931,
statt eine Ausweitung der Nachfrage anzustreben, eine entgegengesetzte Wirtschaftspolitik beschließt, reagiert Keynes mit Ironie
und Enttäuschung. Man hatte beschlossen, die staatlichen Ausgaben zurückzuschrauben; so wurden zum Beispiel die Gehälter
der Lehrer gekürzt und die Steuern angehoben. Nach Keynes'
Ansicht können diese Maßnahmen die Rezession tragischerweise
nur noch vertiefen. Sein Appell, dass »something must take the
form of activity, of doing things, of spending, of setting great
enterprises afoot« (Keynes, [1931] 1984e: 139), ist nicht als sinnvolle Handlungsanweisung verstanden worden. Die Arbeitslosenziffern stiegen weiter.
   Als sich Anfang der dreißiger Jahre zeigt, dass trotz fallender Zinsen die Zahl der Arbeitslosen in England nicht zurückgeht, ändert Keynes angesichts der neuen Situation nochmals

seine wirtschaftspolitischen Empfehlungen für die englische Regierung. Er ist jetzt davon überzeugt, dass sowohl staatliche Arbeitsbeschaffungsmaßnahmen als auch ein niedriger Zinssatz notwendig sind, um die Arbeitslosenquote zu drücken (zum Beispiel Keynes, [1933] 1972: 353-355). Eine Änderung in der Devisenpolitik Englands sorgt zudem dafür, dass eine konzertierte Maßnahme dieser Art nicht zu einer Kapitalflucht führt. Keynes vertritt diese Position schließlich auch in seiner *Allgemeinen Theorie* (zum Beispiel 1936: 164, 378). Nachdem die Keynes'schen ökonomischen Ideen und wirtschaftspolitischen Ratschläge zunächst sowohl von Wirtschaftswissenschaftlern als auch Managern, Politikern und Staatsbeamten mit großer Skepsis aufgenommen wurden, setzten sie sich schließlich doch relativ bald und umfassend durch. Ein allgemeines, sicher nicht zuletzt durch die Folgen des Krieges beeinflusstes Umdenken unter Politikern und Ökonomen führte schließlich dazu, dass sich Keynes'sche Maximen in Großbritannien, in den USA (*Full Employment Act*), in der Bundesrepublik (zum Beispiel Stabilitäts- und Wachstumsgesetz von 1967), demnach in fast allen westlichen Ländern und sogar in der Charta der Vereinten Nationen offiziell durchsetzten und zur neuen Orthodoxie wurden (vgl. Kaldor, 1983: 29-30). Die Keynes'sche Revolution hat auch eine nicht unbedingt irreversible Revolution sozialer Erwartungen und Ansprüche zur Folge. Wie Daniel Bell (1976: 239) es zusammenfassend beschreibt: »Where workers once feared losing a job, which was the common experience of the Depression, they now expect a job and a rising standard of living. And no government can deny that expectation.«

Aber noch in den siebziger Jahren, nur wenige Jahre nachdem Bell diese Diagnose stellte, scheint die von Keynes inspirierte Vollbeschäftigungspolitik zu scheitern; die Ökonomen sehen sich zunächst mit dem ihnen unbekannten Phänomen der Stagflation und später mit deren Umkehrung konfrontiert. Die Keynes'schen Steuerungsmaßnahmen, so wird zunehmend unterstellt, greifen nicht mehr. Vorkeynessche wirtschaftliche Ziele, wie zum Beispiel die Inflation als Grundübel zu bekämpfen, haben erneut Konjunktur und die Steuerung des Geldangebots wird zu einer vorrangigen wirtschaftspolitischen Maßnahme. Wieder müssen sich die soziopolitischen Erwartungen veränderten Realitäten anpassen.

# Automation und andere moderne
# technische Entwicklungen

In den sechziger Jahren ließ die intensive öffentliche Diskussion über die Zukunft der Arbeit trotz historisch einmalig niedriger Arbeitslosenziffern keineswegs nach. Die Ausgangslage war in der Tat nicht alarmierend. Trotz intensiven technischen Fortschritts gab es in vielen Ländern Vollbeschäftigung. Die Debatte unter Politikern, Gewerkschaftlern und Arbeitgebern stand diesmal unter solchen Überschriften wie »Automation und andere moderne technische Entwicklungen« beziehungsweise »Zweite industrielle Revolution« sowie die durch sie möglicherweise ausgelöste »Technologische Arbeitslosigkeit«. Automation wird als technischer Fortschritt beschrieben, wo sich doch technischer Fortschritt in Automation manifestiert. Die Begriffe sind also völlig gleichwertig und austauschbar. Das heißt auch, man differenziert in diesen Diskussionen nicht, wie überhaupt selten, zwischen technisch-wissenschaftlicher (Fort-)Entwicklung und der praktischen Umsetzung oder zwischen Innovation und Diffusion (wie etwa Schumpeter).

Die ambivalente Begriffswahl der zu analysierenden Problematik reflektiert einerseits die zu dieser Zeit unter Beobachtern zunehmend verbreitete Resignation über die schier unüberwindliche Schwierigkeit, eine wie auch immer anzusetzende Abgrenzung und Zurechnung von spezifischen Wirkungen technischer Veränderungen in der Ökonomie durchzuführen. Andererseits war man durchaus optimistisch gestimmt, dass sich Freisetzung und Kompensation die Waage halten.[9]

9 Die Schwierigkeiten, die ökonomischen Folgen technischen »Fortschritts« genauer zu bestimmen, erstreckten sich aber nicht auf die Begriffsbestimmung dessen, was mit technischem Fortschritt gemeint war. Die herrschende Konzeption technischen Wandels umfasste primär den durch technische Entwicklungen induzierten Wandel in materiellen Austauschprozessen mit der Natur. Man diskutierte vor allem Wege der effizienten Naturausbeutung und weniger die sozialen Folgen des technischen Fortschritts (Ott, 1971: 9). In der Industriesoziologie wurden Qualifikationsanforderungen und die Rückwirkungen des technischen Fortschritts auf das Bewusstsein der Arbeiterschaft analysiert.

Kommt es also durch technischen Fortschritt zu einem Verlust im Umfang von Arbeit, lässt sich sehr leicht bestimmen, so wird argumentiert, wie groß die entsprechende Wachstumsrate des Sozialprodukts (beziehungsweise anderer kompensatorischer Maßnahmen wie etwa eine Arbeitszeitverkürzung) sein muss, um die »zerstörten« Arbeitsplätze und damit die freigesetzten Arbeitskräfte völlig zu absorbieren.[10] Das Vertrauen in die Selbstheilungskraft der Wirtschaftsordnung und der Wirtschaftspolitik war unangefochten. In vielen Untersuchungen dieser Zeit kam man zu der typischen Schlussfolgerung, dass die Automation und andere technische Verbesserungen in der Produktion mit großer Wahrscheinlichkeit eine Verminderung der Arbeitsplätze zur Folge haben werden, dass aber Produktivitätsfortschritte oder -verluste von Industriezweig zu Industriezweig variieren und dass der wichtigste Faktor in jeder Prognose über Veränderungen in der Gesamtbeschäftigung primär der Umfang der Gesamtproduktion und sekundär die Zahl der Arbeitsstunden sein muss.[11] Mit anderen Worten, die unter Ökonomen, Gewerkschaftlern und Politikern geführten Diskussionen über die Folgen der Automation basieren auf der Prämisse, dass wirtschaftliches Wachstum und der Umfang der Beschäftigung sich mehr oder weniger parallel entwickeln. Eine wirtschaftliche Expansion fällt mit einer Verknappung des Angebots von Arbeit zusammen, während eine Rezession zu einem Überhang von Arbeitskräften führt, die auf den Arbeitsmarkt drängen, aber nicht absorbiert werden. Aus diesem Grund sollte man erfolgreiche technische Rationalisierungen immer nur als Chance und niemals als Fluch begreifen.

Die Überzeugung, dass der Umfang der Beschäftigung vom

10 Die Aussage, man könne das beschäftigungsnotwendige Wachstum berechnen, wenn man den Umfang des technischen Fortschritts kenne, berücksichtigt nicht die Effekte der Reallöhne, der Preise, der Zinsen und der Profite auf die Höhe des Sozialprodukts, die Arbeitsmenge und die Rate des technischen Fortschritts.

11 Vergleiche zum Beispiel den Aufsatz von Friedrichs aus dem Jahre 1963, der die Ergebnisse einer Reihe von Studien über die Auswirkungen der Automation und anderer technischer Entwicklungen auf die Beschäftigung zusammenfasst und interpretiert: »Der technische Fortschritt setzt nicht nur Arbeitskräfte frei, sondern er schafft neue Arbeitsplätze und Berufe« (Friedrichs, 1963: 86).

Wirtschaftswachstum bestimmt wird und dass dieser Zusammenhang keinesfalls imaginär ist, wird durch die zu dieser Zeit vorhandenen makroökonomischen Daten bestätigt. Pessimistisch gefärbte Aussagen über die Folgen des technischen Fortschritts müssen infolgedessen eine Verlangsamung des gesamtwirtschaftlichen Wachstums vorhersagen. Freigesetzte Arbeitskräfte werden angesichts eines geringeren Wirtschaftswachstums nicht mehr in anderen Sektoren und Bereichen absorbiert (siehe Welsch, 1983).

Der verbreitete Optimismus über die Konsequenzen des technischen Fortschritts in den sechziger Jahren wurde durch die Beobachtung bestätigt, dass die Zahl der tatsächlich beschäftigten Arbeitnehmer trotz der erheblichen Produktivitätszuwächse insbesondere im Industriesektor insgesamt zunimmt. Friedrichs (1963: 98) kann deshalb zusammenfassend folgern:

»Ob aus direkten oder indirekten Freisetzungen effektive Arbeitslosigkeit entsteht, ist nicht allein von der Intensität des technischen Fortschritts abhängig. Entscheidend ist vielmehr das Volumen der gleichzeitigen Produktionssteigerungen beziehungsweise des gesamtwirtschaftlichen Wachstums einerseits und das Ausmaß von Arbeitszeitverkürzungen andererseits.«

Der Beschäftigungseffekt des technischen Fortschritts ist somit insgesamt gesehen eine Frage des Zusammenspiels von Wirtschaftswachstum, der Arbeitszeit und der beschäftigungsrelevanten Folgen der Automation und anderer technischer Entwicklungen. Es bleibt also als zentrale wirtschaftspolitische Größe die Frage des so gut wie garantierten Ausgleichs oder des Zeitpunkts der einsetzenden Kompensation.

»During the 1980s most technology employment analysis focused on the complexity of the many interactions linking the introduction of new technologies, changes in work organisation, skill mismatches and sectoral unemployment« (Soete, 1996: 384).

Man vertraute weiter auf den Kompensationsmechanismus obwohl klar war, dass es auf dem Arbeitsmarkt zu strukturellen Anpassungsschwierigkeiten kommt und dass die Automatik des Prozesses Freisetzung/Wiederbeschäftigung nicht ohne Hindernisse und Kosten abläuft.

Ich werde mich im nächsten Abschnitt mit der Frage befassen, ob die Konzepte der konjunkturellen beziehungsweise der

strukturellen Arbeitslosigkeit ausreichen, um die Arbeitsmarktentwicklung in Wissensgesellschaften adäquat abzubilden. Auf
jeden Fall, so eine zusammenfassende Einschätzung zum Stellenwert permanenter Unterbeschäftigung beziehungsweise »technologischer Arbeitslosigkeit« in modernen Gesellschaften, findet der Begriff der »technologischen« oder, wie ich sie nennen
werde, säkularen Arbeitslosigkeit »unter Ökonomen zur Erklärung der gegenwärtigen Beschäftigungskrise kaum Zustimmung,
und zwar quer durch alle ›Schulen‹« (Priewe, 1998: 142).

## Postindustrielle Gesellschaften

Der Begriff »Postmoderne« ist heute das von vielen akademischen und professionellen Beobachtern gesamtgesellschaftlicher
Veränderungen favorisierte Konzept, um die Grenze und den
Beginn einer neuen Epoche festzuschreiben. Vor nicht mehr als
dreißig Jahren war es hingegen ein anderer Begriff, der in den
Sozialwissenschaften ganz ähnliche Dienste leistete, und zwar
die Vorstellung, die Gesellschaft befinde sich in einer postindustriellen Phase und damit ebenfalls in einem Interimszustand
zwischen zwei grundsätzlich verschiedenen Gesellschaftstypen.
    Der Hauptarchitekt der Konzeption einer postindustriellen
Gesellschaft in den sechziger Jahren war Daniel Bell.[12] In seiner
Theorie der postindustriellen Gesellschaft, der Gesellschaftsform also, die sich aus damaliger Sicht in den nächsten zwanzig

12 Daniel Bell ist weitgehend verantwortlich für den heute vorherr-
    schenden Bedeutungsgehalt des Begriffs der »post-industriellen Ge-
    sellschaft« sowie für den prominenten Stellenwert dieser theoreti-
    schen Konzeption innerhalb der sozialwissenschaftlichen Diskussion
    über das mögliche Ende der Industriegesellschaft und den Übergang
    zu einer neuen Gesellschaftsform (siehe auch Bell, 1973: 39-45). Aller-
    dings ist Bell nicht der Erfinder des Begriffs. Dieser findet sich zum
    Beispiel schon früher in einer Anzahl von sozialwissenschaftlichen
    Untersuchungen und Essays, so etwa in David Riesmans ([1958]
    1964) Analyse der Struktur des Freizeitverhaltens in der modernen
    Gesellschaft und sehr viel früher in dem in der Zwischenzeit lange
    vergessenen Werk von Arthur J. Penty (zum Beispiel 1917; vgl. auch
    Bell, 1973: 37ff.), in dem sich dieser Autor eher besorgt über die sozia-
    len Folgen der Industrialisierung äußert.

bis vierzig Jahren entwickeln sollte, um sich dann im 21. Jahrhundert endgültig als vorherrschende Gesellschaftsstruktur der USA, Japans, der damaligen Sowjetunion und des westlichenEuropa durchzusetzen, zeichnet Daniel Bell ein im Großen und Ganzen, wie es scheint, recht positives, optimistisches und in mancher Hinsicht sogar hoffnungsvolles Zukunftsbild dieser Gesellschaften (vgl. Stehr, 1994: 99-174).[13]

Im Kontext der Theorie der postindustriellen Gesellschaft werden neue Hoffnungen für eine Befreiung der Arbeiter in der Arbeitssituation selbst geweckt. Die postindustrielle Gesellschaft ist eine *gemeinschaftliche* Gesellschaft, in der nicht das Individuum die beherrschende soziale Einheit ist, sondern es sind die in der lokalen Gemeinschaft verankerten Organisationen. Es ist nach Bell (1976: 148-149) eine Welt, in der die Verkehrsformen der »cooperation and reciprocity rather than coordination and hierarchy« vorherrschen. Die Arbeitswelt ist von Erlebnissen geprägt, die zunehmend nicht nur von der Natur abgekoppelt sind, sondern auch »less and less with machinery and

---

13 Wie bereits erwähnt, geben Radovan Richta (1972: 320) und seine Kollegen von der Akademie der Wissenschaften der damaligen Tschechoslowakei als Zeitpunkt für den *Beginn* der wissenschaftlich-technischen Revolution, die die moderne Gesellschaft von Grund auf verändern sollte, die 50er Jahre des 20. Jahrhunderts an. Daniel Bell (1973: 346) hält dagegen das Festlegen eines bestimmten Datums zwar für töricht, argumentiert dann aber doch dafür, das Entstehen der nachindustriellen Gesellschaft zumindest »symbolisch« mit dem Ende des Zweiten Weltkriegs zusammenfallen zu lassen, weil zu diesem Zeitpunkt die Vorstellung wach wird, in einem neuen Zeitalter zu leben, und sich ein neues Zeitgefühl sowie eine neue Einstellung zum gesellschaftlichen Wandel entwickelte. Im Gegensatz dazu datieren schließlich Block und Hirschhorn (1979: 368), die sich vor allem über den Zeitpunkt des Entstehens der für die postindustrielle Gesellschaft typischen neuen Produktionsfaktoren »Wissen«, »Wissenschaft« und »Technologie« Gedanken machen, den Beginn der Periode, in der diese im Produktionsprozess entscheidend an Einfluss gewannen, auf die 20er Jahre. Von diesem Zeitpunkt an ändert sich der Umfang des Einsatzes der Produktionsfaktoren Arbeit, Zeit und Kapital insbesondere in den Vereinigten Staaten kaum bzw. beginnt sogar abzunehmen, während die Produktivität gleichzeitig steigt. Wissen wird damit im ökonomischen Sinn Produktionsfaktor und wichtige Quelle wachsender Wertschöpfung und erhöhten Wirtschaftswachstums.

things« zu tun haben; »they live with, and encounter only, one another«. Ich werde die Frage der Veränderung der Arbeitsqualität und der Arbeitsanforderungen im nächsten Abschnitt anschneiden.

Allerdings analysiert Bell die Frage des Zuwachses beziehungsweise des Verlustes von Arbeitsplätzen in der nachindustriellen Gesellschaft nicht. Es findet sich eine Anzahl von insgesamt unbedeutenden Verweisen auf die Problematik der Arbeitslosigkeit in *The Coming of Post-Industrial Society*. Daraus kann man sicher schließen, dass diese Frage im Vergleich zu anderen, wichtigeren gesellschaftlichen und politischen Entwicklungen der nachindustriellen Gesellschaft für Bell von nur geringer Bedeutung ist.[14] Wenn man sich aber die historisch außergewöhnlich geringen Arbeitslosenraten der sechziger Jahre vor Augen hält (siehe *Tabelle 4*, S. 204), also zu einem Zeitpunkt, als Bell seine Theorie formulierte, dann wird diese Vernachlässigung durchaus verständlich. Genauso wenig überrascht die Tatsache, dass wir in seiner Studie kaum Verweise auf die Auswirkungen der technisch-wissenschaftlichen Entwicklung auf die Beschäftigungssituation entdecken können. Sowohl das wirtschaftliche Wachstum als auch die Beschäftigungsproblematik waren in den sechziger Jahren keine vorrangigen Themen, die außergewöhnliche theoretische Anstrengung und kritische Aufmerksamkeit erforderten.

Darüber hinaus erklären Prämissen der Theorie der postindustriellen Gesellschaft das Vertrauen in die weitgehende Irrelevanz der Problematik der Arbeitslosigkeit. Die Theorie findet eine ihrer entscheidenden Stützen in der Annahme einer fast natürlichen Progression oder eines Wandels der modernen Wirtschaft von einer Agrar- in eine Dienstleistungsgesellschaft. Motor dieser Veränderungen ist ein Wandel in der gesellschaftlichen Wertehierarchie. Das heißt, der Rückgang in der Bedeutung materieller Werte folgt dem allgemeinen Anstieg im Wohlstandsniveau der Bevölkerung. Denn sind grundlegende existentielle Bedürfnisse erst einmal befriedigt, lässt sich ein Wandel in den Konsumge-

14 In den späten siebziger Jahren wird jedoch auf das mögliche Eintreten einer »chronischen Arbeitslosigkeit« in der postindustriellen Gesellschaft hingewiesen (Harman, 1978); der Einfluss demographischer Trenderscheinungen und das langsame Wirtschaftswachstum werden als die Hauptursachen ausgemacht.

wohnheiten beobachten. Einfach ausgedrückt, die Art und Zusammensetzung der Ausgaben der Haushalte ändert sich. Die
Ausgaben für die Ernährung zum Beispiel verringern sich, während die relativen und absoluten Ausgaben für Bildung, Reisen
und Gesundheit signifikant ansteigen. Der Konsens und das Vertrauen, dass dieser Trend in den Konsumgewohnheiten eine der
grundlegenden Veränderungen der Industriegesellschaft selbst
signalisiert, ist weit verbreitet. Die Erfahrungen der Nachkriegszeit sowohl in Westeuropa als auch in Nordamerika scheinen zu
bestätigen, dass diese Perspektive in der Tat empirisch zutreffend
und theoretisch hilfreich ist. Mit diesen Beobachtungen und
Überlegungen steht die These in Verbindung, dass in der modernen Gesellschaft gleichzeitig eine langfristige und natürliche
progressive Schwerpunktverlagerung der Beschäftigung von der
Landwirtschaft zum Dienstleistungssektor stattfindet. Die Automatisierung in der Industrie mag tatsächlich zum Abbau der
Beschäftigungszahlen in diesem Sektor der Ökonomie führen,
aber es handelt sich dabei letztlich nur um eine für die Arbeitnehmer zwar unangenehme, aber notwendige Veränderung im
Beschäftigungssektor. Der expandierende Dienstleistungssektor
wird für die freigesetzten industriellen Arbeiter Arbeitsplätze
bereitstellen. Es gibt also keinen hinreichenden Grund zum Pessimismus und zur Sorge über den Umfang und die Zukunft der
Arbeit in der modernen Gesellschaft.
   Selbst wenn man die Arbeiten derjenigen Autoren in Betracht
zieht, die sich in den vergangenen Jahrzehnten mit kritischer
Distanz der Theorie der postindustriellen Gesellschaft anschlos-
sen, so findet sich auch in deren Studien nur selten ein expliziter
Verweis auf die beschäftigungspolitischen Folgen des wachsenden Einsatzes von Wissenschaft und Technik in der Produktion
oder etwa gar eines permanenten Rückgangs im Umfang der gesellschaftlich notwendigen Arbeit in der postindustriellen Gesellschaft. Auf jeden Fall lässt sich konstatieren, dass diese Theoretiker keine alarmierende Entwicklung sehen. Fred Block (1990:
11) stellt zum Beispiel klar, »although it seems likely that advanced technologies will diminish the size of such important
employment sectors as manufacturing and clerical word, it is
hardly inevitable that there will be growing structural unemployment«. Dieser Optimismus findet seine Begründung zum Beispiel in der These von dem expandierenden Dienstleistungssek-

tor in der postindustriellen Gesellschaft.[15] Darüber hinaus unterstellt man, und diese Überlegungen unterstreichen die kontingente Komplexität der Beziehung zwischen technischem Wandel und dem gesellschaftlich notwendigen Arbeitsumfang (siehe Block, 1984: 14-17), dass es zu einer Arbeitszeitverkürzung kommt oder dass sich der hohe Prozentsatz Beschäftigungssuchender in der Bevölkerung in den entwickelten Gesellschaften verringern dürfte beziehungsweise dass eine hohe Partizipationsrate aus makroökonomischer Sicht unerwünscht ist. Andererseits können diese Prozesse aber auch genau die umgekehrte Wirkung haben: So kann sich zum Beispiel die Altersstruktur der Bevölkerung verschieben, die Nachfrage nach Arbeit kann ansteigen, und/oder Arbeitszeitverkürzungen können beendet werden. Es sind also nicht nur rein ökonomische Anpassungsprozesse, die über die Relation von Arbeitsangebot und -nachfrage entscheiden.

Neuere Analysen des Umfangs der Arbeitslosigkeit in postindustriellen Gesellschaften müssen sich mit der jüngsten Entwicklung der Arbeitslosenzahlen auseinandersetzen und prognostizieren eine erheblich ausgeweitete, aber auch permanent höhere Arbeitslosigkeit auf Grund der Freisetzung von Beschäftigten als Ergebnis der rapiden Verbreitung der Computer- und Telekommunikationstechnik in allen Wirtschaftssektoren (zum Beispiel Nora und Minc [1977] 1980; Jenkins und Sherman, 1979: 115; Hines und Searle, 1981; Webster und Robbins, 1986: 127). Unter den Wirtschaftswissenschaftlern wird Wassily Leontief (1982, 1983) zu einem der prominentesten Meinungsvertreter, die sich zu Möglichkeit und Gefahr einer technologischen Arbeitslosigkeit äußern.

Trotzdem ist der einmal verbreitete Optimismus postindustri-

---

15 Obwohl Daniel Bells Prämissen der Theorie der postindustriellen Gesellschaft häufig die eigentliche Basis für die Theorie der Informationsgesellschaft darstellen, verdrängt der Begriff der »Informationsgesellschaft« den der postindustriellen Gesellschaft in den Diskussionen und Analysen der modernen Gesellschaft der achtziger Jahre. Und obwohl die Arbeitslosigkeit während dieses Jahrzehnts zu einem wichtigen politischen Problem wird, bleibt die Annahme des »Marsches durch die Wirtschaftssektoren« in der Literatur zur Informationsgesellschaft aufrechterhalten (siehe zum Beispiel Katz, 1988; vgl. Miles und Gershuny, 1986).

eller Theoretiker nicht völlig verblaßt. Krishnan Kumar (1995: 24) betont zum Beispiel, dass sich die beängstigenden Prognosen der siebziger Jahre über die Folgen der Informationstechnologie für den Arbeitsmarkt nicht bewahrheitet haben: »Information technology has displaced some workers ... but has also created new jobs in several areas ... Redeployment has been more common so far than widespread redundancy.« Einen vergleichbaren, wenn auch immer wieder gebremsten Enthusiasmus über die soziale Rolle der Technik findet man von Zeit zu Zeit in dem sich links verstehenden Spektrum der Gesellschaftskritik. Sofern man die Rolle der modernen Technik als neutrale Instanz versteht, das heißt als ein Instrument, dessen »Wesen« es ist, seine gesellschaftlichen Folgen von der jeweiligen Gesellschaftsstruktur bestimmen zu lassen, so kann man natürlich mit Recht darauf verweisen und darauf hoffen, dass eine radikale Transformation des politischen Systems und damit auch der Wirtschaftsstruktur zu einer insgesamt »positiven« Verwendung der modernen Technik führen wird. Dass dies auch Auswirkungen nicht nur auf die gesellschaftliche Stellung des Arbeiters haben wird, sondern auf die Beschäftigungsstruktur, liegt auf der Hand (vgl. Webster, 1986).

Zusammenfassend darf man deshalb feststellen, dass die These von der strukturellen Arbeitslosigkeit seit ihrer Entdeckung durch David Ricardo in der ersten Hälfte des neunzehnten Jahrhunderts als Erklärung der wichtigsten Auswirkungen des technischen Wandels – und dies trotz umfassender und teilweise revolutionärer Änderungen in Wissenschaft und Technik – über einen Zeitraum von fast 175 Jahren mehr oder weniger unverändert Bestand gehabt hat (vgl. Katsoulacos, 1986). Sowohl die Arbeiterbewegung als auch die Unternehmer waren in der Regel weit davon entfernt, die Mechanisierung oder Automatisierung der Arbeit als arbeitszerstörende Entwicklung zu verdammen. Diese bemerkenswerte Beharrlichkeit und Kontinuität deutet wohl auf die weitgehend positive, oft auch optimistische Haltung vieler betroffener Gruppen gegenüber den sozialen und ökonomischen Folgen technischen Wandels hin. Auf lange Sicht werden selbst durch radikale technische Veränderungen mehr neue Arbeitsplätze geschaffen als alte vernichtet. Andererseits haben diese verbreiteten affirmativen Einstellungen in der Diskussion über die Folgen des technischen Wandels in Wirtschaft und Gesellschaft andere Auswirkungen des technischen Fortschritts in der Produktion, wie zum Beispiel die Problematik der Verteilung des Gewinns von Produktivitätszuwächsen, der nicht-antizipierten Folgen des Wirtschaftswachstums oder deren Umweltfolgen über Jahrzehnte in den Hintergrund gedrängt.

## Die Anatomie der Arbeit in der Wissensgesellschaft

Eine Analyse der Veränderungen der Arbeitswelt und des Arbeitsplatzes in der Wissensgesellschaft lässt sich in zwei oder drei relevante Gesichtspunkte unterteilen:

Erstens geht es mir um die Frage der *Quantität* der vorhandenen Arbeit und die daran anschließende Problematik der möglichen Weiterentwicklung oder Veränderung der herrschenden Sinnbedeutung von Arbeit beziehungsweise ihres sozialen Konstrukts in der Wissensgesellschaft. Diese Fragen stellen sich mit besonderer Dringlichkeit, sollte es sich herausstellen, dass sich das gesellschaftlich notwendige Arbeitsvolumen in der Tat weiter signifikant reduziert.

Zweitens sollte die Frage nach der *Qualität* der typischen Arbeitsaktivitäten in der Wissensgesellschaft sowie nach den »qualitativen« Veränderungen der Welt der Arbeit gestellt werden. Und zwar handelt es sich bei diesem Bezugspunkt in erster Linie um die möglicherweise ständige Transformation der Arbeitsanforderungen, das typische Berufsbild, die vorherrschenden Arbeitsinhalte (und von wem sie bestimmt werden), den Gestaltungsspielraum der Arbeitsform durch die Beschäftigten, die soziale Organisation der wirtschaftlichen Wertschöpfung sowie die komplizierte Frage der beruflichen Fertigkeiten, des unterschiedlichen Tempos, mit dem sie obsolet werden, und der Notwendigkeit eines routinehaften Erlernens neuer Fähigkeiten. Insbesondere in diesem Kontext und im historischen Vergleich von Arbeitsformen zeigt sich, dass in der neoklassischen Theorie, wo bewußt ohne Bezug auf die Situationsbezogenheit der Arbeit argumentiert wird, der Zugang zu Arbeit besonders schwach ausgebildet ist (siehe Tilly und Tilly, 1998: 13). Bei der Analyse des Einflusses des technischen Wandels auf Arbeitsformen ging man bisher vor allem von der Fragestellung aus, ob ein Abbau beziehungsweise eine Zunahme der Qualifikationen oder eine neutrale Auswirkung der Technik auf erforderliche berufliche

Fähigkeiten stattfindet oder nicht (siehe Spenner, 1983). Aber welche dieser spezifischen Auswirkungen technischen Wandels auf die Arbeit man auch immer postuliert, die dabei zur Anwendung kommende »kausale« Logik unterstellt als selbstverständlich, dass sich berufliche Fähigkeiten und Kompetenzen an die veränderte Technologie anzupassen haben (zum Beispiel Hirschhorn und Mokray, 1992: 18).

Drittens stellt sich die Frage nach den psychologischen, sozialen und politischen Folgen (einschließlich der Vorteile und Kosten) einer möglicherweise dramatisch wachsenden Arbeitslosigkeit sowie nach den sozialen Folgen einer veränderten Arbeitswelt für das Individuum, seine Familie, das Bildungssystem und die Textur der Gesellschaft insgesamt (siehe Sennett, 1998).

Andererseits lassen sich die Antworten der drei Fragestellungen auf einen wichtigen gemeinsamen Gesichtspunkt beziehen, und zwar, ob die beobachteten qualitativen und quantitativen Veränderungen des Umfangs der gesellschaftlichen Arbeit, der Arbeitswelt und der Arbeitsformen letztlich nur auf eine Fortsetzung oder Verfestigung von Trends hinauslaufen, die bereits in der industriellen Gesellschaft zu beobachten waren. Dies gilt selbst dann, wenn sich herausstellen sollte, dass sich die für das Konstrukt Arbeit verantwortlichen sozialen und ökonomischen Bedingungen grundlegend verändert haben.

Was die Organisations- und Regulationsstrukturen von Arbeit in der Wissensgesellschaft angeht, so mag zum Beispiel der Schluss zutreffen oder zumindest zur Diskussion gestellt werden, dass auch die für Wissensgesellschaften typische »intellektuelle« oder wissensbasierte Arbeit den gleichen Rationalisierungsprozessen und Kontrollmöglichkeiten unterworfen ist, wie dies schon für die in der Industriegesellschaft typische manuelle Arbeit der Fall war. Eine Fortschreibung oder Kontinuität der bisher in der Industriegesellschaft beobachteten Trends des Auf und Ab der Arbeitslosenkurven[16] in der Wissensgesellschaft könnte darauf hindeuten, dass sich auch die soziopolitischen und sozio-

---

16 Das von vielen Beobachtern geteilte Vertrauen, dass zukünftige Beschäftigungstrends gewohnten Mustern folgen werden, wird von Joseph Schumpeter gestützt. Schumpeter ([1942] 1962: 70) betont, dass »supernormal unemployment is one of the features of periods of adaptation that follow upon the ›prosperity phase‹ of each of them.«

ökonomischen Folgen unterschiedlicher Arbeitslosenzahlen in eingefahrenen, bekannten Bahnen abspielen.[17]

Ich werde mich in diesem Abschnitt zunächst der Quantität der Arbeit zuwenden, um anschließend die Qualität der Arbeitswelt und -organisation zu diskutieren. Generell stehen im folgenden Abschnitt die Fragen im Vordergrund, inwieweit Wissen zum Hauptfaktor der sich entwickelnden Arbeitsformen und des Gestaltungsspielraums von Arbeit durch die Beschäftigten wird und welche Auswirkungen die wachsende Bedeutung des Produktionsfaktors Wissen für den Umfang der gesellschaftlich notwendigen Arbeit hat. Meine These wird sein, dass sich nicht nur der Umfang der Arbeit verändern wird, sondern auch dass die für die Industriegesellschaft typische Arbeitswelt bald völlig verschwunden sein wird. Dies heißt aber nicht, dass es in der Industriegesellschaft nicht schon Arbeitsformen gegeben hat, die für die Wissensgesellschaft beispielhaften Charakter zu haben scheinen. Ich denke in diesem Zusammenhang etwa an die »Kulturarbeiter«. Diesem Thema widmet sich der nächste Abschnitt.

## Exkurs: Politische Arithmetik: Das Messen des Umfangs der Arbeitslosigkeit

Wie die amerikanische Schriftstellerin Joyce Carol Oates in einem Essay zur magischen Bedeutung der Jahreszahl 2000 bemerkt, sind die Menschen sehr einfallsreich, wenn es um die Entdeckung von Symbolen geht, die man mit großer Leidenschaft und Autorität verbindet, um dann aber sehr schnell zu vergessen, dass es menschliche Erfindungen sind.[18] Offizielle Statistiken

---

17 Zwar will ich die Frage der gesamtgesellschaftlichen, politischen und speziell wirtschaftspolitischen Folgen hoher Arbeitslosenzahlen beziehungsweise von Massenarbeitslosigkeit in Wissensgesellschaften nicht im Detail verfolgen, dennoch muss hervorgehoben werden, dass signifikant neue Trends in der Arbeitslosigkeit zu erwarten sind. Genauer gesagt, die Arbeitslosigkeit wird insgesamt ceteris paribus erheblich anwachsen, und damit wird die Notwendigkeit, sich wie in verschiedenen vergangenen historischen Abschnitten mit den gesamtgesellschaftlichen Folgen intensiv auseinander zu setzen, natürlich dringender.

18 Der »op-ed essay« unter dem Titel »The calendar's new clothes« von

bilden in dieser Hinsicht keine Ausnahme. Im Gegenteil, offizielle Statistiken repräsentieren das paradigmatische Beispiel für die Oates'sche Beobachtung. Und der Archetyp der modernen Tatsache ist eine quantitative Tatsache (siehe auch Poovey, 1998).

Das Jahr 1987 ist in Italien auch als das Jahr *il sorpasso* bekannt. In diesem Jahr gelang es der offiziellen Statistikbehörde Italiens, dem Nationaleinkommen plötzlich zusätzliche 18 Prozent hinzuzufügen. Als Ergebnis dieses wundersamen Wirtschaftswachstums stieg Italien nach den USA, Japan und Westdeutschland zur viertgrößten westlichen Industriemacht auf. Die wundersame Vermehrung des Nationaleinkommens sollte als statistische Korrekturmaßnahme gelten. Die bisher unberücksichtigt gebliebene »Untergrundökonomie« wurde in die Bestimmung des »offiziellen« Nationaleinkommens einbezogen. Warum gerade 18 Prozent und nicht andere Werte bei der Untergrundökonomie (die in der Regel sogar noch höher liegt) gewählt wurde, wird erst deutlich, wenn man den Erfolg dieses Vorgehens bei Licht betrachtet: Italien überholte auf diese Weise alle anderen europäischen Länder außer Deutschland (siehe »The Italian Economy«, *The Economist*, 27. Februar 1988).

Trotz dieser und ähnlicher Episoden in der staatlichen Verwaltung von Statistiken geht man nicht nur in Italien schnell wieder zur Tagesordnung über und behandelt Klassifikationen und Indikatoren, als seien es natürliche Phänomene, die man nicht weiter durchschauen kann. In Wahrheit sind Arbeitslosenstatistiken sowohl »konstruierte« als auch »reale« Phänomene.[19]

Joyce Carol Oates wurde von der *New York Times* am 30. Dezember, 1999 gedruckt.

19 Vergleiche auch Luhmanns (1990: 178-179) Beobachtungen zur rhetorischen Rolle exakt bestimmter Quantitäten, aggregierter Messzahlen und präziser numerischer Verweise im alltäglichen Leben, in der Kommunikation politischer Intentionen, in Wirtschaftsbeziehungen, in Bildungseinrichtungen usw. Bloße Zahlen aller Art sind, zumindest auf den ersten Blick, »unverdächtige« Verweise, da man in der Regel nicht in der Lage ist, zu entscheiden, ob die Zahl gut oder schlecht, im Interesse bestimmter Parteien oder günstig oder ungünstig ist. Andererseits betont Rose (1999: 208), dass das Interesse an öffentlichen Statistiken und deren möglicherweise strittigen Konstruktion in demokratisch verfassten Gesellschaften, die gleichzeitig einen umfassenden »Zivilsektor« sowie eine größere Zahl von Interessenvereinigungen haben, eher gering sei.

Die Macht zu definieren und die Kriterien zu bestimmen, nach denen die (objektive) Realität der Arbeitslosigkeit sowie anderer ökonomischer und gesellschaftlicher Zustandsbeschreibungen und Entwicklungsverläufe in der modernen Gesellschaft bemessen und in der Öffentlichkeit diskutiert wird, ist eine ebenso gesellschaftspolitisch wie intellektuell bedeutsame Ressource (siehe Gusfield, 1981).[20] Statistik, Staat, Bürokratie und Herrschaft waren von Beginn der statistischen Erhebungen an eng miteinander verknüpft; Systeme statistischer Erhebung und die Standardisierung von Gewichten sowie anderen Messwerten gehen Hand in Hand mit dem Aufbau und der Operation des Staates und der Modernisierung des Handels (siehe Spittler, 1980: 594-601; Hacking, 1990; Desrosières, 1991: 197-198; Alder, 1995; Schaffer, 1995).

Der Verweis darauf, die Macht sozialer Indikatoren zu bestimmen, lässt schon erkennen, dass die Begriffsbestimmung und somit die Operationalisierung von Arbeit und Arbeitslosigkeit keineswegs so eindeutig ist, wie man dies aus vielen gegenwärtigen Diskussionen und Analysen der Arbeitslosenzahlen schließen mag.[21] Man muss außerdem davon ausgehen, dass die zwischenstaatliche Vergleichbarkeit nationaler Indikatoren über einen längeren Zeitraum gesehen eher ab- als zunimmt (vgl. Werner, 1984).

Andererseits kann man den außergewöhnlichen, realen politischen Stellenwert dieser Indikatoren schon daran ermessen, dass jedes Land seine eigenständige Produktion von Arbeitslosenziffern eifersüchtig verteidigt und fortschreibt, obwohl es transna-

20 Angesichts der gesellschaftspolitischen Bedeutung sozialer Indikatoren werben Block und Burns (1986: 767-768) für eine Soziologie sozialer Indikatoren, »which would examine the process by which these particular social facts are created and how the facts are then used by different social actors. Such an investigation would also have to explain the transformation that occurs when social indicators enter public debate.«

21 Paul Starr (1987: 14) favorisiert dagegen eine »gutartige« Interpretation der gesellschaftlichen Rolle von politisch gefärbten, unpersönlichen Zahlen in der öffentlichen Diskussion. Und zwar betont er, dass Statistiken trotz ihrer Imperfektionen zur »Unabhängigkeit« der Bürger moderner Gesellschaften beitragen, indem sie analog zu Gesetzesvorschriften als Instrument zur Beschränkung der Herrschaft der Mächtigen dienen.

tionale Institutionen gibt, die die nationalstaatliche Souveränität in dieser Beziehung immer wieder in Zweifel ziehen. Warum begnügt man sich nicht mit den von der OECD oder der Europäischen Kommission veröffentlichten Zahlen und verzichtet auf ein eigenes Regime? Weil man natürlich die nationale Souveränität des Zählens und die damit verbundenen politischen, gesetzlichen und administrativen Möglichkeiten nicht aufgeben möchte.[22] Gleichzeitig manifestiert das Interesse an einer nationalen Kontrolle gerade der Konstruktion des Ausmaßes und der Art der Arbeitslosigkeit aber auch, dass die Verhaltensweisen, die auf dem Arbeitsmarkt herrschen, in engem Zusammenhang zur jeweiligen nationalen Gesetzeslage der Arbeitslosenunterstützung und zur Leistungsfähigkeit der jeweiligen Regierung stehen (siehe Smith, 1999).

Der soziale Indikator Arbeitslosenquote ist zweifellos die in der Öffentlichkeit westlicher Gesellschaften bekannteste makroökonomische Messzahl. Der in festen Abständen vom Staat veröffentlichte Prozensatz der Arbeitslosen repräsentiert wie keine andere Ziffer die »Macht der einzelnen Zahl«. Das heißt, die in Deutschland monatlich von der Bundesanstalt für Arbeit in Nürnberg veröffentlichte Zahl der Arbeitslosen, genauer die Zahl der als arbeitslos gemeldeten Personen, gehört zu den von Politik, Öffentlichkeit, Medien und Wirtschaft am stärksten beobachteten und kommentierten »sozialen Tatsachen« der staatlich veranstalteten Organisation von gesellschaftlichen Zustandsbeschreibungen.

22 Das englische Arbeitsministerium (*Employment Department*), damals unter konservativer Leitung, hat nach eigenem Bekunden das statistische Regime der monatlich erhobenen Arbeitslosenzahlen in Großbritannien in der Zeit zwischen dem 1. Oktober 1979 und dem 28. Februar 1994 insgesamt einunddreißigmal geändert. Einige dieser Veränderungen hatten einen großen Einfluss auf die Höhe der Arbeitslosenzahlen, andere dagegen kaum (siehe *Labour Market Trends*, November 1995: 398-400). Es ist nicht verwunderlich, dass diese Tatsache wiederum zu Klagen der Opposition darüber Anlass gibt, dass die Arbeitslosenzahlen manipuliert oder geschönt würden: Im April 1997 etwa wehrten sich die noch regierenden Konservativen gegen Vorwürfe der Labour Party, die »wahre« Arbeitslosenquote Großbritanniens liege nicht, wie die Regierung bekannt gebe, bei 6,1 Prozent, sondern bei 14 Prozent, mit den Worten, dies sei »utter rubbish« (siehe *The Economist*, 17, April 1997, S. 39).

Die veröffentlichte Arbeitslosenquote ist also mehr als nur eine Entscheidungsgrundlage für den Einsatz arbeitspolitischer Maßnahmen und die Erfolgskontrolle der Verwendung staatlicher Mittel. Arbeitslosenziffern und ihr Spiegelbild, das Ausmaß der Beschäftigung, haben nicht nur eminent wichtige politische und ökonomische Konsequenzen und sind nicht nur Gegenstand einer unverhältnismäßig großen publizistischen Aufmerksamkeit, sondern hinter den bloßen Ziffern stecken unzählige individuelle und kollektive, regionale und nationale Verbands- und Parteien-Schicksale.

Es bleibt aber auch festzuhalten, dass diese Statistiken Qualitäten haben, die sie formal nicht von anderen Daten und deren »Bearbeitung« und Interpretation durch unterschiedliche Analytiker und Beobachter unterscheiden. Eine »objektive«, eindeutige und damit unumstrittene Arbeitslosenquote kann es deshalb nicht geben. Die durch soziale Indikatoren ausgelösten politischen Kontroversen illustrieren die »subjektive« Seite dieser Realität; man kann die praktische Verwendung der Zahlen in politischen Kontroversen und in den Medien nicht festschreiben.

Wenn man sich darüber hinaus aber fragt, warum diese Indikatoren des Arbeitsmarktes, die weder die individuell relevante noch die kollektive Dynamik der Arbeitsplatzvernichtung und -schaffung wiedergeben können, immer wieder eine fast einzigartige Aufmerksamkeit auf sich ziehen, dann hängt dies sicher mit der besonderen *Gegenwartsbezogenheit* dieser Zahlen zusammen. Sie porträtieren eben nicht wie viele andere empirisch verankerte Aussagen und Statistiken das Bild irgendeiner Wirklichkeit der fernen Zukunft (oder Vergangenheit), sondern sie haben einen aktuellen Zeithorizont, der im Fall hoher Arbeitslosenziffern Dringlichkeit und Handlungsbedarf beziehungsweise Misserfolge und Handlungsunfähigkeit signalisiert. Wie jüngste Naturkatastrophen und politische Umstürze zeigen, eliminieren gegenwärtige Notlagen praktisch jede Relevanz zukünftiger oder vergangener Krisen.

Die soziale Brisanz der Arbeitslosenstatistiken ergibt sich also aus der in ihnen angelegten Zeitskala und der gesellschaftlichen Bedeutung dieses Zeithorizonts. Allerdings sind Arbeitslosenraten und Messwerte, die den Umfang der Beschäftigung widerspiegeln sollen, soziokulturelle Konstrukte, die bestimmte Interessen tangieren und so zu Streit Anlass geben. Die Tatsache, dass die Arbeitslosenquoten für ein Land je nach der gewählten Vorgehensweise erheblich differieren können, drückt diesen Sachverhalt deutlich aus. So wird zum Beispiel die durchschnittliche Arbeitslosenquote für Deutschland für das Jahr 1998, von der Bundesanstalt für Arbeit in Nürnberg, mit 12,3 Prozent (oder 4 279 288 Millionen) angegeben, während die OECD in Paris die Zahl 9,4 Prozent (oder 3 286 000) nennt. Hinter der prozentualen Differenz dieser beiden Angaben verbirgt sich ein absoluter Unterschied von ca. einer Million Personen. Es gibt aber auch den Fall, dass der national bestimmte Wert der Arbeitslosenziffern unter dem von der OECD publizierten liegt. Andererseits spiegelt ersterer nicht unbedingt die »Realität« wider, wie sie »vor Ort« empfunden oder gar in einer Zahl ausgedrückt wird: Ein Bericht aus der »Hauptstadt der Arbeitslosen« Deutschlands (*Die Zeit*, 20. Mai 1998, S. 12), dem ostdeutschen Sangershausen, spricht von einer offiziellen Arbeitslosenquote von 27 Prozent im Frühjahr 1998. Der Leiter des zuständigen Arbeitsamtes dieses Ortes meldet dagegen für seinen 290 000 Einwohner umfassenden Arbeitsamtsbezirk eine »reale« Arbeitslosenquote von über 40 Prozent. Hinter dieser Prozentzahl verbergen sich etwa 50 000 Menschen. Die Quantifizierung der Arbeitslosigkeit ist genau wie die Fabrikation anderer Statistiken sozialen Verhaltens ein kompliziertes Ergebnis unterschiedlicher Interessen und Verhandlungen. Ohne gleich eine Konspiration der Mächtigen vermuten zu müssen, ist erkennbar, dass die Regulation und Festlegung der Definitionsmerkmale, mit deren Hilfe die Arbeitslosenzahlen aggregiert werden, von politischen Interessenlagen mitbestimmt ist.

Arbeitslosenquoten sollten deshalb nicht einfach unhinterfragt hingenommen werden. Dennoch ist nicht zu leugnen, dass soziale Indikatoren wie die der Arbeitslosenquote in der öffentlichen Diskussion vor allem als objektive soziale Tatsachen wahrgenommen werden. Als definitive Indikatoren und als von verschiedenen Parteien – früher oder später – akzeptierte Fakten spielen sie dann eine wichtige Rolle in der Formulierung und Lösung von Konflikten (siehe Block und Burns, 1986: 768).

In diesem Zusammenhang möchte ich auf eine Reihe von Fragen eingehen, die mit der Konstruktion von Arbeitslosenziffern zu tun haben. Dazu gehört:

(1) ein kurzer historischer Verweis auf die Entdeckung und Institutionalisierung der quantifizierbaren Arbeitslosigkeit sowie auf Versuche, sie systematisch und mehr oder weniger kontinuierlich zu messen;

(2) will ich auf die Frage der typischen Messverfahren (wie wird gezählt, was wird erhoben und wer ist verantwortlich) und der internationalen Vergleichbarkeit der Quoten eingehen, ohne allerdings alle Feinheiten unterschiedlicher Verfahren und ihrer Folgen für den Umfang der Arbeitslosigkeit zu verfolgen. Ich werde mich auf einige Beispiele beschränken, die aber zeigen werden, wie groß der Spielraum zwischen unterschiedlichen Verfahren tatsächlich sein kann.

(3) Da soziale Indikatoren auch soziale Konstrukte sind, will ich gleich vorweg betonen, dass eine Diskussion der Verfahren und der Überlegungen, die in bestimmten Zahlen ihren Ausdruck finden, nicht dadurch überzeugender wird, dass man darauf besteht, veröffentlichte offizielle Zahlen gäben keine »wahren«, sondern illusionäre Verhältnisse wieder und gehörten daher in das Reich der Legende (siehe Brenner, 1994). Mit Unsicherheiten muss man auskommen. Eine unmittelbare Kontinuität von Realität und Befund oder eine realitätskonforme Widerspiegelung von Arbeitslosenziffern kann es in diesem objektivistischen Sinn einfach nicht geben. Umso wichtiger sind deshalb Informationen über die Verfahrensweisen, die bei der Festlegung von sozialen Indikatoren eine entscheidende Rolle spielen.

Arbeitslosenzahlen wurden zum ersten Mal systematisch während der Weltwirtschaftskrise und auch als Reaktion darauf erhoben. Desrosières (1993) verbindet das Auftauchen von Arbeitslosenstatistiken mit der Politik des New Deal in den Vereinigten Staaten. Arbeitslosigkeit wird viel später als Problem erkannt als etwa der Zustand der Armut. Sie ist ein Attribut der industriellen Gesellschaft. Wenn man keiner bezahlten Arbeit nachgeht, dies aber tun möchte, ist man nicht arm, sondern arbeitslos. Diese Grundaussage über Realitäten, die das »Wesen« der industriellen Gesellschaft ausmachen, findet Eingang in die meisten von offizieller Seite konstruierten Arbeitslosenindizes.

In der einschlägigen ökonomischen Literatur findet sich der Hinweis, dass die international am häufigsten akzeptierte Definition der Arbeitslosigkeit jüngeren Datums sei. Sie wird von der

International Labor Organization (ILO) vertreten, für die sie auf der 13. Internationalen Tagung der Arbeitsstatistiker im Jahre 1982 erarbeitet wurde. Als arbeitslos gilt demnach, wer keiner bezahlten Arbeit nachgeht beziehungsweise selbständig ist, aber nach Arbeit sucht und sofort für den Arbeitsmarkt zur Verfügung steht. Aus dieser knappen Definition wird aber schon deutlich, dass es eine Reihe von Anschlussdefinitionen geben muss, die es ermöglichen, »nach Arbeit suchen« oder »bezahlte Arbeit« zu operationalisieren.

Je nachdem, ob man sich auf einschränkende oder weniger restriktive Kriterien verlässt, ist etwa eine Person, die nur wenige Stunden in der Woche im Verkauf tätig ist, erwerbstätig oder auch arbeitslos. In den USA und Japan zum Beispiel reicht schon eine bezahlte Wochenarbeitsstunde, um in der Arbeitsmarktstatistik als Beschäftigter zu erscheinen. Unter diesem statistischen Regime ist es sicher nicht allzu schwer, Arbeitsmarktwunder zu vollbringen (vgl. *Tabelle 3 A* im Statistischen Anhang, in der eine um diese Komponente zumindest teilweise bereinigte Arbeitslosenquote für Japan aufgeführt ist).[23] In Deutschland verbleiben arbeitslos gemeldete Personen auch bei Ausübung einer geringfügigen Beschäftigung weiterhin in der Arbeitslosenstatistik.

Denkt man an die Tatsache, dass es sich beim Kriterium der Arbeitssuche in der Regel, um eine Information handelt, die man in einer Befragung erhebt, so dürfte das Attribut der aktiven Arbeitssuche besonders zerbrechlich sein. Denn auch hier sieht man sich mit dem gesellschaftlichen Stellenwert von Arbeit und der Akzeptanz von Arbeitslosigkeit konfrontiert und damit mit den sozialen Sanktionen aus konkreten Reaktionen auf eine solche Frage. Aber auch die Festsetzung der Zeitspanne, in der aktiv nach Arbeit gesucht werden muss (Was genau ist eine aktive Suche? Und wie verfährt man mit Personen, die keiner bezahlten Beschäftigung nachgehen, sich anscheinend auch nicht »aktiv«

23 Siehe auch die von Navarro (1998: 74) an Hand von Zahlen des *US Bureau of Labor Statistics* errechneten alternativen Arbeitslosenzahlen für die USA, Frankreich, Deutschland, Italien und Großbritannien. Im Fall der männlichen Arbeitslosenzahlen zählt Navarro zusätzlich die Zahl der Gefängnisinsassen als Teil der Arbeitslosenquote. Auf diese Weise kommt er für das Jahr 1993 auf eine Arbeitslosenquote unter der männlichen Bevölkerung der USA, die erheblich über der von Italien und Deutschland liegt.

um eine Arbeit bemühen?), hat einen erheblichen Einfluss auf affirmative beziehungsweise negative Antworten.

Je länger der Zeitraum und je unspezifischer das Kriterium der aktiven Arbeitssuche, desto höher die Arbeitslosenzahlen. Andererseits, je enger das Kriterium der aktiven Arbeitssuche und je kürzer die Zeitspanne, desto größer ist vermutlich die Zahl der entmutigten Arbeitslosen (*discouraged workers*) oder auch der so genannten »stillen Reserve«. Gleichzeitig steht die Zahl jener, die von einer vergeblichen Arbeitssuche entmutigt worden sind, in einem engen Verhältnis zur jeweiligen wirtschaftlichen Lage. In manchen Ländern, so zum Beispiel in Deutschland, gibt es keine nationale Information über den Umfang der so genannten »stillen Reserve«. Natürlich ist ihre Quantifizierung nicht unstrittig. Dass sich die nationale Arbeitslosenquote bei Hinzurechnung dieser Reserve leicht verdoppeln kann, ist nicht ungewöhnlich. Was schließlich heißt es genau, »für Arbeit zur Verfügung stehen«? Unterschiedliche Operationalisierungsverfahren können auch in diesem Fall zu Unterschieden bei den Arbeitslosenzahlen in Millionenhöhe führen. Kurz, »determining the number of discouraged workers involves subjective phenomena. Results are quite sensitive to the questions posed« (Sorrentino, 1993: 15). Außerdem sind die in verschiedenen Ländern gestellten Fragen und zur Anwendung gelangenden Kriterien nicht identisch.[24]

Definitorische Unterschiede in den angewandten Verfahren und Kriterien führen zu gravierenden Abweichungen bei den Zahlen der ausgewiesenen Arbeitslosen. Die Zahlen können einmal, wie dies in vielen Ländern geschieht, auf Grund von Befragungen einer Stichprobe von Arbeitskräften erhoben werden (*labor force survey*) oder auf die bei staatlichen Behörden offiziell registrierten Personen zurückgehen. Dies ist in Deutschland der Fall. Das hat zur Folge, dass Veränderungen in der *Administration* der Arbeitslosenunterstützung oder im Unterstützungssystem selbst einen nicht unerheblichen Einfluss auf die Zahl der registrierten Arbeitslosen haben. Eine Veränderung der Häufigkeit, mit der man sich etwa als Arbeitsloser *persönlich* beim Ar-

24 In der Studie von Sorrentino (1993: 23-23) findet sich eine Übersicht über die in verschiedenen Ländern (USA, Kanada, Schweden, Japan, Frankreich, Deutschland, Italien, Niederlande und Großbritannien) gestellten Fragen und Erhebungsmethoden zur Bestimmung der stillen Reserve (siehe auch Werner, 1984).

beitsamt melden muss (um nicht aus der Statistik und der Unterstützung entlassen zu werden), hat einen nicht unerheblichen Einfluss auf die Höhe der Arbeitslosenzahl in einem Land, in dem diese Zahl von solchen Meldungen abhängig gemacht wird.

In Deutschland werden Personen, die in staatlichen Arbeitsmarktprogrammen (zum Beispiel Arbeitsbeschaffungsmaßnahmen/ABM, Fortbildung und Umschulung) beschäftigt sind, nicht als Arbeitslose gezählt. Diese Zählweise hat einen erheblichen Einfluss auf die Quantifizierung der Arbeitslosigkeit in Deutschland, und hier insbesondere in Ostdeutschland, denn dort reduziert sich die offizielle Arbeitslosigkeit auf diese Weise fast auf die Hälfte (siehe Trabert, 1997). In den USA verwendet man keine obere Altersgrenze bei der Bestimmung der Zahl der Arbeitslosen (und der Beschäftigten), während die obere Altersgrenze in Deutschland bei den von der Bundesanstalt veröffentlichten Statistiken bei 65 Jahren liegt. Im Gegensatz zu den USA werden in Deutschland Studenten und Schüler (untere Altersgrenze 15 Jahre) von der Bundesanstalt nicht als arbeitslos eingestuft (vgl. Jusenius und von Rabenau, [1978] 1979).

Einmal ganz abgesehen von der Frage, ob sich Zähler und Nenner bei der Berechnung der Arbeitslosenquote immer auf den gleichen Zeitpunkt beziehen, können Unterschiede in der Zusammensetzung der Zahl der Erwerbspersonen (Nenner), zu denen die Zahl der Arbeitslosen (Zähler) in Beziehung gesetzt wird, zu beträchtlichen Abweichungen bei den errechneten Arbeitslosenquoten führen. Zum einen können dies alle zivilen Erwerbspersonen einschließlich der Selbstständigen (und der mithelfenden Familienangehörigen), aber auch der Arbeitslosen sein, zum anderen mögen dies nur Personen in abhängigen, das heißt sozialversicherungspflichtigen Beschäftigungsverhältnissen (in Deutschland einschließlich der Auszubildenden) ohne die selbstständig Beschäftigten sein.

In Deutschland sind auch die auf Lebenszeit beschäftigten Personen Teil des Nenners der abhängig Beschäftigten (vor allem Beamte auf kommunaler, Landes- und Bundesebene), obwohl ihr Arbeitsplatzrisiko nur sehr gering ist. Verzichtete man, was wohl gerechtfertigt wäre, auf die Beamten im Nenner, so würde dies zu einer größeren Arbeitslosenquote führen.

Ein internationaler Vergleich der Arbeitslosenziffern kann also recht irreführend sein. Selbst wenn man die Tatsache außer Acht lässt, dass Arbeitslosenziffern Ergebnis einer politischen Arithmetik sind, sind internationale Vergleiche schon deshalb schwierig, weil sich Volkswirtschaften nicht synchron entwickeln, sondern jeweils verschiedenen Wirtschaftsstadien oder -stufen angehören. Diese »evolutionären« Stufen der Wirtschafts- und Beschäftigungsstrukturen wie zum Beispiel die prozentuale Gesamtbeschäftigung in Landwirtschaft, Dienstleistung und Industrie müssen ebenso berücksichtigt werden wie unterschiedliche evolutionäre Entwicklungen der Nationen und Regionen dieser Welt, die zu Unterschieden in den Beschäftigungsziffern beitragen. Trotz dieser Schwierigkeiten bei der Feststellung der Zahl derer, die entweder beschäftigt oder unbeschäftigt sind, können solche Überlegungen nicht aus der Diskussion um die Arbeit in Wissensgesellschaften ausgeklammert werden, die sich mit dem Umfang der Arbeit befassen und Daten heranziehen und miteinander vergleichen, die sowohl soziale Konstrukte als auch soziale Tatsachen sind.

## Der Umfang der Arbeit

Der Arbeitsmarkt ist für die Makroökonomie, um Robert Solow (1985: 411) zu zitieren, weiterhin ein ungelöstes Puzzle. Die grundlegende Veränderung der modernen Wirtschaft in eine wissensbasierte Ökonomie erleichtert die Lösung keinesfalls. Wie knapp wird Arbeit in Zukunft sein und werden ökonomisches Wachstum und Vollbeschäftigung (aber auch die Ertragskraft von Unternehmen) in Zukunft in einem sehr viel weniger engen Verhältnis zueinander stehen?[25] Diese Frage ist im vergangenen

25 Rivalisierende Theorieentwürfe heben eine Vielzahl anderer Kräfte hervor, die für die andauernde oder gar wachsende Arbeitslosigkeit in der modernen Wirtschaft verantwortlich sind. Genannt werden zum Beispiel institutions- und länderspezifische Faktoren wie die Inflexibilität der Arbeitsmärkte, starre Lohnsysteme oder landestypische Innovationssysteme (vgl. Lundvall, 1995; Townsend, 1997: 22-50) und solch universalere Prozesse wie ein säkularer Wachstumsrückgang der Investitionsrate gepaart mit einem Wachstumsrückgang der Produktivitätsrate (siehe Brenner, 1998: 7-8). Diese Diskussion werde ich beiseite lassen und mich auf die Auswirkung der entstehenden wissensintensiven Ökonomie auf die Beschäftigung konzentrieren.

Jahrhundert natürlich schon häufiger intensiv diskutiert worden, aber in der Regel unter dem Vorzeichen und in der Hoffnung, die Arbeitslosigkeit gezielt bekämpfen und weitgehend überwinden zu können. Trotz eines neuen beschäftigungspolitischen Pessimismus, nicht zuletzt an Hand der Erfahrungen mit anscheinend stabil hohen Arbeitslosenraten in vielen OECD-Ländern, gibt es weiter optimistische Stimmen, die betonen, dass »Produktivitätsgewinne beschäftigungsmäßig nicht einfach verpuffen, sondern aufgrund des damit verbundenen Kaufkraftzuwachses an anderer Stelle die Nachfrage erhöhen und damit Arbeitsplätze schaffen« (Büscher, 1996: 134). Gilt diese zuversichtliche These aber per saldo auch für den Gesamtarbeitsmarkt von Wissensgesellschaften?

Die sich in jüngster Zeit herauskristallisierende Perspektive der Arbeitsmarktproblematik ist durch eine differenziertere Betrachtungsweise gekennzeichnet. So sind Probleme der sozialen Ungleichheit, demographischer Veränderungen, der Einkommensverteilung, notwendiger Qualifikationen, aber auch normative Fragen wie die nach dem Sinn der Arbeit heute zunehmend Teil der Diskussion über Beschäftigungstrends, Wachstum und Wissen.

Die Beschäftigungsentwicklung in wissensbasierten Ökonomien lässt sich verallgemeinernd wie folgt unterscheiden: (1) Schaffung von wissensfundierten (und in der Regel hoch bezahlten) Tätigkeiten; (2) Schaffung von (in der Regel schlecht bezahlten) Tätigkeiten mit geringen Qualifikationen und beruflichen Anforderungen;[26] und (3) die Vernichtung von Tätigkeiten.[27] Offen bleibt zunächst aber noch, welcher »Mechanismus« für diese

---

26 Die Schaffung und Erhaltung von minderqualifizierten Arbeitsstellen in wissensintensiven Ökonomien schließt nicht aus, dass diese Stellen zunehmend von Personen mit beachtlichen Ausbildungsabschlüssen eingenommen werden. Die Tendenz zur »downward occupational mobility« wird für den US-Arbeitsmarkt der Jahre 1970-1996 von Pryor und Schaffer (1999: 59-68) dokumentiert.

27 Die Anzahl der Wechsel in den Beschäftigungsverhältnissen sowie der Personen, die den Arbeitsmarkt zeitweise oder endgültig verlassen beziehungsweise in den Arbeitsmarkt aufgenommen werden usw., ist sicher auch von Interesse als Trend am Arbeitsmarkt. Relevante Daten für den amerikanischen Herstellungssektor finden sich in Davis, Haltiwanger und Schuh, 1995.

Arbeitsmarktveränderungen verantwortlich ist. Allerdings ist es kein Geheimnis, dass die weitaus größte Zahl der Beobachter die moderne Technik und Wissenschaft als Motor dieser Entwicklungen ausmacht. Im Anschluss an diese summarische Feststellung stellt sich deshalb die weit weniger hoffnungsvolle Frage, ob in einer wissensintensiven Wirtschaft Wissenschaft und Technik Arbeits*plätze* in einem Umfang eliminieren, der die Zahl der neu geschaffenen Arbeitsplätze übersteigt, so dass man von einem signifikanten Schwund in der »gesellschaftlich notwendigen« Arbeit sprechen muss. Vor wenigen Jahren kam man zum Beispiel in einer umfassenden Studie der amerikanischen Regierung zu der sehr viel positiveren Folgerung, dass die moderne Technik zwar Arbeitsplätze, aber nicht Arbeit zerstört (vgl. *United States National Commission on Technology, Automation and Economic Progress,* 1966).[28] Disaggregiert man die Gesamtheit der Veränderungen im Beschäftigungsvolumen entwickelter Gesellschaften, so gilt zunächst einmal die Beobachtung, dass der Ort der Beschäftigung beziehungsweise der Beschäftigungssektor darüber entscheidet, welcher der genannten Trends dominiert (siehe Storper, 1996).

Die in diesem Zusammenhang ins Auge fallenden Veränderungen verweisen deshalb zunächst einmal auf die Tatsache, dass das Beschäftigungsvolumen, insbesondere in der industriellen Produktion, aber keineswegs nur im warenerzeugenden Sektor, keine (positive) Funktion des Produktionsergebnisses dieses Bereiches mehr ist; das heißt, in den industrialisierten Nationen ist »ein Ansteigen der Produktion im Herstellungssektor gleichbe-

---

28 Es gibt neben der Auswirkung der technischen Entwicklung auf den Umfang der Arbeit in den vergangenen Jahrzehnten eine Vielzahl von anderen Prozessen und Faktoren, die den Umfang von Angebot und Nachfrage sowie die Merkmale der Zusammensetzung der Beschäftigten beeinflusst haben und die ich an dieser Stelle nicht im Einzelnen aufgreifen kann. Die in Frage kommenden Veränderungen sind nicht nur demographischer Natur, wie sie zum Beispiel durch eine sich verändernde Altersstruktur der Bevölkerung, den Rückgang in der Geburtenhäufigkeit und durch Migrationsprozesse verursacht werden können, sondern sie sind auch Ergebnis tiefgreifender gesamtgesellschaftlicher sozialer und kultureller Veränderungen, wie zum Beispiel der signifikant gestiegenen Partizipation der Frauen, der insgesamt längeren formalen Bildung sowie der steigenden Scheidungsziffern (vgl. Therborn, 1995, Kapitel 4).

deutend mit einem Rückgang in der Zahl der beschäftigten Arbeiter. Folglich spielen die Arbeitskosten im ›Kostenvergleich‹ und als Wettbewerbsfaktor eine immer geringere Rolle« (Drukker, 1986: 775).

Im herkömmlichen Verständnis manifestiert sich in dieser Entwicklung vor allem die zunehmende Produktivität des Herstellungssektors. In den Wirtschaftssystemen der Industrieländer nimmt der Produktionsausstoß des Herstellungssektors bei in etwa gleich bleibender gesamtwirtschaftlicher Bedeutung zu, während der Anteil dieses Sektors an der Gesamtbeschäftigtenzahl erheblich zurückgeht.[29] Drucker (1986: 776) prognostiziert daher, dass in 25 Jahren in den entwickelten Ländern »der Anteil der im Herstellungsbereich Beschäftigten nicht größer sein wird als der Anteil der in diesen Ländern heute in der Landwirtschaft Beschäftigten – höchstens zehn Prozent«. In Analogie zur Abkoppelung des Rohstoffsektors vom Produktionsniveau im industriellen Sektor kann man deshalb im gleichen Wirtschaftsbereich von einer Abkoppelung von Beschäftigungs- und Produktionsniveau sprechen. Sowohl die quantitative Bedeutung von Arbeit als auch das Gewicht des Einsatzes von Rohstoffen nimmt zunehmend ab.

Allerdings ist die Abkoppelung der Produktion von der Arbeit ein wohl sehr viel allgemeineres Phänomen, wie insbesondere die in den vergangenen zwanzig Jahren erfasste Zahl der Arbeitslosen belegt. Die traditionell enge Koppelung zwischen Wirtschaftsaktivität und Beschäftigung ist nicht mehr konjunkturelle Begleiterscheinung und verhilft zu dem »Paradoxon« vom öko-

---

29 Eine für das amerikanische Arbeitsministerium (*US Department of Labor*, 1984) angefertigte empirische Untersuchung dokumentiert genau diese Entwicklung für die Jahre 1962 bis 1982 in vier Industriezweigen: der Strumpfwarenindustrie, der Verpackungsindustrie, der Blechdosenherstellung und in chemischen Reinigungsbetrieben. In jedem dieser Industriezweige sind technische Verbesserungen nicht nur für erhebliche Produktivitätszunahmen verantwortlich, sondern auch für einen überdurchschnittlichen Rückgang in der Zahl der Arbeitsplätze und einen überdurchschnittlichen Anstieg in den Produktionszahlen. Während des fraglichen Zeitraums nahm die Zahl der Beschäftigten in der Strumpfindustrie um 41 Prozent ab, in der Dosenherstellung ging sie um 16 Prozent zurück und in der Reinigungsindustrie um 34 Prozent.

nomischen Wachstum bei gleichzeitiger Arbeitslosigkeit (vgl. Therborn, 1986). Während die empirischen Trends für den Herstellungsbereich relativ eindeutig dokumentiert sind und sich darüber hinaus eine Reihe von Jahrzehnten in die Vergangenheit zurückverfolgen lassen, gibt es keine vergleichbaren Daten für den Dienstleistungssektor und die dort zu verzeichnenden wachsenden Bemühungen der vergangenen Jahre, die Produktivität zu verbessern. Soweit ersichtlich, beschränken sich die dokumentierten Produktivitätsverbesserungen auf dem Gebiet der Dienstleistungen auf solche im Industriesektor.[30] Dennoch kann man mit großer Wahrscheinlichkeit davon ausgehen, dass sich verstärkte Bemühungen, die Produktivität zu erhöhen (das heißt, insbesondere wissensbasierte Leistungen und Organisationsformen einzuführen), in Zukunft besonders im Dienstleistungsbereich durch eine wachsende Zahl von freigesetzten Arbeitskräften bemerkbar machen werden.

Bevor man sich der international vergleichenden Analyse der Arbeitslosenziffern und den sich verändernden Strukturen der Arbeitslosigkeit zuwendet, sollte man nicht unterlassen zu betonen, dass die große Mehrheit aller Arbeitnehmer auch heute noch ohne jede persönliche, direkte Erfahrung mit Arbeitslosigkeit ist. Die Arbeitslosigkeit, sei sie kurzfristig oder von längerer Dauer, bezieht sich in der Regel auf einen relativ kleinen Ausschnitt der Gesamtbeschäftigtenzahl. Die demographischen und sonstigen sozialen Unterschiede zwischen beiden Gruppen geben uns erste Hinweise auf einige der Gründe für Arbeitslosigkeit. Darüber hinaus ist die Häufigkeit der Erfahrungen mit einem Arbeitsplatzverlust von Gesellschaft zu Gesellschaft sehr unterschiedlich. Die *New York Times* berichtet in einer Artikelserie über Arbeitslosigkeit in den Vereinigten Staaten von einer empirischen Studie, in der ein Drittel aller Befragten aussagt, dass es in ihren Familien seit 1980 einen Arbeitsplatzverlust zu beklagen gibt, beziehungsweise vier von Hundert Befragten kennen in ih-

---

30 Folgt man etwa den Überlegungen einer Studie von Roach (1991: 119), der Dienstleistungsberufe als Angestelltenberufe (»white-collar jobs«) definiert, so hätte sich die Produktivität der Dienstleistungsberufe in den vergangenen fünf Jahren in den Vereinigten Staaten verdoppeln müssen, wenn sich ihr Zuwachs während des gleichen Zeitraums am tatsächlich erzielten Wachstum der Produktivität im Herstellungssektor orientiert hätte.

*Tabelle 4:* Arbeitslosenzahlen in Prozent für ausgewählte Industrieländer, 1960–1999[a]

| | 1960 | 1965 | 1970 | 1975 | 1980 | 1985 | 1991 | 1993 | 1994 | 1995 | 1997 | 1999[d] |
|---|---|---|---|---|---|---|---|---|---|---|---|---|
| Kanada | 6,4 | 7,0 | 3,9 | 5,6 | 6,9 | 7,4 | 10,4 | 11,2 | 10,4 | 9,5 | 9,2 | 7,8 |
| USA | 5,4 | 5,5 | 4,5 | 4,8 | 8,3 | 7,0 | 7,1 | 6,9 | 6,1 | 5,6 | 4,9 | 4,2 |
| Japan | 1,7 | 1,7 | 1,2 | 1,2 | 1,9 | 2,0 | 2,6 | 2,5 | 2,9 | 3,1 | 3,4 | 4,9 |
| Australien | 1,4 | 1,6 | 4,9 | 6,1 | 8,2 | 9,6 | 9,9 | 10,8 | 9,8 | 8,6 | 8,7 | 7,5 |
| Deutschland | 1,0 | 1,0 | 0,4 | 0,8 | 3,6 | 2,9 | 7,2 | 7,9 | 8,4 | 8,2 | 10,0 | 10,7 |
| Belgien | 3,3 | 3,1 | 1,6 | 2,1 | 5,0 | 8,8 | 11,3 | 8,6 | 10,0 | 9,9 | 9,2 | 11,1 |
| Großbritannien | 1,3 | 1,6 | 1,2 | 3,0 | 4,3 | 6,4 | 11,2 | 10,4 | 9,6 | 8,7 | 7,0 | 6,7 |
| Frankreich | 1,4 | 0,7 | 1,5 | 2,5 | 4,0 | 6,3 | 10,2 | 11,7 | 12,3 | 11,7 | 12,4 | 11,3 |
| Italien | 5,5 | 3,7 | 3,1 | 5,3[b] | 10,1 | 11,1[c] | 10,9 | 10,2 | 11,4 | 11,9 | 12,1 | 12,1 |
| Spanien | 2,4 | 2,4 | 1,5 | 3,0[b] | 11,1 | 21,1 | 15,2 | 22,4 | 24,1 | 22,9 | 20,8 | 17,4 |
| Griechenland | 6,1 | – | – | 2,1[b] | 7,8 | 7,4[c] | 7,7 | 9,7 | 9,6 | 10,0 | 10,3 | 10,7 |

*Quellen:* United Nations, *Economic Survey of Europe in 1991–1992*; OECD, *Main Economic Indicators. Historical Statistics, 1969–1988*; OECD, *Employment Outlook*, 1992. OECD, *Main Economic Indicators*, August 1996, Oktober 1998. OECD, *Monthly Bulletin of Labor Statistics*, September 1998. OECD, *Historical Statistics*, 1997.

a  Die Vergleichbarkeit der Zahlen für die einzelnen Länder ist, wie schon betont, nicht unbedingt gegeben (vgl. zum Beispiel Freeman, Clark und Soete, 1982: 4-5, sowie den Exkurs »Politische Arithmetik« in dieser Studie)

b  1974

c  1986

d  OECD-Prognose

rem unmittelbaren Freundeskreis eine Person, die ihren Arbeitsplatz verloren hat.[31]

In den Ländern der OECD (*Organisation for Economic Cooperation and Development*) hat sich die Zahl der Arbeitslosen von
1970 bis 1989 von zehn auf 25 Millionen erhöht. Da weder die
Möglichkeiten und Ziele der nationalen Wirtschaftspolitik noch
das ökonomische Wachstum oder die politischen und institutionellen Rahmenbedingungen (vgl. van Riel, 1995) in allen Ländern gleich sind, unterscheiden sich die Arbeitslosenraten und
-trends schon deshalb in den einzelnen Mitgliedsländern (vgl.
Therborn, 1986).[32] Sorrentino (1995) hat für ausgewählte Länder
der OECD eine Reihe von alternativen Arbeitslosenindikatoren
entwickelt (siehe *Tabelle A 3* im Statistischen Anhang). Die Arbeitslosenquote, die über die »konventionellen« Zahlen hinaus
auch die so genannte »stille Reserve« und die Hälfte der aus
ökonomischen Gründen Teilzeitbeschäftigten inkorporiert, lässt
nicht nur erkennen, dass die Länder mit vergleichsweise geringen
(konventionell gemessenen) Arbeitslosenzahlen auf Grund dieser Zählweise eine erheblich höhere Quote aufweisen (zum Beispiel Japan), sondern auch, dass die Arbeitslosenzahlen in den
verschiedenen Nationen stärker konvergieren, als dies die »offiziellen« Daten vermuten lassen. Legt man die von Sorrentino
erarbeiteten alternativen Arbeitslosenziffern zugrunde, so verdreifacht sich die japanische Arbeitslosenquote im Durchschnitt
der Jahre 1983-1993, während sich die Arbeitslosenzahl in Großbritannien »nur« um etwa ein Drittel erhöht.

In den Vereinigten Staaten sank die offizielle Arbeitslosenrate
in dem fraglichen Zeitraum sogar, während sie in Japan fast unverändert blieb (siehe *Tabelle 4*). Allerdings verdoppelte sich die
absolute Zahl der Arbeitslosen in Japan; und zwar wuchs sie von
680 000 im Jahre 1973 auf 1 390 000 im Jahre 1991 und stieg auf
3 300 000 im Jahre 1999 (OECD-Prognose). Während sich in den
vergangenen Jahrzehnten die Klassifikation dessen, was *in* den
verschiedenen Ländern zur Arbeitslosigkeit zählt, nur unwe-

31 »On the Battlefield of Business, Millions of Casualties«, *New York
Times*, March 3, 1996, National Desk, S. 1.
32 Der soziale Indikator »Arbeitslosenrate« hat eine immanent wichtige gesellschaftspolitische Bedeutung; ich bin auf diese Problematik
kurz im vorangegangenen Exkurs »Das Messen des Umfangs der Arbeit und der Arbeitslosigkeit« eingegangen.

sentlich verschoben haben mag, haben sich die Zusammensetzung und die Erwartungen der Arbeitslosen mit den Änderungen
in der Wirtschaft, der gesellschaftlichen Bedeutung der Arbeit,
dem Verhalten der Beschäftigten, ihrer Ausbildung und den Bedürfnissen der Arbeitswelt entscheidend gewandelt. In den Vereinigten Staaten zum Beispiel waren in den fünfziger Jahren unter den Arbeitslosen vor allem Männer in der Mitte ihres
Arbeitslebens, die nach einer Vollzeitstelle suchten. In den späten
siebziger Jahren konnten nur noch 25 Prozent der Arbeitslosen
dieser Gruppe zugerechnet werden. Der größere Anteil der Arbeitslosen bestand nun aus jungen Leuten sowie Frauen, die eine
Teilzeitbeschäftigung suchten (Wetzel, 1995: 88-89). Zur gleichen Zeit sank die Nachfrage nach Personen mit geringen beruflichen Fähigkeiten und Erfahrungen nachhaltig. Trotz der relativ
geringen Gesamtarbeitslosigkeit in den USA gab es unter den 133
Millionen Beschäftigten des Jahres 1989 13 Prozent oder 17 Millionen Personen, die im Verlauf dieses einen Jahres zumindest
zeitweise arbeitslos waren.[33]

Angesichts der Arbeitslosenziffern der OECD-Länder mag
aber auch auf die Tatsache verwiesen werden, dass in den vergangenen drei Jahrzehnten sowohl die Gesamtzahl der Beschäftigten
als auch die Zahl der Erwerbstätigen (das heißt die Zahl der als
arbeitslos registrierten Personen plus die Zahl der Beschäftigten)
trotz der Zunahme der Arbeitslosigkeit erheblich angestiegen ist
(siehe auch *Tabelle A 2* im Statistischen Anhang). Die dramatisch
erhöhte Zahl der Arbeitslosen, so könnte man deshalb argumentieren, ist Ergebnis einer (zu) schnell gewachsenen Zahl der Arbeitsuchenden, die nicht Zug um Zug von der Wirtschaft absorbiert werden konnten.

33 Es wäre natürlich sinnvoll, dieses Ergebnis zu unterteilen, um mehr
darüber zu erfahren, welche Personen eher und welche weniger von
Arbeitslosigkeit betroffen werden. Was die Alterszusammensetzung
der Arbeitslosen betrifft, so sind jüngere Personen in der Überzahl.
Unter den jungen Arbeitslosen sind Schwarze und Personen spani-
scher Herkunft länger und öfter ohne Arbeitsplatz. Geschlechtsspe-
zifische Unterschiede fallen jedoch weniger ins Gewicht. In der großen Mehrzahl der Fälle ist der Arbeitslose nicht der Ernährer der
Familie. Ungefähr 30 % aller Arbeitslosen müssen eine Familie ernäh-
ren. Zwei Drittel der männlichen Arbeitslosen dieser Gruppe werden
allerdings von einem dazuverdienenden Verwandten, üblicherweise
von der Ehefrau, unterstützt (Genaueres in Wetzel, 1995: 89-91).

In der Zeit von 1979 bis 1989 belief sich der in den Vereinigten Staaten durch die veränderte Bevölkerungszusammensetzung verursachte Nettozuwachs der Beschäftigten auf 13,1 Millionen. Der Zuwachs vollzieht sich hauptsächlich in der Altersgruppe der 25- bis 44-Jährigen. Frauen und bestimmte ethnische Gruppen sind stärker vertreten und tragen zu einem Gesamtzuwachs der Beschäftigten von 18,6 Millionen Personen (siehe Wetzel, 1995: 63) bei.

Ein wachsendes Arbeitsangebot muss aber nicht unbedingt, wie relevante historische Erfahrungen in den Vereinigten Staaten, in Deutschland und Japan zeigen, mit einer steigenden Arbeitslosenzahl Hand in Hand gehen. Aus diesen Beispielen geht hervor, dass eine stark ansteigende Zahl von Arbeitsuchenden sehr wohl mit einer relativ geringen Erwerbslosigkeit vereinbar war. Angesichts der verbreiteten institutionalisierten Erwartung, dass der Staat oder die Wirtschaft den Bürgern einen angemessenen beziehungsweise ständig steigenden Lebensstandard garantiert (siehe Dahrendorf, 1987: 110-111), sind signifikante, wachsende Arbeitslosenziffern sowohl für die Regierenden als auch für alle großen politischen Parteien eine nicht zu unterschätzende politische Herausforderung. Darüber hinaus konstituiert ein erhebliches Reservoir langfristig Arbeitsloser eine kritische Herausforderung für den Erhalt und den Umfang gewachsener sozialpolitischer Rechte des Wohlfahrtsstaates. Kurz, die gegenwärtig und dauerhaft hohen Arbeitslosenzahlen zwingen unter Umständen dazu, sich mit dem Gedanken vertraut zu machen, dass wir hier mit einem neuartigen ökonomischen Phänomen konfrontiert werden.[34]

34 Es gibt nur wenige empirische Studien zur sozialen und psychologischen Lage der Arbeitslosen, sieht man einmal von der klassischen Untersuchung *Die Arbeitslosen von Marienthal* von Paul Lazarsfeld und seinen Wiener Kollegen (Jahoda, Lazarsfeld und Zeisel 1933; siehe auch Neurath, 1995) ab, die sich mit den subjektiven Befindlichkeiten von Arbeitslosen und deren sozialem Ansehen in der Gesellschaft befasste. Allerdings liegt es auf der Hand, dass die Arbeitslosigkeit umfassende psychische und soziale Folgen hat, die durch eine wachsende Arbeitslosenzahl sowohl verstärkt werden als auch anderer Art sind. Fallende ökonomische und soziale Hilfsleistungen verschärfen diese Folgen weiter. Gleichzeitig dürften steigende Arbeitslosenziffern mit einer wachsenden Furcht vor Arbeitslosigkeit (vgl. Popitz, Bahrdt, Jüres und Kesting, [1957] 1961: 65-68) unter den Arbeitenden

*Tabelle 5*: Volkswirtschaftliche Arbeitsvolumen (Millionen Stunden) nach Wirtschaftszweigen, Deutschland 1960-1991 (und in Prozent des Jahres 1960)

| | Landwirtschafts- | | Herstellungs- | | Dienstleistungs- | | Staatssektor[a] | | [Staat] |
|---|---|---|---|---|---|---|---|---|---|
| | Abs. | % | Abs. | % | Abs. | % | Abs. | % | |
| 1960 | 8 569 | (100,0) | 26 099 | (100,0) | 15 577 | (100,0) | 5 840 | (100,0) | |
| 1965 | 7 068 | (82,5) | 25 867 | (99,1) | 15 727 | (101,0) | 6 437 | (110,2) | |
| 1970 | 5 159 | (60,2) | 24 629 | (94,4) | 15 235 | (97,8) | 6 749 | (115,6) | |
| 1975 | 3 858 | (45,0) | 20 449 | (78,4) | 15 065 | (96,7) | 7 387 | (126,5) | |
| 1980 | 3 010 | (35,1) | 20 122 | (77,1) | 15 778 | (101,3) | 8 099 | (138,7) | |
| 1985 | 2 543 | (29,7) | 18 009 | (69,0) | 15 813 | (101,5) | 8 512 | (145,8) | |
| 1990 | 2 067 | (24,1) | 18 155 | (69,6) | 17 187 | (110,3) | 8 685 | (148,7) | [6685] |
| 1991 | 1 976 | (23,1) | 18 294 | (70,1) | 17 809 | (114,3) | 8 694 | (148,9) | [6635] |
| 1992 | 1 923 | (22,4) | 18 254 | (69,9) | 18 545 | (119,1) | 9 976 | (153,7) | [6749] |
| 1993 | 1 802 | (21,0) | 16 891 | (64,7) | 18 585 | (119,3) | 8 998 | (154,1) | [6712] |
| 1994 | 1 732 | (20,2) | 16 218 | (62,1) | 18 535 | (119,3) | 8 810 | (150,9) | [6634] |
| 1995 | 1 636 | (19,2) | 15 738 | (60,3) | 18 383 | (118,6) | 8 666 | (148,4) | [6463] |
| 1996 | 1 533 | (18,0) | 15 022 | (57,5) | 18 582 | (119,9) | 8 718 | (149,3) | [6436] |
| 1997 | 1 452 | (17,1) | 14 573 | (55,8) | 18 675 | (120,5) | 8 721 | (149,3) | [6379] |

*Quelle*: Kalmbach, 1988: 174; private Mitteilung und Institut für Arbeitsmarkt- und Berufsforschung der Bundesanstalt für Arbeit.
a  Inklusive in privaten Haushalten sowie in Organisationen ohne Erwerbszweck Tätige.

Im Gegensatz zu den Arbeitslosenzahlen und -quoten sind Zahlen über Veränderungen im gesellschaftlichen Arbeitsvolumen sehr viel aussagekräftiger, was beschäftigungsrelevante Veränderungen in der Wirtschaft betrifft. Weder die Zahl der Beschäftigten noch die Zahl der Arbeitslosen spiegelt zum Beispiel Produktivitätsgewinne und damit eine markante evolutionäre Entwicklungslinie der modernen Wirtschaft besser wider als Informationen über das gesamtgesellschaftliche Arbeitsvolumen. Zahlen über die Entwicklung des gesellschaftlichen Arbeitsvolumens sowie des Arbeitsvolumens unterschiedlicher Wirtschaftssektoren liegen allerdings nur für eine sehr begrenzte Anzahl von Volkswirtschaften vor.

In Deutschland hat die volkswirtschaftliche Arbeitsmenge, gemessen in geleisteten Gesamtarbeitsstunden, in den verschiedenen Wirtschaftssektoren seit 1960 stetig abgenommen.[35] Das Gesamtarbeitsvolumen in Deutschland ist in dreißig Jahren um ein Viertel gesunken. Nur im (privaten) Dienstleistungssektor und im Staatsbereich ist die Zahl der Arbeitsstunden gestiegen; allerdings hat sich dieser zunächst rapide Anstieg seit 1980 erheblich verlangsamt und stagniert zur Zeit.[36] Wenn man vom Agrarsektor absieht, so hat sich die Arbeitsmenge im Herstellungsbereich fast halbiert, während die Arbeitsmenge im Dienstleistungsbereich (ohne Staatssektor) in den vergangenen dreißig Jahren fast unverändert geblieben ist. Trotz des beobachteten Rückgangs in

verbunden sein, von den politischen und anderen Folgen einmal ganz abgesehen.

35 Eine Untersuchung der Arbeitszeit und ihrer Entwicklung in Deutschland nach dem Krieg, in der es nicht um das Aggregat der geleisteten Arbeitsstunden geht, sondern um die Arbeitszeit des einzelnen Arbeiters, findet sich bei Hinrichs (1991). Eine Übersicht über die Entwicklung der *jährlichen* Gesamtarbeitszeit seit 1860 zeigt, dass sich die geleisteten Arbeitsstunden in vier Industriegesellschaften (Deutschland, Frankreich, Großbritannien und USA) von ca. 3000 Stunden auf 1500 Stunden halbiert hat (Nakicenovic, 1996: 96-97) (siehe auch *Tabelle 13*).

36 Während die Staatsausgaben (und die Staatsverschuldung) in den neunziger Jahren in den meisten Ländern weiter angewachsen sind, ist die öffentliche Gesamtbeschäftigungszahl, wie diese Zahlen schon andeuten, in der Mehrzahl der industrialisierten europäischen Länder rückläufig. Hinter diesen Zahlen verbirgt sich allerdings eine Vielzahl von nationalen Einzeltrends (siehe Rothenbacher, 1999).

dem gesellschaftlichen Arbeitsvolumen kann sich die Zahl der Beschäftigten aber durchaus erhöhen.[37] 1992 zum Beispiel gab es in Deutschland (in den alten Bundesländern) fast drei Millionen mehr Arbeitsplätze als noch 1970. Diese Zahlen spiegeln auch die Tatsache wider, dass sich die Struktur des Arbeitsmarktes verändert. Etwa die Hälfte der Zunahme in der Gesamtzahl der Erwerbstätigen ist nach Angaben des Instituts für Arbeits- und Berufsforschung auf tarifliche Arbeitszeitverkürzungen, Teilzeitbeschäftigung und »geringfügige« Beschäftigungsverhältnisse zurückzuführen.

Ein häufig übersehener Faktor, der den Verlauf der verschiedenen nationalen Beschäftigungskurven beeinflusst, sind die Unterschiede in der Relation zwischen den in der jeweiligen Ökonomie neu geschaffenen und den verlorenen Arbeitsstellen. Sie spiegeln beides wider, die verschiedenen wirtschaftlichen und beschäftigungspolitischen Strukturen und die wirtschaftlichen Phasen oder Zyklen. Europäische Länder haben heutzutage eine Beschäftigungsstruktur, wie sie die Vereinigten Staaten vor zwei Jahrzehnten aufwiesen. In der Europäischen Union sind 9 Prozent der Gesamtbeschäftigten in der Landwirtschaft tätig, in den Vereinigten Staaten 1,2 Prozent. Als Folge dieser Unterschiede in einem einzigen Wirtschaftsbereich allein ist die Zahl möglicher Arbeitsstellenverluste in Europa sehr viel höher. Zwischen 1973 und 1990 liegt die Rate der in der europäischen Landwirtschaft und Industrie eliminierten Stellen über der der Vereinigten Staaten (Navarro, 1998: 70). Die Zuwachsrate im Dienstleistungssektor ist im selben Zeitraum für beide Länder gleich.

Deutliche Unterschiede in der Wirtschafts- und Beschäftigungsstruktur zwischen den USA, Kanada und Europa lassen sich auch an dem unterschiedlichen Anteil der Frauen und Jugendlichen unter den Gesamtbeschäftigten ablesen sowie an den Zuwachsraten bei Arbeitsnachfrage und -angebot. Während in Europa die Zahl der weiblichen und der jungen Arbeitssuchenden zugenommen hat, ist der Anteil der Beschäftigten aus diesen

---

37 Es wurden zwar mehr Arbeitsplätze geschaffen als verloren gingen, wie aus einem Artikel der *New York Times* über die Veröffentlichungen des *United States Labor Department* hervorgeht, doch sind seit 1979 immerhin 43 Millionen Arbeitsplätze eliminiert worden (»On the Battlefield of Business, Millions of Casualties«, *New York Times* March 3, 1996, National Desk, S. 1).

*Tabelle 6:* Demographische Eigenschaften der arbeitslosen Personen im Jahre 1998 für ausgewählte Industrieländer[a]

| | Arbeitslosenrate in Prozent | | | | | | |
|---|---|---|---|---|---|---|---|
| | Insgesamt | Frauen | Männer | 15/24[1] | 25/54 | Gering[2] | Hoch |
| Kanada | 8,4 | 8,2 | 8,6 | 15,2 | 7,1 | 13,4 | 6,7 |
| USA | 4,5 | 4,7 | 4,5 | 10,4 | 3,5 | 10,9 | 2,4 |
| Japan | 4,2 | 4,2 | 4,3 | 7,7 | 3,4 | -,- | -,- |
| Australien | 7,9 | 7,3 | 8,4 | 14,5 | 6,3 | 8,9 | 3,9 |
| Belgien | 9,4 | 11,7 | 7,6 | 20,4 | 8,4 | 13,4 | 3,9 |
| Großbritannien | 6,2 | 5,3 | 6,9 | 12,3 | 5,0 | 10,9 | 3,5 |
| Deutschland | 8,6 | 8,7 | 8,5 | 9,4 | 7,7 | 14,2 | 5,2 |
| Frankreich | 11,9 | 13,9 | 10,3 | 25,4 | 10,8 | 14,8 | 6,7 |
| Italien | 12,2 | 16,4 | 9,5 | 32,1 | 9,6 | 9,4 | 7,3 |
| Spanien | 18,8 | 26,7 | 13,7 | 34,1 | 16,5 | 20,1 | 14,3 |
| Griechenland | 11,9 | 17,8 | 8,1 | 32,1 | 9,6 | 6,5 | 8,0 |

*Quelle:* OECD, *Employment Outlook,* 1999.

a Die Vergleichbarkeit der Zahlen für die einzelnen Länder ist nicht unbedingt gegeben (vgl. zum Beispiel Freeman, Clark und Soete, 1982: 4-6, sowie den Exkurs »Politische Arithmetik« in dieser Studie).
1 Alter.
2 Schulbildung (der 25- bis 64-Jährigen): Gering = weniger als Mittlere Reife; Hoch = Universität.

beiden Gruppen in den Vereinigten Staaten bereits einer der höchsten unter den OECD-Ländern. Tatsächlich ist die Zahl der amerikanischen Frauen und Jugendlichen, die Arbeit suchen, in den neunziger Jahren sogar zurückgegangen. Navarro (1998: 73) weist darauf hin, dass

»the rate of job destruction is lower than the rate of job production, while the rate of growth in the demand for jobs has been declining faster than the rate of growth in the supply of jobs. Almost the reverse is the case for the European Union.«

In der Tat hat sich auch die Struktur der Arbeitslosigkeit in den vergangenen zwei Jahrzehnten wesentlich verschoben. Und zwar ist die Zahl der Personen, die in den OECD-Mitgliedsländern *langfristig* ohne Arbeit sind, das heißt, die mehr als ein Jahr als arbeitslos gemeldet sind, auf fast zehn Millionen angestiegen und hat sich damit verdreifacht. In den achtziger Jahren ist die absolute Zunahme der Zahl der langfristig Arbeitslosen sowie ihr wachsender Anteil an der Gesamtzahl der Arbeitslosen eine der signifikantesten Transformationen des Arbeitsmarktes. Zu Beginn der achtziger Jahre belief sich die Zahl der Langzeitarbeitslosen in den OECD-Ländern im Durchschnitt auf etwa ein Viertel aller Arbeitslosen. Am Ende des Jahrzehnts war ihr Anteil auf 34 Prozent angestiegen. Das Wachstum der Langzeitarbeitslosenzahl spiegelt auch das Anwachsen der Arbeitslosigkeit insgesamt wider und entwickelt sich unabhängig von diesem Trend. In den achtziger Jahren wuchs die Zahl der Langzeitarbeitslosen trotz der wirtschaftlichen Konjunkturverbesserung und Expansion in der zweiten Hälfte des Jahrzehnts. Zweifellos sind die individuellen und sozialen Kosten der Langzeitarbeitslosigkeit gravierend und weiter ansteigend. In vielen Ländern der Europäischen Gemeinschaft korrelieren hohe Arbeitslosenquoten heute häufig mit sich verringernden Chancen, als Arbeitsloser überhaupt jemals wieder einen Arbeitsplatz zu finden (vgl. Bean, 1990). Sofern die Erfahrungen der achtziger Jahre überhaupt einen zuverlässigen Hinweis auf die zukünftige Entwicklung von Umfang und Struktur der Arbeitslosigkeit erlauben, deuten sie mit hoher Wahrscheinlichkeit an, dass die Gesamtarbeitslosigkeit, unabhängig von den Konjunkturzyklen, weiterhin sehr umfangreich bleiben beziehungsweise sogar ansteigen wird und dass sich der Anteil der Langzeitarbeitslosen ebenfalls erhöhen dürfte.

Die Ursachen für den rapiden Anstieg und die Hartnäckigkeit der Langzeitarbeitslosigkeit ist auf eine Reihe von Faktoren zurückzuführen[38] wie zum Beispiel die Zunahme unkonventioneller Arbeitsverhältnisse (das heißt Teilzeit- und Kurzarbeit). Die Zusammensetzung der Langzeitarbeitslosen und die Wahrscheinlichkeit, für längere Zeit arbeitslos zu werden, korreliert mit einer Reihe demographischer Merkmale wie Alter, Bildung,

---

38 Einige Ökonomen machen sich die Sache allerdings sehr viel einfacher (zum Beispiel Rahman und Gera, 1990: 2), indem sie behaupten: »One major reason for the increase in the duration of unemployment is the increase in the proportion of individuals experiencing prolonged unemployment.«

Geschlechtszugehörigkeit oder Wohnort der Erwerbstätigen.[39] Allerdings dürfte die wichtigste Ursache für das rasante Ansteigen in der Zahl der Langzeitarbeitslosen in grundlegenden nicht-zyklischen Veränderungen der Wirtschaft selbst liegen. Die Nachfrage nach Arbeitskräften insgesamt wird geringer. Diese Tatsache erschwert es vielen jüngeren Personen, überhaupt einen ersten Arbeitsplatz zu finden. Berufliche Anforderungen und Fähigkeiten, die häufig und rasch wechseln, führen zu einer extensiven Arbeitslosigkeit sowie zu einem Missverhältnis zwischen nachgefragten oder erwarteten und tatsächlich vorhandenen Fähigkeiten von Arbeitslosen. Und je länger die Arbeitslosigkeit dauert, desto geringer werden die Chancen, wieder Arbeit zu finden.

Trotz dieser Trends und Zusammenhänge zeigt sich, wie aus *Tabelle 7* hervorgeht, dass es eine Reihe von OECD-Ländern gibt, in denen die absolute Zahl und der relative Anteil der Langzeitarbeitslosen an der Arbeitslosenquote verhältnismäßig gering ist.[40] Diese Beobachtung gilt gegenwärtig für einige skandinavische Länder, Kanada und die Vereinigten Staaten von Amerika. In Japan ist die Langzeitarbeitslosenquote ungefähr dreimal so hoch wie in Kanada (siehe auch Sorrentino, 1993: 8-11). 1998 sind mehr als die Hälfte aller Arbeitslosen in der Europäischen Gemeinschaft langzeitarbeitslos. Ob diese einschneidenden Unterschiede allerdings Ergebnis unterschiedlicher, politisch bestimmter statistischer Vorgehensweisen beziehungsweise staatlicher sozialpolitischer Maßnahmen[41] sind oder ob die

39 Laut OECD-Zahlen (*Employment Outlook*, 1992: 271) hat sich während der achtziger Jahre der Anteil relativ junger männlicher Arbeitsloser (25-44 Jahre) unter den Langzeitarbeitslosen in fast allen Industrienationen konstant erhöht (während sich der Anteil der Altersgruppe der Arbeitslosen, die jünger als 25 Jahre und älter als 45 Jahre sind, verringert hat). Der Anteil der weiblichen Arbeitslosen bleibt während des gleichen Zeitraums weitgehend konstant.

40 Die herkömmliche Definition von Langzeitarbeitslosigkeit beträgt zwölf Monate. *Tabelle A 4* im Statistischen Anhang enthält Informationen über Langzeitarbeitslosigkeit, die über diese Mindestdefinition hinausgeht. Diese Zahlen bestätigen den allgemeinen Trend zu länger dauernder Arbeitslosigkeit.

41 Während Belgien zum Beispiel eine der höchsten Quoten von Langzeitarbeitslosigkeit aufweist, gibt es dort auch keine Wartezeit vor Beginn der Versicherungszahlungen und keine zeitliche Begrenzung

*Tabelle 7:* Langfristige Arbeitslosigkeit in ausgewählten Industriestaaten: Prozent der mehr als zwölf Monate Arbeitslosen,
1973-1998

|                | 1973 | 1979 | 1983 | 1986 | 1990 | 1996 | 1998 |
|----------------|------|------|------|------|------|------|------|
| Belgien        | 51,1 | 58,0 | 62,8 | 68,9 | 68,7 | 61,3 | 62,6 |
| Frankreich     | 21,6 | 30,3 | 42,6 | 47,8 | 38,0 | 39,5 | 44,1 |
| Deutschland    | 8,5  | 19,9 | 28,5 | 32,0 | 46,8 | 47,8 | 52,2 |
| Italien        | –    | 35,8 | 41,9 | 56,4 | 69,8 | 65,6 | 66,7 |
| Niederlande    | 12,8 | 27,1 | 43,7 | 56,3 | 49,3 | 50,0 | 47,9 |
| Großbritannien | 26,9 | 24,5 | 36,2 | 41,1 | 34,4 | 39,8 | 33,1 |
| Schweden       | –    | 10,3 | –    | 6,5  | 4,7  | 17,1 | 33,1 |
| Kanada         | –    | 3,5  | 9,5  | 10,9 | 5,7  | 13,9 | 33,5 |
| USA            | 3,3  | 4,2  | 13,3 | 8,7  | 5,5  | 9,5  | 10,1 |
| Japan          | –    | 16,5 | 15,5 | 17,2 | 19,6 | 19,9 | 8,0  |
| Australien     | –    | 18,1 | 27,5 | 27,5 | 21,6 | 28,4 | 20,3 |

*Quellen:* OECD, *Economic Outlook* and *Employment Outlook*, 1992, 1999;
Bertelsmann Stiftung, *International Employment Ranking*, 1996. OECD web
site: http://www.oecd.org/publications/figures/employ3_a.pdf

Unterschiede, wie sie die OECD (1991: 41) zum Beispiel anführt,
auf unterschiedliche, fest institutionalisierte Formen des Zu- und
Abgangs beziehungsweise der Flexibilität des Arbeitsmarktes
zurückgehen, sei dahingestellt. Auf jeden Fall verläuft die Langzeitarbeitslosigkeitsrate in den OECD-Ländern mehr oder we-

für die Zahlungen; in den Vereinigten Staaten dagegen ist die Dauer
dieser Zahlungen auf höchstens 26 Wochen und in Schweden auf 60
Wochen beschränkt (vgl. OECD, 1991: 200-201). Es überrascht daher
nicht, dass zwischen der Dauer der Zahlungen und der Dauer der
Arbeitslosigkeit eine enge Korrelation besteht (United Nations, 1991:
201) und dass Wirtschaftswissenschaftler anfangen, von einer »Kultur
der Arbeitslosigkeit« zu sprechen. Die von der OECD ermittelten
Quoten der Langzeitarbeitslosigkeit und der Unterstützungszahlungen korrelieren weniger eng. Während zum Beispiel Italien eine hohe
Langzeitarbeitslosigkeit aufweist, sind die Unterstützungszahlungen,
das heißt der Prozentsatz des letzten Bruttoverdienstes, der dem Arbeitslosen gezahlt wird, in diesem Land die niedrigsten von allen
OECD-Ländern.

niger parallel zur Gesamtarbeitslosigkeitsquote. Die Langzeitarbeitslosigkeitsrate ist, wie Kolberg und Kolstad (1992: 185) betonen, »independent of the sex- and age-specific distributions of unemployment«. Diese Tatsache wiederum rechtfertigt die Interpretation, dass die Entwicklung dieser Zahlen einen ausgeprägten säkularen Trend der Wirtschaftssysteme der OECD-Länder widerspiegelt, der auch nicht in Zukunft, insbesondere in Zeiten einer verbesserten wirtschaftlichen Konjunktur, überwunden werden kann (vgl. Walsh, 1987). Der Zuwachs in der Zahl der Arbeitslosen und insbesondere der langfristig Arbeitslosen, wobei sich diese Ziffern ausschließlich auf den Prozess des Zugangs zum und Abgangs vom Arbeitsmarkt beziehen, wird mit hoher Wahrscheinlichkeit die Autonomie des Arbeitsmarktes unterminieren und zu einer engeren Fusion von Wohlfahrtsstaatsmaßnahmen und Arbeitsmarktgeschehen führen. Diese Entwicklungen hätten dann natürlich auch Auswirkungen auf unser Verständnis der Rolle des Wohlfahrtsstaates und der Prinzipien, die ökonomisches Verhalten bestimmen (siehe Kolberg und Esping-Andersen, 1992). Ein weiterer wichtiger Bestandteil der strukturellen Veränderungen des Arbeitsmarktes ist der rapide prozentuale Zuwachs in der Zahl der Teilzeitbeschäftigten und der nur zeitweise Erwerbstätigen innerhalb der Gesamtheit aller Erwerbstätigen. Diese Veränderungen deuten auf eine wesentliche Erhöhung der »Flexibilität« und der »Unsicherheiten« von typischen Beschäftigungsverhältnissen hin (vgl. OECD, 1991: 53).

Unter Ökonomen und Sozialwissenschaftlern gibt es eine andauernde, intensiv schwelende Kontroverse darüber, ob die erhebliche Zunahme in den Arbeitslosenzahlen der vergangenen dreißig Jahre Ergebnis einer strukturellen Veränderung der Wirtschaft, das heißt insbesondere Folge »technologischer« Veränderungen, ist oder nicht. Einige kürzlich veröffentlichte ökonometrische Studien (zum Beispiel Jackman und Roper, 1987) berichten, dass die strukturellen Veränderungen *nicht* für den Anstieg der Arbeitslosenquoten in den siebziger und achtziger Jahren verantwortlich sind und dass diese Veränderungen nur einen eher geringen Teil der Varianz erklären (Layard und Nickell, 1985).

Letztlich gelingt es diesen Untersuchungen dann aber nicht, die »eigentlichen« Gründe für den dramatischen Anstieg der Ar beitslosenzahlen zu entziffern. Folgt man dem Bild oder der Theorie der langfristigen Kondratjew-Konjunkturzyklen, korrelieren technische Innovationen seit jeher mit langfristigen Konjunkturbewegungen. Jeder dieser Zyklen dauert etwa fünfzig bis sechzig Jahre. Zur Zeit befinden wir uns nach dieser Theorie in einem konjunkturellen Abschwung, in dem sich die Informationstechnologien voll herausbilden und die kostensparenden Investitionen, wie schon in früheren Zyklen zu beobachten war, Arbeitsplätze vernichten (vgl. Freeman, 1979). Allerdings sind diese Beobachtungen sehr vereinfachend und grob und erlauben kaum einen zuverlässigen Schluss auf den Einfluss der Wissenschaft und Technik auf die wirtschaftlichen Aktivitäten oder sogar ihre Auswirkungen auf die zukünftige Arbeitsmarktentwicklung.

Bei den Zahlen, auf die sich diese Beobachtungen stützen, handelt es sich natürlich um in anderer Hinsicht wenig aussagekräftige Arbeitslosenziffern. Nach relevanten Kriterien unterteilte Zahlen zur strukturellen Zusammensetzung dieser Aggregatdaten und empirische Informationen über die Gründe der Arbeitslosigkeit sind nicht leicht zu bekommen. Die vergleichende Analyse von Arbeitslosenraten wird, wie wir gesehen haben, zusätzlich dadurch erschwert, dass die Ziffern verschiedener Länder auf Grund unterschiedlicher Methoden und Begriffsbestimmungen erhoben werden und auf unterschiedliche politische Maßnahmen treffen. Dies soll aber nicht heißen, dass die Analyse bestimmter grundlegender struktureller Trends in der Entwicklung der Beschäftigungsstruktur ganz unmöglich ist.[42]

42 Zu den auffälligsten und wohl auch aussagekräftigsten Eigenschaften, die mit unterschiedlichen Anteilen an der Gesamtarbeitslosigkeit korrelieren, gehört der Grad der Ausbildung. In Großbritannien (1985) und in den USA (1987) ist die Arbeitslosenquote der ungelernten und angelernten Personen fast viermal so hoch wie die der professionellen und leitenden Berufe (siehe Layard, Nickell und Jackman, 1991: 286-287). Jüngste Informationen aus Deutschland lassen erkennen, dass die Arbeitslosenzahl unter Personen ohne abgeschlossene Berufsausbildung fast vier- beziehungsweise fünfmal so hoch ist wie die unter Personen mit abgeschlossener Fachhochschul- oder Universitätsbildung (Kommission, 1996: 92). Noch signifikanter ist, dass die Arbeitslosigkeit gerade unter den weniger gut ausgebildeten Personen seit 1975 überdurchschnittlich angestiegen ist. Ihr Anteil an der Gesamtzahl der arbeitslos gemeldeten Personen hat sich in den Jahrzehn-

*Tabelle 8:* Beschäftigungswachstum im Herstellungssektor, 1982-1987, nach Größe und Grad der Technologieintensität der Betriebe[a] (relative Veränderung in der Beschäftigung)

| Betriebsgröße | | Technologieanwendung | | | |
|---|---|---|---|---|---|
| | | Gering | | | Umfassend |
| | | 1 | 2 | 3 | 4 |
| Kleinbetrieb | 1 | 55.2 | 67.6 | 79.6 | 218.3 |
| | 2 | 3.8 | 15.6 | 29.4 | 54.0 |
| | 3 | −12.5 | 3.6 | 9.3 | 35.9 |
| | 4 | −27.3 | −8.3 | −3.3 | 10.3 |
| Großbetrieb | 5 | −14.5 | −26.3 | −18.9 | −2.0 |

*Quelle:* Alexander (1996: 315)

a Zugrunde liegt eine Auswahl von 8800 Herstellungsbetrieben des Zeitraums 1982-1988. Die Kategorisierung erfolgte nach Einstandsgröße des jeweiligen Betriebs und Zahl der von ihm 1988 angewandten modernen Technologien. Änderungen in der Beschäftigtenzahl schließen nicht ein, dass Stellen auf Grund von Firmenschließungen verloren gingen oder durch Firmenneugründungen hinzukamen.

In dieser Hinsicht informative Daten finden sich zum Beispiel in einer Studie des amerikanischen Handelsministeriums (Alexander, 1996). Die auf einer umfassenden empirischen Basis aufbauende Studie untersucht den Zusammenhang zwischen Beschäftigung und der Anwendung von technologischen Hilfsmitteln im Herstellungssektor der amerikanischen Wirtschaft. Fast neuntausend Fabriken oder Betriebe des industriellen Sektors wurden nach den Veränderungen in der Zahl ihrer Beschäftigten befragt. Gleichzeitig wurden Informationen über die Größe sowie den

ten zwischen 1975 und 1995 verdreifacht. So eindrucksvoll diese Zahlen auch sein mögen, sie sagen wenig aus über die Art der Berufspositionen, die mit besser ausgebildeten und qualifizierteren Personen besetzt werden. Ein Arbeitgeber, der zwischen verschiedenen fachlichen Niveaus wählen kann, wird sich zunächst für die besser qualifizierte Person entscheiden und weniger gut ausgebildete Personen, wenn überhaupt, erst dann in Erwägung ziehen, wenn sich diese Sachlage drastisch geändert hat.

technologischen Anwendungsgrad der Unternehmen erhoben. Die Zahlen dokumentieren nicht ganz überraschend, dass der technische »Fortschritt« in Relation zur Beschäftigung keineswegs neutral ist.[43] Dass die Informations- und Kommunikationstechnologie oder »dass Computer Arbeitsplätze zerstören, gilt als ein weithin akzeptierter Gemeinplatz« (Büscher, 1996: 133). Aus den in *Tabelle 8* (S. 217) wiedergegebenen und sich auf einen nur relativ kurzen Untersuchungszeitraum beziehenden Zahlen scheint dagegen recht eindeutig hervorzugehen, um das Ergebnis auf einen kurzen Nenner zu bringen, dass die intensive Anwendung der Technologie keinesfalls Arbeitsplätze zerstört, sondern zusätzliche Arbeitsplätze zur Folge hat (siehe auch Salzman, 1989).

Eine dänische Untersuchung über die Anwendung von moderner Informations- und Kommunikationstechnologie im Dienstleistungs- und Herstellungssektor und ihre mögliche Bedeutung für die Entwicklung der Beschäftigtenzahl im Zeitraum von 1980-1990 zeigt, dass die Beschäftigung in Betrieben, in denen solche technische Mittel in höherem Maß Verwendung finden, steigt (Lauritzen et al. 1996: 362). Die Autoren dieser Untersuchung sind infolgedessen der Ansicht, dass es sehr wohl eine positive Korrelation zwischen Investitionen in neue Technologien am Arbeitsplatz und einem Beschäftigungswachstum gibt und dass deshalb wirtschaftspolitische Maßnahmen zur Förderung der Anwendung dieser Technologien angebracht sind. Außerdem haben die Autoren der dänischen Studie den Zusammenhang von Beschäftigungswachstum und Bildungsgrad der

---

43 Alexander (1996: 315) erwähnt eine noch umfangreichere, bisher unveröffentlichte Studie des US Bureau of the Census, die in den einzelnen Betrieben eine starke positive Korrelation zwischen der Anwendung neuester Technologien, der Überlebensdauer des Betriebs und dem Beschäftigungszuwachs feststellt. Diese Korrelation bleibt auch dann bestehen, wenn die Faktoren Alter, Größe, Produktivität und unterschiedliche Kapitallage berücksichtigt werden. Aus den Daten dieser Studie geht hervor, dass die Anzahl der zusätzlichen Arbeitsplätze signifikant ansteigt mit der »Zahl der Technologien«, die der Betrieb verwendet, und dass die Konkursrate bei den Herstellungsbetrieben am stärksten zurückgeht, die die meisten Technologien einsetzen. Eine kanadische Studie bestätigt diesen Zusammenhang mit der Feststellung, dass »Innovation« für den Erfolg von kleinen und mittleren Betrieben der wichtigste Faktor ist (Baldwin, 1994).

Beschäftigten in Betrieben mit unterschiedlicher »Wissensintensität« untersucht. Jeweils ein Drittel aller Beschäftigten des Herstellungssektors arbeitet in von »wissensintensiv« bis »weniger
wissensintensiv« kategorisierten Betrieben. Es zeigt sich, dass die
»wissensintensiven« Firmen für die Mehrzahl der zusätzlichen
Arbeitsplätze verantwortlich sind und dass das beobachtete Beschäftigungswachstum vor allem auf Personen entfällt, die eine
bessere Ausbildung haben; der Beschäftigungsrückgang ist dagegen disproportional hoch unter Personen mit geringen beruflichen Fähigkeiten und in Betrieben mit hoher »Wissensintensität«
(siehe Lauritzen et al., 1996: 369).

Eine weniger umfangreiche empirische Untersuchung von Attewell (1992a) über Firmen des Herstellungssektors im Staat
New York dokumentiert einen ähnlichen Trend; allerdings verweist diese Studie sehr viel unmittelbarer auf den Zusammenhang zwischen Technologieintensität und Beschäftigungsniveau.
Attewell untersucht den Einfluss der Computerisierung unterschiedlicher Arbeitsaktivitäten auf die Zahl der Beschäftigten
und kommt zu dem Schluss, dass der *Netto*effekt in den von ihm
untersuchten Unternehmen zu einem Anstieg der Beschäftigten
in Höhe von 1,3 Prozent der Gesamtbeschäftigtenzahl führt. In
den meisten der untersuchten Firmenabteilungen war allerdings
keine signifikante Veränderung im Umfang der Beschäftigtenzahl zu beobachten; nur in einigen Abteilungen stieg die Zahl der
Beschäftigten kräftig an und sank in anderen.

Paul Attewell hat sich ebenfalls mit den Folgen des Einsatzes
von Informations- und Kommunikationstechnologien auf die
Anzahl der Beschäftigten in Firmen befasst, die solche Techniken
in umfassendem Maß eingeführt haben; außerdem ist er der Problematik der Produktivitätserfolge des Einsatzes von Informationstechnologie nachgegangen. Attewell (1994: 36) löst die Dynamik von Beschäftigungsentwicklung, Einsatz von Informationstechnologien und Produktivität unter anderem wie folgt:

»Much of the productivity payoff from automating lower-level jobs and
relativity routine tasks has subsequently been expended in hiring new,
higher-paid employees. The most obvious reason for the extra employment is that new technical skills are required to support computer systems. Employment in computer specialities (system analysis, pro-
gramming, and so on) has grown [in the United States] to over a million
persons by 1989.«

Attewell kommt, mit anderen Worten, zu dem Schluss, dass die Nachfrage nach besser bezahlten und mit höheren beruflichen Qualifikationen ausgestatteten Personen auf die Einführung und die ständige Veränderung der Informationstechnologie in den von ihm untersuchten Firmen folgt. In diesem Sinn zumindest sind technologische Entwicklungen der Motor der Veränderungen der Beschäftigungsstruktur.

Die unabhängig von der Größe des Betriebes beobachtete enge Korrelation des Grads der Technologieanwendung und des Beschäftigungseffektes zeigt auch, dass der fehlende oder verzögerte Einsatz von Technologie eine »Zerstörung« von Beschäftigung nach sich zieht. Kleine Firmen können mit Hilfe moderner Technologie schnell wachsen, während es große Betriebe mit hoher Technologieintensität anscheinend vermeiden, dass ihr Beschäftigungsgrad rapide schrumpft.[44]

Es stellt sich also heraus, soweit dies bisher ersichtlich ist, dass der Einsatz moderner Technik zwar einen positiven Effekt auf die Beschäftigung ausübt, aber diesem Beschäftigungseffekt steht eine korrespondierende Entwicklung gegenüber, die eindeutig zu einem Abbau von Beschäftigung führt. Aber auch diese gegenteilige Entwicklung steht, soweit erkennbar, im Zusammenhang mit dem Einsatz technischer Mittel in der Produktion im Herstellungssektor, nur ist es in diesem Fall der fehlende Einsatz neuer Techniken.

Die empirische Basis der zitierten Studie des amerikanischen Handelsministeriums ist zweifellos eindrucksvoll; ebenso interessante Ergebnisse über die Relation von Technologieintensität und Beschäftigungseffekte lassen sich aus den anderen von mir angeführten Studien ableiten. Dennoch bleibt eine Reihe von wichtigen Fragen über den »kausalen« Zusammenhang von Technologieintensität, Produktivität, Beschäftigung und Struktur der Arbeitswelt offen. Diese Problematik lässt sich nicht mit Hilfe der Ergebnisse der angeführten Untersuchungen hinreichend beantworten.

Zu diesen offenen Problemen gehört zum Beispiel die ökono-

---

44 Ob der Untersuchungszeitraum von fünf Jahren ausreicht, um die beiden im Zuge der Einführung neuer technischer Methoden möglicherweise gegenläufigen Trends von Freisetzung und Zunahme von Beschäftigung, die zeitlich nicht unbedingt zusammenfallen, richtig abschätzen zu können, lässt sich nicht eindeutig klären.

misch brisante Frage, ob zwischen Technologieintensität und Produktivitätserfolgen überhaupt ein Zusammenhang besteht. Aus den vorliegenden Informationen lässt sich nicht erkennen, ob es sich bei dem jüngst von Thomas Landauer (1995) und einer großen Anzahl von anderen Autoren identifizierten Produktivitätsparadoxon um eine realitätskonforme Beobachtung beziehungsweise Bedrohung handelt. Das heißt, Landauer untersucht in seiner Studie die in den USA von einer Reihe von Ökonomen beobachteten *mangelnden* beziehungsweise bisher nur ungenügend nachweisbaren Produktivitätserfolge als Ergebnis der umfassenden Einführung der Informations- und Kommunikationstechnologie sowohl in den achtziger als auch den neunziger Jahren und der sich daraus ergebenden scheinbar paradoxen Tatsache, dass der wachsende Einsatz von Informationstechnologien die Produktivität der amerikanischen Wirtschaft insgesamt beziehungsweise von einzelnen Unternehmen bisher wenigstens nicht wesentlich verbessert hat.[45]

Ich habe allerdings den Eindruck, den ich später näher erläutern werde, dass eine befriedigende Antwort auf das Produktivitätsparadoxon vorrangig Auskunft über eine sich rapide verändernde Arbeitswelt gibt und nicht unbedingt dadurch gefunden werden kann, dass man sich ausschließlich auf die Analyse der linearen Beziehung zwischen Investitionen in moderne Technologien und daraus folgenden Produktivitätserfolgen festlegt.

Allerdings zeigt der bloße Verweis auf herkömmliche Definition der Problematik des Produktivitätspuzzles, dass die bisher angeführten Studien über das Zusammenspiel von Beschäftigung und technologischen Innovationen genau von der Prämisse ausgehen, es komme, wenn überhaupt, auch heute nur *eine* relevante »kausale« Relation zwischen technischer Entwicklung und dem Beschäftigungsniveau in Frage. Und zwar verursachen veränderte technische Innovation und Randbedingungen Beschäftigungseffekte. Im Gegensatz zu dieser weitgehend akzeptierten Prämis-

45 Die rasch wachsende Zahl der Veröffentlichungen, die sich mit dem Produktivitätsparadox befassen, beschäftigt sich in erster Linie mit der Wirtschaftsentwicklung in den USA in den vergangenen Jahrzehnten. Weitere Untersuchungen betreffen die bisher ebenfalls wenig beeindruckenden Produktivitätszuwächse auf Grund der massiven Investitionen in Informations- und Kommunikationstechnologien der sich industrialisierenden Länder in Ostasien (Young, 1995).

se muss man aber für die wissensbasierte Ökonomie, so möchte ich herausstellen, auch die entgegengesetzte Frage aufwerfen: Sind veränderte Beschäftigungslagen und -verhältnisse Ergebnis ganz anderer Prozesse, die damit schließlich den Beschäftigungsumfang und die Arbeitswelt sehr viel relevanter verändern?

Ist demnach die Zu- oder Abnahme der Beschäftigung eine Folge der Technologieintensität, oder sind beide Entwicklungen in den beobachteten Betrieben vielmehr eine Reaktion auf andere Veränderungen, zum Beispiel auf eine signifikant gestiegene Nachfrage, Modifikationen nicht nur in der Produktpalette der unterschiedlichen Unternehmen oder Betriebe, sondern auch in deren Produktionsweise, deren Arbeits- und Organisationsstruktur und, schließlich, in der Qualität oder den Fähigkeiten der Arbeitnehmer, die dann eine größere Technikintensität erst *nach sich zieht* beziehungsweise überflüssig macht? Anders formuliert, inwieweit kommt es zu einem signifikanten Wandel in den kollektiven beruflichen Fähigkeiten der Betriebsangehörigen und erst dann zu einer Steigerung der Technikintensität?[46] Sind Arbeiter (und Bildungsinhalte) einfach nur die Handlanger technischer Veränderungen? In dieser ganzen Diskussion um moderne Technologie, Beschäftigung und Arbeit sollte man sich zudem von der Vorstellung freimachen, dass es sich bei der Technologie und der Ökonomie um Kräfte handelt, auf die menschliche Zielsetzungen keinen Einfluss haben.

Ist folglich der Wandel in der Gesamtbeschäftigungszahl von geringerer Bedeutung als die Zusammensetzung der Beschäftigten nach der Art ihrer Ausbildung und Kenntnisse? Welche der beobachteten Entwicklungen sind kurzfristiger und welche langfristiger Natur? Ich werde auf die spezifische Frage der Gründe für die Zunahme wissensfundierter Berufspositionen in modernen Gesellschaften in einem späteren Abschnitt eingehen und dort versuchen zu zeigen, dass der Anstieg nicht zuletzt eine Frage der wachsenden Qualifikationen der Berufsanfänger ist.

46 Die von Lauritzen et al. (1996: 364-365) durchgeführte Studie macht deutlich, dass sich die Zusammensetzung der beruflichen Fertigkeiten der Beschäftigten in Unternehmen, die Informations- und Kommunikationstechnologie verwenden, verändert. Sofern sich diese Merkmale überhaupt aggregieren lassen, scheint die »Fertigungsintensität« der Beschäftigten in Betrieben mit größerer Technikanwendung zu steigen.

Die so formulierten Fragen, so möchte ich betonen, sind für das, was einmal die Arbeitswelt von Wissensgesellschaften ausmachen wird, wichtiger als die Problematik der quantitativen Zusammensetzung und Veränderung der Arbeitslosenzahlen. Dennoch will ich diese konventionelle Problematik, zumal sie in der Öffentlichkeit und in der Politik weiter eine große Rolle spielt, an dieser Stelle noch etwas weiter verfolgen.

Es ist sicher nicht der Wohlfahrtsstaat, der etwa durch Beschäftigungsprogramme und -anreize für bestimmte säkulare oder strukturelle Trends in den Arbeitslosenzahlen verantwortlich ist. Ebenso wenig ist der Wohlfahrtsstaat heute in der Lage, mit Hilfe von fiskalischen oder monetären Maßnahmen, wie sie etwa in einer von Keynes inspirierten Wirtschaftspolitik vorgesehen sind, die Vollbeschäftigung sicherzustellen (vgl. den Abschnitt »Der Staat und Arbeitslosigkeit«). Der Rückgang der Zahl der Beschäftigten im Agrar- und Industriesektor wird als selbstverständlich angesehen. Darüber hinaus geht man allgemein davon aus, dass sich dieser Trend in Zukunft fortsetzen wird. Ist der Dienstleistungssektor in der Lage, diesen Rückgang zu kompensieren und unter Umständen zusätzliche Arbeitsplätze anzubieten?[47] William Baumol (1967) zum Beispiel verneint dies.[48] Aller-

47 Es gibt aber dennoch eine Reihe von Beobachtern der Entwicklung des Arbeitsmarktes, die weiterhin prognostizieren, dass der Dienstleistungssektor »seems likely to continue to expand, with government policies playing a critical role in determining the relative weight of fast-food clerks and childcare workers« (Block, 1990: 111).

48 Baumol unterscheidet zwischen wirtschaftlichen Aktivitäten, in denen die Produktivität über einen längeren Zeitraum relativ konstant geblieben ist, und technologisch »progressiven« Aktivitäten, für die eine kumulativ wachsende Produktivität konstatiert werden kann. Berufliche Tätigkeiten, die üblicherweise als Dienstleistungsberufe klassifiziert werden und für die die erbrachte Arbeit das eigentliche Ziel der Tätigkeit ist, repräsentieren Beispiele für ökonomische Aktivitäten, die nach Baumol (bisher) kaum einen bedeutsamen Produktivitätszuwachs verzeichnen. Baumol geht weiter davon aus, dass die Kosten beider Tätigkeitsformen insgesamt gesehen unabhängig von ihrer unterschiedlichen Produktivität in gleichem Umfang ansteigen. Daraus folgt, dass der ungleichgewichtige Produktivitätszuwachs letztlich viele Dienstleistungen als zu teuer vom Markt vertreiben wird, sofern der Preismechanismus in entsprechender Weise funktioniert.

dings ist denkbar, dass Baumols Prognose nur bedingt zutrifft, da er den Dienstleistungssektor viel zu undifferenziert analysiert (vgl. Esping-Andersen, 1992), beziehungsweise ist keineswegs eindeutig, welche Firmen oder Teile von Firmen, welche staatlichen Einrichtungen oder Betriebe man dem Dienstleistungssektor zurechnen soll.

Auf jeden Fall sind Ökonomen oder Politiker nur dann ernsthaft über die in jüngster Zeit wachsenden Zahlen der Arbeitslosen in den Industrienationen alarmiert, wenn sie Zweifel an der langfristigen Effizienz und Selbstheilungskraft des Marktmechanismus haben und nicht davon überzeugt sind, dass der Markt in der Lage ist, unter Umständen mit Hilfe einer interventionistischen Arbeitsmarktpolitik, *kompensatorisch* zu reagieren, um ein neues Gleichgewicht von Angebot und Nachfrage und damit in etwa das Vollbeschäftigungsniveau wiederherzustellen.[49]

Mit anderen Worten, man vertraut nicht mehr wie in der Vergangenheit ohne weiteres darauf, dass eine höhere Nachfrage und in ihrem Gefolge Produktionszuwächse zu neuen Beschäftigungschancen führen. Denn selbst aus einer rein ökonomischen Perspektive ist inzwischen weitgehend anerkannt, dass der Markt im Allgemeinen und der Arbeitsmarkt im Besonderen keineswegs vollkommene Systeme sind und dass es kaum hinreichende wirtschaftspolitische Maßnahmen gibt, die dem sich selbst regulierenden Markt entsprechende Hilfestellung bieten können. Es ist deshalb also durchaus denkbar, dass die schon seit langem beobachteten »lags« und Ungleichgewichte des Arbeitsmarktes mehr als nur eine vorübergehende Erscheinung sind und nicht nur auf kurzfristige Konjunkturzyklen zurückgehen, sondern dass es sich um langfristige Arbeitsmarktdislokationen handelt, die sich unter Umständen sogar noch verschärfen können.[50]

Die unter Ökonomen am stärksten favorisierte Erklärung des

---

49 Eine kritische Diskussion verschiedener Kompensationstheorien findet sich in Ropohl (1991: 127-131).

50 Eine von Leontief (1985: 39) durchgeführte Untersuchung, die darauf abzielte, die ökonomischen Folgen der computerunterstützten Produktionstechnik für die amerikanische Wirtschaft zu analysieren, kommt zu dem Ergebnis, dass die Zahl der von der amerikanischen Wirtschaft im Jahre 2000 benötigten Arbeitskräfte insgesamt erheblich geringer sein wird, wenn es zu umfassenden Investitionen in die neuen Technologien kommt. Und zwar sollte es mit Hilfe der

Zusammenhangs zwischen wirtschaftlicher Entwicklung und Arbeitslosigkeit in den *fünfziger und sechziger* Jahren – teilweise haben diese Ansichten für eine Reihe von Beobachtern heute noch Gültigkeit – verweist auf den zuerst von A. W. Phillips ex post facto konstatierten statistischen Zusammenhang zwischen Inflation und Beschäftigung.

Die so genannte *Phillips-Kurve*, die an Hand dieser Beobachtungen konstruiert worden ist, bezieht sich infolgedessen auf einen *trade-off* zwischen der Höhe der Arbeitslosigkeit und dem Umfang der Inflation. Eine dreiprozentige Arbeitslosrate ist zum Beispiel mit einer Inflationsrate von vier Prozent verbunden. Die Wirtschaftspolitik muss sich deshalb dem Dilemma stellen, dass als Folge von expansiv orientierten Maßnahmen sowohl die Inflationsraten als auch die Beschäftigungszahlen relativ hoch sind, während deflationäre Maßnahmen mit wachsender Arbeitslosigkeit bei geringerer Inflation verbunden sind.[51]

Die Bedingungen wirtschaftlichen Handelns ändern sich. Und tatsächlich zeigen ökonomische Realitäten gegenwärtig, dass hohe, aber auch geringe Inflationsraten Hand in Hand mit hoher Arbeitslosigkeit vorkommen. Damit wird schon deutlich, dass andere Faktoren als die der Inflation hohe Arbeitslosenziffern hervorrufen und stabilisieren. Die Phillips-Doktrin ließe erwarten, dass sich zum Beispiel Spanien, Deutschland und Frankreich angesichts ihrer Arbeitslosenraten von mehr als zehn Prozent mit dramatisch wachsenden deflationären Bedingungen kon-

neuen Produktionstechnologien möglich sein, die gleiche Produktmenge mit etwa zwanzig Millionen *weniger* Arbeitskräften zu realisieren. Gleichzeitig dürfte sich die Beschäftigungsstruktur verändern. Der Anteil der professionellen Arbeitskräfte wird weiter ansteigen, während sich die Zahl der Angestellten und der Manager verringern dürfte.

51 Die Angst, dass sinkende Arbeitslosenzahlen beziehungsweise eine überdurchschnittliche Zunahme neuer Stellen als Signal eines zukünftigen Anstiegs der Inflationsrate interpretiert werden muss, ist weiter sehr verbreitet, wie etwa die Reaktionen der amerikanischen Börse auf nicht-antizipierte Arbeitsmarktdaten immer wieder unterstreichen (zum Beispiel »Who's afraid of jobs and growth«, *New York Times*, 31. März, 1996). Technischer ausgedrückt heisst dies, wenn die Arbeitslosenrate unter die so genannte »non-accelerating inflation rate of unemployment« fällt, wird die Inflationsrate womöglich bis zur Hyperinflation zunehmen.

frontiert sehen. Das Gegenteil ist der Fall. Die drei Länder haben eine moderate Inflationsrate. Ähnlich ist die Situation in Japan. Sowohl Arbeitslosigkeit als auch Inflation sind relativ gering.[52] Zu den wichtigsten Faktoren, die für diese »ungewöhnliche« Entwicklung von Wachstum und Arbeit verantwortlich zu sein scheinen, gehört meiner Meinung nach die wissenschaftlich-technische Entwicklung oder, noch genauer gesagt, die wachsende Bedeutung von Wissen in der Produktion von Waren und Dienstleistungen.

Gegen diese generelle Diagnose mag man zunächst einwenden, dass historische Erfahrungen mit gravierenden Arbeitsmarktungleichgewichten und sinkenden Beschäftigungszahlen auf Grund revolutionärer technologischer Veränderungen keineswegs neu sind (vgl. Szostak, 1995). Das sich in den vergangenen Jahrzehnten in vielen Staaten vollziehende Schicksal der Kohle-, Stahl- und Textilindustrie ist ein repräsentatives Beispiel. Im 19. Jahrhundert gab es auf dem Arbeitsmarkt erste extreme Veränderungen vergleichbaren Umfangs und mit ähnlichen Auswirkungen auf Grund damaliger technischer Innovationen. Und in jedem Fall, so muss man hinzufügen, versandete die Diskussion über das Unheil der technologischen Arbeitslosigkeit

52 Erwartungen und politische Maßnahmen, die sich aus der Phillips-Kurve ergeben, gehen davon aus, dass sich die zugrunde liegenden ökonomischen Verhältnisse eigentlich nicht viel ändern oder dass Änderungen keine Auswirkung auf die Beziehung zwischen Inflation und Beschäftigtenrate haben. Diese Annahme trifft eindeutig nur bedingt zu. Jones (1995: 6-9) versucht an Hand der jüngsten empirischen Ergebnisse über den Verlauf der Beschäftigungszahlen eine Theorie zu entwickeln und benutzt dabei das Konzept der *hystereris*. In Bezug auf den Arbeitsmarkt bedeutet dieses Konzept, dass die zugrunde liegende oder natürliche Arbeitslosenrate nicht als eine feste, sondern als eine bewegliche Größe angesehen werden sollte. In welche Richtung sie sich bewegt, wird durch das Wirtschaftsbild bestimmt. Laut Hystereris-These werden die von einigen Wirtschaftswissenschaftlern als temporär angesehenen Abweichungen zu permanenten Schwankungen. Die Schockwelle, die von irgendeinem Vorfall ausgeht, setzt sich fort. Abgesehen von dem Vorschlag, die Folgen einstiger wirtschaftspolitischer Maßnahmen als feste Größe in der Arbeitslosengleichung zu betrachten, macht die Jones-These keinen Versuch, die (womöglich neuen) Ursachen einer steigenden Tendenz der Arbeitslosenrate zu erklären.

schließlich.[53] Die Sorgen verschwanden jedes Mal mit der Schaffung neuer Arbeitsplätze beziehungsweise anderer Anpassungsstrategien wie Migration, Neuorganisation, Umschulung und anderer Arbeitsbeschaffungsmaßnahmen. Und diese optimistische Diagnose wird bis in die jüngste Zeit von vielen Beobachtern als gültig verteidigt. Eine umfassende amerikanische Studie über den Zusammenhang von Technologie und Arbeitslosigkeit kommt in diesem affirmativen Sinn zu der Schlussfolgerung:

»new production technology is likely to have other economic repercussions that offset any potential reductions in aggregate labor demand resulting from its adaptation. For example, by drecreasing manufacturing costs and thereby lowering the price of a product, a new technology can expand consumer demand for the product and so lead to increased production and ultimately a greater – not a lesser – demand for labor« (Cyert und Mowery, 1989: 55-56).[54]

In den Wirtschaftswissenschaften gibt es zweierlei Erklärungen für die strukturelle Arbeitslosigkeit. Die eine, neoklassische Erklärung bezieht sich auf eine Lohnstruktur, die über dem Niveau bleibt, bei dem der Markt geräumt ist (z. B. Solow, 1985). Folglich besteht der Arbeitsmarkt aus Beschäftigten und Unbeschäftigten. Die andere, einen Marxschen Standpunkt vertretende Erklärung hat mit den Vorteilen zu tun, die der kapitalistischen Klasse aus einer unwillkürlichen Arbeitslosigkeit entstehen. Diese wird zum Instrument der Klassenherrschaft (Bowles, 1985). Beide Ansichten geben außerdem praktische Hinweise, wie die strukturelle Arbeitslosigkeit in den Griff zu kriegen ist. Eine Revolution oder flexiblere Löhne sind die Lösung.

53 Frühe Untersuchungen dieser Thematik finden sich zum Beispiel in Hobson (1910), Emil Lederer ([1931] 1938) oder Salz (1932).
54 Kompensationstheorien unterstellen, wie dies schon Karl Marx im ersten Band von *Das Kapital* tat, dass der technische Fortschritt, wenn auch mit einer unvermeidlichen zeitlichen Verzögerung, das Gesamtvolumen der Arbeit dennoch letztlich erhöht: »Nicht der technische Fortschritt, nicht der dadurch die Wirtschaft aufgezwungene Weg ... ist die Ursache der Wirtschaftskrise. Im Gegenteil: der technische Fortschritt ist auf lange Sicht betrachtet *das* Mittel zur Belebung der Weltwirtschaft« (zur Nedden, 1930: 901). Die Tatsache der chronischen Arbeitslosigkeit in der damaligen Zeit verringert aber sehr schnell den Glauben an die universelle Gültigkeit der Kompensationstheorien (zum Beispiel Salz, 1932: 1608).

Die hervorstechendste Eigenschaft früherer »Episoden« von durch durchgreifende technische Umwälzungen hervorgerufenen Arbeitsmarktfolgen ist aber gerade ihr sporadischer Charakter. Heute dagegen ist die Umsetzung technischer und wissenschaftlicher Erkenntnis im ökonomischen Handeln zur Routine geworden. Wissen zerstört und verändert nicht nur die Bedeutung herkömmlicher Produktionsfaktoren und der individuellen oder organisatorischen Fertigkeiten, mit ihnen umzugehen, sondern zum Beispiel auch die Zeitspannen, in denen berufliche Fertigkeiten immer wieder obsolet werden. Das gegenwärtige Dilemma am Arbeitsmarkt lässt sich demzufolge, wie Adolph Lowe (1986: 3) zum Beispiel unterstreicht, auf die Frage reduzieren, »whether the employment effect of the new technology basically differs from those earlier impacts«.

Es gibt in der Tat gewichtige Gründe, die es wahrscheinlich erscheinen lassen, dass die Wiederherstellung der Vollbeschäftigung in den OECD-Ländern, und zwar nicht nur im Sinn der traditionellen Definition dieses Begriffs, sondern auch in der heute gängigen, weniger restriktiven Fassung, in Wissensgesellschaften nicht erreichbar ist. Eine pessimistische Variante dieser Prognose über den Umfang der Arbeitslosigkeit in der Wissensgesellschaft würde aber nicht nur von einer Abkoppelung des nachhaltigen Wirtschaftswachstums von der Beschäftigung sprechen. Darüber hinaus ließe sich eine umfassende Reduktion im Umfang der gesellschaftlich notwendigen Arbeit durch Produktivitätsgewinne vorhersehen, in der dann auch nicht mehr solch langfristig angelegte wirtschaftspolitische Maßnahmen und Reaktionen wie eine gezielte Verbesserung der Qualifikation der Beschäftigten, eine Flexibilisierung der Entlohnung oder des Nebenlohnregimes Abhilfe schaffen können. In einem solchen Kontext sind selbst Berufsqualifikationen, die in der Vergangenheit von Sozialwissenschaftlern als besonders herausragend beschrieben wurden, für den Unbeschäftigten nicht mehr ausreichend, um aus der Arbeitslosenstatistik entlassen zu werden.[55]

55 Wenn dies in der Tat eintreten sollte, wird es sicher nicht nur eine intensive politische Diskussion über eine gerechte Verteilung der verbleibenden Arbeit geben (jetzt Gorz, 1996), sondern es werden wahrscheinlich auch wieder Themen aktuell, die verschwunden schienen. Es handelt sich hierbei um normative Themen wie zum Beispiel den Sinn der Arbeit (Mühsal, Nützlichkeit) oder die Überwindung der

Der globale Standortwettbewerb hat zur Folge, so wird argumentiert, dass ökonomische Aktivitäten schnell und nachhaltig in Länder außerhalb der entwickelten Gesellschaften abwandern beziehungsweise an diesen Orten gegründet werden. Kompensationsprozesse, auf die man in der Vergangenheit zählen konnte, sind heutzutage eher unwahrscheinlich. Da sich die gegenwärtigen technologischen Veränderungen auch im privaten wie öffentlichen Dienstleistungssektor auswirken werden, kann man sich nicht mehr darauf verlassen, dass sich dieser, wie dies in den vergangenen Jahrzehnten der Fall war, am Arbeitsmarkt kompensatorisch bemerkbar machen und die in größerem Umfang in anderen Wirtschaftssektoren freigesetzten Arbeitnehmer beschäftigen wird. Man muss im Gegenteil damit rechnen, dass der Dienstleistungssektor selbst zu einer konsistent hohen oder sogar wachsenden Arbeitslosenquote beiträgt und dass sich das Volumen der gesellschaftlich notwendigen Arbeit (der Arbeitsgesellschaft) damit insgesamt zunehmend verringert.[56] Die aus der neoklassischen Theorie abgeleitete wirtschaftspolitische Annahme, dass das wirtschaftliche Wachstum auf der Basis von umfassenden Investitionen in Kapitalausrüstung und bauliche Maßnahmen nicht nur zur Vollbeschäftigung führt, sondern auch den Lebensstandard in der Gesellschaft erhöht, ist deshalb in Gefahr, zu einer von der Entwicklung überholten theoretischen und wirtschaftspolitischen Prämisse zu werden.

Die gesellschaftlichen Folgen einer solchen Entwicklung am Arbeitsmarkt sind ohne Zweifel erheblich. Sie werden zu politi-

---

(ausgeprägten) Arbeitsteilung, eine unter Romantikern verbreitete Hoffnung. Ferner geht es um die Frage nach der Relation von »Arbeitsgenuss« und »Arbeitsleid«, also etwa um ein »arbeitsentlastetes Leben« oder die Aufhebung des angeblichen Gegensatzes von körperlicher und geistiger Arbeit beziehungsweise die Anreicherung von Arbeit. Wird man zum Beispiel Ludwig von Mises' (1922: 155) Überzeugung teilen können: »Fest steht, dass gegenwärtig jene Menge von Arbeit, die noch unmittelbaren Arbeitsgenuss gewährt, nicht mehr als einen verschwindenden Bruchteil jener Bedürfnisse deckt, die die Menschen für so wichtig halten, dass sie um ihrer willen die Mühsal der Verrichtung leiderzeugender Arbeit auf sich nehmen«?

56 Das verhängnisvolle Szenario, dass der Arbeitsgesellschaft zunehmend die Arbeit ausgeht und damit aber auch eine Entlastung von der Bürde der Arbeit eintritt, beschreibt Hannah Arendt ([1961] 1981).

schen Erschütterungen führen, und zwar nicht nur, weil ein Voll-zeitarbeitsplatz in der Industriegesellschaft eine existentielle Notwendigkeit und Teil des Selbstverständnisses des Einzelnen und seiner Familie in dieser Gesellschaft ist, sondern auch, weil viele Rechte des Staatsbürgers letztlich von einer beruflichen Tätigkeit abhängen.[57]

Die empirischen Beweise, die für eine Bestätigung der These von der permanenten Reduktion der bezahlten Arbeit in der Wissensgesellschaft sprechen, sind weder eindeutig, noch werden sie einheitlich interpretiert. Allerdings gibt es nicht zu unterschätzende Indizien. In den Vereinigten Staaten zum Beispiel betrifft die zunehmende Arbeitslosigkeit im vergangenen Jahrzehnt vor allem männliche Personen mit wenig Schulbildung und geringen beruflichen Fähigkeiten. Während der achtziger Jahre war darüber hinaus zumindest in den Vereinigten Staaten etwas zu verzeichnen, was »educational upgrading« genannt werden könnte, und zwar

»*labor requirements* led to expanding demands for the highly educated and virtually no net gains in middle-income jobs for those with average or below-average educational attainment. The less-educated ended up filling down-scale, lower-wage service jobs and, on average, they suffered declining wages and annual earnings« (Wetzel, 1995: 101; Hervorhebung vom Autor).

Außerdem war in dem gleichen Zeitraum noch eine andere Art des »educational upgrading« zu beobachten, die sich in der Tatsache ausdrückte, dass Stellen ohne hohe Anforderungen mit überqualifizierten Personen besetzt werden (vgl. Pryor und Schaffer, 1999: 59-68).[58] Die Folgen sind gravierend. Unter anderem haben und werden sich die Einkommensunterschiede

---

57 Angesichts dieses Dilemmas diskutieren Karl Hinrichs und seine Kollegen (1988) in einer Studie eine Reihe von Lösungen und Optionen, die nicht darauf abzielen, entweder die Höhe der gesetzlich garantierten Arbeitslosenansprüche, die der Einzelne an den Staat stellen kann, zu reduzieren oder eine drastische Erhöhung der Arbeitslosenbeiträge zu verlangen. Die von den Autoren favorisierte Option ist die einer allgemeinen Reduktion der Arbeitszeit und damit einer Umverteilung der Arbeit zugunsten der Arbeitslosen.

58 Pryor und Schaffer (1999: 68) berichten, dass »from 1971 through 1987 a rising share of male and female university-educated workers of all ages took ... high-school jobs (as measured by the average level of

zwischen denen, die eine angemessene Ausbildung haben, und denjenigen, die keine relevanten beruflichen Fähigkeiten und schulischen Zertifikate haben, ausweiten (vgl. Juhn, Murphy und Pierce, 1993). Andererseits gehen die einst hohen Einkommens-disparitäten zwischen männlichen und weiblichen Arbeitneh-mern zurück.

Ein Komplex stringenter, kritischer Einwände gegen die Argu-mentationsweise von den nicht nur umfassenden, sondern auch neuartigen technisch-wissenschaftlichen Entwicklungen für den Arbeitsmarkt, die man infolgedessen nicht mehr einfach in Ana-logie zu wirtschaftshistorischen Vorbildern technischer Umwäl-zungen sehen darf, ist sicher der Verweis auf die Tatsache, dass wir es heute mit historisch einmalig hohen *Realeinkommen* zu tun haben und dass diese hohen Einkommen abhängiger Arbeit als die eigentliche Ursache und Antriebskraft der gegenwärtigen hohen Arbeitslosigkeit in Frage kommen. Der andauernde Schrumpfprozess im Umfang der gesellschaftlichen Arbeit ist ebenfalls als Antwort auf ungewöhnlich hohe Realeinkommen zu verstehen. Es überrascht sicher nicht, dass diese Argumenta-tionsweise in erster Linie von den Arbeitgebern vertreten wird und im Gegenzug von den Gewerkschaften ebenso leidenschaft-lich verworfen wird. Die Umsetzung technisch-wissenschaftli-cher Entwicklungen in arbeitsvernichtende Produktionsprozes-se und Produkte ist infolgedessen – kurz gefasst – Ergebnis des hohen Preises der Arbeit, der genau die wirtschaftlichen Anreize produziert, die zur Realisierung von arbeitssparenden Prozessen notwendig sind. Technische Entwicklungen werden realisiert, nicht weil deren Kosten an sich geringer sind, sondern weil diese unter den Kosten für menschliche Arbeit bleiben. Auf den Nen-ner gebracht:

> education of individuals holding such jobs). The largest increase oc-curred in the 1970s ... (but) continued up to 1987.« Hierbei spielt keine Rolle, dass diejenigen, die mit einem Universitätsabschluss Po-sitionen annahmen, für die ein High-School-Abschluss genügt, »considerably lower functional literacy on the average than other uni-versity graduates« haben (Pryor und Schaffer, 1999: 67). Dieses Er-gebnis deutet zumindest an, dass die Variable »Ausbildung« nicht homogen ist. Andere Betrachter mögen es wiederum als einen ernst-zunehmenden Vorwurf gegen den allgemeinen amerikanischen Bil-dungsnotstand sehen.

»Die so genannte ›strukturelle‹ oder ›technologische‹ Arbeitslosigkeit ist genau genommen Arbeitslosigkeit auf Grund des Preisvorteils der Technik gegenüber Arbeit; diese ihrerseits beruht nicht nur auf der billiger werdenden Technik gegenüber der Arbeit, sondern zumindest auch auf der teurer werdenden Arbeit. Der Preis der Arbeit ist so hoch geworden, dass bestimmte Dinge überhaupt nicht mehr getan werden können, andere in technische Prozesse übersetzt werden. Die innere Dynamik der Arbeitsgesellschaft selbst führt dazu, dass ihr die Arbeit ausgeht« (Dahrendorf, [1982] 1983: 29).

Die Reduktion im Umfang der gesellschaftlich notwendigen Arbeit ist paradoxerweise Ergebnis des Erfolges der Arbeiterbewegung, tariflicher Übereinkommen sowie staatlicher sozialpolitischer Maßnahmen, der gewachsenen Staatsbürgerrechte usw. Denn es ist, so das Argument über zu hohe Realeinkommen als Ursache der Arbeitslosigkeit, natürlich nicht nur der zu hohe Lohn, sondern es sind auch die umfassenden Lohnnebenkosten beziehungsweise die Kosten des Realeinkommens im umfassenden Sinn, die den Preis der Arbeit unerschwinglich werden lassen. Solange die Reallöhne nicht fallen, wird der Prozess der steigenden Arbeitslosigkeit anhalten. Konsequenterweise forderte der Chefökonom der Deutschen Bank, Norbert Walter, auch, dass die »Löhne« in Deutschland zur Beseitigung der Arbeitslosigkeit um ein *Fünftel* reduziert werden sollten.[59]

Arbeitslosigkeit wird nicht nur vom Preis der Arbeit gesteuert. In einer reinen Marktwirtschaft sollten sich selbst bei einem Überhang des Arbeitsangebotes Angebot und Nachfrage schließlich die Waage halten. Da dem Preis der Arbeit in einer *sozialen* Marktwirtschaft die gehörige Flexibilität nach unten fehlt, kommt es, so wird weiter argumentiert, logischerweise nicht zu einem Marktgleichgewicht.

Das Angebot von Arbeit wird auch durch andere Faktoren als die des Preises bestimmt. Demographische Prozesse können hier an erster Stelle genannt werden. Und sofern die gegenwärtigen Arbeitslosenzahlen in den Ländern, in denen diese Zahlen weiter sehr umfangreich sind, in Zukunft reduziert werden, hängt dies, wenn man die hier vorgestellten Trends zugrunde legt, nicht zuletzt von einem Rückgang in der Nachfrage nach Arbeit beziehungsweise einem Rückgang in der Zahl der Personen, die an

---

59 Siehe *Schwäbische Zeitung* 10. Juni 1996, S. 6.

den Arbeitsmarkt drängen. Die Bevölkerungswissenschaftler antizipieren in der Tat ein Schrumpfen der Bevölkerung in den entwickelten Ländern und erwarten deshalb auch einen Rückgang, sofern andere Entwicklungen diesen Trend nicht neutralisieren, im Umfang der Bevölkerungszahl, die sich im Arbeitsalter befinden wird (vgl. die Berechnungen von Thon, 1991).

## Arbeitsformen

Der heute noch üblicherweise mit dem Begriff »Arbeit« verbundene psychologische und soziale Sinn ist ein Produkt der Industriegesellschaft. Der Begriff der Arbeit ist in der industriellen Gesellschaft enger gefasst, als dies noch in der vorindustriellen Gesellschaft der Fall war. In verschiedener Hinsicht sind zum Beispiel Ort und Zeit von Arbeitsaktivitäten eindeutiger von anderen gesellschaftlichen Tätigkeiten getrennt. Dabei bilden sich die Grenzen zwischen ökonomischen und anderen sozialen Systemen parallel zur Trennung von Arbeit und Nichtarbeit heraus, deren deutliches Kennzeichen die räumliche Distanz zwischen dem Arbeitsplatz und dem Ort anderer Aktivitäten in der industriellen Gesellschaft ist. Ebenso eindeutig ist die zeitliche Differenzierung von Arbeitszeit und Freizeit. Und schließlich verbindet sich mit dem Begriff Arbeit in der Regel immer noch stetige Arbeit in einem bezahlten Arbeitsverhältnis beziehungsweise Arbeit in selbständiger Tätigkeit[60] sowie die vertikale und nicht ständig gefährdete (beziehungsweise bewusst zerstückelte), lebenslange berufliche Arbeitskarriere.

Eine der interessanten Fragen der Gegenwartsgesellschaft ist natürlich, ob die primären Sinnbezüge des Begriffs Arbeit und der sozialen Funktion von Erwerbsarbeit in einer Welt, in der Arbeit in diesem eng umschriebenen sozialen Sinn als bezahlte Beschäftigung sehr viel knapper sein wird, überhaupt Bestand haben können.[61] Personen, die in der Wissensgesellschaft niemals

60 Eine ausführliche Darstellung des Ursprungs und der Art der Arbeit in der Industriegesellschaft findet sich in Gorz ([1988] 1989: 13-89).
61 Enzo Mingione (1991: 73) ist einer der wenigen Gesellschaftstheoretiker, die sich kritisch mit dem vorherrschenden arbeitsplatzzentrierten Begriff der Arbeit auseinandersetzen und alternative Vorschläge für ein umfassenderes Verständnis von Arbeit zur Diskussion stellen.

»regulär« beschäftigt waren, die zur Arbeitslosigkeit verurteilt sind oder die sich aus kulturellen Gründen entscheiden, nicht gegen Bezahlung zu arbeiten, sind natürlich weiter Mitglieder der Gesellschaft. Wie kann etwa Identitätsfindung in einer Gesellschaft aussehen, in der Erwerbsarbeit nicht mehr die Norm ist? Die Verknappung der Arbeit ist somit sowohl ein ökonomisches und politisches als auch ein soziales Problem. Die Sinnbedeutung von Arbeit in Wissensgesellschaften kann sich aber auch in einer ganz anderen Weise, zumindest für diejenigen, die einer Beschäftigung im herkömmlichen Verständnis nachgehen, ändern. Während man in der Industrie- und Betriebssoziologie gemeinhin davon ausgeht, dass »mechanisierte Arbeitsformen immer eine hohe Arbeitsdisziplin und -intensität und eine gewisse Eintönigkeit und Angespanntheit des Verhaltens erfordern«, wie zum Beispiel Helmut Schelsky (1964: 180) noch unterstreicht, stellt sich die Frage nach der »Lebenserfüllung« für diese Beschäftigten immer in Aktivitäten außerhalb der Berufsarbeit. Da der Gestaltungsspielraum in der Arbeit angesichts der Bedeutung der Herrschaft der Maschinen und der Manager oder Eigentümer gegen null tendiert, findet man eine soziale Kompensation »für den menschlich und sozial unergiebigen Charakter der Arbeit vieler technisierter Arbeitsformen« (Schelsky, 1964: 180) in der Freizeit. Die Erwerbsarbeit ist ein notwendiges Übel zum Zweck der Geldbeschaffung, Mittel zur Freizeitgestaltung und

Mingione macht zum Beispiel den Vorschlag, dass der Arbeitsbegriff »all types of formal employment, but also a variety of irregular, temporary or occasional activities undertaken to raise cash and various activities that produce use values, goods and services for direct consumption either by the individual and his/her household or other individuals or households, which are more or less necessary for the survival« von Personen und Haushalten umfassen sollte. Ergebnis dieser weitgreifenden Definition von Arbeit wäre, dass das begriffliche Konstrukt näher an die tatsächliche Praxis von Arbeit rückt. Eine weitere Folge wäre, dass der umfassende Begriff von Arbeit eine Analyse des informellen Sektors der Wirtschaft nahe legt. Der Arbeitsbegriff verweist somit auf die Tatsache, wie auch Sabel (1991: 24) zustimmend bemerkt, dass sich Arbeit auf eine Vielzahl von sehr unterschiedlichen Tätigkeiten und sich rapide verändernden Erlebnissen bezieht und dass »it is at least as reasonable to treat the word as a popular shorthand for survival as to regard it as a category of activity that gives similar contours to our different understandings of life.«

existentiellen Sicherung. Sollte sich diese Konstellation individueller Einstellungen zur Arbeit in einer wissensbasierten Ökonomie entscheidend umkehren?

Keineswegs neu ist dagegen die Beobachtung, dass die soziale Organisation der Arbeit im Wandel begriffen ist und dass dieser Wandel zumindest prinzipiell weiter damit zusammenhängt, was ursprünglich einmal – zumindest von Marx und Engels – als Voraussetzung für die gesellschaftliche Arbeitsteilung überhaupt angesehen wurde: die Unterteilung in manuelle und geistige Arbeit (vgl. Marx und Engels, [1932] 1960: 28). Die gegenwärtig gültige Entwicklung geht auf jeden Fall – vereinfacht ausgedrückt – dahin, dass sich die Bedeutung von Arbeit rapide und stark von der manuellen Tätigkeit zur intellektuellen verschiebt. Ursache für die zunehmend geringere wirtschaftliche und gesellschaftliche Bedeutung der natürlich nicht völlig verschwindenden Handarbeit und der gleichzeitig wachsenden Bedeutung der Kopfarbeit ist zweifellos die umfassendere Rolle des Wissens in der Arbeitsgestaltung, des Arbeitsablaufs, der notwendigen Arbeitsfähigkeiten und der Grundlagen der Arbeitsorganisation in allen Sektoren der Wirtschaft. Infolgedessen lassen sich zwei relevante Fragen ausmachen:

(1) Inwieweit verändern sich die Arbeitstätigkeiten beziehungsweise Arbeitsformen und wie sieht ihre soziale Organisation in der Wissensgesellschaft aus?

(2) Welche Auswirkungen haben die veränderten Produktionsbedingungen für die Beziehung von Arbeit zu anderen gesellschaftlichen Strukturen und Handlungszusammenhängen?

Wie Karl Marx (1939-1941: 593) in *Grundrisse* mit einem nicht zu verkennenden Technikdeterminismus unterstreicht, tritt der Mensch mit zunehmendem Fortschritt und der Anwendung der technischen und wissenschaftlichen Entwicklung[62] *neben* den Produktionsprozess und ist nicht mehr sein Hauptagent:

62 In diesem Zusammenhang sollte vielleicht auch darauf verwiesen werden, dass Karl Marx in seiner Analyse der Evolution der kapitalistischen Produktionsweise im Gegensatz zu vielen seiner Epigonen immer darauf bedacht war, sowohl die negativen als auch die »emanzipatorischen« Folgen der Entwicklung der Produktionsfaktoren herauszuarbeiten. Dennoch aber galt für Marx: Solange sich die wissenschaftlich-technische Entwicklung im Rahmen kapitalistischer Produktionsverhältnisse abspielte, kamen die Früchte dieser Fort-

»In dieser Umwandlung ist es weder die unmittelbare Arbeit, die der Mensch selbst verrichtet, noch die Zeit, sondern die Aneignung seiner eignen allgemeinen Produktivkraft, sein Verständnis der Natur und die Beherrschung derselben durch sein Dasein als Gesellschaftskörper – in einem Wort, die Entwicklung des gesellschaftlichen Individuums, die als der große Grundpfeiler der Produktion und des Reichtums erscheint.«

Im Gegensatz dazu bauen die Produktionskräfte in der aufsteigenden Industriegesellschaft zu einem erheblichen Anteil auf »the direct labor of workers, measured and exploited in terms of labor time« auf (Block und Hirschhorn, 1979: 367). Die Produktionsfaktoren der Ökonomie der postindustriellen Gesellschaft basieren dagegen weitgehend, wie Block und Hirschhorn es kennzeichnen, auf der Lernfähigkeit der Menschen. Die Qualität oder, wie Marx dies nennt, die »Macht der Agenten«, und nicht die Quantität der Arbeit sowie die soziale Organisation der Arbeit werden damit zu entscheidenden Momenten der Produktionsstruktur. Gleichzeitig aber konstituiert und signalisiert dieser Transformationsprozess für Marx das Ende der bürgerlichen Wirtschaft, in der der Tauschwert das Maß des Gebrauchswerts ist und der Diebstahl an fremder Arbeitszeit vorherrscht.

Wie jedoch aus dem herrschenden Begriffsapparat der Ökonomen und anderer Sozialwissenschaftler hervorgeht, besteht die elementare Produktionseinheit in der Regel immer noch aus dem *individuellen* Arbeiter oder Angestellten sowie vorab existierender und mehr oder weniger präziser *Anforderungen* und Ansprüche einer natürlich zunehmend wissenschaftlich-technisch bestimmten beziehungsweise sogar determinierten Arbeitswelt – immer in Relation gesetzt zu den beruflichen Fähigkeiten, die das Individuum mit in die Welt der Arbeit bringt (und, um zu bestehen, bringen muss), und der Zeit, die der Einzelne bei der Arbeit verbringt.

schritte, in Form höherer Profite, ausschließlich den Eigentümern des Kapitals und nicht den Arbeitern zu. Diesen Schluss legt auch die Marx'sche These nahe, dass die sozialistische Produktionsweise keineswegs eine Ausschaltung entwickelter technischer Produktionsverfahren impliziert (vgl. Sohn-Rethel, 1978). Zur Frage, ob man die Position von Marx als einen exemplarischen Technikdeterminismus interpretieren kann, siehe die affirmativen und negativen Antworten von Heilbroner, 1967; Dickson, 1974; MacKenzie, 1984).

Man geht demnach in der Bemessung der »Qualität« der Arbeit überwiegend von folgenden Komponenten aus: *erstens* sind die individuell zurechenbaren Eigenschaften des Beschäftigten und nicht etwa der kollektive Handlungskontext oder das organisatorische Umfeld, in dem der Beruf ausgeübt wird, entscheidend (vgl. Block, 1985: Fußnote 62), das heißt zum Beispiel die selbstbestimmte kollektive und/oder individuelle Fähigkeit, sich den Arbeitsplatz frei einrichten und gestalten zu können, was man auch die »Indexikalität« der Welt der Arbeit nennen könnte. Die besonderen beruflichen Fähigkeiten und allgemeinen Kenntnisse, die das Individuum mit sich bringen sollte, werden, *zweitens*, durch vorab existierende Anforderungen der technisierten Welt der Arbeit diktiert. Auf den Stellenwert der modernen Informations- und Kommunikationstechnologie angewandt bedeutet dieser Lehrsatz deshalb, einfach formuliert, »the technology changes associated with the computer revolution have continued to modify the nature of many jobs« (Pryor und Schaffer, 1999: 1). Viele der zahllosen empirischen Untersuchungen über den Grad der beruflichen *Anforderungen* der modernen Arbeitswelt (eine Übersicht findet sich in Livingstone, 1998: 139-154) versuchen infolgedessen zu zeigen, inwieweit sich der Umfang der schulischen Bildung und der berufsbezogenen Ausbildung im Mittel über eine bestimmte Anzahl von Jahren nach oben beziehungsweise nach unten verschoben haben mag. Ob es sich um Untersuchungen handelt, die eine progressive Vernichtung beruflicher Fähigkeiten postulieren, oder um Forschungsansätze, die wie die These von der postindustriellen Gesellschaft davon ausgehen, dass die fraglichen Anforderungen systematisch ansteigen, Prämisse all dieser Untersuchungen ist immer, dass es wie auch immer geartete, die Arbeitswelt determinierende Prozesse sind, die diese Dynamik steuern und eine Anpassung verlangen. In einem noch allgemeineren Sinn beschreibt Pierre Bourdieu ([1971] 1973: 72) die dieser These zugrunde liegenden asymmetrischen Machtbeziehungen (oder Gesetze, wie er dies nennt) als die auch den modernen sozialen Strukturen eigene Tendenz, »to reproduce themselves by producing agents endowed with the system of predispositions which is capable of engendering practices adapted to the structures and thereby contributing to the reproduction of the structures« (der Welt der Arbeit). Kurz, vielen Untersuchungen ist die Perspektive gemeinsam, dass die Entwicklung der modernen Arbeitswelt auch weiterhin entweder von einer kleinen Elite einflussreicher Eigentümer/Manager oder von unumgehbaren technologischen Entwicklungen, die niemand kontrollieren kann, gesteuert werden.

Die »Entdeckung« der Bedeutung des zumindest begrenzt emanzipatorischen Potentials der sozialen Organisation und des jeweiligen Kontextes der Arbeit für die Produktion und ihre quantitativen und qualitativen Erträge geht auf die dreißiger Jahre zurück, insbesondere auf die so genannten Hawthorne-Untersuchungen von Roethlisberger und Dickson ([1939] 1950). Allerdings ist die von diesen Autoren entdeckte soziale Organisation der Arbeit dann auch schnell durch planvolle Veränderungen ein Instrument zur Durchsetzung der Ziele der Arbeitgeber geworden. Gegenwärtig werden Stellenwert und Einfluss institutioneller und situativer Faktoren auf Produktivität und Profitabilität sogar noch höher eingeschätzt, so dass Block (1985: 95) zum Beispiel davon sprechen kann, dass diese Faktoren die Arbeitsqualität entscheidend bestimmen.[63]

Eine international vergleichende Untersuchung von Einstellungen zum technischen Wandel am Arbeitsplatz, die im Jahre 1982 in sechs Industrienationen, und zwar in den USA, Großbritannien, Japan, Israel, (West-)Deutschland und Schweden, durchgeführt wurde, deutet darauf hin, dass diejenigen Befragten, die technischen Wandel am Arbeitsplatz erfahren haben, die Konsequenzen in der Regel recht positiv bewerten. Die Befragten berichten nicht nur, ihre Arbeit sei interessanter geworden und mit höherer Verantwortung verbunden, sondern sie halten sie auch für sauberer und physisch weniger anstrengend. Dennoch hat eine größere Anzahl von Befragten das Gefühl, dass die Monotonie oder Einsamkeit, die Abhängigkeit und Schwierigkeit der Tätigkeit zugenommen haben. In Japan waren die Reaktionen der befragten Beschäftigten auf den technischen Wandel allerdings überwiegend negativ (vgl. Yuchtman-Yaar, 1987).

Die wachsende »Verwissenschaftlichung« der Arbeit habe ich schon mehrfach betont. In einem Essay hat Richard Whitley

---

63 Block (1985: 95-96) betont, dass »two factories might be quite similar in the ›quality‹ of their labor forces and the nature of their capital stock, but their output might differ greatly because of institutional differences that lead in one factory to greater downtime and poorer quality control«.

(1988) allerdings davor gewarnt, den Umfang und die Folgen der Veränderungen der Arbeitsbedingungen und -vorgänge durch den Einsatz wissenschaftlichen und technischen Wissens in allen Sektoren der Wirtschaft und auf alle beruflichen Tätigkeiten bezogen überzubewerten. Die spezifischen Folgen, die sich aus der Anwendung wissenschaftlichen Wissens für die Arbeit ergeben, sind, wie Whitley (1988: 415) zum Beispiel unterstreicht, von einer Vielzahl situationsspezifischer Faktoren abhängig, die die Realisierung neuer Erkenntnisse entweder fördern oder behindern. Die Verbreitung und Anwendung von Wissen ist demnach keineswegs unabhängig von der

»organization and control of occupational practices and expertise, the type of the new knowledge and its relations to current practices and the degree to which the objects and systems being treated are separable from their environment and/or the latter are controllable«.

Die von Whitley aufgeführten Faktoren, die den Grad der Verwissenschaftlichung der Arbeit in Unternehmen und Organisationen beeinflussen, umfassen zusätzlich aber noch marktinduzierte Einflüsse, wie zum Beispiel die Wettbewerbsstruktur der von diesen Firmen bedienten Märkte, und signalisieren wiederum, dass man sich die Realisierung von Wissen in Handlungsmöglichkeiten nicht als einen quasi automatisch ablaufenden Vorgang vorstellen darf.

Im einem noch allgemeineren Sinn konzentrierte sich die Forschung in der Soziologie der Arbeit, der Organisations- und Industriesoziologie in den vergangenen Jahren auf die Transformation der sozialen Organisation der Arbeitswelt und auf die Frage, inwieweit diese Veränderungen den Schluss rechtfertigen, dass die typische Arbeitssituation in den fortgeschrittenen Industriegesellschaften nur eine Fortschreibung (oder sogar Verschlimmerung) der schon zu Beginn der industriellen Revolution vorgefundenen Arbeitssituation ist, oder ob die gegenwärtigen Arbeitsbedingungen einen historischen Bruch mit den ursprünglichen Arbeitskonditionen der Industriegesellschaft darstellen.

Im vorherrschenden Image der Industriegesellschaft, in dem technischer Fortschritt, Massenproduktionsformen, Produktivitätszuwächse und eine streng hierarchisch organisierte und kontrollierte Arbeitssituation eine unauflösbare Einheit bilden, war die Antwort auf die Frage eindeutig. Diese Verbindung von technischer Entwicklung und dem Fortbestand der massiv ungleichgewichtigen Machtverteilung in den Betrieben führt immer wieder dazu, dass die (kapitalistische) Arbeitslogik weiterhin zur starken Entfremdung des Arbeiters beiträgt oder, um die jüngste Zustandsbeschreibung zu verwenden, eine progressive Zerstörung beruflicher Fertigkeiten und somit eine angeblich irreversible Dequalifizierung von Arbeit zur Folge hat.

Obwohl die These von der systematischen, progressiven Verringerung der beruflichen Anforderungen an den modernen Industriearbeiter in der Regel mit dem Namen von Harry Braverman (1974) verbunden ist, gibt es eine nicht unbedeutende Anzahl von Beobachtern der Entwicklung der Produktionsprozesse in der Industriegesellschaft, die, wie zum Beispiel Helmut Schelsky (1954: 20), schon lange vor Braverman zu dem Schluss kommen: »Je mehr man sich der Vollautomatisierung nähert, ohne sie ganz zu erreichen, um so geistloser, belastender wird die Form der Arbeit, um so weniger erfordert sie technisches Interesse und Können oder gar eigene Initiative.«

Schelsky antizipiert jedoch noch ein weiteres Entwicklungsstadium in der Evolution der Arbeit, und zwar wird, nachdem sich die Automatisierung durchgesetzt hat, der Arbeiter hoch spezialisierte Tätigkeiten der Überwachung und Kontrolle von Maschinen durchführen, das heißt »die Vollautomatisierung macht das Fließbandsystem zu einer bloßen Übergangsphase der Mechanisierung; so könnte aus ihr ein bemerkenswerter Fortschritt in der ›Vermenschlichung‹ der Industriearbeit folgen« (Schelsky, 1954: 21). Zu einem noch früheren Zeitpunkt verweist Robert K. Merton (1947: 80) in einem Essay mit dem Titel »The machine, the worker and the engineer« auf die unterschiedlichsten sozialen Folgen arbeitssparender technischer Innovationen, einschließlich einer »enforced obsolescence of skills«, sowie den Verlust von Status und Selbstvertrauen, der mit der Vernichtung beruflicher Fertigkeiten der Arbeiter Hand in Hand geht.

Für die gegenwärtigen Arbeitsbedingungen und Arbeitsformen können diese Überlegungen deshalb, wie Gill (1985: 87) zum Beispiel betont, nur zu dem deprimierenden Schluss führen, dass die Arbeit in der modernen Fabrik weiter trivialisiert wird und dass die »Taylorist philosophy is in many cases still being carried over to the era of microelectronics systems in manufacturing«.[64]

Die Fähigkeit der Arbeitgeber oder der Unternehmensleitungen, ihre Herrschaft unter diesen Vorzeichen zu erhalten oder sogar auszubauen, wird, so argumentiert man weiter, durch ihre Monopolisierung des *Wissens* garantiert. Damit ist eine erfolgreiche Trennung von Planung und Ausführung der Arbeit die entscheidende Grundlage und der Schlüssel, um die Arbeiterschaft kontrollieren und erniedrigen zu können. Auch die jüngste Ausbeutungsthese basiert auf Generalisierungen über den typischen industriellen Arbeitsplatz, indem man dem Arbeiter weder materielle oder kognitive Ressourcen, Erfindungs- und Einbildungskraft zuerkennt, noch spezifische Arbeitsbedingungen und -anforderungen in Betracht zieht. Die These minimiert im Verein mit dem Marxschen Porträt des kapitalistischen Arbeitsprozesses die Fähigkeit und Chancen des Arbeiters, seine Arbeitsbedingungen aktiv und nicht nur in Reaktion auf vorgegebene Konstellationen zu beeinflussen. Arbeitssparende technische Entwicklungen sind in der Regel nur mit einer Reproduktion der Herrschaft des Kapitals über die Arbeit verbunden und führen zwangsläufig zu einem Verlust der beruflichen Bedeutung einmal erworbener Fähigkeiten und Fertigkeiten, wie Merton (1947: 80) und andere nach ihm immer wieder betont haben.[65]

Die klassische Autorität für diese These ist Karl Marx. Das klassische Beispiel für die Auswirkungen der Technik auf den

64 Mehrere Autoren haben den Begriff »Neo-Fordismus« übernommen, um das Verschmelzen von moderner Informationstechnologie mit dem »Ford'schen« Unternehmerstil auszudrücken (vgl. Massey, 1984; siehe auch Jaeger und Ernste, 1989).

65 Zu den sozialen und psychologischen Folgen des Abbaus beruflicher Fähigkeiten gehört hauptsächlich ein Statusverlust (einschließlich des Verlusts der gesellschaftlichen Identität des Berufs) sowie die Destruktion des positiven Selbstverständnisses des Arbeiters, das mit einer kompetenten Handhabung dieser Fertigkeiten einhergeht. Und wie aus Mertons (1947: 80) Antizipation der jüngst intensiv diskutierten These auch hervorgeht, die »alienation of workers from their job and the importance of wages as the chief symbol of social status are both furthered by the absence of a social meaning attributable to the task. Increased specialization of production leads inescapably to a greater need for predictability of work behavior and, therefore, for *increased discipline in the workplace*.«

Arbeitsprozess im Kapitalismus findet sich im ersten Band seines *Kapital*s, in dem er die angebliche Freisetzung oder Verdrängung der Textilarbeiter in England durch die Einführung der Mulemaschine in der Baumwollspinnerei beschreibt ([1867] 1962: 459):[66]

»Die Maschinerie wirkt jedoch nicht nur als übermächtiger Konkurrent, stets auf dem Sprung, den Lohnarbeiter ›überflüssig‹ zu machen. Als ihm feindliche Potenz wird sie laut und tendenziell vom Kapital proklamiert und gehandhabt. Sie wird das machtvollste Kriegsmittel zur Niederschlagung der periodischen Arbeiteraufstände, Streiks usw. wider die Autokratie des Kapitals. Man könnte eine ganze Geschichte der Erfindungen seit 1830 schreiben, die bloß als Kriegsmittel des Kapitals wider Arbeitermeuten ins Leben traten. Wir erinnern vor allem an die self-acting mule, weil sie eine neue Epoche des automatischen Systems eröffnet.«

William Lazonick (1979: 257) hat diesen speziellen Fall im englischen Lancashire erneut an Hand der historischen Daten untersucht und kommt dabei zu dem Ergebnis, dass der Fall der Mulemaschine keineswegs »the unfettered triumph of capital over labor through the use of the division of labor and machinery« demonstriert. Das mißverständliche Porträt der Folgen der Technik, das Marx zeichnet, basiert vor allem auf den Annahmen der ideologischen Befürworter dieser technischen Innovation. Marx ist damit, wie viele andere Gegner bestimmter technischer Entwicklungen, das Opfer enthusiastischer Apologeten der fraglichen technischen Entwicklung geworden.

Beide Beobachtungsweisen, ob klassisch oder modern, haben die Eigenschaft, dass ihre Schlussfolgerungen über die Möglichkeiten und Grenzen der Beeinflussung des Arbeits*prozesses* in der Regel nur auf einer Betrachtung der *Ergebnisse* der Arbeit beruhen. Auf Grund dieser Überzeugungen und theoretischen Annahmen konzentriert sich eine Reihe von einflussreichen Untersuchungen des Verhaltens und der Einstellungen von Arbeitern und Angestellten in modernen Industrieunternehmen und Dienstleistungsbetrieben in erster Linie auf Fragen der Kontrolle, der Produktion von Zustimmung, der Überwachungssysteme (Gill,1985: 182), der Problematik der vorauseilenden Zustim-

66 Der Verlust von Arbeitsplätzen auf Grund des wachsenden Einsatzes von Maschinen bedeutet nach Marx (zum Beispiel *Kapital*, 605-606) allerdings nicht, dass die absolute Zahl der Beschäftigten im Verlauf der Entwicklung der Industriegesellschaft zurückgeht (vgl. auch Sombart, 1892: 495-496).

mung (vgl. Buroway, 1985; Willmott, 1993) sowie auf Maßnahmen der Arbeitgeber, Widerstände irgendwelcher Art erfolgreich zu brechen (zum Beispiel Clegg, 1989).

Die häufige Beobachtung, dass die Beherrschten ihre eigene Subordination und die Autorität der Leitung akzeptieren, erklärt Clegg zum Beispiel mit einem Verweis auf Foucaults Argumentationsweise (1977) von der zentralen Kontrolle des Wissens als Herrschafts- und Machtgrundlage in Organisationen, während Buroway die Metapher des Spiels zwischen Arbeitgeber und Arbeitnehmer benutzt, in dem sich entscheidet, wer kontrolliert und wer kontrolliert wird, und in dem die Arbeiter unweigerlich zu den Verlierern des Spiels gehören. Gill hält die Fähigkeit, durch »bürokratische Machtausübung« ein nahezu perfektes System der Überwachung aufzubauen, für »one of the biggest dangers«, die die Einführung der modernen Informationstechnologie mit sich bringt. Ist es wirklich so, dass sich Untergebene so leicht kontrollieren und manipulieren lassen, wie diese Darstellungen behaupten? Wie gefügig und passiv verhalten sich Beschäftigte an einem Arbeitsplatz, der, hierin sind sich diese Darstellungen einig, mehr und mehr Wissen verlangt und auf Wissen basiert?

Die These Bravermans behandelt die Arbeitssituation, die Dynamik der Arbeit und lokale Arbeitsbedingungen als eine *black box*. Die systematische Verringerung der beruflichen Fertigkeiten ist scheinbar ein eindimensionaler Prozess.[67] Man muss sich aber zum Beispiel fragen, ob die Trennung von Arbeitsplanung und -ausführung im Produktionsprozess eine in materiellen Vorgängen dieser Art verankerte Notwendigkeit ist oder ob sie im wesentlichen Ergebnis des Wunsches des Managements ist, seine

67 Es wäre zweifellos zutreffender, davon zu sprechen, dass am Arbeitsplatz ständig neue Fähigkeiten fabriziert werden, und zwar selbst von den Arbeitskräften, deren Arbeitsformen routinisierter Art sind und durch eine Art technische Geschlossenheit der Arbeitsvorgänge gekennzeichnet sind. Wie Giddens (1991: 138) deshalb hinsichtlich einer »Dialektik der Kontrolle« sowohl bedeutend werdender Fähigkeiten als auch in ihrem Stellenwert abnehmender Kenntnisse betont, »everyday skill and knowledgeability thus stands in dialectical connection to the expropriating effects of abstract systems, continually influencing and reshaping the very impact of such systems on day-to-day existence.«

Ausbeutung und Kontrolle der Arbeit aufrechtzuerhalten. Für Theodor W. Adorno (1969) und André Gorz ([1971] 1976: 170) kann die Antwort, zumindest aus der Sicht der Eigentümer der Produktionsmittel, nur lauten, dass *nicht* der technische »Fortschritt« oder die Technisierung der Arbeit hierarchische Strukturen und eine hoch differenzierte Arbeitsteilung erfordert, sondern die Bemühung, die Profitrate und damit die Ausbeutung der Arbeiter zu maximieren.

Die Faszination mit den Faktoren und Bedingungen, die in der Arbeitswelt angeblich zum Erhalt und zur Stärkung der hierarchischen Kontrolle führen beziehungsweise zur Isolation des Einzelnen am Arbeitsplatz, ist gegenwärtig einem Forschungsinteresse gewichen, das sich mit der Frage der aus der Anwendung der modernen Technik folgenden Offenheit der Arbeitsbedingungen und des Produktionsablaufs (vgl. Sabel, 1991: 24; Hirst und Zeitlin, 1991; Sabel, 1995) sowie der Herausbildung einer neuen Arbeitsteilung (zum Beispiel Littek und Charles, 1995) befasst. Die soziale Verteilung der Macht am Arbeitsplatz ist deshalb zum Beispiel nicht mehr nur, so wird unterstellt, eine Nullsummenfrage. Diese theoretischen Überlegungen und vergleichenden empirischen Untersuchungen stehen ihrerseits in enger Verbindung zur Unterscheidung von Massenproduktionsregimen (*Fordism*)[68] und der wachsenden Realisierung von flexiblen Produktionsmethoden in der Industrie (siehe Piore und Sabel, 1984). Außerdem deuten empirische Daten darauf hin, dass der Einsatz moderner Technologie im Herstellungsbereich mit einem Anstieg der Qualifikationsanforderungen an den Arbeiter verknüpft ist (zum Beispiel Baldwin, Gray und Johnson, 1995).[69]

68 Eine gedrängte Übersicht der Ursprünge und der Entwicklung der Massenproduktion in der Automobilindustrie sowie eine Zusammenfassung der gegenwärtigen Veränderungen dieser Produktionsweise in Nordamerika und Europe, die ursprünglich als Fordismus beschrieben wurde, findet sich in Dankbaar (1995).

69 In einem durchaus vergleichbaren Sinn fassen Kern und Schumann (1983: 357) ihre Forschungsergebnisse zum Rationalisierungsprozess und zum Verhalten der industriellen Arbeiterschaft zusammen, indem sie darauf aufmerksam machen, dass das Management »im Arbeiter ... heute, jedenfalls von den beweglichen Teilen des Managements, eher eine Person mit komplexen Fähigkeiten und vielfältigem Ent-

Ertrag dieses Perspektivenwandels ist ein neues Verständnis von Technik und Arbeitsteilung, insbesondere eine Abkehr von einer einfachen technikzentristischen beziehungsweise technik-deterministischen Sichtweise. Die Technik wird nicht mehr als eine inhärent inflexible Kraft angesehen, die der Humanisierung der Arbeit als unüberwindliches Hindernis im Wege steht, sondern als ein durchaus elastisches und Optionen ermöglichendes Mittel, das zumindest die klassische Hoffnung auf kognitive Partizipation der Arbeitenden in allen Arbeitsangelegenheiten zu versprechen scheint beziehungsweise die wachsende Möglichkeit und Bedeutung eines »subjektivierenden Arbeitshandelns« (Böhle, 1998: 241) in den Mittelpunkt der Entwicklung der Arbeitswelt rückt. Allerdings sollte man die so genannten subjektivierenden Aspekte der Arbeitswelt nicht in strikter Trennung zu angeblich rein instrumentellen oder zweckrationalen Handlungsformen bestimmen.[70] Und insofern kann auch nicht von einer radikalen Verabschiedung von der Koppelung des technischen an den sozialen Fortschritt die Rede sein.

wicklungspotential [sieht], die man als Arbeitskraft gerade dann besonders wirksam ausnutzt, wenn man ihr Vermögen umfassend betrieblich bindet und funktionalisiert, statt nur minimale Segmente davon aufzugreifen und den Rest brachliegen und verkümmern zu lassen; also nicht Lockerung des Leistungszugriffs, sondern Verstärkung hinsichtlich der intellektuellen und motivationalen Fähigkeiten.«

70 Mit dem Begriff des subjektivierenden Arbeitshandelns sollen nach Böhle (1998: 241) Aspekte von Arbeit thematisiert werden, die »in den vorherrschenden Konzepten von Arbeit als zweckrationales, instrumentelles oder planmäßiges, kognitiv-rationales Handeln nicht oder nur sehr verkürzt Beachtung finden. Es sind dies insbesondere sog. subjektive Faktoren wie Gefühl, komplexe körperlich-sinnliche Wahrnehmungen und subjektives Empfinden« (Böhle, 1998: 241). Diese Spezifizierung von »subjektivierendem Arbeitshandeln« hat ein nicht von der Hand zu weisendes Defizit, das in der engen Anlehnung an die Handlungsattribute »zweckrational, planvoll, kognitiv-rational« und deren strikter Konkurrenz untereinander liegt, als seien dies nicht nur realitätskonforme Handlungsformen, das heißt tatsächlich existierende Arbeitsformen, sondern auch situationsunabhängige Handlungsweisen. Kurz, in der anscheinend nicht nur strikten Trennung, sondern auch asymmetrischen Dichotomie verbirgt sich weiterhin die eigentlich zu überwindende Vorstellung von der Möglichkeit »neutralen« Handelns an Hand von objektiven Erkenntnissen.

Ein hoher Technologieeinsatz macht einen Teil der am geringsten qualifizierten Arbeit überflüssig. Salzman (1989: 260) fasst dies in einer Fallstudie über die Auswirkung des mit Computerhilfe erstellten Designs auf die Fähigkeiten der Designer in der amerikanischen Luftfahrt- und Automobilindustrie zum Beispiel folgendermaßen zusammen: »what the technology is relatively effective at doing is automating the least skilled work (the simplest connections in this case) leaving only the most skilled aspects for the designer«. Ob ein solcher Wandel tatsächlich zu Besorgnis Anlass geben sollte, steht auf einem anderen Blatt. Es handelt sich hier jedenfalls nicht um einen Fall von »deskilling«.

Die einst vorherrschenden Sorgen über die destruktiven Fähigkeiten der Technik in der Arbeitswelt sind durch die Diskussion um die von der intensiven Kontrolle befreite Arbeit abgelöst worden. Begriffe wie Intention und Wirksamkeit des Individuums oder Zusammenarbeit und gemeinsames Arbeiten,[71] die schon als obsolet gehandelt wurden, tauchen zunehmend in Diskussionen über moderne Arbeitsbedingungen, Produktionsabläufe und die soziale Organisation der Arbeit auf (Cavestro, 1989). Paradoxerweise ist die Technik, von der man erwartet, dass sie eine sich selbst regulierende Kraft wird, jetzt zu einem Faktor geworden, der Möglichkeiten und Regulierung der Kontrolle negiert.

Die Verteilung und Nutzung (deployment) von Wissen muss nicht so einseitig sein, wie das die Abhandlungen behauptet haben, die die Leichtigkeit hervorheben, mit der Vorgesetzte in modernen Fabriken und Büros Einvernehmen herbeiführen und Kontrolle ausüben. Wissen als Fähigkeit zum Handeln ist nicht so leicht zu monopolisieren. Außerdem ist es keine eindimensio-

---

71 Organisations- und Geschäftspraktiken, die auf der so genannten Netzwerktheorie basieren (eine Darstellung und Diskussion der Idee der Netzwerke ökonomischen Handelns findet sich in Powell und Smith-Doerr, 1994), widersprechen anscheinend der Praxis beziehungsweise der Möglichkeit der Isolation von Personen. Und wie Piore (1995: 99) in diesem Zusammenhang betont, »the kind of technological change for which networks are valued involves intense, direct interaction among individuals and organizations. Networks are thus the antithesis of the isolated individual acting independently, constrained only by income and price, which constitute the nodes in the competitive marketplace.«

nale, statische, sondern vielmehr eine mögliche, strittige, vielseitige und veränderliche Größe. Um der von Betriebsleitung und -eignung ausgeübten Kontrolle erfolgreich entgegentreten und sie umgehen zu können,[72] ist es nicht immer nötig, dass Untergebene ein so großes Wissen oder genau die gleichen Wissensformen kontrollieren, wie dies ihre Vorgesetzten vielleicht in bestimmten Fällen tun.[73]

Aus einer Studie über Wissen und Widerstand von Seiten der Arbeiter geht zum Beispiel hervor, dass gerade die Fähigkeit und das Know-how, bestimmte Wissensformen beherrschen und anwenden zu können, eine große Rolle dabei spielt, dass Untergebene sich zu widersetzen vermögen (siehe auch Kondo, 1990). Genauer gesagt lassen die Ergebnisse mindestens zwei von vielen möglichen subjektiven Strategien des oppositionellen Verhaltens erkennen. In dem einen Fall konzentriert sich der übliche Widerstand von männlichen Arbeitern darauf, *Informationen* von Seiten der Vorgesetzten *zu begrenzen*. Untergebene sind also bemüht, den Forderungen der Autoritätskontrolle zu entgehen oder sie ganz zu vermeiden. David Collison (1994: 28) nennt diese Strategie »resistance through distance«, während die andere Strategie, »resistance through persistence«, darin besteht, dass weibliche Angestellte Entscheidungen von oben zu unterminieren versuchen, indem sie ihren Vorgesetzten Information entlocken.

Wenn es tatsächlich zutrifft, dass die moderne Technik nicht nur für das Management, sondern auch für den Angestellten eine Erweiterung der Handlungskapazität bedeutet, dann müsste folglich in solchen Betrieben, die Befehlsgewalt, Kontrolle und Druck ausüben, um Leistung zu erzielen, die Produktion zunehmend weniger effizient ablaufen. Die sozialen Beziehungen am Arbeitsplatz könnten daher am besten damit umschrieben werden, was Max Weber ([1913] 1922) *Einverständnishandeln* nann-

---

72 In LaNuez und Jermier (1994) findet sich eine Analyse über Widerstand und Sabotage durch Vorgesetzte, das heißt durch Manager und »Technokraten.«

73 Die so genannten, von Taylor entwickelten Prinzipien des wissenschaftlichen Managements zielen zum Beispiel darauf ab, die außergewöhnlich starke Kontrolle zu begrenzen, die Arbeiter häufig in Bezug auf solche Formen des Wissens ausübten, die mit ihrer technischen und fachlichen Leistung in der Werkstatt zu tun hatten.

te. Gegenseitiges Vertrauen, nicht gegenseitiges Misstrauen wird zur Grundlage dieser Beziehungen. Misstrauen bildete natürlich den Kern der sozialen Organisation von Arbeit, wie sie nach den zu Beginn des Jahrhunderts von Fredrick W. Taylor oder Henry Ford entwickelten Prinzipien entstanden war. Gegenseitige Erwartungen, dass Vertrauen und nicht Misstrauen die Arbeitsbeziehungen prägt, sind womöglich nicht nur eher in solchen Organisationen zu finden, deren Leistungseffizienz in beträchtlichem Maß von Flexibilität, Initiative und Autonomie abhängt (siehe Heisig und Littek, 1995), sondern könnten auch die »rationale« Reaktion des Managements sein auf erweiterte Handlungskapazitäten auf Seiten der Arbeitnehmer einschließlich der Möglichkeit, sich zu widersetzen.[74] Diese Veränderungen in der sozialen Komponente des Faktors Arbeit werfen die Frage auf, ob der Begriff »Arbeit« nicht durch seinen Ursprung in der Industriegesellschaft hinfällig geworden ist. Ist es sinnvoll, diese Bezeichnung in der Wissensgesellschaft für Tätigkeiten zu benutzen, die in vieler Hinsicht eher sozialen Handlungen gleichkommen, die zwar noch auf die eine oder andere Weise entlohnt werden, aber von Marx zum Beispiel nicht zum Bereich Arbeit gezählt oder als Lebensnotwendigkeit betrachtet worden wären? Es hat natürlich immer Personen gegeben, die, wenn danach befragt, ihr großes Erstaunen darüber ausdrücken, dass sie für Tätigkeiten bezahlt werden, die ihnen »am Herzen liegen«, die anregend und befriedigend sind, die sie selbst bestimmen und kontrollieren können usw. Mit dem Rückgang des Arbeitsvolumens verändert sich womöglich auch die soziale Komponente der Arbeit rapide und derart, dass es durchaus gerechtfertigt erscheint, von einer zweifachen Eliminierung der Arbeit in der modernen Gesellschaft zu sprechen. Die bezahlte Arbeit weicht immer mehr von dem ab, was man typischerweise darunter versteht. Arbeit gleicht immer weniger einem natürlichen Phänomen und wird paradoxerweise immer mehr zu einem sozialen Phänomen. Mit der in der Wissensgesellschaft eintretenden Erweiterung solcher Tätigkeitsmerkmale der Arbeit wie Wahlmöglichkeiten, Kontingenz und Risiken entspricht sie kaum noch der üblichen Beschreibung, die

74 Eine wenn man so will noch radikalere Perspektive repräsentiert die sich entwickelnde, interdisziplinäre *Tätigkeitstheorie* (zum Beispiel Engeström, 1999), die sich etwa der Analyse kultureller Praktiken und situationsgebundener Aktivitäten widmet.

sicher weiter dominiert. Nicht nur in der Marxschen Analyse der Arbeit in der Industriegesellschaft nimmt dieser Faktor eine untergeordnete Stellung ein gegenüber anderen Funktionen, die für den Arbeiter zuweilen nicht erkennbar sind. Ausbeutung, Unterdrückung, Entfremdung, Kontrolle und Übermacht sind einige der wichtigsten Beziehungen, die das Arbeitsverhältnis prägen. Diese Begriffe würden nicht von jedem Arbeiter oder jedem Sozialwissenschaftler, der sich mit der Arbeit in der Industriegesellschaft beschäftigt, akzeptiert werden. Andererseits würden viele Darstellungen aber in Frage stellen, dass die sozialen Beziehungen, die die Welt der Arbeit und deren Belohnungssystem bestimmen, das menschliche Potential fördern oder eine lebendige Selbstdarstellung zulassen. Das Beste, das sich über die Arbeit in der Industriegesellschaft sagen lässt, ist, dass sie den Lebensunterhalt bestreitet. Dennoch besteht die Gefahr, dass Perspektiven, die die Offenheit und das Handlungsmöglichkeiten produzierende Potential der modernen Technik betonen, in den gleichen Fehler wie Karl Marx verfallen, der den inhärent repressiven Charakter der Produktionstechnologien im Kapitalismus betont hat. Selbst wenn moderne Technologien größere Flexibilität und Freiräume in den Arbeitsbedingungen ermöglichen oder sie sogar als Voraussetzung größerer Effizienz fordern, ist keineswegs ausgeschlossen, dass, je nach lokalen, situationsspezifischen Bedingungen, Versatilität und innovative Kapazitäten in dem Interesse des Managements und der Eigentümer, eine hierarchisch organisierte Kontrolle der Arbeitenden aufrechtzuerhalten, bewusst beschränkt werden.[75] Es gibt nicht nur in diesem Zusammenhang keine wie auch immer geartete »naturwüchsige« und eindeutige Rolle der Technik (vgl. Feenberg, 1991; 1995). Ähnlich steht es mit Studien, die vor allem Wissensstand, Effizienz und Subjektivität der Arbeitenden und die neuen organisatorischen Zusammenhänge und Anforderungen hervorheben und zu dem Schluss kommen, dass die Fähigkeit, sich zum Wider-

75 Jones (1990: 306) fasst die Ergebnisse einer Anzahl von Fallstudien auf diesem Forschungsgebiet zusammen und kommt zu dem kritisch-skeptischen Ergebnis, dass »in general the prospect of using these systems (flexible specialization) to tighten hierarchical control over final operations may prove more appealing to many managers than the surrender of detailed powers to the shop floor *that is necessary* for versatile and innovative productive capability.«

stand und zur Opposition zu entschließen, in den modernen Arbeitssituationen enorm zugenommen hat. Gleichzeitig vernachlässigen sie aber die Tatsache, dass Kontrolle und Zustimmung in denselben Situationen weiterhin eine Rolle spielen.

In der Tat gibt es bereits eine Forschungsrichtung, die in einem strengeren Sinn davon ausgeht, dass sich die Produktionsbedingungen in der modernen Industrie durch den Einsatz neuerer Technologie zwar verändert haben mögen, diese Techniken aber aus der Sicht der Arbeitenden nicht unbedingt flexible und offene Arbeitsbedingungen mit sich bringen. Im Rahmen dieser Perspektive wird deshalb versucht zu klären, ob eine zunehmend intellektuell ausgerichtete Arbeit nicht den schon bekannten Rationalisierungs- und Kontrollprozessen der manuellen Arbeit der Industriegesellschaft ausgesetzt ist und damit gewissermaßen zur »intellektuellen Fließbandarbeit« führt. Und zwar resultiert dies dann in einer Arbeitsteilung, in der die »rationality of the bureaucratic organization acquires the mechanized efficiency of the factory, and in which mental labor is subjected to both the rationalization of its knowledge and the gradual automation of its productive« activity« (Perrole, 1986: 111).

Die äußerst strittige theoretische Diagnose der sozialen Folgen der neuen Technologien für die Arbeit und ihre Organisation erlaubt aber zumindest den Schluss, dass es theoretisch unmöglich ist, (kausale) Zusammenhänge überzeugend herauszuarbeiten, die auf eine Alleinverantwortlichkeit bestimmter Eigenschaften technologischer Regime als determinierenden Faktor von Produktionsbedingungen hinweisen würden.[76] Das in sich strittige theoretische Konzept der Auswirkungen der Technik in der Arbeitswelt deutet zudem auf eine große *empirische* Variabilität von Kontexten hin, in denen moderne Technologie realisiert wird, und auf die erhebliche Bandbreite der möglichen Interpretationen der Auswirkungen der Technikanwendung in der Arbeitswelt.

---

76 Alain Touraine ([1984] 1988: 108) hat deshalb zweifellos mit Recht betont, dass man auf Grund der weit auseinander gehenden Ansichten über die gesellschaftlichen Folgen der neuen Technologien nicht in der Lage ist »to isolate a primary cause of technological origin as the determining factor of all programmed society«.

# Die Quantifizierung wissensfundierter Berufe

Ich habe die Veränderungen in der Zusammensetzung der erwerbstätigen Bevölkerung in Bezug auf viele Herstellungsbereiche bereits angesprochen. Dieser Wandel macht sich, wie vor einigen Jahren festgestellt wurde, in einer deutlichen Zunahme der nicht in der Produktion Beschäftigten bemerkbar. Er ist besonders ausgeprägt in Industrien, die sich mit der Verarbeitung und der Produkterneuerung befassen. Carter (1996b: 185) erwähnt, dass »slow-changing sectors employ as little as 20 percent or less of their workforce in nonproduction jobs; change oriented sectors employ as much as 80 percent or more in that capacity«. So dramatisch diese Unterschiede im Herstellungsbereich auch sein mögen, sie betreffen nur einen Teil der Gesamtwirtschaft, und die grobe Trennung in an der Produktion und nicht an der Produktion beteiligte Arbeiter ist ein erstes Beispiel für die sich vollziehende Transformation.

Eine bisher weitgehend unbeachtet gebliebene theoretische Konzeption zur Kategorisierung der sich verändernden Struktur der modernen Berufe und der Arbeitswelt und deren empirisch fundierte Illustration findet sich in der von Fritz Machlup (1962) verfassten Studie über *Function and Distribution of Knowledge in the United States*. Das Hauptziel der umfangreichen empirischen Arbeiten Machlups war es, den Beitrag des Wissens – im weitesten Sinn – zur Nachkriegswirtschaft zu quantifizieren.[77] Und zwar repräsentiert »Wissen« für Machlup (1962: 7) ohne Einschränkungen alles das, »what is known by somebody and ›production of knowledge‹ any activity by which someone learns of something he has not known before even if others have«.

---

77 Es gibt gegenwärtig weitergehende Versuche, quantitative Indikatoren einer wissensbasierten Ökonomie zu entwickeln (vgl. OECD, 1996a). Allerdings wird es noch vieler Anstrengungen bedürfen, bevor man sich von den für die Zwecke der Industriegesellschaft konstruierten Messwerten lösen wird und genuine Indikatoren für eine wissensfundierte Wirtschaft entwickelt. Sozioökonomische Indikatoren haben immer auch eine bestimmte politische Geschichte und Funktion. Schon deshalb beobachten interessierte Gruppen Änderungen entweder mit einer gewissen Skepsis oder fordern bestimmte Modifikationen in der Überzeugung, dass sie in ihrem Interesse sein werden.

*Tabelle 9:* Prozentualer Anteil der mit der »Produktion« von Wissen
beschäftigten amerikanischen Arbeitskräfte, 1900-1980

|      | Wissensarbeiter | Andere Erwerbstätige |
|------|-----------------|----------------------|
| 1900 | 10,7            | 89,3                 |
| 1910 | 14,6            | 85,4                 |
| 1920 | 18,3            | 81,7                 |
| 1930 | 21,6            | 78,4                 |
| 1940 | 23,4            | 76,6                 |
| 1950 | 28,3            | 71,7                 |
| 1960 | 33,3            | 67,7                 |
| 1970 | 39,7            | 60,3                 |
| 1980 | 41,2            | 58,8                 |

*Quelle:* Machlup und Kronwinkler, 1975; Rubin und Huber, 1986.

Machlup (1962: 363, 382-387) kommt zu dem Schluss, dass der
Beitrag der »Wissensindustrie« zum Bruttosozialprodukt im
Jahre 1958 in den Vereinigten Staaten rund 29 Prozent betragen
muss und dass »Wissensarbeiter«[78] im gleichen Jahr einen Anteil
von etwa 32 Prozent an der Gesamtheit aller Berufstätigen ausmachen. Im Jahre 1970, so schätzt Machlup weiter, ist der Anteil
der wissenproduzierenden Berufe an der Gesamtheit der arbeitenden Bevölkerung auf etwa 39,7 Prozent angewachsen (vgl.
Machlup und Kronwinkler, 1975: 755). In einer Fortschreibung
von Machlups Ansatz durch Rubin und Huber (1986) ist dieser
Anteil ein Jahrzehnt später schon auf 41,2 Prozent gestiegen.

Auf Wissen basierende berufliche Tätigkeiten werden von Fritz
Machlup allgemein als Berufe definiert, die in irgendeiner Weise
mit der Produktion *und* Vermittlung von Wissen zu tun haben.[79]

78 Peter Drucker (1994: 62) macht darauf aufmerksam, dass er es 1959
   war, der den Begriff »Wissensarbeiter« geprägt hat. Gleichzeitig gibt
   er an, ohne sich auf empirische Arbeiten zu beziehen, dass der Anteil
   der Wissensarbeiter an der Gesamtheit der amerikanischen Beschäftigten Ende dieses Jahrhunderts ein Drittel oder mehr betragen dürfte.
79 Ein von der OECD (1996a: 11) veröffentlichter Bericht über die wissensbasierte Ökonomie verwendet einen Begriff von »Wissensarbeitern«, der diese Gruppe als eine zwar schnell wachsende, aber dennoch residuale Kategorie von »non-production workers« bezeichnet,

Da die vom *US Bureau of Statistics* erarbeiteten Zahlen zur Berufsstruktur[80] die eigentlich notwendigen Informationen über die Tätigkeitsmerkmale einzelner Berufsgruppen nicht explizit enthalten, differenziert Machlup die vom *Census* verwendeten Berufskategorien in »wissenproduzierende« und »nicht wissenproduzierende« Gruppen. In einer Anzahl von Fällen basiert die Abgrenzung, so konzediert Machlup freimütig, auf eher arbiträren Unterscheidungsmomenten. So wurde zum Beispiel die Hälfte aller Ärzte von Machlup nicht in die Gruppe der wissenproduzierenden Berufe aufgenommen, da er davon ausging, nur etwa die Hälfte der von Ärzten verrichteten Tätigkeiten umfasse diagnostische und therapeutische Beratungen. Ergebnis dieser Vorgehensweise ist deshalb, dass Machlup im Fall der Zahlen für das Jahr 1950 zwanzig Prozent der vom amerikanischen *Census* als »professionelle, technische und verwandte Berufe« klassifizierten Berufstätigkeiten als nicht wissensproduzierende Berufe kategorisiert und im Jahre 1970 etwa neunzehn Prozent dieser Berufsgruppe in ähnlicher Weise einstuft. Von der als »Manager, höhere Beamte und Geschäftsinhaber (mit Ausnahme der Landwirte)« bezeichneten Berufsgruppe werden von Machlup 1950 41,7 Prozent als »nicht wissenproduzierende« Tätigkeiten, im Jahre 1970 aber nur noch 21,6 Prozent dieser Berufsgruppe derart klassifiziert. Die Gesamtheit der vom *Census* als »Büroberufe« klassifizierten Tätigkeiten erscheint in Machlups Studie als Wissensarbeiter, und schließlich kategorisiert er aus der Gruppe »Handwerker, Vorarbeiter und vergleichbare Tätigkeiten« den kleinen Prozentsatz von 3,6 als wissenproduzierende Berufstätigkeiten. Interessant ist, dass Machlup sowohl Berufe des Herstellungs- als auch des Dienstleistungssektors als Wissensarbeiter einstuft. Allerdings werden vom ihm keine beruflichen Tätigkeiten in der Landwirtschaft in diese Rubrik aufgenommen. In der von Rubin und Huber (1986: 3, 197) verfassten Studie, die Machlups Zahlen auf den jüngsten Stand bringt, geht man davon aus, dass sich der Anteil der Wissensproduktion am Bruttosozialpro-

das heißt von Beschäftigten, die nicht mit der Herstellung von materiellen Waren befasst sind.
80 Die vom *US Bureau of the Census* offiziell verwendeten Berufskategorien gehen auf das Jahr 1943 zurück sowie auf 1950 vorgenommene Modifikationen und Zusätze, die bis auf den heutigen Tag unverändert benutzt werden (siehe Reich, 1992: 173-174).

dukt im Jahre 1980 auf ungefähr 34 Prozent gesteigert hat. Außerdem deutet die Fortschreibung der Arbeitsmarktzahlen an, dass sich der Anteil der wissenproduzierenden Berufe in zwanzig Jahren verdoppelt hat.

Einerseits sind die von Machlup und seinen Mitarbeitern verwendeten und vom *Census* vorgegebenen Berufskategorien sehr allgemein. Es ist zum Beispiel fragwürdig, alle vom *US Bureau of Statistics* mit Bürotätigkeiten verbundenen Berufsbezeichnungen, ob in der Vergangenheit oder heute, ohne Unterschied als wissenproduzierende Tätigkeiten zu behandeln. Die vom *Census* im Jahr 1970 als Büroberufe klassifizierten Tätigkeiten umfassen fast die Hälfte aller von Machlup als Wissensarbeiter identifizierten Berufe. Darüber hinaus ist die von Machlup versuchte Neukategorisierung der Daten des amerikanischen *Census* möglicherweise zu restriktiv. Dies lässt sich am besten an Hand der strikten *Dichotomisierung* der Berufe in wissenproduzierende und nicht wissenproduzierende Berufsklassen nachweisen. Ein Ergebnis dieser Vorgehensweise ist zum Beispiel, dass Machlup die Anzahl und den Umfang der wissenproduzierenden Tätigkeitsmerkmale etwa in der Gruppe »Handwerker, Vorarbeiter und vergleichbare Berufe« unterschätzt. Es ist sehr wohl denkbar, dass für eine nicht unbedingt kleine Anzahl dieser Berufe zumindest ein Teil der Tätigkeiten als »wissenproduzierend« oder »wissenvermittelnd« kategorisiert werden kann. Man muss andererseits natürlich unterstreichen, dass Machlup den mutigen Versuch unternahm, aus einem fast unzulänglichen empirischen Datenmaterial das Beste zu machen. Die vom *US Bureau of Statistics* in Berufskategorien aggregierten Gruppen von Berufsbezeichnungen eignen sich nur sehr indirekt als Grundlage einer Analyse des Trends zu wissenproduzierenden Tätigkeiten in der modernen Gesellschaft.[81]

Der Begriff der »Informationsgesellschaft« wurde in den siebziger Jahren entwickelt; er ähnelt dem der postindustriellen Gesellschaft und ist ebenfalls mit Bemühungen verbunden, die An-

---

81 In einem Aufsatz, der sich mit »information work« befasst, berichten Newman und Newman (1985: 498), dass Machlup »was so keen to establish the importance of knowledge in the economy that he counted even strip-tease dancers as knowledge workers«. Es ist mir bisher nicht gelungen, einen ummittelbaren Hinweis in Machlups (1962) Buch zu finden, der dies bestätigen würde.

zahl der mit »Informationsarbeit« beschäftigten Personen zu quantifizieren.

Marc Porat (1975) etwa kategorisiert nicht weiter überraschend oder gar tautologisch diejenigen Personen als Informationsarbeiter, die mit der Herstellung, Verarbeitung und Verteilung von Information beschäftigt sind. Er kommt zu dem Schluss, dass der Informationssektor des Arbeitsmarktes in den entwickelten Gesellschaften schon 1960 zum größten Sektor des Arbeitsmarktes gehört. Porats Definition des Informationsarbeiters ist häufiger als der von Machlup entwickelte engere Begriff der Wissensarbeit zur Grundlage von empirischen Arbeiten verwandt worden. Studien aus verschiedenen Ländern, die den Porat'schen Begriff der Informationsarbeit verwenden, kommen typischerweise zu dem Schluss, dass etwa ein Drittel der Gesamtheit der Beschäftigten zum Informationssektor gehört.

Obwohl Daniel Bell (1973: 212) argumentiert, die von Machlup oder Porat erarbeiteten Zahlen über den Anteil der Wissensproduktion und -distribution an der Produktion des Bruttosozialprodukts seien zu hoch angesetzt und dürften bei gültiger Messung sehr viel geringer ausfallen, übernimmt Bell (1971: 4) Machlups Begriff des Wissensarbeiters und kommt zu dem allgemeinen Urteil, dass der Anteil der »manual and unskilled worker class is shrinking in society, while at the other end of the continuum the class of knowledge workers is becoming predominant in the new society«. An anderer Stelle betont Bell (1973: 213), dass der Anteil des Erziehungswesens, zumindest wenn man von einer weniger umfassenden Definition der Ausgaben dieses Sektors ausgeht, nicht, wie Machlup schätzt, etwa 14,7 Prozent des Bruttosozialprodukts beträgt, sondern 1969 nur rund die Hälfte dieser Summe ausmacht. Auf jeden Fall deutet selbst die von Bell bevorzugte Größenordnung der Zahlen über den Umfang der Ausgaben für Bildungsaufgaben auf eine Verdoppelung ihres Anteils am Bruttosozialprodukt innerhalb eines Zeitraums von nur zwanzig Jahren hin.

Die Zahlen von Machlup, Porat und Bell stehen in einem bemerkenswerten Kontrast zu den im gleichen Zeitraum und an Hand der gleichen Zahlen getroffenen Schlussfolgerungen der Statistiker der amerikanischen Bundesregierung, die von Braverman (1974: 241-242) veröffentlicht werden: »On balance it is probably proper to say that the technical knowledge required to operate the various industries of the United States is concentrated in a grouping in the neighborhood of only 3 % of the entire working population«. Man kann wohl davon ausgehen, dass sich die Daten nicht nur in diesem Fall den theoretischen Annahmen anpassen mussten.

In einer Untersuchung der Veränderungen in der Größe und Zusammensetzung der Gesamtheit der amerikanischen Erwerbstätigen und hierunter insbesondere bei dem Versuch, die Zahl der mit »*Information*stätigkeiten« Beschäftigten zu schätzen, kommen Wolff und Baumol (1989), zumindest was das Wachstum dieser Berufsgruppen angeht, zu Ergebnissen, die den Schätzungen von Machlup wiederum sehr nahe kommen. Und zwar schätzen Wolff und Baumol, dass der Anteil der »information workers« an der Gesamtzahl der Beschäftigten von 42,2 Prozent im Jahr 1960 auf 52,5 Prozent im Jahr 1980 angestiegen ist. Die *Gesamtzahl* der mit Informationstätigkeiten beschäftigten Personen liegt bei Wolff und Baumol in jedem der drei von ihnen berücksichtigten Zeitabschnitte weit über der von Machlup geschätzten Zahl der Wissensarbeiter in der modernen Ökonomie.

Wolff und Baumols Schätzung basiert ebenfalls auf der vom *US Bureau of the Census* verwendeten Klassifikation der Berufsbezeichnungen. Die Autoren verweisen auf die Konsistenz der Schätzungen, die trotz erheblicher Veränderungen in der Struktur der Berufsklassifikationen nur unwesentlich variieren. Die Zunahme der Informationstätigkeiten während des von ihnen untersuchten Zeitabschnitts ist so umfangreich, dass sie unabhängig von der Klassifikationsmethode der Berufe nachweisbar wird (Wolff und Baumol, 1989: 18). Wolff und Baumol (1989: 35-36) versuchen aber nicht nur den Umfang und die Zunahme der Informationstätigkeiten zu dokumentieren, sondern auch den möglichen Ursachen auf die Spur zu kommen. Der wichtigste Faktor sei die

»*substitution* of information workers, particularly knowledge producers for non-information workers within production. This factor accounted for over half of the increase in the share of information employees in total employment. The second is relative *productivity movements* among industries, which accounted for over a third of the relative growth of information workers and over 40 percent of the relative growth of data workers« (Hervorhebung des Autors).

Robert Reich (1992: 174-180) teilt die Arbeit in drei Kategorien ein, und zwar in Routinetätigkeiten im Produktionsbereich, in persönliche, von ein und derselben Person geleistete Dienste und in symbolisch-analytische Tätigkeiten. Unter die erste Kategorie fällt natürlich die sich ständig wiederholende Arbeit, wie sie nicht nur am Fließband, sondern auch bei der täglich anfallenden Beaufsichtigung durchgeführt wird. Diese Routinearbeit machte, so schätzt Reich, 1990 in den USA ungefähr ein Viertel der gesamten Arbeitsplätze aus, und die Tendenz ist rückläufig. Auch persönliche Dienstleistungen können Routine sein, müssen aber zwischen Personen oder von Angesicht zu Angesicht stattfinden. Verkaufspersonal, Immobilienmakler, Taxifahrer, Beschäftigte in der Kinder- und Krankenbetreuung, Wachpersonal usw. sind Beispiele für diese Kategorie, die im Jahr 1990 ungefähr 30 Prozent aller Beschäftigungsverhältnisse ausmachte. Zur symbolisch-analytischen Kategorie gehören Tätigkeiten, die mit dem Lösen und Identifizieren von Problemen, mit taktischen Maklergeschäften, kurz, mit dem Umgang mit Symbolen zu tun haben. Reich schätzt den Anteil dieser Arbeitsplätze trotz kräftigen Zuwachses während der letzten 40 Jahre auf nicht mehr als 20 Prozent des gesamten Arbeitsangebotes in den USA. Der Rest ist im Bergbau, in der Landwirtschaft und anderen Rohstoff erschließenden Betrieben beschäftigt.

Die Entdeckung des Informationssektors beziehungsweise der Informations- oder Wissensarbeit signalisiert, dass man einen wichtigen ökonomischen Trend der entwickelten Gesellschaft erkannt hat. Allerdings ist damit die Problematik des Stellenwerts der Wissensarbeit nicht »gelöst«. Die Zusammenfassung sehr unterschiedlicher beruflicher Tätigkeiten unter dem Oberbegriff »Informationsarbeit« und die Tatsache, dass man sich in der empirischen Analyse dieser Arbeitsformen auf Berufskategorien stützen muss, die für die Realitäten der Industriegesellschaft entwickelt wurden, deuten an, dass man auf diese Weise das Wachstum der Wissensarbeit kaum empirisch oder theoretisch in den Griff bekommt. Es ist einmal notwendig, neue Berufskategorien zu entwickeln, die den tatsächlich ausgeübten Tätigkeiten eher entsprechen. Zum anderen müssen diese begrifflichen Bemühungen in theoretische Reflexionen eingebettet sein, die die Transformation von Arbeit in der Wissensgesellschaft widerspiegeln.

Arbeitsmarktstatistiken sind ein mit großen, wenn nicht sogar unüberwindlichen Interpretationsschwierigkeiten verbundenes Aggregat von Zahlen. Es handelt sich natürlich um für bestimmte Zwecke »konstruierte« Typologien und Ziffern, wobei sich die Mehrzahl der konventionellen Kategorien nicht explizit auf solche Tätigkeitsmerkmale wie den Umfang der Arbeitszeit oder der routinisierten Arbeitsvorgänge bezieht, die verschiedene Berufe mit der (Re-)Produktion und der Distribution von Wissen verbringen, oder etwa auf die relative, über größere Zeiträume stattfindende Veränderung im Anteil der Arbeit, die diesen Tätigkeiten gewidmet sein mag. Angesichts dieser grundsätzlichen Informationslücken überrascht es nicht weiter, dass die Frage der Wissensformen, die mit unterschiedlichen Berufstätigkeiten in Verbindung stehen mögen, und deren langfristige Veränderung theoretisch und empirisch bisher keine Berücksichtigung gefunden hat. Auf Grund dieser und anderer begrifflicher Strittigkeiten und theoretischer Unsicherheiten bei der Analyse des Stellenwerts der Wissensarbeit ist es nicht weiter erstaunlich, dass Schätzungen über den Umfang der Wissensarbeit von Studie zu Studie sehr verschieden ausfallen.

Eine Anzahl von Beobachtern der Entwicklung des modernen Arbeitsmarktes meint eine generelle Tendenz zunehmend wissensorientierter Arbeit zu erkennen, während andere die Erfahrungen *einiger* Länder in den vergangenen zwei Jahrzehnten als Indikatoren für zukünftige Entwicklungslinien ansehen (vgl. Therborn, 1986: 83-88). Kumar (1995: 26-27) zum Beispiel betont, dass

»most of the growth in jobs in the last two decades has indeed come from quite a different quarter: not from the knowledge sector, but from lower levels of the tertiary economy, where the extent of skill and knowledge is not notably high«.

Darüber hinaus gibt es Voraussagen, die eine umfassende Proletarisierung der Arbeit beschwören. Die »de-skilling«-These von Aronowitz und DiFazio (1994: 16) unterstellt zum Beispiel, dass

»[the]shape of things to come as well as those already in existence signals the emerging proletarianization of work at every level below top management and a relatively few scientific and technical occupations«.

Die Ergebnisse vorliegender empirischer Studien über die Auswirkungen des massiven Einsatzes von neuen Informations- und

Kommunikationstechnologien auf die Qualität der Arbeit sind allerdings sehr widersprüchlich und lassen bisher kaum einen generellen Schluss über negative und/oder positive Folgen zu.

## Wissensfundierte Arbeit

Eine Untersuchung der Bedeutung wissensbasierter Arbeit in der modernen Gesellschaft wird durch eine Reihe von Faktoren erschwert. Dazu gehört die vielleicht oft nur implizit vertretene Annahme, berufliche Tätigkeiten, die besondere intellektuelle Fähigkeiten verlangen, müssten in erster Linie an der Spitze der gesellschaftlichen Berufshierarchie angesiedelt sein. Indem man Berufsbezeichnungen und Tätigkeitsmerkmale wie zum Beispiel die der »professionellen« Berufe oder der »intellektuellen Arbeit« als Kennzeichnung wissensbasierter Tätigkeiten verwendet, haben Kritiker ein leichtes Spiel, grundsätzlich zu bezweifeln, dass diese Berufsgruppen in der modernen Gesellschaft in der Tat zunehmen, zumal jeder weiß, dass die Zahl der Juristen, der Mediziner und vielleicht sogar der Betriebswirte schon seit längerer Zeit die Nachfrage bei weitem übertrifft. Die zur Illustration eines ungebrochenen Wachstums der Anzahl professioneller Tätigkeitsfelder und Personen in solchen Berufen herangezogenen Statistiken werden dann sehr schnell von diesen Kritikern als eine Art »statistical sleight-of-hand designed to promote the idea of an increasingly professionalized society« entlarvt (Kumar, 1995: 25). Die statistische Beschönigung, die Kumar aber vor allem im Sinn hat, bezieht sich auf die Gepflogenheit, gelegentlich – möglicherweise bezieht er sich auf die Arbeiten Machlups – eher typische Mitglieder der Arbeiterklasse der Industriegesellschaften, und zwar Klempner oder Ladenbesitzer, unter dem breiten Dach der Berufsbezeichnung »professionelle« (wissensbasierte) Tätigkeiten anzusiedeln. Viele dieser begrifflichen und theoretischen Schwierigkeiten bei der Bestimmung der wissensbasierten Arbeit lassen sich an Hand des Begriffs des »Experten« exemplifizieren. Wo und wie findet man in der modernen Gesellschaft überhaupt Experten?

Die Begriffsbestimmung und typische kritische Diskussion der Rolle und der gesellschaftlichen Bedeutung von Experten, Beratern und Ratgebern ist in der Regel aus einer Reihe von wichtigen

Gründen ebenso unzulänglich: Erstens befassen sich Überlegungen dieser Art vor allem mit Personen, die die Mächtigen beraten. Politisch oder wirtschaftlich einflussreiche Personen wären etwa die typische Klientel der Experten. Resultat dieser Präferenz ist deshalb, dass man sich in erster Linie mit solchen Fragen beschäftigt wie zum Beispiel, ob die Experten in der Tat die Mächtigen verdrängen und sie infolgedessen die eigentliche Machtquelle in einer Gesellschaft, die zunehmend auf Fachwissen angewiesen ist, repräsentieren.[82] Natürlich beraten die Experten die Mächtigen. Wenn man sich vor allem auf die Bedürfnisse dieser begrenzten Personengruppe konzentriert, übersieht man allerdings die bedeutsamere Tatsache, dass sich der Umfang der Gruppe der wissensfundierten Berufe in der modernen Gesellschaft besonders stark verändert hat. Zweitens lässt sich beobachten, dass die Analyse der Gruppe der Berater, Experten und Ratgeber häufig von der Prämisse ausgeht, dass der Stellenwert und Einfluss dieser Berufe auf ihrer Kontrolle und Verbreitung von instrumentellem Wissen beziehungsweise von technischer Rationalität beruht. Mit anderen Worten, die gesellschaftliche Bedeutung, der Einfluss und die Macht der wissensfundierten Berufe stehen in direktem Zusammenhang mit solch besonderen Attributen wie dem der praktischen Effizienz der von ihnen kontrollierten Wissensform, die zudem mit relativer Sicherheit und Leichtigkeit, ohne von den intellektuellen und sozialen Unterschieden unter Experten und Klienten beeinflusst zu werden, ihren Weg vom Produzenten des Wissens über die Vermittlung durch die wissensfundierten Berufe zum »Endverbraucher« findet. Der Fluss des Wissens erfolgt weitgehend von oben nach unten, von Wissenden zu Nichtwissenden. Es besteht kein Anlass, das vermittelte Wissen weiter zu hinterfragen. Axiom ist also die einfache

---

82 Ein wichtiger Beitrag zu diesem Thema ist natürlich Robert Michels Studie *Zur Soziologie des Parteiwesens in der modernen Demokratie* (1911), die auf unmittelbaren Erfahrungen mit den sozialistischen Parteien Deutschlands und Italiens beruht. Michels »eisernes Gesetz der Oligarchie« besagt, dass jede politische Organisation starke oligarchische Züge aufweist ungeachtet der parteilichen Richtlinien für Demokratie und Gleichstellung aller Mitglieder. Zwang und Druck von Seiten der Organisation sorgen dafür, dass sich eine Gruppe von Experten mit besonderen Kenntnissen und Fähigkeiten an die Spitze setzen kann.

Vorstellung, dass wissenschaftlich-instrumentelle Erkenntnis, ohne wesentliche Hindernisse umgehen zu müssen, problemlos, unbeschädigt und fast unverändert vom Produzenten zum Klienten vermittelt werden kann.[83] Solange man das Wissen, mit dem Experten umgehen, für unzweideutig und in sich unstrittig hält, ist es in wichtiger Hinsicht kaum denkbar, zu erklären, warum die Nachfrage und das Bedürfnis nach wissensfundierten Berufen rapide wächst. Drittens befassen sich vorliegende Untersuchungen von wissensfundierten Berufen nur am Rande mit der Dynamik des Beratungsprozesses selbst, das heißt, man konzentriert sich restriktiv auf die fraglichen Berufe und nicht auf das soziale Umfeld, in das die berufliche Tätigkeit und ihre Folgen eingebettet sind. Sind Experten also nur so etwas wie Medien, die nach dem Prinzip der kommunizierenden Röhren Wissen »passiv« vermitteln, oder spielen sie eine intellektuell aktive Rolle in der Vermittlung von Wissen? Welche gesellschaftlichen Veränderungen sind für die gewachsene Nachfrage nach Expertenwissen verantwortlich? Viertens hat man die Folgen der Transaktionen zwischen Experten und ihren Klienten nur selten explizit problematisiert. Es ist wahrscheinlich, dass man ähnlich wie im Fall der Werbung die gewünschte Wirkung als selbstverständlich unterstellt.

Zusammenfassend lässt sich feststellen, dass die theoretische und empirische Analyse der Rolle der Experten und des Fachwissens häufig von Prämissen bestimmt ist, die sich als falsch beziehungsweise als kurzsichtig erweisen können und die dem Mythos der Macht der Experten in der modernen Gesellschaft nur Vorschub leisten. Viele der bisherigen Diskussionen der Funktion der wissensfundierten Berufe vertrauen zu stark auf herkömmliche, inzwischen wohl überholte dichotomische Kategorien wie zum Beispiel auf die Unterscheidung zwischen Mitteln und Zielen sozialen Handelns, zwischen wissenschaftlicher Erkenntnis und Alltagswissen oder politischem Wissen und instrumentell-technischer Rationalität. Schließlich kann man den umfassenden gesellschaftlichen Kontext der postindustriellen Gesellschaft beziehungsweise der Wissensgesellschaft, der das

83 Eine Kritik und ein Versuch, das herkömmliche »Modell der Instrumentalität« der Anwendung wissenschaftlicher Erkenntnis zu überwinden, findet sich in Stehr, 1992.

Wachstum der wissensfundierten Berufe erst möglich macht und in dem sich ihre Arbeit abspielt, nicht einfach ausblenden.

Die theoretische Verbindung oder besser Vermischung der beiden Thesen, dass Experten vor allem die Mächtigen der Gesellschaft beraten und dass sich Mittel und Zweck sozialen Handelns relativ eindeutig trennen lassen, sowie die Vorstellung, dass sich Machtbeziehungen im wesentlichen in zwanghaftem Verhalten manifestieren, führen zu eher sterilen Diskussionen der gesellschaftlichen Rolle der Experten in der modernen Gesellschaft. Aus dieser Konstellation von Prämissen ergeben sich Fragestellungen, die um das Problem einer angeblichen neuen Machtelite kreisen oder konstatieren, dass möglicherweise der Aufstieg der Experten allein schon das Ende der Industriegesellschaft und den Beginn der postindustriellen Gesellschaft signalisiert. Ein treffendes Beispiel dieser theoretischen Voreingenommenheit sind etwa die Beobachtungen von Norman Birnbaum (1971a: 403), dass

»those who command concentrations of power and property are able to employ technical experts – for good or for ill. That expertise is bought, either in the form of bureaucratic organizations producing knowledge, or in the services of individual technical experts. When technicians do rise to actual command positions, they cease to function solely as technicians but function as men in command, men with power.«

Um eine von Anthony Giddens (1980: 263) verwendete Charakterisierung zu gebrauchen: Eine auf Prämissen dieser Art basierende Analyse der Gruppen der hoch qualifizierten Experten, Berater und Ratgeber begreift diese in der Tat am besten als die sich herausbildende »herrschende Klasse« der zukünftigen Gesellschaft. Allerdings kann man nur mit Giddens übereinstimmen, dass die bisherigen Entwicklungen in den modernen Gesellschaften – und Anfang der achtziger Jahre gehörten auch die staatssozialistischen Gesellschaften des Ostens in diese Kategorie – diesen Schluss oder die Warnung vor einer neuen herrschenden Klasse keineswegs rechtfertigen.

Um deutlicher herauszuarbeiten, was diesen wachsenden Teil des Arbeitssektors, den wir vorläufig als berufliche Tätigkeiten auf Wissensbasis bezeichnet haben, besonders auszeichnet, wäre es vielleicht sinnvoll, als Erstes den Standort dieser Berufe im Hinblick auf Wissen und die Beziehung zu ihren Klienten und den Institutionen und Bereichen der Wirtschaft, mit denen sie typischerweise zu tun haben, zu bestimmen und schließlich bereits einige Beobachtungen darüber anzustellen, wie der Prozess des Ratgebens, der zum täglichen Arbeitsablauf dieser Berufe gehört, aussieht.[84]

Ich möchte all jene, die konsultiert werden, Rat erteilen, beratend oder gutachtend tätig sind, der Gruppe von Berufen zuordnen, die sich mit dem Vermitteln und Anwenden von Wissen beschäftigt. Diese beiden Begriffe werden hier natürlich nicht im allgemein üblichen Sinne verwandt. Wissen fließt in diesem Fall nicht, wird nicht derart weitergereicht, dass es von der Arbeitsweise des Berufsausübenden praktisch unberührt und unbeeinflusst bleibt. Vielmehr ist die Vermittlung und Anwendung von Wissen ein aktiver Vorgang. Bei der Reproduktion von Wissen handelt es sich fast immer auch um Produktion von Wissen. Es ist nicht nur äußerst schwierig, bei der Anwendung von Wissen das Lernen auszuschalten (Dasgupta und Stoneman, 1987: 3), sondern es ist auch nur schwer möglich, ein von den Einflüssen des Vermittlungsvorganges freies Wissen zu vermitteln.

Eine solche erste Umschreibung der Beziehung des Wissensberuflers zum Wissen als der Währung, in der er handelt, befriedigt wahrscheinlich nicht. Sie tut dies deshalb nicht, weil die Abgrenzung der Gruppe »Experten, Berater und Ratgeber« von anderen, größeren Berufsgruppen immer noch recht vage zu sein scheint. So könnte oder müsste sogar argumentiert werden, dass alle Berufe in irgendeiner Weise auf Wissen beruhen. Wissen ist eine anthropologische Größe. Wissen hat stets in allen beruflichen Tätigkeiten ebenso wie in fast allen anderen Bereichen des menschlichen Handelns eine Rolle gespielt. Das wird auch weiterhin der Fall sein. Es ist aber wichtig, im Hinblick auf Wissensart und Wissensergebnis genauer zu differenzieren. Für Unterscheidungen, was die Relevanz des Wissens betrifft, stehen

---

84 Peter Drucker (1968: 287-310), den schon früh das Auftauchen der Berufsgruppe des Wissensarbeiters beschäftigte, hat ausführlich über solche Themen wie das Selbstbild der »Wissensarbeiter« (zum Beispiel »knowledge workers cannot be satisfied with work that is only a livelihood«) und – angesichts seines besonderen Interesses für das Management – die Frage, wie »to manage knowledge workers for performance«, geschrieben. Diese Themen werde ich in diesem Zusammenhang nicht berühren, weil sie über die Grenzen meiner Untersuchung hinausgehen.

mehrere Kategorien zur Verfügung wie zum Beispiel die Einteilung in theoretisches und praktisches Wissen. Unter der Gruppe der wissensbasierten Berufe wäre demnach jene wachsende Zahl von Arbeitskräften zu verstehen, die mit theoretischem Wissen zu tun haben. Allerdings befriedigt diese Unterscheidung ebenso wenig wie andere ähnliche Kategorisierungen, denn selbst solche Berufe, die man als mit theoretischem Wissen beschäftigt bezeichnen könnte, kommen ohne praktisches Wissen nicht aus. Daher muss bei einer jeden Differenzierung, die Wissen betrifft, von Anfang an mit einbezogen werden, dass gewisse praktische, handwerkliche Fähigkeiten und Vorgehensweisen in jedem Beruf erforderlich sind. Aber die Berufsgruppe, die uns hier interessiert, ist vor allem damit beschäftigt, Wissen – genauer gesagt Wissen über Wissen – zu erlangen, zu manipulieren, zu organisieren und zu vermitteln. Das typische Endprodukt des Wissensberufes ist offenbar Wissen und nicht irgendein technisches Machwerk. Ausübung des Berufs und Konsumierung seines Endprodukts beruhen auf ein und demselben Faktor: dem Faktor Wissen.[85] Es gibt im Gegensatz dazu traditionellere Berufsgruppen, *die Wissen an seinem Platz lassen*. In vielen Fällen ist ein derartiges Wissen nicht einmal mitteilbar, es wird vielmehr durch eigenes Beobachten, Imitieren, Partizipieren oder Ausprobieren erlangt. Dieses Wissen oder diese *Fachkenntnisse* manifestieren sich in Gegenständen, Prozessen und Produkten oder werden in diese investiert. Fachkenntnisse sind robuster, spezifischer, konkreter Natur, Wissen dagegen, insbesondere modernes Wissen, ist sehr viel fragiler, allgemeiner und abstrakter. Beide Wissensformen, die Fachkenntnisse des Arbeiters und Handwerkers (vgl. Montgomery, 1979) und das Wissen des Experten, haben allerdings, was die Macht (oder Handlungsautonomie) angeht, die Wissen seinem Träger verleiht, die gleiche Funktion. Kurz gesagt, die merkwürdige Beziehung wissensfundierter Berufe zu Wissen hängt mit der Tatsache zusammen, dass Wissen selbst zum Gegenstand der Berufsausübung wird. Grundlage dieser Berufe sind wiederum Kenntnisse, die durch diese Experten-, Berater- und Ratgebertätigkeit und deren Endergebnis

---

85 Der Grad der externen Kontrolle über den eigentlichen Arbeitsvorgang hängt, wie auch Larson (1977: 26-27) betont, davon ab, inwieweit eine Trennung von Arbeits*ablauf* und Arbeits*ergebnis* möglich ist (vgl. auch Whitley, 1988: 401-404).

nicht etwa vermittelt, sondern »objektiviert« werden. Für Experten, Berater und Ratgeber ist Wissen *unmittelbare Produktivkraft*.

Diese Unterschiede machen zudem deutlich, warum die Diskussion um wissensfundierte Berufe nichts mit der Debatte um den Wandel der Arbeiterklasse in der kapitalistischen Gesellschaft zu tun hat, der als Resultat eines »de-skilling«-(Entspezialisierungs-)Prozesses der Arbeiterschaft (Braverman, 1974) eintrat, oder mit ähnlichen Debatten um die Wiederbelebung des Klassenbegriffs (zum Beispiel Stark, 1980; Hunter, 1988).

Wichtig erscheint außerdem, dass es sich hierbei um eine Berufsgruppe handelt, deren Beziehung zu den Klienten der von ihr angebotenen Dienste *ungewöhnlich* ist (vgl. Lerner, 1976). Die Leistungen und Wissensansprüche von Experten müssten legitimiert werden. Experten sehen sich durch die Beziehung, die sie zum Klienten herstellen, und insbesondere auch durch dessen Anerkennung legitimiert.

Baumanns (1987: 19-20) Vorschlag, das Phänomen des »Intellektuellen« als strukturelles Element des sozialen Gefüges zu behandeln und nicht als eine Kategorie mit ganz bestimmten, möglicherweise sogar dauerhaften Eigenschaften, ist hier daher – zumindest im analogen Sinn – theoretisch interessant und sollte näher untersucht werden. Wie er die Rolle des Intellektuellen und intellektueller Strategien behandelt, ist in vielen Aspekten meiner Terminologie der Ratgeber, Experten und Berater sehr ähnlich. Baumann hält es zum Beispiel nicht für erforderlich, dass Intellektuelle die (unmittelbaren) *Produzenten* des Wissens sind, über das sie verfügen. Ist die intellektuelle Kategorie als strukturelles Element vorhanden, so lassen derartige Sozialstrukturen mindestens vier wesentliche Merkmale erkennen:

»[First], a major dependency among those which weave together into a major figuration in question is grounded in the socially produced incapacity of individuals (singly or in the groups they form) to conduct their life business on their own. Some stages of their life activity, material or spiritual, in their practical or ideational aspects, must be beyond their control, and hence they need advice, assistance or active interference of someone else.
Secondly, this influence makes for a genuine dependency, as it casts the ›helpers‹ close to the sources of uncertainty, and thus into a position of domination …

Thirdly, what the dominated are lacking … is knowledge or the resources to apply knowledge to their acts. By the same token, the dominating possess the missing knowledge, or mediate and control its distribution, or have at their disposal the resources needed to apply the knowledge they possess and to share the products of such application. The dominating are therefore sages, teachers, or experts.
Fourthly, the intensity and the scope of their domination depends on how acute is the sense of uncertainty or deprivation caused by the absence of knowledge in an area serviced by a given group of sages, teachers or experts. More importantly, it depends on the latter's ability to create or intensify such a sense of uncertainty or deprivation; to produce, in other words, the social indispensability of the kind of knowledge they control.«

Baumanns Vorschlag, die Gruppe der Intellektuellen als Teil eines größeren sozialen Gebildes zu betrachten, ist sicherlich in diesem Zusammenhang nicht uninteressant. Es gibt allerdings eine Reihe zusätzlicher wichtiger struktureller Beziehungen, in denen sich Experten wiederfinden: (1) Die Beziehung wissensfundierter Berufe zu (sozial konstruierten) Wissensformen und -beständen; (2) ihr Standort innerhalb der spezifischen Diskursgemeinde der Experten, Ratgeber und Berater. Das heißt, der Experte arbeitet zwar als isoliertes Individuum, erhebt den Anspruch auf Expertenwissen aber auf Grund seiner Mitgliedschaft und seines Ranges in der Gemeinschaft der Experten. Obwohl sich die Schicht der Experten aus verschiedenen, ständig anwachsenden Gemeinden von wissensfundierten Berufen zusammensetzt, bildet sie doch als Ganzes gesehen keine »*soziale Klasse*« und kann auch nicht als eine solche analysiert werden. Dies gilt auch dann, wenn man einräumt, dass es »Klasseneinheit ohnehin nicht gibt«. Eine soziale und politische Organisation der Experten und damit auch ein Berufsbewusstsein ist in der modernen Gesellschaft einfach nicht vorhanden. Die Anzahl der Berufe, die auf Wissen basieren, ist vielseitig und recht groß. Experten sind in allen Bereichen der Wirtschaft anzutreffen; sie repräsentieren jede Stufe der Ungleichheit. Man kann sie nicht einmal als Teil irgendeiner sozialen *Bewegung* betrachten. Die Frage, ob die Art der Leistungen und deren Empfänger in der modernen Gesellschaft immer noch als entscheidender Faktor für politische Solidarität ausreicht, ist nun einmal offen und wird es auch weiterhin bleiben.
    Ich gehe davon aus, dass diese Berufe nicht unbedingt direkt an

der Produktion (Schöpfung) des Wissens beteiligt sind, das sie ver- beziehungsweise anwenden. Das heißt also, sie dienen in erster Linie als (Ver-)Mittler zwischen Wissensproduzent und Wissensempfänger; zwischen dem Schöpfer der Fähigkeit zum Handeln und dem Handelnden. Es kommt natürlich in der Praxis immer wieder vor, und schon deshalb ist die angestrebte Differenzierung nur sehr schwer eindeutig durchzuhalten, dass ein und dieselbe Person sowohl die Rolle des Wissensproduzenten als auch des Wissensvermittlers ausübt. Die besondere, von Experten geschaffene Beziehung aber impliziert nicht – wie bereits erwähnt –, dass sich ihre Tätigkeit auf das Vermitteln im engeren, vielleicht sogar neutraleren Sinn des ungehinderten Fließens der Information von der Quelle zum Empfänger beschränkt. Ihre Funktion ist, mit anderen Worten, durchaus nicht passiv; sie sind nicht nur bequeme Transportmittel bei der Übertragung von Wissen. Man kann vielmehr davon ausgehen, dass es letztendlich gerade das transformierende Element ihrer Tätigkeit ist, das ihnen Einfluss und Ansehen verleiht. Wissensfundierte Berufe sollten daher nicht als passive Medien gesehen werden, die sich Wissen aneignen, es kollationieren, systematisieren oder sich auf irgendeine andere neutrale Weise des Wissens bedienen, um es dann an verschiedenste Kundenkreise weiterzugeben. Zwar gehören all diese Tätigkeiten zu ihrem Aufgabenbereich, allerdings mit dem Resultat, dass die Arbeit mit dem Wissen dieses Wissen verändert. Wissen ist niemals ein problemlos einwechselbares »Zahlungsmittel«. Der Tauschhandel ist häufig strengen Kontrollen und Beschränkungen unterworfen. Experten bedienen sich wahlweise der eigenen Interpretation von Wissen. Wie der Klient Handlungsprioritäten und Situationen beurteilt, wird daher häufig vom Experten, dessen Rat gesucht wurde, selbst bestimmt. Im Verlauf der Übermittlung wird das Wissen irgendwie verändert. Experten übermitteln und praktizieren Wissen, spielen dabei aber eine aktive Rolle. Es ist gerade diese transformierende Rolle, die näher zu untersuchen wäre, um sich über die Funktion und Bedingungen der Nachfrage nach Experten und Expertenwissen in modernen Gesellschaften überhaupt ein umfassendes, systematisches Bild machen zu können.

Eine empirische Studie des Expertentums muss sich daher vor allem mit der Frage beschäftigen, in welcher Form und in welchem Ausmaß wissentragende und wissenverbreitende Berufe zwischen Wissensproduzent und Wissenskonsument eine aktive Mittlerrolle einnehmen und inwieweit das Wissen selbst davon beeinflusst wird. Einer der wichtigsten, allerdings auch am wenigsten hinterfragten, ja sogar unerkannt gebliebenen Aspekte des Ratgebens hat demnach mit dem Ablauf der Wissensformierung und Wissensveränderung unter den Experten, Ratgebern und Beratern selbst zu tun. Durch welche Faktoren werden Experten dazu bewegt, bei ihrer Meinung zu bleiben oder sie zu ändern? Gibt es allgemeine Muster? Auf welche Weise wirkt sich der Gebrauch von Expertenwissen auf wissentragende und wissenverbreitende Berufe aus? Was den Prozess des Ratgebens vielleicht entscheidend kennzeichnet ist die Tatsache, dass dem *mündlichen* Diskurs größere Bedeutung zukommt als dem *schriftlichen* Diskurs, der wohl eher als legitimes Kommunikationsmittel der Wissenschaft gilt. Natürlich ist der mündliche Diskurs nicht alleiniges Kommunikationsmittel all jener, die ihren Rat zur Verfügung stellen, aber es ist sicherlich eine Fähigkeit, auf die großes Gewicht gelegt wird. Somit hängen Ablauf und Wirkung des Ratgebens auf entscheidende Weise von den nicht immer ganz eindeutigen Merkmalen der mündlichen Kommunikation ab.

Was hier mit aktivem Gestalten der Vermittlung von Expertenwissen gemeint ist, wird auch verständlicher, wenn man das lateinische Verb *consultare* und seine vielen Bedeutungen in Betracht zieht. Heinz Eulau (1973: 169) ist diesem Wort nachgegangen und beschreibt seine Bedeutungsvielfalt besonders eingehend. Demnach bedeutet *consultare* je nach Kontext zunächst einmal

»to consider, deliberate, cogitate, reflect, think over, advise with, take advice from, and so on. The variety of these meanings is less helpful, however, than the meanings of the more primitive Latin verb *consulere*, which directly calls attention to the reciprocal character of the consulting relationship. On the one hand, *consulere* means to ask questions, or examine; on the other hand, it means to give counsel. The reciprocity appears even stronger in the German translation of consulere where it simultaneously means to ask someone (*jemanden befragen*) and to advise someone (*jemanden beraten*) … Interestingly, *consultare* refers to a second family of meanings that define the consulting relationship. In some contexts, *consultare* is used as a synonym for *curare* – to care for or worry about – and for *prospicere* – to provide for. In this usage, then, both an empathetic and a providential aspect of consultation are emphasized.

Thirdly, the related adjective *consultus* – one who is consulted – may be used as a synonym for *intellegens*, *peritus* or *eruditus* – intelligent, expert and learned; and the process to which *consultus* applies is supposed to be *dilegens* or *accuratus* – careful or accurate«.

Diese Bedeutungsvielfalt des Verbs *consultare* ist bereits ein Anzeichen dafür, wie komplex und vielschichtig der Prozess des Ratgebens und der möglichen sozialen und kognitiven Beziehungen der an ihm Beteiligten ist.

Zweifellos ist der eigentliche Vorgang des Ratgebens bedeutsam; darüber hinaus muss aber auch die *Art und Weise* des gegebenen Rates, der verabreichten Beratung und – noch allgemeiner ausgedrückt – des vermittelten Wissens in Betracht gezogen werden (zum Beispiel im Fall von Naturwissenschaft und Sozialwissenschaft; von Themen, denen eigene Theorien zugrunde liegen, und solchen ohne eigenes Selbstverständnis; von einer Distanz zwischen »Klient« und Ratgeber, die sich aus dem in Frage kommenden Wissen ergibt).

Eine Klärung der Fragen, welche Tätigkeiten wissensfundierte Berufe ausüben und welchen Rang sie im Sozialprestige, in der Hierarchie der Einkommen oder in den Gestaltungsspielräumen der Arbeit typischerweise einnehmen, sollte auch zum besseren Verständnis darüber beitragen, welchen Stellenwert Wissensberufe (sofern man einen übergreifenden Begriff überhaupt finden kann) in der modernen Wirtschaft haben und in Zukunft haben könnten.

Die Plausibilität der Kritik an der Idee, dass der Anteil der wissensfundierten Berufe an der Gesamtheit der beruflichen Tätigkeiten zunimmt, ist in den vergangenen Jahren vor allem von dem häufigen Verweis auf das Wachstum von Arbeitsverhältnissen im Dienstleistungssektor, die man herkömmlicherweise als ungelernte Arbeit bezeichnen würde, genährt worden. Der These vom Wachstum der beruflichen Anforderungen im Herstellungssektor, in der Landwirtschaft und im Dienstleistungssektor wird entgegengehalten, dass die tatsächliche Entwicklung auf dem Arbeitsmarkt, insbesondere in den USA, in Kanada und in einigen anderen Ländern, einen völlig anderen, sogar gegensätzlichen Verlauf nimmt. Und zwar kommt die zuweilen beneidete wachsende Zahl von Arbeitspositionen in den USA in den vergangenen Jahren – bis in die heutige Zeit – durch die rapide Zunahme von schlecht bezahlten Stellen (dead-end jobs) zustande, die keinerlei Vorkenntnisse erfordern und oft nur Teilzeitjobs sind.

Dieser Entwicklung muss in der Tat näher nachgegangen werden, und zwar nicht zuletzt deshalb, weil die in diesem Zusammenhang angeführten Argumente, wie etwa »wir wollen keine amerikanischen Verhältnisse«, zum häufig verwandten Klischee in der gegenwärtigen Arbeitsmarktdiskussion geworden sind. Aus der rein beschreibenden Sicht der Arbeitsmarktstatistik wird natürlich nicht klar, um nur einige der Interpretationsschwierigkeiten anzuführen, warum gerade diese Art von Arbeit überdurchschnittlich anwächst, warum es sich um keine generelle Arbeitsmarktentwicklung handelt, die sich in allen OECD-Ländern vollzieht, und inwieweit diese Entwicklungen, wenn überhaupt, mit anderen ökonomischen Veränderungen im Zusammenhang stehen. Allerdings sind diese Fragen sehr viel leichter zu formulieren als zu beantworten – zumal nur wenige Sozialwissenschaftler diese Entwicklung vorausgesehen haben. Auf jeden Fall ist denkbar, dass es keinen Widerspruch zwischen dem Wachstum wissensfundierter Berufstätigkeiten und dem Wachstum schlecht bezahlter, marginaler Berufspositionen gibt.

## Die Polarisierung des Arbeitsmarktes

Obwohl der Begriff der Polarisierung unmittelbar auf eine Zweiteilung des Arbeitsmarktes zu verweisen scheint, ist die Stratifizierung der Arbeit komplexer; das heißt es lässt sich eine Reihe von gesellschaftlich relevanten Merkmalen ausmachen, nach denen die Arbeit und ihre Folgen in der modernen Gesellschaft unterteilt zu sein scheinen. Die Frage ist aber auch, ob sich diese komplexe Stratifizierung auf ein einfacheres Modell reduzieren lässt beziehungsweise ob es einen robusten Trend gibt, der eine solche Vereinfachung hin zu einer eindimensionalen Teilung des Arbeitsmarktes nahe legt.

Eine der zentralen und äußerst strittigen Fragestellungen in den gegenwärtigen Diskussionen um ökonomische Entwicklungen in den USA und in Europa lässt sich auf folgenden Nenner bringen: Die Europäer wollen sich nicht von Problemen der amerikanischen Gesellschaft anstecken lassen, und die Amerikaner sind nicht daran interessiert, sich die europäischen Probleme aufzuhalsen. Welches sind nun diese anscheinend für beide Kontinente spezifischen Probleme? Die Antwort lautet: Arbeitslosigkeit. Der Konsens, dass die jeweils typischen Merkmale der Beschäftigungslage in den USA beziehungsweise in Europa nicht exportiert werden sollten, bezieht sich nicht zuletzt auf die zuerst in den USA Anfang der siebziger Jahre gemachte Beobachtung von einer Zweiteilung des Arbeitsmarktes in »gute« und »schlechte« Arbeitsplätze.

Harrison und Bluestone (1988) schildern, dass 58 Prozent aller »neuen« Stellen in den USA in den Jahren 1979 bis 1984 im Niedriglohnsektor geschaffen wurden, das heißt, es handelt sich um gering bezahlte, marginale Jobs. Die Stelleninhaber bekommen oft nur den gesetzlich vorgeschriebenen Mindestlohn oder eine Vergütung, die nur minimal darüber liegt. Dies gilt zum Beispiel für die Restaurantkette McDonald's. Die Fluktuation ist außergewöhnlich groß. McDonald's allein beschäftigt in den USA und Kanada etwa eine halbe Million Mitarbeiter in gering bezahlten Arbeitsplätzen. Jedes Jahr muss sie die gleiche Zahl von Arbeitnehmern ersetzen.[86] Von Arbeitsplatzsicherheit und anderen sozialen »Errungenschaften« kann nicht die Rede sein, so dass schließlich mit Recht von einer Polarisierung des Arbeitsmarktes gesprochen wird (vgl. Block, 1990: 108-112).

Im Zusammenhang mit der Beobachtung, dass ein großer Anteil der in diesem Zeitraum in den USA neu geschaffenen Stellen im Niedriglohnsektor auszumachen ist, ist einerseits relevant, ob diese Arbeitsmarkttrends nicht nur vorläufige, sondern permanente Veränderungen signalisieren. Oder stehen diese Entwicklungen andererseits in einem Widerspruch zur These von der grundlegenden Zunahme der Nachfrage nach wissensintensiven Berufstätigkeiten? Ich werde diese Problematik zunächst weiter am Beispiel des amerikanischen Arbeitsmarktes untersuchen und im Anschluss in einem zweiten Schritt aus komparativer Sicht fragen, ob das Wachstum von niedrig entlohnten Beschäftigungsverhältnissen in den USA einen Trend kennzeichnet, der sich in anderen entwickelten Wirtschaften wiederholen dürfte.

Einmal abgesehen von der Tatsache, dass diese Entwicklung auf dem amerikanischen Arbeitsmarkt oft als fragwürdiger Beweis

86 Siehe »Dead-End Jobs? Not for These Three«, *New York Times,* July 4, 1995, Financial Desk, S. 45.

dafür verwendet wird, dass die These von den wachsenden beruflichen Anforderungen beziehungsweise einer grundlegenden Verschiebung der Tätigkeitsmerkmale in der modernen Arbeitswelt falsch sein muss, lässt das Wachstum ungelernter Arbeit insgesamt Interpretationsdefizite und -spielräume erkennen, die nicht leicht abzutragen sind.

Das Wachstum der so genannten »personnel service jobs«, insbesondere im Bereich der Fast-Food-Restaurants in den USA, ist zu einer der beliebtesten Zielscheiben der Kulturkritiker des *American Way of Life* geworden: Die feindselige Einstellung bezieht sich allerdings nicht nur auf die »proliferation of ›hamburger flippers‹ but to the haphazard way these services have cluttered (and homogenized) the landscape« (Nelson, 1995: 54) in den Vereinigten Staaten. Man kann wohl in der Tat davon ausgehen, dass die Erklärung für das Wachstum der Fast-Food-Restaurants nicht Ergebnis eines dezidierten Fortschritts in der Entwicklung der amerikanischen Cuisine ist.[87] Auch kann man nicht unterstellen, dass diejenigen, die marginale und schlecht bezahlte Arbeiten ausführen, dies in dem Wunsch tun, in diesen Stellungen Karriere zu machen.[88] Aus komparativen Gründen ist es darüber hinaus bedeutsam, darauf zu verweisen, dass der amerikanische Pro-Kopf-Verbrauch an Dienstleistungen ungewöhnlich groß ist

[87] Glaubt man aber einem Essay, der massiv gegen die verbreitete depressive öffentliche Stimmung in den USA zu Felde zieht und im Gegenzug auf spezifisch amerikanische Errungenschaften der vergangenen Jahre aufmerksam machen will, so kann man das Argument über einen mangelnden Fortschritt der amerikanischen Cuisine im Fast-Food-Bereich vielleicht doch nicht ganz so ernst nehmen, da dieser Autor zum Beispiel die Restaurantkette »The Cheesecake Factory« zu den dezidierten Errungenschaften zählt, auf die man in den USA stolz sein sollte (siehe Christopher Caldwell, »Five ways America keeps getting better«, *The Weekly Standard*, 27. Mai 1996, S. 28-33).

[88] Angesichts der Prognose, dass es die »Karriere« im traditionellen Sinn als lebenslange Erfahrung in Zukunft weit weniger häufig geben wird, erscheint die folgende Definition zutreffend: »In the sense of ›career,‹ work traces one's progress through life by achievement and advancement in an occupation. It yields a self defined by a broader sort of success, which takes in social standing and prestige, and a sense of expanding power and competency that renders work itself as a source of self-esteem« (Bellah, Madsen, Sullivan und Tipton, 1985: 66).

(ähnlich wie auch in Japan). Die Pro-Kopf-Ausgaben für Dienstleistungen sind – in relativen Zahlen – in Kanada zum Beispiel nur halb so groß wie in den USA. Ähnliche Größenordnungen gelten für Italien, Frankreich und Deutschland, während die Ausgaben für Dienstleistungen in Großbritannien noch einmal geringer ausfallen als in Kanada (vgl. Roach, 1991).

Man kann der Beobachtung, dass die wachsende Zahl der Beschäftigten in Fast-Food-Restaurants keinen herausragenden evolutionären Sprung in der Entwicklung der amerikanischen Cuisine repräsentiert, leicht zustimmen. Auch darf man unterstellen, wie schon betont, dass diese Entwicklung am amerikanischen Arbeitsmarkt nicht Ausdruck des wachsenden Bedürfnisses der Amerikaner ist, Niedriglohnjobs und -karrieren zu suchen. Andererseits ist es aber durchaus vorstellbar, dass die rapide Zunahme in der Zahl der Beschäftigten in marginalen Dienstleistungsberufen in diesem Land Ergebnis von sich wandelnden Nachfragemustern nach Waren und Dienstleistungen auf Grund von demographischen Veränderungen in der Gruppe der Konsumenten und ihrer Präferenzen ist. Präferenzen, die etwa durch die Alterszusammensetzung, eine höhere Lebenserwartung oder die Anzahl der Familien bestimmt werden, die von einem Alleinerzieher geführt werden. Auf diese Veränderungen reagiert der Arbeitsmarkt natürlich. Treten sie in der Zusammensetzung der Konsumentenschaft – und deren Kaufentscheidungen auf Grund besonderer Präferenzen – ein, kann man zumindest die Überlegung in Betracht ziehen, dass die beobachteten Entwicklungen auf dem Arbeitsmarkt keinem permanenten Trend entsprechen müssen, sondern auch die Reaktion auf die Veränderungen einer mehr oder weniger robusten Nachfrage nach Waren und bestimmten Dienstleistungen sein können. Dennoch spielt auch eine anders ausgeprägte »Dienstleistungs*kultur*« eine nicht unerhebliche Rolle in dieser Entwicklung. Damit ist durchaus denkbar, dass es sich um permanentere Veränderungen handeln kann. Auf jeden Fall muss auch gefragt werden: Sind die angesprochenen Veränderungen des amerikanischen Arbeitsmarktes unmittelbare oder allenfalls eine indirekte Folge technisch-wissenschaftlicher Entwicklungen?

Der Verweis auf die Sonderbedingungen oder *Sonderursachen* am amerikanischen Arbeitsmarkt dürfte aber zumindest aus drei Gründen fragwürdig sein. Erstens, aus komparativer Sicht wird jede Bemühung, das Spezielle und den Prognosewert amerikanischer Entwicklungen für andere Länder zu bestimmen, durch die einfache Tatsache in Frage gestellt, dass die angebliche Besonderheit der amerikanischen Zahlen in Wirklichkeit nicht unbedingt eine amerikanische Eigentümlichkeit ist. Wie ich schon im Exkurs »Das Messen des Umfangs der Arbeitslosigkeit« feststellen konnte, ist die internationale Vergleichbarkeit dieser Zahlenwerke einfach nicht gegeben. Es handelt sich schon aus diesem Grund mit einiger Sicherheit lediglich um eine begrenzte Eigenart des amerikanischen Arbeitsmarktes. Schlecht entlohnte Arbeitsverhältnisse mit geringen beruflichen Anforderungen und Qualifikationen mit ähnlichen Unsicherheiten und ungewisser sozialer Absicherung existieren zum Beispiel auch in Deutschland in großer Zahl »in einer statistischen Grauzone« von sozialversicherungsfreien Jobs (Priewe, 1998: 155). Zweitens betrifft, wie ich weiter unten näher ausführen will, der weitaus größte Beschäftigungszuwachs in den USA in den vergangenen Jahrzehnten Berufspositionen in den mittleren und höheren Einkommensgruppen. Drittens, akzeptiert man als Prämisse, dass die beobachteten Unterschiede in der Entwicklung des Arbeitsmarktes und der Arbeitslosenzahlen in den USA und Europa reale Unterschiede widerspiegeln, so kann man dennoch behaupten, dass diese Differenzen der bis vor einigen Jahren verbreitet akzeptierten These unter Ökonomen von einer wachsenden Konvergenz der ökonomischen Entwicklungen und Ergebnisse nicht widersprechen, sondern Ausdruck und ein Fortschreiben der sich weiter annähernden Verhältnisse in den entwickelten Volkswirtschaften sind. Die primäre *Ursache* einer anhaltenden Konvergenz sind technische Innovationen und ihre technische Realisierung, während unterschiedliche *Auswirkungen* am Arbeitsmarkt die Tatsache widerspiegeln, dass sich diese Entwicklungen nicht abgekoppelt von den besonderen nationalen Rahmenbedingungen, wie zum Beispiel der Arbeitslosenversicherung, abspielen (siehe auch Krugman, 1996: 199-203).

Trotzdem ist es überraschend, dass eine größere Anzahl von Sozialwissenschaftlern einerseits die Tatsache akzeptiert, dass es nicht nur in den USA, sondern auch in verschiedenen OECD-Ländern in den vergangenen zwei Jahrzehnten zu einem erheblichen Wachstum von Niedriglohnarbeitsplätzen gekommen ist, diese Entwicklung aber andererseits nicht in einem Widerspruch zur These sieht, dass »most jobs in the economy have and will continue to have relatively high levels of skill« (Block, 1990: 110).

Dieser mangelnde Widerspruch hat seinen Ursprung in einer Reihe von Überlegungen. Einmal hängt er vielleicht, und dies ist wenig umstritten, mit der Beobachtung zusammen, dass die Zahl der Arbeitsplätze an der unteren Einkommensgrenze immer noch relativ gering ist. Eine erhebliche Zunahme des Anteils dieser Stellen an der Gesamtzahl der Beschäftigten würde erfordern, dass unqualifizierte Arbeit in sehr viel größerem Umfang vorhanden ist. Zum anderen schwankt die Zahl der Niedriglohnarbeitsplätze von Land zu Land erheblich, was als Zeichen dafür gedeutet werden kann, dass der soziale, kulturelle und politische Zusammenhang eine wichtige Rolle dabei spielt, in welche Richtung sich diese Zahl verändert. Außerdem muss in Betracht gezogen werden, wie Block (1990: 111) zum Beispiel unterstreicht, dass »regulations governing wages and benefits and the extent and form of government provision of social services can have a particularly strong impact on the growth of low-wage employment«. Unterschiedliche institutionelle, nationale Bedingungen stellen sicher, dass sich nicht nur die Arbeitslosenziffern unterscheiden, sondern auch die Zahl der gering bezahlten Arbeitsplätze. Wie Paul Krugman (1996: 192) deshalb betont, konvergierende Ursachen »lead to less pay for the less skilled in the United States lead to rising unemployment for the same group in Europe«. Die nationalen institutionellen Bedingungen in Europa und in den USA unterscheiden sich, wobei die unterschiedlich eng geknüpften sozialen Netze der wichtigste Unterschied sind. In den USA sind schlecht ausgebildete Arbeiter gezwungen, eine schlecht bezahlte Arbeit anzunehmen. In vielen europäischen Ländern ist es sehr viel eher nachvollziehbar, dass man solche Angebote ausschlägt.

Schließlich hält Nelson (1995: 53-70) die Zunahme der unqualifizierten Arbeitsplätze für weniger bemerkenswert als die Zunahme von »hybrid organizations«, in denen sich zu den (auffälligeren) weniger qualifizierten Berufspositionen (weniger auffällige) wachsende Anforderungen in Form von besonderen Fachkenntnissen und Führungsqualitäten unter dem Dach einer Firma gesellen. Paradoxerweise ist Wissen die Ursache für die wachsende Zahl von Niedriglohnarbeitsplätzen im Dienstleistungssektor. Eine hybride Firma vereint die organisatorischen Merkmale vieler verschiedener Organisationen und »folds low-wage workers into an organization rich in managerial skills. According to this view, no contradiction exists in an economy with poverty wages and high-level professionals and managers in business« (Nelson, 1995: 55).

## Die Wachstumsbedingungen
## wissensfundierter Arbeit

An die Frage, wie groß die Zahl der wissensfundierten Berufe in der modernen Gesellschaft ist beziehungsweise welche Tätigkeiten diese Berufe ausüben, schließt sich eigentlich fast logisch die Frage nach den Bedingungen für die Möglichkeit des Wachstums wissensfundierter Berufe an. Wie so oft in der Ökonomie lassen sich auch in Bezug auf diese Fragestellung zwei stark voneinander abweichende Antworten unterscheiden:

(1) Man verweist auf Prozesse und Faktoren, die in irgendeinen Zusammenhang mit der Nachfrageseite gebracht werden können. Dies würde bedeuten, dass der Umfang der wissensfundierten Arbeit von den besonderen Bedingungen diktiert wird, die ein solches Verhalten am Arbeitsmarkt auf Seiten der Arbeitgeber (und/oder des Staates) bestimmen. Diese werden, wenn man so will, von den Verhältnissen gezwungen, Arbeitskräfte nachzufragen und zu fordern, deren Qualifikation besonders hoch ist.

(2) Man legt, allerdings weniger häufig, größeres ursächliches Gewicht auf die höheren beruflichen Qualifikationen der Individuen, die an den Arbeitsmarkt drängen. Es handelt sich bei dieser Antwort deshalb um eine angebotsindizierte Transformation des Arbeitsmarktes.

Muss man sich demnach auch den wissenschaftlich-technischen Fortschritt eher als eine Funktion einer sozioökonomisch und/oder soziopolitisch gesteuerten und bedingten Nachfrage nach Wissen vorstellen (siehe Castells, 1996: 80-88)? Oder entwickelt sich das Wachstum wissenschaftlichen Wissens autonom, einer inneren Logik folgend, und wird es deshalb auch oder überhaupt, wenn man so will, wesentlich von der »Angebotsseite« bestimmt? Und schließlich stellt sich in diesem Zusammenhang wiederum eine der grundsätzlichen Fragen, die die Entwicklung von Wissensgesellschaften mit besonderer Dringlichkeit aufwirft; es ist die Frage nach den Gründen für die wachsende Bedeutung von Wissen in der Produktion und Organisation von ökonomischem Handeln.

Die Theorie der postindustriellen Gesellschaft unterstellt als Selbstverständlichkeit, dass die Nachfrage nach theoretischem Wissen schließlich ein derartiges Ausmaß annimmt, dass man mit Recht davon sprechen kann, das Wissen werde zu einem primären Produktionsmittel und stelle die dazu notwendigen Arbeitsfähigkeiten in einer wissensfundierten Wirtschaft bereit. Es ist sicher sinnvoll, zunächst einmal eine Anzahl von Überlegungen Revue passieren zu lassen, die nicht nur die triviale These vertreten, dass die wachsende Nachfrage nach Wissen Ergebnis der Tatsache sein muss, dass in der Produktion verwendetes wissenschaftliches Wissen eine attraktive »Profitrate« erbringt (Castells, 1996: 81) oder sogar eine steigende Tendenz ausweist, obwohl die ökonomische Rente der Wissenschaft oft nur indirekt realisierbar und bestimmbar sein mag. Zweifellos hat das utilitaristisch gefärbte Argument einen nicht unbedeutenden Stellenwert und findet in der staatlichen und unternehmerischen Zuteilung und Legitimierung wachsender Ressourcen für Forschung und Entwicklung oft ausschließlich Verwendung.

Folgt man der traditionellen Lehrmeinung, so wurde zum Beispiel die industrielle Revolution »... durch ein System von Interessen, die der Prozess der Selbstaufwertung des Kapitals produzierte« (Richta, 1972: 81-82) in Gang gesetzt oder, genauer gesagt, durch den Mehrwert oder Profit, den der Kapitaleinsatz bringt. Dies mag zumindest für die Besitzer der Produktionsmittel zutreffen. Andere Theorien nennen dagegen die protestantische Ethik als mögliche Antriebskraft der industriellen Revolution. Im Verlauf dieser noch andauernden Debatte bleibt weitgehend ungeklärt, welcher Prozess oder welche Faktoren für die Dynamisierung oder die Ökonomie der Wissensproduktion (siehe Geuna, 1999) verantwortlich sind. Daniel Bell ([1973] 1979: 41) macht folgenden Vorschlag:

»Um aber den Zustand der Stagnation oder ›Reife‹ ... von vornherein auszuschließen, waren die modernen Gesellschaften gezwungen, neue technologische Bereiche zu erschließen, um die Leistungsfähigkeit zu erhalten und den Lebensstandard hochzuschrauben ... Ohne neue Technologie ist also ein anhaltendes Wirtschaftswachstum nicht recht vorstellbar.«

Richta (1977: 48) argumentiert ähnlich, beschränkt allerdings seine Aussagen auf das sozialistische Gesellschaftssystem und behauptet, es bestünde eine gewisse Harmonie zwischen den Entwicklungsmodi von wissenschaftlichem Wissen und Gesellschaft. So scheint er davon überzeugt, dass in sozialistischen Gesellschaften »das Bedürfnis, den wissenschaftlich/technologischen Fortschritt voranzutreiben und zu steigern, ständig zunimmt« (siehe auch Richta, 1972: 86-93). Die Frage nach dem Warum dieser Entwicklung versucht Richta an gleicher Stelle so zu beantworten, »während in früheren Zeitabschnitten die Wissenschaft mit der Industrie und Technik fortschritt, hat sie heute eben die Tendenz, die Industrie zu beherrschen und die Technik zu führen«. Im Grunde bleibt die Frage also weiter unbeantwortet. Weder Bell noch Richta führen das Vordringen des Wissens auf irgendeine neue, für die postindustrielle Gesellschaft typische Trieb- oder Schubkraft zurück, die zur Erweiterung und größeren praktischen Anwendung des Wissensbestandes anregt. Es scheint vielmehr der Abwehr gegen Faktoren wie zum Beispiel bestimmte, als negativ verstandene Wertvorstellungen oder materielle Mängel zu dienen, die schon den Bestand der fortgeschrittenen Industriegesellschaft gefährdeten. Die postindustrielle Gesellschaft kann in dieser Hinsicht dann aber nur als eine Extension der Industriegesellschaft verstanden werden.

Wenig befriedigend ist, wie schon mehrfach betont, die Analyse der Rolle des Wissens im Kontext ökonomischen Diskurses. Um den Stellenwert des Wissens im herkömmlichen ökonomischen Diskurs kritisch zu analysieren, werde ich mich auf die Frage konzentrieren, wie man üblicherweise Investitionen definiert und quantifiziert. Ihre konventionelle ökonomische Berechnung beruht auf einer Definition von Investitionen, in der nur Ausgaben für Sachvermögen wie zum Beispiel Maschinen oder Gebäude berücksichtigt werden. In Maschinen transformiertes Wissen ist demnach Sachvermögen und eine Investition. Dagegen sind Ausgaben für Ausbildung, Weiterbildung, Forschung und Entwicklung sowie den Kauf bestimmter Dienstleistungen keine Investitionsausgaben. Daraus folgt, dass der Kauf eines Personal Computers für die Zwecke der Berechnung des Umfangs gesellschaftlicher Investition eine Investition darstellt, während der

Kauf der dazugehörigen Software, die unter Umständen sehr viel teurer als die Maschine selbst ist, als Betriebsausgabe und nicht als Investition klassifiziert wird. Eine Differenzierung dieser Art bringt eine auffallende Anomalie zutage, denn »it is well known that software will play an ever-increasing role in the computer industry as hardware costs continue to decline« (Block, 1987: 156-157). Darüber hinaus wächst nicht nur die Zahl derjenigen Erwerbstätigen überproportional, die als Entwickler von Software tätig sind, sondern es nehmen auch die Umsätze und Gewinne von Firmen, die auf diesem Gebiet unternehmerisch aktiv sind, zu. Die Aufwendungen von Individuen und Unternehmen für den Kauf von Beratung und Expertise wachsen ebenfalls überdurchschnittlich, dennoch zählen Dienstleistungen dieser Art nicht als betriebliche Investitionen.

Da die ökonomische Literatur Wissen in der Regel als eine externe »Variable« behandelt und die Wissenschaftsgeschichte, aus möglicherweise analogen Gründen, den Einfluss wirtschaftlicher Momente auf die Wissenschaftsentwicklung nur gelegentlich problematisiert hat, sind die Fragen der reziproken Beeinflussung zwischen Wissen und Wirtschaft selten einer intensiven Diskussion unterzogen worden.[89]

Auf jeden Fall kann man im Verlauf der Diskussion der Bedingungen der Wissensentwicklung unschwer zwei widersprüchliche Positionen ausmachen.

(1) Es wird behauptet, der Wissensfortschritt erfolge fast völlig unabhängig von wirtschaftlichen Gesichtspunkten. Die praktische Umsetzung wissenschaftlichen Wissens wird in erster Linie von dem jeweils vorhandenen *Angebot* an Wissen gesteuert. Die praktische Realisierung folgt einem opportunistischen Prinzip.

(2) Das Wachstum und die besondere Ausprägung wissenschaftlich-technischen Wissens ist *nachfrage*induziert. Das heißt, es gibt mehr oder weniger eindeutig identifizierbare allgemeine anthropologische oder, spezifischer ausgedrückt, öko-

89 Man sollte jedoch nicht vergessen, dass in den zwanziger und dreißiger Jahren des vorigen Jahrhunderts eine solche Denkweise in der Soziologie und auf dem Gebiet der Wissenschaftsgeschichte keineswegs unüblich war (siehe etwa Robert K. Mertons ([1935] 1973) »Interactions of science and military technique« oder »Changing foci of interests in the science and technology« (Merton, [1938] 1973).

nomische Bedürfnisse, die den wissenschaftlichen Fortschritt steuern.[90]

Trotz der widersprüchlichen Erklärungsansätze folgt aus beiden Modellen, da sie dieser Problematik gegenüber sozusagen neutral sind, dass in ökonomische Kontexte umgesetzte Wissensfortschritte bei Firmen und Organisationen zu einer Veränderung im Nachfrageverhalten nach Arbeitskräften führen. Und zwar verursachen Wissensfortschritte, dass die Arbeitswelt immer höhere Bildungsanforderungen an ihre Beschäftigten stellen muss. Die Löhne und Gehälter für hoch qualifizierte Arbeitskräfte steigen. Arbeitgeber müssen das Qualifikationsniveau ihrer Beschäftigten anheben (vgl. Krugman, 1996: 195-197). Und somit wird die Nachfrage nach immer besser ausgebildeten Arbeitskräften allenfalls sehr indirekt zu einem Motor der wissenschaftlich-technischen Entwicklung.

Obwohl es den Wirtschaftswissenschaftlern nur schwer gelingt, die wirtschaftlichen Erfolge staatlicher Investitionen in Wissenschaft und Technologie empirisch überzeugend nachzuweisen,[91] bevorzugen sie theoretische Modelle, die nachfrageinduzierte Innovationsprozesse und individualistische Perspektiven als Prämissen verwenden. In seiner einflussreichen Studie *Invention and Economic Growth*, die sich vor allem mit einer auf ökonomische Gesichtspunkte rekurrierenden Erklärung der Art und Verbreitung von wissenschaftlichen und technischen Entdeckungen befasst, vertritt Jacob Schmookler (1966: 184) die These, dass »demand induces the inventions that satisfy it«. Diese Annahme über die Ursachen von Entdeckungen entspricht wortwörtlich, so hat es den Anschein, dem bekannten Sprichwort, »Not macht erfinderisch«. Schmookler (1966: 199) macht ergänzend darauf aufmerksam, dass trotz

90 Die Betonung der Bedeutung von Nachfragekonstellationen einerseits und angebotsinduzierten Entwicklungen andererseits spiegelt den Diskussionsstand in einer Reihe von verwandten Problemfeldern wider; dazu gehört etwa die Diskussion der Bedingungen der Verbreitung technischer Entwicklungen (s. Brown, 1981; Attewell, 1992a).

91 Eine Studie des Zentrums für Europäische Wirtschaftsforschung in Mannheim berichtet zum Beispiel, dass Unternehmen mit den Resultaten staatlich finanzierter Forschung wenig anfangen können (siehe »Staatliche Forschungsfinanzierung führt zu mageren Ergebnissen«, *Frankfurter Allgemeine Zeitung*, 18. Dezember 1999, S. 18).

»the popularity of the idea that scientific discoveries and major inventions typically provide the stimulus for inventions, the historical record of important inventions in petroleum refining, paper making, railroading, and farming revealed not a single, unambiguous instance in which either discoveries or inventions played the role hypothesized. Instead, in hundred of cases, the stimulus was the recognition of a costly problem to be solved or a potentially profitable opportunity to be seized; in short, a technical problem or opportunity evaluated in economic terms«.[92]

Das Angebot von Entdeckungen ist demnach vollkommen elastisch und offenbar unabhängig von Zeit und Ort. Jedes Bedürfnis generiert fast unmittelbar die Entdeckung, die es braucht. Jede Firma oder Organisation hat darüber hinaus, so muss man folgern, die gleiche Möglichkeit eine Entdeckung zu machen und auch in die Tat umzusetzen.

Eines der Grundprobleme dieses generellen Modells des Innovationsprozesses ist natürlich, wie es den Fortbestand vieler realer individueller und kollektiver Bedürfnisse erklären will, denen anscheinend immer noch keine korrespondierenden effektiven Entdeckungen gegenüberstehen. Geht man einmal davon aus, dass eine Verständigung darüber, was eine Entdeckung ist, überhaupt möglich ist, so vernachlässigt dieses Modell, dass eine realistische Geschichte der Entdeckungen hauptsächlich auf Fehlschläge verweisen müsste (vgl. Grübler, 1996: 22) oder auf die grundsätzliche Unsicherheit, die mit der Produktion von Wissen nun einmal verbunden ist (s. Nowotny, 1999: 249-251).

Schmookler versucht sich diesem Widerspruch zu entziehen, indem er von erfolgreichen, schon existierenden Innovationen und Entdeckungen ausgeht. Konkret bezieht er sich auf die von Patentbehörden gewährten Patente. Auf Grund dieser Vorgehensweise ist Schmookler allerdings nicht in der Lage, die Rolle der Nachfragefaktoren *unabhängig* von den Beweisgrundlagen, dass der Nachfrage entsprochen worden ist, zu bestimmen.

Rosenberg (1974: 98) hält den einseitigen, von der Nachfrage-

92 Eine Kritik an der Einseitigkeit, mit der Schmookler Erfindungen vom wirtschaftlichen Bedarf abhängig macht, findet sich zum Beispiel in Mowery und Rosenberg, 1989, und Dosi, 1988. Die Wissenschaft selbst ist, wie bereits erwähnt, immer wieder wesentlichen Veränderungen ausgesetzt, und auch diese Tatsache sollte in einer Analyse der Dynamik von Innovationsprozessen eine Rolle spielen.

seite her gedachten Thesen von Schmookler deshalb entgegen, dass man die durch Entdeckungen erfüllten Bedürfnisse nur dann annähernd erklären kann, wenn man sich auf die Angebotsseite, das heißt auf das jeweils zur Verfügung stehende effektive Wissen, konzentriert. Und dieses Wissen entspricht, denkt man etwa nur an die umfassende wissenschaftliche Spezialisierung, keineswegs einer Gleichverteilung, sondern steht in einer ungleichförmigen Beziehung zu den unterschiedlichsten Bedürfnis- oder Warenkategorien. Außerdem ist keineswegs sicher, dass Information über zur Verfügung stehendes Wissen, zum Beispiel in Form von Patenten, mehr als nur oberflächlich, vielleicht sogar irreführend sein kann, um daraus Schlüsse auf die Wissensintensität einer Volkswirtschaft zu ziehen. Wissen kann durchaus inaktiv bleiben. Es ist zum Beispiel interessant, dass die Zahlungsbilanz für Patente, das heißt also das Verhältnis zwischen den Zahlungen, die für ausländische Patente geleistet werden, und den Einnahmen aus ausländischen Patenten, in der Zeit von 1986 bis 1994 für Japan, Deutschland und Italien negativ ist. Sie ist positiv für die Vereinigten Staaten, Frankreich und Großbritannien.[93] Allerdings waren die Handelsbilanzen dieser drei Länder während dieses Zeitraums negativ, während Deutschland und Japan einen deutlichen und Italien einen guten durchschnittlichen Handelsüberschuss zu verzeichnen hatten (vgl. Deutsche Bundesbank, 1996: 71-72).[94] Eine Defizit-Position in der Patentbilanz deutet also nicht unbedingt auf eine geringere internationale Wettbewerbsfähigkeit eines Landes hin.

Auf Grund der Annahme, dass sich wissenschaftliche Erkenntnis nicht in einem gesellschaftlichen Vakuum entwickelt, kommt Rosenberg (1974: 100) deshalb zu der Schlussfolgerung, dass wirtschaftliche Motive und Faktoren

»have played inevitably a major role in shaping the direction of scientific progress ... but within the changing limits and constraints of a body of

93 Zahlen der OECD (1999: 97) zeigen, dass die »Technologie-Zahlungsbilanz« (die nicht nur den Transfer von Zahlungen für Patente umfasst), seit 1993 im Fall Japans positiv geworden ist. 1997 ist die Bilanz Deutschlands und Italiens weiter negativ wie auch die Aggregatbilanz der EU.
94 Man kann aus den Zahlen der Patentbilanz allerdings nicht ablesen, inwieweit in einzelnen Ländern produzierte Patente und Lizenzen dort selbst genutzt werden.

scientific knowledge growing at uneven rates among its subcomponent sub-disciplines.«

Es wird also deutlich, wie wichtig es ist, dass die Diskussion der Bedingungen der Wissensentwicklung und des Umfangs der Wissensarbeit sowohl auf einem expliziten Verständnis von Wissen basiert als auch »Angebotsfaktoren« in Betracht zieht. Schmooklers Thesen etwa sind eng an die fragwürdige Vorstellung gebunden, dass man mit Hilfe von wissenschaftlichen Erkenntnissen schlichtweg alles in Gang setzen kann, nicht aber, dass Wissen nur die Fähigkeit oder das Potential darstellt, etwas in Gang zu setzen, und es deshalb noch nicht mit seiner Realisierung identisch ist. Schließlich kann Wissen auch als Fähigkeit verstanden werden, etwas zu verhindern. Schmooklers Modell ist befangen von der Bedeutung der durch die Bedürfnisse (oder Problemsituationen) ökonomischer Akteure induzierten Nachfrage nach Innovationen und Entdeckungen. Er vernachlässigt, ebenso wie die theoretischen Modelle der Verbreitung von Innovation, den Einfluss von »Angebotsfaktoren« (s. Brown, 1981).

Unter den Angebotsfaktoren zur Erklärung der unaufhaltsamen Entwicklung des Wissens und des Wachstums der Wissensarbeit findet die mittelbare und unmittelbare Rolle der Ausbildung oder des kulturellen Kapitals bisher wohl die geringste Beachtung. Die Diskussion um die Rolle des kulturellen Kapitals und die Relation zwischen dem Ausbildungsstand, den die Beschäftigten haben, und dem, der für die verschiedenen Berufe erforderlich ist, verläuft einseitig und hat zu einer Reihe von oft wiederholten Behauptungen geführt.

Aus der Vorstellung, dass die Dynamik fachlicher Kenntnisse vom Wandel technischer Entwicklungen abhängt, folgt daher, dass »many particular (existing) occupations require increasingly more knowledge and thus more education« (Pryor und Schaffer, 1999: 43) mit dem Resultat des »educational upgrading«. Das strukturelle »educational upgrading« betrifft die Präferenz der Beschäftigten, Berufe zu wählen, die mehr Ausbildung verlangen. Dagegen findet ein »credential creep« statt, so behaupten Pryor und Schaffer, wenn das durchschnittliche Qualifikationsniveau der Beschäftigten steigt, ohne dass Berufsanforderungen und deren Ausübung dies in der Tat auch verlangen.[95] In beiden

95 Die Einseitigkeit der Diskussion um die Rolle der Ausbildung im

Fällen wird das Erziehungs- und berufliche Ausbildungswesen zum Handlanger der Arbeitswelt, das auf deren geistige Anforderungen zu reagieren hat (siehe Livingstone, 1998). Schließlich führt das dann dazu, dass das Erziehungssystem und seine Vertreter in den Augen ihrer Kritiker Praktiken entwickeln, die die bestehenden Strukturen der Ungleichheit, Autorität und Macht verstärkt reproduzieren (Bourdieu, 1973: 85).

Pryor und Schaffer (1999: 43) untersuchten in den Vereinigten Staaten 500 verschiedene Berufe und berichten, dass in den Jahren 1971-1972 und 1994-1995 *innerhalb* von unterschiedlichen Berufsgruppen die Anhebung des Qualifikationsniveaus auf Grund einer besseren Ausbildung viel ausgeprägter war als die auf Grund der von ihnen als strukturelle Veränderungen genannten Prozesse. So informativ dies auch sein mag, die Frage nach den Bedingungen für diese Veränderungen in der Gestaltung der verschiedenen Berufsausbildungen wird nicht gestellt. Angesichts der Tatsache, dass sich die berufliche Vielfalt in den vergangenen 25 Jahren geändert hat und die Nachfrage nach fachlichen Kenntnissen, Ausbildung und formeller Bildung allmählich anscheinend zugenommen hat, liefert dieselbe Studie das sehr viel interessantere Gesamtergebnis, dass »actual educational levels of the prime-age labor force or population have increased faster than the demand for educated workers« (Pryor und Schaffer, 1999: 72).

Eine eher ungewöhnliche, in diesem Zusammenhang aber plausible und überraschende Hypothese für die wachsende Nachfrage nach Wissen und wissensbasierten beruflichen Qualifikationen findet sich deshalb bei Peter Drucker. Dass die steigende Nachfrage nach höher qualifizierten Arbeitskräften eine Funktion der gestiegenen Anforderung und Komplexität der Arbeitswelt sei, hält er für einen Mythos und führt sie vielmehr auf die erheblich erweiterte Lebensarbeitszeit sowie die umfassende Erweiterung der Bildung und Ausbildung der Menschen zurück. Die Veränderung der modernen Gesellschaft in eine Wissensgesellschaft ist daher nicht etwa Folge der gestiegenen Nachfrage

Lichte der Realitäten des Arbeitsmarktes zeigt sich sehr schön in der Wortwahl des folgenden Szenarios: »The average education in an occupation can also increase because of a general rise in the educational level of the labor force. We call these phenomena ›pseudo‹ or ›apparent‹ education upgrading« (Pryor und Schaffer, 1999: 41).

nach gut ausgebildeten Arbeitskräften, sondern des gestiegenen *Angebots* gut ausgebildeter Arbeitskräfte, die auf den Markt drängen.

In den Vereinigten Staaten zum Beispiel stieg die Zahl der Universitätsabsolventen unter den Beschäftigten in den achtziger Jahren um 64 Prozent auf 25,5 Millionen, und unter denen, die zwar eine Universität oder ein College besuchten, es aber ohne Abschluss verließen, stieg sie im gleichen Zeitraum um 58 Prozent auf 20,8 Millionen (vgl. Wetzel, 1995: 69). Druckers (1968: 278) interessante These lautet: das Angebot vom

»knowledge worker changed the nature of jobs. Because modern society has to employ people who expect and demand knowledge work, knowledge jobs have to be created. As a result, the character of work is being transformed«.[96]

Mit anderen Worten, Drucker erklärt (in der Form einer Art *supply side explanation*) die Transformation der Arbeitswelt von einer industriegesellschaftlichen in eine wissensbasierte als einen nicht zuletzt nachfrageinduzierten Prozess. Personen mit einer längeren und qualifizierteren Ausbildung erwarten, dass man ihnen Berufspositionen anbietet, in denen sie von ihren erworbenen Fähigkeiten entsprechend Gebrauch machen können: »the direct cause of the upgrading of the jobs is … the upgrading of the educational level of the entrant into the labor force« (Drucker, 1968: 279).[97] Die Rede ist von beruflichen Positionen, in denen

96 Mit dieser Erklärung für die wachsende Zahl von Wissensberufen unter den Gesamtbeschäftigten stimmt Druckers (1995³: 3) Versuch überein, die Anfänge der Wissensgesellschaft zeitlich zu bestimmen. Er hält die Verabschiedung der G.I. Bill of Rights nach dem Zweiten Weltkrieg und die begeisterte Reaktion der zurückkehrenden amerikanischen Soldaten auf diese Gesetzgebung für ein Anzeichen des Wechsels zur Wissensgesellschaft. So ganz trifft das allerdings nicht zu, denn Drucker deutet auch an, dass ein derartiges Programm dreißig Jahre früher, nach dem Ersten Weltkrieg, wenig Sinn gehabt hätte. Es ist mit anderen Worten vielleicht nicht nur das Angebot an Wissensarbeitern, das wissensbasierte Berufe schafft.

97 Das besonders überraschende Moment in dieser Entwicklung zur Wissensarbeit ist nach Drucker (1968: 285) die Tatsache, dass die amerikanische Wirtschaft in den fraglichen Jahren in der Lage war, ›[to] satisfy the expectations of all these people with long years of schooling … As a result of the change in supply, we now have to create genuine knowledge jobs, whether the work itself demands it or not.

man sich gemäß seiner Qualifikationen »entfalten« kann. Und damit kehrt sich die Kausalität um: Die Wissensarbeit wird von Wissensarbeitern erst fabriziert. Oder wie Drucker (1968: 284) es auch ausdrückt, »long years of schooling make a person unfit for anything but knowledge work«.[98]

Aus dieser möglicherweise historisch besonderen Konstellation kann man allerdings nicht unbedingt für die Zukunft schließen, dass es auch weiter vor allem das Angebot von »Wissensarbeitern« ist, das die Welt der Arbeit verändert. In Zukunft wird diese Entwicklung sozusagen zu einem sich selbst verstärkenden Prozess, in dem auch andere Faktoren eine Rolle spielen, wie zum Beispiel die Bedingungen für die wirtschaftliche Expansion in Wissensgesellschaften, und in dem deshalb Nachfragemomente größeres Gewicht haben werden.

Eine Erwiderung auf Druckers These gewissermaßen vorwegnehmend, lehnt John Kenneth Galbraith (1967: 238) diese Argumentation rundweg ab und vermutet stattdessen, es sei die

»vanity of educators that they shape the educational system to their preferred image. They may not be without influence but the decisive force is the economic system. What the educator believes is latitude is usually latitude to respond to economic need«.

Galbraith ist mit anderen Worten der Überzeugung, dass die von Wirtschaftswissenschaftlern (und auch von Arbeitgebern, von Lehrenden, Politikern und für den Erziehungsbereich zuständigen Entscheidungsträgern) allgemein befürwortete nachfrageorientierte Erklärung in erster Linie für die Zunahme der qualifizierten Arbeit verantwortlich ist.

Tatsache ist, dass es in den letzten Jahrzehnten und noch stärker in den letzten Jahren in der technologischen Ausstattung der Betriebe dramatische Veränderungen gegeben hat. So hat zum Beispiel die rasche Ausweitung der Informations- und Kommu-

For a true knowledge job is the only way to make highly schooled people productive ... That the knowledge worker came first and knowledge work second – that indeed knowledge work is still largely to come – is a historical accident. From now on, we can expect increasing emphasis on work based on knowledge, and especially skills based on knowledge.«

98 Die dramatische Ausweitung des Bildungswesens ist ihrerseits eine Funktion der drastisch gestiegenen durchschnittlichen Lebensarbeitszeit und Lebenserwartung.

nikationstechnologie den Produktionsprozess und die Dienstleistung beeinflusst. Allgemein gilt die Annahme, dass eine Veränderung der Beschäftigungsstruktur die Folge war. Durch die neuen Technologien erhöht sich die Nachfrage nach hoch qualifizierten Arbeitskräften. Dieser nachfrageorientierte Anstieg in der Zahl von Fachkräften wird auch für das stärkere Lohngefälle zwischen qualifizierter und unqualifizierter Arbeit oder für den erhöhten wirtschaftlichen Gewinn durch eine lange Ausbildungsdauer (vgl. Sachs und Shatz, 1994) verantwortlich gemacht. Noch einfacher ausgedrückt: Betriebe, die mit Computern arbeiten, zahlen höhere Gehälter (Reilly, 1995). Technischer gesagt, die meisten Beobachtungen »model changes in workforce skill as a function of changes in industry capital intensity and industry-level investment in computer equipment« (Doms, Dunne und Troske, 1997: 254).

Drucker (1968: 278) vertritt dagegen die Hypothese, dass die *Welt der Arbeit* durch das durchschnittlich sehr viel höhere Bildungsniveau der Beschäftigten verändert wird, und nicht, wie viele ökonomische Modelle oder auch häufig die veröffentlichten Forderungen der Arbeitgeber an das Bildungssystem unterstellen, dass wachsende berufliche und schulische Qualifikationen der Arbeitnehmer eine Funktion der Nachfrage der Betriebe nach Beschäftigten mit diesen Befähigungen sind. Wissensintensive Tätigkeitsmerkmale werden von gut ausgebildeten Beschäftigten erwartet und gewünscht, infolgedessen ziehen sie Arbeitsbedingungen vor, unter denen sie auch realisierbar sind. Empirisch, so könnte man formulieren, wird seine These dadurch gestützt, dass er, zumindest für die Vereinigten Staaten, den Beginn dieser grundlegenden Veränderung der Gesellschaft in eine Wissensgesellschaft auf die Verabschiedung der G. I. Bill of Rights durch den amerikanischen Kongress nach Ende des Zweiten Weltkriegs datiert.

Drucker verweist auf die enthusiastische Zustimmung der zurückkehrenden Soldaten und die große Akzeptanz der gesetzlich verankerten Studienerleichterungen. Diese Reaktion der Soldaten auf das Gesetz sieht Drucker als Signal für den Start in die Wissensgesellschaft in den USA. Es ist somit nicht so sehr die Nachfrage nach gut ausgebildeten Beschäftigten, sondern das Angebot, das die Welt der Arbeit zunehmend wissensintensiver werden lässt. Das höhere durchschnittliche Bildungsniveau ist andererseits Ausdruck der signifikant gestiegenen Lebensarbeitszeit.

Wissensgesellschaften verändern sich sowohl mit rapider als auch ungewohnter Geschwindigkeit. Schon allein aus diesem Grund liegt es auf der Hand, dass sich, geht man von einem strikten Angebots- oder Vorratsmodell der von den Schulen, der fachlichen beruflichen Ausbildung oder den Hochschulen vermittelten Fähigkeiten und Inhalten aus, die zukünftigen Anforderungen der Arbeitswelt an Wissensformen und -inhalte, berufliche Kompetenzen und motivationale Orientierungen, die das Bildungssystem bereitstellen sollte, gar nicht genau vorhersagen lassen. Die in diesem Sinn immer wieder eingeforderte enge Verzahnung von Bildung und Beruf kann nicht geleistet werden. Wie kann man sich auf eine Welt vorbereiten, die es noch gar nicht gibt beziehungsweise die man sich nicht vorstellen kann?

Ein entscheidender Ausgangs- und Orientierungspunkt für das Bildungssystem in einer Wissensgesellschaft ist somit die Unsicherheit und Unbestimmbarkeit der Bildungsinhalte, die vermittelt werden müssen. An die Stelle des Vorratsmodells – man erwirbt in der Schule und Hochschule das Wissen, das man als Erwachsener unmittelbar anwenden kann – tritt eine Koppelung zwischen Bildungssystem und Arbeitswelt, in der die Vermittlung von Fähigkeiten, Kompetenzen und Schlüsselqualifikationen (die ein Element kontextunspezifischer Eigenschaften haben) unter den Vorzeichen von Unsicherheit stehen. Es sind nicht mehr die vorgefundenen oder gegebenen Strukturen der Welt der Arbeit, die, wie noch im Fall des so genannten *Organisation Man* nicht nur die Arbeit, sondern auch das Leben der Arbeitenden bestimmen, sondern es sind in verstärktem Maß die Arbeitnehmer, die Arbeitsformen entwickeln und gestalten, und zwar nach eigenen Karrierezielen. Und unter Bedingungen wachsender Unsicherheit (von woher und mit welchen Produkten und Prozessen kommt der nächste Konkurrenzdruck?) ist es zweifellos die beste Firmenstrategie, einen großen Pool hervorragend ausgebildeter Arbeitnehmer zu beschäftigen.

Es gibt bisher keine empirischen Studien, die den von Drucker postulierten Zusammenhang untersuchen oder unmittelbar illustrieren. Allerdings kann man in den unbeabsichtigten beziehungsweise unerwarteten Ergebnissen von Studien, die zwei aktuellen ökonomischen Fragen gewidmet sind, eine Bestätigung der Thesen Druckers sehen. (1) Ausgelöst durch die Beobachtung einer wachsenden Polarisierung des Einkommensniveaus am amerikanischen Arbeitsmarkt in gut und weniger gut bezahlte Tätigkeiten (zum Beispiel Juhn, Murphy und Pierce, 1993: 411) bemühen sich Ökonomen in jüngster Zeit verstärkt, den empirischen Zusammenhang von Technologieentwicklung, beruflichen Qualifikationen und Lohn- beziehungsweise Einkommensniveau zu untersuchen, um eine Erklärung für die beobachtete Spaltung des Arbeitsmarktes zu finden (Gottschalk, 1997; Baldwin und Gellatly, 1998: v).[99] (2) Ökonomen machen sich seit einiger Zeit ebenfalls intensiv Gedanken über die möglichen Ursachen eines sogenannten »Produktivitätspuzzles«; das heißt, trotz immenser Investitionen in moderne Informations- und Kommunikationstechnologien in den vergangenen Jahren lässt sich kein korrespondierender Produktivitätszuwachs nachweisen. Das Produktivitätspuzzle widerspricht zwar der Logik der ökonomischen Rationalität, doch mag sich auch in diesem Ergebnis eine indirekte Bestätigung der Thesen Druckers finden.

## Qualifikationen, Erfahrungen und Einkommen

Für die Autoren von Untersuchungen über die Polarisierung des Einkommensniveaus in den USA sind vor allem zwei Erklärungen von Bedeutung: (1) die sich öffnende Schere in der Bezahlung könnte Ergebnis des technischen Wandels sein; eine gestiegene *Nachfrage* nach und häufigere Beschäftigung von hoch qualifizierten Arbeitskräften wäre dann Folge dieser durch den technischen Wandel induzierten Entwicklung (Johnson, 1997). (2) Eine

---

99 Ein in diesem Zusammenhang nicht unwichtiger Auslöser für die Dringlichkeit der Analyse des Umfangs und der Gründe der wachsenden Einkommensunterschiede ist nicht nur die kulturell verankerte Überzeugung in der Öffentlichkeit von einer größeren Durchlässigkeit der sozialen Ungleichheit in den USA, sondern auch die vorausgehende empirische Beobachtung, dass es auf dem amerikanischen Arbeitsmarkt im Vergleich zu Europa eine sehr viel ausgeprägtere Ungleichheit in den Arbeitseinkommen gibt (siehe Atkinson et al., 1994, wegen einer Übersicht der relevanten Literatur; Burkhauser und Poupore, 1997, bestätigen diese Ergebnisse an Hand von longitudinalen Daten für die USA und Deutschland).

zweite, der ersten Erklärung durchaus verwandte Möglichkeit besteht darin, dass die *Nachfrage* nach technisch hochwertigen Waren ihrerseits eine Nachfrage nach qualifizierten Beschäftigten auslöst (vgl. Bernard und Jensen, 1997: 5). Kurz, nachfrageinduzierte Veränderungen bewirken einen Wechsel im Verhältnis von weniger qualifizierten zu hochqualifizierten Arbeitskräften in der Industrie. Die Folge dieser Wende am Arbeitsmarkt ist eine wachsende Polarisierung des Einkommensniveaus.

Doms, Dunne und Troske (1997) untersuchen in ihrer umfangreichen empirischen Querschnittsstudie – auf der Ebene einzelner Herstellungsbetriebe und individueller Daten im Gegensatz zu Aggregatdaten des Herstellungssektors der amerikanischen Wirtschaft – den Zusammenhang von Technologieeinsatz,[100] der Ausbildung der Beschäftigten und dem Einkommensniveau im Industriesektor. Wie die in *Tabelle 10* wiedergegebenen Zahlen der Untersuchung zeigen, gibt es eine stetig wachsende Korrelation zwischen dem Grad des Technologieeinsatzes, das heißt zwischen dem Fortschritt in der Automatisierung des Entwicklungs- und Herstellungsvorgangs, und dem Bildungsgrad der Beschäftigten. Die Schlussfolgerung lautet deshalb nicht nur, dass

»skilled workers and advanced manufacturing technologies are complements«, sondern auch, daß der Anteil der Beschäftigten »in skilled occupations rises significantly with the number of technologies employed« (Doms, Dunne und Troske,1997: 261, 263; siehe auch Berman, Bound und Griliches, 1994)

*und* dass der Anteil der *nicht* direkt in der Herstellung beschäftigten Personen wächst.[101] Verschiedene Kontrollen bestätigen diese Ergebnisse. Außerdem finden die Autoren einen Nachweis

100 Die von den Autoren der Studie als Indikator für den Grad des Technologieeinsatzes in den einzelnen Fertigungsbetrieben verwendeten Informationen beziehen sich auf die Zahl der technischen Verfahren beziehungsweise auf solche Geräte wie computergesteuerte Maschinen, Roboter etc. (siehe Doms, Dunne und Troske, 1997: 287-288 für eine detaillierte Beschreibung der einzelnen Verfahren und Geräte).

101 Präziser ausgedrückt, »the positive relationship between technology use and the percent of skilled workers is primarily due to a dramatic increase in the percent of scientists and engineers in the most technologically advanced plants« (Doms, Dunne und Troske, 1997: 263).

*Tabelle 10:* Technologieeinsatz, Bildungsniveau, Löhne und Arbeitstätigkeit im amerikanischen Produktionsbereich, 1998-1990 (jeweils in Prozent)

| Zahl der in einem Betrieb verwendeten Technologien | Beschäftigte mit Hochschulabschluss | nicht in der Produktion Beschäftigte mit Hochschulabschluss | in der Produktion Beschäftigte, teilweise mit Hochschulbildung | Beschäftigte in der Verwaltung, in Wissenschaft und Technik | nicht in der Produktion Beschäftigte | Lohnkosten der nicht in der Produktion Beschäftigten |
|---|---|---|---|---|---|---|
| < 4 ($N = 3251$) | 9.4 | 24.1 | 21.2 | 33.7 | 32.7 | 41.0 |
| 4-6 ($N = 4690$) | 12.2 | 31.2 | 24.2 | 35.6 | 33.3 | 42.2 |
| 7-8 ($N = 6403$) | 14.0 | 34.5 | 27.1 | 36.6 | 34.9 | 39.5 |
| 9-10 ($N = 5914$) | 16.2 | 34.9 | 27.7 | 37.4 | 40.7 | 46.2 |
| 11-13 ($N = 5931$) | 15.2 | 37.5 | 29.7 | 33.1 | 34.3 | 37.3 |
| >13 ($N = 7844$) | 33.1 | 53.9 | 34.9 | 48.6 | 56.9 | 62.4 |
| Gesamt | 18.3 | 40.1 | 27.9 | 38.5 | 40.5 | 47.2 |

*Quelle:* Doms, Dunne und Troske, 1997: 262.

dafür, dass in Betrieben mit größerem Technologieeinsatz die Bezahlung besser ist.

Was diese Korrelation auf der Basis von Querschnittsdaten allerdings nicht aussagen kann, ist, in welcher *zeitlichen Abfolge* sich die empirisch beobachteten Relationen im Industriesektor herausbildeten. Infolgedessen versuchen Doms, Dunne und Troske die zeitliche Abfolge der Anwendung unterschiedlicher Technologien in den Betrieben in eine Beziehung zu den sie interessierenden Variablen wie Einkommensniveau, Anteil der nicht unmittelbar in der Produktion Beschäftigten etc. zu setzen. Unterschiedliche Versuche, »Technologie-Anwendung« zu operationalisieren, ergeben, dass »technology adoption is relatively uncorrelated with the changes in the nonproduction labor share, workers wages, or labor productivity« (Doms, Dunne und Troske, 1997: 277).

Eine Erklärung für dieses »negative« Ergebnis wäre zweifellos, dass die untersuchten Betriebe schon *vor* dem Einsatz neuer technologischer Mittel eine relativ große Zahl hoch qualifizierter Beschäftigter hatten: »if plants that adopt technologies have more skilled workforces prior to adoption, then we would expect that the pre-adoption wages and labor productivity should be correlated with future technology use« (Doms, Dunne und Troske, 1997: 277). Die Ergebnisse sind nicht eindeutig. Die Autoren fassen ihre Zahlen wie folgt zusammen: »Plants that adopt a large number of new technologies have more skilled workers both pre- and postadoption« (Doms, Dunne und Troske, 1997: 279). Anders formuliert, es ist nicht auszuschließen, dass, wie von Drucker angenommen, hoch qualifizierte Beschäftigte die Technisierung beziehungsweise Modernisierung ihrer Arbeitsplätze forcieren. Das Angebot gut ausgebildeter und qualifizierter Arbeitskräfte wird damit zum Motor der Veränderung der Arbeitswelt und nicht umgekehrt.

Eine weitere, indirekte Bestätigung der These Druckers von der angebotsinduzierten Transformation der Arbeitswelt liefern Aggregatzahlen über das beschleunigt wachsende Bildungsniveau der Bevölkerung in den OECD-Staaten. So verändert sich ein von Johnson (1997: 42) für die USA errechneter beruflicher Qualifikationsindex (Relation von High-School- zu College-Absolventen) von 105 im Jahre 1940 auf 493 im Jahre 1993; das heißt in fünfzig Jahren hat sich der Anteil der College-Absolventen an der Gesamtbevölkerung der USA in etwa verfünffacht. Als Resultat der in den späten sechziger Jahren stark gestiegenen Studentenzahlen ist der Zuwachs des Anteils der höher qualifizierten Arbeitnehmer an der Bevölkerung in den siebziger Jahren besonders groß.

## Das Produktivitätsparadox

Ich werde im folgenden Abschnitt das in jüngster Zeit besonders unter Ökonomen mit zunehmender Intensität diskutierte Phänomen des so genannten Produktivitätsparadoxes in Zusammenhang mit der wachsenden Bedeutung des Wissens als Quelle wirtschaftlicher Transformationen und von Wachstum analysieren. Das Produktivitätsparadox hilft uns zu verstehen, dass wir es nicht mit einem durch Technologie bestimmten Übergang von der industriellen zur informationellen Gesellschaft zu tun haben, sondern vielmehr mit einem gesellschaftlich bestimmten Wandel von der Industrie- zur Wissensgesellschaft.

In jeder Diskussion über den wirtschaftlichen Wohlstand einer Gesellschaft und die Fähigkeiten der Ökonomie eines Staates, den Lebensstandard seiner Bürger zu verbessern und international konkurrenzfähig zu sein, sind sich Sozialwissenschaftler einig, dass die Produktivität »in the long run is almost everything« (Krugman, 1994: 13). In seiner umfassenden Analyse der modernen Gesellschaft als Netzwerkgesellschaft unterstreicht Manuel Castells (1996: 80) diesen Schluss und folgert, dass die Produktivität eines Landes die Quelle seines Reichtums ist. Aber nicht Änderungen im Lebensstandard der Bevölkerung korrelieren eng mit der gesellschaftlichen Produktivitätsleistung. Auch nichtökonomische und unmittelbar nicht zurechenbare Veränderungen – wie zum Beispiel ein Wandel im globalen politischen Gleichgewicht – können Ergebnis unterschiedlicher Entwicklungen in der Produktivität verschiedener Länder sein. Angesichts solcher weitreichender Konsequenzen betont Krugman (1994: 17) pessimistisch, dass die Verlangsamung des »American productivity growth since the early 1970s becomes the most important single fact about our economy«.

Ökonomen haben seit einiger Zeit in der Tat immer wieder nach Erklärungen für das so genannte »Produktivitätspuzzle«

gesucht. Sie suchen zu ergründen, warum sich in den gesamtwirt-schaftlichen Produktivitätsstatistiken kein schlüssiger Nachweis finden lässt, dass die außerordentlich hohen Investitionen in Kommunikations- und Informationstechnologien in den vergangenen Jahren und Jahrzehnten anscheinend zu keinem messbaren Produktivitätszuwachs geführt haben. Der Begriff des Produktivitätsparadoxes meint, dass sich trotz hoher Erwartungen einerseits und riesiger Investitionen andererseits kein entsprechendes Resultat in Form von zusätzlichem Produktivitätswachstum nachweisen lässt.

Allein im Jahr 1990 betrug der Umfang der Ausgaben der amerikanischen Wirtschaft nach Angaben des amerikanischen Handelsministeriums (1991) für Hardware 61 Milliarden Dollar, für Software 18 Milliarden und 75 Milliarden für Dienstleistungen im Bereich der Datenverarbeitung und Wartung von Computern. Als Teil aller Investitionsausgaben in Sachwerte amerikanischer Unternehmen haben die Ausgaben für die Informationstechnologien in der Zwischenzeit mehr als fünfzig Prozent erreicht.

Angesichts des mangelnden Konsenses in den Sozialwissenschaften überrascht es nicht, dass sich in der schnell anwachsenden Literatur zu den Ursachen und Folgen des Produktivitätsparadoxes keine Übereinstimmung über den genauen Begriff und die empirischen Indikatoren dieses Phänomens finden lässt. Es gibt bisher weder einen Konsens darüber, warum die Produktivität generell variiert, noch darüber, warum im speziellen Fall die (strittige) Beobachtung erklären kann, dass die Arbeitsproduktivität trotz wachsender Anwendung moderner Informations- und Kommunikationstechnologien am Arbeitsplatz, soweit sich dies in offiziellen Statistiken widerspiegelt, in Firmen und Organisationen nicht gestiegen ist.

Trifft etwa zu, dass das Produktivitätsparadox auf dem Gebiet der Informationstechnologien ein generelles Signal darstellt, dass es zu einer säkularen Verringerung von Produktivitätszunahmen kommt? Unterschiedliche Forschungsansätze und -perspektiven und Netzwerke von Wissenschaftlern befassen sich in der Zwischenzeit mit der Thematik des Produktivitätsparadoxes. Es handelt sich allerdings um Netzwerke von Wissenschaftlern, die nicht intensiv miteinander kommunizieren und eigene Forschungsstrategien verfolgen.

Für eine Reihe Ökonomen gibt es das Produktivitätsparadox in

Wirklichkeit nicht. Es ist ein Konstrukt bestimmter ungültiger Messverfahren oder repräsentiert eine ungenügende Erfassung des Umfangs der Produktionsergebnisse. Tatsächliche Produktionserfolge werden nicht erfasst (zum Beispiel Quinn, 1996; Diewert und Fox, 1997). Aber selbst wenn man unterstelle, dass die Zahlen das Produktivitätsparadox realitätskonform erfassen, sei der Stellenwert des »Problems« gesamtwirtschaftlich gesehen unerheblich, da der Umfang der Investitionen in Informations- und Kommunikationstechnologien im Vergleich zu anderen Sachinvestitionen gering sei. Andere Beobachter sind demgegenüber der Ansicht, das Produktivitätsparadox sei zwar ein real existierendes, aber transitorisches Problem, genau wie schon in der Vergangenheit beim Übergang von einem zu einem anderen technologischen Regime, etwa der Einführung und der gesellschaftlichen Verbreitung elektrischer Energie. Und wie im Fall jedes Lernprozesses dauert es eine gewisse Zeit, bis sich die wirtschaftlichen Erfolge abzeigen (zum Beispiel David, 1990; Petit und Soete, 1997; Davenport, 1997). Andere Beobachter akzeptieren die Tatsache, dass das Produktivitätsparadox Zurückgebliebenheit signalisiert; allerdings meinen sie damit nicht ein reales Produktivitätsdefizit, sondern einen theoretischen Mangel des ökonomischen Diskurses (Jorgenson, 1997).[102] Schließlich gibt es eine Reihe von Ökonomen, die überzeugt sind, dass das Produktivitätsparadox ein Phänomen ist, das seit Anfang der neunziger Jahre im Begriff ist zu verschwinden (Brynjolfsson und Hitt, 1996; Sichel, 1999).

Obwohl die Qualität der Informationen, auf denen diese Beob-

102  Jorgenson (1997: 4) sieht die Ursache für das Produktivitätsparadox in der vorherrschenden Identifikation von Produktivitätswachstum und technischem Wandel. Technischer Wandel und Produktivitätszuwächse müssen unterschieden werden. Produktivitätswachstum ist nur ein geringer Teil wirtschaftlichen Wachstums. Technischer Wandel ist Ergebnis von Investitionen; Wirtschaftswachstum ist Resultat von Kapitalinvestitionen. Und Kapitalinvestitionen lassen sich in Investitionen in Sach-, Human- und intellektuelles Kapital unterscheiden. Der Kauf eines Computers wäre eine Investition in Sachkapital. Allerdings ist die Schlüsselkategorie in diesem Zusammenhang die des intellektuellen Kapitals. Dies ist ein ambivalenter und für Ökonomen vielleicht sogar irritierender Begriff, da er auf ein bisher nicht messbares oder sogar unmessbares Phänomen verweist.

achtungen beruhen, eine Reihe bedenkenswerter methodologischer Fragen aufwirft – die Definition dessen, was Produktivität ist, repräsentiert in diesem Zusammenhang nur eine von vielen Fragen –, kann man trotzdem mit einiger Sicherheit davon ausgehen, dass ein zuverlässiger Rest von Informationen aus diesen Beobachtungen verbleibt, der die Existenz des Produktivitätspuzzles bestätigt.[103] Attewell (1994: 24) zum Beispiel bringt die bisherige vergebliche Suche nach messbaren Produktivitätserfolgen auf folgenden kurzen Nenner: »no study documents substantial IT effects on productivity«. Welche Ursachen lassen sich demnach, denn dies bleibt weiterhin das Problem, für die beobachteten Zahlen und damit das Produktivitätsparadox heranziehen?

Soziologen und andere Sozialwissenschaftler, die sich für das Phänomen des Produktivitätsparadoxes interessiert haben, sind einer Vielzahl von Erklärungen nachgegangen. Insbesondere hat man versucht, auf soziale beziehungsweise organisatorische Prozesse in den Unternehmen zu verweisen, die verantwortlich sein mögen, dass sich die erkennbaren Produktivitätsgewinne der Investitionen in Informations- und Kommunikationstechnologien nicht oder nur mit erheblicher zeitlicher Verzögerung erkennen lassen. Attewell (1994: 48) argumentiert überzeugend, dass Produktivitätsgewinne aus Investitionen in die Informationstechnologie das Ergebnis einer Reihe von *trade-offs* innerhalb einer Firma sowohl auf der individuellen als auch auf der kollektiven Ebene sind. Zum Beispiel können die »potential benefits of the technology … be channeled into alternative directions – either doing the original work more efficiently (productivity enhancing) or doing a different kind of activity or the same activity more often«. Pinsonneault (1998) wiederum hat auf ganz un-

---

103 Castells (1996: 78) äußert dagegen den Verdacht, die mangelnde Validität der zugrunde liegenden ökonomischen Statistiken sei für die Beobachtung verantwortlich und das Phänomen müsse somit nicht eigentlich real sein: »It may well be that a significant proportion of the mysterious productivity slowdown results from a growing inadequacy of economic statistics to capture movements of the new informational economy, *precisely because of the broad scope of its transformations under the impact of information technology and related organizational changes.*« Allerdings führt er nicht konkret an, wie man die Statistiken verbessern kann.

terschiedliche Verwendungsmöglichkeiten und -zusammenhänge von Informationstechnologie und der Arbeit der Leitungsebene in Firmen aufmerksam gemacht, während Ahn (1999) auf die oft nicht unbedeutenden »Einführungskosten« verweist, die mit dem notwendigen Erlernen neuer Technologien verbunden sind.

Aus diesen Überlegungen folgt aber insgesamt, dass eine progressive Bildungs- und Forschungspolitik in Wissensgesellschaften die beste mittel- beziehungsweise langfristige Arbeitsmarktpolitik ist. In den Diskussionen über Standort, Kosten, Wachstum, Nachhaltigkeit, Exporterlöse usw. werden in der Regel nicht nur kurzfristige Sichtweisen überbetont, sondern es wird die signifikante Rolle der Infrastruktur der Bildung systematisch unterbelichtet. Wie zum Beispiel Kenneth Arrow (1974: 47) mit Blick auf die Bedingungen für die Möglichkeit von Innovationen bemerkt: »innovation by firms is in many cases simply a question of pitting an item on its agenda before other firms do it.«

Was zählt, und dies in zunehmendem Maße, ist die Qualität des Arbeits*angebots*. Das Angebot und nicht die Nachfrage bestimmt, wie Arbeit und der Arbeitsmarkt in Zukunft aussehen werden. Humankapital ist, mit anderen Worten, der entscheidende Faktor, der die Unabwendbarkeit von Wandel sowohl als Notwendigkeit als auch als Potential möglich macht.

In den Mittelpunkt einer langfristigen Betrachtung der Grundlagen nachhaltigen wirtschaftlichen Wachstums tritt somit die Frage nach den Voraussetzungen der »Produktion von technischem Fortschritt« beziehungsweise der Fabrikation und der Produktivität von wissensintensiver Arbeit (siehe Drucker, 1991: 70) und nicht, funktionalistisch gewendet, die Frage nach den Folgen technisch-wissenschaftlichen Wandels, dem sich Bildung und Ausbildung dann anpassen sollten. Eine realistische Bildungspolitik sollte deshalb nicht von der konventionellen Überzeugung geprägt sein, dass der wachsende Bedarf an qualifizierter Arbeit beziehungsweise an qualifizierten Tätigkeiten eine Funktion der zunehmenden Spezialisierung und Arbeitsteilung oder der zunehmenden Komplexität der Wirtschaft ist, sondern dass die Transformation des Wirtschaftssystems hin zu einer wissensbasierten Ökonomie nicht zuletzt eine Folge des qualifizierteren Arbeitsangebots und damit der Verbesserung in der Bildung und Ausbildung ist. Wer kann schon unter Bedingungen wachsender Unsicherheit über zukünftige Erfordernisse sagen, wie qualifizierte Arbeit in Zukunft aussehen wird? Wir wissen nur, dass die Zukunft von uns gemacht wird. Es sind demnach nicht so sehr die durch die technische Entwicklung bedingten Veränderungen im Niveau der erforderlichen Arbeitsqualifikationen (siehe Bodenhöher, 1967: 17), auf die man sein Augenmerk richten muss, sondern es ist vielmehr das, was bestimmte technische Veränderungen erst möglich macht. In der modernen Ökonomie ist Wissen grundlegender »Rohstoff«. Infolgedessen sind Lernen und die Produktion von Wissen die wichtigsten Prozesse der Wissensgesellschaft, und die Politik muss dieser Entwicklung Rechnung tragen (siehe Alexander, 1997).[104] In Beantwortung der Frage nach den Gründen für die enorme Ausdehnung des Dienstleistungssektors in den letzten Jahrzehnten hebt Landauer (1995: 74-75), ohne Drucker zu erwähnen, Faktoren hervor, die sich aus der Nachfrage nach Arbeitsplätzen ergeben:

»new jobs were needed, so new services were invented. Many new or expanded services depended on computers: a plethora of investment instruments – complex new mutual funds and trading schemes, a deluge of new insurance policies and options, a myriad of debit and credit cards, dozens of new kinds of bank accounts and novel banking services offered from widely dispersed branches and machines, multitudes of new medical techniques and therapies, fast food restaurants, fast copy stores, fully filled planes with frequent flyer plans, mom and pop mail order firms, direct marketing, PC maintenance, and so forth.«

Jean-Jacques Salomon vertritt demgegenüber eine weniger unkonventionelle, dafür aber auch unrealistischere Position, indem er argumentiert, der Übergang zur postindustriellen Gesellschaft sei Ergebnis einer Konvergenz oder, noch genauer, einer gelungenen Symbiose von Wissenschaft und staatlichen Autoritäten (und der Ökonomie). Wissen wird zum Objekt der Macht, weil es die Macht effektiv fördert und sicher stützt. Mit anderen Worten, die Konvergenz in der Interessenlage beider Institutionen »has set off a massive production of new knowledge and technologies of which the advanced societies make deliberate use« (Salo-

---

104 Besorgnisse, dass die zur Verfügung stehenden beruflichen Tätigkeiten nicht den gestiegenen Bildungs- und Ausbildungsniveaus entsprechen (zum Beispiel Harman, 1978: 209), entspringen somit genau der entgegengesetzten Perspektive, nach der primär die Qualität des Angebots die Arbeitswelt bestimmt.

mon, 1973: 49). Die von Salomon konstatierte planvolle Konvergenz von (praktisch effizienter) Wissenschaft und Staat ist aber auch insofern ein Resultat der modernen Produktionsbedingungen für wissenschaftliche Erkenntnis (die wissenschaftliche Forschung ist sehr teuer, und die Grundlagenforschung erbringt keine unmittelbaren wirtschaftlichen Erträge) und der modernen Gesellschaftsbedingungen, als die Ausübung von Herrschaft in einem steigenden Maß von Wissen abhängt. Aus diesen Gründen vertritt Salomon (1973: 67) zusammenfassend die These, dass der »pursuit of science fits the ends of power itself, however remote it may be from any purpose outside itself and however remote its own purposes may be from those of the state«. Er verweist in diesem Zusammenhang sowohl auf Forschungen für militärische als auch für zivile Zwecke, allerdings sei »science policy ... historically the child of war and not of peace« (Salomon, 1973: 51). Die zugunsten nationaler Ziele und des Prestigedenkens von der Privatwirtschaft und dem Militär häufig gemeinsam durchgeführte Grundlagenforschung wird vom Staat zunehmend als eine gute Investitionsmöglichkeit angesehen. Salomon (1973: 57) kommt zu dem Schluss, dass das moderne Wirtschaftsleben »would not be so marked by technological innovation as it is today without the spur of military programs«.[105] Trotz der Bedeutung der militärischen Forschung, die man als eigenständigen Antriebsfaktor der Wissensdynamik sicher auch heute nicht leugnen kann, sind Salomons Thesen insgesamt unrealistisch und überschätzen die unmittelbare Nützlichkeit der modernen Wissenschaft beziehungsweise den Grad der Steuerbarkeit der Symbiose von Macht und Erkenntnis, insbesondere unter den Rahmenbedingungen einer Marktwirtschaft.

Anhänger und Befürworter der Idee einer »neuen Ökonomie« (Schwartz, Leyden, und Hyatt, 1999), wie Manuel Castells, argumentieren, dass die moderne Gesellschaft in den vergangenen Jahrzehnten grundlegend verändert worden sei. Die Transformationen insbesondere zu einer neuen Ökonomie sind in erster Linie Ergebnis der Diffusion der modernen Informations- und Kommunikationstechnologien. Mit der verbreiteten Anwen-

---

105 Allerdings ist er gleichzeitig davon überzeugt, daß die militärische Forschung und die Weltraumforschung für die Entwicklung von Produkten und das wirtschaftliche Wachstum in Zukunft eine weit geringere Rolle spielen dürften.

dung dieser Technologien wird die moderne Gesellschaft zu einer Netzwerkgesellschaft. Castells unterstellt, dass der Begriff der Netzwerkgesellschaft treffender ist als etwa der der Informationsgesellschaft, da er unmittelbar auf die organisatorischen Veränderungen aufmerksam macht, die mit der verbreiteten Verwendung der Informationstechnologien Hand in Hand gehen. Allerdings hat es den Anschein, als sei der Unterschied zwischen dem einst häufig, aber in der Zwischenzeit mit Recht immer weniger benutzten Begriff der Informationsgesellschaft sehr viel geringer, als Castells unterstellt. Sowohl der Begriff der Netzwerkgesellschaft als auch der der Informationsgesellschaft verweisen oder verwenden gedankliche Prämissen, die eine engere Verwandtschaft mit dem technologischen Determinismus erkennen lassen. Zudem gilt, dass beide Begriffe theoretisch und empirisch ungeeignet sind, da sie sich einer Auseinandersetzung mit dem Produktivitätsparadox entziehen beziehungsweise von vornherein widersetzen.

Das Produktivitätsparadox kann besser verstanden werden, wenn man drei empirische Tatsachen anerkennt: Erstens, hoch qualifizierte Arbeitskräfte gab es schon vor der verbreiteten Einführung und Anwendung der Informationstechnologie. Zweitens, der wachsende Anteil an der Erwerbsbevölkerung und die wachsende Bedeutung von hoch qualifizierten Arbeitskräften ist nicht Ausdruck der Nachfrage nach diesen Arbeitskräften, sondern Ergebnis einer (autonomen, das heißt gesellschaftlich bedingten) Veränderung der zur Verfügung stehenden Anzahl solcher Arbeitskräfte. Und drittens, die Informationstechnologie hilft den Unternehmen und der Leitung von Firmen mit den steigenden Arbeitskosten mitzuhalten beziehungsweise sie zu kompensieren. Das Produktivitätsparadox kann somit einen Beitrag zum Verständnis dafür leisten, dass wir uns nicht mit einer technologisch indizierten Transformation von der Industriegesellschaft zur »Informationsgesellschaft« konfrontiert sehen, sondern vielmehr mit einem gesellschaftlich bedingten Übergang von der Industriegesellschaft zur Wissensgesellschaft. Und es ist in diesem Sinn, dass wir ein neues, modernes Zeitalter erreicht haben.[106]

106 Zu den hervorstechenden Merkmalen der Castells'schen Studie der modernen Gesellschaft als Netzwerkgesellschaft gehören deshalb seine Beobachtungen über die Eigenschaften dieser neuen Moderne

Die grundlegenden, substantiellen Veränderungen in der Welt der Arbeit, auf die ich im Zusammenhang mit dem frühen Anstieg der Anzahl hoch qualifizierter Arbeitskräfte verwiesen habe, sind, soweit ich sehen kann, am prägnantesten in den Arbeiten von Robert Kegan (1994) herausgearbeitet worden. Kegan beschäftigt sich mit den kognitiven Herausforderungen der modernen Lebenswelt im Allgemeinen und von modernen Arbeitskontexten im Besonderen. Kegan, dessen Forschungsarbeiten sich mit der Problematik der kognitiven Komplexität befassen, kommt nach einer sorgfältigen Analyse diverser Studien und Abhandlungen zu Art und Umfang moderner intellektueller Anforderungen zu dem Ergebnis, dass es einen eher prononcierten Widerspruch in den Erwartungen der heutigen Arbeitgeber im Gegensatz zu den Erwartungen und dem typischen Selbstverständnis der Arbeitnehmer gibt. Im Bewusstsein der Arbeitnehmer lässt sich in Bezug auf ihre Arbeit und Erwartungen an den Arbeitsplatz sowie deren soziales Umfeld ein ausgeprägtes und wachsendes Gefühl der »self-possession and personal authority« beobachten. Kegan (1994: 152-153) fasst die wichtigsten kognitiven Eigenschaften von Individuen, die in der Lage sind, mit dem besonderen intellektuellen Kontext der modernen Arbeitswelt umzugehen, wie folgt zusammen:

»1. *To invent or own our work* (rather than see it as owned and created by the employer).
2. *To be self-initiating, self-correcting, self-evaluating* rather than dependent on others to frame the problems, initiate adjustments, or determine whether things are going acceptably well).
3. *To be guided by our own visions at work* (rather than be without a vision or be captive of the authority's agenda).
4. *To take responsibility for what happens to us at work externally and internally* (rather than see our present internal circumstances and future external possibilities as caused by someone else).
5. *To be accomplished masters of particular work roles, jobs, or careers* (rather than have an apprenticing or imitating relationship to what we do).
6. *To conceive of the organization from the ›outside in‹ as a whole; to see our relation to the whole; to see the relation of the parts to the whole* (rather than see the rest of the organization and its parts only form the perspective of our own part, from the ›inside out‹).«

und nicht die Analyse der Bedingungen, die die Entwicklung hin zur neuen Moderne erst möglich machen.

Ob, und in welchem Umfang existierende Arbeitsplätze und Arbeitskontexte schon in der Lage sind, Arbeitnehmer mit kognitiven Fähigkeiten und Anforderungen, wie sie Kegan aufzählt, zu übernehmen, ist eine zu diesem Zeitpunkt nur sehr schwer zu beantwortende Frage. Allerdings kann man davon ausgehen, dass solche Arbeitsmöglichkeiten zunehmend möglich sein werden, und zwar in dem Maß, in dem Unternehmen realisieren, dass Arbeitsplätze mit großer Autonomie, Handlungschancen und Verantwortlichkeiten Bedingung für nachhaltige Unternehmenserfolge werden. Unternehmen werden sich infolgedessen gezwungen sehen, Arbeitsmöglichkeiten dieser Art bereitzustellen und nicht zu unterbinden.

# VI. Von der Arbeits- zur Konsumtionsgesellschaft

In Wissensgesellschaften verändert sich der Stellenwert von Arbeit generell. Natürlich zählen Arbeit und Produktion weiter. Aber der wirtschaftliche Erfolg moderner Ökonomien hat zur Folge, dass es zu einer von der ökonomischen Rationalität (im Sinne von Effizienz, optimaler Leistung und der Notwendigkeit, primär existentielle Grundbedürfnisse zufrieden zu stellen) abgekoppelten Entwicklung zentraler Lebensinteressen kommt. Man kann in dieser Veränderung auch den Anfang vom Ende der arbeitszentrierten Zivilisation sehen.

In diesem Kontext muss deshalb trotz der periodisch immer wieder geäußerten und sicher oft auch berechtigten Bedenken hinsichtlich der »Gesundheit« der Volkswirtschaften in den entwickelten Nationen auf eine Entwicklung aufmerksam gemacht werden, die sehr leicht übersehen oder übergangen wird. Und zwar gibt es in der Geschichte der industrialisierten Gesellschaften Westeuropas und Nordamerikas kein Ereignis, das den in den Jahren zwischen 1950 und 1985 gemachten Erfahrungen entspricht. Alan Milward (1992: 21) drückt dies prägnant zusammenfassend wie folgt aus:

»By the end of this period the perpetual possibility of serious economic hardship which had earlier always hovered over the lives of three-quarters of the population now menaced only about one fifth of it. Although absolute poverty still existed in even the richest countries, the material standard of living for most people improved almost without interruption and often very rapidly for thirty-five years. Above all else, these are the marks of the uniqueness of the experience.«

## Wohlstand, Ungleichheit, Wissen

Mir scheint, es handelt sich hier nicht nur um die Verfestigung, ja sogar dauerhafte Konzentration von Ungleichheitsformen, wie viele Beobachter der sozialen Ungleichheitsproblematik weiterhin behaupten, sondern um ein stetes Ansteigen des allgemeinen Wohlstandes der modernen Gesellschaft, das Karl Marx und Friedrich Engels bereits im neunzehnten Jahrhundert bestechend korrekt vorausgesagt haben. Die Befreiung von wirtschaftlicher Not und Unterdrückung in großen Teilen der Bevölkerung, die Marx und Engels dagegen nicht antizipierten und die nicht in allen Industrieländern im gleichen Maß und Tempo eingetreten ist, schafft die materielle Grundlage für neue Formen der Ungleichheit. Konkreter gesagt, die materielle Abhängigkeit vieler Akteure von der Berufssituation wird weniger eng, und die relative materielle Befreiung vom Arbeitsmarkt wird durch persönlichen und familiären Wohlstand größer. Diese Entwicklung berührt natürlich nicht nur die Beschäftigten, sondern paradoxerweise noch viel stärker den wachsenden Teil der Bevölkerung, der keine Arbeit hat und somit unfreiwillig als auch freiwillig vom Arbeitsmarkt abgeschnitten ist.

Das Ausmaß und die relative Bedeutung dieser Transformation sind nicht leicht zu belegen, da die Beschäftigung mit dem Thema der Verteilung persönlichen Reichtums, familiären Vermögens, verschiedenster Anwartschaften usw. immer noch aus ideologischen Gründen in erster Linie vom Interesse an der Konzentration von Reichtum (vgl. Atkinson, 1980; Field, 1983; Wolff, 1991), insbesondere unter den Superreichen, geleitet wird, oder man konzentrierte sich ausschließlich auf Versuche, Armut zu messen.[1] Dauerhafte, zuweilen unerklärliche Ungleichheitsverhältnisse[2] oder die realistische Aussicht auf eine mehr und mehr

1 Häufig beschränken sich viele der zur Verfügung gestellten Informationen über den Wohlstand einer Bevölkerung auf die oberen Regionen der Verteilungskurve. Außerdem ist die Auskunft über die ungleiche Verteilung des Wohlstands häufig durch methodologische Schwierigkeiten beeinträchtigt, so zum Beispiel im Hinblick auf die Definition von Wohlstand und/oder den Gegenstand der Analyse, dazu gehört auch das systematische Verschleiern des tatsächlichen Wohlstands, Probleme bei der Auswahl der Population sowie der statistischen Bearbeitung der gewonnenen Informationen.

2 Trotz der Anzeichen für eine hohe Konzentration von Reichtum ist die ungleiche Verteilung unter den Industriegesellschaften im zwanzigsten Jahrhundert, zumindest aber bis zur Mitte der siebziger Jahre, allmählich zurückgegangen, und die Niveaus des Wohlstandsgefälles konvergieren in jenen Ländern (Schweden, Großbritannien und Vereinigte Staaten), für die über längere Zeiträume erhobene Daten vorhanden sind: »The share of total household wealth held by the top 1 percent of wealth holders declined from 50 in 1920 to 21 percent in 1975 in Sweden. The share of the top 1 percent in Great Britain fell from 61 percent

geteilte Gesellschaft[3] sollten nicht vergessen lassen, dass das allgemeine Wohlstandsniveau enorm angestiegen ist. Es sollte vielmehr hinterfragt werden, welche Folgen diese Entwicklung nicht nur für die Erscheinungsformen der sozialen Ungleichheit in hoch entwickelten Ländern haben mag (siehe Stehr, 1999), sondern auch für die Ökonomie und die Gesellschaft allgemein.[4]

Außer den bereits genannten Faktoren, dem enormen Anstieg des persönlichen Reichtums in den vergangenen Jahrzehnten, dem relativen Bedeutungsverlust von bezahlter Arbeit als wichtiger Lebensinhalt und dem Entstehen einer konsumorientierteren Gesellschaft muss auch die dramatische Veränderung der Lebenserwartung in Betracht gezogen werden, die bereits zu beobachten ist und weiter wächst. Die Zahl der Beschäftigungsjahre und der Arbeitsstunden pro Jahr, die erforderlich sind, um heutzutage einen Haushalt dem gegebenen Lebensstandard gemäß ein Leben lang zu unterhalten, ist auf weniger als die Hälfte der Lebenszeit zurückgegangen und fällt weiterhin (vgl. Ausubel und Grübler, 1995).[5]

in 1923 to 23 percent in 1974. The decline in wealth inequality in the United States was less dramatic. The share of the top 1 percent of individuals fell from a peak of 38 percent in 1922 to 27 percent in 1956« (Wolff, 1991: 128). Seit Mitte der siebziger Jahre ist diese Entwicklung in diesen Gesellschaften, deren Steuergesetzgebung, soziale und wirtschaftliche Leistungen und soziale und politische Institutionen ja ganz verschieden sind, zum Stillstand gekommen.

3 … was noch realistischer geworden ist, seit zum Beispiel André Gorz ([1980] 1982) ursprünglich das Entstehen einer geteilten Gesellschaft im postindustriellen Zeitalter skizzierte.

4 Eine umfassendere Darstellung und Analyse dieser Problematik, besonders im Gegensatz zum herkömmlichen Verständnis der sozialen Ungleichheit in der modernen Gesellschaft, sowie eine Anzahl der möglichen Folgen dieser Entwicklung für die Entstehung und die Bedeutung von Ungleichheitsformationen findet sich in Stehr, 1994b.

5 Die Zahlen von Ausubel und Grübler beziehen sich in erster Linie auf Großbritannien: Im Jahr 1856 – während einer durchschnittlichen Lebensarbeitszeit eines Arbeiters, die bis heute in etwa stabil geblieben ist, von 40 Jahren – musste man insgesamt 124 000 Stunden arbeiten. 1981 waren es 69 000 Stunden oder 20 im Gegensatz zu 50 Prozent der gesamten Lebenszeit eines Arbeiters. Sofern sich die Trends der vergangenen hundert Jahre in der Verkürzung der Arbeitszeit weiter durchsetzen, erwarten Ausubel und Gründler (1995: 195) eine durchschnittliche Wochenarbeitszeit von 27 Stunden im Jahr 2050.

Verglichen mit nahezu allen bisherigen historischen Gesellschaftsformationen ist die kapitalistische Gesellschaft, wie sie sich in Nordamerika und in Europa im 18. und 19. Jahrhundert entwickelt hat, ein soziales System, dessen Besonderheiten vor allem von den Bedingungen und der Problematik der bezahlten Erwerbstätigkeit (und der Produktion) bestimmt werden. Zweifellos rechtfertigt diese Tatsache, dass man diese Gesellschaften als »Arbeitsgesellschaften« begreift (vgl. Keane, 1988: 71-75). Es überrascht deshalb auch nicht, dass sich der fachwissenschaftliche ökonomische Diskurs auch heute noch vor allem auf das traditionelle Verständnis der Voraussetzungen und der Zusammensetzung des Produktionsprozesses stützt. Diese theoretische Perspektive steht außerdem in direktem Zusammenhang mit dem überlieferten Begriff der Welt der Produktion von Waren und Dienstleistungen, der herkömmlichen Produktionsfaktoren sowie von Arbeit und Einkommen in Form von Mieten, Zinsen und Löhnen. Der Diskurs der Ökonomen konzentriert sich weiterhin auf die zentralen Produktionsfaktoren Arbeit und Kapital, ihre Kombination und ihre in monetären Einheiten gemessenen wirtschaftlichen Folgen. In den Sozialwissenschaften gilt bis auf den heutigen Tag, dass Verbrauchsgewohnheiten und -verhalten Ausdruck der Macht der zentralen gesellschaftlichen Institutionen wie soziale Klasse, Staat oder Kultur sind und deren Eigenschaften wiederum vorrrangig von der Welt der Produktion und Arbeit bestimmt werden. Die Welt der Arbeit findet ihr spiegelbildliches Gegenstück in der Welt des Verbrauchs. Die Gesellschaft produziert, um zu verbrauchen, und sie konsumiert, um zu produzieren. Für viele Zwecke ist diese Perspektive völlig angemessen. Interessiert man sich zum Beispiel für die Produktivität von Kapital und Arbeit, reicht eine solche Arithmetik aus. Darüber hinaus ist die bezahlte Arbeit als ein separat institutionalisierter sozialer Handlungszusammenhang auch heute noch die wichtigste soziale Aktivität vieler Menschen. Umfassende Ressourcen und enorme politische Energien der modernen Gesellschaft zielen weiterhin darauf ab, den Umfang der Produktion und Dienstleistungen sowie die Zahl der Erwerbstätigen immer weiter zu erhöhen.

Aber schon diese kurze, zusammenfassende Deskription der Bedeutung von Produktion und Arbeit in der modernen Gesellschaft verweist auf das eher zwiespältige Verhältnis dieses dominanten Selbstverständnisses von Produktion in Relation zur Konsumtion. Im Gegensatz zur Produktion hat der Begriff des Verbrauchs, sobald es sich nicht mehr um die Konsumtion der Lebensnotwendigkeiten handelt, negative Bedeutung. Sinn und Zweck des Verbrauchs ist die Produktion. Sofern nicht unterstellt wird, dass religiöse Motive die Konsumtion bremsen und modifizieren (Max Weber), wird der Verbrauch oft aus kritisch-distanzierender Warte beurteilt. Kulturkritische Begriffe wie Massenkonsumtion und Massentourismus spielen deshalb in der Bewertung des Verbrauchs und der Verbrauchsmuster, das heißt der Tugenden und Untugenden des Konsumierens, eine erhebliche Rolle. Der Konsument wird außerdem häufig als ein hilflos verstricktes und manipuliertes Opfer der Werbung porträtiert. Seine Motive sind dann natürlich auch suspekt. Er konsumiert aus fadenscheinigen Statusgründen oder zur Befriedigung eines primitiven Narzissmus. Der Konsument ist nicht mehr in der Lage, seinen Drang nach Befriedigung unerheblicher Bedürfnisse normativ zu zügeln.[6]

## Besitzstand, Lebensformen, Konsumtion

Verschiebt sich dagegen die theoretische Perspektive, ist man etwa nicht nur an Arbeit und Arbeitslosigkeit und Produktion im engeren Sinn interessiert, sondern an der *Lebensform* von Personen und Haushalten, das heißt an der Konsumtion in Relation zum Gesamtbesitzstand und zur Lebenserwartung, dann sind Informationen über das Einkommen von Personen und Haushalten nur bedingt ausreichend (vgl. Luhmann, 1988: 164-166). Eine solche Verschiebung der Sichtweise bezieht sich nicht ausschließlich auf die Tatsache, dass die in Tarifverträgen verankerte Gesamtarbeitszeit der Mehrzahl der Beschäftigten in den vergangenen Jahrzehnten erheblich zurückgegangen ist und die Freizeit der Menschen daher einen wesentlich größeren Raum einnimmt

6 Alfred Weber (1956: 151) spricht deshalb auch in einem Vortrag, der sich mit den Folgen der Automatisierung der Produktion befasst, ganz in diesem Sinn von einer unvermeidlichen Verstärkung des »Problems der Arbeitsfreizeit« und fragt: was »fängt die gesamte Masse der Arbeiterschaft mit der erweiterten Freizeit an?« Wie kann man vor allem verhindern, dass sie dem »Trunksuchtsgefälle der Zivilisationselemen-

*Tabelle 11:* Durchschnittlicher Jahresurlaub und zusätzliche Freizeit einschließlich von Feiertagen im verarbeitenden Gewerbe ausgewählter Länder, 1985 und 1995[a]

| Land | 1985 | 1991 | 1995 |
|---|---|---|---|
| Niederlande | 43.5 | 41.3 | 38.2 |
| Italien | 39 | 40.5 | 45 |
| Deutschland[b] | 42 | 42.5 | 40 |
| Luxemburg | 37.0 | 37 | |
| Großbritannien | 35 | 33.0 | 33 |
| Dänemark | 37 | 35.0 | 34 |
| Belgien | 35 | 36.0 | 31 |
| Frankreich | 35 | 35.0 | 35 |
| Spanien | 37.5 | 36.9 | |
| USA | 22 | 23.0 | 23 |
| Japan | 22 | 13.0 | 13 |

*Quelle:* International Labour Office, 1987: 30; *Internationale Sozialpolitik* Nr. 1, 1992; Bundesvereinigung der Deutschen Arbeitgeberverbände.

a  Durch Feiertage verloren gegangene Arbeitstage und zusätzliche Freizeit.
b  Westdeutschland.

oder dass sich die zentralen Lebensinteressen (Dubin, 1956) der Bevölkerung in der modernen Gesellschaft verschoben haben mögen,[7] denn aus der Sicht dieser Perspektive ist das wirtschaftliche Wohlergehen von Haushalten und Personen sehr wohl wei-

te«, das heißt insbesondere der »Sensationsapparatur« der Medien, verfällt? Weber (1956: 152) verlässt sich darauf, dass das Problem der Freizeitverwendung zumindest im Fall der wachsenden Zahl der »Pendler« durch die die Freizeit auffressende Priorität der Hausarbeit, die keine Zeit zur Konsumtion von Sensationen mehr erlaubt, gelöst wird.

7 Empirisch basierte Illustrationen für die These, dass der Stellenwert der Arbeit als zentrales Lebensinteresse in hoch entwickelten Gesellschaften in einem Auflösungsprozess ist, findet sich in den international vergleichenden Untersuchungen von Inglehart, Basañez und Moreno, 1998: 5.

*Tabelle 12:* Tarifliche Jahressollarbeitszeit in Stunden für Arbeiter im verarbeitenden Gewerbe, 1983-1995[a]

|  | 1983 | 1985 | 1987 | 1989 | 1991 | 1995 |
|---|---|---|---|---|---|---|
| Niederlande | 1824 | 1740 | 1748 | 1756 | 1709 | 1717 |
| Italien | 1824 | 1776 | 1800 | 1760 | 1764 | 1720 |
| Deutschland | 1768 | 1708 | 1716 | 1668 | 1643 | 1602 |
| Großbritannien | 1803 | 1763 | 1778 | 1771 | 1769 | 1762 |
| Dänemark | 1816 | 1792 | 1756 | 1699 | 1672 | 1972 |
| Belgien | 1746 | 1717 | 1756 | 1740 | 1737 | 1729 |
| Frankreich | 1780 | 1763 | 1771 | 1759 | 1763 | 1755 |
| Schweden | 1824 | 1800 | 1800 | 1808 | 1784 | 1808 |
| Schweiz | 1966 | 1936 | 1913 | 1874 | 1864 | 1838 |
| USA | 1904 | 1912 | 1912 | 1898 | 1904 | 1896 |
| Japan[b] | 2136 | 2226 | 2149 | 2152 | 2080 | 1957 |

*Quelle:* International Labour Office, 1987: 30; *Internationale Sozialpolitik* 1, 1992; Bundesvereinigung der Deutschen Arbeitgeberverbände.

a Tariflich vereinbarte Arbeitszeit, von der Urlaub und öffentliche Feiertage abgezogen wurden (ohne Schichtarbeit).
b Geleistete Arbeitszeit in Unternehmen mit mindestens 30 Beschäftigten; 1994.

ter von zentraler Bedeutung.[8] Allerdings ist dieses Wohlergehen gegenwärtig nicht mehr vorrangig eine Frage des Wertes des beruflichen Einkommens, sondern des Gesamt*besitzstandes* und der gestiegenen Lebenserwartung der Akteure.[9]

8 In einer kürzlich publizierten Studie über das angebliche Dilemma einer »Wahl« zwischen den Alternativen Geld oder Freizeit hat der Historiker Gary Cross (1993) darauf aufmerksam gemacht, dass sich die entwickelten westlichen Gesellschaften in den zwanziger und dreißiger Jahren für die »Option« Konsumtion mit ihrem Ethos des Arbeitens und Ausgebens und den damit in enger Verbindung stehenden kulturellen Mustern entschieden und nicht für zusätzliche Einheiten von Freizeit. Mit anderen Worten, Gross konstruiert einen Gegensatz zwischen Komsumtion als Verlängerung der Arbeit und der Freizeit als Funktion wirtschaftlichen Wachstums.
9 Zu den Soziologen, die schon früh die wachsende Bedeutung der Posi-

Konsumtionsstrukturen wiederum, an und in denen sich unterschiedliche Lebensformen ausdrücken, stehen in direkter Beziehung zu dem situationsbedingten Besitzstand von Personen und Haushalten. Auch Ungleichheitsstrukturen zeigen diese direkte Abhängigkeit. Der Besitzstand des Einzelnen und von Haushalten reflektiert die besonderen Lebensumstände, zu denen zum Beispiel das Alter der fraglichen Personen gehört. Niklas Luhmann (1988: 165) illustriert den relevanten generellen Gedanken wie folgt:

»Ob man verheiratet ist oder nicht und ob mit oder ohne Kinder, ob die Frau arbeitet oder nicht und ob man gegebenenfalls noch geschiedene Frauen zu unterhalten hat, ob man in einem ererbten Haus wohnt oder mieten muß – all das wird viel stärker zum ökonomischen Lebensschicksal als die tariflich garantierten Löhne oder gegebenenfalls Versicherungs- und Rentenleistungen.«

Als weitere Illustration mag zum Beispiel gelten, dass sich (allein) das *Geld*vermögen der Deutschen 1992 innerhalb von zwei Jahrzehnten versechsfacht hatte. Der Mensch organisiert sein Selbstverständnis zunehmend nicht um das, was er (und/oder die Familie) tut, sondern im Hinblick auf das, wovon er überzeugt ist (siehe auch Castells, 1996: 3). Es kommt somit zu einer in diesem Maß bisher nicht gekannten Konsumentensouveränität und im Zuge dieser größeren Konsumentensouveränität zu einer »Moralisierung der Märkte« (Stehr, 2000d).

Zu den Folgen dieser Verschiebung der die Lebensform und die Konsumtionsmuster beeinflussenden »Abhängigkeitsstrukturen« – weg vom direkten Einkommen und hin zum Besitzstand – gehört sicher eine weniger enge (Abhängigkeits-)Beziehung zur Ökonomie und zu anderen gesellschaftlichen Sektoren. Die Spezifität sozialer Konflikte verschiebt sich damit ebenfalls (siehe Bauman, 1998: 23-30). Die vormalige Zentralität von ökonomisch gesteuerten Konflikten, insbesondere der Allokation von monetärem Einkommen, Zinsen und Mieten, wird abgelöst durch plurale, generalisierte Konflikte und globale Bedürfnisse. Die primären Konflikte involvieren nicht mehr den Arbeiter als

tion des Konsumenten und damit der relativen Verminderung in der Signifikanz der Berufsposition für die Entwicklung und Ausprägung von Bewusstseinsstrukturen und sozialem Status moderner Individuen betont haben, gehören Helmut Schelsky (1956: 65) und Ralf Dahrendorf ([1957] 1959: 273).

solchen, sondern Personen und Gruppen als Konfigurationen von Rollen oder, wie Alain Touraine ([1984] 1988: 11) es ausdrückt, als soziale Akteure in ihren unzähligen Rollen, »one could almost say that it is the human being as living being«. In einer der neuen Konfliktregime findet sich der Konsument zum Beispiel in Opposition zu Fertigungsregimen aller Art.[10] Die Generalisierung der in sozialen Konflikten zur Diskussion und Disposition stehenden Fragen und Probleme eliminiert in der Wissensgesellschaft den noch in der Industriegesellschaft vorhandenen gesellschaftlichen Mittelpunkt vorrangig politisch-ökonomischer Auseinandersetzungen. Arbeit ist nicht mehr, wie auch Gorz ([1991] 1994: 44-45) betont, »the main social cement, the principal factor of socialization nor each person's main occupation, the chief source of wealth and well-being, the meaning and focus of our lives«. Was und wie eine Gesellschaft produziert, ist immer noch wichtig. Welche und aus welchen Gründen Produkte nachgefragt werden und wie das Produzierte konsumiert wird und genau welche Präferenzen dadurch »befriedigt« werden, gewinnt allerdings immer mehr an Bedeutung. Gleichzeitig beeinflusst und verändert die gewachsene Konsumentensouveränität die Organisation der Arbeit und die Produktionsprozesse.[11] Zumindest gilt dies unmittelbar für diejenigen, die dem mit größerem Selbstbewusstsein auftretenden Konsumenten direkt am Markt gegenübertreten (siehe Frenkel, Korczynski, Shire und Tam, 1999: 66-81).

10 Konkreter ausgedrückt, die neuartigen Konflikte haben »Konsumenten« in eine Vielzahl von teilweise spektakulären Anlässen involviert: Die Konsumenten haben sich gegen »schools or against the university in the name of education, against the scientific-political complex in the name of public good, against hospitals in the name of health, against urban planning in the name of interpersonal relations, against the nuclear industry in the name of ecology« ausgesprochen (Touraine, [1984] 1988: 110).

11 Claus Koch (»Luxus-Emanzipation«, *Süddeutsche Zeitung*, 24./25./ 26. Dezember 1999, S. 18) spricht im Zuge des verwirrten Scheiterns der WTO-Konferenz in Seattle im Dezember 1999 sogar von Anzeichen einer »emanzipierten Nachfrage nach Konsumgütern« als einer der Ursachen des Protestes gegen die WTO und die konventionellen Interessen dieser Organisation nach Deregulierung und Freihandel.

# VII. Von der materiellen zur symbolischen Ökonomie

Eine weitere entscheidende Veränderung ökonomischen Handelns, auf die ich aufmerksam machen möchte, ist das Entstehen einer (internationalisierten)[1] symbolischen Wirtschaftsstruktur, die sich mit dem Tausch von monetären und nicht-monetären symbolischen Waren befasst und einen gewichtigen Wandel in der Wirtschaftsstruktur der Industriegesellschaften darstellt. Peter Drucker (1989: 127) geht zum Beispiel davon aus, dass die symbolische Ökonomie, etwa in der Form von monetären Transaktionen, schon heute die internationale Wirtschaft entscheidend beeinflusst und prägt.[2] So wird die Weltwirtschaft nicht mehr vom Handel mit Getreide, Öl, Autos und Stahl angekurbelt, sondern vom Austausch von Währungen, Aktien, Pfandbriefen und in zunehmendem Maße auch von deren Nebenerscheinungen. Ähnlich verhält es sich mit der symbolischen Form von Reichtum, die rasch verbreitete Anwendung findet mit dem Resultat, dass zum Beispiel im Frühjahr 1999 ein »15 percent drop in the market erases wealth equivalent to the entire annual output of all U. S. factories« (*New York Times*, February 15, 1999).

---

1 Praktisch kann dies zum Beispiel heißen, dass nur wenige »countries, if any, are able to control their own currency. There is a loss of one of the main levers of power and influence« (Bell, 1987: 9).

2 Im Anschluss an die »Währungskrise« in der dritten Septemberwoche des Jahres 1992 sah sich die *New York Times* (September 23, 1992, Section C1) zu der Beobachtung veranlasst, dass »on a dull day, hundreds of billions of dollars' worth of marks, yen, dollars and other currencies change hands, as speculators bet on the direction of currency markets and money managers seek opportunities overseas. On a busy day, volume can top a trillion dollars. That is a lot of money. And as last week proved, the combined power of all these traders can overwhelm the power of governments, even when all of Europe is trying to act in concert. The events provided a bitter reminder to central bankers and finance ministers around the world that the power of Governments to control economies and currencies has eroded.«

## Symbolische Waren

Zunächst muss man den Begriff »symbolische« Waren wohl in Anführungsstriche setzen, denn man kann nicht davon ausgehen, dass diese Warenform insgesamt die ökonomischen, rechtlichen und praktischen Qualitäten von herkömmlichen Waren hat. Symbolische Waren haben teilweise ihre eigene Rationalität, Lebensdauer und Nutzform. Waren wie zum Beispiel Gebrauchsgüter, die einen vom Herstellungskontext, vom Kontext ihres Austausches und vom Kontext, in dem sie konsumiert werden, unabhängigen Nutzen haben, sind durch einen bestimmten rechtlichen Status wie den des Eigentumsrechts gekennzeichnet, der relativ unmittelbar mit ihnen verbunden ist. Sie zeichnen sich nicht unbedingt durch konventionelle Attribute dieser Art aus. Noch wichtiger ist aber wohl, dass Nutzen, Identität und Bedeutung der symbolischen Waren oft in hohem Maße kontextsensitiv sind. Symbolische Waren können häufig in keinem anderen Kontext als dem Produktionskontext »konsumiert« und verstanden werden. Die Nähe des Erzeugungs- und Anwendungskontextes ist oft erheblich. Die Lebenserwartung der symbolischen Waren ist fast immer sehr gering. Eigentumsrecht an ihnen lässt sich oft nur schwer etablieren, legitimieren und durchsetzen. Die regulativen Prinzipien des Marktes erstrecken sich nur unvollständig auf die Austauschprozesse symbolischer Waren usw.

Symbolische Handelswaren *monetärer* Art, insbesondere Kapitalbewegungen, Wechselkurse, Zinssatzdifferenzen und Kreditverkehr, die nicht unmittelbar an die Realwirtschaft, das heißt an den Waren- und Handelsverkehr gebunden sind – im Grunde sogar weitgehend von diesem unabhängig sind und somit eine Eigendynamik entfalten können und in ihrem Volumen weit über die üblichen handelsabhängigen Finanztransaktionen hinausgehen (vgl. Drucker, 1986: 782) sind für die Weltwirtschaft heutzutage wichtiger als der traditionelle Waren- und Dienstleistungsverkehr zwischen den Volkswirtschaften.[3] Der jahrzehntelang in

3 Drucker (1986: 782) illustriert die Größenordnung der symbolischen Ökonomie an Hand der folgenden Zahlen: »World trade in goods is larger, much larger, than it has ever been before. And so is the ›invisible trade‹, the trade in services. Together, the two amount to around $ 2.5 trillion to 3.0 trillion a year. But the London Eurodollar market, in which the world's financial institutions borrow and lend to each other,

der industriellen Gesellschaft operierende Goldstandard ist durch ein elektronisch gesteuertes Informationssystem abgelöst worden.[4]

Symbolische Waren *nicht-monetärer* Art sind zum Beispiel Statistiken, technologische Entwicklungsmuster (Regime), Daten, Modetrends, Programme, Informationen aller Art und »Wissen«. Möglicherweise sollte man auch die weltweit umfangreichste und rapide weiterwachsende Wirtschaftsaktivität, nämlich den Tourismus, dieser Warenart zuordnen. Die zunehmende Geschwindigkeit, mit der nicht-monetäre, symbolische Waren »transportiert« werden, erhöht den Grad der Unsicherheit beziehungsweise verkürzt die Perioden der Sicherheit. Entwicklungen der symbolischen Ökonomie, Änderungen in Trends und abrupt wirksame neue Faktoren gehen in die Kalkulation ein, zum Beispiel als Antwort auf politische Ereignisse und als Echo auf antizipierte Veränderungen in unterschiedlichen Teilen der Welt. Die Dynamik der symbolischen Ökonomie hat ihrerseits politische Folgen. Geldbewegungen zum Beispiel sind Teil des politischen Prozesses und folgen der politischen Logik. Andererseits hat die symbolische Wirtschaftsstruktur große Auswirkungen auf den Güter- und Dienstleistungsverkehr. In gewisser Hinsicht steuert

turns over $ 300 billion each working day, or $ 75 trillion a year, a volume at least 25 times that of world trade.«

4 Die Ökonomen Rudolf Hilferding (1910: 283) in seinem Buch *Das Finanzkapital* und Joseph Alois Schumpeter ([1911] 1926: 165) in seiner klassischen Studie zur *Theorie der wirtschaftlichen Entwicklung* haben schon früh auf die wirtschaftliche Bedeutung des Kapitals (und Meta-Kapitals) aufmerksam gemacht. Hilferding verweist auf eine neue Phase der kapitalistischen Gesellschaft, in der die Banken auf Grund des Kapitalbedarfs des expandierenden Industriesektors zu wichtigen ökonomischen Akteuren werden. Bank- und Industriekapital verschmelzen zu einer Einheit. Es kommt nach Hilferding, und diese Folgerung übernimmt Schumpeter, sogar zu einer »Entmündigung« des Kapitalisten durch den Bankier. Der Bankier steht, so unterstreicht Schumpeter ([1911] 1926: 110), zwischen jenen, »die neue Kombinationen durchsetzen wollen [den Unternehmern], und den Besitzern von Produktionsmitteln. Er ist im Kern eine Erscheinung der Entwicklung, allerdings nur dort, wo keine Befehlsgewalt den sozialen Wirtschaftsprozess leitet. Er ermöglicht die Durchsetzung der neuen Kombination, stellt gleichsam im Namen der Volkswirtschaft die Vollmacht aus, sie durchzuführen.«

die symbolische Ökonomie das konventionelle wirtschaftliche
Handeln sogar. Die symbolischen Güter selbst sind darüber hinaus zu einem weiteren wichtigen Faktor der Weltwirtschaft geworden (vgl. Dickson, 1984: 163-216).

# VIII. Die Bedeutungslosigkeit von Zeit und Ort

Eine weitere signifikante Folge des zunehmend von Wissen gesteuerten und der von Wissen abhängigen ökonomischen Prozesse ist die wachsende Irrelevanz von bisher geltenden und in der Industriegesellschaft entwickelten standardisierten Formen der Bindung an Zeit und herkömmliche Orte (und damit Distanz)[1] für die Produktion und den Austausch von Waren sowie die Erstellung und Konsumtion von Dienstleistungen beziehungsweise die örtliche (zum Beispiel in den Grenzen von Märkten) und zeitliche Ausdehnung.[2] Verdichtung und Ausdehnung von Zeit und Ort gehen Hand in Hand. Das Internet, um ein spezifisches Beispiel zu nennen, ist Distanz insensitiv und natürlich 24 Stunden am Tag und 365 Tage im Jahr »geöffnet«. Manche

1 Obwohl Werner Sombart dem Begriff der ökonomischen Emanzipierung von Raum und Zeit einen anderen als den hier verwendeten Sinn gibt, sollte vielleicht darauf aufmerksam gemacht werden, dass er in seiner Studie *Die deutsche Volkswirtschaft im neunzehnten Jahrhundert* (zuerst 1903) auf die wachsende ökonomische Irrelevanz von Zeit und Ort in der Volkswirtschaft des neunzehnten Jahrhunderts hinweist. Sombart meint damit zum Beispiel die verringerte räumliche und zeitliche Abhängigkeit der Wirtschaft durch den zurückgehenden Einsatz organischer (einschließlich menschlicher) Faktoren im Produktionsprozess beziehungsweise die durch technische Entwicklungen möglichen Zeitersparnisse. Die Emanzipation vom Raum beschreibt Sombart ([1903] 1913: 147) deshalb konkreter wie folgt: »Vom Raum, den aller Pflanzenwuchs beansprucht und der nun entbehrlich wird, wenn aus mineralischen oder sonstigen anorganischen Stoffen Gebrauchsgüter hergestellt werden, die denselben Dienst verrichten wie ehedem das Holz, das im Walde sich ausbreitete, oder das Tier, das zu seiner Fütterung eines Stücks Erdoberfläche bedurfte.« Zur Analyse der veränderten Relevanz von Zeit und Ort in der modernen Gesellschaft siehe auch Giddens, 1990b: 17, und Luhmann, 1992.

2 Geographen, Wirtschafts-, Planungs- und Sozialwissenschaftler haben viele der besonderen Bedingungen bereits aufgezählt, die zu einer größeren »locational capability« der Firmen und Unternehmen führen (vgl. Storper und Walker, 1983) und die ich hier nicht weiter auflisten will. Eine der wichtigsten Veränderungen des Marktes, von der Ortsgebundenheit (der lokale Markt) zur Ortsunabhängigkeit (der Bestellkatalog zum Beispiel), geschieht bereits sehr früh (siehe Agnew, 1986).

Beobachter sprechen in diesem Zusammenhang allerdings etwas voreilig von einem »Ende der Geographie« (siehe Cable, 1995: 26).[3]

Wettbewerbsvorteile lassen sich deshalb zunehmend in symbolischen Faktoren ausdrücken. Kapital ist sowohl in den Grenzen des Nationalstaats als auch über seine Grenzen hinaus sehr viel mobiler als in der Vergangenheit. Allerdings waren die Mobilität des Kapitals und die wirtschaftliche Bedeutung des Außenhandels, wie ich noch zeigen werde, in den vergangenen Jahrhunderten niemals unbedeutend. Erst die Weltwirtschaftskrise in den zwanziger Jahren des zwanzigsten Jahrhunderts veränderte diese Konstellation grundlegend. Es dauerte Jahrzehnte, bis weit in die Nachkriegszeit hinein, bis sich der Umfang des wirtschaftlichen Austausches wieder an das Niveau der Zeit vor der Weltwirtschaftskrise anpasste. Trotz der Parallele zur Vergangenheit kommt es heute darauf an, neuartige Prozesse und Faktoren zu analysieren, die die moderne Wirtschaft verändern. Und dazu gehört die Neufassung der Bedeutung von Zeit und Ort für das wirtschaftliche Handeln.

Mit anderen Worten, bei der Analyse des Bedeutungswandels von Zeit und Ort in der modernen Gesellschaft geht es hier nicht so sehr um den sozialen Sinn von Zeit und Ort (siehe aber Castells, 1996: 378-428), obwohl dieser sicher von der ökonomischen Relevanz dieser beiden Faktoren beeinflusst sein dürfte. Die *multinationalen* Unternehmen der Industriegesellschaft werden als Resultat dieser Entwicklungen zu *transnationalen* Firmen in der Wissensgesellschaft. Natürlich werden Waren und Dienstleistungen weiter an einem bestimmten Standort zu einer bestimmten Zeit erstellt und an einem bestimmten Ort konsumiert. Allerdings werden zum Beispiel der Standort der Produktion und der Ort des Konsums von Dienstleistungen in Zukunft häufiger als bisher nicht mehr ein und derselbe sein. Im Fall einer medizinischen Untersuchung müssen in den meisten Teilen dieser Welt Arzt und Patient am gleichen Ort sein. Nicht nur die moderne Informations- und Kommunikationstechnologie wird

---

3 Aber auch diese extreme Phase der gesellschaftlichen Entwicklung ist in den Augen anderer Beobachter schon wieder überwunden, und es wird deshalb der Ruf nach einer »Wiederkehr der Geographie« laut (siehe Karl Schlögel, »Die Wiederkehr des Raumes«, *Frankfurter Allgemeine Zeitung*, 19. Juni 1999, Beilage Bilder und Zeiten, S. 1-2).

eine Trennung beschleunigen, sondern auch die Transformation der Dienstleistung selbst in ein wissensbasiertes Produkt. Kurz, auch im Fall von Dienstleistungen wird die Bedeutung von Zeit und Ort und deren Zusammenspiel in Produktion und Konsumtion modifiziert.

Die wissensfundierte Produktion ist von neuen Standortfaktoren abhängig;[4] andere Bedingungen dagegen, wie zum Beispiel die vorhandene Dienstleistungs- und Infrastruktur an einem Standort, bleiben in ihrer Bedeutung erhalten. Dennoch hat sich die Zahl der Wahlmöglichkeiten eines Standorts um ein Vielfaches erhöht. Für manchen Ökonomen erstrecken sich die bei einer Standortwahl prinzipiell zur Disposition stehenden Möglichkeiten schon auf die gesamte Welt. Die Grenzen des fachwissenschaftlichen ökonomischen Diskurses sind demgegenüber oft noch die Grenzen des Nationalstaates.

Die prinzipielle Eliminierung der Bedeutung von Standort und Zeit für die Waren- und Dienstleistungsherstellung stellt eine radikale Veränderung im Vergleich zur Standortproblematik in der Industriegesellschaft dar. In den Industriegesellschaften ist

4 Was die größeren Standortmöglichkeiten der Firmen betrifft, so könnten flexiblere Produktionsprozesse, beweglicheres Kapital und andere, mit Arbeitskosten nicht direkt verbundene Faktoren, wie zum Beispiel ein Rückgang in den Transport- und Kommunikationskosten, von besonderer Bedeutung sein. Gleichzeitig mit diesen Veränderungen erhöhen sich auch die fachlichen Anforderungen des jeweiligen Arbeitsplatzes, und damit wird die Arbeit wichtiger als der Standort. Die Standortwahl von High-Tech-Unternehmen ist zum Beispiel stark beeinflusst durch das Angebot von hoch qualifizierten Arbeitskräften beziehungsweise unterschiedlich qualifizierten Arbeitskräften, je nachdem, um welche Produktionsphase es sich handelt (vgl. Glasmeier, 1990). In einer Welt, in der Arbeit knapp ist, müsste die größere Rolle, die Arbeit bei der Standortwahl spielt, auch dazu führen, dass Arbeit besser vertreten und höher belohnt wird. Das scheint jedoch nicht der Fall zu sein. Um ungleiche Standortmuster ausgleichen zu können, müsste auch die Arbeit höchst flexibel und mobil werden. Falls Arbeit nicht völlig vom Produktionsprozess ausgeschlossen bleibt, ist eine solche Entwicklung unrealistisch (vgl. Storper und Walker, 1983: 34). Das vorhandene empirische Datenmaterial, das auf Grund der üblichen Klassifizierungen von Industrien, Handelsmustern und Beschäftigtenstrukturen erstellt wurde, ist eher hinderlich, wenn es auf überzeugende und vergleichbare empirische Belege der Änderung in der Standortgebundenheit ankommt (vgl. Krugman, 1991).

die Produktion relativ eng und über einen großen Zeitraum an einen spezifischen Standort gebunden. Die in dieser Gesellschaft dominierenden Produktionsfaktoren Arbeit, Boden und Kapital weisen eine relativ geringe Mobilität auf. Wissen dagegen ist äußerst mobil, es »reist« oder lässt sich mit verhältnismäßig wenig Aufwand und großer Geschwindigkeit transportieren. Einrichtung und Ausbau einer Infrastruktur (vgl. Nicol, 1985: 192), die es Wissen ermöglicht, relativ ungehindert zu »reisen«, wird deshalb in Zukunft für die Ökonomie von großer Bedeutung sein. Die Ausweitung der potentiellen Standorte bringt es mit sich, dass die Entscheidungskriterien auch nicht mehr ausschließlich von ökonomischen Gesichtspunkten gesteuert werden. Historisch gesehen fielen Entscheidungen über den Standort auf Grund von Berechnungen, die sich an den relevanten Kostengrößen der Transportkosten, dem Zugang zu den Produktionsmitteln, insbesondere zur Arbeit, aber auch an der Rigidität des Produktionsverfahrens orientierten. Der Bedeutungsrückgang dieser Kriterien bei der Auswahl eines Standortes bedeutet darüber hinaus, dass sich die Logik anderer »Systeme« auf den Entscheidungsprozess auswirkt. Zum Beispiel konvergieren Präferenzen des Freizeitverhaltens mit ökonomischen Gesichtspunkten bei der Entscheidungsfindung über den Standort von Produktionsstätten und Dienstleistungsunternehmen.

In Wissensgesellschaften emanzipiert sich die Produktion im Prinzip weitgehend von bestimmten (insbesondere natürlichen) Regionen als Standort oder von bestimmten Zeitabläufen. Dieser Wandel hat erhebliche Folgen. Während man sich in der Vergangenheit aus verschiedenen Gründen vorrangig an vorhandenen natürlichen Gegebenheiten orientierte, muss heute in vielen Fällen der spezifische Standort erst produziert werden. Der Standort ist damit nicht mehr in dem gleichen Maß von den natürlichen geographischen Gegebenheiten einer Landschaft, eines Klimas, eines Staates oder einer Region abhängig. In den Vereinigten Staaten gilt, dass »high-tech industries are likely to be found in states with traditions of innovative manufacturing, and within major metropolitan areas where business services and other urban amenities are ample« (Glasmeier, 1990: 73). Darüber hinaus hat der Standort der Produktion von Waren und Dienstleistungen in der Wissensgesellschaft einen sehr viel vorläufigeren Charakter. Er bleibt nicht wie in der Vergangenheit unbedingt an einen bestimmten Ort gebunden. Dennoch stellen regionale Kontexte ein Netzwerk von ökonomischen und nicht-ökonomischen Transaktionen und Beziehungen dar, die in Abhängigkeiten resultieren, die die Migration von Firmen und Produktionsstätten nicht völlig willkürlich werden lassen. Vernetzungen dieser Art erklären, warum Firmen ihren Standort nicht verändern, obwohl sie an einem anderen Ort von günstigeren Kosten profitieren könnten (vgl. Romo und Schwartz, 1995). Der Standort in der Wissensgesellschaft ist letztlich auch ein sozial produzierter Standort, nur sind die Beschränkungen, wo man die Produktion ansiedelt, sehr viel geringer. Im Prinzip wird der Standort in Zukunft fast überall sein können, und zwar insbesondere dann, wenn man davon ausgeht, dass in erster Instanz ökonomische Komponenten in die Kalkulation der Standortbestimmung eingehen.

Die Effizienz interdependenter wirtschaftlicher Prozesse wird trotz größerer physischer Distanz nicht unbedingt geringer (siehe Nicol, 1985: 198).[5] Eine Dezentralisierung organisatorischer Aktivitäten sollte die Fähigkeit der Kommunikation und Aufgabenkoordination kaum negativ beeinflussen. Die umfassendere geographische Teilbarkeit von Wirtschaftsaktivitäten dürfte sogar von ökonomischem Nutzen sein. Solange sich die Standortwahl von der relativ engen Arithmetik zwischen Kosten und Distanz, etwa zum Markt, befreien kann, ist wahrscheinlich, dass immer häufiger nicht-ökonomische Überlegungen eine wichtige Rolle in diesen Entscheidungen spielen und zum Beispiel dazu führen können, dass die urbane Konzentration durchaus weiter zu- und nicht abnimmt, wie man vielleicht meinen mag.[6]

Die These von der sich abzeichnenden Irrelevanz der Zeit für

5 Wie Glasmeier (1990: 73) zum Beispiel hervorhebt, in »high-technology industries, the division of labor facilitates such decentralization. High-tech products can be segmented; firms locate technical activities in core regions, but move production to other regions where appropriate pools of labor can be found.«

6 P. Sargent Florence (1948: 128, 136-140) antizipiert bereits in seiner Studie *Investment, Location, and Size of Plant*, dass ein Rückgang in den Transport- und Kommunikationskosten wahrscheinlich eine beachtliche Auswirkung auf die Standortmobilität haben wird und diese und andere technische Veränderungen zugleich auch dazu beitragen, dass die Großstädte weiter anwachsen.

die Produktion soll nicht besagen, dass die Bedeutung der Zeit völlig schrumpft; sie ändert sich nur. In bestimmter Hinsicht wird Zeit bedeutsamer und gewinnt damit eine neue Qualität in der Produktion von Waren und Dienstleistungen. Die Möglichkeit der Koordination der Produktionsabläufe, sogar über erhebliche physische Distanzen hinweg, hat zum Beispiel zur Folge, dass dem Problem der Lagerung und Bevorratung von Ersatzteilen und ähnlichen Materialien weniger Gewicht zukommt und die Produktion sich zeitlich sehr viel enger an Nachfragestrukturen anpassen kann. Es ist deshalb sehr viel wichtiger, ein bestimmtes Teil zu einer spezifischen Zeit vorrätig zu haben. Es wird weniger aufwendig sein, sich diesen Notwendigkeiten anzupassen, da Produktionsabläufe miteinander »kommunizieren«.

Die neuen Produktionstechniken implizieren, dass die zur Produktion aufgewandte Zeit als Kostenfaktor weniger aufwendig wird, während die Zeit, in der der Produktionsapparat inaktiv ist, als erheblicher Kostenfaktor ins Gewicht fällt. Die Irrelevanz der Produktionszeit wirft erneut die Frage der Gesamtzeit der Produktion, der Arbeitszeiten und der Ferienzeit auf. Kurz, die auf Wissen basierende Produktion von Waren und Dienstleistungen ist in vieler Hinsicht flexibler als die Produktion in der Industriegesellschaft. Unmittelbar verantwortlich für die wachsende Irrelevanz von Zeit und Ort für den Produktionsprozess und die Bereitstellung von Dienstleistungen sind einmal technologische Entwicklungen, genauer gesagt, bestimmte technologische Regime, die die Zeit »schrumpfen« lassen und die Entfernung »reduzieren«, und zum anderen die Qualitäten der Objekte, die zur Produktion herantransportiert und zur Konsumtion verschickt werden müssen. Die die Geschwindigkeit des Transports beeinflussenden Faktoren sind mehr und mehr »unsichtbare« physische und nicht mehr sozial erzeugte Grenzen.

Die neuen Technologien beseitigen die Hemmnisse des Industriezeitalters (vgl. Dicken, 1992: 103). Die Mobilität von Informationen und die Geschwindigkeit, mit der herkömmliche Waren transportiert werden können, widersprechen sich zunehmend. Die Kommunikationskosten sind weitgehend unabhängig von der Distanz, die sie zurücklegen (vgl. de Sola Pool, 1990: 34-39), sowie vom Umfang der Informationen, die »transportiert« werden müssen. Der Transport von Waren dagegen hängt weiter entscheidend von Umfang und Distanz ab. Teile der neuen (*enabling*) Technologien haben die Rigidität von Produktionsverfahren und Organisationsstrukturen reduziert und ermöglichen es, diese in größerem Maß zu segmentieren. Auf diese Weise liefern sie natürlich einen weiteren Beitrag zur Emanzipation der Produktion von zeitlichen und räumlichen Begrenzungen.

# IX. Neue Grenzen des Wachstums

Scharfe Auseinandersetzungen über die Grenzen des Wachstums der modernen Ökonomie sind nicht neu, genauso wenig wie ihre typischen Fehlschlüsse oder Irrtümer. Reflexionen über dieses Thema sind Teil des klassischen ökonomischen Diskurses. Wir finden sie bei David Ricardo, Thomas Robert Malthus, John Stuart Mill, Stanley Jevons und anderen Ökonomen. Diese Tatsache mindert aber nicht die Bedeutung der heutigen Debatte über die Möglichkeiten der modernen Ökonomie, zu expandieren. Die Erfahrungen der Weltwirtschaftskrise und die nur langsame Erholung der Weltwirtschaft von den Folgen dieser Krise führten dazu, dass Vertreter einer so genannten »Stagnations«-Theorie in den dreißiger Jahren grundsätzliche Zweifel an der Überzeugung anmeldeten, die kapitalistische Wirtschaft könne sich fast grenzenlos ausdehnen. Schumpeter ([1942] 1950: 182) fasst diese Überlegungen wie folgt zusammen: Wir waren »nicht bloß Zeugen einer Depression und einer armseligen Erholung, die vielleicht noch durch antikapitalistische Maßnahmen betont wurden, sondern Zeugen der Symptome eines dauernden Verlustes von Lebenskraft, der voraussichtlich weiterdauern und in den verbleibenen Sätzen der kapitalistischen Symphonie das vorherrschende Thema bilden wird.« Für Marxisten kamen diese Schlussfolgerungen kaum überraschend. Sie antizipierten mit Marx, dass dem Untergang des Kapitalismus eine mehr oder weniger permanente Serie von Wirtschaftskrisen vorangehen werde. Auch Nicht-Marxisten waren der Auffassung, dass Investitionsmöglichkeiten rapide abnahmen. Und obwohl Schumpeter generell überzeugt war, der Kapitalismus werde sich schließlich selbst zerstören, war er kein Anhänger der These von den abnehmenden Investitionsmöglichkeiten. Er verwies stattdessen auf technische Innovationen als Antrieb, der die Stagnation und die scheinbaren Grenzen des kapitalistischen Wachstums überwinden hilft. Es gibt keinen Grund, so folgert Schumpeter ([1942] 1950: 193), dass ein »Nachlassen des Produktionstempos infolge Erschöpfung der technischen Möglichkeiten zu erwarten« ist. Was sich am Horizont ausmachen lässt, sind eine Vielzahl ungeahnter technischer Möglichkeiten.

# Die Meadows-Studie

Ralf Dahrendorf ([1988] 1992: 184) verweist darauf, dass die siebziger (und später auch die achtziger) Jahre eine Zeit »finsterer Schwarzmalerei« waren. Zu keinem anderen Zeitpunkt in der Nachkriegszeit und nicht mehr seit der Publikation von Ortega y Gassets *Aufstand der Massen* und Oswald Spenglers *Untergang des Abendlandes* in den zwanziger und dreißiger Jahren sind so viele Traktate und Studien mit Titeln erschienen, die ein unmittelbares Ende oder doch eine ernste Gefahr für die Lebensweise der entwickelten Gesellschaften prophezeien. Zu diesen Veröffentlichungen gehört insbesondere *Limits to Growth*. Der Titel dieser Studie des *Club of Rome* und verwandte Untersuchungen sprachen ein neues Thema und eine neue Gefahr an: die Grenzen des wirtschaftlichen Wachstums. Die wenig Hoffnung lassende Botschaft der *Meadows*-Studie lautete, dass die vorhandenen Wachstumsraten der Weltbevölkerung, der Industrialisierung, der Lebensmittelproduktion, der Umweltverschmutzung (insbesondere der Luftverunreinigung) und schließlich der Erschöpfung der natürlichen Bodenschätze der Welt in den kommenden Jahrzehnten ihr definitives Ende finden würden. Es gab nur wenige andere Jahrzehnte, in denen so viel von Ängsten und Krisen die Rede war.

Die siebziger Jahre ihrerseits öffneten die Tür für die verbreitete und natürlich nicht nur imaginäre Furcht des folgenden Jahrzehnts vor Giften und unsichtbaren Substanzen – für die Angst vor dem Unsichtbaren als Kennzeichen der Epoche. Die erneute öffentliche Diskussion der Grenzen des ökonomischen Wachstums verdanken wir nicht zuletzt der Umweltbewegung (Sandbach, 1978). In der Zwischenzeit sind die pessimistischen Prognosen der siebziger Jahre weniger häufig zu hören. Die politischen und ökologischen Ziele der Umweltbewegung wiederum gehören heute zur konventionellen Agenda der Politik. Trotzdem sollte die Suche nach den Grenzen ökonomischen Wachstums weiter ein wichtiger Fragenkomplex jeder Auseinandersetzung mit dem gesellschaftlichen Stellenwert der Ökonomie sein.

Die während der siebziger Jahre ausgetragene Diskussion über die Grenzen des Wachstums bezog sich natürlich auf bestimmte Trends und in die nahe Zukunft verlegte Parameter des modernen Produktionsprozesses, insbesondere auf die begrenzten natürlichen und nicht erneuerbaren Ressourcen sowie die wachsende Weltbevölkerung (vgl. Meadows, 1972). Das Resultat solcher Reflexionen war in der Regel, dass man ein weiteres wirtschaftliches Wachstum in den Industriestaaten zusammen mit den Bemühungen anderer Länder, den Wohlstand dieser Gesellschaften zu erreichen, nicht mehr lange für möglich hielt. Verhaltensweisen dieser Art würden unweigerlich in eine Katastrophe führen. Allerdings wurden diese Vorhersagen bald von konkurrierenden Prognosen (zum Beispiel Leontief et al., 1977) und gegenteiligen Ereignissen abgelöst. Eine besonders auffallende Unzulänglichkeit der *Meadows*-Studie aus dem Jahre 1972 ist nicht die Idee von den *Grenzen* der ökonomischen Expansion oder der natürlichen und sozialen, das wirtschaftliche Wachstum begrenzenden Faktoren, sondern die Tatsache, dass man von existierenden statistischen Trends und Zeitreihen auf zukünftige Zustände extrapolierte und auf diese Weise natürlich eine Vielzahl wichtiger, die Zukunft beeinflussender Prozesse wie den des seit Jahrzehnten etablierten säkularen Trends zum »Mehr mit weniger« und nicht zuletzt auch sich selbst erfüllende Voraussagen übersah.[1]

Die spezifische, durch den *Club of Rome* ausgelöste Diskussion soll hier nicht weitergeführt werden, denn zur Diskussion steht nicht, ob ein Wirtschaftswachstum überhaupt sinnvoll ist,[2] ob

---

1 Pessimistische Beobachter der durch den *Club of Rome* ausgelösten Kontroverse sahen »no significant substitution possibilities for natural resources whereas for the optimists the elasticity of substitution of capital and labour for natural resources is very high« (Rosenberg, 1982: 312). Zu den herausragenden Eigenschaften des Modells des *Club of Rome* gehört deshalb, dass es sich an einem der Extreme dieses Kontinuums ansiedelt, indem es keine Handlungsmöglichkeiten unterstellt, sich an neuartige Handlungsumstände anzupassen: »Not only is there no technical change in the model, there is no process generating the discovery of new resources or new substitution possibilities, nor even the most rudimentary elements of a price mechanism to induce the substitution of abundant for scarce resources« (Rosenberg, 1982: 312).

2 Der Bericht des Jahres 1972 regte unter anderem zu einer Diskussion darüber an, ob wirtschaftliches Wachstum ein sozioökonomisches Prinzip ist oder überhaupt wünschenswert ist, und führte außerdem zu einer Debatte über die Art und Weise der Konzeptualisierung von Wachstum. Eine wirtschaftswissenschaftliche und -politische Rich-

eine bestimmte Relation von natürlichen Ressourcen und Bevölkerungswachstum sowie der Einfluss des wirtschaftlichen Wachstums auf die Umwelt zu einem plötzlichen und dramatischen Ende der Möglichkeit jedes weiteren Wirtschaftswachstums beziehungsweise Wohlstands führt, sondern die Frage nach den grundsätzlichen Veränderungen im Produktionsprozess selbst. Die wachsende Bedeutung wissenschaftlichen und technischen Wissens für den Produktionsprozess reduziert die Bedeutung vieler natürlicher Ressourcen, während sie den Einfluss anderer Ressourcen, die andere Grenzen haben, stärkt. Resultat dieser Veränderungen insgesamt ist, dass neue Grenzen des Wachstums relevant werden.

## Wissen und ökonomisches Wachstum

Die geänderten, nach oben verschobenen Grenzen des Wachstums nationaler Volkswirtschaften oder der Weltwirtschaft werfen die Frage nach der wachsenden Bedeutung des »Wissens« für den Produktionsprozess und den umfassenderen Ausstoß von Waren und Dienstleistungen auf. Die uns zur Verfügung stehenden, von Ökonomen erhobenen Aggregatsdaten sind in der Regel unpräzise und ambivalent. Wahrscheinlich werden Ziffern dieser Art auch in der unmittelbaren Zukunft nicht unbedingt sehr viel präziser sein. Dennoch lässt sich mit einiger Sicherheit sagen, das zukünftige Produktions- und Produktivitätswachstum wird zunehmend von der Akkumulation von »neuem« Wissen abhängen.

Eine für die Wirtschaft der USA vorgenommene Schätzung kommt zu dem Ergebnis, dass Wissen, das in diesem Fall Fortschritte im technischen und organisatorischen Wissen umfasst,

tung wird heftigst abgelehnt, wenn sie nur darauf hinausläuft, Zuwächse zum Bruttosozialprodukt zu garantieren. Der Ablehnung einer wachstumsorientierten Politik liegen im Allgemeinen drei Ansichten zugrunde: (1) herkömmliche Annahmen über Wirtschaftswachstum bringen Zweck und Mittel durcheinander; (2) sie lassen die Tatsache außer Acht, dass der Zustand unseres Planeten ein endlicher ist, und (3) eine solche Politik erreicht paradoxerweise, dass sie gerade die Probleme, die sie zu heilen hofft, wie Arbeitslosigkeit und Inflation, verschlimmert (zum Beispiel Elkins, 1986).

für etwa 54 Prozent des gesamten wirtschaftlichen Wachstums zwischen 1948 und 1973 verantwortlich ist, während diese Zahl in den Jahren 1929 bis 1948 bei nur 26 Prozent lag (Denison, 1979). Wie aber der Autor dieser Zahlen selbst betont, stellen diese Prozentsätze residuale Zahlen dar, »because there is no way to estimate it directly« (Denison, 1979: 131).

Tatsächlich ist der Prozentsatz des ökonomischen Wachstums, der Wissen zugerechnet wird, deshalb der »percentage of the measured growth rate in output that cannot be explained by the growth rate of total factor inputs and by other adjustments made for other types of productivity increases« (Feller, l987: 240). Die Forschungsbemühungen, den Anteil des Wissens am wirtschaftlichen Wachstum zu messen, stehen erst am Anfang. Die zur Zeit für Schätzungen produzierten Zahlen lassen noch eine Anzahl der Dimensionen der Wissensverwendung und der Veränderungen in der Ökonomie unberücksichtigt. Es ist daher sehr wohl denkbar, dass die Bedeutung des Faktors Wissen systematisch unterschätzt wird. Und da es sich bei den Schätzungen um Aggregatsdaten handelt, kann man aus ihnen keine Informationen darüber ableiten, welche Sektoren der Wirtschaft zum Beispiel besonders intensiv von den angesprochenen Veränderungen betroffen sind und welche Produkte wissensintensiv sind.

Darüber hinaus impliziert die zunehmende Bedeutung des Faktors Wissen nicht, dass die »Wohlfahrt« der Gesellschaft zunimmt, sofern man überhaupt eine konsensfähige Konzeption der Wohlfahrtsfunktion einer Gesellschaft und eine Vorstellung darüber hat, wie eine Verbesserung der Wohlfahrt erkennbar ist. Es ist zum Beispiel durchaus möglich, dass ein umfassender Ausschnitt des wirtschaftlichen Wachstums, den man dem Faktor Wissen zurechnet, gerade auf den Gebieten zu beobachten ist, deren »gesellschaftlicher Nutzen« in Zweifel gezogen werden kann, denkt man etwa an die Waffenproduktion, die Weltraumfahrt, an Waren, die einen negativen Einfluss auf die Umweltqualität ausüben, nukleare Energie etc.

Mit anderen Worten, die Zahlen über den Umfang und die Art des Einflusses von technischem und wissenschaftlichem Wissen auf das Wachstum und die Transformation der Produktion von Waren und Dienstleistungen müssen mit sehr viel größerer Sorgfalt erhoben und analysiert werden, als dies bisher der Fall war. Gleichzeitig muss man ihren sozialen Nutzen und den Beitrag, den sie zur Wohlfahrt der Gesellschaft leisten, genauer analysieren. Allerdings braucht nicht betont zu werden, dass es sich dabei um sehr diffizile Fragen handelt (zum Beispiel Heilbroner, 1973).

# X. Globalisierung, Information und Wissen

Man darf sich den Globalisierungsprozess genauso wenig als einen einfachen homogenen und deterministischen Prozess vorstellen wie den der Folgen der technologischen Entwicklungen. Die vielfältige Diskussion des Globalisierungsthemas in der Öffentlichkeit, in den Medien und in der Wissenschaft exemplifiziert diese These.

In der Vorstellungswelt vieler Menschen handelt es sich bei der Globalisierung, wie es die *New York Times*[1] jüngst mit Hilfe eines einprägsamen Bildes auf den Punkt brachte, um einen ständig an Bedeutung gewinnenden Prozess, der »stitches lives all over the world into a single economic quilt«. Wenn sich gelegentlich kanadische und französische Politiker und Unternehmer skeptisch, vielleicht sogar missmutig und abwertend über den Globalisierungsprozess im Sinn der ökonomischen Integration unterhalten, meinen sie damit allerdings die »Amerikanisierung« ihrer nationalen Wirtschaftssysteme und Kulturen. Auch die prognostizierten Auswirkungen der Globalisierung auf die politischen Systeme werden von Zeit zu Zeit in dramatischer Weise beschrieben. Die Globalisierung wird etwa zu einer Falle für die Demokratie (Martin und Schumann, 1996: 20). Die Schrecken des Bürgerkrieges und der ethnischen Säuberung sind Beweise dafür, dass die Globalisierung von Gerechtigkeit, Gleichheit und Frieden bisher nicht stattgefunden hat. Populistische Sozialbewegungen und politische Parteien lehnen eine engere internationale Einbindung und deren deutlichste Symbolträger, die Auswanderer und den Freihandel, ab und ziehen sogar gegen sie zu Felde.

Die in jüngster Zeit in den Medien stattfindende Diskussion der (ökonomischen) Globalisierung ist oft gleichbedeutend mit dem Verweis auf den immensen Wettbewerbsdruck auf dem nationalen Arbeitsmarkt durch »billige« ausländische Arbeitskräfte, in Europa zum Beispiel aus Osteuropa, in Nordamerika aus Mexiko und in diesen und vielen anderen Regionen der Welt aus

1 Diese Bemerkung findet sich im einleitenden Teil eines Essays mit dem Titel »Global contagion: networked economies, stunted lives« in der *New York Times* vom 15. Februar 1999.

Asien, Lateinamerika und Afrika oder durch die Einfuhr von Billigimporten aus diesen Ländern. Die erhitzte Auseinandersetzung dreht sich auch um das Abwandern von Produktionsstätten oder Firmensitzen ins Ausland und die Kapitalflucht in Steuerparadiese. Mancher Politiker oder Gewerkschaftsführer würde am liebsten durch Schließung der Grenzen die Volkswirtschaft eines Landes von diesen Entwicklungen abkoppeln, die ausländischen Konkurrenten vor die Tür setzen und einen Standortwechsel verbieten. Alleingänge erweisen sich aber in einer globalisierten Wirtschaft schnell als fundamentale Schwäche einer Volkswirtschaft. Diskussionen dieser Art finden nicht nur weltweit in allen Medien statt, sondern sind Echos einer vergangenen Zeit, in der auch schon kompromisslos über die Tugenden eines merkantilistisch gedachten Protektionismus beziehungsweise eines weitgehend freien Warenaustauschs heftig debattiert wurde.[2]

Die öffentlichen Auseinandersetzungen über die Formen der Globalisierung exemplifizieren nicht nur ein weiteres wichtiges Element dieser Entwicklung, nämlich die rapide Globalisierung in der weltweiten Zirkulation von Information, Erfindungen, Ideen und Wissen und von Reaktionen auf diese Ideen, sondern auch die Tatsache, dass fundamentale existentielle gesellschaftliche Bedingungen oft nur mit Hilfe von Extremen reflektiert werden.

In der wissenschaftlichen Literatur zur Globalisierung verweist eine Reihe von Beobachtern und Studien auf die erheblichen Vorteile in Form von höheren Wachstumsraten, die ein Land er-

---

2 Der Politikwissenschaftler John Dunn (1993: 253) drückt dies folgendermaßen aus: »the fundamental antinomy between the Ricardian image of free trade as a global public good and the more skeptical vision of trade as a worldwide battle ground, on which only the most manipulative and ruthless of state craft can effectively protect the national populations, goes back to the dawn of modern politics.« Die häufig artikulierten Ängste über den angeblich unaufhaltsamen Fortschritt des Globalisierungsprozesses erinnern an den repetitiven Argwohn des ausgehenden neunzehnten Jahrhunderts, der in unterschiedlichen historischen Abschnitten des zwanzigsten Jahrhunderts wiederholt wurde, gegen die kulturellen, politischen und gesellschaftlichen Auswirkungen der modernen Wissenschaft und Technik sowie der liberalen, demokratischen Kultur auf genau die kulturellen Prozesse, die den Aufstieg der Wissenschaft und der Demokratie erst möglich machten (siehe Pippin, 1991).

reicht, wenn es sich intensiver am internationalen ökonomischen Austausch beteiligt, insbesondere als Resultat des Zugangs und Zugriffs auf Wissensbestände und neues Wissen in anderen Regionen der Welt (vgl. Grossman und Helpman, 1993: 238-242). Es ist natürlich, wenn überhaupt, nur schwer denkbar, dass man die damit unterstellten Folgen der internationalen Diffusion des Wissens oder des Handels mit »symbolischen« Waren von den ökonomischen Konsequenzen des Austauschs mit konventionellen Waren und Dienstleistungen trennen kann.

Andererseits gibt es auch Sozialwissenschaftler, die die zunehmende Internationalisierung des wirtschaftlichen Handels als Zeichen für ein »Herauslösen« ökonomischer Aktivitäten sehen; das heißt, ökonomisches Handeln wird aus dem reicheren sozialen, legalen und politischen Kontext, in dem es sich bisher abspielte, abgekoppelt oder sogar entfernt. Das wirtschaftliche Handeln findet in Abstraktion von den sozialen Beziehungen statt (vgl. Carrier, 1998: 2; Thrift, 1998). Dieser Prozess der Abstraktion lässt sich, so wird unterstellt, sowohl auf der praktischen als auch auf der rekonstruktiven Ebene ökonomischer Aktivitäten oder der begrifflichen Ebene beobachten. Das Verständnis der Welt nährt sich in zunehmendem Maße aus abstrakten Modellen ökonomischen Handelns. Die Welt wird gleichsam zur virtuellen Realität.[3] Für andere Beobachter gilt dagegen, insbesondere vor dem Hintergrund der Prämisse sich widerstreitender Kulturen und Zivilisationen in der heutigen Welt, dass die einzige »international civilization worthy of the name is the governing economic culture of the world market« (Rosecrance, [1996] 1998: 35). Gleichzeitig wird fast einmütig unterstellt, dass die moderne Wissenschaft und Technik eine zentrale Rolle bei der Transformation der Volkswirtschaften in eine offenere und wissensbasiertere Ökonomie spielt (siehe de la Mothe und Dufour, 1995).

Wie dem auch sei, die These von der Globalisierung, so wie sie in der sozialwissenschaftlichen Literatur in den vergangenen zwei Jahrzehnten entwickelt und zunehmend diskutiert worden ist, hat sich mit zwei mehr oder weniger distinkten Fragen aus-

3 Die Wahrnehmung der Welt als virtuelle Realität wird zum »virtualism when people take this virtual reality to be not just a parsimonious description of what is really happening, but prescriptive of what the world ought to be« (Carrier, 1998: 2).

einander gesetzt: Einmal handelt es sich dabei, vor allem unter der Überschrift der Theorie der Weltgesellschaft, um eine Diskussion der Entwicklungsrichtlinien einer globalen politischen Ökonomie.[4] Zum anderen hat man sich in jüngster Zeit zunehmend der Frage der Globalisierung der kulturellen und intellektuellen Produkte zugewandt. Die Forscher, die sich mit der Problematik der globalen Zirkulation kultureller Prozesse beschäftigen, beklagen das mangelnde Interesse an kulturellen Fragestellungen im Rahmen der Weltsystemstheorie und damit den Ökonomismus dieses Ansatzes. Allerdings steht dem Einbau oder der Erweiterung dieser Theorie in diese Richtung nichts entgegen. Die Integration beider Perspektiven erfordert aber weitere Arbeit.

---

4 In meiner Studie *Die Zerbrechlichkeit moderner Gesellschaften* (Stehr, 2000a) befasse ich mich detaillierter mit den verschiedenen in der sozial- und politikwissenschaftlichen Literatur geäußerten Standpunkten zum Thema der wirtschaftlichen Globalisierung. Sie betreffen zum Beispiel die Fragen, ob die Globalisierung unter dem Strich eine positive Entwicklung ist, die den Entwicklungsländern helfen könnte, nicht mehr »hinten anstehen« zu müssen, ob es sich um eine Transformation aus eigener Kraft handelt oder um das neue Modell einer kapitalistischen Entwicklung in den Kernländern des Weltwirtschaftssystems, das »is being imposed upon the rest of the system by means of transnational organziations (industrial, financial, service/capital, aid/development agencies, etc.)« (Castells und Henderson, 1987: 2). Allerdings lasse ich in diesem Zusammenhang verschiedene im Verlauf der Geschichtsschreibung umstrittene Globalisierungsthemen unberücksichtigt, wie zum Beispiel die Frage, ob wir es mit einem neuen Prozess zu tun haben, dessen Wurzeln in ökonomischen Veränderungen der neunziger Jahre zu suchen sind, oder mit einer europäischen Erscheinung oder ob »Globalismus« eigentlich bereits mindestens seit dem Jahre 1500 zu den Tatsachen des Lebens gehört, wie dies zum Beispiel Frank (1998: 340) vorschlägt.

# Globale Wirtschaftsordnung?

Mein Interesse in diesem spezifischen Problemzusammenhang gilt auch nicht der Globalisierung und Transformation kultureller Prozesse; es zielt, mit anderen Worten, nicht auf Fragen der Identität, des Selbstverständnisses oder des sozialen Sinns globaler Vorgänge. Weder ist mein Interesse somit historischer Art,[5] noch will ich mich mit den besonderen kulturellen Bedingungen oder Voraussetzungen und Folgen der Globalisierung befassen. Ich möchte mich mit der Frage der Globalisierung ökonomischer Aktivitäten befassen und mit den Folgen einer anscheinend zunehmend vernetzten Welt der Innovation, der Produktion, der Märkte und des Konsums, soweit sie sich in den Grenzen traditioneller Gesellschaften manifestieren. Die Globalisierung sollte als ein Aspekt des allgemeinen Prozesses der Ausweitung sozialen Handelns verstanden werden.[6] Betrachtet man die Entwick-

---

5 Eine »Weltwirtschaft«, in der sich die Prozesse der Kapitalakkumulation auf die ganze Welt erstrecken, hat es in der westlichen Welt seit Jahrhunderten gegeben (siehe Braudel, 1967, und Wallerstein, 1974), ebenso wie, im Rahmen ganz unterschiedlicher ideologischer Überzeugungen, »Globalisierungsprojekte«.

6 Ich möchte mit dem Verweis auf den Begriff der »Ausweitung« sozialen Handelns den Eindruck vermeiden, der Modernisierungsprozess sei ein von einem definitiven Mechanismus bestimmter gesellschaftlicher Ablauf. Dies signalisieren die Thesen der funktionalen Differenzierung, Rationalisierung, der gesellschaftlichen Widersprüche, aber auch in einigen Ansätzen die These von der Globalisierung, die zudem, weil sie sich ausschließlich in modernen Gesellschaften manifestieren, häufig als historisch relativ junge, aber auch als nicht-intentionale Vorgänge aufgefasst werden. Daher stelle ich die Behauptung auf, dass sich die Modernisierung auf multiple und nicht-lineare Prozesse der »Ausweitung« beziehungsweise »Extension« sozialen Handelns, die schon relativ früh in der menschlichen Geschichte ansetzten, bezieht. Extension verweist einerseits auf eine Ausweitung, die selektive Übernahme (Robertson, 1995: 216-218) oder ein »Wachstum« von Orientierungen, Wahlmöglichkeiten, sozialen Beziehungen oder Austauschprozessen und ihre progressive Multiplikation, ihre zunehmende Dichte und Befreiung von Hindernissen – wie zum Beispiel von solchen, die mit der Zeit (etwa Lebenserwartung) oder dem Ort (etwa Umwelt) verbunden sind und die man in früheren Epochen als selbstverständlich ansah – im Verlauf der menschlichen Geschichte. Andererseits betrifft sie die Auflösung oder das Zurücktreten – aber nicht unbedingt im Sinn einer

lung der Globalisierung von dieser Warte, die auch eine Umkehr von scheinbar fest verankerten sozialen Trends bedeuten mag, dann kann der ökonomische Globalisierungsprozess zum Beispiel sehr wohl in einigen Regionen der Welt unterbrochen oder aus der Bahn geworfen werden, je nachdem wie die lokalen Gegebenheiten sind und wie die Reaktion des jeweiligen Systems auf Ereignisse und Kräfte von außen ausfällt. Typisch ist aber wohl, dass die Wirtschaftspolitik eines Landes im Verlauf der durch die Globalisierung erfolgenden Erweiterung des sozialen und politischen Handelns zunehmend internationalisiert wird und dass innenpolitische Auseinandersetzungen, die Handlungsfähigkeit des Staates und anderer sozialer Institutionen in steigendem Maß dem Druck von Entwicklungen ausgesetzt sind, über die die einzelne Gesellschaft, zumal kleinerer Nationen, keine wesentliche Kontrolle ausübt (siehe Cable, 1995: 23).

Die Diskussion der Globalisierung in den Sozialwissenschaften (zusammenfassend Held, McGrew, Goldblatt und Perraton, 1999) erfolgt nicht nur in Fortsetzung von und Auseinandersetzung mit unterschiedlichen etablierten theoretischen Traditionen, sondern auch vor dem Hintergrund einer bemerkenswerten Konvergenz, die sich in den vergangenen Jahrzehnten in den entwickelten Gesellschaften bei einer Anzahl signifikanter ökonomischer Indikatoren beobachten lässt. So kann man zum Beispiel eine auffällig konvergierende Entwicklung im Durchschnittseinkommen oder Produktionsergebnis pro Arbeitskraft sowohl insgesamt als auch in verschiedenen Wirtschaftszweigen dieser Gesellschaften feststellen.

Der Verweis auf eine internationale Konvergenz der nationalen Durchschnittseinkommen, der Produktionsergebnisse pro Arbeitskraft oder sogar der Arbeitskosten steht scheinbar in einem eklatanten Widerspruch zu dem in den vergangenen Jahren immer wieder geäußerten Verdacht, dass die deutschen Lohnkosten zu den höchsten der Welt gehören, eine entscheidende Ursache für die herrschende Massenarbeitslosigkeit in Deutschland sind

vollständigen Ablösung – von kulturellen Praktiken und strukturellen Figurationen, die mit den durch den Prozess der Ausweitung entstandenen neuartigen Erwartungen und Verhaltensweisen in Konflikt kommen. Extension und Ausweitung involvieren sowohl intentionales Handeln als auch nicht-intentionale Strategien und Ziele (siehe Stehr, 1994a).

*Tabelle 13:* Arbeitskosten je Stunde in ausgewählten OECD-Ländern in DM, 1998. (A) Bezogen auf die durchschnittlichen, tatsächlichen Wechselkurse; (B) Kaufkraftparität bezogen auf das Bruttoinlandsprodukt

|  | Gesamtwirtschaft | | Arbeiter[a] | |
|---|---|---|---|---|
|  | A | B | B | A |
| Westdeutschland | 44,76 | 44,8 | 53,54 | 49,66 |
| USA | 45,90 | 52,6 | 43,80 | 32,90 |
| Kanada | 27,30 | 40,7 | 24,06 | 27,76 |
| Japan | 37,93 | 37,7 | 35,93 | 31,50 |
| Frankreich | 42,35 | 44,9 | 43,20 | 32,04 |
| Italien | 36,67 | 44,2 | 33,12 | 28,59 |
| Großbritannien | 38,72 | 39,4 | 34,43 | 28,77 |
| Österreich | 38,74 | 39,9 | nf | 38,84 |
| Belgien | 45,56 | 51,2 | 46,52 | 40,33 |
| Dänemark | 40,59 | 36,5 | 39,49 | 39,73 |
| Niederlande | 37,62 | 41,7 | 38,47 | 36,81 |
| Norwegen | 44,40 | 41,0 | 39,11 | 40,53 |
| Schweden | 40,24 | 38,1 | 44,80 | 39,20 |
| Schweiz | 58,39 | 49,6 | nf | 42,82 |

*Quelle:* Scheremet, 1999

a  Industriesektor

und den Kern des Standortnachteils ausmachen (zum Beispiel Sinn, 1997). Grundlage derartiger Schlussfolgerungen sind Statistiken über die Arbeitskosten von *Arbeitern im Industriesektor.* Nach diesen Berechnungen liegen die Durchschnittsarbeitskosten (einschließlich aller Zusatzkosten) je Arbeiter in (West-) Deutschland weltweit mit Abstand an der Spitze. Sie waren zum Beispiel doppelt so hoch wie in Kanada. Internationale Vergleiche von Arbeitskosten sind wie jeder andere internationale Vergleich von national bestimmten Erhebungen mit vielen Problemen behaftet. Es sei nur auf die Beschränkung des Vergleichs der Arbeitskosten auf die Gruppe der Arbeiter aus dem Herstellungssektor verwiesen. In Deutschland repräsentiert diese Gruppe etwa fünfzehn Prozent der Gesamtbeschäftigtenzahl. Es handelt sich dabei in der Regel um im Vergleich hoch qualifizierte Arbeitskräfte, während in anderen entwickelten Volkswirtschaften die Arbeiter des Herstellungssektors oft an- oder ungelernte Arbeiter sind. Scheremet (1999) hat diese und andere relevante Unterschiede des internationalen Vergleichs der Arbeitskosten im Detail dokumentiert. Um ein umfassenderes Bild über die Arbeitskostenbelastung im internationalen Vergleich zu erreichen, hat Scheremet (1999: 4) die Arbeitskosten je Stunde für die *Gesamtwirtschaft* berechnet. Auch dieser Vergleich ist mit Problemen behaftet (darüber hinaus findet die Qualität der produzierten Produkte und Dienstleistungen keine Berücksichtigung, genau wie die der Produktivität der Beschäftigten); dennoch zeigt sich, dass die *gesamtwirtschaftlichen* Arbeitskosten in (West-)Deutschland (auf der Basis der tatsächlichen Wechselkurse) denen einer Reihe von anderen entwickelten Volkswirtschaften mit hohen Lohnkosten entsprechen. Legt man zusätzlich die Kaufkraftparitäten zugrunde, steht die USA an der Spitze, während Deutschland gemeinsam mit einer Anzahl von anderen Ländern im oberen Drittel zu finden ist.

Diese Fakten wiederum sind Anstoß für eine wachsende Auseinandersetzung mit den Fragen nach Ursachen, Strukturen, Nachhaltigkeit und Folgen der Konvergenz beziehungsweise verbleibender nationaler makroökonomischer Tatbestände und Besonderheiten in nationalen Wirtschaftssystemen (zum Beispiel Abramovitz, 1979; Baumol, 1986; Barro, 1991; Dosi, 1992; Gordon, 1995). Nelson und Wright (1992: 1933) haben die bisherigen Ansätze und Diskussionsergebnisse dieser Bemühungen Anfang der neunziger Jahre zusammengefasst. Es lassen sich drei nicht unbedingt eindeutig voneinander zu trennende Diskussionsstränge unterscheiden: Erstens untersucht man die Annahme, dass es sich bei der beobachteten Konvergenz um ein Aufholen gegenüber der amerikanischen Wirtschaft, insbesondere der durch den Weltkrieg beeinträchtigten Wirtschaftssysteme handelt. Zweitens unterstellt man als Motor der beobachteten Regression auf gemeinsame ökonomische Mittelwerte nicht so sehr einen Konvergenzprozess als vielmehr ein Zurückfallen der amerikanischen Wirtschaft – aus sehr unterschiedlichen Gründen. Die amerikanische Wirtschaft verliert, wie Paul Kennedy (1987) es zum Beispiel formuliert hat, ihre Vorrangstellung in der Welt auf Grund hoher Verteidigungsausgaben. Drittens unterstellt man ganz im Sinn der These von der wachsenden Globalisierung eine fundamentalere Veränderung in den transnationalen Strukturen und Verflechtungen nationaler wirtschaftlicher Abläufe, die über kurz oder lang zu einer Konvergenz in den beobachteten makroökonomischen Prozessen führen müssen. Diese Entwicklung wiederum verringert die Bedeutung und den Einfluss des Nationalstaates in der Rolle des ökonomischen Akteurs und wissenschaftlich-technischen Motors wirtschaftlicher Trends. Die so formulierten Zugänge zur Frage nach den Ursachen für die Konvergenz der Ökonomie der entwickelten Gesellschaften in den vergangenen Jahrzehnten widersprechen sich nicht unbedingt, sondern konvergieren ihrerseits. Die Internationalisierung nationaler ökonomischer Aktivitäten, das heißt die Anpassung der Charakteristika der Handlungsbedingungen, in denen wirtschaftliches Verhalten abläuft, spielt deshalb in der Erosion rechtlicher, sozialer und wissensbasierter nationaler Besonderheiten und in der Expansion des internationalen Austauschs von Waren und Dienstleistungen (Kravis, 1985) eine wichtige Rolle.

In der *Allgemeinen Theorie* John Maynard Keynes' wird der internationale Warenaustausch und Kapitalverkehr nicht einmal erwähnt. Eine derartige Unterlassung wäre in einer Untersuchung der modernen Wirtschaft undenkbar. Es ist enorm wichtig, dass man sich heutzutage mit der internationalen Ökonomie auseinander setzt. Von einer globalen Ökonomie zu sprechen, ist zur Selbstverständlichkeit geworden. Und man ist als Resultat dieser Entwicklung zunehmend davon überzeugt, dass die Fähigkeit des Nationalstaates, »souveräne« wirtschaftspolitische Maßnahmen durchsetzen und somit eigenständige wirtschaftliche Ziele erreichen zu können, erheblich geschmälert ist. Durch die Herausbildung der globalen Wirtschaft wird es für die Regierungen der Nationalstaaten zunehmend fragwürdig, sich von den auf der globalen Bühne sich abspielenden säkularen ökonomischen Trends abzukoppeln. Die These von der globalen politischen Ökonomie umfasst darüber hinaus eine Reihe von weiteren wichtigen Hypothesen und Beobachtungen, wie zum Beispiel über die Schmälerung der gesellschaftlichen Machtstellung der Arbeiterschaft im Allgemeinen und der Gewerkschaften im Besonderen, den wachsenden internationalen Konkurrenzdruck, die schnelle (vielleicht sogar hypermobile) Migration des Kapitals (die zu einem global immer mehr konvergierenden Preis

von Kapital führt), den Verlust der monetären nationalen Souveränität (siehe Dodd, 1995), das wachsende Gefühl der (transnationalen) politischen Machtlosigkeit angesichts rasanter und jenseits der Nationalgrenzen einer Gesellschaft induzierter sozialer
und politischer Veränderungen, die angebliche Homogenisierung der Lebenswelten oder das Anwachsen der Macht multinationaler Konzerne. Ich werde in diesem Abschnitt nicht die gesamte Spannbreite dieser Hypothesen analysieren, sondern mich
auf die Frage konzentrieren, wie man die Tatsache der ökonomischen Globalisierung überhaupt festschreiben kann und welche
zu spezifizierenden Folgen die Globalisierung national hinter-
lässt. Es gibt natürlich auch eine Reihe von nicht unbedeutenden
ökonomischen Faktoren; man denke zum Beispiel an den Einfluss von Wechselkursen (insbesondere der festen) und fiskalischen, gesetzlichen und politischen Rahmenbedingungen, die
die Internationalisierung der Volkswirtschaften bremsen beziehungsweise verzerren.

## Die wachsende Interdependenz der wirtschaftlichen Entwicklung

Die zunehmende Verflechtung der wirtschaftlichen Entwicklung
der modernen Industriestaaten[7] beziehungsweise die Frage, ob es
sich dabei in der Tat um eine historisch neue Konstellation wirtschaftlicher Trends handelt, lässt sich, so denke ich, aus einer
vergleichenden Trendanalyse makroökonomischer Daten, insbesondere für die in diesem Kontext interessierenden Zeitabschnitte, herauskristallisieren. Vergleicht man die Entwicklung dieser
Zeitreihen, so müsste sich in den Daten der verschiedenen Länder, zum Beispiel in den Wachstumsziffern des Bruttosozialpro-

7 Die Auseinandersetzung mit der ökonomischen Globalisierung profitiert von der Idee, dass Globalisierung kein homogener Prozess ist,
sondern sich aus verschiedenen, nebeneinander bestehenden Prozessen
zusammensetzt. Gordon (1995: 162-163) schlägt vor, zwischen den
folgenden Bereichen und Prozessen und deren beherrschender Ent-
wicklungslogik zu unterscheiden: die Folge von Austausch, Produktion und Innovation sowie die diesen entsprechenden und sich
überschneidenden Prozesse der Internationalisierung, Multinationali-
sierung und Globalisierung.

dukts zu Marktpreisen oder den Arbeitslosenziffern, folgender Bewegungsablauf widerspiegeln: Nach signifikanten Sonderbewegungen in der Entwicklung der Wirtschaften dieser Staaten, etwa in den Jahren unmittelbar nach Ende des Zweiten Weltkriegs bis etwa Anfang der sechziger Jahre, dürften, sofern die These von der wachsenden Verflechtung zutrifft, die Zeitreihen zunehmend fast zu einem gemeinsamen Trend konvergieren, und diese Konvergenz sollte sich statistisch in einer signifikant höheren Korrelation der Bewegungsabläufe der wirtschaftlichen Daten ausdrücken.

Die *Tabellen A 5.1* bis *A 5.3* fassen das Ergebnis des Versuchs zusammen, eine empirische Analyse dieser Art durchzuführen. Und zwar habe ich die um den Trend bereinigten Daten des Wirtschaftswachstums (genauer des Bruttosozialprodukts zu Marktpreisen), der Arbeitslosenziffern und des langfristigen Zinssatzes für die Jahre 1920 bis 1987 für die USA, Kanada, Großbritannien und die Bundesrepublik Deutschland in Form einer Regressionsanalyse miteinander korreliert. Die Ziffern dieser Tabellen geben die einfachen Korrelationswerte wieder. Ich interessiere mich vor allem für die Zeitabschnitte 1948 bis 1962 und 1963 bis 1987, die der zeitlichen Zäsur entsprechen, mit der viele Ökonomen die wirtschaftspolitischen Maßnahmen der Nachkriegszeit, die sich auf Keynes berufen, als erfolgreich und weniger erfolgreich einstufen. Vergleicht man die Korrelationskoeffizienten der verschiedenen Länderpaare für diese Zeitabschnitte, so lässt sich zusammenfassend feststellen, dass die Mehrzahl der Vergleiche in der Tat die erwarteten Ergebnisse zeigt. Von einigen Ausnahmen abgesehen, konvergieren die wirtschaftlichen Entwicklungen in den vier Ländern USA, Kanada, Großbritannien und Bundesrepublik Deutschland in den Jahren 1963 bis 1987 in weit engerem Maß, als dies im Zeitabschnitt 1948 bis 1962 der Fall ist. Gleichzeitig deutet die paarweise Korrelation der Entwicklung des Sozialprodukts, der Arbeitslosenziffern und des langfristigen Zinses für die Vorkriegszeit an, dass die »größere Souveränität« des Staates in den Nachkriegsjahren sozusagen Ergebnis der umfassenden Umwälzungen der Kriegszeit gewesen sein dürfte. Diese Interpretation bietet sich an, wenn man beachtet, dass die Korrelation in den wirtschaftlichen Daten in dem Zeitabschnitt 1920 bis 1938 teilweise sehr hoch ist. Sie ist zum Beispiel bei den Arbeitslosenzahlen in der Vorkriegszeit in der Mehrheit der Vergleichspaare fast so eng wie im jüngsten Zeitabschnitt.

Die in den *Tabellen A 5.1* bis *A 5.3* reproduzierten Daten reflektieren zunächst nur die Tatsache, dass die einst besonders hohe »Interdependenz« dieser Staaten, die übrigens 1913 ein noch höheres Niveau hatte, in der Nachkriegszeit erst langsam wieder erreicht wird. Dieser Trend scheint damit den Schluss zuzulassen, die wirtschaftliche Unabhängigkeit der verschiedenen Staaten müsse heute eher größer sein als in den zwanziger und dreißiger Jahren. Dies wäre allerdings eine Fehlinterpretation der Zahlen. Die wechselseitige Abhängigkeit der großen Handelsnationen ist heute in verschiedener Hinsicht größer als vor 50 Jahren, obwohl die Exportquoten zum Beispiel in einigen Fällen noch nicht wieder das Niveau dieser Jahre erreicht haben. Die größere wirtschaftliche Abhängigkeit eines Landes von seinen Handelspartnern hat zwar in rein »physischer« Hinsicht abgenommen, in anderer, bedeutenderer Hinsicht aber zugenommen (zum Beispiel Rich, 1983). Um dies verdeutlichen zu können, muss man sich die tatsächlichen Handelsströme, die Art der importierten und exportierten Waren, Dienstleistungen und Kapitalmengen, die Abnehmer sowie das wirtschaftliche Niveau der Handelspartner im Detail ansehen. Gleichzeitig gibt es in jüngster Zeit ökonomische Entwicklungen, die einerseits den Umfang der Handelsströme reduzieren, andererseits aber die gegenseitige Verflechtung erhöhen. Man denke in diesem Zusammenhang etwa an das Wachstum multinationaler Konzerne. Die Produktion in verschiedenen Ländern mindert das Exportrisiko oder den Zwang zum Export. Direktinvestitionen dieser Art, so betont etwa Rosecrance (1987: 163), haben zur Folge, »dass die Investitionsverschränkungen in den Industriegesellschaften ein gegenseitiges Interesse am Erfolg eines jeden schaffen, das im neunzehnten Jahrhundert und bis zum Ersten Weltkrieg nicht existierte«.

Die wachsende wechselseitige Abhängigkeit der Nationalwirtschaften, wobei die Frage des Ausmaßes noch offen bleibt, wird heutzutage praktisch überall als Tatsache hingenommen. Von Interesse sind hierbei einmal die Behauptung, dass diese Entwicklung wirtschaftliche und soziale Folgen hat, die in nahezu eiserner Gesetzmäßigkeit ablaufen, und zum anderen die zuweilen geschätzte, zuweilen heftig umstrittene Ansicht, dass der relative

Bedeutungsverlust der Grenzen ökonomischen Handelns zu vielen weiteren Annäherungen führt. Ohne auf Einzelheiten der vielen kulturellen, sozialen und politischen Veränderungen eingehen zu wollen, die man mit der »Globalisierung« wirtschaftlichen Handelns in Verbindung bringt, bin ich eher skeptisch, dass die Globalisierung zu übertriebenen Hoffnungen oder Befürchtungen Anlass gibt.[8]

Dass wir das Entstehen einer globalen Wirtschaft erleben, wird von Wirtschaftlern und Politikern allgemein anerkannt. Dennoch ist diese These nicht ganz unumstritten, und es gibt eine Reihe von nennenswerten Gegnern, die nicht gewillt sind, zu ihrer Plausibilität beizutragen. In einer Untersuchung der verschiedenen makroökonomischen Aspekte der Globalisierung, insbesondere in den siebziger und frühen achtziger Jahren, kommt Gordon (1988: 63) zu dem Schluss, dass ein Trend zu einer zunehmend »offeneren« internationalen Wirtschaft *nicht* zu beobachten ist; vielmehr »we have moved rapidly toward an increasingly ›closed‹ economy for productive investment«. Die Beweglichkeit des Kapitals hat eher ab- als zugenommen. Die Rolle des Staates auf dem Gebiet der Geldpolitik und bei der Festsetzung der Zinsrate sowie bei Produktions- und Investitionsentscheidungen ist sehr viel größer geworden.

Die Globalisierung bestimmter ökonomischer Tatsachen und auch kultureller Insignien steht in keinem Widerspruch zu der Beobachtung, dass gleichzeitig eine Vielzahl von kulturellen, politischen, sozialen, aber auch ökonomischen Prozessen keineswegs einem unaufhaltsamen Globalisierungstrend unterliegt, und dies auch zumindest bis in die vorhersehbare Zukunft nicht der Fall sein wird: Es gibt zum Beispiel kaum eine weniger effektive Formel als die der Souveränität; sie ist weitgehend respektiert und legitimiert. Auch im Zeitalter der Globalisierung isoliert und trennt die Souveränität die Gesellschaften; oftmals erhält und verteidigt sie Vielfalt, aber auch Unrecht, Gewalt und Ungleichheit. In allen Teilen dieser Welt gibt es Erziehungssyste-

---

8 Dieser Skeptizismus findet seine Bestätigung in einer Reihe von theoretischen und empirischen Untersuchungen, so zum Beispiel in einer vergleichenden Studie, die sich mit den Folgen technischer Veränderungen befasst und folgert, dass die Implementation von Innovationen in Organisationen neue Unterschiede und nicht die Homogenisierung sozialer Figurationen zur Folge hat (vgl. Sorge, 1995).

me, die sich sogar äußerlich in vieler Hinsicht gleichen und dennoch gewaltige, historisch gewachsene Besonderheiten aufweisen. Dies gilt auch für die Gefängnisse und andere totale Institutionen. Gefängnisse mögen zwar wie Gefängnisse aussehen, aber sie unterscheiden sich in dem, was in ihnen vorgeht, gewaltig. Sie sind Spiegelbilder ihrer Gesellschaften und symbolisieren die äußerst große Vielfalt der sozialen Textur und Kultur in dieser Welt.

## Die Internationalisierung von Wissen und Information

Die Internationalisierung von Wissen und Informationen, insbesondere der von Wissenschaft und Technik fabrizierten Erkenntnisse, ist Ausdruck und Motor der Emergenz der globalisierten Ökonomie (siehe auch Petit und Soete, 1999: 171-175). Die Globalisierung wirtschaftlicher Aktivitäten spielt andererseits eine gewichtige Rolle in der Re-strukturierung der Wissenschaften und der Kooperationsmuster in Wissenschaft und Technik. Gleichzeitig verbergen sich in der Internationalisierung von Wissen und Informationen signifikante traditionelle Unterschiede einzelner Gesellschaften sowie neu entstehende Differenzen und Verbindungen.

Die moderne Wissenschaft hat trotz politisch-nationalistisch motivierter Rückschläge schon immer eine internationale Ausrichtung gehabt und den ungehinderten Fluss der Kommunikation wissenschaftlicher Erkenntnisse gestützt.

Die wissenschaftliche und technische Ausbildung, wissenschaftliche Aktivitäten und technologische Netzwerke, die Verbreitung und Anwendung neuer Erkenntnisse werden zu einem wachsenden Umfang in internationalen Kontexten, die nationale Besonderheiten überwinden oder ignorieren, realisiert.

Die OECD hat Informationen zusammengestellt, die bestimmte Trends der Internationalisierung von wissenschaftlichen und technischen Aktivitäten, Personal, Entdeckungen und Strukturen der Kooperation dokumentieren sollen. Ich beziehe mich auf ausgewählte Ergebnisse dieser Studie: Der Umfang von gemeinsamen Publikationen von Autoren unterschiedlicher Staatszugehörigkeit und der Anteil von Patentanmeldungen von Erfindern aus verschiedenen Ländern erlaubt eine erste Einschätzung vorhandener Trends in der Internationalisierung von Strukturen grenzüberschreitender wissenschaftlicher Zusammenarbeit. Geht man dabei zunächst von dem Anteil der wissenschaftlichen Veröffentlichungen aus, die von Autoren unterschiedlicher Nationalität abgefasst sind, so deutet sich ein wachsender Trend zur internationalen wissenschaftlichen Kooperation an. Ein Trend, der sich mit großer Wahrscheinlichkeit weiter verstärken dürfte. Gleichzeitig lassen die OECD-Zahlen erkennen, dass der Anteil multinationaler Autoren mit der Größe eines Landes als Referenzpunkt abnimmt. Dies bedeutet andererseits, dass zum Beispiel mehr als die Hälfte der wissenschaftlichen Veröffentlichungen von ungarischen, portugiesischen, belgischen oder Schweizer Autoren gemeinsam mit ausländischen Kolleginnen/ Kollegen erfolgen. Nur zwanzig Prozent der Zeitschriftenpublikationen von amerikanischen oder japanischen Wissenschaftlern sind gemeinsam mit ausländischen Wissenschaftlern verfasst worden (siehe OECD, 1999: 80-81). Die Größe der nationalen *scientific community* und die wachsende Arbeitsteilung in den Wissenschaften sowie die dominante Wissenschaftssprache spielen eine entscheidende Rolle in der anhaltenden Internationalisierung von Wissen und Information.

Wenn man die gewährten Patente vergleicht, ergeben sich vergleichbare Zusammenhänge, obwohl die Internationalisierung im Fall der wissenschaftlichen Veröffentlichungen höher liegt (OECD, 1999: 80-81). Es zeigt sich außerdem, dass ein großer Anteil der Patente an international zusammengesetzte Entdeckergruppen vergeben wird. Gleichzeitig machen die OECD-Zahlen deutlich, dass sich in allen Ländern der Anteil der im Ausland erhaltenen Patente und der Anteil der im Inland erworbenen Patente, die von Ausländern gehalten werden, erhöht hat. Der Prozentsatz der von ausländischen Patentnehmern erworbenen Patente ist in kleineren Ländern auffällig groß. In den Jahren 1993 bis 1995 stammten zum Beispiel 23,5 Prozent aller in Kanada vergebenen Patente von Ausländern.[9] Dieser Anteil der ausländischen Patentnehmer in Kanada entspricht in etwa den Zah-

9 Diese Zahl bezieht sich auf den Anteil der Patentanmeldungen von Ausländern beim European Patent Office an der Gesamtzahl aller im Land angemeldeten Patente (siehe OECD, 1999: 163).

len für Irland, aber auch für Großbritannien und Österreich. In Deutschland, Japan und den USA sind weniger als zehn Prozent der angemeldeten Patente in ausländischem Eigentum (OECD, 1999: 78-79).

# XI. Ökonomie und Ökologie

Seit fast einem Vierteljahrhundert gehören ökologische Probleme oder Umweltfragen in vielen, aber nicht in allen Ländern zu den wichtigsten Themen öffentlicher Auseinandersetzungen. In diesem Abschnitt meiner Studie versuche ich, die äußerst strittigen Zusammenhänge von wirtschaftlichen und ökologischen Zielen zu analysieren (siehe auch Berger, 1994). Ich werde die Frage des Klimawechsels als illustrierendes Beispiel verwenden. Die spezifischen Entwicklungslinien einer Ökonomie der Wissensgesellschaft, soweit sich diese schon abzeichnen, sowie die ungeplante, unkoordinierte und konkurrenzhafte (kapitalistische) Wirtschaftsform stellen zentrale Bezugspunkte meiner Überlegungen dar.[1] Schließlich gehört die Tatsache, dass letztlich alle menschlichen Aktivitäten in einer sich ständig modifizierenden Weise auf natürliche Ressourcen angewiesen sind, zu den (materialistischen) Ausgangsüberlegungen dieser Analyse.[2]

Zu den heute am häufigsten diskutierten und heiß umstrittenen politischen und wissenschaftlichen Themen gehört zweifellos der angeblich fundamentale Widerspruch oder doch wenigstens der Antagonismus zwischen ökologischen und ökonomischen Prinzipien und Motivationen (siehe Mishan, 1977). Das zur Diskussion stehende Dilemma kann noch radikaler formuliert werden: Sofern man marktwirtschaftliche Prozesse ihrer eigenen Logik überlässt, besteht die große Gefahr, dass sie sich selbst zerstören. Die Angst, dass die Ökonomie an ihrem eigenen Er-

---

1 Selbstverständlich gibt es noch andere Perspektiven, aus deren Warte die Möglichkeit einer unbeabsichtigten Konvergenz scheinbar widersprüchlicher gesellschaftlicher Ziele untersucht werden kann. Eine solche Möglichkeit könnte zum Beispiel durch zukünftige soziale, wirtschaftliche und politische Transformationen in der modernen Gesellschaft entstehen, deren Ursache in dem unvergleichlich starken Geburtenrückgang in der entwickelten Welt liegen könnte (siehe Drucker, 1999: 44-50).
2 Eine umfassende, informative Darstellung der bisherigen Diskussion des ökonomischen und ökologischen Stellenwerts natürlicher Ressourcen (Kategorisierung, Geschichte, Substitution, Preise, Nachhaltigkeit usw.) findet sich in Dasgupta, 1993.

folg zugrunde geht, wächst. Man kann den Gegensatz aber auch, wie Binswanger (1991: 129) dies tut, als ökonomisch-ökologisches Paradox formulieren; das heißt, die Ökonomie muss sich umso weniger um die Ökologie kümmern, »je natürlicher sie ist, aber sich umso mehr darum kümmern ..., je größer die Distanz zu ihr wird«. Die traditionelle Wirtschaft ist, mit anderen Worten, eine nachhaltige Wirtschaftsform, während die moderne Industriewirtschaft in immer stärkerem Maße Ressourcen verbraucht und Abfall produziert und sich damit von der ursprünglichen Nachhaltigkeit gefährlich abkoppelt.

Die trennenden Unterschiede zwischen Individuen und Gruppen sowie zwischen bedeutenden gesellschaftlichen Institutionen (des Staates, des Wirtschaftssystems, politischer Parteien, der Kirchen und der Wissenschaft), welche entweder eine Politik ökologischer Ziele oder ökonomischer Zielsetzungen unterstützen, scheinen tief und unüberbrückbar zu sein. Dieser ideologische Bruch und diese politischen Spannungen manifestieren sich zum Beispiel besonders eindringlich in der Forderung nach mehr Arbeitsplätzen in Zeiten hoher Beschäftigungslosigkeit. Mit anderen Worten, die von allen bedeutenden politischen Parteien als verbindlich und selbstverständlich geteilte programmatische Zielsetzung nach mehr Arbeitsplätzen beziehungsweise einem Abbau der (Massen-)Arbeitslosigkeit impliziert, so hat es den Anschein, wirtschaftspolitische Maßnahmen, die ein bestimmtes wirtschaftliches Wachstum fördern. Allerdings steht ein (kurzfristiges) ökonomisches Wachstum, zumindest wenn es um die quantitative Ausdehnung wirtschaftlicher Aktivitäten geht, das heißt um eine Wachstumsform, wie wir sie bisher kennengelernt und erlebt haben, realistischerweise wohl in Widerspruch zu (langfristig angestrebten) ökologischen Prinzipien, wie sie sich zum Beispiel aus einem Programm für eine nachhaltige Entwicklung ergeben dürften. Kurzum: Ergebnis einer solchen Politik ist es dann, eine befriedigende Erfüllung der politischen Forderung nach Mehrbeschäftigung um den Preis der Aufgabe eines nachhaltigen Umgangs mit knappen natürlichen Ressourcen und ökologischen Zielsetzungen durchzusetzen. Andererseits ist es politisch sicher naiv zu glauben, man könne heutigen Generationen raten und sie in der Überzeugung bestärken, einen Verlust von Arbeit, Einkommen und beruflicher Selbstverwirklichung als Opfer zu akzeptieren, um es zukünftigen Generationen zu ermöglichen, in größerer »Harmonie« mit ihrer natürlichen Umwelt leben zu können. Selbstverständlich ist es weder das Wirtschaftswachstum als solches oder die Forderung, dass Arbeit für all jene verfügbar zu sein habe, die arbeiten müssen und wollen, noch die Tatsache, dass wirtschaftliche Austauschprozesse mit der Umwelt stattfinden, die zum eigentlichen Dilemma oder Widerspruch in der Gleichung Ökonomie und Ökologie wird.

Die Geschichte des Antagonismus zwischen Ökologie und Ökonomie ist eine Geschichte bestimmter Austauschprozesse. Die sowohl wissenschaftlich als auch politisch vordringliche Aufgabe ist deshalb, die genauen, dynamischen, und dies heißt sich ändernden Beziehungen zwischen ökologischen Prinzipien und wirtschaftsdynamischen Prozessen zu untersuchen. Allerdings sollte dies nicht auf der Basis der vereinfachenden beziehungsweise sogar irreführenden Prämisse geschehen, dass man einfach von gegenwärtigen (möglicherweise gültigen) Konstellationen auf zukünftige ökonomische und ökologische Vorgänge schließt und so fast logischerweise auf einen weiter geltenden Antagonismus zwischen ökologischen und ökonomischen Zielen stoßen muss.

Meine Untersuchungen und Überlegungen über die möglichen realistischen Aussichten einer »Versöhnung« zwischen ökologischen Zielen und ökonomischen Interessen sind jedoch *nicht* in erster Linie mit der Forderung nach einem grundsätzlichen ökologisch ausgerichteten politischen Wandel oder einer Lenkung der Politik in diese Richtung verbunden oder mit der Ausarbeitung von einzelnen politischen Maßnahmen, die diese Zielsetzung zur Voraussetzung haben.

Es trifft in der Tat zu, dass in den letzten Jahren ausführlich über die Notwendigkeit geschrieben wurde, die rechtlichen, politischen, sozialen und kulturellen Rahmenbedingungen zu verändern, innerhalb deren die wirtschaftlichen Prozesse in der modernen Gesellschaft in erster Linie ablaufen. So hat zum Beispiel Ernst Ulrich von Weizsäcker (1996) vorgeschlagen, nicht nur die Produktivität der von der Industrie verwerteten natürlichen Ressourcen dramatisch zu verbessern, sondern auch die Produktivität im Dienstleistungssektor, beim Transportwesen und in unzähligen alltäglichen Situationen, welche den Rahmen bilden, innerhalb dessen Güter und Dienstleistungen produziert und verbraucht werden. Wenn man allerdings davon ausgeht, dass eine größere effizientere Nutzung von Bodenschätzen beispielweise durch vorhandene fiskalpolitische Rahmenbedingungen und nicht durch unser Wissen und Können gebremst wird, dann baut jede Forderung nach einer Realisierung solcher Ziele in entscheidendem Maß auf die Fähigkeit, eingefahrene institutionelle Ordnungen verändern zu können. Eine der kognitiven Bremsen mag zudem sein, dass man im Vertrauen auf zukünftige effizientere Technologien, zum Beispiel auf dem Gebiet der Energiegewinnung und des Energieverbrauchs, die Rechtfertigung für den weiteren Einsatz konventioneller Prozesse sieht.

Wie aber aus einer der Grundprämissen meiner Analyse deutlich wird, gibt es triftige Gründe dafür, der Fähigkeit der großen gesellschaftlichen Institutionen zu misstrauen, sich selbst reformieren zu können, um so die erforderlichen rechtlichen, fiskalpolitischen oder normativen Rahmenbedingungen (zum Beispiel Priewe, 1991) zu schaffen, in denen moderne wirtschaftliche Aktivitäten dann nach ökologisch bestimmten Bedingungen ablaufen können. Mit anderen Worten, wir können es nicht als selbstverständlich hinnehmen, dass die Prämisse von der übergeordneten Rolle und Macht der Politik in Wissensgesellschaften ihre bisherige Geltung behält. Dieser Skeptizismus über die politische Machbarkeit der Verhältnisse gründet sich jedoch nicht auf ideologische Überlegungen wie zum Beispiel auf die *Überzeugung*, dass der Markt und die Marktkräfte der allein geeignete Kontext sein müssen, in dem Entscheidungen dieser Art letztlich fallen sollten (siehe Hennicke, 1996: 254). Im Gegenteil, mein Pessimismus über den Grad der Machbarkeit der Verhältnisse in der modernen Gesellschaft oder über die praktische Durchsetzung komplizierter Gedankenexperimente zur gesellschaftlichen Ordnung geht auf Überlegungen zurück, die eine grundlegende Veränderung in den Beziehungen der führenden sozialen Institutionen zueinander, zu kleinen gesellschaftlichen Gruppierungen und zum Individuum in der modernen Gesellschaft antizipieren (Stehr und Meja, 1999)

# Annahmen

Meine Analyse dessen, was ich als neuartige und emergente Wechselbeziehung zwischen Ökonomie und Ökologie in der Wissensgesellschaft glaube bezeichnen zu können, basiert auf einer Anzahl zusätzlicher Annahmen. Diese Stipulationen möchte ich zuerst aufzählen und mich dann der eigentlichen Fragestellung dieses Abschnittes zuwenden: Wie wird es möglich sein, die »globale Allmende« (»the global commons«) zu organisieren?

1. *Die Persistenz des wirtschaftlichen Wachstums.* Es gibt verschiedene Anzeichen, dass das wirtschaftliche Wachstum – im Sinn des volkswirtschaftlichen Pro-Kopf-Einkommens und des gesellschaftlichen Wohlstands sowie der Qualität der Waren und der verfügbaren Freizeit – anhalten wird und möglicherweise sogar zunimmt.[3] In den nächsten Jahrzehnten werden die Folgen der Transformation der Weltwirtschaft derart große Veränderungen verursachen, dass die Auswirkungen von Eingriffen in die Umwelt dagegen verblassen, es sei denn, es handelt sich bei diesen um Einwirkungen katastrophischer oder gewalttätiger Art. Das wirtschaftliche Wachstum wird nicht mehr automatisch zu einer Steigerung des Beschäftigungsniveaus führen. Unter den gegenwärtigen und zunehmend unter zukünftigen Rahmenbedingungen ist ein erhebliches Wirtschaftswachstum erforderlich, bevor es überhaupt zu einer spürbaren Nettosteigerung in der Anzahl der Arbeitsplätze kommt. Darüber hinaus sollte man die politische Bedeutung des Wirtschaftswachstums nicht unterschätzen. Es gibt Beweise, wie zumindest von einigen Beobachtern betont wird, dass eine politische Demokratie als Bedingung nicht nur eine Zivilgesellschaft, sondern auch wirtschaftliches Wachstum erfordert (siehe Lipset, [1960] 1980: 31; Burkhart und Lewis-Beck, 1994).[4] Wirtschaftswachstum ist der Motor von

3 Die spezifischen Attribute eines »angemessenen und stetigen Wirtschaftswachstums«, wie es in Deutschland als Teil eines so genannten magischen Dreiecks politisch-ökonomischer Zielsetzungen im Stabilitäts- und Wachstumsgesetz (StWG) verankert ist, sind natürlich im Einzelnen umstritten, ebenso wie das allgemeine Ziel einer ökonomischen Wachstumsorientierung der Wirtschaftspolitik aus ökologischer Sicht in den vergangenen Jahrzehnten immer wieder angegriffen worden ist (zum Beispiel Priewe, 1991).

4 Seit der Publikation der These Lipsets, dass die nachhaltige Entwick-

Wahlerfolgen in demokratischen Gesellschaften. Noch allgemeiner formuliert es Adolph Lowe (1971: 570): Es kann kaum Zweifel darüber bestehen, dass Wirtschaftswachstum »an instrument for easing social frictions« gewesen ist »and that any constriction of our standard of living would exacerbate the struggle for *shares* that is masked or muted when consumption steadily rises«. Ökonomisches Wachstum ist auch in Zukunft Bedingung für die Möglichkeit der Verwirklichung unterschiedlichster Formen sozioökonomischen Wohlstands.

Selbstverständlich stellt sich in diesem speziellen Zusammenhang in erster Linie die Frage nach den Bedingungen eines nachhaltigen Wirtschaftswachstums und nicht nach einem Wachstum per se.

2. *Die Regierbarkeit der modernen Gesellschaft.* Es ist trivial, zu betonen, dass es, um die Folgen des antizipierten Klimawandels in den Griff zu bekommen, keinesfalls genügt, eine be-

lung der politischen Demokratie im Zusammenhang mit wirtschaftlichen Erfolgen zu sehen ist, hat man in einer großen Zahl von quantitativen Studien in der Tat eine positive Korrelation zwischen diesen Entwicklungen gefunden (zum Beispiel Diamond, 1992). Inglehart (1997b: 221) verweist ebenfalls auf die Verbindung von Demokratie und wirtschaftlicher Entwicklung und fügt dieser Beobachtung eine elementare psychologische beziehungsweise sozialpsychologische Erklärung hinzu: »Democracy is linked with economic development for a number of reasons, but one factor is because the authoritarian reflex is strongest under conditions of insecurity.« Selbst wenn man Ingleharts Annahme (1995) zustimmt, dass in entwickelten Gesellschaften ein Bedeutungsverlust des wirtschaftlichen Wachstums zugunsten von Werten und Zielen zu beobachten ist, die vorrangig die Lebensqualität betreffen, so bleibt das Wirtschaftswachstum wohl weiter eine Bedingung der Möglichkeit einer nachhaltigen Transformation solcher Wertvorstellungen. Historisch gesehen lässt sich die fragliche Verbindung von Demokratie und Wirtschaftswachstum mit dem Verweis auf die Entwicklung in den westeuropäischen Staaten in der Nachkriegszeit illustrieren. Aber auch Alexis de Tocquevilles ([1835-1840] 1956: 263-274) treffende Bemerkungen zum Thema »Why great revolutions will become more rare« in seinen Beobachtungen zur *Democracy in America* sind relevant. Im Vergleich zur Vorkriegszeit konnten die Staaten Westeuropas auf einen umfassenderen und breiteren politischen Konsens bauen, und dieser Konsens kam nicht zuletzt deshalb zustande, weil sich aktive staatliche Einflussnahmen zugunsten wirtschaftlichen Wachstums als erfolgreich erwiesen (siehe auch Milward, 1992: 21-45).

stimmte Klimapolitik zu erarbeiten, ohne sich deren praktischer Durchsetzung zu stellen. Es kann daher nicht überraschen, dass Beobachter dieser politischen Problematik davon überzeugt sind, wie Adolph Lowe (1971: 572) dies formuliert hat, dass diese umfassenden Aufgaben nur durch eine »extensive planning and direction from *above*« durchgesetzt werden können. Es fehlt nicht an Instrumenten. Allerdings muss man den Wunsch oder die Überzeugung von der Fähigkeit trennen, Absichten durchzusetzen. Viele potentielle klimapolitische Lenkungs- und Steuerungsmaßnahmen, die darauf ausgerichtet sind, wünschenswerte umweltrelevante gesellschaftliche Transformationen in Gang zu setzen, beziehen sich auf das soziale Verhalten von Produzenten, Konsumenten, Arbeitnehmern und Arbeitgebern im Wirtschaftssystem. Nach meinem Dafürhalten sollte man aber aus triftigen Gründen eher skeptisch über die praktische Wirksamkeit und damit über den Erfolg direkter staatlicher Interventionen in das Wirtschaftsgeschehen urteilen.[5] Selbst Versuche, die

5  Schon Max Weber wusste und betonte im Rahmen seiner Analyse der modernen legalen Herrschaft beziehungsweise der Bürokratie, dass die effektive Handlungsfähigkeit des staatlichen bürokratischen Apparates und die relative Überlegenheit rationalen, bürokratischen Wissens begrenzt sind. Der kapitalistische Unternehmer ist derjenige, der der Kontrolle durch dieses Wissen entgeht. Nur ihm gelingt es, gegen legale Herrschaft relativ immun zu bleiben. Es ist jedoch interessant, warum Weber ([1922] 1976: 574) glaubt, der Kapitalist sei von der staatlichen Bürokratie unabhängig: »überlegen ist der Sachkenntnis der Bürokratie nur die Sachkenntnis der privatwirtschaftlichen Interessenten auf dem Gebiet der ›Wirtschaft‹. Diese deshalb, weil für sie die genaue Tatsachenkenntnis auf ihrem Gebiet direkt wirtschaftliche Existenzfrage ist: Irrtümer in einer amtlichen Statistik haben für den schuldigen Beamten keine direkten wirtschaftlichen Folgen – Irrtümer in der Kalkulation eines kapitalistischen Betriebes kosten diesem Verluste, vielleicht den Bestand.« Den Erfolg von Staatsinterventionen schätzt Weber ([1922] 1976: 574) deshalb eher skeptisch ein. Die in jüngster Zeit infolge einer »liberalisierten Weltordnung« zu beobachtende Unfähigkeit des Nationalstaates, seine Aufgaben wahrzunehmen, hat offenbar die Wirtschaft darin weiter bestärkt, sich von den Einschränkungen durch Regierungen und innergesellschaftliche Interessen zu befreien. Die Schwächung der wirtschaftlichen Bindungen an nationale Interessen ist nicht durch einen Machtzuwachs der internationalen und regionalen Organisationen kompensiert worden (siehe Schmidt, 1995).

Kultur der modernen Gesellschaft am Reißbrett sozusagen neu zu gestalten, dürften eher zum Scheitern verurteilt sein. Vielmehr werden sich in den kommenden Jahrzehnten die Erfolgsaussichten der klassischen staatlichen Instrumente der Lenkung und Planung auf Grund von Rechtsverordnungen und Verwaltungsvorschriften deutlich verringern, und auch die Fähigkeit transnationaler beziehungsweise supranationaler Einrichtungen, gesellschaftliche Strukturen zu verändern, wird immer stärker abnehmen (siehe auch Münch, 1997). Der Staat verliert, anders formuliert, zunehmend seine Fähigkeit, Resultate zu fabrizieren. Seit dem Gipfeltreffen 1992 in Rio sind zwar einige umweltrelevante Richtlinien und Rahmenbedingungen durch politische Maßnahmen verändert worden, gleichzeitig traten aber auch die Schwierigkeiten deutlicher zu Tage, im Zuge politischer Bemühungen »global« wirksame Verordnungen zu Umweltproblemen durchzusetzen, so dass die angedeutete Skepsis über die praktische Wirksamkeit solcher Anstrengungen nicht aufgehoben ist.[6]

3. *Der Trugschluss falscher Eindeutigkeit.* Eine Reihe von Bemühungen, die darauf zugeschnitten sind, Kenntnisse über die Erstellung von umweltpolitischen Maßnahmen zu erarbeiten, wird durch die trügerische Sicherheit unberechtigter Tatsachenannahmen mitbestimmt, das heißt von dem Vorwand, die Lage sei eigentlich sehr viel ordentlicher, als sie wirklich ist. Bei solchen Reflexionen gilt dies in besonders auffallender Weise für politische, kulturelle, wirtschaftliche Faktoren, aber auch für das angebliche Fundament vieler dieser Auseinandersetzungen,

---

6 Als ein Beispiel aus jüngster Zeit für die Schwierigkeiten, denen sich Regierungen in vieler Hinsicht in dem Bemühen ausgesetzt sehen, ökologische Qualitätsstandards und Regelungen durchzusetzen, mag eine Entscheidung des US-Bundesgerichts für den Distrikt von Columbia vom 14. Mai, 1999 gelten. Das Gericht entschied, dass die *US Environmental Protection Agency* die Grenzwerte für die zulässige Ausstoßmenge von feinem Ruß willkürlich festgelegt hatte. Es entschied weiter, dass die *EPA* bei der Festsetzung von Smog-Grenzwerten ihre Kompetenzen überschritten hatte und nicht hinreichend genug erklärt hatte, wie es zu diesen Werten kam. Der Gerichtsbeschluss war erzwungen worden durch Proteste sowohl von Seiten einer Reihe von US-Staaten als auch privater Organisationen wie zum Beispiel einer Gruppe von Lkw-Fahrern. Die *EPA* beabsichtigt, Revision einzulegen (siehe »Court overturns E.P.A.'s air standards, saying Agency exceeded its power«, *New York Times*, May 15, 1999).

nämlich die mit wissenschaftlichen Erkenntnissen verbundene fundamentale Unsicherheit und mangelnde Eindeutigkeit.[7] Gewöhnlich werden diese Prozesse aber als statische Phänomene und nicht als historische Abläufe ins Kalkül eingebracht. Demgegenüber sind institutionelle Unbeweglichkeit und Unterlassungen, Konflikte, Ungewissheit in der Zielsetzung, Zufälligkeiten, grundlegende Veränderungen in der Gesellschaftsstruktur, Unsicherheit und widersprüchliche Interessen, keinesfalls nur entstellende Warzen und nebensächliche Fakten der politischen Analyse, sondern sie sind die immanenten Bestandteile jeder tatsächlichen Formulierung und Implementierung politischen Handelns. Trotz des wachsenden Konsensus in der Klimaforschung, dass anthropogene Klimaveränderungen nachweisbar sind, wie ihn zum Beispiel die Berichte des *Intergovernmental Panel on Climate Change* (IPCC) in den vergangenen zwei Jahrzehnten widerspiegeln, hat eine weltweite Verminderung der Zunahme des Ausstoßes von $CO_2$-Gasen bisher nicht stattgefunden. Die wenigen Länder, die Erfolge auf diesem Gebiet aufweisen können, wie etwa Deutschland, haben diese nicht auf Grund ihrer Klimapolitik erreicht, sondern aus völlig anderen Gründen.

4. *Die Irrelevanz des Problems für den größeren Teil der Erdbevölkerung.* Für den größten Teil der Weltbevölkerung ist der Klimawechsel zum Beispiel eine sehr weit entfernt liegende Ungewissheit von fraglichem Interesse. Für die Bewohner postkolonialer Gesellschaften sind grundlegende existentielle Bedürfnisse wie ausreichende Ernährung, Unterkunft und das öffentliche Gesundheitswesen von direkter, bestimmender Relevanz. Allerdings sind die OECD-Länder die Heimatländer der großen Mehrheit aller Umweltforscher und -aktivisten. In diesen Ländern hat man eine Reihe von lokalen Umweltproblemen, wie zum Beispiel das der Wasserversorgung, in der ersten Hälfte des zwanzigsten Jahrhunderts gelöst. In der zweiten Hälfte wandte man sich in den gleichen Regionen Problemen wie dem sauren

7 Wie Hadi Dowlatabadi (zwischenmenschliche Kommunikation) betont, hängt die Anfechtbarkeit wissenschaftlicher Erkenntnisse über anthropogen induzierte ökologische Veränderungen auch davon ab, wie ausdrucksstark das *globale* Signal solcher Transformationen ist, das oft schwächer ist als das *lokale* Signal, welches jedoch wiederum anderswo nicht reproduziert werden kann.

Regen zu und greift neuerdings globalere Probleme wie den Ozongehalt in der Stratosphäre und den Klimawandel allgemein auf. Wissenschaftler in den OECD-Ländern und ihre Repräsentanten haben die IPCC mobilisiert, um Fragen wie den Klimawechsel in den Vordergrund der globalen Arena zu rücken. Allerdings wurde dadurch gleichzeitig die Aufmerksamkeit des nur sehr begrenzt verfügbaren Humankapitals außerhalb der OECD von weit dringenderen lokalen Umweltproblemen abgelenkt, und Prioritäten verschoben sich (siehe Dowlatabadi, 1997; Rayner und Malone, 1997: 332).

5. *Der Mangel an intellektueller Konvergenz und Kompetenz.* Es überrascht sicher nicht weiter, dass es unter den Sozialwissenschaftlern kaum eine Übereinstimmung darüber gibt, welche praktisch-politischen Maßnahmen angesichts des Überflusses an wissenschaftlichen Informationen über das, was uns Sorgen machen sollte, notwendig sind. Auch in Bezug auf grundsätzliche theoretische Perspektiven herrscht kein wenn auch nur annäherndes Einvernehmen: Zum Beispiel gibt es, sofern man diese Problematik überhaupt noch als relevant und nicht schon als gelöst akzeptiert, keinen Konsens darüber, wie die elementare Frage der Interaktion zwischen Natur und Gesellschaft theoretisch überhaupt in den Griff zu bekommen ist, wie man angesichts der Zerbrechlichkeit oder Widerstandsfähigkeit beziehungsweise Anpassungsfähigkeit der Gesellschaft Natur konzipieren kann, wie man die Beziehungen zwischen den natürlichen Ressourcen und wirtschaftlicher Prosperität oder zwischen Umwelt und gesellschaftlichem Wandel verstehen soll und ob die Zukunft einfach die Gegenwart imitiert (vgl. Kates, 1988: 9). Aus dieser Aufzählung ergibt sich notgedrungen ein erhebliches intellektuelles Defizit sozialwissenschaftlicher Kompetenz und Erfahrung in der disziplinübergreifenden Zusammenarbeit.

Trotz dieser eindeutig pessimistischen Aussagen und Annahmen möchte ich folgende konkrete Frage untersuchen: Ist es möglich, ökologische und ökonomische Notwendigkeiten und moderne Lebensgewohnheiten in Wissensgesellschaften miteinander zu versöhnen?[8] Mit anderen Worten, ich gehe trotz der

8 Der Begriff »versöhnen« ist zwar in diesem Zusammenhang tatsächlich hin und wieder benutzt worden, mag aber nicht ganz zutreffend sein angesichts der Tatsache, dass ich der Rolle unbeabsichtigter Folgen des Zweckhandelns großes Gewicht beimesse. Dies gilt insbeson-

genannten Trends nicht davon aus, dass eine Aussöhnung der scheinbar konkurrierenden Ziele prinzipiell unmöglich ist. Ich möchte am Beispiel des Klimawechsels und der Klimapolitik zeigen, dass entscheidende gesamtgesellschaftliche Entwicklungen bereits sichtbar sind, welche die Möglichkeit denkbar werden lassen, dass traditionelle Bindungen zwischen der Natur, der Gesellschaft, den sozialen Normen und der Wirtschaft neu geknüpft werden und damit zu einer (Wieder-)Annäherung sozialer Normen, ökonomischer Prozesse und ökologischer Notwendigkeiten führen können.

Zur Klärung der zur Diskussion stehenden Zusammenhänge ist aber auch notwendig, einige grundsätzliche Bemerkungen zum wissenschaftstheoretischen und ideengeschichtlichen Status sozialwissenschaftlicher Reflexionen über das Verhältnis von Gesellschaft und Natur und die Rolle wissenschaftlicher Erkenntnisse über anthropogene Klimaveränderungen zu machen.

## Die Administration der globalen Allmende

Mit der Problematik des anthropogenen Klimawandels verbindet sich durchaus ein neues Verständnis unserer natürlichen Umwelt. Dennoch stellt der Sachverhalt des Klimawandels und der angemessener politischer, sozialer, ökonomischer und gesetzlicher Strategien zur Bewältigung einer globalen Veränderung des Klimas, auf die die Öffentlichkeit (das heißt die verschiedenen nationalen, internationalen und regionalen Institutionen, welche die komplexe Figuration der modernen Gesellschaft ausmachen) durch die Klimaforschung aufmerksam gemacht wird, keineswegs einen neuartigen Tatbestand dar (siehe Stehr und von Storch, 1998). Was eindeutig nicht neu ist und daher unzählige historische Präzedenzfälle in der Wissenschaft und Politik hat, ist das dezidierte Verlangen, natürliche Phänomene und Prozesse zum Nutzen der Menschheit zu meistern beziehungsweise Kosten/Schäden/Krankheiten etc. zu vermeiden, die sich aus einer

dere, wenn der Begriff dahingehend verstanden wird, dass etwas aktiv erstellt, wiederhergestellt, beigelegt oder behoben wird, womöglich sogar, nachdem ein dementsprechender Beschluss erfolgte. Wie aus meiner Erörterung hervorgehen wird, setzt eine Versöhnung nicht notwendigerweise voraus, dass sie aktiv betrieben wird.

»unkontrollierten« Begegnung mit der Natur und aus ihrer un-
gezügelten Einwirkung auf die Gesellschaft und den Einzelnen
ergeben. Aus diesem Grund habe ich diesen Abschnitt »Die Administration der globalen Allmende« (»managing the global
commons«) betitelt.[9] Das Verlangen und/oder die Notwendigkeit, in die Natur einzugreifen, um ablaufende klimatische Pro-

9 Ich verwende an dieser Stelle eine Metapher von Nordhaus (1994: 35).
Er bezeichnet das politische Ziel und die wissenschaftliche Aufgabe
des »understanding and controlling interventions on a global scale« als
das Problem des »managing the global commons.« Die Metapher erinnert natürlich an die Idee von der »Tragik der Allmende« (»the tragedy
of the commons«), wie sie ausdrücklich von dem Biologen und Ökologen Garrett Harding (1968) formuliert wurde, und damit an ein über
die Jahrhunderte verbreitet diskutiertes Dilemma, dass Individuen
dem Allgemeinbesitz weit weniger Sorgfalt widmen als dem Privateigentum. Hardings Aussage bezieht sich auch auf die Konflikte zwischen dem Individualinteresse und den Interessen des Kollektivsys-
tems, insbesondere jener, die völlig freien, unbeschränkten Zugang zu
knappen, in »Allgemeinbesitz« befindlichen Ressourcen haben (eine
Kritik an diesem Modell findet sich in McCay/Acheson, 1986). Mein
eigener Gebrauch des Nordhaus'schen Begriffs soll andeuten, dass jede
wie auch immer formulierte und wissenschaftlich begleitete Klimapolitik *ihrerseits* zu einem geplanten/verwalteten Klimawechsel führen
muss oder doch zumindest zu dem Versuch einer externen Beeinflussung der eigenständigen Regeneration des natürlichen Ökosystems.
Im Gegensatz zu den anthropogenen Prozessen, welche die klimati-
schen Veränderungen verursachen, die die gegenwärtigen Diskussionen über die Notwendigkeit von Klimapolitik auslösen, beziehe ich
mich damit natürlich nicht auf ungeplante, ungewollte bzw. unvorher-
sehbare Klimaveränderungen, sondern auf bewusste und geplante Eingriffe in die natürlichen Klimaprozesse. Jeder geplante und durch Verwaltungsmaßnahmen gestützte anthropogene Klimawandel setzt
einen bestimmten politischen Willen sowie die Erarbeitung von Verordnungen und Strategien und ihre Implementierung voraus. Ob ein
bestimmtes politisches Handeln, ob Verträge, Erziehungsmaßnahmen
und sonstige Maßnahmen, die darauf abzielen, Klimaveränderungen
bewusst herbeizuführen, unter herrschenden und künftigen soziopolitischen Bedingungen tatsächlich auch wirksam sind, hängt vornehm-
lich von der Handlungsfähigkeit politischer Institutionen auf allen
denkbaren Ebenen ab, ihren politischen Willen in der Gesellschaft
durchzusetzen. Wie schon angedeutet, gibt es gute Gründe für die
Vermutung, dass politische Erfolge auf dem Gebiet der Klimapolitik
schwierig zu erreichen sein werden (vgl. Stehr/Storch, 1997).

zesse zu statischen Momenten werden zu lassen, sie zu verlangsamen oder sogar rückgängig zu machen, bedeutet nichts anderes als die Forderung, die Natur zu beherrschen.

Meine Diskussion befasst sich auch mit dem Wechsel der wissenschaftlichen Analyse des »Klimawandels« in die öffentliche Arena politischer Auseinandersetzungen. Die Absicht der Klimawissenschaftler, ihre Erkenntnisse der Öffentlichkeit unmittelbar zugänglich zu machen, soll sicher nicht nur der Aufklärung der Gesellschaft dienen, sondern ist auch durch das Bestreben motiviert, auf potentielle Schäden und Kosten des Klimawandels für die sozialen und ökonomischen Systeme aufmerksam zu machen und die Öffentlichkeit von der Notwendigkeit zu überzeugen, gegensteuernde Maßnahmen, das heißt Eingriffe in das physikalische System Klima zu ergreifen. Kurzum, es geht um die Erforschung und die Implementierung von politischen Aktionen in bisher nie gekanntem globalem Ausmaß. Die ultimativen Zielsetzungen einer Klimapolitik globalen Umfangs sind gesellschaftliche Anpassungen an anscheinend wechselnde Umweltbedingungen und/oder ein radikaler Wandel in diesen Umweltbedingungen selbst. Auf jeden Fall kann man die in Reaktion auf den antizipierten Klimawandel konzipierten klimapolitischen Maßnahmen als Summe von Maßnahmen beschreiben, die zwar darauf abzielen, Schäden zu heilen, Gefahren und Risiken zu begrenzen, aber dennoch auf einen weiteren (diesmal) *geplanten Klimawandel* hinauslaufen.[10]

10 Es sind vielleicht nicht so sehr und nicht nur die bisher in diesem Umfang und mit diesen Risiken behafteten Umweltprobleme, die die Besonderheit und die Brisanz der Problematik des Klimawandels ausmachen, sondern es ist die *Entdeckung dieser Probleme durch die Wissenschaften* und nicht durch die Gesellschaft, ihre Institutionen oder die persönliche Erfahrung des Einzelnen. Die Wissenschaft wird zum Autor der Probleme, die in politische Kontroversen münden, und ändert damit auch die Rolle, die wissenschaftliche Erkenntnisse in öffentlichen Kontroversen und politischen Entscheidungen spielen (zum Beispiel van der Sluijs, van Eijndhoven, Shackley und Wynne, 1998). Natürlich sind die Ursprünge (oder die Möglichkeiten) des Treibhauseffekts auf wissenschaftliche und technologische Entwicklungen zurückzuführen. Letztendlich ist die Evolution der industriellen Gesellschaft, wenn auch nicht ausschließlich, so doch eng verknüpft mit den technischen Entwicklungen, wie sie innerhalb des letzten Jahrhunderts erst möglich wurden.

Die Geschwindigkeit und der Erfolg mit der der wissenschaftliche Klimadiskurs – sobald er mit einer Verspätung von ungefähr einem Jahrzehnt erst einmal von den Medien entdeckt wurde (Mazur und Lee, 1993) – zu einem selbstverständlichen Bestandteil der politischen Auseinandersetzung wurde, ist in der Tat ungewöhnlich.[11] Aber das besagt weder, dass es keine historischen Präzedenzfälle gegeben hat, in denen es um politische und praktische Bemühungen ging, umfassende anthropogene Umweltveränderungen zu bekämpfen,[12] noch soll diese Beobachtung zur Karriere der Klimadiskussion unterstellen, dass es ausschließlich wissenschaftlich fundierte Ansichten sind, die den öffentlichen Diskurs über Umweltfragen steuern und bestimmen. Historische Präzedenzfälle haben ihren besonderen Stellenwert in Diskussionen dieser Art, können jedoch eine Analyse der gegenwärtigen Zusammenhänge und Zustände nicht ersetzen, zumal die Karriere dieser Reflexionen in Öffentlichkeit und Politik immer in eher lethargische und desinteressierte Phasen mündet (vgl. Mazur, 1996), in denen das Thema Klimawandel im Vergleich zu anderen, brennenderen Tagesthemen kaum Resonanz findet.

Ich bin skeptisch gegenüber der ausschließlichen Relevanz naturwissenschaftlicher Informationen über das Klima und den Klimawandel für die Gesellschaft und möchte im Gegensatz dazu die Aufmerksamkeit auf die Art und Weise lenken, in der solche Informationen in strittige öffentliche Debatten über den

11  Die praktische politische Relevanz und das Ausmaß, mit welchem moderne Umweltprobleme zu ideologischen Traditionen werden, die sich mit den sozialen Bewegungen und (neuen) politischen Parteien verbinden, die wiederum mit anderen modernen ideologischen Konflikten vergleichbar sind, variiert erheblich von Gesellschaft zu Gesellschaft. Am modernen Weltbild der Umwelt wird noch gebastelt, und es ist abzuwarten, ob man zum Beispiel den praktischen Erfolg oder mangelnde Resonanz mit der Entwicklung des Wohlfahrtskapitalismus (siehe Eder, 1966) beziehungsweise mit unterschiedlichen politischen Systemen, der Rolle der Massenmedien und/oder anderen sozialen und politischen Entwicklungen verbinden kann.

12  Tatsächlich wurde von Anfang an die Entwicklung in den Industriegesellschaften von intensiven Diskussionen über solche Umweltprobleme begleitet wie zum Beispiel die Entwaldung, Bodenerosion, Raubbau an Bodenschätzen bis hin zu den Auswirkungen des kommerziellen Gebrauches der Atomenergie.

Sinn und die Notwendigkeit einer Klimapolitik hineingezogen werden. Die politische Antwort auf autoritativ auftretende wissenschaftliche Wissensansprüche scheint, zumindest was die angemessene Antwort aus ihrer eigenen Perspektive angeht, auf der Hand zu liegen: als Reaktion auf die gesellschaftlichen Folgen der anthropogen verursachten Klimaveränderungen lässt man sich auf eine bisher beispiellose Form des geplanten und verwalteten sozialen Wandels sowie auf politische und ökonomische Transformationen ein. Die Wissenschaft mag zwar versuchen, ihre eigene gesellschaftliche Rezeption zu beeinflussen, kann letztlich aber nur in beschränktem Maß die Einstellung der Gesellschaft zu ihren Ergebnissen kontrollieren. Außerdem kann die Klimaforschung nicht mit Überzeugung behaupten, dass ein nochmaliger geplanter Klimawandel ohne eigene schmerzhafte Folgen und unvorhergesehene Konsequenzen bleibt.

Meine Wahrnehmungen über das »Verwalten« der globalen Allmende sollten nicht als Versuch interpretiert werden, die Realität eines anthropogenen Klimawandels einfach zu leugnen oder zu minimieren. Stattdessen neige ich zu der Überzeugung, dass ein anthropogener Klimawechsel durch steigende atmosphärische Treibhausgasaufladungen, verursacht durch fortgesetzte anthropogen verursachte Emissionen, in der Tat wahrscheinlich ist, dass dies in den Aufzeichnungen über Temperaturmessungen in Erdoberflächennähe erkennbar ist und mit den verfügbaren verbesserten Projektionen von quasirealistischen Klimamodellen in Einklang gebracht werden kann (zum Beispiel Cubasch et al., 1995). Gleichzeitig sind die öffentlichen Diskussionen über die praktische Bedeutung dieser wissenschaftlichen Befunde und deren Ergebnisse unwiderruflich verwoben mit sozialen, ideologischen, politischen und ökonomischen Überlegungen. Eine historische Betrachtung prominenter wissenschaftlicher Vorstellungen über die außerordentliche gesellschaftliche Macht des Klimas spiegelt die Tatsache der Mischung von »objektiven« und ideologischen Elementen auch in wissenschaftlichen Diskursen sehr gut wider (siehe Stehr und von Storch, 1999).

Die »Klimafolgenforschung« der Vergangenheit in der Form des geographischen Klimadeterminismus manövrierte sich in der Regel in eine intellektuelle Sackgasse, indem sie versuchte zu beweisen, dass die meisten, wenn nicht sogar alle wesentlichen und unwesentlichen gesellschaftlichen Prozesse durch Klimafaktoren gesteuert sind. So war man überzeugt, die Gesundheit des Menschen, der Aufstieg und Niedergang ganzer Zivilisationen, die Mortalität und die Selbstmordhäufigkeit, der wirtschaftliche Erfolg beziehungsweise Misserfolg sowie eine endlose Zahl weiterer sozialer Verhaltensweisen seien durch das vorherrschende Klima des jeweiligen geographischen Ortes bestimmt. Die gegenwärtige Klimafolgenforschung ist zum Teil stillschweigend zu den alten Konzepten des Klimadeterminismus zurückgekehrt und damit der Gefahr ausgesetzt, wieder in die gleiche intellektuelle Sackgasse zu geraten wie ihre Vorgängerinnen.

Was daher erforderlich ist, ist eine radikale Abkehr von derartigen Perspektiven und damit eine explizite Anerkennung der Vielzahl von dynamischen Zusammenhängen zwischen Natur und Gesellschaft. Jedoch ist es schwierig, eine solche Kritik in konkrete Forschungsprogramme umzusetzen, da man durch das weitgehend akzeptierte Verbot, soziale und natürliche Faktoren in der sozialwissenschaftlichen Untersuchung nicht zu vermengen, davon abgehalten wird, über das Stadium des Bedauerns über unzureichendes Wissen von den Wechselbeziehungen zwischen Gesellschaft und Natur hinauszukommen.

## Natur, Ökonomie, Gesellschaft und soziale Normen

Allerdings ist die Problematik einer Analyse des Zusammenspiels von Ökonomie und Ökologie aus anderen Gründen noch schwieriger. Einer der gravierenden Nachteile bestehender Modelle, die zum Beispiel konstruiert worden sind, um gesellschaftliche Reaktionen auf globale Umweltprobleme wie die des Klimawandels zu simulieren, etwa in Form von *integrated assessment*-Modellen, wie sie zur Zeit in der Klimafolgenforschung dominieren, oder auch in rein ökonomischen Modellen, sind mangelnde oder vielmehr gar nicht vorhandene generelle Konzeptionen darüber, wie sich die Ökonomie sowie andere gesellschaftliche Institutionen in modernen Gesellschaften zu entwickeln scheinen.[13] Zwar trifft zu, dass die Sozialwissenschaften

13 Das den »integrated assessment«-Modellen gewidmete Kapitel im jüngsten Bericht des *Intergovernmental Panel on Climate Change* (IPCC) bezieht sich auf unterschiedliche Ziele, denen diese Modelle entsprechen sollten. Unter diesen Zielsetzungen ist auch die »coordi-

auf dem Gebiet der gesamtgesellschaftlichen Analyse in den letzten Jahrzehnten nicht unbedingt Höchstleistungen aufzuweisen haben, aber der Versuch, soziale, ideologische und ökonomische Transformationen und Trends zu berücksichtigen, sollte dennoch nicht ganz aufgegeben werden. Auf jeden Fall sind die Beziehungen von Ökologie und Gesellschaft nicht statischer Natur. Sie verändern sich und tun dies dann auch in einer nicht unbedingt antizipierten Art und Weise.

Wie dem auch sei, es ist auf jeden Fall nicht unbedingt ratsam, einen weitgehend durch vergangene Entwicklungen bestimmten Blick in die Zukunft zu werfen. Dass die Zukunft wie die Vergangenheit verläuft, ist eine für unser Zeitalter sehr vereinfachende Prämisse und nicht gerade hilfreich in Reflexionen, die sich mit der Dynamik der Beziehungen von Natur und modernen Gesellschaften auseinander setzen. Auch kurzfristig projektierte politische Ziele und Maßnahmen sind in diesem Kontext wenig hilfreich.

Die Frage nach der genauen Qualität und Entwicklung der Koppelung zwischen dem, was noch immer in bestimmten Situationen als (ökonomischer) »Fortschritt« genannt wird, und der natürlichen Umwelt ist in höchstem Maße strittig. Zweifellos trifft zu, dass wir das einmal als selbstverständlich akzeptierte Verständnis, Fortschritt bedeute die Beherrschung der Natur durch den Menschen, überwunden haben. Heute gilt fast ebenso universell der Umkehrschluss, dass Fortschritt das Ende der Natur bedeutet.[14] In der Entdeckung, dass die globale Ökologie

nated exploration of possible future trajectories of human and natural systems« (vgl. Bruce et al., 1966: 371). Aber entgegen diesem Anspruch befasst sich der Rest des Kapitels des IPCC-Berichts nur am Rande mit zukünftigen gesellschaftlichen Szenarios; zutreffender ist vielmehr, dass die verschiedenen Modelle kaum entscheidende intellektuelle Energie in die Analyse solcher Entwicklungslinien investieren.

14 Richard White (1996: 125) hat den – auf die Vereinigten Staaten bezogenen – informativen Versuch unternommen, die Ideengeschichte in einem wesentlich umfassenderen Kontext zu interpretieren. Solch eine Interpretation lässt kaum Spielraum für die vereinfachende Konzeption vom Fortschritt, der mit der Beherrschung der Natur zusammenfällt. So leuchtete es zum Beispiel vor einigen Jahrhunderten vielen Beobachtern durchaus ein, und zu ihnen zählte nicht nur Robert Malthus, dass die Natur sich anschickte, dem zivilisatorischen Fort-

nicht in der Lage sein wird, einer unbegrenzten oder nachhaltigen Ausdehnung der Produktivkräfte (soweit wir sie heute kennen) zu widerstehen, sehen einige Beobachter daher den endgültigen Verlust des Glaubens an den Fortschritt. Die nachteiligen Nebenwirkungen des zivilisatorischen Fortschritts, insbesondere des wirtschaftlichen Fortschritts, werden heute fast schon als selbstverständlich akzeptiert und drängen dessen Vorteile in offenkundiger und drohender Weise in den Hintergrund. Die Bitterkeit, mit der die Verfechter des wirtschaftlichen Wachstums Umweltschützer angreifen, und die Virulenz, mit der sie ihrerseits von Verfechtern des ökonomischen Wachstums beziehungsweise Wachstumsmythos geschmäht werden, signalisiert unmissverständlich einen tiefgreifenden Widerspruch in den Auffassungen vieler zwischen ökonomischer Entwicklung, insbesondere in Form von exzessiver Konsumtion, und umweltschonender Nachhaltigkeit.

Die offenkundigen Schwierigkeiten in der gleichzeitigen und gleichrangigen Realisierung von ökonomischen und ökologischen Zielfunktionen, die verbreitet als widersprüchliche Ziele angesehen werden, spiegeln sich auch in den gegensätzliche Interessen verfolgenden politischen Parteien, sozialen Bewegungen, den Wirtschaftsverbänden, den Gewerkschaften und anderen gesellschaftlichen Institutionen wider. Die offensichtlichen Widersprüche zwischen Ökonomie, Gesellschaft und Ökologie finden auch ihren Ausdruck in der Wissenschaft. Hier sind diese Gegensätze allerdings nicht nur in der Tatsache reflektiert, dass »Experten« aus den unterschiedlichsten Disziplinen angeblich wissenschaftliche (das heißt objektiv und empirisch verankerte) Thesen vertreten, die das Dilemma von ökologischen und ökonomischen Zielen mit unterschiedlichen Belegen versehen bestätigen, sondern auch in disziplinären theoretischen Perspektiven, wie etwa der Ökonomie, der Ökologie und der Soziologie, die sich keineswegs einfach ergänzen oder miteinander koppeln lassen. Eine gemeinsame, logische oder disziplinübergreifende theoretische Perspektive, die die Problematik des Zusammen-

schritt den Garaus zu machen. In den Vereinigten Staaten entstand damals im Gegensatz zum heute verbreiteten Pessimismus die weithin akzeptierte Vorstellung von einer harmonischen Verbindung von Natur und Kultur und der »conquest of nature was not only a recipe for progress, but also a corrective to the dangers of progress«.

spiels von Ökologie und Ökonomie erhellen könnte, existiert einfach nicht. Jede der genannten sozialwissenschaftlichen Disziplinen betont die vorrangige Bedeutung unterschiedlicher Rahmenbedingungen: Bei den Ökonomen sind es die Rolle des Marktes und Nützlichkeitserwägungen, bei den Ökologen die Biosphäre und die Nachhaltigkeit, während die Soziologen soziopolitische oder normative Probleme in den Vordergrund rücken. Eine theoretische Plattform oder ein zu gleichen Teilen getragener transdisziplinärer Diskurs über die dringenden praktischen Probleme, die die Verbindung von Wirtschaft, Gesellschaft und Umwelt aufwirft, ist in nächster Zeit wohl kaum zu erwarten, geschweige denn, dass man aus solchen einander widerstrebenden disziplinären Interessen eine auch nur annähernd kohärente Perspektive entwickeln kann.[15] Darüber hinaus wird auf Grund der vorherrschenden theoretischen Überzeugungen

15 Robinson und Tinker (1997: 74) kommen in ihrer Abhandlung über die mögliche Aussöhnung von Ökologie, Ökonomie und gesellschaftlichen Normsystemen zu der Schlussfolgerung, dass es im Rahmen theoretischer Überlegungen durchaus möglich ist, die »biosphere, the market and human society as three interacting ›prime systems‹, sharing many common characteristics, and each co-equal to the others in that each has an equivalent primacy and importance« zu konzipieren. Im Gegensatz zu Robinson und Tinker lege ich vor allem Wert auf die Feststellung, dass sich widersprechende Zielvorstellungen praktisch konvergieren beziehungsweise dass eine Versöhnung als Resultat von grundlegenden gesellschaftlichen Veränderungen in der Struktur und Kultur der modernen Gesellschaft möglich wird; zum Beispiel verändern sich die dominanten Wertvorstellungen ebenso wie die Struktur der Wirtschaft. Diese Veränderungen bilden die Bedingungen für die Möglichkeit neuer Verbindungen zwischen Gesellschaft, Wirtschaft und Umwelt. Robinson und Tinker leugnen diese praktische gesellschaftliche Transformation keineswegs, sie betonen aber die Rolle des intentionalen Wandels, der nötig sei, zum Beispiel im Sinne von Verwaltungsmaßnahmen und politischen Strategien, die darauf zugeschnitten sind, eine Versöhnung der sich scheinbar widersprechenden Ziele möglich zu machen. Ich betone dagegen die Bedeutung unbeabsichtigter Folgen sozialen Handelns. Die gleichen Einwände gelten daher auch für Vorschläge, unterschiedliche Weltanschauungen planvoll zu kombinieren (zum Beispiel Münch, 1992: 57), um einer rein (westlich) bestimmten instrumentellen/technischen Rationalität zu entkommen, die eine Versöhnung von ökologischen und ökonomischen Zielen unmöglich macht.

angenommen, dass eingefahrene, etablierte wirtschaftliche, politische und soziale Trends sich auch in der Zukunft durchsetzen *werden oder müssen*; auf diese Weise entsteht so etwas wie ein »*business-as-usual*«-Szenario beziehungsweise der schon zitierte nach rückwärts gewandte Standpunkt, der angeblich – folgt man einer der beiden konkurrierenden Interpretationen dieser Trends[16] – nur zu einem jähen, katastrophalen Ende kommen kann.

## Eine alternative Sichtweise

An dem herkömmlichen Szenario ist richtig, dass das Wirtschaftswachstum nicht nur in den entwickelten Gesellschaften in den kommenden Jahren und Jahrzehnten im Durchschnitt kaum nachlassen wird, unter Umständen sogar ansteigen dürfte. Daraus ergibt sich, dass ein Abkoppeln des ökonomischen Wohlstands und Wohlbefindens vom Verbrauch materieller Güter nicht leicht sein wird. Wie ich jedoch aufzuzeigen versuchte, werden die Grundlagen für das Fortdauern des Wirtschaftswachstums nicht mehr so aussehen wie in der Vergangenheit, namentlich angetrieben von den traditionellen Produktionsfaktoren Arbeit und Eigentum. Wachstum ist verstärkt von Wissen abhängig oder, wie es manche vorziehen zu formulieren und damit sehr viel enger begrenzen, von einem sich selbst verstärkenden technologischen Fortschritt. Jede neue Idee macht die zusätzliche Entwicklung neuen Wissens um so leichter. Ich habe derartige Trends generell als Transformation moderner Gesellschaften in Wissensgesellschaften bezeichnet.

Mit anderen Worten, sofern es überhaupt sinnvoll ist, umfassende, stark generalisierende Aussagen über moderne gesamtgesellschaftliche Trends aufzustellen, so wäre dies allenfalls die These, dass sich das Tempo des sozialen und ökonomischen

16 Ich spreche von konkurrierenden Interpretationen der Verlängerung herrschender ökonomischer Trends und meine damit einerseits, wie schon angedeutet, dass eine »Umkehr« des Trends nur auf katastrophale Weise denkbar scheint. Die entgegengesetzte Interpretation der gleichen Trends unterstellt ganz einfach, dass es keinen Widerspruch oder Zielkonflikt zwischen ökologischen und ökonomischen Zielen gibt.

Wandels ständig beschleunigt. Es kann darüber hinaus wohl kaum ein Zweifel bestehen, dass die im Zuge dieser Entwicklung zu beobachtenden gesellschaftlichen Veränderungen einen signifikanten Einfluss auf die Möglichkeiten und Chancen haben werden, die globale Allmende zu verwalten. Insbesondere die Veränderungen auf dem Gebiet wirtschaftlicher Produktion und wirtschaftlicher Beziehungen in der modernen Gesellschaft erlauben es, von der Möglichkeit eines Ausgleichs und gar einer Versöhnung scheinbar widersprüchlicher Forderungen wie der der ökonomischen und ökologischen Ziele zu sprechen; allerdings wird dies, so lautet die These dieses Abschnitts, ein Ergebnis der *unbeabsichtigten* Folgen *zielgerichteten* sozialen und ökonomischen Handelns sein,[17] das in großem Maß weiter von durchaus konventionellen Motiven gesteuert ist.[18]

17 In dieser Idee klingt offenbar einer der frühesten und bekanntesten Artikel Robert Mertons (1936) an mit dem Titel »Unanticipated consequences of purposive social action.« Hayeks Charakterisierung des Preissystems und seiner Funktion als Kommunikationsmechanismus nur lokal vorhandenen Wissens ist ein weiterer vergleichbarer Ansatz. Und zwar unterstreicht Hayek ([1945] 1948: 87) in bewusst polemischer Absicht, dass das Preissystem nicht Ergebnis planvollen Handelns ist: »and if the people guided by the price changes understood that their decisions have significance far beyond their immediate aim, this mechanism would have been acclaimed as one of the greatest triumphs of the human mind« (siehe auch Hayek, 1967: 97).

18 Die damals und auch heute noch provokante These von Julian Simon ([1968] 1996: 578), dass in der modernen Welt »raw materials and energy are getting less scarce«, könnte als eine andere Form des Gedankens aufgefasst werden, dass die *unbeabsichtigten* Folgen sozialen Handelns, in diesem Fall der weltweite Bevölkerungsanstieg, möglicherweise ökonomische und ökologische Ziele einander näher bringen, als viele vermuten. Wie dies vor sich geht, beschreibt Simon ([1968] 1996: 579) mit einem Verweis auf die »effects of the number of people upon the standard of living, with special attention to raw materials and the environment. On balance the long-term effects are positive. The mechanism works as follows: Population growth and increase of income expand demand, forcing up prices of natural resources. The increased prices trigger the search for new supplies. Eventually new sources and substitutes are found. These new discoveries leave humanity better off than if shortages had not occurred«. Eine neuerliche Auseinandersetzung mit Simons allgemeineren und

Diese These ist aber auch selbstkritisch gemeint. Viele intellektuelle beziehungsweise wissenschaftliche Anstrengungen werden kaum eine nachhaltige Veränderung in den vorherrschenden sozialen und kulturellen Beziehungen von Gesellschaft und Natur herbeiführen. Beschränkt man sich zum Beispiel darauf, die ökonomische Theorie um den Produktionsfaktor Natur zu erweitern, oder etwa auf eine präzisere Spezifikation des Begriffs der Nachhaltigkeit der Naturnutzung, so werden diese Bemühungen, so sinnvoll sie auch sein mögen, nicht mehr als in einem eher bescheidenen Maß zu einer Transformation des gesellschaftlichen Umgangs mit Natur beitragen. Um nur ein Beispiel zu nennen: Die Umweltkrise besteht allgemein in einem Zuviel an Müll, Luftverschmutzung, Pestiziden und so weiter. Der anthropogene Klimawandel wiederum besteht in hohen Emissionen in die Atmosphäre. Im ökonomischen Diskurs geht es, wie wir gesehen haben, um die wesentliche Knappheit von Gütern und Dienstleistungen. Folglich neigen Wirtschaftler dazu, zu hohe Luftverschmutzung mit einem Mangel an sauberer Luft gleichzusetzen. Und da solche Faktoren wie reines Wasser, frische Luft, ein verlässliches Klima usw. in der normalen Welt der ökonomischen Produktion fehlen, wird darauf gedrungen, sie in den ökonomischen Diskurs aufzunehmen. Derartige Absichten mögen zwar wohl durchdacht und gut gemeint sein, haben aber kaum oder gar keinen Einfluss auf die Transformation des modernen Wirtschaftssystems. Andererseits, so sollte gleichzeitig betont werden, impliziert diese These keineswegs, dass jede politische Maßnahme zur Umweltpolitik sinnlos ist.

Kern meiner Analyse ist die These, dass der Ursprung, dass die Besonderheiten der sozialen Struktur und die Entwicklung von Wissensgesellschaften insgesamt mit einer radikalen Transformation unseres ökonomischen Systems verbunden sind; und dass diese Entwicklungen bestimmte neuartige, oft nicht geplante und nicht antizipierte Konsequenzen umfassen wie zum Beispiel in Bereichen der Handelsbedingungen, Konsumtion, Inflation, Produktivität, dem Wettbewerb, der Beschäftigung, dem Umgang mit Abfällen, auch in der Definition ökonomischer Ziele und Mittel. Die noch für die Industriegesellschaft typischen Pro-

gegensätzlichen Thesen über die Folgen der heutigen Bevölkerungszunahme für das wirtschaftliche Wachstum findet sich in Ahlburg (1998).

duktionsprozesse werden von einer Anzahl von Faktoren bestimmt, deren Bedeutung als Voraussetzung nachhaltigen Wirtschaftswachstums systematisch abnimmt: Die Quantität der ge-
nutzten Rohmaterialien geht zurück, und die Effizienz der in
Produktionsprozessen verwendeten Primärressourcen steigt, die
Abhängigkeit der Beschäftigung von der Produktion von Gütern
und Dienstleistungen nimmt ab; die Rolle der Arbeit (im Sinne
manueller Arbeit, die Produkte herstellt und bewegt) verändert
sich ebenso wie die Beziehung der physischen Distanz und der
Kosten zur sozialen Organisation von Arbeit; die Rolle des internationalen Handels von Gütern und Dienstleistungen und nicht
zuletzt die natürlichen Grenzen des wirtschaftlichen Wachstums
werden sich in Wissensgesellschaften in dramatischer und nach-
haltiger Weise verändern. Es ist höchst wahrscheinlich, dass die
Mehrzahl, wenn nicht sogar jede dieser Veränderungen enorme
Auswirkungen auf den Umfang und die Art der gesellschaftlichen Austauschprozesse zwischen Natur und Mensch haben
wird.

Der gemeinsame Nenner dieser Veränderungen in der Struktur
der Wirtschaft ist das Überwechseln von einer mit materiellen
Einsätzen und manueller Arbeit operierenden Wirtschaft zu einer Wirtschaft, deren Produktionsprozesse und Organisation
wesentlich von »symbolischen« oder auf Wissen basierenden Inputs und Outputs gesteuert werden. Bei einer »Dematerialisierung« ökonomischer Aktivitäten handelt es sich also grob gesagt
um beides, die relative und die absolute Reduzierung der Menge
an Material »required to serve economic functions« (Wernick et
al., 1996: 171). Dass eine Dematerialisierung der Ökonomie auf
allen Stufen wirtschaftlicher Aktivitäten erhebliche Folgen für
den Umgang des Menschen mit der Natur hat, liegt auf der
Hand.[19]

Viele sozialwissenschaftliche Abhandlungen, offizielle Statistiken und Reflexionen über die Beziehungen von Ökologie und
Ökonomie basieren weiter auf der Prämisse, dass ökonomische

19 Im Fall der Abfallproduktion mag sich das Ziel der völligen Abfallver-
meidung für Industrie und Verbraucher als zu teuer erweisen, aber
Szenarios und Anreize zur optimalen Wiederverwertung sind durchaus machbar (siehe Frosch, 1996). Ein Beispiel für eine erfolgreiche,
profitable »Zero-waste«-Produktion im Brauereigewerbe wird von
Pauli (1998) beschrieben.

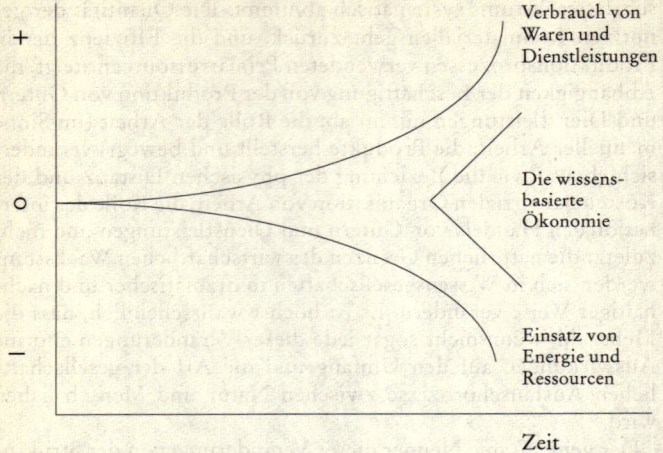

Verbrauch von Waren und Dienstleistungen

Die wissensbasierte Ökonomie

Einsatz von Energie und Ressourcen

Zeit

*Quelle:* Robinson und Tinker, 1997

Aktivitäten primär Ausdruck des Verbrauchs von umfassenden natürlichen Ressourcen und des Einsatzes von Arbeitskräften für die Güterherstellung und der Produktion standardisierter Waren und Dienstleistungen sind. Das Entscheidende ist hier, dass sich in der Wirtschaft der entwickelten Gesellschaften bei der Produktion von Gütern und Dienstleistungen, mit Ausnahme der am häufigsten standardisierten Gebrauchsgüter und Dienstleistungen, in gesteigertem Maße andere Faktoren als die Anzahl von Arbeitszeiteinheiten oder die Menge an physischem Kapitaleinsatz bemerkbar machen.

Eine der auffallenden und einschlägigen Veränderungen in diesem Zusammenhang ist das »Abkoppeln« der Rohmaterialwirtschaft von der industriellen Produktion. Das allmähliche Loslösen hat sich in den vergangenen Jahrzehnten in einem weltweiten Preisverfall von Rohstoffen im Vergleich zu den Preisen von Industriegütern manifestiert und ist möglicherweise dadurch eher verlangsamt worden.

Eine der traditionellen Annahmen der neoklassischen Ökonomie ist es, dass die Veränderungen in der Preisstruktur von Waren und Dienstleistungen, und dazu gehören mit Sicherheit dramatische Preisänderungen, einen entscheidenden Einfluss auf den Konjunkturverlauf der Wirtschaft haben beziehungsweise signifikant vom Konjunkturverlauf beeinflusst werden. Jedoch hat der angesprochene einschneidende Preisverfall bei den meisten Rohmaterialien nicht zu einem wirtschaftlichen Abschwung geführt, außer vielleicht in jenen Ländern, welche in besonders starkem Maß auf den Export von Rohstoffen angewiesen sind. Im Gegenteil, die Produktion von Industriegütern ist gewachsen. Das Wirtschaftswachstum wiederum hat bisher nicht zur Folge gehabt, dass die Preise für Rohstoffe signifikant gestiegen sind. Trotz der wachsenden Produktion im Herstellungssektor der entwickelten Volkswirtschaften haben sich die Rohstoffpreise in den vergangenen Jahren nicht verteuert. Obwohl man Messprobleme nicht unterschätzen darf, steht doch wohl unzweideutig fest, dass die Dematerialisierung der modernen Ökonomie begonnen hat.[20] Insgesamt formieren sich diese Entwicklungen zu einem in *Abbildung 1* dargestellten »symbolischen Keil«.

Ein weiterer bemerkenswerter und relevanter Entwicklungstrend, der Auswirkungen auf die Wertvorstellungen und die Art der Lebensgestaltung in der modernen Gesellschaft hat, ist der wachsende Wohlstand in der Gesellschaft (vgl. Stehr, 1996; Schipper, 1996). Ich meine damit den relativen Rückgang in der direkten Bedeutung der Ökonomie für den Einzelnen und die Haushalte. Es handelt sich also um eine Abnahme in der direkten materiellen Abhängigkeit dieser Entitäten von Aktivitäten und Einflüssen des Marktes, insbesondere in der Abhängigkeit des Beschäftigungsverhältnisses, worin viele noch immer ihre Hauptaufgabe als wirtschaftliche Akteure sehen. Was sich verringert, ist die Enge der Einbindung vieler Akteure in die alleinige, materielle Abhängigkeit von ihrem Beschäftigtenstatus; was zunimmt, ist die relative materielle Emanzipation vom Arbeitsmarkt durch größeren Wohlstand. Die sich vermindernde materielle Abhängigkeit von der Erwerbsposition beeinflusst natürlich nicht nur jene, welche arbeiten, sondern kann paradoxerweise – vielleicht sogar in noch stärkerem Maße – auf jene

20 Eine empirisch fundierte und informierte Darstellung dieser Entwicklungen findet sich zum Beispiel in Wernick et al., 1996.

*Abbildung 2:* Die kulturelle Transformation der modernen Gesellschaft

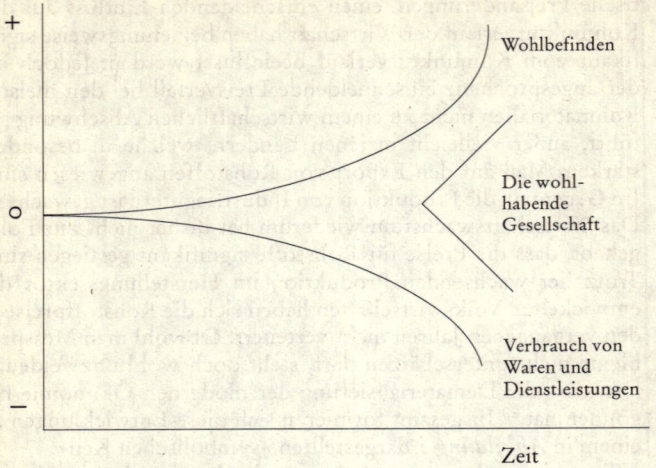

*Quelle:* Robinson und Tinker, 1997

bezogen werden, die zu dem immer größer werdenden Segment der Bevölkerung gehören, das ohne feste Arbeit und daher unfreiwillig vom Arbeitsmarkt abgeschnitten ist. Diese ganze Entwicklung war nur dadurch möglich und ist zu einem großen Teil abhängig von dem, was für die hier in Betracht kommenden entwickelten Länder historisch gesehen eine einzigartige Erfahrung ist: In der Geschichte der Industrieländer Westeuropas und der Vereinigten Staaten gibt es keine Erfahrung, die der zwischen 1950 und 1985 gemachten vergleichbar wäre. Am Ende dieses Zeitraums lebte nur etwa ein Fünftel der Bevölkerung unter der ständigen Bedrohung, in eine wirtschaftliche Notlage zu geraten, wie sie zuvor das Leben von drei Vierteln der Bevölkerung überschattet hatte. Obwohl es selbst in den reichsten Ländern immer noch Armut gibt, hat sich der materielle Lebensstandard für die Mehrheit innerhalb von 35 Jahren nahezu ohne Unterbrechung stetig verbessert. Hierin liegt vor allem die Einzigartigkeit dieser Entwicklung (siehe Milward, 1992: 21).

Überzeugende empirische Beweise und Illustrationen, die das

*Abbildung 3:* Zusammenführung der Entwicklungsprozesse

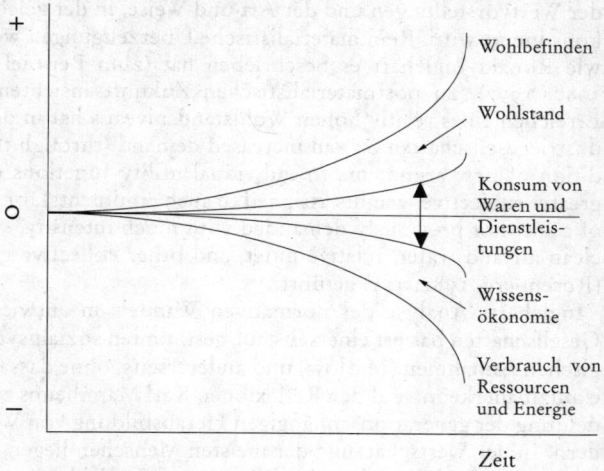

*Quelle:* Robinson und Tinker, 1997

Ausmaß und die relative Bedeutung dieser Transformation veranschaulichen, sind schwer zu erbringen, weil Erwägungen über die Verteilung des persönlichen Wohlstands, der Werte und des Vermögens pro Haushalt, von diversen finanziellen Ansprüchen usw. hauptsächlich aus ideologischen Gründen weiter durch das vorrangige Interesse an dem Maß der Konzentration des Wohlstands in einer Gesellschaft, insbesondere an jenem Teil des Reichtums, den die Oberschicht der Vermögenden kontrolliert, bestimmt werden – oder aber der Blickwinkel war ausschließlich auf das Ausmaß der Armut gerichtet. Weiter herrschende und sich jeder Vorstellungskraft entziehende ökonomische Ungleichheits- und Vermögensstrukturen sowie die realen Aussichten auf eine in erhöhtem Maße materiell geteilte Gesellschaft sollten aber nicht einfach dazu führen, das erhebliche Ansteigen des allgemeinen Wohlstandsniveaus und der Prosperität zu ignorieren. Natürlich sollte angesichts dieser Entwicklung hinterfragt werden, welche Konsequenzen dies für die hoch entwickelten Gesellschaften und die Verhaltensweisen der Gesellschaftsmitglieder hat. Eine der wahrscheinlichen und dokumentierbaren Konsequenzen des allgemein gesteigerten Wohlstands ist ein Wandel der Wertvorstellungen und der Art und Weise, in der gelebt und konsumiert wird. Rein materialistische Überzeugungen werden, wie Ronald Inglehart es beschrieben hat (zum Beispiel 1977, 1987, 1997), zu postmaterialistischen Zukunftsansichten. Das Erreichen eines relativ hohen Wohlstandsniveaus hat in den Industriegesellschaften zu »an increased demand (through the addition of new arguments to individual utility functions or the greater subjective weights assigned to such arguments) for goods of a sort nor previously demanded with much intensity, such as clean air and water, relative quiet, and other collective goods« (Rosenberg, 1982: 315) geführt.

Ingleharts Analyse des normativen Wandels in entwickelten Gesellschaften basiert einerseits auf bestimmten sozialpsychologischen Annahmen (Maslow) und andererseits, ohne dass er dies explizit anerkennt, auf den Reflexionen Karl Mannheims zur Bedeutung der generationsanhängigen Herausbildung von Weltbildern. In der Wertschätzung der meisten Menschen liegen, so argumentiert Inglehart, knappe Dinge vorn. Individuen erlernen oder erwerben ihre dann in der Regel lebenslang gültige Weltanschauung relativ früh in ihrer Biographie. Inglehart kombiniert diese beiden Grundprämissen mit der Beobachtung, dass es in der Nachkriegszeit zum ersten Mal Kohorten gab, die in relativ großem materiellem Wohlstand aufwuchsen – ein Umstand, der für das Entstehen postmaterialistischer Weltbilder unter Mitgliedern dieser Kohorten verantwortlich sein könnte. Das heißt, die Herausbildung postmaterialistischer Weltanschauungen beginnt mit jenen Generationen der Nachkriegszeit, die ihre sie kulturell prägenden Jahre unter Bedingungen relativ gesicherter wirtschaftlicher Prosperität und physischer Sicherheit verbrachten. Der Trend zu diesen Werten manifestiert sich in neuen politischen Prioritäten, besonders in Bezug auf Werte innerhalb der Gemeinschaft und bei Ansichten und Aussagen über Fragen des Lebensstils, und dies wiederum führt zur stufenweisen Neutralisierung politisierender Polaritäten, die ihre Basis in traditionellen, klassenbewussten Loyalitäten hatten.

Zusammenfassend lässt sich feststellen, dass ein dringender Bedarf besteht, die wirtschaftlichen, kulturellen und moralischen Veränderungen in der modernen Gesellschaft und deren Auswirkungen auf einen Fortschritt in Richtung des Ziels einer nachhaltigen, stabilen Wirtschaftsentwicklung (»sustainable development«; vgl. auch Grove-White, 1996) besser zu verstehen. Verständnis ist nötig, um ermessen zu können, ob und in welchem Ausmaß sie Transformationen enthalten, die radikal jedwede Diskussion über die miteinander verknüpften Zusammenhänge zwischen Natur, Gesellschaft und Ökonomie verändern.

## Zusammenfassende Bemerkungen

Klimaforschung wurde während der vergangenen Jahrzehnte erfolgreich in der wissenschaftlichen Gemeinde betrieben. Die gegenwärtige Klimaforschung hat sich hauptsächlich mit Fragen über die physikalische Dynamik des Klimas, verstanden als ein natürliches Phänomen, beschäftigt, die von ebendieser wissenschaftlichen Gemeinde und in geringerem Maß vom politischen System erhoben wurden. Numerisch und systemanalytisch exakte Antworten galten als ausreichend, und die Umsetzung dieses Wissens in praktische Entscheidungen im gesellschaftlichen und politischen Bereich wurde weitgehend als selbstverständlich angesehen.

Aber der Erfolg der Klimaforschung hat bisher nicht zur Implementation praktikabler politischer Gesetze und Verordnungen geführt. Stattdessen argumentiert man im Balanceakt zwischen zu erwartenden Schäden und deren Beseitigungskosten besänftigend oder vernachlässigt beziehungsweise meidet die detrimentalen Konsequenzen einer zu erwartenden anthropogenen Klimaveränderung ganz und gar. Für die alarmierenden Warnungen (»Klimakatastrophe«) der Medien werden indessen die Informationen aus den Reihen der Klimaforschung verantwortlich gemacht, die vielleicht sogar politisches Desinteresse beziehungsweise Inaktivität nach sich ziehen. Der Umgang mit magischen Begriffen wie Treibhauseffekt und globale Erwärmung gehört inzwischen weitgehend zum Alltag; aber ebenso alltäglich ist die Verwirrung über Art und Inhalt dieser Konzepte. Politische Aktionen sind meist auf verbale Ankündigungen und auf eine mehr oder minder generöse Finanzierung der Klimaforschung beschränkt.

In diesem Sinn verhalten sich heutige Naturwissenschaftler genauso naiv und wohlmeinend wie seinerzeit Svante Arrhenius, der für die Theorie des Wärmeeffekts der atmosphärischen Kohlendioxyd-Aufladung verantwortlich ist (Arrhenius, 1896) und der Ansicht war, dass wissenschaftliche Erkenntnisse allein schon die Welt verändern würden. Diese Ansicht ist jedoch reines Wunschdenken. Welches sind die ›Hauptflugbahnen‹, auf denen sich sozialer, politischer und wirtschaftlicher Wandel in der modernen Gesellschaft vollzieht, und wie greifen diese auf die Beziehungen zwischen Umwelt, Wirtschaft, politischem System und vorherrschenden Wertvorstellungen innerhalb einer Gesellschaft und von einer zur anderen über? Und wenn meine Analyse über die Konvergenz der ökonomischen Motive, ökologischen Forderungen und die [freiere] Wahl von modernen Lebensgewohnheiten richtig ist, dann ist vielleicht eine der besten und effektivsten Klimamaßnahmen in der Arena der Wissenschaft und der bildungsfördernden Maßnahmen anzusiedeln, welche dazu beitragen könnten, die radikale Transformation der Ökonomie in eine wissensorientierte Ökonomie beziehungsweise zu einer auf Wissen basierenden Wirtschaftslenkung zu fördern und zu verwirklichen. In jedem Fall sind meine Untersuchungen von Wegen, welche die globale Gemeinschaft vielleicht sogar erfolgreich beschreiten kann, kein, wie ich glaube, utopisches Versprechen mehr, sondern eine realistische Analyse der abnehmenden Wahrscheinlichkeit, dass bedachtsame Klimamaßnahmen in der Lage sein werden, den anthropogenen Klimawechsel in Zukunft zu planen. Erforderlich ist eine fließende Analyse, das heißt eine empirische Untersuchung von Umweltproblemen, welche den Fluss der aktuell stattfindenden Prozesse wesentlich enger mit der Analyse dieser Probleme verkoppelt.

## Ausblick: Die Zerbrechlichkeit der Zukunft

Anstelle der üblichen Schlussfolgerung und Zusammenfassung will ich, so schwierig dies auch sein mag, einen Ausblick formulieren. Man kann normativen Fragestellungen danach, was angesichts der hier vorgelegten Diagnose der modernen Gesellschaft und Ökonomie getan werden kann und möglich ist, nicht ausweichen. Es ist sicher ein wichtiges Symbol der Modernität, dass man sich gedrängt fühlt, diese Frage zu stellen und ernst zu nehmen. Es scheiden sich aber wohl die Geister, wenn es darum geht, ob sich überzeugende und sinnvolle Rezepte finden lassen und ob diese Antworten in die Praxis umgesetzt werden können.

Die Exploration dieser Frage ist zwar unzweideutig normativ, kann deshalb aber nicht den praktischen Befund vernachlässigen, dass die Machbarkeit der Verhältnisse zumindest aus der Sicht der großen gesellschaftlichen Institutionen, die über Jahrzehnte den Kern der Macht in der modernen Gesellschaft bildeten, ab-nimmt. Die Frage nach dem, was getan werden soll, muss, mit anderen Worten, nicht nur davon ausgehen, was zum Beispiel der Staat oder andere große gesellschaftliche Institutionen tun *sollen*, sondern auch tatsächlich tun *können* (siehe auch Drucker, [1968] 1992: ix; Stehr, 2000a). Es ist auf jeden Fall nicht leicht, konkrete Antworten zu finden. Man braucht nicht nur ein »Gespür« für kommende Möglichkeiten, also für das, was möglich ist, sondern auch für mögliche Präferenzen, um zwischen diesen wählen zu können.

Worauf ich in diesem Zusammenhang eingehen möchte, betrifft eines der Hauptmerkmale der modernen Gesellschaft im All-gemeinen und einer wissensintensiven Ökonomie im Besonde-ren. Es handelt sich um das Ausmaß, in dem soziales und öko-nomisches Handeln entscheidungsbestimmt und -basiert ist. Es kommt so nicht nur zu einer Beschleunigung gesellschaftlicher Abläufe, sondern auch zu einer bisher unbekannten Häufung nicht vorhersehbarer Ereignisse. Welche Folgen hat die Trans-formation der modernen Gesellschaft in eine Wissensgesellschaft für die Fähigkeiten großer gesellschaftlicher Institutionen, diese Entwicklungen planvoll zu beeinflussen? Muss man etwa an-gesichts der grundlegenden Transformation des Arbeitsmarktes in wissensbasierten Ökonomien nach den Möglichkeiten und Grenzen der (kurzfristigen beziehungsweise langfristigen) Ar-beitsmarktpolitik fragen? Welche Folgen hat die Herausbildung wissensbasierter Wirtschaftssysteme für den Plan/Markt/Demo-kratie-Diskurs? Die Vorteile der Globalisierung, das Gewicht eines mehr und mehr selbstregulierten Marktes ohne Grenzen und die Gefahren, die damit verbunden sind, dass die Gesell-schaftsentwicklung zunehmend entscheidungsgesteuert ist, all diese Faktoren werfen erneut die Frage der Regulierung und de-ren Formen auf.

Wissen ist anders. Deshalb ist die moderne Gesellschaft durch einen wahrscheinlich unaufhebbaren Widerspruch gekennzeichnet. Und zwar lässt sich dieser Widerspruch als eine umfassende Kapazitätsausweitung (und Autonomie) des sozialen Handelns beschreiben und beobachten. Modernisierung wird deshalb auch als ein Prozess verstanden, der eine sukzessive, aber ungleichzeitige Erweiterung der Handlungsspielräume der Akteure zur Folge hat. Die Steigerung der Möglichkeit zum Handeln erfolgt asymmetrisch. Zuerst verbessern sich die Autonomie und die Handlungschancen von funktional differenzierten Institutionen. Zeitlich versetzt, das heißt später, ist dann aber auch eine Erweiterung der Handlungsspielräume und der Wirksamkeit sozialer Handlungen von Individuen und kleinen sozialen Gruppen zu beobachten. Dass die Annahme von der gegenläufigen Erhöhung der Handlungsoptionen von Institutionen und Individuen ihrerseits zu Widersprüchen auf Grund gegensätzlicher theoretischer Sichtweisen führt, sei dabei nur am Rande vermerkt.[21] Der Optimismus, mit dem einige Sozialwissenschaftler selbst bis in die jüngste Zeit hinein unsere kollektive Fähigkeit beurteilen, soziale Institutionen entwerfen und neu planen zu können, ist angesichts dieser gesellschaftlichen Entwicklungen und des Befundes einer ungleichgewichtigen Ausweitung der gesellschaftlichen Wirksamkeit sozialen Handelns eher fehl am Platz. Wenn Coleman (1993: 10) Soziologen auf den Beginn eines neuen Zeitalters und eine vielversprechende neue gesellschaftliche Rolle der Sozialwissenschaften als Planer von sozialen Strukturen einschwört, die an die Stelle der ursprünglichen sozialen Organisationen treten, überschätzt er bei weitem die Fähigkeit, Entwürfe dieser Art in der modernen Gesellschaft anfertigen und ausführen zu können. Die ursprünglich vorhandenen Mechanismen der sozialen

21 Diese gedrängte Charakterisierung der modernen Gesellschaft steht natürlich in offensichtlichem Widerspruch zu radikal entgegengesetzten Fassungen der Besonderheit der modernen Gesellschaft als ein sich stetig verengender und effizienter werdender Kontrollmechanismus, der zum Beispiel jede Abweichung und Spontaneität im Keime erstickt. Um nur eine typische Beschreibung dieses Zustandes zu zitieren: Die von den neuen Symbolsystemen der Datenverarbeitung, der Telekommunikation und der elektronischen Massenmedien ausgehende Macht führt direkt zu einem »culturally and ecologically destructive world system, which is now based upon attaining the complete commodification of all aspects of human life« (Luke, 1989: 4).

Kontrolle sind nicht unbedingt durch neue umfassende Mechanismen gesellschaftlicher Kontrolle ersetzt worden, die sich gezielt konstruieren, handhaben und erfolgreich einsetzen lassen. Die Designer-Rolle, die Coleman der Soziologie bei der Gestaltung unserer Zukunft zuteilt, erweitert zum Beispiel die Macht des (wissenschaftlichen) Wissens auf unrealistische Weise. In Wissensgesellschaften gibt es nicht das, was Max Weber Anfang des zwanzigsten Jahrhunderts noch mit Recht *Herrschaft kraft Wissen* nennt, sondern einen Autoritätsverlust auf Grund der größeren gesellschaftlichen Verbreitung von Wissen.

Die Ausweitung der Handlungsmöglichkeiten geht Hand in Hand mit der Zurückdrängung, nicht aber unbedingt mit der Vernichtung von tradiertem Handeln. Noch ist die Globalisierung Oberfläche. Andererseits ist die Handlungsausweitung sowohl Grundlage für die Möglichkeit als auch Motiv einer fast unablässigen Suche nach Wegen zur Eingrenzung der wachsenden Handlungsoptionen. Durch eine Begrenzung der Handlungsspielräume versucht man, anscheinend verloren gegangene Handlungssicherheiten zurückzugewinnen. Da moderne Gesellschaften nicht nur den Umfang der Handlungsoptionen ausweiten, sondern gleichzeitig versuchen, die Folgen der Erweiterung der Handlungsspielräume durch Begrenzung derselben zu reduzieren, fällt es nicht schwer, zu verstehen, dass Modernität sehr bald nicht mehr nur ein wünschenswertes gesellschaftliches Ziel ist, sondern die Grundlage für Entwicklungen bildet, die sich oberflächlich zumindest in einer Kritik der Modernität ausdrücken.

Positiv gewendet repräsentiert die Ausweitung der Handlungsmöglichkeiten der Gesellschaftsmitglieder aber auch zugleich die Chance für die wachsende Einsicht, dass gesellschafts- und wirtschaftspolitische Ziele mit Hilfe einer Vielzahl von Handlungsressourcen erreicht und die Handlungsziele neu definiert und modifiziert werden können beziehungsweise versucht werden kann, sie auf Grund funktional äquivalenter Wege zu erreichen. Diese Entwicklungen »all militate in the direction of emphasizing the flexibility that may be latent in a dynamic economic system« (Rosenberg, 1982: 313).

Im Zeitalter von Thomas Robert Malthus wären es die Ökonomen, die Zweifel über die Möglichkeiten und Chancen zukünftigen Wirtschaftswachstums anmeldeten. Malthus verfasste seinen warnenden Essay *On the Principle of Population as it Affects the Future Improvement of Society* 1789 bewusst als Antwort auf die optimistischen Prognosen der Französischen Revolution. Interessanterweise sind die gegenwärtigen Malthusianer nicht so sehr unter professionellen Ökonomen zu finden als vielmehr unter Biologen, Klima- oder Erdwissenschaftlern.

Die »wachsende Wählbarkeit sozialer Sachverhalte« (C. Offe, 1986: 148) ist in der Tat nur eine Seite der gesellschaftlichen Umwandlung in eine moderne Gesellschaft. Eine andere Seite stellen aber nicht nur die dadurch entstehenden Koordinations- und Kompatibilitätsprobleme von Handlungsoptionen dar, sondern auch das stetige Bemühen, Entlastung zu produzieren, indem man sich etwa durch Planen und Forschen Handlungssicherheiten zur Festlegung der Zukunft schafft. Der Erfolg oder – wahrscheinlicher – der Misserfolg von Versuchen, die Wählbarkeit sozialer Sachverhalte zu reduzieren, entscheidet darüber, ob es im Zusammenspiel der gegenläufigen (widersprüchlichen) Entwicklungen zu einer Steigerung der Zerbrechlichkeit beziehungsweise einer Starrheit oder Immobilität der Gesellschaft kommt.

Ob die Diagnose der Zerbrechlichkeit oder Starrheit zutrifft, ist nur aus einer bestimmten Perspektive zu etablieren und zu verstehen. Man kann angesichts der Ausweitung der Handlungsspielräume vieler sicher aus der Sicht der großen gesellschaftlichen Institutionen leichter von Kontingenz und Zerbrechlichkeit sprechen. Aus der Perspektive einzelner sozialer Akteure und kleiner sozialer Gruppen nimmt sich die Erweiterung ihrer Handlungsoptionen, die sich dann zum Beispiel in effizienterem Widerstand gegen die Handlungspläne großer gesellschaftlicher Institutionen manifestiert, nicht als Ausdruck der Zerbrechlichkeit oder der Stagnation der Gesellschaft aus, sondern als Emanzipation, als Ausweitung und als Veränderung in der Verteilung der sozialen Macht.

Der Staat, die Parteien, multinationale Konzerne, die Wissenschaft oder die Kirche empfinden die gleiche Entwicklung dagegen eher als Ausdruck der Rigidität und des Verharrens der gesellschaftlichen Verhältnisse, kurz, als Verlust und Einbuße der Steuerungskapazität, von Einflusschancen und Übersichtlichkeit. Die erhebliche Ausweitung der Handlungsmöglichkeiten der Akteure, die aber nicht mit einer Konvergenz der Handlungsziele einhergeht, hat zur Folge, dass sowohl Partikularismus als auch Universalismus Hand in Hand existieren und teilweise zu sich gegenseitig stützenden Optionen werden. Der erhoffte Übergang von Glaube zu Vernunft und vom Partikularismus zum Universalismus, angeblich ein konstitutives Merkmal der klassischen Idee der Modernität, ist heute nur Ausdruck der Krise der Moderne.

Gerade auf dem Gebiet der Ökonomie gibt es unzählige, nicht nachlassende Bemühungen, die Kontingenz ökonomischer Prozesse zu reduzieren sowie mit Hilfe von sorgfältigen und detaillierten Planungen und Prognosen die Entwicklung von wirtschaftlichen Ereignissen zu rationalisieren. Dennoch ist das ökonomische System der Wissensgesellschaft, genau wie die zunehmend globalere Wirtschaft, von einer wahrscheinlich wachsenden bzw. nicht wesentlich reduzierten Indeterminiertheit gekennzeichnet. Infolgedessen haben die vielfältigen Bemühungen zur Stabilisierung und Planung zukünftiger ökonomischer Verhältnisse und Entwicklungen den Charakter einer Sisyphus-Arbeit.

Die Fülle von nationalen und internationalen Behauptungen von Seiten der Sozialwissenschaftler und politischen Entscheidungsträger und der beispiellose Optimismus der letzten Jahrzehnte hinsichtlich der Schaffung von Maßnahmen, mit denen größere Effizienz, rationalere Entscheidungsmöglichkeiten, besseres Planen und Vorausplanen und Kostensenkungen verschiedenster Art erreicht werden können, wetteifern mit bisher nicht dagewesenen, womöglich immer häufiger vorkommenden katastrophalen Entscheidungen von Seiten wichtiger sozialer Institutionen der modernen Gesellschaft, die die angestrebten Ziele völlig verfehlen (vgl. Edelman, 1995).

Auf dem Gebiet wirtschaftlicher Beziehungen ließe sich leicht eine ganze Anzahl politischer Maßnahmen nennen, die sich als konterproduktiv herausstellten oder die unfähig sind, Situationen zu bewältigen, die allgemein als dringend verbesserungsbedürftig angesehen werden. Massive ökonomische Ungleichheiten und Ungleichgewichte, Armut, Arbeitslosigkeit, Umweltverschleiß sind nur die wichtigsten Beispiele und Signale hierfür. Oberflächlich betrachtet erscheint es paradox, dass das allgemein erkennbare, mehrmalige Versagen von politischen Maßnahmen, die in dem Glauben an die Weisheit und Wirksamkeit politischer

Entscheidungen formuliert wurden, der Häufigkeit, mit der ähnliche Maßnahmen wiederholt werden, keinen Abbruch zu tun scheint. Diese Ereignisse manifester Versäumnisse, von Hilflosigkeit und dem unverminderten Drang, es noch einmal mit einem besseren Plan zu versuchen, sollten keineswegs als isoliert oder in loser Verbindung miteinander gesehen werden. Vielmehr ist anzunehmen, dass es eine systematische Verknüpfung gibt, wobei zum Beispiel »policies that fail and words that succeed« (Edelman, 1995: 403-404) gekoppelt sind; die Sprache ist bekanntlich eine starke politische Waffe. Sprachliche Effizienz und sprachliche Rationalität der Repräsentanten öffentlicher politischer Maßnahmen wirkt beruhigend, selbst wenn ihre praktischen Maßnahmen und die grundsätzlich anfechtbare Art und Weise des Kalküls, mit dem Konsens erreicht werden sollte, versagen. Ob es sich hierbei tatsächlich in erster Linie um eine Art intellektuelles Spiel der Öffentlichkeitsarbeit handelt, ist zu bezweifeln. Der Wandel in Wesen und Rolle der wichtigsten sozialen Institutionen einschließlich der Ökonomie, die größere Handlungskapazität verschiedenster Bevölkerungsgruppen sowie technologische Entwicklungen sind wichtige gesellschaftliche Prozesse und theoretische Aspekte, wenn es darum geht, das Paradox zu klären.

Es mag zwar sein, dass der temporäre Erfolg hohe Investitionen in die Entwicklung und Anwendung von Techniken zur Eliminierung von Ungewissheiten im wirtschaftlichen Handeln rechtfertigt. Unvorhergesehene, plötzlich auftretende Ereignisse negieren aber immer wieder diesen Erfolg und damit optimistische Prognosen über die Möglichkeit, zukünftige Entwicklungen zu antizipieren, um sie besser unter Kontrolle zu bringen. Die mangelnde Treffergenauigkeit der Prognosen über Prognosen exemplifiziert nur die mangelnde Determiniertheit modernen ökonomischen Handelns. Auf der Produktionsebene entsteht deshalb so etwas wie eine neue utopische Vision, die Charles Sabel (1991: 24)[22] in folgender Weise in bewusst »produktiven« Begriffen formuliert:

22 Sabel räumt ein, dass er einer der verantwortlichen Leitautoren dieser utopischen Vision ist. Allerdings ist er selbst eher Anhänger einer »gebremsten Fassung« dieser »Karikatur«, und zwar einer Sicht, die von einer »diversity and similarity of efforts to adjust to the new competitive environment« (Sabel, 1991: 24-25) ausgeht.

»Universal materializing machines replace product-specific capital goods; small and effortlessly recombinable units of production replace the hierarchies of the mass-production corporation; and the exercise of autonomy required by both the machines and the new organizations produces a new model producer which view of life confounds the distinction between the entrepreneurial manager and the socialist worker-owner.«

Die typische, professionelle Diskussion dieser Zukunftsproblematik ist oft darüber hinaus von eher optimistischen Annahmen animiert. So erwartet Daniel Bell (1973: 26) mit unverkennbarer Zuversicht die Entwicklung und Realisierung neuer »forecasting and ›mapping‹ techniques«, die wiederum eine völlig neue Phase in der Geschichte der Ökonomie möglich machen, und zwar »the conscious, planned advance of technological change, and therefore the *reduction of indeterminacy* about the economic future« (meine Hervorhebung).

Neue Realitäten erfordern aber eine neue Sprache. Dies gilt auch für die grundlegende Transformation der wirtschaftlichen Struktur der modernen Gesellschaft. Ich habe versucht, die wesentlichen Veränderungen der Ökonomie in Wissensgesellschaften und ihre Folgen für die Gesellschaft, insbesondere als Resultat der Herausbildung des Wissens als unmittelbare Produktivkraft, ausführlich zu skizzieren.

Diese notwendig werdende neue Sprache sollte im Gegensatz zum orthodoxen Image der modernen industriellen Gesellschaft vor allem aber auch die neu gewonnenen Handlungskapazitäten der Akteure, die Flexibilität, Heterogenität, Volatilität sozialer Strukturen und die Möglichkeit betonen, dass eine größere Anzahl von Individuen und Gruppen die Fähigkeit haben, diese Strukturen in ihrem Sinn zu beeinflussen und zu reproduzieren.

Nicht nur westliche Industriegesellschaften, sondern auch industrialisierte Gesellschaften in anderen Teilen der Welt sind in den letzten Jahrzehnten eher erfolgreich gewesen, den materiellen Wohlstand ihrer Bürger erheblich auszuweiten. Die Expansion der materiellen Grundlagen der Gesellschaft ermöglicht ihrerseits die Expansion von Wissenschaft und Technik, des Bildungssystems, der beruflichen Fähigkeiten, von Umverteilungsprozessen, des Netzes der sozialen Sicherung (und damit einer Verminderung der wirtschaftlichen Unsicherheit und direkten

Abhängigkeit vom Marktgeschehen), der politischen Partizipation, des Ausbaus staatlicher Aktivitäten sowie vielschichtiger kultureller Veränderungen, die traditionelle Sinnzusammenhänge und Assoziationen verkehren und traditionelle politische Verbindungen in ihr Gegenteil umkehren.

Indem industrielle Gesellschaften die ihnen eigentümlichen, das heißt ihre Identität mitbestimmenden sozialen, politischen und ökonomischen Probleme »überwinden« oder transzendieren, schaffen sie nicht nur neue Probleme, Konfliktkonstellationen und Risiken, sondern erschöpfen die Lösungspotentiale herkömmlicher Organisationsformen und Wertvorstellungen, die für die Lösung der Probleme, mit denen diese Gesellschaftsformation angetreten war, von instrumenteller Bedeutung waren. Industriegesellschaften erreichen somit die Grenzen ihrer immanenten Ausweitungsmöglichkeiten und die Grenzen der Heilungskräfte und Lösungsmöglichkeiten der von ihr generierten gesellschaftlichen Probleme. Die Ökonomie der Industriegesellschaft erreicht die Grenze ihrer Expansionsmöglichkeiten. Die Quellen des Wertzuwachses der Wirtschaft der Industriegesellschaft sind erschöpft, und eine neue Produktionskraft tritt an die Stelle der alten, die vielen Eigenheiten der Industriegesellschaft bestimmenden Produktionsfaktoren Arbeit und Eigentum.

Die gesamtgesellschaftlichen Veränderungen haben zur Folge, dass die Industriegesellschaft durch die Wissensgesellschaft abgelöst wird. Allerdings geschieht dies nicht auf dem Wege eines plötzlichen revolutionären Wandels, sondern vielmehr auf Grund gradueller Transformationen, die die gesellschaftliche Konstitution neu bestimmen. Und diese neuen Phänomene erfordern eine neue theoretische Perspektive.

# Bibliographie

Unter dem Namen jedes Autors sind die jüngsten Veröffentlichungen zuerst aufgeführt. Im Fall von Übersetzungen, überarbeiteten oder späteren Auflagen findet sich das ursprüngliche Publikationsjahr in eckigen Klammern vor der Jahreszahl der von mir herangezogenen Veröffentlichung.

Abramovitz, Moses (1979), »Rapid growth potential and its realization: the experience of capitalist economies in the postwar period«, in: Edmond Malinvaud (Hg.), *Economic Growth and Resources*, London: Macmillan, S. 1-30.

Adorno, Theodor W. (1969), »Spätkapitalismus oder Industriegesellschaft«, in: Theodor W. Adorno (Hg.), *Spätkapitalismus oder Industriegesellschaft*. Verhandlungen des 16. Deutschen Soziologentages, Stuttgart: Ferdinand Enke, S. 12-26.

Agnew, Jean Christophe (1986), *World Apart*: The Market and the Theater in Anglo-American Thought, Cambridge: Cambridge University Press.

Ahlburg, Dennis A. (1998), »Julian Simon and the population debate«, *Population and Development Review* 24: 317-327.

Ahn, Sanghoon (1999), »Technology upgrading with learning cost: a solution for two ›productivity puzzles‹«, Economics Department Working Paper Nr. 12, Paris: OECD.

Alder, Ken (1995), »A revolution to measure: the political economy of the metric system in France«, in: M. Morton Wise (Hg.), *The Values of Precision*, Princeton: Princeton University Press, S. 39-72.

Alderson, Arthur (1999), »Explaining deindustrialization: globalization, failure, or success?«, *American Sociological Review* 64: 701-721.

Alexander, Lewis S. (1996), »Technology, economic growth and employment: new research from the U. S. Department of Commerce«, in: Organisation for Economic Cooperation and Development (1996b), *Employment and Growth in the Knowledge-Based Economy*, Paris: OECD, S. 307-325.

Alexander, T. J. (1997), »Human capital investment: building the ›knowledge economy‹«, *Policy Options* 18: 5-8.

Angell, Ian (1996), »Winners and losers in the information age«, *Society* 34: 81-85.

Appadurai, Arjun (1986), »Introduction: commodities and the politics of value«, in: Arjun Appadurai (Hg.), *The Social Life of Things*. Commodities in Cultural Perspective, Cambridge: Cambridge University Press, S. 3-63.

Arendt, Hannah ([1960] 1981), *Vita activa, oder vom tätigen Leben*, München: Piper.

Aron, Raymond ([1962] 1964), *Die industrielle Gesellschaft*. 18 Vorlesungen, Frankfurt am Main: Fischer.

Aronowitz, Stanley, und William DiFazio (1994), *The Jobless Future*. Sci-Tech and the Dogma of Work, Minneapolis: University of Minnesota Press.

Arrhenius, Svente (1896), »On the influence of carbonic acid in the air upon the temperature of the ground«, *The London, Edinburgh and Dublin Philosophical Magazine and Journal of Science* 41: 237-276.

Arrow, Kenneth J. (1994), »Methodological individualism and social knowledge«, *AEA Paper and Proceedings* 84 (2): 1-9.

– (1979), »The economics of information«, in: Michael L. Dertourzos und Joel Moses (Hg.), *The Computer Age*. A Twenty-Year Review, Cambridge, Massachusetts: MIT Press.

– (1974), *The Limits of Organisation*, New York: W. W. Norton.

Arthur, W. Brian ([1996] 1998), »Increasing returns and the new world of business«, in: Dale Neef (Hg.), *The Knowledge Economy*, Boston: Butterworth-Heinemann, S. 75-85.

– (1989), »Competing technologies, increasing returns and lock-in by historical events«, *The Economics Journal* 99: 116-131.

Atkinson, Anthony B., Lee Rainwater und Timothy M. Smeeding (1994), *Income Distribution in OECD Countries*. The Evidence from LIS, Paris: OECD.

– (1980), *Wealth, Income and Inequality*. Second Edition, Oxford: Oxford University Press.

Attewell, Paul (1994), »Information technology and the productivity paradox«, in: Douglas H. Harris (Hg.), *Organizational Linkages*. Understanding the Productivity Paradox, Washington, D. C. ; National Academy Press, S. 13-53.

– (1992a), »Skill and occupational changes in U. S. manufacturing«, in: Paul S. Adler (Hg.), *Technology and the Future of Work*, Washington, D. C.: The Brookings Institution, S. 46-88.

– (1992b), »Technology diffusion and organizational learning: the case of business computing«, *Organization Science* 3: 1-19.

Ausubel, Jesse H., und Arnulf Grübler (1995), »Working less and living longer: long-term trends in working time and time budgets«, *Technological Forecasting and Social Change* 50: 113-131.

Baecker, Dirk (1998), »Zum Problem des Wissens in Organisationen«, *Organisationsentwicklung* 17: 4-21.

Bailey, Martin Neil, und Robert J. Gordon (1988), »The productivity slowdown, measurement issues, and the explosion of computer power«, *Brookings Papers on Economic Activity* 2: 347-430.

Baker, Dean (1998), »The new economy does not lurk in the statistical discrepancy«, *Challenge* 41: 5-13.

Baldwin, John R., und Guy Gellatly (1998), »Are there high-tech industries or only high-tech firms? Evidence from new technology-based firms«, Ottawa: Statistics Canada, Analytical Studies Branch.

–, Tara Gray und Joanne Johnson (1995), »Technology use, training and plan-specific knowledge in manufacturing establishments«, Report, Micro-Economics Analysis Division, Ottawa: Statistics Canada.

–, und Paul K. Gorecki (1994), »*Strategies for Success*: A Profile of Growing Small and Medium-sized Enterprises in Canada«, Business and Labor Market Analysis Group, Ottawa: Statistics Canada.

Barnes, Barry (1995), *The Elements of Social Theory*, Princeton, New Jersey: Princeton University Press.

Barro, Robert J. (1991), »Economic growth in a cross section of countries«, *Quarterly Journal of Economics* 106: 9-31.

Bates, Benjamin J. (1988), »Information as an economic good: Sources of individual and social value«, in: Vincent Mosco und Janet Wasko (Hg.), *The Political Economy of Information*, Madison, Wisconsin: University of Wisconsin Press, S. 76-94.

Bauman, Zygmunt (1998), *Work, Consumerism and the New Poor*. Buckingham: Open University Press.

– (1987), *Legislators and Interpreters*. On Modernity, Post-modernity and Intellectuals, Ithaca, New York: Cornell University Press.

Baumol, William J. (1986), »Productivity growth, convergence, and welfare: what the long-run data show«, *American Economic Review* 76: 1072-1085.

– (1967), »The macroeconomics of unbalanced growth: The anatomy of urban crisis«, *American Economic Review* 57: 415-426.

–, Blackman, Sue Anne Batey, und Edward N. Wolff (1985), »Unbalanced growth revisited: Asymptotic stagnancy and new evidence«, *American Economic Review* 75: 806-817.

Bean, Charles (1990), *European Unemployment: A Survey*. Centre for Economic Performance Working Paper Nr. 35, London: London School of Economics.

Beck, Ulrich (1992), »Modern society as risk society«, in: Nico Stehr und Richard Ericson (Hg.), *The Culture and Power of Knowledge*. Inquiries into Contemporary Societies, New York: Walter de Gruyter, S. 199-213.

– (1986), *Risikogesellschaft*, Frankurt am Main: Suhrkamp.

Becker, Gary (1976), *The Economic Approach to Human Behavior*, Chicago: University of Chicago Press.

– (1975), *Human Capital*, Second Edition, Chicago: University of Chicago Press.

- (1964), *Human Capital*, New York: National Bureau of Economic Research.
Bell, Daniel (1987), »The world and the United States in 2013«, *Daedalus* 116: 1-31.
- (1979a), »The social framework of the information society«, in: Michael L. Dertouzos und Joel Moses (Hg.), *The Computer Age*: A Twenty-Year View, Cambridge, Mass.: MIT Press, S. 163-211.
- ([1979] 1991), »Liberalism in the postindustrial society«, in: Daniel Bell, *The Winding Passage*. Sociological Essays and Journeys. With a New Foreword by Irving Louis Horowitz, New Brunswick, New Jersey: Transaction Books, S. 228-244.
- (1976), *The Cultural Contradictions of Capitalism*, New York: Basic Books.
- (1973), *The Coming of Post-Industrial Society*. A Venture in Social Forecasting, New York: Basic Books.
- (1971), »Technocracy and politics«, *Survey* 16: 1-24.
- (1968), »The measurement of knowledge and technology«, in: Eleanor B. Sheldon und Wilbert E. Moore (Hg.), *Indicators of Social Change*. Concepts and Measurements, Hartford, Connecticut: Russell Sage Foundation, S. 145-246.
Bellah, Robert N., Richard Madsen, William M. Sullivan und Steven M. Tipton (1985), *Habits of the Heart*. Individualism and Commitment in American Life, Berkeley, California: University of California Press.
Berger, Johannes (1994), »The economy and the environment«, in: Neil Smelser und Richard Swedberg (Hg.), *The Handbook of Economic Sociology*, Princeton, New Jersey: Princeton University Press, S. 768-797.
- (1990), »Market and state in advanced capitalist societies«, in: Alberto Martinelli und Neil J. Smelser (Hg.), *Economy and Society*. Overviews in Economic Sociology, Newbury Park, California: Sage, S. 103-132.
Berger, Peter (1987), *The Capitalist Revolution*. Fifty Propositions about Prosperity, Equality, and Liberty, New York: Basic Books.
Berman, Eli, John Bound und Zvi Griliches (1994), »Changes in the demand for skilled labor within U. S. manufacturing industries: evidence from the annual survey of manufacturing«, *Quarterly Journal of Economics* 59: 367-398.
Bernardini, Oliviero, und Riccardo Galli (1993), »Dematerialization: long-term trends in the intensity of use of materials and energy«, *Futures* (May): 431-448.
Bernard, Andrew B., und J. Bradford Jensen (1997), »Exporters, skill upgrading and the wage gap«, *Journal of International Economics* 42: 3-31.

Betcherman, Gordon (1995), »Inside the black box: human resource management and the labor market«, in: Roy Adam, Gordon Betcherman und Beth Bilson (Hg.), *Good Jobs, Bad Jobs, No Jobs*: Tough Choices for Canadian Labor Law, Toronto: C. D. Howe Institute, S. 70-102.

Binswanger, Hans-Christoph (1991), »Umweltschutz und Wirtschaftswachstum«, in: Eckhard Stratmann-Mertens, Rudolf Hickel und Jan Priewe (Hg.), *Wachstum. Abschied vom Dogma*. Kontroverse über eine ökologisch-soziale Wirtschaftspolitik, Frankfurt am Main: S. Fischer, S. 129-139.

Birnbaum, Norman (1971), »Is there a post-industrial revolution?«, in: Norman Birnbaum, *Toward a Critical Sociology*, New York: Oxford University Press, S. 393-415.

Brynjolfsson, E., und L. Hitt (1996), »Paradox lost? Firm-level evidence on the returns to information systems spending«, *Management Science* 42: 541-558.

Blackler, Frank (1995), »Knowledge, knowledge work and organizations: an overview and interpretation«, *Organization Studies* 16: 1021-1046.

Blaug, M. ([1965] 1968), »The rate of return on investment in education«, in: M. Blaug (Hg.), *Economics of Education 1*. Harmondsworth: Penguin, S. 215-259.

Block, Fred (1991), »Mirrors and metaphors: The United States and its trade deficit«, in: Alan Wolfe (Hg.), *America at Century's End*, Berkeley, California: University of California Press, S. 93-111.

– (1990), *Postindustrial Possibilities*. A Critique of Economic Discourse, Berkeley, California: University of California Press.

– (1987), *Revising State Theory*: Essays in Politics and the Contradictions of Contemporary Capitalism. Philadelphia: Temple University Press.

– (1985), »Postindustrial development and the obsolescence of economic categories«, *Politics and Society* 14: 416-441.

– (1985), »Postindustrial development and the obsolescence of economic categories«, *Politics and Society* 14: 71-104.

– (1984), »Technological change and unemployment: New perspectives on an old controversy«, *Economia & Lavoro* 18: 3-21.

–, und Gene A. Burns (1986), »Productivity as a social problem: The uses and the misuses of social indicators«, *American Sociological Review* 51: 767-780.

–, und Larry Hirschhorn (1979), »New productive forces and the contradictions of contemporary capitalism«, *Theory and Society* 17: 363-395.

Bluestone, Barry, und Harrison Bennett (1982), *The Deindustrialization of America*, New York: Basic Books.

Bodenhöfer, Hans-Joachim (1967), »Theorie: Humankapital als Faktor wirtschaftlichen Wachstums«, in: Hans-Christian Bodenhöfer und Carl-Christian von Weizsäcker (Hg.), *Bildungsinvestitionen*, Pfullingen: Neske, S. 16-76.

Böhle, Fritz (1998), »Technik und Arbeit – neue Antworten auf ›alte‹ Fragen«, *Soziale Welt* 49: 233-252.

Böhme, Gernot, Wolfgang van den Daele und Wolfgang Krohn (1978), »The ›scientification‹ of technology«, in: Gernot Böhme et al. (Hg.), *The Dynamics of Science and Technology*, Dordrecht: D. Reidel, S. 173-205.

Borgmann, Albert (1992), *Crossing the Postmodern Divide*, Chicago: University of Chicago Press.

Boudon, Raymond (1974), *Education, Opportunity and Social Inequality*, New York: Wiley.

Boulding, Kenneth (1966), »The economics of knowledge and the knowledge of economics«, *American Economic Review* 56: 1-13.

Bourdieu, Pierre (1988) *Homo Academicus*, Frankfurt am Main: Suhrkamp.

– (1983), »Ökonomisches Kapital, kulturelles Kapital, soziales Kapital«, in: Reinhard Kreckel (Hg.), *Soziale Ungleichheiten*, Sonderheft 2 *Soziale Welt*, Göttingen: O. Schwartz, S. 183-198.

– ([1983] 1986), »The forms of capital«, in: John G. Richardson (Hg.), *Handbook of Theory and Research for the Sociology of Education*, New York: Greenwood, S. 241-258.

– ([1971] 1973), »Cultural reproduction and social reproduction«, in: Richard Brown (Hg.), *Knowledge, Education, and Cultural Change*, London: Tavistock, S. 71-112.

–, und Jean-Claude Passeron ([1964] 1979), *The Inheritors: French Students and Their Relation to Culture*, Chicago: University of Chicago Press.

Bowles, Samuel (1985), »The production process in a competitive economy: Walrasian, Neo-Hobbesian, and Marxian models«, *American Economic Review* 75: 16-36.

Braudel, Fernand (1967), *Civilisation matérielle et capitalisme. XV-XVII siècle*, Paris: Armand Colin.

Braverman, Harry (1974), *Labor and Monopoly Capital*: The Degradation of Work in the Twentieth Century, New York: Monthly Review Press.

Brenner, Reuven (1994), *Labyrinths of Prosperity*. Economic Follies, Democratic Remedies. Ann Arbor, Michigan: University of Michigan Press.

Brenner, Robert (1998), »Uneven development and the long downturn: the advanced capitalist economies from boom to stagnation, 1950-1998« *New Left Review* (Number 229): 1-263.

Britton, Stephen (1990), »The role of services in production«, *Progress in Human Geography* 14: 529-546.

Brown, Lawrence (1981), *Innovation Diffusion*, London: Methuen.

Bruce, James P., Hoesung Lee und Erik F. Haites (Hg.), (1996), *Climate Change 1995*. Economic and Social Dimensions of Climate Change. Contribution of Working Group III to the Second Assessment Report of the Intergovernmental Panel of Climate Change, Cambridge: Cambridge University Press.

Büscher, Reinhard (1996), »Informationsgesellschaft und Beschäftigung«, in: Werner Fricke (Hg.), *Zukunft der Industriegesellschaft*. Jahrbuch Arbeit und Technik 1996, Bonn: J. H. W. Dietz Nachf., S. 132-140.

Burkhart, Ross E., und Michael S. Lewis-Beck (1994), »Comparative democracy: the economic development thesis«, *American Political Science Review* 88: 903-910.

Burkhauser, Richard, und John Poupore (1997), »A cross-national comparison of permanent inequality in the United States and Germany«, *The Review of Economics and Statistics* 42: 10-17.

Burns, Tom, und R. A. Stalker (1961), *The Management of Innovation*, London: Tavistock.

Buroway, Michael (1985), *The Politics of Production*, London: Verso.

Buttler, Friedrich, und Manfred Taussing (1993), »Humankapital als Standortfaktor. Argumente zur Bildungsdiskussion aus arbeitsmarktpolitischer Sicht«, *Mitteilungen aus der Arbeitsmarkt- und Berufsforschung*: 467-476.

Cable, Vincent (1995), »The diminished nation-state: A study in the loss of economic power«, *Daedalus* 124: 23-53.

Callon, Michel (1999), »Actor network theory – the market test«, in: Law, John, und John Hassard (Hg.), *Actor Network Theory and After*, Oxford: Blackwell, S. 181-195.

– (1994), »Is science a public good?«, *Science, Technology and Human Values* 19: 395-424.

– (1992), »The dynamics of techno-economic networks«, in: Rod Coombs, Paolo Saviotti und Vivien Walsh (Hg.), *Technological Change and Company Strategies*: Economic and Sociological Perspectives, London: Harcourt Brace Jovanovich, S. 72-102.

Cambrosio, Alberto, und Peter Keating (1988), »›Going monoclonal‹: art, science and magic in the day-to-day use of hybridoma technology«, *Social Problems* 35: 244-260.

Carley, Kathleen (1986), »Knowledge acquisition as a social phenomenon«, *Instructional Science* 14: 381-438.

Carrier, James G. (1998), »Introduction«, in: James P. Carrier und Daniel Miller (Hg.), *Virtualism. A New Political Economy*, Oxford: Berg, S. 1-24.

Carter, Anne P. (1996a), »Measuring the performance of a knowledge-based economy«, in: Organisation for Economic Cooperation and Development (1996b), *Employment and Growth in the Knowledge-Based Economy*, Paris: OECD, S. 61-81.

– (1996b), »Production workers, metainvestment, and the pace of change«, in: Ernst Helmstädter und Mark Perlman (Hg.), *Behavioral Norms, Technological Progress, and Economic Dynamics*. Studies in Schumpeterian Economics. Ann Arbor: University of Michigan Press, S. 183-197.

Castells, Manuel (1996), *The Information Age*: Economy, Society and Culture. Bd. I: The Rise of the Network Society, Oxford: Blackwell.

–, und Jeffrey Henderson (1987), »Introduction. Techno-economic re-structuring, socio-political processes and spatial transformation: a global perspective«, in: Jeffrey Henderson und Manuel Castells (Hg.), *Global Restructuring and Territorial Development*, London: Sage, S. 1-17.

Cavestro, William (1989), »Automation, new technology and work content«, in: Stephen Wood (Hg.), *The Transformation of Work?*, London: Unwin Hyman, S. 219-234.

Channell, David F. (1982), »The harmony of theory and practice: The engineering science of W. J. M. Rankine«, *Technology and Culture* 23: 39-52.

Ciborra, Claudio U., und Leslie Schneider, »Transforming the routines and contexts of management, work, and technology«, in: Paul S. Adler (Hg.), *Technology and the Future of Work*, Washington, D. C.: The Brookings Institution, S. 267-291.

Clark, Colin (1940), *The Conditions of Economic Progress*, London: Macmillan.

Clark, Kim B., und Takahiro Fujimoto (1992), *Product Development Performance*. Strategy, Organization and Management in the World Auto Industry, Boston: Harvard Business School Press.

Clegg, Stewart R. (1989), *Frameworks of Power*, London: Sage.

Cohen, Stephen S., und John Zysman (1987), *Manufacturing Matters*. The Myth of the Post-Industrial Economy, New York: Basic Books.

Coleman, James S. (1993), »The rational reconstruction of society« *American Sociological Review* 58: 1-15.

– (1990), *Foundations of Social Theory*, Cambridge: Massachusetts: Harvard University Press.

– (1988), »Social capital in the creation of human capital«, *American Journal of Sociology* 95 (Supplement): 95-120.

– (1984), »Introducing social structure into economic analysis«, *The American Economic Review* 74: 84-88.

Collins, Harry M. (1993), »The structures of knowledge«, *Social Research* 60: 95-116.

– ([1985] 1992), *Changing Order*. Replication and Induction in Scientific Practice, Chicago: University of Chicago Press.

Collinson, David (1994), »Strategies of resistance: Power, knowledge and subjectivity in the workplace«, in: Jermier, John M., David Knights und Walter R. Nord (Hg.), *Resistance and Power in Organizations*, London/New York: Routledge, S. 25-68.

Cornes, Richard, und Todd Sandler (1986), *The Theory of Externalities, Public Goods, and Club Goods*, Cambridge: Cambridge University Press.

Cowen, Michael P., und Robert W. Shenton (1996), *Doctrines of Development*, London: Routledge.

Cross, Gary (1993), *Time and Money*. The Making of Consumer Culture, London/New York: Routledge.

Cubasch, U., G. Hegerl, A. Hellbach, H. Höck, U. Mikolajewicz, B. D. Santer und R. Voss (1995), »A climate change simulation starting at 1935«, *Climate Dynamics* 11: 71-84.

Cutler, Tony, Karel Williams und John Williams (1986), *Keynes, Beveridge and Beyond*, London: Routledge and Kegan Paul.

Cyert, Richard M., und David C. Mowery (1989), »Technology, employment and U. S. competitiveness« *Scientific American* 260: 54-62.

Dahrendorf, Ralf ([1988] 1992), *Der moderne soziale Konflikt*. Essays zur Politik der Freiheit. Stuttgart: DVA.

– (1987), »Changing perceptions of the role of government«, in: Organisation for Economic Cooperation and Development, *Interdependence and Cooperation in Tomorrow's World*, Paris: OECD, S. 110-122.

– ([1982] 1983), »Wenn der Arbeitsgesellschaft die Arbeit ausgeht«, in: Matthes, Joachim (Hg.), *Krise der Arbeitsgesellschaft*? Verhandlungen des 21. Deutschen Soziologentages in Bamberg 1982, Frankfurt am Main: Campus, S. 25-37.

– ([1967] 1974), »Soziologie und industrielle Gesellschaft«, in: Ralf Dahrendorf (Hg.), *Pfade aus Utopia*. Arbeiten zur Theorie und Methode der Soziologie. München: Piper, S. 64-73.

– ([1957] 1959), *Class and Class Conflict in Industrialized Society*, Stanford: Stanford University Press.

Dankbaar, Ben (1995), »The crisis of fordism: Restructuring in the automobile industry«, in: Rien Hiuskamp van Ruysseveldt und Jacques van Hoff (Hg.), *Comparative Industrial and Employment Relations*, London: Sage, S. 293-314.

Dasgupta, Partha S. (1993), »Natural resources in an age of substitutionality«, in: Allen V. Kneese und James L. Sweeney (Hg.), *Handbook of Natural Resources and Energy Economics*. Bd. III, Amsterdam: Elsevier, S. 111-130.

– (1987), »The economic theory of technology policy«, in: Partha Dasgupta und Paul Stoneman (Hg.), *Economic Policy and Technological Performance*, Cambridge: Cambridge University Press, S. 7-23.

–, und Paul A. David (1992), »Toward a new economics of science«, Paper presented at the Center for Economic Policy Research, Palo Alto, California: Stanford University.

–, und Paul Stoneman (1987), »Introduction«, in: Partha Dasgupta und Paul Stoneman (Hg.), *Economic Policy and Technological Performance*, Cambridge: Cambridge University Press, S. 1-6.

Davenport, Paul (1997), »The productivity paradox and the management of information technology«, Paper presented to the Centre for the Study of Living Standards Conference on Service Sector Productivity and the Productivity Paradox, April 11-13, 1997, Ottawa, Canada.

David, Paul (1990), »The dynamo and the computer. An historical perspective on the modern productivity paradox«, *American Economic Review* 80: 355-361.

Davis, Scott J., John C. Haltiwanger und Scott Schuh (1995), *Job Creation and Job Destruction in U. S. Manufacturing*, Cambridge, Massachusetts: MIT Press.

Denison, Edward (1979), *Accounting for Slower Economic Growth*, Washington, D. C.: Brookings Institution.

Derber, Charles, William A. Schwartz und Yale Magrass (1990), *Power in the Highest Degree*. Professionals and the Rise of a New Mandarin Order, New York: Oxford University Press.

Desrosières, Alain (1993), *La politique des grandes nombres*: historie de la raison statistique, Paris: Éditions la Découverte.

– (1991), »How to make things hold together: social science, statistics and the state«, in: Peter Wagner, Björn Wittrock und Richard Whitley (Hg.), *Discourses on Society*. The Shaping of the Social Science Disciplines, Dordrecht: Kluwer, S. 195-218.

Deutsche Bundesbank (1996), »Technologische Dienstleistungen in der Zahlungsbilanz im längerfristigen Vergleich«, in: *Monatsbericht Mai 1996*, Frankfurt am Main: Deutsche Bundesbank, S. 63-73.

Diamond, Larry (1992), »Economic development and democracy reconsidered«, in: Gary Marks und Larry Diamond (Hg.), *Reexamining Democracy*. Essays in Honor of Seymour Martin Lipset, London: Sage, S. 93-139.

Dicken, Peter (1992), *Global Shift. The Internationalization of Economic Activity*. Second Edition, New York und London: Guilford Press.

Dickson, David (1984), *The New Politics of Science*, New York: Pantheon Books.

– (1974), *Alternative Technology and the Politics of Technical Change*. Glasgow.

Diewert, Erwin, und Kevin Fox (1997), »Can measurement error ex-
    plain the productivity paradox?« Paper presented to the Centre for
    the Study of Living Standards Conference on Service Sector Produc-
    tivity and the Productivity Paradox, April 11-13, 1997, Ottawa, Ca-
    nada.
DiMaggio, Paul, und Walter W. Powell (1991), »Introduction«, in: Wal-
    ter W. Powell und Paul DiMaggio (Hg.), *The New institutionalism in
    Organizational Analysis*, Chicago: University of Chicago Press, S. 1-
    38.
Dodd, Nigel (1995), »Money and the nation-state: Contested bounda-
    ries of monetary sovereignty in geopolitics«, *International Sociology*
    10: 139-154.
Doms, Mark, Timothy Dunne und Kenneth Troske (1997), »Workers,
    wages and technology«, *The Quarterly Journal of Economics* (Feb-
    ruary), 253-290.
Dosi, Giovanni (1996), »The contribution of economic theory to the
    understanding of a knowledge-based economy«, in: Organisation
    for Economic Cooperation and Development (1996b), *Employment
    and Growth in the Knowledge-Based Economy*, Paris: OECD, S. 81-
    92.
– (1992), »Industrial Organisation, competitiveness and growth«, *Re-
    vue d'Économie Industrielle* 59: 27-45.
– (1988), »Sources, procedures, and microeconomic effects of innova-
    tion«, *Journal of Economic Literature* 26: 126-171.
–, und Richard R. Nelson (1994), »An introduction to evolutionary
    theories in economics«, *Journal of Evolutionary Economics* 4: 153-
    172.
–, Christopher Freeman, Richard Nelson, Gerald Silverberg, und Luc
    Soete (Hg.), (1988), *Technical Change and Economic Theory*, Lon-
    don: Pinter.
Dowlatabadi, Hadi (1997), »Cultural content of integrated assessments
    & models« Paper presented to the IPCC Asia Pacific Workshop on
    Integrated Assessment. Tokyo.
Drucker, Peter (1999), *Management Challenges for the 21st Century*,
    New York: HarperBusiness.
– (1994), »The age of social transformation«, *Atlantic Monthly* (No-
    vember): 53-80.
– (1993), *Post-Capitalist Society*, New York: HarperBusiness.
– ([1968] 1992), *The Age of Discontinuity*. Guidelines to Our
    Changing Society. With a New Introduction by the Author, New
    Brunswick, New Jersey: Transaction Books.
Drucker, Peter F. (1991), »The new productivity challenge«, *Harvard
    Business Review* (November-December): 69-79.
– (1989), *The New Realities*: In Government and Politics/In Econo-

mics and Business/In Society and World View, New York: Harper &
Row.
- (1986), »The changed world economy«, *Foreign Affairs* 64: 768-791.
- ([1981] 1984), »Auf dem Wege zur nächsten Wirtschaftstheorie«, in:
  Daniel Bell und Irving Kristol (Hg.), *Die Krise in der Wirtschaftstheorie*, Berlin: Springer, S. 1-19.
- ([1980] 1981), »Toward the next economics«, in: Peter F. Drucker,
  *Toward the next Economics and other Essays*, New York: Harper &
  Row, S. 1-21.
- (1971), »The new markets and the new capitalism«, in: Daniel Bell
  und Irving Kristol (Hg.), *Capitalism Today*, New York: Basic Books,
  S. 44-79.
- (1968), *The Age of Discontinuity*. Guidelines to our Changing Society, New York: Harper & Row.
Dubin, Robert (1992), *Central Life Interests*. Creative Individualism
  in a Complex World, New Brunswick, New Jersey: Transaction
  Books.
Dunkerley, Michael (1996), *The Jobless Economy?* Computer Technol-
  ogy in the World of Work, Oxford: Polity Press.
Dunn, John (1993), »Political theory and policy making in an interde-
  pendent world«, *Government and Opposition* 28.
Dunning, John H. (1989), »Transnational corporations and the growth
  of services: Some conceptual and theoretical issues«, *United Nations
  Centre on Transnational Corporations*. Current Studies Series A,
  Nr. 9, New York: United Nations.
Durkheim, Emile ([1893] 1988), *Über soziale Arbeitsteilung*. Studie
  über die Organisation höherer Gesellschaften, Frankfurt am Main:
  Suhrkamp.
- ([1909] 1970), »Sociologie et sciences sociales«, in: Emile Durkheim,
  *La Science sociale et l'action*, Paris: Presse Universitaires de France,
  S. 137-159.
- ([1950] 1991), *Physik der Sitten und des Rechts*. Vorlesungen zur
  Soziologie der Moral, Frankfurt am Main: Suhrkamp.
Edelman, Murray (1995), »The influence of rationality claims on public
  opinion and policy«, in: Theodore L. Glasser und Charles T. Salmon
  (Hg.), *Public Opinion and the Communication of Consent*, New
  York: Guilford Press, S. 403-416.
Eder, Klaus (1996), »The institutionalisation of environmentalism:
  Ecological discourse and the second transformation of the public
  sphere«, in: Scott Lash, Bronislaw Szerszynski und Brian Wynne
  (Hg.), *Risk, Environment & Modernity*. Towards a New Ecology,
  London: Sage, S. 203-223.
Engeström, Yrjö (1999), »Activity theory and individual and social
  transformation«, in: Yrjö Engeström, Reijo Miettinen und Raija-

Leena Punamäki (Hg.), *Perspectives on Activity Theory*, Cambridge: Cambridge University Press, S. 19-38.

Elias, Norbert (1991), *The Symbol Theory*, London: Sage.

Elkins, Paul (Hg.), (1986), *The Living Economy*. A New Economics in the Making, London: Routledge and Kegan Paul.

Elster, J. (1983), *Explaining Technical Change*, Cambridge: Cambridge University Press.

Ericson, Richard V., und Nico Stehr (Hg.), (1999), *Governing Modern Societies*, Toronto: University of Toronto Press.

Etzkowitz, Henry, und Andrew Webster (1995), »Science as intellectual property«, in: Sheila Jasanoff, Gerald E. Markle, James C. Peterson und Trevor Pinch (Hg.), *Handbook of Science and Technology Studies*, London: Sage, S. 480-505.

Esping-Anderson, Gosta (1992), »Three postindustrial employment regimes«, in: Jon E. Kolberg (Hg.), *The Welfare State as Employer*. Armonk, N. Y.: M. E. Sharpe, S. 149-188.

Eulau, Heinz (1973), »Skill revolution and consultive commonwealth«, *American Political Science Review* 62: 169-191.

Fagerberg, Jan (1991), »Innovation, catching-up and growth«, in: Organisation for Economic Cooperation and Development, *Technology and Productivity*. The Challenge for Economic Policy, Paris: OECD, S. 37-46.

– (1988), »Why growth rates differ?«, in: Giovanni Dosi, Christopher Freeman, Richard Nelson, Gerald Silverberg, und Luc Soete (Hg.), *Technical Change and Economic Theory*, London: Pinter, S. 432-457.

Farkas, George (1996), *Human Capital or Cultural Capital*. Ethnicity and Poverty in an Urban School District, New York: Aldine de Gruyter.

Faulkner, Wendy (1994), »Conceptualizing knowledge used in innovation: a second look at the science-technology distinction and industrial innovation.« *Science, Technology & Human Values* 19: 425-458.

Feenberg, Andrew (1995), »Subversive rationalization: Technology, power, and democracy«, in: Andrew Feenberg und Alastair Hannay (Hg.), *Technology and the Politics of Knowledge*, Bloomington, Indiana: Indiana University Press, S. 3-22.

Feenberg, Andrew (1991), *Critical Theory of Technology*, New York: Oxford University Press.

Feller, Irwin (1987), »The economics of technological change filtered through a social knowledge system framework«, *Knowledge* 9: 233-253.

Field, Frank (1983), *The Wealth Report-2*, London: Routledge and Kegan Paul.

Fitzgibbons, Athol (1988), *Keynes's Vision. A New Political Economy*, Oxford: Oxford University Press.

Fleck, Ludwik ([1935] 1980), *Entstehung und Entwicklung einer wissenschaftlichen Tatsache*. Einführung in die Lehre vom Denkstil und Denkkollektiv, Frankfurt am Main: Suhrkamp.

Florence, P. Sargant (assisted by W. Baldamus), (1948), *Investment, Location, and Size of Plant*, Cambridge: Cambridge University Press.

Foster, George M. (1973), *Traditional Societies and Technological Change*, New York: Harper & Row.

Forstner, Helmut, und Robert Balance (1990), *Competing in a Global Economy*. An Empirical Study of Specialization and Trade in Manufactures. Prepared for the United Nations Industrial Development Organization, London: Unwin Hyman.

Foucault, Michel (1977), *Discipline and Punish*, London: Allen & Unwin.

Fourastié, Jean ([1950] 1954), *Die große Hoffnung des 20. Jahrhunderts*. Köln: Bund Verlag.

Frank, Andre Gunder (1998), *ReOrient*. Global Economy in the Asian Age, Berkeley, California: University of California Press.

Frenkel, Stephen J., Marek Korcynski, Karen A. Shire und May Tam (1999), *On the Front Line*. Organization of Work in the Information Economy. Ithaca, New York: Cornell University Press.

Fransman, Martin (1994), »Information, knowledge, vision and theories of the firm.« *Industrial and Corporate Change* 3: 713-757.

Freeman, Chris, und Luc Soete (1994), *Work for All or Mass Unemployment*? Computerised Technical Change into the Twenty-First Century, London: Pinter Publishers.

Freemann, Christopher (1995), »The national system of innovation in historical perspective«, *Cambridge Journal of Economic* 19: 5-24.

– (1979), »The Kondratiev long waves, technical change and unemployment«, in: Organization for Economic Cooperation and Development, *Structural Determinants of Employment and Unemployment*, Paris: OECD.

– John Clark, und Luc Soete (1982), *Unemployment and Technical Change*. A Study of Long Waves and Economic Development. Westport, Connecticut: Greenwood Press.

Friedmann, Georges ([1956] 1992), *The Anatomy of Work. Labor, Leisure and the Implications of Automation*. With a New Introduction by Donald C. King, New Brunswick, New Jersey: Transaction Books.

Friedman, Jonathan (1994), *Cultural Identity and Global Process*, London: Sage.

Friedman, Milton, und Simon Kuznets (1945), *Income from Independ-*

*ent Professional Practice*. New York: National Bureau of Economic Research.

Friedrichs, Günter (1963), »Technischer Fortschritt und Beschäftigung in Deutschland«, in: Günter Friedrichs (Hg.), *Automation und technischer Fortschritt in Deutschland und den USA.* Ausgewählte Beiträge zu einer internationalen Arbeitstagung der Indistriegewerkschaft Metall für die Bundesrepublik Deutschland, Frankfurt am Main: Europäische Verlaganstalt, S. 80-132.

Frosch, Robert A. (1996), »Toward the end of waste: reflections on a new ecology of industry«, *Daedalus* 125: 199-212.

Frühwald, Wolfgang (1998), »Athen aus Alexandrien zurückerobern«, *Frankfurter Allgemeine Zeitung* 9. April, S. 9-10.

Fruin, Mark W. (1997), *Knowledge Works*: Managing Intellectual Capital at Toshiba, New York: Oxford University Press.

Fuller, Steve (1992), »Knowledge as product and property«, in: Nico Stehr und Richard Ericson (Hg.), *The Culture and Power of Knowledge*. Inquiries into Contemporary Societies, New York: Walter de Gruyter, S. 157-190.

Galbraith, John K. (1971), *Contemporary Guide to Economics, Peace and Laughter*, London: Andre Deutsch.

– (1967), *The New Industrial State*, Boston: Houghton Mifflin.

Garnham, Nicholas, und Raymond Williams (1986), »Pierre Bourdieu and the sociology of culture: an introduction«, in: Richard Collins et al. (Hg.), *Media, Culture and Society*, London: Sage.

Gellner, Ernest (1994), *Encounters with Nationalism*, Oxford: Blackwell.

Gera, Surendra, und Kurt Mang (1999), »The knowledge-based economy: shift in industrial output«, *Canadian Public Policy* 24: 149-184.

Geroski, Paul (1996), »Markets for technology: knowledge, innovation and appropriability«, in: Paul Stoneman (Hg.), *Handbook of the Economics of Innovation and Technological Change*, Oxford: Blackwell, S. 90-131.

Gershuny, Jonathan I. (1988), *The Social Economics of Post-Industrial Societies*. A Report to the Joseph Rowntree Memorial Trust, Bath: University of Bath.

Geuna, Aldo (1999), *The Economics of Knowledge Production*. Funding and the Structure of University Research. Cheltenham: Edward Elgar.

Gibbons, Michael, et al. (1994), *The New Production of Knowledge*. The Dynamics of Science and Research in Contemporary Societies. London: Sage.

–, und R. Johnston (1974), »The roles of science in technological innovation«, *Research Policy* 3: 220-242.

Giddens, Anthony (1991), *Modernity and Self-Identity*. Self and Society in the late Modern Age, Stanford: Stanford University Press.

– (1990), »Sociology, modernity and utopia«, *New Statesman & Society* 3 (125): 20-22.

– (1990b), *The Consequences of Modernity*, Stanford: Stanford University Press.

– ([1973] 1980), *The Class Structure of the Advanced Societies*, London: Hutchinson.

Giedion, S. (1948), *Mechanization Takes Command*. A Contribution to Anonymous History, Oxford: Oxford University Press.

Gill, Colin (1985), *Work, Unemployment and the New Technology*, Oxford: Polity Press.

Glasmeier, Amy (1990), »High-tech policy, high-tech realities: The spatial distribution of high-tech industry in America«, in: Jürgen Schmandt und Robert Wilson (Hg.), *Growth Policy in the Age of High Technology. The Role of Regions and States*, Boston: Unwin Hyman, S. 67-96

Gordon, David M. (1988), »The global economy: New edifice or crumbling foundations?«, *New Left Review* 68: 24-64.

Gordon, Richard (1995), »Globalization, new production systems and the spatial division of labor«, in: Wolfgang Littek und Tony Charles (Hg.), *The New Division of Labour*: Emerging Forms of Work Organisation in International Perspective, Berlin: Walter de Gruyter, S. 161-202.

Gorz, André (1996), »Zur Zukunft der Industriegesellschaft«, in: Werner Fricke (Hg.), *Zukunft der Industriegesellschaft*. Jahrbuch Arbeit und Technik 1996, Bonn: J. H. W. Dietz Nachf., S. 149-158.

– ([1991] 1994 *Capitalism, Socialism, Ecology*, London: Verso.

– ([1988] 1989), *Kritik der ökonomischen Vernunft*, Berlin: Rotbuch Verlag.

– ([1980] 1982). *Farewell to the Working Class*. Am Essay on Post-Industrial Socialism, London: Pluto Press.

– ([1971] 1976), »Technology, technicians and class struggle«, in: André Gorz (Hg.), *The Division of Labour*. The Labour Process and Class Struggle in Modern Capitalism, Hassocks: Harvester, S. 160-189.

Gottschalk, Peter (1997), »Inequality, income growth and mobility«, *Journal of Economic Perspectives* 11: 21-40.

Gouldner, Alvin W. (1979), *The Future of Intellectuals and the Rise of the New Class*, New York: Seabury Press.

Granovetter, Mark (1990), »The old and the new economic sociology: A history and an agenda«, in: Roger Friedland und A. F. Robertson (Hg.), *Beyond the Marketplace. Rethinking Economy and Society*, New York: Aldine de Gruyter, S. 89-112.

– (1985), »Economic action and social structure: The problem of em-beddedness«, *American Journal of Sociology* 91: 481-510.

Gray, Jon (1988), »Hayek, the Scottish school, and contemporary eco-nomics«, in: Gordon C. Winston und Richard F. Teichgraeber III (Hg.), *The Boundaries of Economics*, Cambridge: Cambridge University Press, S. 53-70.

Griliches, Zvi (1966), *Education, Human Capital, and Growth*: A Personal Perspective, Working Paper 5426, Cambridge, Massachusetts: National Bureau of Economic Research.

Grilli, Enzo R., und Maw Cheng Yang (1988), »Primary commodity prices, manufactured good prices, and the terms of trade of developing countries: What the long run shows«, *The World Bank Economic Review* 2: 1-47.

Grint, Keith und Steve Woolgar (1997), *The Machine at Work*. Technology, Work and Organization, Oxford: Polity Press.

Grossman, Gene M., und Elhanan Helpman (1993), *Innovation and the Growth in the Global Economy*, Cambridge, Massachusetts: MIT Press.

Grove-White, Robin (1996), »Environmental knowledge and public policy needs: on humanising the research agenda«, in: Scott Lash, Bronislaw Szerszynski und Brian Wynne (Hg.), *Risk, Environment & Modernity*. Towards a New Ecology, London: Sage, S. 269-286.

Grübler, Arnulf (1996), »Time for a change: on the patterns of diffusion of innovation«, *Daedalus* 25: 19-42.

Gusfield, Joseph R. (1981), *The Culture of Public Problems*, Chicago: University of Chicago Press.

Habermas, Jürgen (1982), »A reply to my critics«, in: John B. Thompson und David Held (Hg.), *Habermas*: Critical Debates, Cambridge, Massachusetts: MIT Press, S. 219-283.

– (1968), *Technik und Wissenschaft als ›Ideologie‹*, Frankfurt am Main: Suhrkamp.

Hacking, Ian (1990), *The Taming of Chance*, Cambridge: Cambridge University Press.

Hall, John R. (1992), »The capital(s) of cultures: A nonholistic approach to status situations, class, gender, and ethnicity«, in: Michèle Lamont und Marcel Fournier (Hg.), *Cultivating Differences*. Symbolic Boundaries and the Making of Inequality, Chicago: University of Chicago Press, S. 257-285.

Hall, Peter (1993), »Forces shaping urban Europe«, *Urban Studies* 30: 883-898.

Halle, David (1992 »The audience for abstract art: class, culture and power«, in: Michèle Lamont und Marcel Fournier (Hg.), *Cultivating Differences*. Symbolic Boundaries and the Making of Inequality, Chicago: University of Chicago Press, S. 131-181.

Hardin, Russell (1997), »Theory on the prowl«, in: Kristen Renwick Moore (Hg.), *Contemporary Empirical Political Theory*, Berkeley, California: University of California Press, S. 202-218.

Harding, Garrett (1968), »The tragedy of the commons« *Science* 162: 1243-1248.

Harman, Willis W. (1978), »Chronic unemployment: an emerging problem of postindustrial society« *Futurist* 12: 209-214.

Harrison, Bennett, und Barry Bluestone (1988), *The Great U-Turn*: Corporate Restructuring and the Polarizing of America, New York: Basic Books.

Hayek, Friedrich A. (1967), *Studies in Philosophy, Politics and Economics*, Chicago: University of Chicago Press.

– (1944), *The Road to Serfdom*, Chicago: University of Chicago Press.

– ([1945] 1948), »The use of knowledge in society«, in: Friedrich A. Hayek, *Individualism and Economic Order*, Chicago: University of Chicago Press, S. 77-91.

Heilbroner, Robert L. ([1967] 1995), »Do machines make history?«, in: Merritt Roe Smith und Leo Marx (Hg.), *Does Technology Drive History?*, Cambridge, Massachusetts: MIT Press.

– (1991), »Economics as universal science«, *Social Research* 58: 457-474.

– (1973), »Economic problems of a »post-industrial« society«, *Dissent* 20: 163-176.

Heisig, Ulrich, und Wolfgang Littek (1995), »Trust as a basis of work Organisation«, in: Wolfgang Littek und Tony Charles (Hg.), *The New Division of Labour*: Emerging Forms of Work Organisation in International Perspective, Berlin: Walter de Gruyter, S. 17-56.

Held, David, Anthony McGrew, David Goldblatt und Jonathan Perraton (1999), *Global Transformations*. Politics, Economics and Culture, Stanford, California: Stanford University Press.

Helpman, Elhanan (1992), »Endogenous macroecomic growth theory«, *European Economic Review* 36: 237-267.

Henderson, Jeffrey, und Manuel Castells (Hg.), (1987), *Global Restructuring and Territorial Development*, London: Sage.

Hennicke, Peter (1996), »Umkehr der Anreizstruktur durch die Ökonomie des Vermeidens«, in: Werner Fricke (Hg.), *Zukunft der Industriegesellschaft*. Jahrbuch Arbeit und Technik 1996, Bonn: J. H. W. Dietz Nachf., S. 253-269.

Hennis, Wilhelm ([1971] 1977), »Ende der Politik?«, in: Wilhelm Hennis, *Politik und praktische Philosophie*, Stuttgart: Klett-Cotta, S. 176-197.

Hepworth, Mark (1986), »The geography of technical change in the information economy«, *Regional Studies* 20: 407-424.

Hicks, John R. (1937), »Mr. Keynes and the classics: A suggested interpretation«, *Econometrica* 5: 147-159.

Hilferding, Rudolf (1910), *Das Finanzkapital*. Wien: Wiener Volks-
buchhandlung.

Hill, Stephen (1995), »Globalization or indigenization: new alignments
between knowledge and culture«, *Knowledge and Policy* 8: 88-112.

Hines, C., und G. Searle (1981), *Automatic Unemployment*, London:
Earth Resources Research Ltd.

Hinrichs, Karl (1991), »Working-time development in West Germany:
Departure to a new state«, in: Karl Hinrichs, William Roche und
Carmen Sirianni (Hg.), *Working Time in Transition*. The Political
Economy of Working Hours in Industrial Nations. Philadelphia:
Temple University Press, S. 27-59.

–, Claus Offe und Helmut Wiesenthal (1988), »Time, money, and wel-
fare-state capitalism«, in: John Keane (Hg.), *Civil Society and the
State, New European Perspectives*, London und New York: Verso,
S. 221-243.

Hirschhorn, Larry, und Joan Mokray (1992), »Automation and com-
petency requirements in manufacturing; a case study«, in: Paul S.
Adler (Hg.), *Technology and the Future of Work*, Washington, D. C.:
The Brookings Institution, S. 15-45.

Hirschl, Thomas A. (1997), »Structural unemployment and the qualitative transformation of capitalism«, in: Jim Davis, Thomas A. Hirschl
und Michael Stack (Hg.), *Cutting Edge*. Technology, Information
Capitalism and Social Revolution, London: Verso, S. 157-174.

Hirshleifer, Jack (1985), »The expanding domain of economics«,
*American Economic Review* 75: 53-66.

Hirst, Paul, und Grahame Thompson (1996), *Globalisation in Question*, Cambridge: Polity Press.

–, und Jonathan Zeitlin (1991), »Flexible specialization versus post-
Fordism: Theory, evidence and policy implications«, *Economy and
Society* 20: 1-56.

Hobson, John A. (1910), *The Industrial System. An Inquiry into Earn-
ed and Unearned Income*, London: Green.

Holton, Robert J. (1992), *Economy and Society*, London: Routledge.

Holzner, Burkart, und John H. Marx (1979), *Knowledge Application*:
The Knowledge System in Society, Boston: Allyn and Bacon.

Howells, Jeremy (1996), »Tacit knowledge, innovation and technology
transfer«, *Technology Analysis & Strategic Management* 8: 91-106.

Howitt, Peter ([1996] 1998), »On some problems in measuring knowledge-based growth«, in: Dale Neef (Hg.), *The Knowledge Economy*,
Boston: Butterworth-Heinemann, S. 97-117.

Hunt, Earl (1995), *Will We Be Smart Enough*? A Cognitive Analysis of
the Coming Workforce, New York: Russell Sage Foundation.

Hunter, Alfred A. (1988), »Formal education and initial employment«, *American Sociological Review* 53: 753-765.

Huntington, Samuel P. (1973), »Postindustrial politics: how benign will it be?«, *Comparative Politics* 6: 163-191.

Inglehart, Ronald (1997), *Modernization and Postmodernization*. Cultural, Economic, and Political Change in 43 Societies, Princeton, New Jersey: Princeton University Press.

– (1997b), »Postmaterialist values and the erosion of institutional authority«, in: Joseph S. Nye, Philip D. Zelikow und David C. King (Hg.), *Why People Don't Trust Government*, Cambridge, Massachusetts: Harvard University Press, S. 217-236.

– (1995), »Changing values, economic development and political change«, *International Social Science Journal* 145: 379-403.

– (1987), »Value change in industrial society«, *American Political Science Review* 81: 1289-1303.

– (1977), *The Silent Revolution*, Princeton: Princeton Univ. Press.

–, Miguel Basañez und Alejandro Moreno (1998), *Human Values and Beliefs*: A Cross-Cultural Sourcebook, Ann Arbor: University of Michigan Press.

Innis, Harold A. (1951), *The Bias of Communication*, Toronto: University of Toronto Press.

International Monetary Fund (1992), *World Economic Outlook*. May 1992, Washington, D. C.: The Fund.

Jackman, Richard, und S. Roper (1987), »Structural unemployment«, *Oxford Bulletin of Economic and Statistics* 49: 9-36.

Jaeger, Carlo, und Huib Ernste (1989), »Ways beyond Fordism?«, in: Huib Ernste und Carlo Jaeger (Hg.), *Information Society and Spatial Structure*, London: Belhaven Press, S. 159-185.

Jahoda, Marie, Paul Lazarsfeld und Hans Zeisel (1933), *Die Arbeitslosen von Marienthal*. Leipzig: Hirzel.

James, William F. (1890), *The Principles of Psychology*. Bd. 1, New York; Dover Publications.

Jenkins, Clive, und Barrie Sherman (1979), *The Collapse of Work*, London: Methuen.

Jerome, Harry (1934), *Mechanization in Industry*, New York: National Bureau of Economic Research.

Joerges, Bernward (1988), *Technik im Alltag*, Frankfurt am Main: Suhrkamp.

John, Richard R. (1998), »The politics of innovation«, *Daedalus* 127: 187-214.

Johnson, George (1997), »Changes in earnings inequality: the role of demand shifts«, *Journal of Economic Perspectives* 11: 41-54.

Jones, Barry (1982), *Sleepers, Wake*. Technology and the Future of Work, Oxford: Oxford University Press.

Jones, Bryn (1990), »New production technology and work roles: A paradox of flexibility versus strategic control«, in: Ray Loveridge und Martyn Pitt (Hg.), *The Strategic Management of Technological Innovation*, New York: John Wiley and Sons, S. 293-309.

Jones, Stephen R. G. (1995), *The Persistence of Unemployment*. Hysteresis in Canadian Labour Markets, Montreal: McGill-Queen's University Press.

Jorgenson, Dale (1997), »Computers and productivity«, Paper presented to the Centre for the Study of Living Standards Conference on Service Sector Productivity and the Productivity Paradox, April 11-13, 1997, Ottawa, Canada.

Jorgenson, D. W., und B. M. Fraumeni (1989), »The accumulation of human and nonhuman capital, 1948-1984«, in: Richard E. Lipsey und H. S. Tice (Hg.), *The Measurement of Saving, Investment, and Wealth*, Chicago: University of Chicago Press.

Juhn, Chinhui, Kevin M. Murphy und Brooks Pierce (1993), »Wage inequality and the rise in returns to skill«, *Journal of Political Economy* 101: 410-442.

Jusenius, Carol L., und Burkhard von Rabenau ([1978] 1979), *Internationaler Vergleich offener und verdeckter Arbeitslosigkeit am Beispiel der USA und der Bundesrepublik Deutschland*, Bonn: Verlag Neue Gesellschaft.

Kähler, Alfred (1933), *Die Theorie der Arbeiterfreisetzung durch die Maschine*. Eine gesamtwirtschaftliche Abhandlung des modernen Technisierungsprozesses. Leipzig: Hans Buske Verlag.

Kaldor, Nicholas (1983), *Grenzen der ›General Theory‹*, Berlin: Springer.

Kalmbach, Peter (1988), »Der Dienstleistungssektor: Noch immer die große Hoffnung des 20. Jahrhunderts?«, in: Werner Süß und Klaus Schroeder (Hg.), *Technik und Zukunft. Neue Technologien und ihre Bedeutung für die Gesellschaft*, Opladen: Westdeutscher Verlag, S. 166-181.

Kates, Robert W. (1988), »Theories of nature, society and technology«, in: Erik Baark und Uno Svendin (Hg.), *Man, Nature and Society. Essays on the Role of Ideological Perceptions*, Houndmills, Basingstroke: Macmillan, S. 7-36.

Katsoulakos, Y. (1986), »Technical change and structural unemployment«, *Scottish Journal of Political Economy* 33: 275-283.

Katz, Paul Luciano (1988), *The Information Society*. An International Perspective, New York: Prager.

Keane, John (1992), »The modern democratic revolution: Reflections on Lyotard's *The Postmodern Condition*«, in: Andrew Benjamin (Hg.), *Judging Lyotard*, London: Routledge, S. 81-98.

– (1988), *Democracy and Civil Society*. On the Predicaments of European Socialism, the Prospects for Democracy, and the Problem of Controlling Social and Political Power, London: Verso.

Kegan, Robert (1994), *In Over Our Heads*. The Mental Demands of Modern Life, Cambridge, Massachusetts: Harvard University Press.

Kennedy, Paul (1993), *Preparing for the Twenty-First Century*, New York: HarperCollins.

– (1987), *The Rise and Fall of the Great Powers*, New York: Random House.

– (1998), »Coming to terms with contemporary capitalism: beyond the idealism of globalisation and capitalist ascendancy arguments«, *Sociological Research Online* 3.

Kenney, Martin (1997), »Value creation in the late twentieth century: the rise of the knowledge worker«, in: Jim Davis, Thomas A. Hirschl und Michael Stack (Hg.), *Cutting Edge*. Technology, Information Capitalism and Social Revolution, London: Verso, S. 87-102.

–, und Richard Florida (1993), *Beyond Mass Production*, New York: Oxford University Press.

Kern, Horst, und Michael Schumann (1983), »Arbeit und Sozialcharakter: Alte und neue Konturen«, in: Joachim Mattges (Hg.), *Krise der Arbeitsgesellschaft*. Verhandlungen des 21. Deutschen Soziologentages in Bamberg 1982, Frankfurt am Main: Campus, S. 353-365.

Kerr, Clark (1963), *The Uses of the University*, Cambridge, Massachusetts: Harvard University Press.

Keynes, John M. (1936), *The General Theory of Employment, Interest and Money*, London: Macmillan.

– ([1933] 1972), »The Means to Prosperity«, in: John M. Keynes, *Collected Writings*. Bd. IX: Essays in Persuasion, London: Macmillan.

– ([1931] 1963), *Essays in Persuasion*, New York: Norton.

– ([1932] 1982), »The world's economic crisis and the way of escape«, (Halley-Stewart Lecture), S. 50-62 in: John M. Keynes, *Collected Writings*. Bd. XXI: Activities 1931-1939: World Crises and Policies in Britain and America, London: Macmillan.

– ([1931] 1984e), »Economy«, S. 135-149 in: John M. Keynes, *Collected Writings*. Bd. IX: Essays in Persuasion, Cambridge: Cambridge University Press.

– ([1931] 1982), ›The currency question‹, S. 1-111 in: John M. Keynes, *Collected Writings*. Bd. XXI: Activities 1931-1939. Cambridge: Cambridge University Press.

– ([1930] 1984d), »The great slum of 1930«, S. 126-134 in: John M. Keynes, *Collected Writings*. Bd. IX: Essays in Persuasion, Cambridge: Cambridge University Press.

– ([1929] 1984b), »Can Lloyd George do it?«, S. 86-125 in: John M. Keynes, *Collected Writings*. Bd. IX: Essays in Persuasion, Cambridge: Cambridge University Press.

- ([1926] 1984c), »The end of lassez-faire«, S. 253-271 in: John M. Keynes, *Collected Writings*. Bd. IX: Essays in Persuasion, Cambridge: Cambridge University Press.

Kiker, B. F. (1996), »The historical roots of the concept of human capital«, *Journal of Political Economy* 74: 481-499.

Kline, Stephen J., und Nathan Rosenberg (1986), »An overview of innovation«, S. 275-305 in: Ralp Landau und Nathan Rosenberg (Hg.), *The Positive Sum Strategy*: Harnessing Technology for Economic Growth, Washington, D. C.: The National Academy Press.

Klotz, Hans, und Klaus Rum (1963), »Über die Produktivkraft Wissenschaft«, *Einheit* (2): 25-31.

Knight, Charles ([1855] 1856), *Knowledge is Power*. A View of the Productive Forces of Modern Society and the Results of Labor, Capital and Skill, Boston: Gould and Lincoln.

Koch, Claus (1995), *Die Gier des Marktes*. Die Ohnmacht des Staates im Kampf der Weltwirtschaft. München: Hanser.

König, René (1979), »Gesellschaftliches Bewußtsein und Soziologie: Eine spekulative Überlegung«, in: Günther Lüschen (Hg.), *Deutsche Soziologie seit 1945*. Sonderheft 21 der *Kölner Zeitschrift für Soziologie und Sozialpsychologie*, Opladen: Westdeutscher Verlag, S. 358-370.

Kolberg, Jon E., und Gosta Esping-Anderson (1992), »Welfare states and employment regimes«, in: Jon E. Kolberg (Hg.), *Between Work and Citizenship*, Armonk, New York: M. E. Sharp, S. 3-35.

-, und Arne Kolstad (1992), »Unemployment regimes«, in: Jon E. Kolberg (Hg.), *Between Work and Citizenship*. Armonk, New York: M. E. Sharpe, S. 171-192.

Kommission für Zukunftsfragen der Freistaaten Bayern und Sachsen (1996), *Erwerbstätigkeit und Arbeitslosigkeit in Deutschland*. Teil 1: Entwicklung von Erwerbstätigkeit und Arbeitslosigkeit in Deutschland und anderen frühindustrialisierten Ländern, Bonn.

Kondo, Dorinne K. (1990), *Crafting Selves*: Power, Discourse and Identity in a Japanese Factory, Chicago: University of Chicago Press.

Kosel, Gerhard (1957), *Produktivkraft Wissenschaft*, Berlin: Verlag die Wirtschaft.

Kranzberg, Melvin (1986), »The information age: evolution or revolution«, in: Bruce R. Guile (Hg.), *Information Technologies and Social Transformation*. National Academy of Engineering: Series on Technology and Social Priorities, Washington, D. C.: National Academic Press, S. 35-53.

Kravis, Irving (1985), »Services in world transactions«, in: Robert Inman (Hg.), *Managing the Service Economy*: Prospects and Problems, Cambridge: Cambridge University Press, S. 135-160.

Kreibich, Rolf (1986), *Die Wissenschaftsgesellschaft*. Von Galilei zur High-Tech-Revolution, Frankfurt am Main: Suhrkamp.

Krohn, Wolfgang (1981), »»Wissen ist Macht‹: Zur Soziogenese eines neuzeitlichen wissenschaftlichen Geltungsanspruchs«, in: K. Bayertz (Hg.), Wissenschaftsgeschichte und wissenschaftliche Revolution. Köln: Pahl-Rugenstein, S. 29-57.

Krugman, Paul R. (1996), *Pop Internationalism*, Cambridge, Massachusetts: MIT Press.

– (1994), *The Age of Diminished Expectations*. U. S. Economic Policy in the 1990s. Revised and Updated Edition, Cambridge, Massachusetts: MIT Press.

– (1995), *Development, Geography, and Economic Theory*, Cambridge, Massachusetts: MIT Press.

– (1991), *Geography and Trade*, Cambridge, Massachusetts: MIT Press.

– (1990), »Endogenous innovation, international trade and growth«, in: Paul R. Krugman (Hg.), *Rethinking International Trade*, Cambridge, Ma.: MIT Press, S. 165-182.

–, und Robert Z. Lawrence (1994), »Trade, jobs, and wages«, *Scientific American* 270: 44-49.

Kumar, Krishnan (1995), *From Post-Industrial to Post-Modern Society*, New Theories of the Contemporary World, Oxford: Blackwell.

Kuznets, Simon (1966), *Modern Economic Growth*. Rate, Structure, and Spread, New Haven und London: Yale University Press.

Lam, Alice (1996), »Work Organisation, skills development and utilisation of engineers«, in: Rosemary Crompton, Duncan Gallie und Kate Powell (Hg.), *Changing Forms of Employment*. Organisations, Skills and Gender, New York: Routledge, S. 182-203.

Lamont, Michèle, und Annette Lareau (1988), »Cultural capital: Allusions, gaps and glissandos in recent theoretical developments«, *Sociological Theory* 6: 153-168.

Landauer, Thomas K. (1995), *The Trouble with Computers*. Usefulness, Usability, and Productivity, Cambridge, Massachusetts: MIT Press.

Landes, David S. (1998), *The Wealth and Poverty of Nations*, New York: W. W. Norton.

– ([1992] 1998} »Homo faber, homo sapiens: Knowledge, technology, growth, and development«, S. 53-73 in: Dale Neef (Hg.), *The Knowledge Economy*, Boston: Butterworth-Heinemann.

– (1980), »The creation of knowledge and technique: Today's task and yesterday's experience«, *Daedalus* 109: 111-119.

Lane, Jan-Erik (1995), *The Public Sector*. Concepts, Models and Approaches. Second Edition, London: Sage.

Lane, Robert E. (1966), »The decline of politics and ideology in a knowledgeable society«, *American Sociological Review* 31: 649-662.

LaNuez, Danny, und John M. Jermier (1994), »Sabotage by managers and technocrats«, in: John M. Jermier, David Knights und Walter R. Nord (Hg.), *Resistance and Power in Organizations*, London/New York: Routledge, S. 219-251.

Laroche, Mireille, Marcel Mérette und G. C. Ruggeri (1999), »On the concept and dimensions of human capital in a knowledge-based economy context«, *Canadian Public Policy* 25: 87-100.

Larson, Magali Sarfatti (1977), *The Rise of Professionalism*, Berkeley: University of California Press.

Latour, Bruno (1993), *We Have Never Been Modern*, Cambridge: Harvard University Press.

Lauritzen, Finn, Jens Nyholm, Ole Jørgensen und Joachim Ulrich von Sperling (1996), »Technology, education and unemployment«, in: Organisation for Economic Cooperation and Development (1996b), *Employment and Growth in the Knowledge-Based Economy*, Paris: OECD, S. 359-381.

Lassow, Ekkhard (1967), »Problem der Produktivkrafttheorie in der Periode des umfassenden Aufbaus des Sozialismus und der technisch-wissenschaftlichen Revolution«, *Deutsche Zeitschrift für Philosophie* 15: 373-398.

Lave, Jean (1993), »The practice of learning«, in: Seth Chaiklin und Jean Lave (Hg.), *Understanding Practice*. Perspectives on Activity and Context, Cambridge: Cambridge University Press, S. 3-32.

Layard, Richard, Stephen Nickell und Richard Jackman (1991), *Unemployment. Macroeconomic Performance and the Labour Market*, Oxford: Oxford University Press.

–, und Stephen Nickell (1985), *The Causes of British Unemployment*, London: National Institute of Economic and Social Research.

Layton, Edwin T. (1976), »American ideologies of science and technology«, *Technology and Culture* 17: 688-701.

Lazega, Emmanual (1992), *Mircopolitics of Knowledge*. Communication and Indirect Control in Worksgroups, New York: Aldine de Gruyter.

Lazonick, William (1979), »Industrial relations and technical change: The Case of the self-acting mule«, *Cambridge Journal of Economics* 3: 231-262.

Lederer, Emil ([1931] 1938), *Technical Progress and Unemployment: An Inquiry into the Obstacles of Economic Expansion*, London: P. S. King & Son.

– (1922), *Grundzüge der ökonomischen Theorie*. Eine Einführung. Tübingen. J. C. B. Mohr (Paul Siebeck).

Lekachman, Robert (1968), *The Age of Keynes*, New York: Random House.

Leontief, Wassily (1985), »The choice of technology«, *Scientific American* 252: 37-45.

– (1983), »The distribution of work and income«, in *The Mechanization of Work*, San Francisco: W. H. Freeman, S. 100-109.

– (1982), »Technological advance, economic growth and the distribution of income«, *Population and Development Review*.

–, et al. (1977), *The Future of the World Economy*, New York: Oxford University Press.

Lerner, Allan W. (1976), *The Politics of Decision-Making*. Strategy, Cooperation, and Conflict, Beverly Hills, California: Sage.

Leyshon, Andrew, und Nigel Thrift (1997), *Money/Space*. Geographies of Monetary Transformation, London: Routledge.

Lipset, Seymour Martin ([1960] 1980), *Political Man*, New York: Doubleday Anchor.

Littek, Wolfgang, und Tony Charles (Hg. ), (1995), *The New Division of Labour*: Emerging Forms of Work Organisation in International Perspective, Berlin: Walter de Gruyter.

Livingstone, D. W. (1998), *The Education-Jobs Gap*. Underemployment or Economic Democracy. Boulder, Colorado: Westview Press.

Lowe, Adolph (1986), »The specter of technological unemployment«, Workings Papers: Forschungsgruppe ›Technologischer Wandel und Beschäftigung‹, Bremen: Universität Bremen.

– (1971), »Is present-day higher learning ›relevant‹?«, *Social Research* 38: 563-580.

– (1935), *Economics and Sociology*. A Plea for Cooperation in the Social Sciences, London: George Allen & Unwin.

Lucas, Robert E. (1988), »On the mechanics of development«, *Journal of Monetary Economics* 22: 3-42.

Luhmann, Niklas (1992), *Beobachtungen der Moderne*, Opladen: Westdeutscher Verlag.

– (1991), *Soziologie des Risikos*, Berlin: de Gruyter.

– (1990), Soziale Komplexität und öffentliche Meinung«, in: Niklas Luhmann, *Soziologische Aufklärung*. Band 5, Opladen: Westdeutscher Verlag, S. 170-182.

– (1988), *Die Wirtschaft der Gesellschaft*, Frankfurt am Main: Suhrkamp.

– (1982), *The Differentiation of Society*, New York: Columbia University Press.

– (1970), »Wirtschaft als soziales System«, In: Niklas Luhmann, *Soziologische Aufklärung*. Aufsätze zur Theorie sozialer Systeme. Band 1, Opladen: Westdeutscher Verlag.

Luke, Timothy W. (1989), *Screens of Power*. Ideology, Domination, and

Resistance in Informational Societies. Urbana, Ill.: University of Illinois Press.

Lundvall, Bengt-Åke (1995), »The global unemployment problem and national systems of innovation«, in: Dermot P. O'Doherty (Hg.), *Globalisation, Networking and Small Firm Innovation*, London: Graham & Trotman, S. 36-48.

–, und Susana Borrás (1997), *The Globalising Learning Economy*: Implications for Innovation Policy. Report based on the preliminary conclusions from several projects under the TSER programme. DG-XII, Commission of the European Union.

–, und Björn Johnson (1994), »The learning economy«, *Journal of Industrial Studies* 1: 23-42.

–, (1992), »Introduction«, in: Bengt-Åke Lundvall (Hg.), *National Systems of Innovation*. Aalborg: Aalborg University Press, S. 1-19.

Luttwak, Edward (1999), *Turbo-Capitalism*. Winners and Losers in the Global Economy, New York; HarperCollins.

Lynch, Michael (1998), »The discursive production of uncertainty: the OJ Simpson ›Dream Team‹ and the sociology of knowledge machine«, *Social Studies of Science* 28: 829-868.

Lyotard, Jean-François ([1979] 1986), *Das postmoderne Wissen*. Ein Bericht, Graz/Wien: Böhlau/Passagen.

Machlup, Fritz (1962), *Function and Distribution of Knowledge in the United States*, Princeton: Princeton University Press.

–, und Trude Kronwinkler (1975), »Workers who produce knowledge: A steady increase 1900 to 1970«, *Weltwirtschaftliches Archiv* 3: 752-759.

MacKenzie, Donald (1984), »Marx and the machine«, *Technology and Culture* 25: 473-502.

Mannheim, Karl ([1935] 1940), *Man and Society in an Age of Reconstruction. Studies in Modern Social Structure*, London: Routledge and Kegan Paul.

– (1929), *Ideologie and Utopia*, Bonn: Cohen.

Mansell, Robin, und Uta Wehn (1998), *Knowledge Societies*: Information Technologies for Sustainable Development. United Nations Commission on Science and Technology for Development, Oxford: Oxford University Press.

March, James G., und Johan P. Olsen (1989), *Rediscovering Institutions*. The Organizational Basis of Politics, New York: Free Press.

Marquand, Judith (1992), »Learning and the economy«, in: Nico Stehr und Richard Ericson (Hg.), *The Culture and Power of Knowledge*. Inquiries into Contemporary Societies, New York: Walter de Gruyter, S. 301-314.

Marshall, Alfred (1920), *Principles of Economics*. 8. Auflage, London: Macmillan.

Marsick, Victoria J. (1998), »Transformative learning from experience in the knowledge era«, *Daedalus* 127: 119-136.

Martin, Hans-Peter, und Harald Schumann (1996), *Die Globalisierungsfalle. Der Angriff auf Demokratie und Wohlstand*. Reinbek bei Hamburg: Rowohlt.

Marvin, Carolyn (1988), *When Old Technologies Where New*, New York: Oxford University Press.

Marx, Karl ([1939-1941] 1973), *Grundrisse. Introduction to the Critique of Political Economy*, New York: Vintage Books.

– (1867), *Das Kapital*. Kritik der politischen Ökonomie. Band 1.

–, und Friedrich Engels ([1932] 1960), *Die deutsche Ideologie*, Berlin: Dietz.

Massey, Doreen B. (1984), *Spatial Divisions of Labor*: Social Structures and the Geography of Production, London: Macmillan.

Mazur, Allan (1996), »Global environment in the news: 1987-90 vs. 1992-96«, Manuscript.

–, und J. Lee (1993), »Sounding the global alarm: Environmental issues in the US national news«, *Social Studies of Science* 23: 681-720.

McCay, Bonnie J., und James M. Acheson (1986), »Human ecology of the commons«, in: Allan Schnaiberg et al. (Hg.), *Distribution Conflict in Environmental Resource Policy*. Aldershof: Gower, S. 1-34.

McLuhan, Marshall (1967), *The Medium is the Message*, New York: Random House.

Meadows, Donella H., Dennis L. Meadows, Jürgen Randers und William W. Behrens III (1972), *The Limits to Growth*, New York: Universe Books.

Merton, Robert K. ([1938] 1973), »Changing foci of interest in the sciences and technology«, S. 191-203 in: Robert K. Merton, *The Sociology of Science*. Theoretical and Empirical Investigations, Chicago: University of Chicago Press.

– ([1935] 1973), »Interactions of science and military technique«, in: Robert K. Merton, *The Sociology of Science*. Theoretical and Empirical Investigations, Chicago: University of Chicago Press, S. 204-209.

– (1947), »The machine, the worker and the engineer«, *Science* 105: 79-84.

– ([1942] 1973), »The normative structure of science«, in: Robert K. Merton, *The Sociology of Science*. Theoretical and Empirical Investigations, Chicago: University of Chicago Press, S. 267-278.

– ([1942] 1985), »Die normative Struktur der Wissenschaft«, in: ders., *Entwicklung und Wandel von Forschungsinteressen*. Aufsätze zur Wissenschaftssoziologie, Frankfurt: Suhrkamp, S. 86-99.

– (1936), »Unanticipated consequences of purposive social action«, *American Sociological Review* 1: 894-904.

Michels, Robert (1911), *Zur Soziologie des Parteiwesens in der modernen Demokratie*, Stuttgart: Kröner.

Miles, Ian (2000), »Interactivity and intangibility: another pair of ›I's‹«, in: John de la Mothe und Gilles Paquet (Hg.), *Information, Innovation and Impacts*. Norwell, Massachusetts: Kluwer, S. 37-64.

–, Birgitte Andersen, Mark Boden und Jeremy Howells (1999), »Service production and intellectual property«, *International Journal of Technology Management* (im Erscheinen).

–, Howard Rush, Kevin Turner und John Bessant (1988), *Information Horizons*. The Long-Term Social Implications of New Information Technology, London: Edward Elgar.

–, und Jonathan Gershuny (1986), »The social economics of information technology«, in: Marjorie Ferguson (Hg.), *New Communication Technologies and the Public Interest*. Comparative Perspective on Policy and Research, London: Sage, S. 18-36.

Mill, John Stuart ([1831] 1942), *The Spirit of the Age*, Chicago: University of Chicago Press.

Miller, Riel (1996), »Towards the knowledge economy: new institutions for human capital accounting«, in: Organisation for Economic Cooperation and Development (1996b), *Employment and Growth in the Knowledge-Based Economy*, Paris: OECD, S. 69-80.

Milward, Alan S. (unter Mitarbeit von George Brennan und Federico Romero) (1992), *The European Rescue of the Nation-State*, Berkeley: University of California Press.

Mingione, Enzo (1991), *Fragmented Societies. A Sociology of Economic Life beyond the Market Paradigm*, Oxford: Basil Blackwell.

Mintzberg, Henry (1983), *Structure in Fives*. Designing Effective Organizations. Englewood Cliffs, NJ: Prentice-Hall.

Mises, Ludwig (1922), *Die Gemeinwirtschaft*. Untersuchungen über den Sozialismus. Jena: Gustav Fischer.

Mishan, Edward J. (1977), *The Economic Growth Debate*, London: George Allen and Unwin.

Mokyr, Joel (1990), *The Levers of Riches*. Technological Creativity and Economic Progress, New York: Oxford University Press.

Moore, Thomas (1996), *The Disposable Work Force*. Worker Displacement and Employment Instability in America, New York: Aldine de Gruyter.

Montgomery, David (1979), *Worker's Control in America*. Studies in the History of Work, Technology and Labour Struggles, Cambridge: Cambridge University Press.

Morris-Suzuki, Tessa (1997), »Capitalism in the computer age«, in: Jim Davis, Thomas A. Hirschl und Michael Stack (Hg.), *Cutting Edge*. Technology, Information Capitalism and Social Revolution, London: Verso, S. 57-71.

Mothe, John de la, und Paul R. Dufour (1995), »Techno-globalism and the challenges to science and technology policy«, *Daedalus* 124: 219-235.

Mowery, David C., und Nathan Rosenberg (1989), *Technology and the Pursuit of Economic Growth*, New York: Cambridge University Press.

Münch, Richard (1997), »Umweltpolitik im globalen Kontext«, in: Helga Reimann (Hg.), *Weltkultur und Weltgesellschaft*. Aspekte globalen Wandels, Opladen: Westdeutscher Verlag, S. 216-228.

– (1992), »The dynamics of societal communication«, in: Paul Colomy (Hg.), *The Dynamics of Social Systems*, London: Sage, S. 56-71.

Murnane, Richard J., John B. Willett und Frank Levy (1995), »The growing importance of cognitive skills in wage determination«, *The Review of Economics and Statistics* 77: 251-266.

Nakicenovic, Nebojša (1996), »Freeing energy from carbon«, *Daedalus* 125: 95-112.

Navarro, Vicente (1998), »›Eurosclerosis‹ versus U. S. dynamism«, *Challenge* 41: 66-75.

Neef, Dale (Hg.), (1997), *The Knowledge Economy*, Boston: Butterworth-Heinemann.

Nelson, Joel I. (1995), *Post-Industrial Capitalism*. Exploring Economic Inequality in America. Thousand Oaks, California: Sage.

Nelson, Richard R. (1994), »Evolutionary theorizing about economic change«, S. 108-136 in: Neil Smelser und Richard Swedberg (Hg.), *The Handbook of Economic Sociology*, Princeton, New Jersey: Princeton University Press.

– (1993), *National Innovations Systems*. A Comparative Analysis, Oxford; Oxford University Press.

– (1981), »Research on productivity growth and productivity differentials: Dead ends and new departures«, *Journal of Economic Literature* 19: 1029-1064.

– (1959), »The simple economics of basic scientific research«, *Journal of Political Economy* 67: 297-306.

–, und Gavin Wright (1992), »The rise and fall of American technological leadership: the postwar era in historical perspective«, *Journal of Economic Literature* 30: 1931-1964.

Neurath, Paul (1995), »Sixty years since ›Marienthal‹«, *Canadian Journal of Sociology* 20: 91-105.

Neuman, W. Russell (1991), *The Future of the Mass Audience*, New York: Cambridge University Press.

Newman, Katherine S. (1991), »Uncertain Seas: Cultural Turmoil and the domestic economy«, in: Alan Wolfe (Hg.), *America at Century's End*, Berkeley, California: University of California Press, S. 112-130.

Newman, Rhona, und Julian Newman (1985), »Information work: the new divorce?«, *British Journal of Sociology* 36: 497-515.

Nicol, Lionel (1985), »Communications technology: Economic and spatial impacts«, in: Manuel Castells (Hg.), *High Technology, Space and Society*. Beverly Hills, California: Sage, S. 191-209.

Nielsen, François, und Arthur S. Alderson (1997), »The Kuznets curve and the great u-turn: income inequality in US counties, 1970-1990«, *American Sociological Review* 62: 12-33.

Noble, David (1995), *Progress without People*, New Technology, Unemployment and the Message of Resistance, Toronto: Between the Lines.

Nonaka, Ikujiro (1991), »The knowledge-creating company«, *Harvard Business Review* 69: 96-104.

Nonaka, I., und H. Takeuchi (1995), *The Knowledge-Creating Company*. How Japanese Companies Create the Dynamics of Innovation, Oxford: Oxford University Press.

Nora, Simon, und Alain Minc ([1977] 1980 ), *The Computerization of Society*. a Report to the President of France, Cambridge, Massachusetts: MIT Press.

Nordhaus, William D. (1994), »The ghosts of climate past and the specters of climate future«, in: Nakicenovic, Nordhaus, Richels, Toth (Hg.), *Integrative Assessment of Mitigation, Impact and Adaptation to Climate Change*, Laxemburg, S. 35-64.

– (1974), »Resources as a constraint on growth«, *American Economic Review Papers and Proceedings* 64.

Nowotny, Helga (1999), »The place of people in our knowledge«, *European Review* 7: 247-262.

Nye, David E. (1997), *Narratives and Spaces*. Technology and the Construction of American Culture, New York: Columbia University Press.

Offe, Claus (1986), »Die Utopie der Null-Option. Modernität und Modernisierung als politische Gütekriterien«, in: Peter Koslowski (Hg.), *Moderne oder Postmoderne?*, Weinheim: VCH Verlagsgesellschaft, S. 143-172.

– (1984), *Arbeitsgesellschaft: Strukturprobleme und Zukunftsperpektiven*, Frankfurt am Main: Campus Verlag.

O'Neill, John (1998), *The Market*. Ethics, Knowledge and Politics, London: Routledge.

Organisation for Economic Cooperation and Development (OECD) (1999), *Science, Technology and Industry Scoreboard 1999*. Benchmarking Knowledge-Based Economies, Paris: OECD.

– (1996a), *The Knowledge-Based Economy*, Paris: OECD.

– (1996b), *Employment and Growth in the Knowledge-Based Economy*, Paris: OECD.

- (1996c), *Technology, Productivity and Job Creation*, Paris: OECD.
- (1996d), *Transitions to Learning Economies and Societies*, Paris: OECD.
- (1994), *The OECD Jobs Study*. Evidence and Explanations, Paris: OECD.
- (1992), *Economic Outlook. Historical Statistics, 1960-1990*, Paris: OECD.
- (1992), *Employment Outlook*, Paris: OECD.
- (1992), *Structural Change and Industrial Performance. A Seven Country Growth Decomposition Study*, Paris: OECD.
- (1992), *National Accounts: Detailed Tables, 1978-1990*. Bd. 2, Paris: OECD.
- (1991), *Employment Outlook*, Paris: OECD.
- (1991), *Technology and Productivity*. The Challenge for Economic Policy, Paris: OECD.
- (1985), *Labour Force Statistics, 1963-1983*, Paris: OECD.

Ott, Alfred E. (1971), »Zur ökonomischen Theorie des technischen Fortschritts«, in: Verein deutscher Ingenieure (Hg.), *Wirtschaftliche und gesellschaftliche Auswirkungen des technischen Fortschritts*, Düsseldorf: VDI-Verlag, S. 7-28.

Parayil, Govindan ([1994] 1999), »Economics and technological change: an evolutionary epistemological inquiry«, *Knowledge, Technology, & Policy* 12: 60-73.

Park, Robert E. (1940), »News as a form of knowledge: a chapter in the sociology of knowledge«, *American Journal of Sociology* 45: 669-686.

Parsons, Talcott ([1928] 1991), »›Capitalism‹ in recent German literature: Sombart and Weber«, S. 3-37 in: Talcott Parsons, *The Early Essays*, Chicago: University of Chicago Press.

- (1960), »Some principal characteristics of industrial societies«, S. 132-168 in: Talcott Parsons, *Structure and Process in Modern Society*, New York: Free Press.

-, und Neil J. Smelser (1956), *Economy and Society*: A Study in the Integration of Economic and Social Theory, New York: The Free Press.

- (1937), »Review of Adolf Löwe's *Economics and Sociology*«, *American Journal of Sociology* 42: 477-481.

Patinkin, Don (1982), *Anticipations of the General Theory*? and other Essays on Keynes, Chicago: University of Chicago Press.

Pavitt, Keith (1991), »What makes basic research economically useful?«, *Research Policy* 20: 109-119.

Pauli, Gunther (1998), »Wie vermeide ich Umweltverschmutzung und mache damit Geld?«, *Brauindustrie* (Heft 2): 74-80.

Penrose, Edith T. (1959), *The Theory of the Growth of the Firm*, Oxford: Blackwell.

Penty, Arthur J. (1917), *Old World For New: A Study of the Post-Industrial State*, London: Allen and Unwin.

Perez, Carlota (1985), »Microelectronics, long waves and world structural change: new perspectives«, *World Development* 13: 441-463.

Perrole, Judith A. (1986), »Intellectual assembly lines: The rationalization of managerial, professional, and technical work«, *Computers and the Social Sciences* 2: 111-121.

Petit, Pascal (1995), »Employment and technological change«, in: Paul Stoneman (Hg.), *Handbook of the Economics of Innovation and Technological Change*, Oxford: Blackwell, S. 366-408.

–, und Luc Soete (1999), »Globalization in search of a future«, *International Social Science Journal*: 165-181.

–, und Luc Soete (1997), »Is a biased technological change fuelling dualism«, Paper presented to the Centre for the Study of Living Standards Conference on Service Sector Productivity and the Productivity Paradox, April 11-13, 1997, Ottawa, Canada.

Pinsonneault, Rivard S. (1998), »Information technology and the nature of managerial work: from the productivity paradox to the icarus paradox?« *MIS Quarterly* 22: 287-311.

Piore, Michael J. (1995), *Beyond Individualism*. How Social Demands of the New Identity Groups Challenge American Political and Social Life, Cambridge, Massachusetts: Harvard University Press.

–, und Charles F. Sabel (1984), *The Second Industrial Divide*, New York: Basic Books.

Pippin, Robert B. (1991), *Modernism as a Philosophical Problem*. On the Dissatisfaction of European High Culture, Oxford: Blackwell.

Plunkert, M. L. (1990), »Job growth and industry shifts in the 1980s«, *Monthly Labor Review* 113: 3-16.

Podobnik, Bruce (1998), »Towards a new energy paradigm for the twentieth-first century«, Paper presented at the 14th World Congress of Sociology, July 26-August 1, Montreal, Canada.

Polanyi, Michael (1967), *The Tacit Dimension*, London: Routledge and Kegan Paul.

– (1962), »Tacit knowing«, *Review of Modern Physics* 34: 601-616.

Poovey, Mary (1998), *The History of the Modern Fact*: Problems of Knowledge in the Sciences of Wealth and Society, Chicago: University of Chicago Press.

Popitz, Heinrich, Hans Paul Bahrdt, Ernst August Jüres und Hanno Kesting ([1957] 1961), *Das Gesellschaftsbild des Arbeiters*. Soziologische Untersuchungen in der Hüttenindustrie. 2., unveränderte Auflage. Tübingen: J. C. B. Mohr (Paul Siebeck).

Porat, Marc U. (1975), *Defining an Information Sector in the U. S.*

*Economy*. Program in Information Technology and Telecommunications Report Nr. 15, Stanford: Stanford University.

Powell, Walter W., und Laurel Smith-Doerr (1994), »Networks and economic life«, S. 368-402 in: Neil Smelser und Richard Swedberg (Hg.), *The Handbook of Economic Sociology*, Princeton, New Jersey: Princeton University Press.

Priewe, Jan (1998), »Persistente Arbeitslosigkeit in Deutschland – neoklassische versus keynesianische Erklärungen und Politikoptionen«, in: Kai Ecker-Wolf (Hg.), *Die arbeitslose Gesellschaft und ihr Sozialstaat*. Marburg an der Lahn: Metropolis, S. 137-170.

– (1996), »Wirtschaftswachstum, Beschäftigung, Ökologie – ein magisches Dreieck?«, in: Werner Fricke (Hg.), *Zukunft der Industriegesellschaft*. Jahrbuch Arbeit und Technik 1996, Bonn: J. H. W. Dietz Nachf., S. 50-61.

– (1991), »Ökologische Wachstumskritik«, in: Eckhard Stratmann-Mertens, Rudolf Hickel und Jan Priewe (Hg.), *Wachstum – Abschied vom Dogma*. Kontroverse über eine ökologisch-soziale Wirtschaftspolitik, Frankfurt am Main: S. Fischer, S. 141-159.

Pryor, Fredric L., und David L. Schaffer (1999), *Who's not Working and Why*. Employment, Cognitive Skills, Wages, and the Changing U. S. Labor Market, Cambridge: Cambridge University Press.

Quinn, J. B. (1996), »The productivity paradox is false: information technology improves service performance«, *Advances in Services, Marketing and Management* 5: 71-84.

Rahman, Syed S., und Surendra Gera (1990), *Long-Term Unemployment: The Canadian Experience*. Working Paper Nr. 12. Ottawa: Economic Council of Canada.

Rayner, Steve, und Elizabeth L. Malone (1997), »Zen and the art of climate maintenance«, *Nature* 390: 332-334.

Reed, Michael I. (1996), »Expert power and control in late modernity: an empirical review and theoretical synthesis«, *Organization Studies* 17: 573-597.

Reich, Robert (1992), *The Work of Nations*. Preparing Ourselves for the 21st-Century Capitalism, New York: Vintage Books.

Reichardt, Robert (1990), »Drifting on an ocean of information«, S. 179-189 in: Cesare Maltoni und Irving J. Selikoff (Hg.), *Scientific Issues of the Next Century*. Convocation of World Academies. Annals of the New York Academy of Sciences Bd. 610, New York: New York Academy of Sciences.

Reilly, Kevin T. (1995), »Human capital and information«, *Journal of Human Resources* 30: 1-18.

Rescher, Nicholas (1980), *Unpopular Essays on Technological Progress*. Pittsburgh, Pennsylvania; University of Pittsburgh Press.

Rich, Georg (1983), »Weltwirtschaftliche Verflechtung und geldpolitische Handlungsfähigkeit der Schweiz.« *Schweizerisches Jahrbuchfür Politische Wissenschaft* 23: 271-291.

Richta, Radovan (1977), »The scientific and technological revolution and the prospects of social development«, in: Ralf Dahrendorf et al. (Hg.), *Scientific-Technological Revolution*: Social Aspects, London: Sage, 25-72.

–, et al. (1972 ), *Technischer Fortschritt und industrielle Gesellschaft*, Frankfurt am Main: Makol Verlag.

Ricardo, David ([1823] 1994), *Über die Grundsätze der politische Ökonomie und der Besteuerung*, Marburg: Metropolis Verlag.

Riesman, David ([1958] 1964), »Leisure and work in postindustrial society«, in: David Riesman, *Abundance for What?* and other Essays. Garden City, New York: Doubleday, S. 162-183.

Rifkin, Jeremy (1995), *The End of Work*. The Decline of the Global Labor Force and the Dawn of the Post Market Era, New York: G. P. Putnam's Sons.

Roach, Stephen S. (1991), »Pitfalls on the »new« assembly line: Can services learn from manufacturing?«, in: Organisation for Economic Cooperation and Development, *Technology and Productivity*. The Challenge for Economic Policy, Paris: OECD, S. 119-129.

Robertson, Roland (1995), »Theory, specificity, change: Emulation, selective incorporation and modernization«, S. 213-231 in: Bruno Grancelli (Hg.), *Social Change and Modernization*: Lessons from Eastern Europe, Berlin: Walter de Gruyter.

–, und Habib Haque Khondker (1998), »Discourses on globalization: preliminary considerations«, *International Sociology* 13: 25-40.

Robinson, John, und Jon Tinker (1997), »Reconciling ecological, economic and social imperatives: a new conceptual framework«, in: Ted Schrecker (Hg.), *Surviving Globalism*: The Social and Environmental Dimensions, New York: St. Martin's Press, S. 71-94.

Roethlisberger, Fritz J., und William J. Dickson ([1939]1950), *Management and the Worker*, Cambridge, Massachusetts: Harvard University Press.

Romer, Paul M. (1993), »Implementing a national technology strategy with self-organizing industry investment boards«, *Brooking Papers*: Microeconomics 2: 345-399.

– (1990a), »Endogenous technological change«, *Journal of Political Economy* 98: 71-102.

– (1990b), »Are nonconvexities important for understanding growth«, *American Economic Review* 80: 97-103.

Romo, Frank P., und Michael Schwartz (1995), »The structural embeddedness of business decisions: The migration of manufacturing plants in New York State, 1960 to 1985«, *American Sociological Review* 60: 874-907.

Ropohl, Günter (1991), *Technologische Aufklärung*. Beiträge zur Tech-
nikphilosophie, Frankfurt am Main: Suhrkamp.

Rose, Nikolas (1999), *Powers of Freedom*. Reframing Political
Thought, Cambridge: Cambridge University Press.

Rosecrance, Richard ([1996] 1998), »The rise of the virtual state«, in:
Dale Neef (Hg.), *The Knowledge Economy*, Boston: Butterworth-
Heinemann, S. 35-46.

– (1987), *Der neue Handelsstaat*. Herausforderungen für Politik und
Wirtschaft, Frankfurt am Main: Campus.

Rosenberg, Nathan (1990), »Why do firms do basic research?« *Research Policy* 19: 165-174.

– (1985), »The commercial exploitation of science by American indus-
try,« in: Kim B. Clark, Robert H. Hayes und Christopher Lorenz
(Hg.), *The Uneasy Alliance*. Managing the Productivity-Technology
Dilemma, Boston, Massachusetts: Harvard Business School Press,
S. 19-51.

– (1982), »Natural resource limits and the future of economic progress«, in: Gabriel A. Almond (Hg.), *Progress and its Discontents*,
Berkeley, California: University of California Press, S. 301-313.

– (1976), *Perspectives on Technology*, Cambridge: Cambridge University Press.

– (1974), »Science, invention and economic growth«, *The Economic
Journal* 84: 90-108.

Rothenbacher, Frank, (1999), »Der öffentliche Dienst in Europa – ein
schrumpfender Sektor?«, *Informationsdienst Soziale Indikatoren*
21, Januar: 1-4.

Rubin, Michael R., und Mary Taylor Huber (1986), *The Knowledge
Industry in the United States, 1960-1980*, Princeton, New Jersey:
Princeton University Press.

Rueschemeyer, Dietrich (1986), *Power and the Division of Labor*, Stanford: Stanford University Press.

Sabel, Charles F. (1995), »Meta-corporations and open labor markets:
Some consequences of the reintegration of conception and execution
in a volatile economy«, in: Littek, Wolfgang, und Tony Charles
(Hg.), *The New Division of Labour*: Emerging Forms of Work Or-
ganisation in International Perspective, Berlin: Walter de Gruyter,
S. 57-94.

Sabel, Charles F. (1994), »Learning by monitoring: The institutions of
economic development«, S. 137-165 in: Neil Smelser und Richard
Swedberg (Hg.), *The Handbook of Economic Sociology*, Princeton,
New Jersey: Princeton University Press.

– (1991), »Moebius-Strip organizations and open labor markets: Some
consequences of the reintegration of conception and execution in a
volatile economy«, pp. 23-54 in: Pierre Bourdieu und James S. Cole-

man (Hg.), *Social Theory for a Changing Society*. Boulder: Westview Press.

Sachs, Jeffrey, und Howard Shatz (1994), »Trade and jobs in United States Manufacturing«, *Brookings Papers on Economic Activity* 1: 1-84.

Salomon, Jean-Jacques (1973), *Science and Politics*, Cambridge: Cambridge University Press.

Salz, Arthur (1932), »Die Kontrolle des technischen Fortschritts: Technischer Fortschritt und Arbeitslosigkeit«, *Der Deutsche Volkswirt* 6: 1607-1609.

Salzman, Harold (1989), »Computer-aided design: limitations in automating design and drafting«, *IEEE Transactions on Engineering Management* 36: 252-261.

Sampson, Robert J., Jeffrey D. Morenoff und Felton Earls (1999), »Beyond social capital: spatial dynamics of collective efficacy for children«, *American Sociological Review* 64: 633- 660.

Samuelson, Robert J. (1995), *The Good Life and its Discontents*. The American Dream in the Age of Entitlements 1945-1995, New York: Random House.

Sandbach, Francis (1978), »The rise and fall of the *Limits to Growth* debate«, *Social Studies of Science* 8: 495-520.

Sayer, Andrew (1995), *Radical Political Economy*. A Critique, Oxford: Blackwell.

Schaffer, Simon (1995), »Accurate measurement is an English science«, in: M. Morton Wise (Hg.), *The Values of Precision*, Princeton: Princeton University Press, S. 135-173.

Scharpf, Fritz W. (1988), »Strukturen der post-industriellen Gesellschaft oder: Verschwindet die Massenarbeitslosigkeit in der Dienstleistungs- und Informations-Ökonomie?«, *Soziale Welt* 38: 3-24.

Scheler, Max ([1926] 1960), *Versuche zu einer Soziologie des Wissens*, Bern und München: Francke.

– ([1925] 1960), »The forms of knowledge and culture«, in: Max Scheler, *Philosophical Perspectives*, Boston: Beacon Press, S. 13-49.

Schelsky, Helmut (1964), »Industrie- und Betriebssoziologie«, in: Arnold Gehlen und Helmut Schelsky (Hg.), *Soziologie*. Lehr und Handbuch zur modernen Gesellschaftskunde. Düsseldorf: Eugen Diederichs, S. 159-203.

– (1956), »Gesellschaftlicher Wandel«, *Offene Welt* 41.

– (1954), »Zukunftsaspekte der industriellen Gesellschaft«, *Merkur* 8: 13-28.

Scheremet, Wolfgang (1999), »Arbeitskosten im internationalen Vergleich: Eine Auseinandersetzung mit bestehenden Konzepten«, *Wochenbericht* (Deutsches Institut für Wirtschaftsforschung, Berlin), 33.

Schiller, Dan (1997), »The information commodity: a preliminary view«, in: Jim Davis, Thomas A. Hirschl und Michael Stack (Hg.), *Cutting Edge*. Technology, Information Capitalism and Social Revolution, London: Verso, S. 103-120.

Schiller, Herbert I. (1981), *Who Knows*: Information in the Age of the Fortune 500. Norwood, New Jersey: Ablex.

Schipper, Lee (1996), »Life-styles and the environment: the case of energy«, *Daedalus* 125: 113-138.

Schmidt, Vivien A. (1995), »The new world order, incorporated: The rise of business and the decline of the nation-state«, *Daedalus* 124: 75-106.

Schmookler, Jacob (1966), *Invention and Economic Growth*, Cambridge: Harvard University Press.

Schön, Donald A. (1983), *The Reflective Practitioner*, New York: Basic Books.

Schreyögg, Georg, und Peter Conrad (Hg.), (1996), *Wissensmanagement*, Berlin; Walter de Gruyter.

Schultz, Theodore W. (1981), *Investing in People*, Berkeley: University of California Press.

– (1961), »Investment in human capital«, *American Economic Review* 51: 1-17.

Schumpeter, Joseph A. ([1942] 1950), *Kapitalismus, Sozialismus und Demokratie*, München: Francke.

– ([1911] 1926), *Theorie der wirtschaftlichen Entwicklung*. Eine Untersuchung über Unternehmergewinn, Kapital, Kredit, Zins und den Konjunkturzyklus. München.

Schwartz, Jacob T. (1992), »America's economic-technological agenda for the 1990s«, *Daedalus* 121: 139-165.

Schwartz, Peter, Peter Leyden und Joel Hyatt (1999), *The Long Boom*. A Vision for the Coming Age of Prosperity, Reading, Massachusetts: Perseus Books.

Sennett, Richard (1998), *The Corrosion of Character*. The Personal Consequences of Work in the New Capitalism, New York: Norton.

Sibley, Mulford Q. (1973), »Utopian thought and technology«, *American Journal of Political Science* 17: 255-281.

Sichel, Daniel E. (1999), »Computers and aggregate economic growth: an update«, *Business Economics* 34: 18-24.

Simmel, Georg (1919), »Der Begriff und die Tragödie der Kultur«, S. 223-253 in: Georg Simmel, *Philosophie der Kultur*: Gesammelte Essays. Leipzig: Werner Klinkhardt.

– ([1908] 1992), *Soziologie*. Untersuchungen über die Formen der Vergesellschaftung. Gesamtausgabe Band 11, Frankfurt am Main: Suhrkamp.

- ([1907] 1978), *The Philosophy of Money*, London: Routledge and Kegan Paul.
- ([1907] 1989), *Philosophie des Geldes*. Gesamtausgabe Band 6. Frankfurt am Main: Suhrkamp.
- ([1900] 1907), *Philosophie des Geldes*. 2., vermehrte Auflage. Leipzig: Dunker & Humblot.
- ([1890] 1989), *Über sociale Differenzierung*. S. 109-295 in: Georg Simmel, *Aufsätze 1987-1980*. Über sociale Differenzierung. Die Probleme der Geschichtsphilosophie *(1892)*. Gesamtausgabe 2, Frankfurt am Main: Suhrkamp.
Simon, Herbert A., M. Egidi, R. Marris und R. Viale (1964), *Economics, Bounded Rationality and the Cognitive Revolution*. Aldershot: Edward Elgar.
Simon, Julian L. ([1981] 1996), *The Ultimate Resource 2*, Princeton, New Jersey: Princeton University Press.
Simonis, Udo E. (1989), »Ecological modernization of industrial society: Three strategic elements«, *International Social Science Journal* 41: 347-361.
Shaffer, Harry G. (1961), »Investment in human capital: comment«, *American Economic Review* 52: 1026-1035.
Sinn, Hans-Werner (1997), »Deutschland im Steuerwettbewerb«, *Jahrbücher für Nationalökonomie und Statistik* 216: 672-692.
Skidelsky, Robert (1995), *The World After Communism*. A Polemic for Our Times, London: Macmillan.
- (1979), »The decline of Keynesian politics«, S. 55-87 in: Colin Crouch (Hg.), *State and Economy in Contemporary Capitalism*, London: Croom Helm.
Smelser, Neil, und Richard Swedberg (1994), »The sociological perspective on the economy«, pp. 3-26 in: Neil Smelser und Richard Swedberg (Hg.), *The Handbook of Economic Sociology*, Princeton, New Jersey: Princeton University Press.
Smith, Adam ([1776] 1909), *An Inquiry into the Nature and Cause of the Wealth of Nations*, New York: P. F. Collier and Sons.
Smith, Michael R. (1999), »Insecurity in the labor market: the case of Canada since the Second World War«, *Canadian Journal of Sociology* 24: 193-224.
Sohn-Rethel, Alfred (1978), *Intellectual and Manual Labour. A Critique of Epistemology*. Atlantic Highlands, New Jersey: Humanities Press.
Sola Pool, Ithiel de (1990), *Technologies without Boundaries. On Telecommunications in a Global Age*, Cambridge, Massachusetts: Harvard University Press.
Solow, Robert (1985), »Insiders and outsiders in wage determination«, *Scandinavian Journal of Economics* 87: 411-428.

- (1957), »Technical change and the aggregate production function«, *Review of Economics and Statistics* 39: 312-320.

Sombart, Werner (2000), *Economic Life in the Modern Age*, New Brunswick: Transaction Books.

- ([1916] 1921), *Der moderne Kapitalismus*. Historisch-systematische Darstellung des gesamten Wirtschaftslebens von seinen Anfängen bis zur Gegenwart. Erster Band: Einleitung – Die vorkapitalistische Wirtschaft – Die historischen Grundlagen des modernen Kapitalismus. Erster Halbband. München und Leipzig: Duncker & Humblot.

- ([1903] 1913), *Die deutsche Volkswirtschaft im neunzehnten Jahrhundert*. Dritte Auflage, Berlin: Georg Bondi.

- (1892), »Besprechung von Julius Wolf, *Sozialismus und kapitalistische Gesellschaftsordnung*«, *Archiv für Soziale Gesetzgebung und Statistik* 5: 487-498.

- ([1931] 1959), »Wirtschaft«, S. 652-659 in: Alfred Viekandt (Hg.), *Handwörterbuch der Soziologie*, Stuttgart: Enke.

Sorge, Arndt (1995), »New technologies, organizational change and employment relations«, S. 267-292 in: Joris van Ruysseveldt, Rien Hiuskamp und Jacques van Hoof (Hg.), *Comparative Industrial and Employment Relations*, London: Sage.

Sorrentino, Constance (1995), »International unemployment indicators, 1983-93«, *Monthly Labor Review* (August): 31-50.

- (1993), »International comparisons of unemployment indicators«, *Monthly Labor Review* (March): 3-24.

Sparrow, John (1998), *Knowledge in Organizations*. Access to Thinking at Work, London: Sage.

Spender, J.-C. (1996), »Making knowledge the basis of a dynamic theory of the firm«, *Strategic Management Journal* 17: 45-62.

Spenner, Kenneth I. (1983), »Deciphering prometheus: temporal change in the skill level of work«, *American Sociological Review* 48: 824-837.

Spinner, Helmut F. (1998), *Die Architektur der Informationsgesellschaft*. Bodenheim: Philo Verlagsgesellschaft.

Spittler, Gerd (1980), »Abstraktes Wissen als Herrschaftsbasis. Zur Entstehungsgeschichte bürokratischer Herrschaft im Bauernstaat Preussen«, *Kölner Zeitschrift für Soziologie und Sozialpsychologie* 32: 574-604.

Starbuck, W. H. (1992), »Learning by knowledge-intensive firms«, *Journal of Management Studies* 29: 713-740.

Stark, David (1980), »Class struggle and the transformation of the labour process«, *Theory and Society* 9: 89-130.

Starr, Paul (1987), »The sociology of official statistics«, S. 7-58 in: William Alonso und Paul Starr (Hg.), *The Politics of Numbers*, New York: Russell Sage.

Steevens, Valerie (2000), »Privacy, property and policy. Hidden implications for the information highway,« in: John in de la Mothe und Gilles Paquet (Hg.), *Information, Innovation and Impacts*, Norwell, Massachusetts: Kluwer, S. 221-237.

Stehr, Nico (2000a), *Die Zerbrechlichkeit moderner Gesellschaften*, Frankfurt am Main: Velbrück.

– (2000b), »Deciphering information technologies: modern societies as networks«, *European Journal of Social Theory* 3: 83-94.

– (2000c), »The Productivity Paradox: ICTs, Knowledge and the Labour Market« S. 255-272 in: John de la Mothe & Gilles Paquet (Hg.), *Information, Innovation and Impacts*. Kluwer Academic Publishers: Boston, Massachusetts.

– (2000d), »Knowledge, markets, biotechnology«, Paper presented February 25, 2000 at a Statistics Canada Workshop, Ottawa, Kanada.

– (1999a), »The future of inequality«, *Society* 36: 54-59.

– (1996), »Social inequality and knowledge«, in: David Sciulli (Hg.), *Comparative Social Research*: Supplement 2: Normative Social Action, Greenwich, Connecticut: JAI Press, S. 41-51.

– (1994a), *Arbeit, Eigentum und Wissen*: Zur Theorie von Wissensgesellschaften, Frankfurt am Main: Suhrkamp.

– (1994b), »The culture and structure of social inequality«, *International Journal of Group Tensions* 24: 361-382.

– (1992), *Praktische Erkenntnis*, Frankfurt am Main: Suhrkamp.

– (1991), »The power of scientific knowledge — and its limits«, *The Canadian Review of Sociology and Anthropology* 29: 460-482.

–, und Hans von Storch (1999). »Climate Works: An anatomy of a disbandoned line of research«, S. 137-185 in: Heidun Kaupen-Haas und Christian Saller (Hg.), *Wissenschaftlicher Rassismus*. Analysen einer Kontinuität in den Human- und Naturwissenschaften, Frankfurt am Main: Campus.

–, und Hans von Storch (1998), »Die Zukunft der Wissenschaftskulturen«, *Vorgänge* 37: 8-13.

–, und Hans von Storch, (1997), »Planned climate change«, Paper prepared for the 1997 Open Meeting of the Human Dimensions of Global Environmental Change Research Community, IIASA, Laxenburg, Austria, June 12-14, 1997.

Stewart, Thomas A. ([1997] 1998), *Der vierte Produktionsfaktor*. Wachstum und Wettbewerbsvorteile durch Wissensmanagement. München: Hanser.

Stichweh, Rudolf (1999), »Globalisierung von Wirtschaft und Wissenschaft: Produktion und Transfer wissenschaftlichen Wissens in zwei Funktionssystemen der modernen Gesellschaft«, *Soziale Systeme* 5: 27-39.

Stigler, George J. (1961), »The economics of information«, *The Journal of Political Economy* 69: 213-225.

Stoljarow, Vitali (1963), »Die Entwicklung der Wissenschaft zur unmittelbaren Produktivkraft und die materialistische Geschichtsauffassung«, *Deutsche Zeitschrift für Philosophie* 11: 826-837.

Storper, Michael (1996), »Institutions of the knowledge-based economy«, in: Organisation for Economic Cooperation and Development (1996b), *Employment and Growth in the Knowledge-Based Economy*, Paris: OECD, S. 255-283.

–, und Richard Walker (1983), »The theory of labour and the theory of location«, *International Journal of Urban and Regional Research* 7: 1-41.

–, und Richard Walker (1989), *The Capitalist Imperative*: Territory, Technology, and Industrial Growth, Oxford: Blackwell.

Strange, Susan (1995), »The defective state«, *Daedalus* 124: 55-74.

Strauss, Anselm L. (1978), *Negotiations*: Varieties, Contexts, Processes, and Social Order. San Francisco: Jossey-Bass.

–, Schatzman, L., R. Bucher, D. Ehrlich und M. Sabshin (1964), *Psychiatric Ideologies and Institutions*, New York: Free Press.

Swedberg, Richard (1987), »Economic sociology: Past and Present«, *Current Sociology* 35: 1-221.

Szostak, Rick (1995), *Technological Innovation and the Great Depression*. Boulder, Colorado: Westview Press.

Teece, David J. (1988), »Technological change and the nature of the firm«, in: Giovanni Dosi, Chris Freeman, R. Nelson, G. Silverberg und Luc Soete (Hg.), *Technical Change and Economic Theory*, London: Macmillan, S. 256-281.

Tenbruck, Friedrich H. (1977), »Grenzen der staatlichen Planung«, in: Wilhelm Hennis, Peter Graf Kielmansegg und Ulrich Matz (Hg.), *Regierbarkeit*. Studien zu ihrer Problematisierung. Band 1, Stuttgart: Klett-Cotta, S. 134-149.

– ([1972] 1996), »Soziologie und Planung: Grenzen der Planung«, in: Friedrich H. Tenbruck, *Perspektiven der Kultursoziologie*. Gesammelte Aufsätze, Opladen: Westdeutscher Verlag, S. 219-234.

Therborn, Göran (1995), *European Modernity and Beyond*. The Trajectory of European Societies, 1945-2000.

– (1986), *Why Some People Are More Unemployed Than Others*. The Strange Paradox of Growth and Unemployment, London: Verso.

Thon, Manfred (1991), »Perspektiven des Erwerbspersonenpotentials in Gesamtdeutschland bis zum Jahre 2030«, *Mitteilungen aus der Arbeitsmarkt- und Berufsforschung*: 706-712.

Thrift, Nigel (1998), »Virtual capitalism; the globalisation of reflexive business knowledge«, in: James P. Carrier und Daniel Miller (Hg.), *Virtualism*. A New Political Economy, Oxford: Berg, S. 161-186.

Thurow, Lester C. (1996), *The Future of Capitalism*. How Today's Economic Forces Shape Tomorrow's World, New York: Morrow.

Tilly, Chris, und Charles Tilly (1998), *Work under Capitalism*. Boulder, Colorado: Westview Press.

–, und Charles Tilly (1994), »Capitalist work and labor markets«, in: Neil Smelser und Richard Swedberg (Hg.), *The Handbook of Economic Sociology*, Princeton, New Jersey: Princeton University Press, S. 282-312.

Tocqueville, Alexis de ([1985-1840] 1956), *Democracy in America*, hg. von Richard D. Heffner, New York: The New American Library.

Touraine, Alain ([1992] 1995), *Critique of Modernity*, Oxford: Blackwell.

– ([1984] 1988), *Return of the Actor*. Social Theory in Postindustrial Society. Minneapolis, Minnesota; University of Minnesota Press.

Townsend, Alan R. (1997), *Making a Living in Europe*. Human Geographies of Economic Change, London: Routledge.

Trabert, Lioba (1997), »Verdeckte Arbeitslosigkeit in West- und Ostdeutschland. Die Bedeutung der stillen Reserve«, *Wirtschaft im Wandel* (1): 3-8.

United Nations (1992), *Economic Survey of Europe in 1991-1992*, New York: United Nations Publications.

– (1991), *Economic Survey of Europe in 1990-1991*, New York: United Nations Publications.

United States National Commission on Technology, Automation and Economic Progress (1966), *Technology and the American Economy*, Washington, D. C.: United States Government Printing Office.

Unites States Department of Commerce (1991), *U. S. Industrial Outlook*, Washington, D. C.: U. S. Department of Commerce.

Ure, Andrew (1835), *The Philosophy of Manufactures*, London: Knight.

van der Sluijs, Jeoen, Joseé van Eijndhoven, Simon Shackley und Brian Wynne (1998), »Anchoring devices in science and policy: the case of consensus around climate sensitivity«, *Social Studies of Science* 28: 291-323.

van Riel, Bert (1995), *Unemployment Divergence and Coordinated Systems of Industrial Relation*. A Comparative Analysis of Six Economies, Frankfurt am Main: Peter Lang.

Veblen, Thorstein ([1908] 1919), »On the nature of capital«, in: Thorstein Veblen, *The Place of Science in Modern Civilization* and other Essays, New York: Viking, S. 324-386.

– (1899), *The Theory of the Leisure Class*. An Economic Study of Institutions, New York: Macmillan.

Wacquant, L. D. (1989), »Towards a reflexive sociology: a workshop with Pierre Bourdieu«, *Sociological Theory* 7: 26-63.

Wallace, Michael, und Joyce Rothschild (1988), »Plant closings, capital flight, and worker dislocation: the long shadow of deindustrialization«, in: Michael Wallace und Joyce Rothschild (Hg.), *Research in Politics and Society*. Bd. 3. Greenwich, Connecticut: JAI, S. 1-35.

Wallerstein, Immanuel (1987), »World-system analysis«, in: Anthony Giddens und Jonathan Turner (Hg.), *Social Theory Today*, Stanford: Stanford University Press, S. 309-324.

– (1974), *The Modern World System*, New York: Academic Press.

Walsh, Kenneth (1987), *Long-Term Unemployment*: An International Perspective, London: Macmillan.

Watson-Verran, Helen, und David Turnball (1995), »Science and other indigenous knowledge-systems«, in: Sheila Jasanoff, Gerald E. Markle, James C. Peterson und Trevor Pinch (Hg.), *Handbook of Science and Technology Studies*, London: Sage, S. 115-139.

Weber, Alfred (1956), »Die Bewältigung der Freizeit«, in: Arbeitsgemeinschaft sozialdemokratischer Akademiker (Hg.), *Revolution der Roboter*. Untersuchungen über Probleme der Automatisierung. München: Isar Verlag, S. 141-160.

Weber, Max ([1922] 1976), *Wirtschaft und Gesellschaft*. Fünfte revidierte Ausgabe. Tübingen: J. C. B. Mohr (Paul Siebeck).

– (1913] 1922), »Über einige Kategorien der verstehenden Soziologie«, S. 403-450 in: Max Weber, *Gesammelte Aufsätze zur Wissenschaftslehre*. Tübingen: J. C. B. Mohr (Paul Siebeck).

– ([1905] 1922), »Kritische Studien auf dem Gebiet der kulturwissenschaftlichen Logik«, S. 215-290 in: Max Weber, *Gesammelte Aufsätze zur Wissenschaftslehre*. Tübingen: J. C. B. Mohr.

– ([1904] 1922), »Die Objektivität sozialwissenschaftlicher und sozialpolitischer Erkenntnis«, in: Max Weber, *Gesammelte Aufsätze zur Wissenschaftslehre*. Tübingen: J. C. B. Mohr (Paul Siebeck), S. 146-214.

Webster, Frank (1986), »The politics of the new technology«, in: Ralph Miliband et al. (Hg.), *The Socialists Register 1985/86*, London: Merlin, S. 385-413

–, und Kevin Robbins (1993), »I'll be watching you«: comments on Sewell and Wilkinson«, *Sociology* 27: 243-252.

–, und Kevin Robbins (1986), *Information Technology*. A Luddite Analysis. Norwood, New Jersey: Ablex.

Weingart, Peter, und Nico Stehr (2000), *Practising Interdisciplinarity*, Toronto: University of Toronto Press.

Weizsäcker, Ernst Ulrich von (1999), *Das Jahrhundert der Umwelt – Vision*: Öko-effizient leben und arbeiten, Frankfurt: Campus.

– (1996), »Neuausrichtung des technischen Fortschritts«, in: Werner Fricke (Hg.), *Zukunft der Industriegesellschaft*. Jahrbuch Arbeit und Technik 1996, Bonn: J. H. W. Dietz Nachf., S. 245-252.

Welsch, J. (1983), »Auf dem Weg in eine technologische Arbeitslosigkeit? Technischer Fortschritt und Beschäftigung als Problem der 80er Jahre«, in: Universität Bremen (Hg.), *Arbeit und Technik*. Analyse von Entwicklungen der Technik und Chancen in der Gestaltung von Arbeit. Bremen: Universität Bremen, S. 408-441.

Werner, Heinz (1984), »Unterschiede in der Erfassung der Arbeitslosigkeit. Ein zwischenstaatlicher Vergleich für die Länder der Europäischen Gemeinschaft«, *Mitteilungen aus der Arbeitsmarkt- und Berufsforschung* 17: 364-381.

Wernick, Iddo K., Robert Herman, Skekkar Govind und Jesse H. Ausubel (1996), »Materialization and dematerialization: measures and trends«, *Daedalus* 125: 171-198.

Wetzel, James R. (1995), »Labor force, unemployment, and earnings«, in: Reynolds Farley (Hg.), *State of the Union*. America in the 1990s. Bd. 1: Economic Trends, New York: Russell Sage Foundation, S. 59-105.

White, Richard (1996), »The nature of progress: Progress and the environment«, in: Leo Marx und Bruce Malish (Hg.), *Progress*: Fact or Illusion? Ann Arbor: The University of Michigan Press, S. 21-140.

Whitley, Richard (1988), »The transformation of expertise by new knowledge: Contingencies and limits to skill scientification«, *Social Science Information* 27: 391-420.

Wiio, Osmo A. (1985), »The information society: Is it really like this? *Intermedia* 13: 12-14.

Wikström, Solveig, und Richard Normann (1994), *Knowledge and Value*. A New Perspective on Corporate Transformation, London: Routledge.

Willmott, Hugh (1993), »Strength is ignorance; slavery is freedom: managing culture in modern organizations«, *Journal of Management Studies* 30: 215-252.

Winch, Donald (1972), *Economics and Policy*. A Historical Study, London: Hodder and Stoughton.

Wolff, Edward N. (1991), »The distribution of household wealth: Methodological issues, time trends, and cross-sectional comparisons«, in: Lars Osberg (Hg.), *Economic Inequality and Poverty*. International Perspectives. Armonk, New York: M. E. Sharpe, S. 92-133.

–, und William J. Baumol (1989), »Sources of postwar growth of information activity in the United States«, in: Lars Osberg, Edward N. Wolff und William J. Baumol (Hg.), *The Information Economy: The Implications of Unbalanced Growth*. Halifax: The Institute for Research on Public Policy, S. 17-46.

Wooding, John, und Charles Levenstein (1999), *The Point of Production*. Work Environment in Advanced Societies, New York: Guilford Press.

World Bank (1999), *World Development Report 1999. Knowledge for Development*, New York: Oxford University Press.

– (1992), *World Development Report 1992*. Development and the Environment, New York: Oxford University Press.

Young, A. (1995), »The tyranny of numbers: confronting the statistical realities of the East Asian growth experience«, *Quarterly Journal of Economics*: 641-680.

Yuchtman-Yaar, Ephraium (1987), »Economic culture in post-industrial society: orientation toward growth, work and technology«, *International Sociology* 2: 77-101.

Znaniecki, Florian (1940), *The Social Role of the Man of Knowledge*, New York: Columbia University Press.

Zur Nedden, F. (1930), »Technischer Fortschritt und Weltwirtschaftskrise«, *Die Hilfe* 36: 899-903.

# Statistischer Anhang

*Tabelle A 1:* Bei der Herstellung eines Autos verwendete Materialien,
1985 und 1990

|  | 1985 | | 1990 | |
|---|---|---|---|---|
|  | KG | Prozent | KG | Prozent |
| Stahl | 822,2 | 75,6 | 637,0 | 65,0 |
| Aluminium | 32,6 | 3,0 | 53,9 | 5,5 |
| Gummi | 54,4 | 5,0 | 53,9 | 5,5 |
| Glas | 34,8 | 3,2 | 34,3 | 3,5 |
| Pappe/Fasern | 27,2 | 2,5 | 78,4 | 8,0 |
| Mastix/Farbe | 29,4 | 2,7 | 24,5 | 2,5 |
| Plastik | 87,0 | 8,0 | 98,0 | 10,0 |
| Gesamt | 1087,5 | 100,0 | 980,0 | 100,0 |

*Quelle*: World Bank, *Market Outlook for Major Primary Commodities*.
Band 2, Washington, D. C.: World Bank, S. 141 (Oktober 1992). Abdruck
mit Genehmigung.

*Tabelle A 2:* Gesamtzahl der Erwerbspersonen (Tausend) und der Erwerbstätigen (Tausend) und der Anteil der weiblichen Erwerbspersonen (in Prozent) in ausgewählten Industrienationen, 1960-1990

|  | 1960[a] | 1970[b] | 1980 | 1990[c] |
|---|---|---|---|---|
| **Kanada** | | | | |
| Erwerbspersonen | 6391 | 8813 | 11291 | 13681 |
| Prozent weiblich | 25.6 | 34.6 | 40.1 | 44.7 |
| Erwerbstätige | 5943 | 8261 | 10424 | 12572 |
| **USA** | | | | |
| Erwerbspersonen | 73126 | 85903 | 106085 | 126867 |
| Prozent weiblich | 32.3 | 36.7 | 42.1 | 45.0 |
| Erwerbstätige | 69195 | 81815 | 98448 | 118440 |
| **Japan** | | | | |
| Erwerbspersonen | 44009 | 52759 | 57231 | 63840 |
| Prozent weiblich | 39.1 | 39.0 | 37.7 | 40.6 |
| Erwerbstätige | 43579 | 52169 | 56091 | 62500 |
| **Frankreich** | | | | |
| Erwerbspersonen | 19711 | 21429 | 23241 | 25342 |
| Prozent weiblich | 33.5 | 35.8 | 38.5 | 43.8 |
| Erwerbstätige | 19599 | 21091 | 21790 | 22837 |
| **Deutschland** | | | | |
| Erwerbspersonen | 25504 | 27011 | 27640 | 31305 |
| Prozent weiblich | 36.8 | 35.8 | 37.9 | 40.8 |
| Erwerbstätige | 25267 | 26867 | 26751 | 29334 |
| **Italien** | | | | |
| Erwerbspersonen | 21418 | 19571 | 22804 | 24075 |
| Prozent weiblich | 27.4 | 27.0 | 33.3 | 37.2 |
| Erwerbstätige | 19872 | 18956 | 21106 | 21454 |

|  | 1960[a] | 1970[b] | 1980 | 1990[c] |
|---|---|---|---|---|
| **Großbritannien** | | | | |
| Erwerbspersonen | 24617 | 25637 | 26350 | 28893 |
| Prozent weiblich | 32.4 | 36.0 | 39.1 | 43.3 |
| Erwerbstätige | 24240 | 24997 | 24555 | 27223 |

*Quelle*: ILO Year book of labour statistics 1961, 1962, 1967, 1971, 1972, 1975, 1981, 1982, 1984, 1991, 1992 (Tables 1, 9 and 10). Genf: International Labor Office.

a  Die Daten für Frankreich gelten für das Jahr 1958; die für Großbritannien für 1961
b  Die kanadischen Daten gelten für das Jahr 1971; die französischen für 1971
c  US-Daten gelten für das Jahr 1991

*Tabelle A 3:* Alternative Arbeitslosenzahlen in Prozent (einschließlich der so genannten stillen Reserve und der Hälfte der Teilzeitbeschäftigten) für ausgewählte Industrieländer, 1983-1993[a]

| | 1983 | 1984 | 1985 | 1986 | 1987 | 1988 | 1989 | 1990 | 1991 | 1992 | 1993 |
|---|---|---|---|---|---|---|---|---|---|---|---|
| Kanada | 15,7 | 14,8 | 13,8 | 12,7 | 11,7 | 10,3 | 9,9 | 10,6 | 13,6 | 14,9 | 15,2 |
| USA | 13,9 | 11,2 | 10,6 | 10,3 | 9,3 | 8,4 | 7,9 | 8,2 | 10,0 | 10,8 | 10,2 |
| Japan | n/a | 7,6 | 8,0 | 8,1 | 8,6 | 7,7 | 7,1 | 6,4 | 6,0 | 6,1 | 7,0 |
| Australien | 13,6 | 12,3 | 11,2 | 11,1 | 11,4 | 10,3 | 9,2 | 10,4 | 14,3 | 16,2 | 16,3 |
| Großbritannien | 13,9 | 13,8 | 14,1 | 14,3 | 13,6 | 11,1 | 9,1 | 8,4 | 10,6 | 12,8 | 13,8 |
| Deutschland | n/a | n/a | n/a | n/a | n/a | n/a | n/a | n/a | n/a | n/a | n/a |
| Frankreich | n/a | n/a | n/a | n/a | n/a | n/a | 12,4 | 11,8 | 11,5 | 12,9 | 14,7 |
| Italien | n/a | n/a | n/a | 15,9 | 16,1 | 16,0 | 15,8 | 13,8 | 15,0 | n/a | 18,0 |

a *Quelle:* Sorrentino (1995: 34-35). Dort findet sich eine genaue Definition dieser Meßzahl: »Konventionelle« Arbeitslosenzahl plus fünfzig Prozent der aus wirtschaftlichen Gründen Teilzeitbeschäftigten plus »stille Reserve.

*Tabelle A 4:* Langzeitarbeitslosigkeit: Prozentsatz der mehr als zwei Jahre arbeitslos gemeldeten Personen an der Gesamtarbeitslosenzahl, ausgewählte Industrieländer, 1980, 1984 und 1995

| Land | 1980 | 1984 | 1995 |
|---|---|---|---|
| Belgien | 32,1 | 41,9 | 40,2 |
| Frankreich | 7,4 | 9,3 | 20,1 |
| Deutschland | 7,4 | 14,2 | 27,7 |
| Italien | — | 23,8 | 42,3 |
| Niederlande[a] | 8,1 | 21,8 | 30,2 |
| Großbritannien | 9,7 | 22,5 | 27,6 |

*Quelle:* Walsh (1987: 24); Eurostat, *Labour Force Survey*, 1995.

a  Zahlen für 1981 und 1983.


*Tabelle A 5.1:* Korrelationskoeffizienten zwischen dem (trendbereinigten) Wirtschaftswachstum ausgewählter Staaten 1920-1938, 1948-1962 und 1963-1987

| Länder | 1920-1938 | 1948-1962 | 1963-1987 |
|---|---|---|---|
| USA/Kanada | – .63 | .82 | – .05 |
| USA/Großbritannien | .56 | – .04 | .68 |
| USA/Deutschland | – .11 | – .52 | .59 |
| Großbritannien/Deutschland | .70 | .33 | .83 |
| Großbritannien/Kanada | .20 | – .24 | – .29 |
| Deutschland/Kanada | .82 | – .81 | – .60 |

*Tabelle A 5.2:* Korrelationskoeffizienten zwischen (trendbereinigten) Arbeitslosenraten ausgewählter Länder 1920-1938, 1948-1962 und 1963-1987

| Länder | 1920-1938 | 1948-1962 | 1963-1987 |
|---|---|---|---|
| USA/Kanada | − .97 | .81 | .84 |
| USA/Großbritannien | .56 | − .54 | .77 |
| USA/Deutschland | .92 | .38 | .55 |
| Großbritannien/Deutschland | .73 | − .33 | .74 |
| Großbritannien/Kanada | .68 | − .75 | .79 |
| Deutschland/Kanada | .94 | .63 | .83 |

*Tabelle A 5.3:* Korrelationskoeffizienten zwischen (trendbereinigten) langfristigen Zinsraten ausgewählter Länder 1920-1938, 1948-1962 und 1963-1987

| Länder | 1920-1938 | 1948-1962 | 1963-1987 |
|---|---|---|---|
| USA/Kanada | .87 | .88 | .83 |
| USA/Großbritannien | .32 | .32 | .03 |
| USA/Deutschland | n/a | − .56 | .38 |
| Großbritannien/Deutschland | n/a | − .14 | .29 |
| Großbritannien/Kanada | .08 | .08 | .22 |
| Deutschland/Kanada | n/a | − .48 | .26 |

# Liste der Tabellen und Abbildungen

# Namenregister

# Sachregister

**Matthias Grundmann (Hg.).** Konstruktivistische Sozialisationsforschung. Lebensweltliche Erfahrungskontexte, individuelle Handlungskompetenzen und die Konstruktion sozialer Strukturen. Beiträge zur Soziogenese der Handlungsfähigkeit. stw 1429. 352 Seiten

**André Kieserling.** Kommunikation unter Anwesenden. Studien über Interaktionssysteme. 520 Seiten. Gebunden

**Werner Krawietz/Michael Welker (Hg.).** Kritik der Theorie sozialer Systeme. stw 996. 386 Seiten

**Niklas Luhmann**
- Ausdifferenzierung des Rechts. Beiträge zur Rechtssoziologie und Rechtstheorie. stw 1418. 459 Seiten
- Die Gesellschaft der Gesellschaft. stw 1360. 1164 Seiten
- Die Kunst der Gesellschaft. stw 1303. 517 Seiten
- Die Politik der Gesellschaft. 448 Seiten. Leinen
- Das Recht der Gesellschaft. stw 1183. 598 Seiten
- Die Religion der Gesellschaft. 368 Seiten. Leinen
- Die Wissenschaft der Gesellschaft. stw 1001. 732 Seiten
- Die Wirtschaft der Gesellschaft. stw 1152. 356 Seiten
- Gesellschaftsstruktur und Semantik. Studien zur Wissenssoziologie der modernen Gesellschaft.
  Band 1. stw 1091. 319 Seiten
  Band 2. stw 1092. 294 Seiten
  Band 3. stw 1093. 458 Seiten
  Band 4. stw 1438. 185 Seiten
- Funktion der Religion. stw 407. 324 Seiten
- Legitimation durch Verfahren. stw 443. 261 Seiten
- Liebe als Passion. Zur Codierung von Intimität. stw 1124. 231 Seiten
- Protest. Systemtheorie und soziale Bewegungen. Herausgegeben und eingeleitet von Kai-Uwe Hellmann. stw 1256. 216 Seiten

- Soziale Systeme. Grundriß einer allgemeinen Theorie.
  stw 666. 675 Seiten
- Zweckbegriff und Systemrationalität. Über die Funktion
  von Zwecken in sozialen Systemen. stw 12. 390 Seiten

**Niklas Luhmann/Peter Fuchs.** Reden und Schweigen.
stw 848. 227 Seiten

**Niklas Luhmann/Robert Spaemann.** Paradigm lost: Über
die ethische Reflexion der Moral. Rede von Niklas Luhmann
anläßlich der Verleihung des Hegel-Preises 1989. Laudatio
von Robert Spaemann: Niklas Luhmanns Herausforderung
der Philosophie. stw 797. 73 Seiten

**Niklas Luhmann/Karl Eberhard Schorr.** Reflexionsprobleme
im Erziehungssystem. stw 740. 390 Seiten

**Niklas Luhmann/Karl Eberhard Schorr (Hg.)**
- Zwischen Absicht und Person. Fragen an die Pädagogik.
  stw 1036. 217 Seiten
- Zwischen Anfang und Ende. Fragen an die Pädagogik.
  stw 898. 227 Seiten
- Zwischen Intransparenz und Verstehen. Fragen an die
  Pädagogik. stw 572. 325 Seiten
- Zwischen System und Umwelt. Fragen an die Pädagogik.
  stw 1239. 294 Seiten
- Zwischen Technologie und Selbstreferenz. Fragen an die
  Pädagogik. stw 391. 261 Seiten

**Niklas Luhmann/Stephan H. Pfürtner (Hg.).** Theorietechnik und Moral. stw 206. 267 Seiten

**Rudolf Maresch/Niels Werber (Hg.).** Kommunikation – Medien – Macht. stw 1408. 450 Seiten

**Frithard Scholz.** Freiheit als Indifferenz. Alteuropäische Probleme mit der Systemtheorie Niklas Luhmanns. 287 Seiten. Kartoniert

**Rudolf Stichweh**
- Der frühmoderne Staat und die europäische Universität. Zur Interaktion von Politik und Erziehungssystem im Prozeß ihrer Ausdifferenzierung im 16.-18. Jahrhundert. 427 Seiten. Gebunden
- Wissenschaft, Universität, Profession. Soziologische Analysen. stw 1146. 402 Seiten

**Helmut Willke**
- Ironie des Staates. Grundlinien einer Staatstheorie polyzentrischer Gesellschaft. stw 1221. 399 Seiten
- Supervision des Staates. 380 Seiten. Gebunden

NF 125/4/9.00

**Ulrich Menzel u.a. (Hg.).** Die Neue Weltwirtschaft. Entstofflichung und Entgrenzung der Ökonomie. es 1983. 336 Seiten

**Wolfgang Merkel/Andreas Busch (Hg.).** Demokratie in Ost und West. Für Klaus von Beyme. stw 1425. 718 Seiten

**Julian Nida-Rümelin.** Demokratie als Kooperation. stw 1430. 224 Seiten

**Karl Polanyi.** The Great Transformation. Politische und ökonomische Ursprünge von Gesellschaften und Wirtschaftssystemen. Übersetzt von Heinrich Jelinek. stw 260. 394 Seiten

**Dieter Senghaas**
- Friedensprojekt Europa. es 3333. 226 Seiten
- Konfliktformationen im internationalen System. Weltpolitische Betrachtungen. es 1509. 230 Seiten
- Rüstung und Militarismus. es 498. 370 Seiten
- Weltwirtschaftsordnung und Enwicklungspolitik. Plädoyer für Dissoziation. es 856. 358 Seiten
- Zivilisierung wider Willen. Der Konflikt der Kulturen mit sich selbst. es 2081. 228 Seiten
- Die Zukunft Europas. Probleme der Friedensgestaltung. es 1339. 273 Seiten

**Dieter Senghaas (Hg.).** Frieden machen. es 2000. 592 Seiten

**Gary Smith/Avishai Margalit (Hg.).** Amnestie oder Die Politik der Erinnerung in der Demokratie. es 2016. 243 Seiten

**Horst Steinmann/Andreas Georg Scherer (Hg.).** Zwischen Universalismus und Relativismus. Philosophische Grundlagenprobleme des interkulturellen Managements. stw 1380. 424 Seiten